JN436471

전통문화 연구 50년

전통문화 연구 50년

한국문화연구원 편

혜안

발 간 사

이화여자대학교 총장 이 배 용

21세기 사회는 지식이 중요 생산 수단이 되어 새로운 가치를 창출하고 국가 발전의 원동력이 되는 지식기반사회입니다. '정보의 홍수' 시대로까지 불리면서 지식의 양이 폭발적으로 증가함에 따라, 이제는 많은 양의 지식을 소유하는 것보다 질 높은 지식을 선별하고 그 지식을 어떻게 유용하게 잘 활용하는지가 새로운 과제가 되었습니다. 이러한 사회에서 국가 발전의 핵심요소는 창의력과 주도적으로 문제를 해결하는 능력을 갖춘 인재이며, 이러한 인재는 그 사회의 문화 패러다임의 원류를 탐색하는 데서 찾아질 수 있습니다.

이와 같은 시대적 사명에 부응하여 이화여자대학교 한국문화연구원은 언어, 역사, 사회, 문화, 정치, 경제, 사상 등의 제반 분야에서 한국문화의 가치를 창출하고 보급하는 활발한 학문운동을 전개하고 있습니다. 광복 후 반세기 동안 한국사회에서 이뤄진 인문사회과학 분야의 학문적 성과를 총정리하기 위해 한국학술사총서를 간행하고 있습니다. 한국학술사총서는 『국어학연구 50년』을 시작으로 하여 국문학, 한국사, 신학, 사회학, 철학을 비롯해 영문학, 법학, 교육학, 전통문화 등 다양한 학문분야를 망라하고 있습니다. 한국학술사총서의 간행은 일차적으로 한국학 관련 다양한 학문전통을 발굴하고 재구성하는 한편 더 나아가 이러한 학술활동이 어떻게 한국학의 세계화에 기여할 수 있는가를 탐구하는 것을 목적으로 합니다. 또한 새롭게 수용된 학문들이 정착하는 과정과 한국사회에 미친 영향을 분석함으로써 주체적 학문태도와 연구방향을 설정할 수 있을 것으로 기대합니다. 지난 50년간의 학술 연구사를 되새겨 보는 작업은 보다 새롭고 창조적인 학문의 태도와 방법론, 그리고 21세기 학문 활동의 새로운 지평을 마련하는데 유용할 것입니다.

이화는 지난 121년간 여성교육을 통해 한국 사회와 문화의 발전을 선도하는 역할을 주도적으로 하여왔습니다. 1958년 설립된 이화여대 한국문화연구원은 우수 연구인력을 대상으로 한국을 이해하고 그 미래의 방향을 검토하는데 도움이 될 새롭고 다양한 시각의 연구과제들을 지원함으로써 한국학의 연구수준을 높여왔습니다. 한국문화연구원의 학술사총서 간행은 21세기 한국의 학술운동을 선도하고자 하는 이화의 학문적 사명감의 표현입니다. 이 총서의 간행으로 한국 학술 50년의 성과가 정리되고, 이를 계기로 학술 연구자들이 이 시대가 요구하는 새로운 학문의 패러다임을 제시하는 단초를 제공할 수 있기를 기대합니다. 책의 발간을 위해 애써주신 연구진과 필진 그리고 관계자 모든 분들께 진심으로 감사드립니다.

전통문화 연구 50년 | 차 례

전통문화 연구 50년

한국전통문화 연구 50년

인 권 환

1. 머리말

이 글은 1945년 해방 후 50년간의 전통문화 연구 전반을 총체적으로 고찰하는 일련의 작업 중, 그 서론격인 "총론"에 해당한다. 따라서 세부 각 분야의 개별적 고찰은 각 분야 담당자에 의해 심도 있게 다루어질 것이므로, 이 글의 내용은 제한적일 수밖에 없다. 즉 해방 후 50년 간 전통문화 연구의 전반적 흐름과 양상, 그리고 시기별, 분야별 특징을 개관하여 총체적 윤곽을 파악하는 데 주력함이 이 글의 목적이 될 것이다.

여기에서 우선 전통문화의 개념과 영역에 대한 전체적인 규정이 요청되는데, 워낙 이 문제는 기존의 정의와 분류가 다양하여 준거할 만한 기본 틀을 찾기가 어렵다. 그래서 여기서는 이 글의 전개를 위한 필자 나름의 논의를 시작하기로 한다.

우선 전통문화란 말은 이와 유사한 개념으로 전래문화(傳來文化), 전승문화(傳承文化), 또는 고유문화(固有文化), 민족문화(民族文化)란 말이 사용되고 있다. 이들 각 용어는 의미를 부여함에 따라, 혹은 보는 관점에 따라 군이 구분할 수도 있겠으나, 이들 각 명칭은 동일 개념의 상이한 표현으로 볼 수 있다. 즉, 어느 한 민족이나 국가가 그 역사적 전개를 통하여 스스로 창조하여 독특하게 지켜왔고, 또 지니고 있는 일체의 문화현상을 지칭한다는 점에서 그 의미를 같이 한다.

결국 전통문화는 전통과 문화란 말의 복합어로서, 어느 특정한 민족의 역사적 과정에서 오랜 세월을 두고 민족의 취사선택과 여과를 거쳐, 그 민족 특유의 사유 방식, 생활감정의 공명과 공감을 받으면서 동화와 지지를 통하여 지속해 오는 생명체이다. 그러므로 전통문화에는 그 민족의 창조적 지혜와 주체적 가치체계가 고스란히 담겨져 있다. 이렇게 볼 때, 전통문화의 영역과 범위는 꽤 넓다고 할 수 있다. 크게 나누어 가시적인 '물질문화'와 비가시적인 정신적 창조물, 내지 체험적 · 사유적 소산으로서의 '비물질문화'로 대별할 수 있다. 여기서 다시 비물질문화는 학문, 종교, 예술 등과 같은 정신적 창조물로서의 '정신문화'와 관습, 민속, 제도 등과 같은 행동방식으로서의 '행동문화'로 양분할 수 있다.[1] 또 계층별로는 개인주의적인 유식계급의 '상층문화'와 집단적인 서민계급의 '하층문화'로도 나누어 볼 수 있는데, 전자가 외래문화에 민감하고 그 본질이 쉽게 변하는 고급적 가변문화(可變文化)라 한다면, 후자는 전통성을 고수하는 기층적인 불변문화(不變文化)라 할 수 있다.[2]

이상에서 다양한 영역을 포괄하고 있는 전통문화란 용어의 광의적 개념을 간결히 살펴보았다. 그러나 이 글에서 다루려는 전통문화는 좀더 협의적인 개념으로 제한된다. 즉, 이 글의 고찰 대상인 전통문화는 '한국의 전통문화'란 지역성, '피지배층인 서민계층의 하층의 문화'란 계층성에 국한된다는 것이다. 이것은 문화인류학에서 말하는 인류 보편적인 문화와 전통이란 개념이 특정 민족이나 국가의 문화전통을 주대상으로 하는 민속학적인 개념에로의 전환을 의미한다. 따라서 이 글에서 다루어지는 전통문화는 한국의 현대사회에 아직도 생명을 가지고 남아있는 전통사회의 문화유산(Survivals in Culture)을 대상으로 한다. 그리고 일체의 논의 역시 한국 민속학의 영역과 방법에 입각하여 전개될 것이다.

이런 점에서 이 글이 규정하는 한국 전통문화의 영역과 한국 민속학의

1) 인권환(1978), 「전통문화의 인식과 과제」, 『한국민속학사』, 열화당, 147쪽.
2) 인권환(1978), 위의 책, 155~157쪽.

학적 대상의 분류를 제시하면 다음과 같다.

구비전승 : 설화(신화, 전설, 민담), 민요(동요, 속요), 판소리, 무가, 속담, 수수께끼, 방언, 은어, 민속극 · 인형극의 대사
신앙전승 : 예조(豫兆), 점복(占卜), 금기, 주부(呪符), 자연숭배, 동물숭배, 가택신, 부락신, 무속
의식 · 행사전승 : 산속(産俗), 혼인, 상장(喪葬), 제례, 연중행사(세시풍속)
기예전승 : 음식, 의복, 주거, 민구(民具), 민속유희, 민속경기, 민속무용, 민속음악, 가면극, 인형극
공동생활구조전승 : 가족제도, 사회구조, 경제조직, 생업기술[3)]

이상 전통문화, 특히 민속학의 대상분류는 좀 더 세분될 수도 있고, 통폐합되면서 명칭이 바뀌어질 것도 있다. 또 시대의 변화에 따라 변화되는 대상 민속이 더 추가될 수도 있다. 다만 기본적인 핵심 영역은 대체로 이상으로 포괄되었다고 볼 수 있다.

이제 이상을 대상으로 1945년 해방 후로부터 지금까지 50년의 연구사를 총괄하고자 하는 바, '총론'의 성격상 이상 모든 영역을 빠짐없이 논할 수 없음을 미리 말해두고자 한다. 또 각 분야의 업적을 말함에 있어도 엄청난 수의 논문을 모두 언급할 수 없어 연구저서 중심으로 서술하고자 하며, 개별분야의 구체적 논의나 통계 및 도표 등도 생략하고자 한다. 다만 다음 4가지로 나누어 그 대체적인 핵심사항 중심으로 논의를 전개하고자 한다.

첫째, 해방 후 50년을 4기로 나누어 전통문화 연구의 시대적 특징을 검토한다.

둘째, 50년간 관련 학회의 탄생과 그 배경 및 학문적 의의와 전개 양상을 살펴, 학회의 흐름과 특징을 규명한다.

셋째, 50년간 전통문화 연구 영역의 다변화에 따른 연구방법론의 변천과정을 점검한다.

---

3) 인권환(1978), 위의 책, 21쪽.

넷째, 50년간 연구의 특징적 성과와 쟁점, 그리고 그 미래적 과제의 전망을 탐색한다.

2. 이 시기 전통문화 연구의 시대적 배경과 특징

1) 해방 직후, 전통문화 긍·부정론의 대립과 연구의 침체 (1945~1950)

이 시기는 1945년 민족해방에서 6·25전쟁이 일어났던 1950년에 이르는 동안이다. 50년 중 5년 밖에 안 되는 짧은 기간을 1기로 잡은 것은 그 시대적 특징 때문이다. 감격스런 이민족 지배로부터의 독립, 미처 안정되지 않았던 혼란기가 정돈되기도 전에 발발하여 3년여를 끌었던, 돌연한 북한의 남침에 의한 동족상잔의 전쟁은 우리 최근대사에 큰 획을 그은 역사적 사건이기 때문이다.

이처럼 이 시기는 짧은 동안이지만 그 시대적 특성상 전통문화의 50년 연구사에 있어 그 첫 장을 장식하는 특별한 시기를 이룬다.

해방 직후, 광복의 감격과 기쁨은 잠시, 곧 이어진 사회의 혼란 속에 묻혀버렸고, 특히 학계·문화계는 좌우의 정치적 갈등에 휩싸이면서 양분되어 첨예한 대립을 하고 있었다. 이러한 대립은 정치적·사상적 투쟁이란 배경에서 문화예술계에까지 파급되었던 것인데, 여기서 주목하고자 하는 것은 이른바 민족진영의 전통긍정·옹호론과 공산·사회진영의 전통부정·파괴론의 양극적 대치였다. 이들은 전국적 규모의 각종 단체를 통하여, 그리고 신문·잡지의 성명과 개인적 필봉을 통하여 날카로운 투쟁을 벌였다. 즉 전자는 '중앙문화협의회', '전조선문필가협의회', '전국문화단체총연합회' 등의 단체를 통하여 민족문화 수립과 민족정신 옹호란 전통문화 긍정의 기치를 내걸었고, 후자는 '조선문화건설중앙협의회', '프로예술연맹', '조선문학가동맹' 등의 단체를 통하여[4)] 일체의 고루한 전통문화의 파괴를 통한

---

4) 이헌구(1953), 「해방 후 4년간의 문화활동」, 『민족문화』 창간호. 이 글은 필자의

새로운 사회주의 문화 건설이란 주장을 앞세워 전통문화 부정론으로 맞섰다. 이때 이들의 대립은 표면적으로는 전통의 긍정론과 부정론의 대치로 볼 수 있지만, 내용적으로는 민족주의사관 대 유물사관, 민족문학 대 계급문학, 순수문학 대 경향문학, 순수 시인 대 전위 시인이란 정치적·사상적 투쟁의 시대·역사적 갈등이 자리하고 있었다.[5] 그리고 이때 우익 계열에는 문학인으로서 김진섭, 박종화, 이하윤, 양주동, 유치진, 김영랑, 오종식, 김광섭, 이헌구 등이 주축을 이루고, 후에 '청년문학가협회'의 최태응, 김달진, 유치환, 박목월, 박두진, 조지훈, 조연현, 김동리, 곽종원이 참여하였다. 그리고 정인보, 손진태, 송석하, 조윤제, 김계숙, 안호상 등의 국학자와, 김생려, 김성채, 채동선, 박태현, 이흥렬, 이해랑 등의 예술인들이 가담하였다. 그리고 좌익 계열에는 임화, 김남천, 이원조, 안회남, 이기영, 송영, 오장환, 이용악, 윤기정, 김동석 등 시인·작가·평론가들이 주축을 이루었고, 이어 『문장』지계의 이태준, 정지용도 가담하였다.[6]

그러나 이들이 펼친 전통문화에 대한 긍·부정론은 어디까지나 이론적 논쟁이었을 뿐, 전통문화의 조사·보존이나 활성화는 물론 이에 대한 연구나 학적 접근은 아니었다. 다만 전통문화를 되찾은 해방의 공간에서 전통문화 연구 50년의 첫 번째 전통문화론이었다는 점에 의의를 둘 수 있다.

여기서 이상 전통론의 대립양상을 당시 전통긍정론의 선봉에 섰던 조지훈과 전통부정론의 입장을 견지하던 이원조 간의 논쟁을 통하여 일별(一瞥)하기로 한다.

논쟁은 이원조가 조지훈의 시 <봉황수>를 비판하면서 발단되었다. 이는 평론가의 시작품에 대한 평가가 단순한 시평이기보다는, 당시 좌우 문인들의 전통문화에 대한 입장의 상이함을 보여주는 예여서 흥미롭다. 먼저 이원조

『文化와 自由 : 이헌구 평론집』(청춘사, 1953), 216~240쪽에 재수록된 바, 여기에서는 후자를 참고하였다.

5) 조지훈(1996), 「전통의 현대적 의의」, 『한국문화사서설』(조지훈전집 7), 나남출판사, 210쪽.

6) 이헌구(1953), 앞의 책, 222쪽.

(1948)는 1940년 『문장』지에 실린 조지훈의 <봉황수>에 대해 『문학』지에 발표한 평론에서, 작품에 나오는 "봉황새"는 덕수궁 중화전 천장에 있는 악삭이란 새를 봉황으로 잘못 안 것이며, 작품 중 "정일품 종구품 어느 줄에도 나의 모둘 곳은 바이 없었다"는 구절을 들어 사환욕(仕宦慾)의 표현이라고 혹평했다. 이에 대해 조지훈은 즉각 대응하였다. 그는 『신세기』에 발표한 반박문에서[7] 덕수궁 중화전 천장에 있는 그림은 봉황이 아니라 쌍룡(雙龍)이며, 자신이 시를 쓴 배경은 이원조가 말한 덕수궁 중화전이 아니라 창경궁 명정전인 바, 여기에는 악삭이 그려져 있지만, 악삭은 곧 봉황의 이명(異名)일 뿐이라고 고증을 통해 밝히고 있다.[8] 그리고 '사환욕'이라 폄훼(貶毁)한 부분에 대하여는 일제 말기 나라 잃은 시인이 민족의 슬픔을 하나의 봉건 유물인 건물을 통해 호소한 것, 문화유산에서 찾는 시인의 민족의식의 표현이라 하면서, 조지훈은 아직 낡은 것, 벌레 먹은 것까지라도 민족의 주체정신을 자극하는 것이라면 무엇이나 노래해야 한다고 말하고 있다.[9] 그리고 이렇게 말하고 있다. "성인이 나면 봉황이 운다더니 민족성 · 인간성을 구원할 성스러운 사상은 나오지 않고 오늘도 봉황은 시름에 잠겨 있다. 바라건대 청량산인(淸涼山人－이원조의 아호)은 이런 무망(誣罔)의 정신을 버리고 마땅히 민족과 문학을 위하여 언어의 유기적 구상인 시를 전체에서 파악하는 양심 있는 논필을 들어주지 않겠는가. …(중략)… 병든 민족을 스스로 뿌리 뽑지 않고 제 힘으로 병든 가지를 자르고 알맞은 약을 치려는 나의 연연한 집념에 대해서 소위 민족 초월의 진보적 안경을 쓰고 나를 민시(憫視)하는 청량산인의 마음 속에도 민족을 이해할 수 있는 단서가 싹터 있음을 알기 때문이다."[10]

이상으로 보아 이원조의 판정패로 끝난 공방인데, 앞서 말한 대로 이는 단순히 한편의 시를 놓고 벌인 평자와 시인간의 논전이 아니라 양 파로

7) 조지훈(1948), 「봉황의 시름」, 『신세기』. 이 글은 필자의 『시와 인생』(1969, 박영사)에 재수록된 바, 여기서는 후자를 참고하였다.

8) 조지훈은 위의 글에서 『辭源』, 『本草綱目』 등을 들어, 이를 상세히 고증하고 있다.

9) 조지훈(1948), 위의 책, 190쪽.

10) 조지훈(1948), 위의 책, 190쪽.

갈라져 대립하던 좌우 문인들의 전통문화론을 둘러싼 대리전이었다. 그 계기가 되었던 것이 조지훈이 창경궁 명경전 천정에 그려진 봉황을 소재로 일제 말기 나라 잃은 민족의 슬픔과 사라져가는 문화재에 애착하는 민족의식을 시화한 <봉황수>였던 셈이다.

실상 이러한 조지훈의 전통문화에 대한 관심은 정지용의 추천으로『문장』지를 통해 <승무> 등의 작품으로 시단에 등단함과 동시에 비롯되었다.[11] 즉 이상의 시편들은 그의 시 중에서도 민족문화에 대한 아쉬움을 노래한 계열의 작품이다. 그리고 이들 시들과 그의 전통문화와 민속학에 대한 학문적 관심은 밀접한 관심을 가지고 있다. 그는 <고풍의상>을 말하는 가운데, "이는 민족문화에 대한 나의 애착, 그 중에도 민속학 공부에 대한 나의 관심이 감성 안에서 절로 돌아 나온 작품이었음을 알 수 있다"[12]고 술회하고 있는 데서 잘 알 수 있다. 결국 그는 1964년 고대 민족문화연구소(현 민족문화연구원)을 창설하고 많은 전통문화 관련 학술사업을 추진하고 저서를 간행했던 바, 이는 모두 그의 전통문화에 대한 학문적 관심의 결과였다. 그리고 1968년에 간행되어 전통문화를 중심으로 한 민족문화 연구의 전범이 되었던『한국문화사서설』에 수록된 논설들이 모두 해방 직후 좌익계열의 전통문화 부정과 파괴, 단절론에 맞서 이를 옹호하고자 발표하였던 것들이었다.[13]

이러한 좌우의 대립된 전통문화론 외에 이 시기 연구는 그 특성상 침체가 불가피하였다. 그러나 1930년 이래의 민속학 연구의 축적이 역사적 변화를 계기로 갑자기 중단될 수는 없었다. 그리하여 비록 짧은 기간이기는 했으나 기존 학자들의 연구서, 자료집 간행과 일부 신진 학자들의 등장과 이들의 논문이 침체기의 공백을 메워 주었다.

---

11) 조지훈은 1939년에 <고풍의상>과 <승무>를, 1940년에는 <봉황수>를 발표, 추천을 완료하였다.

12) 조지훈(1955),「나의 역정」,『고대문화』창간호.

13) 인권환(1978),「지훈의 학문과 그 업적」, 김종길 외,『조지훈연구』, 고려대학교 출판부. 이 글은「조지훈의 민속학 연구와 그 학사적 의의」로 개제되어『한국민속학』28(1996, 한국민속학회)에 재수록되었던 바, 여기서는 후자를 참고하였다.

우선 이 시기에 나온 전통문화 관계 연구서와 자료집은 다음과 같다.

1946 최남선, 『조선상식문답』
1947 최남선, 『조선상식문답』 속편
최남선, 『조선상식문답』 풍속편
주왕산, 『조선민요개론』 풍속편(유인본)
손진태, 『조선민족설화의 연구』
이상백, 『조선문화사연구논고』
1948 손진태, 『조선민족화의 연구』
최상수, 『조선민간전설집』
최상수, 『조선지명전설집』
이여성, 『조선복식고』
함화진, 『조선음악통론』
김사엽 · 방종현 · 최상수, 『조선민요집성』
방종현 · 김사엽, 『조선속담사전』
1949 고정옥, 『조선민요연구』
장사훈 · 성경린, 『조선의 민요』
최상수, 『조선수수께끼사전』

이상, 문화적 혼란기에 나온 업적으로 적다고 할 수 없으나, 대부분이 자료집의 성격을 띤 것이었고 연구서라 하더라도 이 시기 이전의 연구를 모아 간행한 것이어서 이 시기의 업적으로 볼 수 없다. 다만 이들 저서의 간행이 민족의 전통문화를 되찾은 광복의 의미를 빛나게 하고, 새로운 연구의 단서를 열었다는 데서 연구사적 의의를 찾을 수 있다. 그 중에도 손진태(설화), 이여성(복식), 함화진(국악), 고정옥(민요)의 저서는 내용도 그러려니와, 그 간행 자체만으로도 의의가 큰 것이었다. 그리고 신진으로 이 시기에 활약했던 학자로는 최상수(전설 기타), 김재원(신화), 성경린 · 장사훈(국악), 임석재(민담), 조지훈(신앙), 임동권(민요) 등을 들 수 있는데, 이들 역시 곧이어 닥친 전쟁으로 학구활동을 지속할 수는 없었다.

여기에 손진태와 더불어 1930년대 이래 한국 민속학의 양대 축을 이루어오던 송석하의 사망(1947년)이 전통문화계에 주는 충격은 컸다. 그러나 그가 타계하기 1년 전인 1946년 그의 오랜 꿈이던 '민속박물관'이 탄생을 보았고 같은 해 국학대학에 민속학 강좌가 처음 열렸던 바, 이를 계기로 1947년에 숙명여대에, 1949년에 서울사대에 계속적으로 강좌가 개설되어[14] 장래 전통문화 연구를 위한 인재양성의 기틀을 마련하였던 것은 의의가 매우 큰 일이었다.

2) 혼란과 격동기의 학문적 모색과 진전(1950~1960년대)

이 시기는 1950년대와 1960년대에 걸치는 20년간으로 우리 현대사에서 가장 변화가 많았던 시기이다. 즉 그 첫해인 1950년에 일어났던 6·25전쟁은 해방 후의 소용돌이가 미처 가라앉기도 전에 밀어닥친 민족의 대재난으로 극심한 사회문화의 혼란과 피폐를 가져왔고, 국민의 생활문화에 심대한 고통과 궁핍을 안겨주었다. 이에 따라 전통문화의 파괴는 물론 이에 대한 연구 역시 침체를 벗어날 수 없었다. 즉 막대한 문화재의 피해는 물론 연구 활동의 정체, 인적 손실이 그것이었는데 특히 1947년 송석하의 사망에 이은 사변 중 손진태의 납북이 전통문화 연구에 주는 영향은 매우 컸다.

이런 가운데 이 시기 전반인 1950년대, 그 중에서도 1950년에서 1955년에 이르는 전쟁의 발발과 휴전을 전후한 시기에는 더욱 심하여 연구사를 통관할 때, 거의 공백기로 되어 있다. 그러다가 휴전 성립 후 1950년대 후반기에 이르러 사회가 차츰 안정을 되찾으면서 전통문화 학계 또한 점차 회복의 움직임이 나타나기 시작하였다. 이때는 대체로 자료집의 간행이 특징을 이루었다.

1956 최상수, 『배뱅이굿 대사』
1957 장주근, 『제주도 민요선』
임석재, 『봉산탈춤대사 · 강령탈춤대사』

14) 임동권(1972), 「한국민속학의 과거」, 『민속학의 방향』, 25쪽.

1958 진성기, 『제주민요집』
김영삼, 『제주도민요집』
정상박, 『하회별신굿대사』
이보라, 『가면무극 양주산대놀이』
최상수, 『한국민간전설집』

이상으로 볼 때, 민요와 가면극 대사 채록이 중심을 이루고 연구서의 간행이 눈에 띄지 않는데, 이는 연구자들의 연구 환경이 안정되지 않았던 탓으로 보이며, 이와 같은 점은 이 시기 전통문화 연구의 특수한 상황에서 오는 결과로 보인다. 다만 이때 단편적인 논문을 통하여 활약이 돋보였던 연구자들과 그 영역을 보면 대체로 다음과 같다.

최상수 : 민속극, 전설, 기타
임동권 : 민요
이두현 : 민속극
임석재 : 민속극
장주근 : 민요, 무가
김동욱 : 판소리
장덕순 : 설화
김택규 : 무속, 무가
정상박 : 민속극

이상 1950년의 전통문화 연구가 여러 시대적 여건으로 인하여 부진을 면치 못하였던 데 비하여, 1960년대에 들어서는 4·19혁명과 곧이어 군사혁명이 일어나면서 사회는 한번 큰 변혁기를 맞아 전통문화계에도 전에 없던 변화가 일어났다. 그것은 군사정권이 들어서면서 새로운 문화정책의 수립, 실시와 이의 강력한 시행에 의해 이루어졌다. 그리고 이러한 강력한 문화정책은 전통문화계에 두 가지 서로 다른 영향을 주었는데, 하나는 긍정적 측면으로, 다른 하나는 부정적 측면으로 작용하였다.

우선 긍정적으로 작용하여 전통문화 발전에 크게 기여한 것은 우리 것을 알고 우리 것을 찾자는 군사정권의 강력한 문화정책 추진이었다. "한국적 민주주의를 이 땅에 뿌리 박자"라는 정치적 구호를 앞세우며 제한된 민주주의를 강요하던 정부 시책은 한국적 문화를 되찾고 한국적 문화를 창조하여 한국적 주체성을 확립하자는 문화정책을 동시에 추진하였다. 그리고 이러한 정책은 전통문화의 발굴과 보존, 재생과 보급, 조사와 연구에 지대한 영향을 주었다. 즉 과거에 일부 학자들에 의해서 소규모로 산발적으로 이루어져 오던 일들이 국가의 적극적인 참여 속에 행정적 제도적, 재정적 뒷받침이 이루어지면서 크게 활기를 띠며 획기적인 발전의 계기를 맞았던 것이다.

이때 가시적으로 나타났던 것이 1963년 '문화재관리국'의 창설, 1964년에 새로운 '문화재 보호법'(법 제정은 1962년)에 의한 무형문화재 및 민속자료 등의 '문화재 지정', 그리고 1958년 제1회 이래 중단되었다가 전국 규모로 확대되어 매년 개최하게 되었던 1961년의 '전국민속예술경연대회'의 본격적인 개최, 1966년 문화재관리국의 '한국민속관'(현 국립민속박물관)의 개관 및 동시에 진행되었던 '한국민속종합조사'의 시작이었다.[15] 이들이 모두 군사정권에 의해 1960년대에 집중적으로 이루어지면서 이 시기 전통문화는 일대 부흥기를 맞게 된 것이다. 그리고 이런 현상은 한국이 점차 국제적으로 널리 알려짐에 따른 관광문화 선전의 필요가 시대적 요청으로 작용하기 때문이기도 했다.

이상 문화재관리국의 창설과 더불어 시행되었던 주요 전통문화정책의 제반 내용을 간단히 보기로 한다.

먼저 '문화재 지정'인데, 원래 그 뿌리는 일제시대인 1933년에 만들어진 '조선 보물 · 고적 · 명승 · 천연기념물보호령'에 있었다. 그러나 이때의 문화재는 단순한 유형문화재만을 지칭한 것이었다. 이것이 1962년 '문화재보호법'이 제정되면서 새로이 무형문화재와 민속자료가 추가되었던 바, 전자는 "연극 · 음악 · 무용 · 공예 · 기술 등 무형의 문화적 소산으로서의 역사상 예술상 가치가 큰 것"을, 후자는 "의식주 · 생업 · 신앙 · 연중행사 등에 관한

15) 장주근(1995), 「문화정책」, 『광복 50주년 기념 전국국학자대회 논문집』, 707~721쪽.

풍속, 습관과 이에 사용되는 의복 · 기구 · 가구 · 가옥 등으로서 국민생활의 추이를 이해함에 불가결한 것”(문화재보호법 총칙 제2조)으로 규정하였다. 그러나 여기에 구비문학에 대한 명시적 규정이 없어 제외되었다가 후에 추가되었다.

다음 ‘전국민속경연대회’의 전국적 규모의 개최다. 원래 1958년 건국 10주년 기념 경축행사의 일환으로 제1회 대회가 열렸는데, 그 후 2년간 중단되는 등 어려움을 겪다가 1961년에 이르러 본격적으로 개최되면서 그 후 장소도 전국적으로 순회하면서 꾸준히 지속되었다. 그러나 처음에는 영세성을 면치 못하다가 1967년 제8회 때부터 정부 차원의 재정과 시설이 대폭 지원되면서 본격적인 대회로 크게 발전하였다.

한국 민속박물관이 1946년 송석하에 의해 설립된 것이 시초임은 앞서 말한 바와 같다. 그러나 곧 이은 그의 사망과 6 · 25전쟁으로 명맥이 끊어졌다. 그리고 1964년 최초의 개인박물관으로 출발하였던 진성기의 제주민속박물관이 있었으나 특정 지역의 개인 박물관이란 한계가 있었다. 그러다가 1962년 ‘국제관광공사’(후에 한국관광공사로 개명)가 생기면서 1966년 문화재관리국이 경복궁 내에 ‘한국민속관’을 만들어 본격적인 중앙 민속박물관의 출발을 보게 된 것이다. 당시 한국민속관의 민속품 자료 구입품 심사위원은 석주선, 김원룡, 임동권, 예용해, 장주근이었던 바, 모든 기획과 전시는 상근 문화재 전문위원이었던 장주근이 담당하였다.[16]

위의 한국민속관의 출발에 이어 한국 최초의 전국적 ‘민속종합조사’가 장주근의 주도로 이광규 · 최길성 등에 의해 실시되었다. 이러한 전국 규모의 도별 민속조사는 막대한 예산과 행정력의 동원, 그리고 상당한 기간이 소요되는 사업이었는데, 모두 당시 군사정권의 적극적 후원으로 가능하게 되어 마침내 1969년 그 1차년의 성과인 『한국민속종합조사보고서－전남편－』이 출간을 보기에 이르렀다.[17] 이 1차년도의 작업은 사정상 전남대 호남문화연

16) 장주근(1995), 위의 책, 713쪽.
17) 인권환(1978), 『한국민속학사』, 열화당, 84쪽.

구소의 이름으로 나왔는데, 2차년도에는 그 주관이 '한국문화인류학회'로 바뀌었다가 1975년 이후에는 다시 '문화재연구소'로 옮겨졌다. 후에 계속 언급되겠으나 이 작업은 12년간 꾸준히 계속되어 총 12권의 지역별 보고서가 완간되기에 이르렀다.

이상 군사정권에 의한 문화정책의 긍정적인 측면을 살펴보았거니와, 반면 당시 줄기차고 강하게 추진되었던 '새마을운동' 같은 농촌개혁 운동은 지역 발전과 농촌생활 여건의 개선과 향상이란 다대한 성과에도 불구하고 전통문화에 있어서는 적지 않은 타격을 준 부정적인 측면으로 작용하였다. 즉 당시 정부의 강력한 시책으로 전국적으로 전개된 새마을운동의 농촌 가옥의 현대적 개조와 구조변경 시책은 전통적인 농가의 돌이킬 수 없는 훼손을 가져왔다. 즉 초가집이 남김없이 헐려 대신 페인트칠을 한 양철이나 슬레이트 지붕으로 바뀌어 전통가옥의 옛 모습이 사라지게 되었고, 환경 개선과 도로정비, 경지정리라는 미명하에 옛마을의 아늑한 풍경은 찾아 볼 수 없이 변하게 된 것이다. 또 합리적 과학적 생활개선, 그리고 미신타파란 미명하에 무속, 동제 등의 민간신앙이 버려져야 할 유산으로 평가절하되면서 서낭당 · 장승 · 솟대 등이 파괴, 제거되는 수난을 당했고, 굿과 점복 등 토속신앙은 크게 위축될 수밖에 없는 수난을 당하였다.

이와 같은 일부 부정적 측면이 있었음에도 불구하고 1960년대 전통문화는 해방 후 최초로 전성기를 맞아 그동안의 침체에서 벗어나 조사와 연구란 양대 측면에서 정상 궤도에 오르게 되었다.

여기서 이때 전통문화 발전에 크게 기여한 문화재관리국의 '무형문화재'와 '중요민속자료'의 보고서는 비록 해설을 곁들인 자료조사보고서에 지나지 않으나, 자료의 수집, 조사, 발굴, 정리가 절대적 의미를 지니는 이 분야 특성상 매우 중요한 것이었다.

그 중요한 것만 골라 연대별로 보면 다음과 같다.

1964 이두현, 『오광대놀이 · 꼭두각시놀음 · 양주별산대놀이』
김천홍 · 이두현, 『오광대』
1965 김영돈 · 현용준, 『제주도 무당굿놀이』
임석재 · 장주근, 『관북지방무가』
이두현, 『봉산탈춤』
최상수, 『동래야유 가면극』
임동권, 『은산신제』
1966 임석재, 『관서무가』
장주근 · 최길성, 『경기지역무속』
이두현, 『북청사자놀음』
임동권, 『강릉단오제』
1967 이두현, 『양주 소놀이굿』
임석재, 『다도해 지역의 설화와 민요』
홍윤식 · 김헌홍 · 박헌봉, 『호남농악』
1968 심우성, 『남사당』
1969 이두현, 『강령탈춤』, 『부락당제』
김광언, 『한국의 농기구』

1960년대의 이상과 같은 자료조사보고는 상당한 양으로 정부의 지원 없이는 불가능한 일이기에 당시 문화정책이 거둔 큰 열매라 할 수 있다. 그리고 이를 토대로 활발한 연구가 가능하게 되어 다수의 전통문화 관계 학술저서가 간행된 것도 특기할 만한 일이었다.

이때의 업적 중 두드러진 것을 단행본에 한하여 연대별로 보면 다음과 같다.

1960 송석하, 『한국민속고』
1961 장주근, 『한국의 신화』
최상수, 『한국인형극 연구』
1963 김동욱, 『한국복식사』
1964 임동권, 『한국민요사』
김택규, 『동족부락의 생활구조 연구』

최재석, 『한국가족연구』
이춘녕, 『이조농업기술사』
김동욱, 『춘향전 연구』
1965 김영돈, 『제주도민요연구』
1966 김태곤, 『황천무가연구』
이두현, 『한국신극사연구』
양재연, 『한국고대연희연구』
1967 최상수, 『해서가면극의 연구』
1968 조동일, 『가면극의 희극적 갈등』(국문학연구6)
조지훈, 『한국문화사서설』
최래옥, 『설화와 그 소설화 과정에 대한 구조적 분석』(국문학연구7)
1969 서대석, 『서사무가연구』(국문학연구8)
이두현, 『한국가면극』

이상 연구서 외에 자료집도 적지 않게 간행되었다. 『한국의 세시풍속』(1960, 최상수), 『한국민요집 I 』(1961, 임동권), 『한국속담사전』(1962, 이기문), 『남국의 신화』(1964, 진성기), 『창악대강』(1966, 박헌봉), 『춘향가』(1968, 김연수), 『신재효판소리전집』(1969, 연대 인문과학연구소), 『한국의 전래소화』(1969, 이훈종) 등이 여기에 해당하는데, 이들은 앞서 든 문화재관리국의 조사보고서와 달리 개인적 자료집이라는 데 그 의의가 있겠다.

이상 1960년대의 자료집, 연구서를 보면 구비문학 계통과 민속극 계통의 것이 주류를 이루고 있다는 점에서 이 시기 전통문화 연구의 특성을 드러내고 있다. 특히 연구서 중 주목되는 것으로 1960년 송석하의 『한국민속고』를 들 수 있는데, 그가 1930년대 이래 1947년 사망하기까지의 글들을 모은 것으로 양재연에 의해 간행되었던 바, 그 의의가 매우 컸다. 또 1968년 조지훈의 『한국문화사서설』은 거시적 안목으로 전통문화를 중심으로 국학 전반을 아우른 것으로 특히 주목된다. 또 1965년 김동욱의 『춘향전연구』는 판소리와 판소리계 소설 연구의 선구가 되었다는 점에서, 그리고 1965년 김영돈의 『제주도민요연구』는 특정 지역의 민요연구를 개척하였다는 점에서, 1966년 김태곤의 『황천무가연구』는 한국인 최초의 무가연구 단행본이라는 점, 또 1969년 이두현의 『한국가면극』은 문화재관리국의 민속극 조사를 통하여 수집한 풍부한 자료를 바탕으로 한국 가면극의 기원, 발생 및 그 본질과 현장성 등을 학적으로 규명한 최초의 본격적 연구서로서 이 방면 연구사에 큰 족적을 남긴 업적들이었다.

이상 외에 1960년대 활약한 주요 연구자와 분야를 보면 다음과 같다.

최길성(무속, 무가)
박계홍(무속, 무가)
인권환(설화)
황패강(설화)
박시인(설화)
심우성(민속극)
지춘상(민요, 민속놀이)
서정범(은어)
석주선(복식)
강용권(민속극)
이보형(판소리)
장덕순(설화)
김열규(설화)
소재영(설화)
최래옥(전설)
김선풍(속담)
장태진(은어)
황혜성(음식)
정상박(민속극)
이상일(설화, 연극)

한편 1964년에 고대 민족문화연구소가 전통문화 중심의 민족문화 전반의 연구를 목표로 출발하여 이 방면 최초의 대학 연구소를 이루었다.18) 그리고 같은 해에 그 기관지인 『민족문화연구』 창간호에서 전통문화 관계의 논문과 더불어 「한국민속학소사」(해방 전－조지훈, 해방 후－임동권)과 방대한 양의 「민족문화재관계문헌목록」을 게재하여 그 이후 이 방면 연구에 크게 기여하였다. 또 동연구소는 1967년 거질 『한국문화사대계』를 기획, 간행하면서 그 5권에 「한국구비문학사」(상－장주근, 하－임동권)를 수록했는데, 이 역시 이 분야 초유의 시도여서 의의가 컸다.

이상에서 1959년, 1960년대 전통문화 연구의 상황을 살펴본 대로 이 시기의 특징은 많은 새 연구세대가 등장하였고, 이들에 의하여 새로운 영역을 개척한

---

18) 여기에 대하여는 다음 항에 상론하였다.

업적들이 다수 발표되었으며, 특히 현지조사가 활발히 이루어져 각 분야의 민속지적 정리가 이루어졌다는 사실 등을 들 수 있다. 그러나 이러한 양적인 팽창과 연구의 확대에 따르는 새로운 방법론과 연구방향의 창출은 미진하였다. 다만 이 시기의 연구가 1970년대 이후 민속학의 공고한 발전의 토대를 구축하였다는 점에서 그 큰 의의를 찾을 수 있다.

3) 연구분야 · 방법론의 다양화와 학문적 토대의 확립 (1970~1980년대)

이 시기는 1970년에서 1980년대 말에 이르는 20년간인데, 정치 · 사회적 측면에서 심한 격동이 거듭된 시기였다. 즉 1960년대 초에 시작된 군사정권은 1970년대의 유신정권으로 더욱 경화되었다가 1970년대 말 10 · 26사태로 인해 종말을 맞는다. 그러자 그동안 위축되었던 자유화 · 민주화 물결이 거세게 일어났지만 1980년대 초 다시 새로운 군사정권의 등장으로 인해 좌절을 맛보아야 했던 파란의 시기였다. 이런 가운데 이른바 개발독재에 의한 엄청난 경제발전의 그늘에서 민주주의는 훼손되고 인권의 탄압이 심화되면서 갈등과 대립이 거듭된 격변과 혼란의 시기였다.

이러한 상황 하에서도 전통문화와 이에 대한 연구는 끊임없이 지속되었고, 우리 민속학사상 유례없는 발전이 이루어져 그 학문적 토대를 공고히 한 시기였다. 이 시기의 이러한 현상은 대체로 60년대 이래 정부의 문화정책에 의한 지속적인 후원이 바탕이 되었는데, 비교적 정치적 · 사회적 외풍을 덜 타는 민속학의 성격상 가능한 결과였다. 그리고 이러한 현상은 대체로 다음과 같은 두드러진 변화로 나타났다. 즉 정부나 대학, 그리고 학계에 의한 전통문화 관련 기구 및 제도의 창설과 확충, 각 지역별 관변의 연구단체와 박물관의 개설, 각 대학의 관련 연구소의 설립과 탄생, 기존 학회 · 연구소의 활발하고 지속적인 활동 등이 여기에 해당한다. 그리고 이러한 다양한 변화에 따르는 전통문화 연구 인력의 양적 증가, 각종 관련 '개론서'와 소개 ·

이해를 위한 서적 출판과 이에 의한 연구의 저변 확대, 관련된 인접과학의 활용을 통한 연구 영역의 다변화, 참신한 서구적 방법론의 도입과 적용을 통한 연구의 심화 등이 이 시기 전통문화 연구가 전성기를 이루게 하는 원동력이 되었던 것이다. 이제 이와 관련된 이 시기 주요 업적과 분야, 그리고 학자들을 1970년대와 1980년대로 나누어 살피기로 한다.

위에서 언급한 대로 1960년대 문화정책에 의한 정부의 적극적인 지원은 1970년대에 들어 1975년 '문화재청'의 새로운 출발에 힘입어 더욱 적극적으로 이루어졌다. 이런 상황에서 기존의 '문화인류학회'와 '한국민속학회'의 꾸준한 발전과 전통문화 관련 새로운 학회 및 지역별 민속학회가 생겨 연구의 지평을 넓혀갔다.[19] 또 대학의 관련 연구소로서 기존의 고대 '민족문화연구소'의 계속적인 활동이 있었고, 1971년 원광대의 '민속학연구소'의 출현은 민속학만을 대상으로 한 대학연구소로서는 최초로,[20] 이어 심우성의 '한국민속극연구소', 김세중의 '동아민속예술원', 최인학에 의한 관동대의 '동북아민속연구소' 등이 계속 생겨났다. 한편 1971년 『구비문학개설』(장덕순 외), 1973년 『한국민속학－원론적 대화』(김태곤 편), 1974년 『한국민속학개설』(이두현, 장주근, 이광규), 1979년 『우리 민속문학의 이해』(김열규 외) 등 개론류의 출간은 이 방면의 학문적 이해와 보급에 크게 기여하였다. 그리고 1970년대 말기에 이르러 1978년 '한국정신문화연구원'의 출발과 1979년 관동대의 '민속학과' 개설은 전통문화의 연구와 발전에 있어 획기적인 사건이었다. 이 시기의 전통문화 연구방법론 또한 기존의 역사적 문헌학적 연구를 탈피하여 구조주의・정신분석학・현장론적 방법 등 다양한 시도를 통하여 이 방면 연구의 새로운 길을 열었다.[21]

1970년대에 나온 주요 연구서와 자료집을 보면 다음과 같다.

---

19) 각종 학회의 탄생과 발전은 다음 해당 항목에서 자세히 다루었다.
20) 본 연구소는 김태곤의 주도로 설립되고 운영되면서 다대한 업적을 내었다.
21) 방법론에 대한 상세한 언급은 다음 해당 항목에서 구체적으로 언급하였다.

연구서

1970 장덕순, 『한국설화문학연구』
『민속학논총』(석주선교수 회갑기념)
조동일, 『서사민요연구』
1971 김열규, 『한국민속과 문학연구』
임동권, 『한국민속학논고』
석주선, 『한국복식사』
1972 김세중, 『한국 민속극춤사위연구』
1973 장주근, 『한국민간신앙의 연구』
1974 박황, 『판소리소사』
김동욱, 『한국복식사연구』
심우성, 『남사당패연구』
1975 조동일, 『한국가면극의 이해』
심우성, 『한국의 민속극』
심우성, 『한국의 민속놀이』
장주근, 『한국의 향토신앙』
유동식, 『한국 무교의 역사와 구조』
1976 김열규, 『한국의 신화』
성기열, 『한국 구비전승의 연구』
1977 김열규, 『한국 신화와 무속연구』
김선풍, 『한국 시가의 민속학적 연구』
1978 인권환, 『한국민속학사』
임동권, 『한국민요연구』
1979 조동일, 『인물전설의 의미와 기능』
최길성, 『한국 무속의 연구』
최인학, 『한국설화의 유형색인』
서연호 외, 『민속예술사전』
성기열, 『한일 민담의 비교 연구』

자료집

1971 서대석·박경신, 『일성무가』
유증선, 『영남의 전설』
양재연 외, 『한국풍속지』

김태곤, 『한국무가집』(1)[22)]
1972 최철, 『영동민속지』
민속학회, 『한국속담지』
심우성, 『일성농악』
임동권, 『한국의 민담』
김성배, 『한국수수께끼사전』
최정여 · 서대석, 『동해안 무가』
최인학, 『조선석화(昔話)백선』
한상수, 『한국민담선』
이신복, 『한국의 설화』
김영진, 『충청도무가집』
현용준, 『제주도신화』
김광순, 『경북민담』
진성기, 『남국의 민담』
최래옥, 『전북 민담』

다음 이 시기 후반인 1980년대를 보기로 한다.

1980년대 10년은 해방 후 50년의 전통문화 연구사에서 가장 큰 발전과 알찬 결실을 거둔 시기였다. 이는 1960년대 이래 1970년대를 거치며 꾸준히 지속된 강력한 정권의 문화정책과 이에 관련된 학자나 학술단체들의 연구열이 빚어낸 결과였다. 또 이 시기에 이르러 일본 · 중국과의 활발한 학술 · 문화교류가 이루어졌고, 북방정책에 따른 러시아와의 관계 개선 및 북한의 부분적인 개방이 이루어지는 등 주변 국가들과의 교류 확대가 또 하나의 요인으로 작용하였다. 여기에 1988년 우리나라 최초의 올림픽 개최는 그 전후하여 이룩된 문화적 붐이 관광선전의 목적과 함께 전통문화에 대한 새로운 인식과 관심을 제고시키는 데에 큰 역할을 하였다. 그래서 이 시기에도 계속되었던 군사독재와 이에 항거하였던 민주화운동의 대립 · 갈등 속에서도 전통문화 연구는 중단 없는 전진이 지속되었던 것이다.

---

22) 김태곤의 무가집은 1971년에 1집이 나온 이후, 1976년에 2집, 1978년에 3집, 1979년에 4집이 나와 완간을 보았다.

특히 주목할 점은 80년대 초에 기관이나 연구소의 장기적 연구・조사의 결과물이 대량 간행되어 이 방면 장래 연구의 초석이 되었다는 사실이다. 대체로 길게는 10년 이상, 짧아도 3, 4년 걸려 완성된 자료가 중심인 이들 결과물은 한국 전통문화 연구의 획기적 업적이라 해도 과언이 아니다.[23)]

이들 중 장기간에 걸쳐 이루어진, 의의가 큰 업적만을 보면 다음과 같다.

- ○ 문화재관리국, 『한국민속종합보고서』 : <시・도별>(총12권, 1969~1981), <주제별・분야별>(총16권, 1982~1998)
- ○ 문화재관리국, 『문화재대관』 : <무형문화재편>(총6권, 1983), <중요민속자료편> 上(총7권, 1985), <중요민속자료> 下(총8권, 1986)
- ○ 국립민속박물관, 『위도의 민속(1)』(학술총서, 1984)[24)]
- ○ 한국정신문화연구원, 『한국구비문학대계』(총82권, 1979~1984)[25)]
- ○ 고대 민족문화연구소, 『한국민속대관』(전6권, 1980)[26)]
- ○ 임동권, 『한국민요집』(전7권, 1961~1992)[27)]
- ○ 이소라, 『한국의 농요』(전4권, 1985~1990)
- ○ 임석재, 『한국구전설화』(전12권, 1987~1993)[28)]

---

23) 이들 자료 및 연구서의 간행은 1960년대로부터 70, 80년대를 거쳐 1990년대에까지 이르고 있다.

24) 이 총서는 1999년 『한국의 무속』까지 총 27권이 계속 간행되었다.

25) 이들 大系에는 설화 14,911편, 민요 6,117편, 무가 376편, 기타 21편이 채집・수록되어 있다. 인권환(1994), 「한국민속학약사」, 『한국민속학의 이해』, 문학아카데미, 42쪽 참조.

26) 1980년에서 1982년에 걸쳐 간행된 전6권의 내용순서는 다음과 같다.
1권 – 사회구조, 관혼상제
2권 – 일상생활, 의식주
3권 – 민간신앙, 종교
4권 – 세시풍속, 전승놀이
5권 – 민속예술, 생업기술
6권 – 구비전승, 기예

27) 총7권의 권별 간행연도는 다음과 같다. 1권(1961), 2권(1974), 3권(1975), 4권(1979), 5권(1980), 6권(1982), 7권(1992).

28) 이 시기 자료집은 과다한 분량관계로 생략한다.

이상의 업적들은 이 시기에 완간된 것도 있지만, 장기적 기획물 중엔 이미 1960년대나 1970년대에 시작되어 1980년대까지 지속되다가 다음 시기인 1990년대에 완간을 본 것도 적지 않다. 대체로 정부기관, 대학 연구기관의 업적이 주를 이루지만, 임동권, 이소라, 임석재의 경우는 순수한 개인 업적이어서 주목된다.

이 시기의 이러한 성과는 '한국문화예술진흥원', '한국문화재보호협회'(한국문화재보호재단) 등 관변 단체의 탄생으로 파급되었고, 새로운 전통문화 분야별 학회의 출현, 각 대학의 전통문화, 민속문화 관련 연구기관의 증설, 각 시·도지역의 관립, 또는 사립의 민속박물관 개관 등으로 이어졌다. 그리고 위와 같은 단체와 기관에서 연구총서나 자료집 및 지지(地誌) 등을 다투어 간행하면서 전통문화 연구의 활로를 넓혀갔다. 이러한 상황에서 1980년대 후반 북한의 학술서적이 해금되면서 연구영역이 반도 전체로 확대되었고, 전통문화 관련 연구의 박사논문이 대거 배출되어 연구의 심도를 더하여 간 것도 이 시기의 특징을 이루었다. 정신문화연구원의 한국학 대학원에서 민속학 전공의 석·박사과정을 설치한 것도 1988년의 일이었다.

이 시기에 출간된 업적 중 교과서·개론류를 제외한 연구저서를 연대별로 들면 대략 다음과 같다.[29)]

1980 박장순, 『한국 인형극의 재조명』
김성배, 『한국의 민속』
서대석, 『한국 무가의 연구』
1981 정병욱, 『한국의 판소리』
김태곤, 『한국무속연구』
최래옥, 『한국 구비전설의 연구』
임재해, 『한국 꼭두각시놀음의 이해』
이상일, 『한국인의 굿과 놀이』
김영탁, 『한국의 농악』
김정자, 『한국결혼풍속사』

29) 최인학(1993), 「서평, 한국의 구전설화 12권」, 『인간 임석재』, 비교민속학회, 105쪽.

김종명, 『한국의 혼속 연구』
조희웅, 『조선후기 문헌설화의 연구』
1982 이병옥, 『송파산대놀이 연구』
진덕규 외, 『19세기 한국전통사회의 변모와 민중의식』
김광언, 『한국의 민속놀이』
김인회 외, 『한국 무속의 종합적 고찰』
김태곤, 『한국무속도록』
최운식, 『심청전 연구』
성기열, 『한국민담의 세계』
임동권, 『한국부요 연구』
김광언, 『한국의 옛집』
1983 김태곤, 『한국민간신앙연구』
장한기, 『민속극과 동양연극』
조희웅, 『한국설화의 유형적 연구』
김광순, 『한국구비전승의 문학』
1984 장주근, 『한국의 세시풍속』
진봉규, 『한국의 세시풍속』
채희완, 『탈춤의 사상』
최상수, 『한국 가면극 연구』
김광일, 『한국전통문화의 정신분석』
유민영, 『전통극과 현대극』
서종문, 『판소리 사설 연구』
최창조, 『한국의 풍수사상』
김현룡, 『한국 고설화론』
1985 박진태, 『한국 가면극 연구』
최상수, 『산대 성황신제 가면극의 연구』
임동권, 『한국 세시풍속 연구』
김택규, 『한국 농경세시의 연구』
김영진, 『한국자연신앙연구』
김태곤, 『한국의 무속신화』
심우성, 『민속문화와 민중의식』
1986 임재해, 『민속문화론』
정상박, 『오광대와 들놀음 연구』

최길성, 『한국의 조상숭배』
고복남, 『한국복식풍속사』
조효순, 『한국복식풍속연구사』
김광언, 『한국농기구』
김종석, 『한국의 목공예』
강용권, 『한국민속극』
최길성, 『한국의 조상숭배』
최인학, 『북한의 민속』
정양 · 최동현 편, 『판소리 바탕과 아름다움』
현용준, 『제주도 무속 연구』
정병헌, 『신재효 판소리 사설의 연구』
천이두, 『판소리 명창, 임방울』
정병호, 『농악』
1987 서연호, 『산대탈놀이』
유익서 외, 『명인명창』
성병희 · 임재해, 『한국민속학의 과제와 방법』
이국자, 『판소리 연구』
이국자, 『판소리 예술미학』
유종목, 『한국민간의식요 연구』
김무헌, 『한국 민요 문학론』
성기열 · 최인학, 『한국 · 일본의 설화연구』
서연호, 『산대탈놀이』
김화경, 『한국설화의 연구』
1988 박민일, 『한국 아리랑 문학 연구』
서연호, 『황해도 탈놀이』
이종철 외, 『장승』
이병렬, 『한국 연희사』
장정룡, 『한국세시풍속 및 가요 연구』
최상수, 『한국의 씨름과 그네의 연구』
강등학, 『정선 아라리 연구』
김광언, 『한국 주거 민속지』
김무조, 『한국 신화의 원형』
최상수, 『산국의 의식주와 민구의 연구』

김광언, 『한국의 주거민속지』
박혜인, 『한국의 전통 혼례 연구』
서연호, 『황해도 탈놀이』·『야류 오광대 탈놀이』
황인덕, 『불전계 한국 민담 연구』
1989 서연호, 『꼭두각시』
주강현, 『노동과 굿』
주강현, 『북한의 민속학』
조동일 외, 『한국설화유형분류집』
조희웅, 『설화학 강요』
장정룡, 『강릉 관노가면극 연구』
김광언, 『민속놀이』
황루시, 『팔도굿』
서연호, 『야유 오광대』
심우성, 『남사당패연구』
최길성, 『한국민간신앙의 연구』
유영대, 『심청전 연구』

이상 70, 80년대의 업적을 개관할 때, 우선 그 엄청난 양에서 이 시기 학계의 연구 활성화와 그 열기를 느낄 수 있다. 또 이러한 양상을 통하여 이 시기의 전통문화 연구가 1950, 60년대에 비하여 연구분야가 크게 확장되었고, 연구방법이 다양화되었으며 연구인원이 또한 크게 증가하였음을 알 수 있다. 특히 이 시기 연구자의 증가는 이전 시기의 연구자들이 지속적인 업적을 내는 한편, 새로 등장한 수많은 신연구세대가 활발한 연구와 업적을 쌓은 결과였던 바, 이로써 해방 이후의 연구세대의 교체가 이루어지는 계기를 맞게 되었다.

이 시기 주로 활약했던 연구자들을 분야별로 보면 대략 다음과 같다.

○ 신화, 민담, 전설 : 임석재, 장덕순, 김열규, 성기열, 최인학, 최래옥, 조희웅, 소재영
○ 민요 : 임동권, 김영돈, 강등학, 박민일, 최철, 지춘상, 유종목
○ 무가, 무속 : 현용준, 최길성, 김태곤, 서대석, 황루시, 장주근

○민속극, 민속놀이 : 이두현, 심우성, 조동일, 서연호, 정상박, 강용권, 임재해, 성병희, 윤광봉, 이병옥
○판소리 : 김동욱, 정병욱, 이보형, 서종문, 천이두, 인권환, 정병헌, 이국자, 정하영, 성현경, 김흥규, 최동현
○민구 : 김광언, 황호근
○민간신앙 : 김영진, 최길성, 김태곤, 장주근, 김승찬, 박계홍
○복식 : 김동욱, 석주선, 고부자, 조효순, 고복남, 이주원
○주거, 음식 : 이광규, 김광언, 황혜성, 윤서석
○풍수론 : 최창조
○속담, 수수께끼 : 김선풍, 서정범, 장태진
○세시풍속 : 장주근, 장정룡
○민속공예 : 이종석

이상 살펴본 것처럼 이 시기 전통문화 연구는 그 확고한 학적 토대를 굳히게 되었고, 이후 연구의 공고한 토대를 구축하였다는 점에서 그 학문적 의의가 매우 커, 연구사상 절정기였다고 할 수 있다.

4) 세계화 시대 연구 시야의 확대와 새로운 연구 방향의 모색과 진전 (1990년대~)

이 시기는 20세기에서 21세기로 접어드는 전환기에 해당한다. 즉 지금까지 축적된 연구를 기반으로 새로운 세기로 향하는 출발점에 선 시기이다. 지난 시대 말 88 서울올림픽의 성공적 수행으로 한국문화는 국제화・세계화의 조류를 따르지 않을 수 없게 되었고, 전통문화와 이에 대한 연구 또한 이러한 시대적 변화와 흐름에 적응할 수밖에 없는 상황이 된 것이다. 국내 정치에 있어서도 오랫동안의 군사독재정권이 끝나고 민간정부가 들어서게 되었고, 사회 역시 지난 시대의 갈등과 대립에서 벗어나 평온을 되찾으면서 안정된 가운데 새로운 21세기를 맞아 모든 부면에서 개혁과 변화가 요구되는 시대에 접어든 것이다. 특히 최첨단 과학의 발달로 인한 정보통신의 비약적 발전은 전통문화계에도 새로운 연구세대의 등장과 더불어 상당한 변화와 방향 전환

이 불가피하게 하였다.

이 시기에 들어 전통문화 학계는 70, 80년대의 비약적 발전을 토대로 새로운 도약과 진전의 길을 가야 했다.

우선 그동안의 성과가 이 시기 들어 완결을 보게 되면서 새로운 연구의 장을 열게 되었다. 1969년 시작하여 1981년까지 총 12권으로 끝났던 문화재관리국의 『한국민속종합보고서』는 그 속편으로 1981년 다시 주제별 · 분야별 조사 · 정리에 들어갔던 바, 그 결실이 1998년에 이르러 끝을 맺게 되었다. 80, 90년대에 걸쳐 완결된 속편을 보면 다음과 같다.

1982 : 농악, 풍어제, 민요 편
1983 : 무(巫) 의식 편
1984 : 향토음식 편
1985 : 주생활 편
1986 : 의생활 편
1987 : 예절 편
1988 : 식생활 용구 편
1989 : 묘지, 풍 편
1990 : 도읍, 신앙, 생활풍수 편
1991 : 직물공예 편
1992 : 공업용구 편
1993 : 산속(産俗) 편 Ⅰ
1994 : 산속(産俗) 편 Ⅱ
1996 : 민간의약
1997 : 운반용구
1998 : 짚 · 풀공예 (이상 16권)

또 1984년 국립민속박물관에서 『위도의 민속』(1)로 시작했던 학술총서가 1999년 『한국의 무속』까지 총 27권이 간행되었던 바, 15년에 걸친 장기사업이었다. 한편 1961년에 1권을 냈던 임동권의 『한국민요집』이 1992년 7권을 끝으로 완간을 보았고, 이소라의 『한국의 농요』도 1990년에 이르러

전 4권으로 완결되었다. 그리고 개인적 업적으로 전국에 걸친 최대의 민담집인 임석재의 『한국구전설화』가 1993년에 이르러 6년 만에 전 12권으로 종결되었는데, 지역별 간행연도별로 보면 다음과 같다.

1권 : 평북(1)(1987), 2권 : 평북(3)(1988), 3권 : 평남북 · 황해(1988), 4권 : 함남북 · 강원(1989), 5권 : 경기(1989), 6권 : 충남북(1990), 7권 : 전북(1)(1990), 8권 : 전북(2)(1991), 9권 : 전남 · 제주(1992), 10권 : 경남(1)(1993), 11권 : 경남(2)(1993), 12권 : 경북(1993)

그동안 단행본으로 나온 지역별 민담집이 여러 학자들에 의해 나온 바 있지만, 전국적 규모의 12권의 민담집이 개인의 노력으로 이루어진 것은 최초의 일로 그 의의가 매우 컸다. 전국 총 4,036면에서 조사가 이루어졌고, 총 편수는 2,719화인데 실제 조사채집 연도는 1927~1938년 사이로 알려져 있어 더욱 그 자료의 귀중함을 알게 한다.

한국 최초의 최대 민속학사전인 『한국민속대사전』 I · II(민족문화사)가 나온 것도 1991년이었고, 밀알출판사가 100권을 목표로, 그 1권으로 김용덕의 『한국의 풍속사』를 낸 것은 1994년이었다.

한편 이 시기 들어 가장 획기적 업적은 MBC의 『한국민요대전』이다. 1992년 <제주도> 편을 시작으로 전국의 민요 2,255편을 103장의 CD음반과 8권의 민요사설집으로 간행한 사실은 최초의 일일뿐 아니라, 거대 방송국의 기동력과 과학기자재를 십분 활용한 업적이란 점에서 그 의의가 막중하다. 또 1991년 한국브리태니커의 『판소리다섯마당』 음반과 사설집의 간행도 판소리의 보급과 대중화는 물론 그 연구에 끼친 파급효과가 매우 큰 업적으로 꼽힌다.

이상 방대한 자료집들이 이 시기 전통문화를 진작시키는 데에 큰 기여를 하였음은 물론이다. 전통문화에 대한 과학으로서의 민속학이 실증과 확인 관계로 야외조사와 자료수집, 이의 분류와 정리가 연구에 선행하는 필수과제임을 감안할 때, 20~30년에 걸쳐 이 시기에 완간된 이상의 자료집들이 갖는 학적 의의는 막중하다. 어떤 의미에서 이 시기 전통문화 연구의 활성화는 전혀 이들 자료집의 출현으로 가능했다고 해도 지나치지 않다. 또 하나 이 시기 전통문화 연구에 기여한 것으로 첨단과학 기자재의 폭넓은 활용을 들 수 있다. 동영상 비디오카메라, 고성능의 녹음기, 날로 기능이 향상된 컴퓨터 등은 다양한 자료와 정보의 신속한 처리와 입수, 방대한 자료의 정리분석과 보관을 가능하게 함으로써 연구의 속도화와 대량 생산을 가능하게 하였다.

한편 학계 외적인 측면에서의 여건의 확대, 개선도 긍정적인 차원으로 크게 작용하였다. '문예진흥원'과 '문화재보호재단'의 새로운 출발과 활동은 연구의 환경 개선은 물론 그 진작에 적극 기여하였고, 기존의 '정신문화연구원'이 '한국학중앙연구원'으로 개편되어 종래의 석·박사과정을 한국학 중심으로 운영하게 된 것도 매우 고무적인 일이었다. 그리고 1991년 『한국민족문화대백과사전』 27권 거질의 출간은 어떤 의미에서 전통문화 연구의 체계적 집대성이라 할 만한 것이었다. 또 1995년 광복 50주년 기념 『광복 50년의 국학, 성과와 전망』은 고대의 '민족문화연구소', 서울대의 '한국문화연구소', 연대의 '국학연구원', 정신문화연구원의 '인문과학연구부'가 합동으로 주최한 전국국학자대회의 발표문집(885편)으로 특히 국문학, 민속학 분과에는 전통문화 영역이 집중적으로 다루어져 그동안의 이 방면 연구성과를 검토하고 그 미래의 방향을 모색하는 데 크게 공헌하였다. 또 우리나라의 국제적 지위 향상과 함께 국제적 교류의 확대는 전통문화를 중심으로 한 국학의 세계화, 즉 동북아는 물론 세계 각국 학자들과의 학문 교류를 가능하게 하였다. 이로써 해외연구, 합동연구, 비교 연구, 외국의 현지조사 등을 통하여 국제적 시야가 열림으로써 한국 중심이었던 종래의 범위를 벗어나 새로운 연구의 지평을 열게 되었다. 그리고 이 시기에 이르러 북한 연구의 개방에 따른 북한 연구서·자료의 풍부한 유입과 이를 통한 북한 전통문화 연구의 문이 활짝 열리게 된 것도 특기할 만한 일이었다.

이러한 상황의 변화에 따라 학계도 연구 인원의 저변 확대, 전통문화

관련 박사논문의 양산, 관련 학회의 세분화, 지방화에 따른 새로운 학회의 탄생 등이 활발하게 이루어졌다. '비교민속학회' 등 유사학회의 새로운 출발, '제주도민속학회'와 같은 지역 민속학회의 계속된 설립도 이 시기에 이르러 크게 확대되었다. 1998년 중앙대 민속학과 창설도 1979년 안동대 민속학과 창설 이후 초유의 일이었다. 그리고 차세대의 신진학자들이 다수 등장하여 참신한 업적들을 내어 학계에 새로운 국면을 연 것도 이 시기였다.

광복 후 연구 업적이 가장 많이 그리고 가장 다양하게 나온 것도 이 시기에 이르러서였다. 즉 1990년대에서 2000년대 반을 넘긴 지금까지 약 15년 간 나온 관련 논문이나 저서, 그리고 자료집은 실로 방대하다. 이 시대 전통문화의 연구 상황을 주요 연구 분야와 연구서, 그리고 필자들의 면모를 통하여 살피고자 하는 바, 학계의 두드러진 업적으로 평가되는 저서만을 대상으로 연대별 무순으로 들어 보면 대략 다음과 같다.[30)]

1990년

임돈희, 『조상제례』
임재해, 『전통상례』
강무학, 『한국세시풍속기』
이종철, 『남녁의 벅수』
박호석, 『한국의 재래농기구』
박대순, 『농기구』
강의희, 『한국식생활사』
최철 · 전경욱, 『북한의 민속예술』
박진태, 『탈놀이의 기원과 구조』
서연호, 『꼭두각시놀이』
서연호, 『한국의 탈놀이』
최운식, 『한국설화의 연구』
전경욱, 『춘향전의 사설형성 원리』
이정옥, 『관례복식연구』

30) 자료집, 개별논문, 학회나 기관의 간행서, 간행되지 않은 박사논문류는 양이 많아 생략한다.

이기우 · 최동현 편, 『판소리의 지평』

1991년
김헌선, 『풍물굿에서 사물놀이까지』
정병호, 『한국의 민속춤』
김종태, 『한국의 공예미술
윤서석, 『한국의 음식용어』
김철순, 『한국민화논고』
강영환, 『한국거주문화의 역사』
최동현, 『판소리연구』
서연호, 『서낭굿 탈놀이』
주강현, 『북한의 민속학사』
서대석, 『조선조문헌설화집요』 Ⅰ · Ⅱ(1991~1992)

1992년
현용준, 『무속신화와 문헌신화』
윤광봉, 『한국의 연희』
김종대, 『한국 도깨비 연구』
주강현, 『굿의 사회사』
홍형옥, 『한국 주거사』
김영자, 『한국의 복식미』
이순홍, 『한국전통혼인고』
강영환, 『집의 사회사』
이성우, 『동아시아 속의 한국식생활사 연구』

1993년
김동욱, 『한국 건축 공장(工匠)사』
천이두, 『한의 구조』
전경욱, 『민속극』
정병헌, 『판소리 문학론』
임학섭, 『전통 풍수지리』
장장식, 『한국 풍수설화 연구』
김용진 편, 『한국민속공예사』

나경수, 『한국신화연구』
유희경, 『한국복식문화사』
최인학 외, 『인간 임석재』
김의숙, 『한국 민속제의와 음양오행』

1994년
김욱동, 『탈춤의 미학』
김종일, 『한국 가면극 사전』
김학주, 『한·중 두 나라의 가무와 잡희』
김헌선, 『한국의 창세신화』
최인학, 『한국민담의 유형연구』
김문자, 『한국 복식문화의 원류』
최동현, 『판소리란 무엇인가』
조효순, 『한국인의 옷』
임재해, 『한국민속과 오늘의 문화』
김선익, 『인형극의 세계』
이필영, 『마을신앙의 사회사』
최길성, 『한국무속의 이해』
황루시, 『강릉 단오제』
이영춘, 『차례와 제사』
주강현, 『북한의 민속생활 풍습』
신월균, 『풍수설화』
김종석, 『한국의 전통공예』

1995년
안병국, 『한국 귀신설화연구』
장철수, 『한국의 관혼상제』
최창록, 『한국의 풍수지리설』
최창조, 『한국의 풍수지리』
조만호, 『전통 희곡의 제식적 미학』
이지영, 『한국신화의 신격 유래에 관한 연구』

1996년
강용권, 『한국민속문화연구』
한옥근, 『한국 고전극 연구』
서영숙, 『시집살이 노래연구』
표인주, 『공동체 신앙과 당신화 연구』
심우성, 『우리나라 민속놀이』
전경욱, 『한중일 연의 역사와 민속』
전경욱, 『한국의 탈』
이두현, 『한국무속과 연희』
노길명, 『한국 신흥종교 연구』
홍정실, 『한국의 연장』
이재곤, 『서울의 민간신앙』
박관수, 『한국 판소리 사설형성 연구』
김은영, 『한국 민속무용 연구』
김종철, 『판소리의 정서와 미학』
백대웅, 『다시 보는 판소리』

1997년
조동일, 『동아시아 구비서사시의 양상과 변천』
김헌선, 『한국 화랭이 무속의 역사와 원리』
서연호, 『한국 전승연희의 현장 연구』
전경욱, 『북청 사자놀이 연구』
김선풍, 『남해안 별신굿』
조흥윤, 『한국 무(巫)의 세계』
김열규, 『욕, 그 카타르시스의 미학』
유종근 · 최영주, 『한국 풍수의 원리』
최창조, 『한국의 자생풍수』 1 · 2

1998년
이경엽, 『한국무가문학연구』
편무영, 『한국불교민속론』
한성금, 『한국의 농경작과 재래 농구의 전래』
전경욱, 『한국 가면극, 그 역사와 원리』

김현주, 『판소리 담화 분석』
이복규, 『부여, 고구려 건국신화의 연구』
이수자, 『판소리 화자 연구』
윤광봉, 『조선후기의 연희』
장석규, 『심청전의 구조와 의미』

1999년
조흥윤, 『한국의 샤머니즘』
최길성, 『새로 쓴 한국무속』
최창렬, 『우리 속담 연구』
전경욱, 『함경도의 민속』
천인호, 『풍수사상의 이해』
임동권, 『대장군 신앙의 연구』
이난영 · 김두철, 『한국의 마구』
박종성, 『한국 창세서사시 연구』
임장혁, 『기우제와 지역사회』

2000년 이후[31)]
곽진석, 『한국민속문학형태론』
인권환 외, 『충남북부지역의 전통 언어와 문학』
표인주, 『남도민속문화론』
이두현, 『한국연극사』
황루시, 『우리 무당 이야기』
박영주, 『판소리 사설의 특성과 미학』
김대행, 『우리시대의 판소리 문화』
서연호, 『꼭두각시놀음의 역사와 원리』
최원오, 『동아시아 비교 서사시학』
황루시, 『진도 씻김굿』
허원기, 『판소리의 신명풀이 미학』
서대석, 『한국신화의 연구』
정충권, 『판소리 사설의 연원과 변모』

---

31) 2000년 이후의 업적은 조사가 미치지 못한 관계로 극히 일부에 국한되었음을 밝힌다.

이창식, 『마을 축제 오티별신제』
인권환, 『수궁가 · 토끼전 연구』
서연호, 『한국 가면극 연구』
서대석 외, 『한국인의 삶과 구비문학』
하효길 외, 『한국의 굿』
신동흔, 『한국 인물 이야기 연구』
최운식, 『한국 서사의 전통과 설화 문학』
인권환, 『판소리 창자와 실전사설 연구』
서영숙, 『우리 민요의 세계』
인권환, 『전통문화의 현대적 모색』
김선풍 외, 『한국 민속학 인물사』
전경욱, 『한국의 전통연희』
이경엽, 『지역민속의 세계』
김종대, 『한반도 중부지방의 민간신앙』
김탁, 『한국의 관제신앙』
김승호, 『한국 사찰연기설화의 연구』

이상 1990년 이후 지금에 이르기까지 연구자와 저서 및 그 연구 분야의 연대별 분포 상황에서 이 시기 전통문화 연구의 몇 가지 특징적 양상을 살필 수 있다. 그 대강만을 간추리면 다음과 같다.

첫째, 개별 연구에서 집단, 합동 연구로 그 계획이나 규모가 대형화되어 종래 연구의 영세성과 편협성을 벗어나게 된 점,

둘째, 70, 80년대 이래 추적된 방대한 자료와 연구 결과가 결실을 보면서, 안정된 바탕 위에서 연구의 내용이 보다 정밀화되고 심화되어 그 학적 깊이를 더해 간 점,

셋째, 과거 연구의 지역성에서 벗어나 전국적 연구로 광역화되면서 우리 전통문화의 전체적 실상을 입체적으로 드러내게 된 점,

넷째, 전통문화 각 분야의 역사적 연구가 본격적으로 시도되면서, 그 흐름과 변천의 양상을 통하여 전통문화의 통시적 이해가 가능하게 된 점,

다섯째, 국내에만 국한되었던 과거의 타성에서 벗어나 동북아시아 내지

범아시아권으로 연구의 가능성을 열어간 점,

여섯째, 전 시기에 일부 비롯되었던 북한의 전통문화 연구가 풍부한 자료의 유입과 연구자의 속출로 크게 활성화되어 남북한을 아우르는 통일적 연구의 길을 열어간 것,

일곱째, 수많은 신진 연구자의 등장과 그들의 참신하고 활기찬 연구가 50, 60년 이래의 노장과 70, 80년대 중진들의 계속적인 연구에 보태어짐으로서 90년대 전통문화 연구를 더욱 풍성하게 하고 학계의 면모를 새롭게 하여 그 미래를 밝게 한 점.

이상 일곱 가지의 이 시대 연구의 특징은 21세기 전통문화 연구의 미래를 밝게 하는 혁신적 변화로 보아도 무방하리라 생각된다.

3. 관련 학회의 탄생, 그 학문적 의의와 전개 양상

한국 최초의 전통문화 관련 학회의 출발은 1932년의 '조선민속학회'로부터 비롯되었다. 송석하의 발의에 의해 손진태·정인섭의 발기로 이루어진 후, 일본인 아키바(秋葉 隆)와 이마무라(今村 鞆)가 가담하여 초기 인원은 5명이었다. 그러나 발기인 3인이 회를 주도하였고, 그 중에도 송석하의 활약이 컸다.[32] 기관지였던 『조선민속』은 1933년에 1호가 나왔는데, 당초 계획은 연 4회였으나,[33] 여의치 못하여 실행되지 못하다가 7년 후인 1940년에 3호가 나온 후 끝나고 말았다.[34]

해방 후 최초의 학회는 1946년 최상수에 의한 '전설학회'였다. 이 학회는 활동이 미미하다가 1950년 전쟁을 만나 유명무실하게 되었는데, 전쟁 후인 1954년에 다시 최상수에 의해 '한국민속학회'로 개칭, 출발하였다. 회지인 『한국민속학보』가 1956년에 1집, 1957년에 2집이 간행되었는데 그 후 속간되

---

32) 인권환(1978), 『한국민속학사』, 열화당, 71~73쪽 참조.

33) 『조선민속』 창간호(1993) 편집후기.

34) 『조선민속』 40호는 모두 日語版이고, 이마무라(今村)의 회갑기념호로 되어 있다.

지 못하였다. 그 후 학회와 회지는 40년 가까이 맥을 끊었으나 주동 역할을 했던 최상수는 꾸준히 1990년대 초까지 수많은 민속학 관계 업적을 내었다. 결국 해방 후 최초의 학회였던 '전설학회' → '한국민속학회'는 최상수 1인만의 학회로 존재하다가 유명무실하게 된 셈인 바, 이는 최상수가 학계의 연구자들을 넓게 포용하지 못하고 독자 운영을 계속한 데 그 원인이 있었다. 이러한 사실은 단 2권으로 끝난 『한국민속학보』의 필자가, 최상수, 석천(石泉, 최상수의 아호), 또는 석천학인으로 모두 1인만의 독무대가 되어 있는 데서 잘 알 수 있다. 그 후 근 40년이 지난 1994년 당시 '민속학회'의 창립멤버로 주축이 되어 온 김태곤이 돌연 학회를 탈퇴하고 최상수의 '한국민속학회'를 부활시켜 회지 3호를 간행하여 그 명맥을 이어갔다. 이어 학회는 '대륙문화 국제학술대회'를 시베리아 야쿠티아 공화국의 문화부와 공동 개최를 하는 등 활약하였으나, 주역인 김태곤의 타계로 활력을 잃게 되었다. 그 후 학회는 김태곤의 제자들에 의해 명맥을 유지하다가, 2001년 기존의 '민속학회'와 발전적 통합을 이룩하여 지금의 '한국민속학회'로 새 출발을 하게 되었다.[35)]

한편 최상수의 '전설학회'와 더불어 같은 해인 1946년, 역사학자 홍이섭을 중심으로 '향토연구회'가 언어, 역사, 민속의 연구를 목표로 출발한 바 있었다. 이 학회는 학회지 『향토』를 9호까지 간행하는 등 활발한 움직임을 보였으나 3년만인 1948년에 중단되면서 활동도 멈추게 되었다.

6·25전쟁이 끝나고, 점차 사회가 안정되면서 전통문화 학계도 새로운 활동을 시작하는 가운데, 1958년 '한국문화인류학회'가 탄생하게 되었다. 발기인 강윤호, 김동욱, 이두현, 임동권, 임석재, 장주근 등 6명과 취지에 찬동한 김기수, 김정학 등 8명으로 출발한 이 학회는 기존의 한국 민속학 연구가 구비문학이나 민속 연희, 그리고 무속 중심의 민간신앙에만 머물고 있는 점에 한계를 느끼고 연구를 심화시키고 방법을 쇄신하고자 하는 새롭고 의욕적인 목표를 가지고 출발하였다. 그리하여 한국민속을 인류문화의 일환

35) 이때의 상황에 대하여는 2000년대의 학회활동에서 재언급되었다.

으로 폭넓게 연구하려는 목적에서 문화인류학을 표방하고 학회의 명칭을 '한국문화인류학회'라 하고 1기 회장 임석재가 10년 이상 학회장을 역임하면서 주도하여 왔다. 그러나 의욕적인 출발에 비하여 학회의 활성화는 물론 연구방향마저 불투명한 가운데 이렇다 할 업적 또한 내지 못하였다. 이런 사실은 창립으로부터 10년이 지난 1968년에야 처음 연구지 『문화인류학』 창간호를 내었고, 근근히 월례 한국민속학 관련 연구발표만으로 명맥을 유지했던 사실에서 잘 알 수 있다. 이렇게 된 데에는 몇 가지 우리 학계의 불가피한 상황이 작용했던 것으로 보인다. 우선 문화인류학이 우리 학계에 잘 알려지지 않고 정착되지 않은 생소한 학문이었다는 점이다. 인류학, 체질인류학 등은 어느 정도 알려지고 관련 학회도 있는 터였지만 문화인류학의 경우는 사정이 달랐다. 발기인들의 면면을 볼 때, 대부분 국문학을 거친 민속학자였거나 고고학 등 사학자들이란 점이 이를 잘 말해준다. 그들의 업적 또한 한국 민속학의 테두리를 벗어나지 못하는 것들이어서 민속학과 크게 구별되는 바가 없었다. 이는 특정 민족의 민속을 벗어나 범인류학적 차원에서 조사 연구하고 업적을 낼 인원도 시간도 준비도 없었던 당시 문화인류학계 상황 때문이었다. 다른 한편으로는 문화인류학이 학문으로서의 뚜렷한 목표와 방향을 설정하지 못하고 그 대상과 방법을 몰각한 채 한국 민속학의 그것을 뛰어넘지 못한 때문이기도 했다. 문화인류학과 민속학은 그 바탕에서 어느 측면, 동질성을 공유하고 있어 연구상 중복되는 영역이나 측면도 많다. 하지만 그 학문적 본질은 차원이 다르기 때문에 한국 민속학이 일정 수준 공고한 기반을 쌓은 후에 이를 바탕으로 한국 문화인류학이 그 저변의 확대를 통하여 뿌리를 내리는 단계를 밟았어야 했다.

어쨌든 문화인류학회는 창립 후 10년이 지난 후에야 학회지를 계속 내기 시작했고, 1962년부터는 문화재관리국의 위촉을 받아 전국민속종합조사를 실시하여, 그 결과물 12권의 지역별 보고서를 낸 바 있었다. 그러나 12년에 걸쳐 완성한 이들 보고서가 민속학적인 기본에도 철저하지 못한 문제가 허다하여 그 한계를 보였음은 주지의 사실이다. 이 때문에 한국 민속학을 전공하는 연구자들이 독자적인 한국민속학회를 요구하게 되는 빌미를 제공하였던 것이다.

이런 상황에서 1969년 '한국민속학회'가 출범을 보아 1970년대 새로운 학회의 길을 열었다. 즉 새로운 민속학회의 필요성을 절감한 임동권, 홍윤식, 최길성, 김선풍, 김태곤 등의 발기로 학회의 설립을 논의하던 중, 이상일, 안병태, 박계홍, 인권환 등이 가담하여 학회의 명칭을 '한국민속학연구회'로 하고 창립 당년에 회지 『한국민속학』을 간행하였다. 그 이후 가장 규모가 크고 많은 업적을 내며 활발한 연구·조사활동을 펼치는 중심학회로 성장하여 갔다. 임동권이 제1대 학회장으로 오랫동안 학회의 발전을 주도해 왔고 지금 6대 회장인 박전열로 이어져 줄기찬 발전을 지속하고 있다. 한편 학회의 명칭은 처음의 '한국민속학연구회'에서 '한국민속학회'로 정했다가 기존 최상수의 학회와 동명인 관계로 '민속학회'란 명칭을 오랫동안 사용해 왔다. 그 후 최상수의 학회를 계승한 김태곤이 사망함에 따라, 2001년 3대 회장 인권환에서 4대 회장 최운식으로 인계되는 단계에서 두 학회가 발전적 통합을 이루어 '한국민속학회'란 명칭으로 복귀하게 되었다.

이상 해방에서 1970년대에 이르는 동안 전통문화 관련 학회는 2~3개 정도가 부침을 거듭하면서 명맥을 유지하여 왔다. 그러다가 1980년대에 들어서면서 다른 양상이 나타나기 시작했다. 즉 전통문화의 연구 영역이 넓어지고 연구방법이 다양해지며 연구 내용이 심화됨에 따라 민속학 중심에서 관련되는 인접 학문으로서 확대되어 갔고, 세계화·국제화의 시대 흐름을 타고 타 지역 국가와의 비교 연구가 절실히 요청되면서 새로운 학회의 탄생이 필요하게 되었던 것이다.

대체로 새로운 학회의 탄생은 1980~1990년대에 걸쳐 두 가지 양상으로 나타났다. 하나는 민속학을 바탕에 두고 연구의 대상과 방법을 달리하거나 외연을 넓혀가는 현상, 그리고 또 하나는 민속학 자체의 연구 영역이 넓어지면서 좀 더 심화된, 민속학 자체의 집중 연구를 위한 분화 현상이 그것이었다.

대표적 예로 1980년대의 '비교민속학회'(1983), '판소리학회'(1984), '한국민요학회'(1989)와, 1990년대의 '한국역사민속학회'(1990), '한국구비문학회'(1993), '한국실천민속학회'(1997) 등을 꼽을 수 있다.

'비교민속학회'는 한국 민속학의 국수적 · 국지적 한계를 극복하고 인접국가 등 여타 국가와의 비교 연구를 목표로 출발하였다. 처음에는 한 · 일 비교 연구로부터 시작하였지만 차츰 중국, 몽골, 티베트로 관심을 넓혀 갔다. 이처럼 주변 민족문화의 비교 연구를 통하여 한국 민속의 특수성과 보편성을 탐구하며, 또 이를 통하여 한국문화에 끼친 주변 국가 문화의 영향과 세계문화의 일환으로서의 동양적 내지 세계적 보편성을 규명하려는, 열린 시야의 연구를 지향하고 있다. 그리하여 한 · 중 · 일의 비교연구나 현지답사 등을 행하고, 1985년부터 연구지 『비교민속학』을 간행하고 있다.

1984년에 탄생한 '판소리학회'는 민속학의 구비전승 분야 중 판소리를 연구대상으로 출발하였다. 우리 고유의 전통 민속음악인 판소리는 조선후기에 탄생하여 아직도 왕성히 전승되며 창작되고 있을 뿐 아니라, 그 자체 종합예술로 문학 · 음악 · 연극 분야가 긴밀히 어우러져 있어 다양한 측면에서의 연구가 요청된다. 창립 당년부터 연구발표회의 개최는 물론 자료의 수집과 주석, 판소리 감상회, 명창대회 등에 적극 참여하여 판소리의 확산과 보급에도 진력하고 있다. 판소리는 최근 유네스코의 '세계무형문화유산'으로 지정되어 세계적 주목을 받고 있어 더욱 활기찬 연구가 요청된다. 학회지 『판소리연구』를 꾸준히 간행하고 있다.

'한국민요학회'는 민족의 노래인 민요를 좀더 심도 있게 연구하고 보존하기 위하여 1989년 탄생하였다. 한국 시가 문학의 원천이기도 한 민요를 문학, 음악, 민속학적 차원에서 심도 있는 연구를 수행하고 보존하고자 노력하고 있다. 1992년 완간된 임동권의 『한국민요집』 7권과 1996년 MBC의 전국적인 민요 음반 제작 · 반포가 앞으로의 연구에 크게 기여할 것으로 기대하고 있다. 학회지 『한국민요학』을 꾸준히 간행하고 있다.

1990년대가 시작되는 당년에 출발한 '역사민속학회'는 좀 더 선명하고 진보적인 목표 즉 역사과학으로서의 새로운 민속학 정립의 강한 의지를 가지고 젊은 학자들 중심으로 시작되었다. 민속학에 있어 식민지적 잔재를 청산하여야 하며 여전히 정체(停滯)론 속에 갇혀 있는 과거의 국학이나 한국학에서 벗어나지 못하고 사회적 모순을 직시하지 못하는 기성 학회를 날카롭게 비판한다. 그리하여 한국 민중생활사의 재구축, 자국문화에 대한 주체적 자각, 이 분야 연구의 대중 전체를 조직화시켜야 한다는 데에 학회 출현의 필연성을 두고 있다.[36] 회지로 『역사민속학』을 간행하고 있다.

'한국구비문학회'는 1993년에 주로 국문학자·민속학자들 중 구비문학을 전공하는 학자들에 의해 발족하였다. 구비문학은 민속학의 한 영역이면서 그 자체에 다양한 하부 양식을 포괄하고 있다. 즉 문자가 아닌 언어로 전승되는 일체의 것을 포함하며, 한글문학을 이루는 절반의 비중을 갖는 존재이기도 하다. 이런 점에서 구비문학은 항상 국문학의 기록문학과 친연성을 가져왔으며, 또 그런 차원에서 연구되어야 할 필연성을 가지고 있었다. 그러나 다양한 구비문학의 영역들은 문학으로만 해결되지 않는 측면이 많기 때문에 구비문학은 구비문학으로 연구되어야 할 독자성이 매우 강하다. 이러한 학자들의 요망에 부응하기 위해 학회의 탄생은 필연적이었다 할 수 있다. 창립 이듬해 학회지 『구비문학연구』가 나왔고, 처음에는 연간이었다가 1997년부터 연 2회 간행하고 있다.

1990년대에 들어와 학회로서는 늦게 1997년 '실천민속학회'가 출범하였다. 한국 민속의 본질과 특성을 규명하고 이를 현대 사회에 유용하게 활용할 수 있도록 다각도로 연구한다는 것이 학회 설립의 취지다. 안동대 민속학과 교수 중심으로 출발한 지역성이 있으나, "민속문화의 수용과 변용"을 내건 1998년 제1회 학술대회나, "민속문화의 지역성과 보편성"을 주제로 한 1999년의 학술대회에서 보듯 한국 민속학이 당면한 보편적이고 중요한 과제를 다루고 있어, 학회의 성격을 말해준다. 1999년 창간한 『실천민속학연구』가 계속 출간되고 있다.

이상 해방 이후 전통문화를 연구 대상으로 하는 민속학 관련 학회를 시대순

---

36) 『역사민속학』 창간호 서문(1991).

으로 살펴보았다. 대상은 전국적 규모의 학회, 순수 학술단체, 일정한 역사와 업적을 지닌 학회, 현재 의욕적인 활동을 지속하고 있는 학회로 국한하였으나, 필자가 미처 조사하지 못하여 누락된 경우도 많을 것으로 생각된다. '굿학회', '샤머니즘학회', '동리(棟里)연구회',[37] '한국농요연구회', '아시아설화학회', '국제아시아민속학회' 등은 이상의 조건이 미흡하거나 조사가 미진하여 자세한 언급을 하지 못했다. 그 외 학회에 준하는 정부 소속인 '국립문화재연구소' 등의 연구기관이나, '국립민속박물관'을 비롯한 각 지역의 민속박물관, '제주민속학회' 등의 지역별 학회, 경희대 '민속학연구소'와 같은 대학별 연구소, 기타 전통문화 관계의 각종 연구소 · 연구회는 수없이 많고, 또 수많은 다양한 업적을 내고 있으나, 모두 다 언급할 수 없는 지면상의 제약으로 생략하였음을 말해 둔다.

4. 방법론의 변천과 그 양상

민속학은 전통문화를 주 연구 대상으로 하는 학문이지만, 민속학만으로 전통문화 전 영역을 포괄할 수는 없다. 전통문화는 정의하기에 따라 그 외연이 매우 넓어서 그에 따른 연구도 다양한 학문적 · 과학적 방법이 요구된다. 따라서 민속학이 전통문화를 연구한다는 것은 곧 전통문화의 민속학적 연구란 의미가 되며, 이는 곧 민속학적 방법에 의한 연구란 뜻이 된다. 그러므로 전통문화 전반에 대한 연구는 역사학적 방법, 사회학적 방법, 건축학적 방법, 음악학적 방법 등 다양한 방법이 요구된다. 그러나 전통문화라 할 때, 민속학의 대상이 되는 영역을 중심으로 말하므로 그 방법도 민속학의 방법이 중심을 이룰 수밖에 없다.

그렇다면 해방 후 우리 전통문화에 대한 연구는 어떠한 민속학적 방법에 의해 이루어졌는가. 그런데 또 하나 짚고 넘어가야 할 문제는 '방법'과 '방법

---

37) 본 연구회는 동리 신재효 전문 연구회로, 강한영 등에 의해 출범하였다. 기관지로 『동리연구』를 간행하고 있다.

론'의 문제다. 방법이 무슨 일을 하기 위한 수단이라면, 방법론은 방법의 근거가 되는 이론이다. 즉 방법이 방법론이 되기 위하여는 일정한 원론과 체계적인 이론이 뒷받침되지 않으면 안 된다. 그런데 이 방법론은 대체로 두 가지 면으로 나누어 볼 수 있다. 하나는 심리학적 방법론, 언어학적 방법론 등과 같이 다른 영역의 학문에서 차용하여 세운 방법론이고, 또 다른 하나는 그 자체로서 특정한 학자나 학파에 의하여 독창적으로 주장되고 체계화된 방법론으로 신화연구의 경우 제의학파적 방법론이나, 구조주의적 방법론 같은 경우다. 보통 학술적 차원에서 방법론을 말할 경우, 후자의 입장에서 논하지만 여기서는 두 가지 방법론을 모두 다루기로 한다. 그리고 전자의 경우는 일반적인 의미로, 후자의 경우는 일정한 시기에 일정한 학자, 또는 연구자들에 의하여 체계 있게 연구되고, 그 결과가 집중적인 연구논문 또는 연구서로 간행된 경우에 국한할 것임을 전제해 두기로 한다. 그리고 본고의 시한이 1945년 이후로 되어 있지만 일관된 이해를 위하여 좀 더 소급하여 논의를 시작하기로 한다.

우선 민속학의 형성기[38]라 할 1920년대 민속학의 경우 본격적이고 체계적인 방법은 없었다. 대체로 역사적 방법, 문헌적 방법, 고증학적 방법이 일반적인 경향이었다. 1920년대 최남선의 「불함문화론」에서 자연신화학파적 방법론, 일련의 설화 근원연구에서 전파론적 관점을 볼 수 있으나, 체계적인 것은 아니었다. 또 같은 시대 이능화의 경우, 『조선여속고』·『조선해어화사』·『조선무속고』 등 여성 대상의 일관적 연구도 문헌적, 역사적 방법에 의한 저술이었다. 다만 면밀한 고증에서 실증적 방법이 간취되나 방법론으로 논하기는 어렵다. 그리고 이상 두 사람의 연구는 조선학, 민속학 등 이른바 민족주의적인 국학의 성격을 띤 것이었다.

다음 정립기에 해당하는 1930년대 손진태, 송석하의 방법론은 전 시대에 비하여 진전된 모습을 보인 것은 사실이다. 우선 손진태의 경우 스스로

---

38) '형성기'라 함은 인권환이 그의 『한국민속학사』에서 학사 시대 구분 명칭으로 사용한 것으로, 이하 명칭은 동일하다.

자신의 방법을 '문화사적 방법'이라 했으나, 오히려 철저하지는 못했지만 후에 논의될 역사지리학적 방법에 해당한다 할 수 있다. 그러나 손진태의 경우 여러 가지 과학적인 방법론을 시도하였다는 점에서 평가할 만하다. 후에 나온 『조선상고문화의 연구』·『조선민간설화의 연구』 등에 수록된 이 시기 그의 연구들은 사회학적, 인류학적 방법을 바탕에 깔고 전파론에 입각한 역사지리학적 방법의 성향도 강하다. 또 그의 무속이나 민간신앙, 그리고 생활풍습이나 통과의례 관계 연구에서는 주변 민족과의 관련을 통한 비교민속학적 방법이 나타나고 있어 그의 선견지명을 감지할 수 있다. 한편 같은 시기 송석하의 민속학이 자료가 전제되는 실증과학임을 감안할 때, 전 시대의 문헌자료에 의한 민속학에서 야외조사에 의한 최초의 본격적인 조사 방법을 수행한 그의 공은 매우 크다. 민속의 현장 파악, 조사, 수집은 물론 보존과 공연, 인식과 계몽에까지 진력한 그의 조사방법은 현장론적 방법에 접근한 것으로 평가될 만하다. 특히 당시로서는 쉽지 않았던 현대적 기자재를 통한 채록과 촬영에 재력을 쏟아 부은 그의 선각적 안목은 우리 민속학의 조사방법사상 특기할 만하다. 그의 이러한 열망이 1948년 한국 최초의 민속박물관을 설립하는 데까지 이르렀던 것이다.

한편 1940년대에는 우리 역사의 모든 부면에서 그렇듯 방법론에 있어서도 별다른 진전이 없었다. 그 후 1950년대에 이르러 각 분야에 걸친 최상수의 활약과 업적이 돋보였지만, 방법론상 큰 변화를 보여주지는 못했다. 한편 이 시기 마지막 무렵인 1958년 많은 학자들의 열망 속에 우리나라 최초의 '문화인류학회'가 출범하여 한국민속 연구에 방법론상 변화와 진전의 계기를 맞게 되었다. 특히 민속학과 문화인류학은 조사방법이나 연구 대상에서 중복되는 측면이 많기에, 사실상 상보적인 관계에서 적어도 일정한 민속학 연구방법의 향상이 기대되었다. 그러나 당시 학계의 문화인류학에 대한 인식이 부족하였고, 전공학자도 많지 않아 방법론상 변화는 뚜렷이 나타나지 않았다. 그것은 두 학문의 방법과 대상이 중복된다 하더라도 그 목적이 다른 관계로 연구방법이 완전히 일치될 수 없음에도 불구하고 당시 학회의 연구결과는 일반적 민속학의 수준을 크게 넘지 못하였다. 이런 결과는 민속학의 대상 목적이 특정 민족의 문화를 대상으로 그 민족과 문화의 특수성을 탐구하는 것임에 반하여, 문화인류학의 경우는 인류 전체와 그 문화를 대상으로 인류문화 전체의 특성과 보편성을 두루 탐구하는 차이에서 생기는 목적과 방법의 동일성과 상이성을 현저하게 드러내지 못한 데서 생겼던 것으로 보인다.

1960년대 전반에 이르러 일반적인 전통문화 중시의 사회적 경향에 편승한 민속학의 활성화가 이루어졌지만, 방법론상 큰 진전은 없었다. 모두 전시대 이래의 방법론이 되풀이되는 형국이었다. 그러나 1960년대 후반과 1970년대 초에 이르면서 상황은 달라졌다. 우선 앞에서 살펴 본대로 이 시기 정부의 문화정책에 의한 적극적인 지원, 기존 학회 외 1969년 '한국민속학회'의 새로운 탄생, '민족문화연구소'의 활발한 민속학 관계 학술사업 등 이러한 학계의 분위기 전환에 따라 기존 학자들은 물론, 많은 신진 학자들이 등장하면서 그 업적도 양적으로 크게 증가하였다. 또 정부의 적극적 지원에 의한 『한국민속종합조사보고서』가 1969년 그 첫 권으로 「전남편」이 나오고, 문화재관리국의 조사보고서가 계속 발표되면서 자료 조사 및 정리, 보고가 학계 전반으로 확대되어 연구의 기반을 공고히 다지게 되었다. 그리고 학계의 연구가 이를 토대로 확대, 심화되어감에 따라 새롭고 다양한 방법론의 도입과 시도가 이루어진 것이다.

우선 이때의 새로운 방법론은 신화와 민담 등 주로 구비문학 영역에서 활발하게 일어났다.[39] 즉 신화나 민담의 기원과 생성 및 유래를 밝히고, 그 의미를 해석하려는 시도에서 다양하게 비롯되었다. 종전의 연구방법을 탈피하여 새로운 연구 영역을 개척하였던 이때의 방법론들은 제의학파,

---

39) 이 시기 방법론이 구비문학에 국한되었던 것은 당시 학계의 공통된 현상이었다. 구미의 경우도 민속학의 시초가 구비문학으로부터 비롯되었고, 이에 따라 방법론도 구비문학 중심으로 개발되고 발달되어 왔다. 우리의 경우도 본격적인 학문적 방법론의 시초와 활용은 구미와 같이 구비문학으로부터 비롯하여 이후 방법론의 주류를 이루어 왔다.

심리학파의 정신분석학파, 심리학, 전파론에 근거한 역사지리학파와 인도기원설, 비교신화학적 방법 등이 시도되었고, 그 연구물이 나오기 시작한 것이다. 물론 시도만으로 방법론이 수립되고 정착하였다고 볼 수 없다. 따라서 이 중에는 지속적인 연구로 연결되지 못한 경우도 있고, 본격적인 연구로 확대되어 다음 시기까지 연장되어 많은 업적이 나온 경우도 있다. 어쨌든 이들이 모두 1960년대 후반에 시작되었다는 점에서 이 시기의 방법론사적 의미는 크다고 할 수 있다. 다만 이 시기에 논문을 통하여 시도되다가 다음 시기인 1970년대, 또는 1980년대에 이르러 연구서로 결실을 본 경우도 많았다.

프레이저(J. Frazer)나 해리슨(J. Harrison)이 신화나 설화를 구술상관물(Oral Orrelative)로 보고 신화나 설화가 성년식이나 풍요제, 또는 즉위식이나 혼인식 등의 옛 의식을 설명하는데서 비롯하였다는 제의학파의 방법론은 처음 김열규에 의해서 본격적으로 논의되었다. 그는 이 설에 입각하여 다양한 측면의 단편적 논문을 내다가 1971년『한국민속과 문학연구』등의 저술을 통해 한국 제의학파의 선구적 업적을 낸 것이다. 우리의 신화와 민담, 그리고 무속에 이르는 그의 이러한 해석은 확실히 당시까지 볼 수 없었던 새로운 것이었고, 그 타당성도 나름대로 인정되어 이 방면 방법론의 개척자로서의 역할을 다하였다. 그러나 모든 방법론이 그렇듯이 모든 신화나 설화가 반드시 이렇게 설명될 수 있고, 또 이 방법이 다른 작품에 두루 통용될 수 있다는 객관성에는 한계가 있다는 점도 고려되어야 할 것이다.

한편 심리학파, 또 정신분석학파의 방법으로 불리는 또 하나의 방법론은 프로이트(S. Freud) 류의 정신분석학적 방법론과 융(C. G. Jung)의 분석심리학적인 심층심리학적 방법으로 양분되어 전개되었다. 현대 의학의 발달에 의거하여 대두한 이들 방법론은 확실히 참신한 것이었다. 전자의 경우는 이병윤, 황패강, 김광일이, 후자의 경우는 이부영을 중심으로 한 일군의 학자들이 집중적으로 연구하는 가운데 적지 않은 업적도 나왔다. 이병윤은 이미 1962년에 「단군신화의 정신분석」, 「한국 신화의 정신분석학적 연구」를 내어 이 방면의 첫 길을 열었으나, 그에 의한 지속적인 연구는 더 이상

이루어지지 않았다. 황패강의 이 방면 업적은 1964년 「영(靈)의 육체재현」, 1966년 「한국 고대 서사문학의 Archetype」 등으로 발표되다가 1972년에 『한국서사문학의 연구』로 묶여 간행되었다. 그는 한국 서사적 작품과 민속현상의 밑바탕에 있는 한국인 무의식 속의 원형(原型)을 밝혀내는 데 공헌하였다. 김광일 또한 같은 방법에 입각하여 신화와 전설은 물론, 민속극, 무속 등으로 영역을 확대하면서 다양한 업적을 내었는데, 이들 업적은 1984년 『한국 전통문화의 정신분석』이란 연구서로 묶여 간행되었다. 정신분석학적 방법론의 또 다른 한편은 프로이트 무의식론에서 더 나아간 융의 개인적 무의식, 그리고 집단적 무의식 이론을 바탕으로 전개되었는데, 이부영이 독보적 위치에 있었다. 그는 1966년 「한국 전래동화 <선녀와 나무꾼>의 심리학적 제문제」, 1974년 「한국 민화 속의 영웅원형-<지네장터 설화>를 중심으로」 등의 일련의 작업을 통하여 실험적인 업적을 내었다. 인간이 태어날 때부터 지니는 집단무의식은 하나의 잠재력으로 모든 의식의 뿌리이며, 이것이 원형상(Archetype Image)으로 인간행동의 근원적 조건이 되는데, 이들이 예술작품, 민담, 신화, 민간신앙 등 종교현상에 나타난다고 보고 이들을 대상으로 분석하여 원형을 추적하는 것이 그의 일관된 작업이었다. 이상 정신분석학에 입각한 두 갈래의 연구는 이 방면 연구에 새로운 국면을 연 방법론으로 비록 이병윤, 김광일, 이부영 등의 연구가 민속 자체의 연구보다는 의학적 측면에 중점을 둔 것이라 하더라도 신화・민담이나 무당・무속 연구에 새로운 방법론으로 기여한 바 큼을 부정할 수는 없다.

이 시기 새로 등장했던 또 한 계열의 방법론은 설화의 근원이 어디서부터 시작하였고, 그것이 어떤 경로를 거쳐 있느냐 하는 전파론의 학설에 근거를 둔 것이었다. 여기에 입각한 방법론으로는 역사지리학파의 이론(Historic-geographic Theory)과 인도기원설(Indian Theory)이었다. 크론 부자(J. Krohn, K. Krohn)에 의하여 비롯되고 일면 핀란드학파의 설이라 불리기도 하는 전자는 후에 앤더슨(W. Anderson)에 의하여 더욱 발전되었고, 톰슨(S. Thompson)에 의해 미국으로 전해져 확대되었다. 우리의 경우는 유사한 방법이 1930년 손진태를 비롯한 몇몇 연구자들에 의해 시도된 바 있었지만, 이 시기 최래옥에 의해 본격적인 연구가 이루어졌다. 일정한 공동체 내에서 가능한 한 많은 설화의 수집을 전제로 이를 비교·연구하여 원형·계통·전파·경로·변형을 추출하는 것이 이 방법론의 핵심이다. 그리고 이렇게 하여 설화의 원형 및 근원지와 계통을 찾고 연대를 측정하여 전파되는 장소에 따른 지역적 변화를 밝힌다는 것이다. 이를 위하여 실화의 화소(motife)나 유형(types)을 분류하는 것이 이 학설의 기본적인 작업이다. 최래옥은 1960년대 말 이래 많은 우리의 전설을 대상으로 잡중적인 고찰을 지속한 끝에 이들을 모아 1981년『한국구비전설의 연구』를 간행함으로서 이 방법론의 한국적 적용에 기여하였다. 그러나 많은 설화의 수집과 유형 분류가 선행해야 하는 등의 과제와 의욕적으로 시도하였던 설화 분석단위의 설정과 명명이 조희웅(1983) 등에 의해 의문이 제기되는 등 문제점이 많았던 것도 사실이었다. 설화 전파론의 또 다른 한 축인 인도기원설은 인권환에 의해 실험되었다. 범어학자 벤파이(T. Benfey)가 인도 고대의 설화집『판차탄트라(Panchatantra)』를 번역하는 과정에서 유럽 각국 설화와 공통되는 점이 많음을 보고 창안한 이 설은 세계의 많은 설화가 대부분 인도설화에서 비롯한 것이라 주장한다. 즉 세계에서 가장 풍부하고 오래된 인도 고대의 설화가 불교의 문헌을 매개로 전세계에 전파되었다는 것이다. 이 설에 입각한 우리의 연구는, 손진태(1947)가 불전설화에서 전래한 우리 설화를 논하는 가운데 처음 논급되었는데, 인권환이 1967년「적성의전 근원설화연구」와「토끼전 근원설화 연구」, 1968년「심화요탑설화고」, 1969년「불전설화의 토착화와 한국적 변용」 등 일련의 논문을 통하여 좀 더 심도 있는 논의를 진행하였다. 실상 한국이 4세기경부터 불교와 함께 고대 인도설화가 포함된 불경을 받아들였고, 여기에 수록된 설화들이 불교의 대중화 과정에서 민간에 유출되었던 것은 사실이다. 인권환은 이런 개연성을 바탕으로 <심화요탑(心火繞塔)>[40] 등의 설화와 <적성의전(狄成義傳)> 등의 고소설을 불전설화와 세밀히 비교하고 그 전래의 경위와

40)『삼국유사』·『대동운부군옥』에 전하는 <志鬼說話>.

과정을 세밀히 검증하면서 인도기원설의 한국적 적용을 본격적으로 시도한 것이다. 그러나 이 방면의 계속적인 연구가 지속되지 않아 앞으로의 과제로 남게 되었다.

한편 비교신화학적 방법을 통하여 우리 신화, 설화와 인근 제국의 설화를 비교 연구함으로써 전파론의 국지적 측면에 기여한 것으로는 장주근, 성기열, 소재영, 박시인의 경우를 들 수 있다. 장주근은 1969년 「신화학에서 본 한국문화의 기원」 등의 논문으로, 성기열은 이 방면 일련의 작업을 모아 엮은 1976년 『한국 구비전승의 연구』와 1979년 『한일 민담의 비교 연구』를 통하여, 그리고 소재영은 1967년 「연오세오고」, 1969년 「이류교구고」 등의 논문으로 이 방면 연구를 개척하였다. 또 박시인은 1966년 「알타이계 시조설화 연오랑 세오녀」, 같은 해 「동명왕 난생이주설화의 연구」, 1969년 「알타이계 천강일자 설화연구」 등의 논문을 통하여 비교신화학적 방법론을 시험하였다. 이상의 연구들은 한·일, 또는 한·중·일, 그리고 동북아 일대 신화와 설화의 상관 관계를 밝힘으로써 비교민속학의 구비전승적 측면 연구의 길을 열었다는데 의의가 컸다.

이상 1960년대 말에서 비롯되어 1970년대를 넘어서면서 다양하게 시도되었던 새로운 방법론들은 전통문화, 민속학 연구의 새로운 경지를 열었다. 뿐만 아니라 이들 방법론들은 1970년대는 물론 1980년대에 들어서까지도 계속 연구되고 그 결과물이 나오면서 이 방면 연구에 획기적인 기여를 하였다. 그러나 1980년대에는 이상의 방법론이 다양한 논의를 거치면서 새롭게 검토되는 한편, 기존의 학자나 신진 연구세대에 의한 새로운 방법론이 제기되고 시도되어 방법론사상 새로운 국면을 열었다.

1980년대의 기존의 방법론에 대한 재검토와 새로운 방법론의 모색은 학계 차원에서 폭넓게 시도되었다.[41] 즉 1979년 한국 최초로 민속학과를 개설한

41) 이 시기 방법론은 전시기 이래의 방법론의 한계를 극복하여 구비문학뿐만 아니라 민속학 전반에 관련된 방법론으로 확대되어 갔다. 이는 이때의 연구영역과 대상이 구비문학 중심에서 신앙전승, 행사·의식전승, 기예전승, 생활구조전승 등으로 확대되어 간 데서 오는 자연스런 현상이었다.

안동대에서 1979년과 1983년에 2차에 걸쳐 개최되었던 '한국민속학 학술대회'가 그 계기가 되었다. 1차의 <각국 민속학의 동향>·<민속학과 인접학문의 관계>, 그리고 2차의 <민속학의 연구방법>, <민속학의 영역별 연구방법> 등의 주제를 내걸고 각 대학의 민속학 전공, 관련 학자들을 발표자와 토론자로 하여 열렸던 이 회의는 한국 민속학의 정립과 연구방법론을 검토하고 모색하는 전국적 규모의 본격적인 학술행사였다. 특히 1983년에 열린 두 번째 학술회의는 연구방법론이 주제여서, 김택규 등 13명의 발표자와 김영진 등 10여 명의 토론자에 의해 다양한 방법론에 대한 논의와 토론이 전개되었다. 이로써 1980년대 전후의 전통문화 연구방법론의 전모와 그에 대한 검토, 그리고 이를 통한 당시 학계의 연구 상황을 잘 알 수 있는 의의 있는 행사였다.[42)]

이러한 상황 속에서 1980년대, 1990년대의 방법론이 상당히 전개되어 갔다. 전 시기 이래의 방법론들도 지속적으로 활용되었지만, 새롭게 등장하여 방법론의 중심을 이루었던 것으로 구조주의 방법, 기능주의 방법, 연행론적 방법과 이에 토대를 둔 구비공식구 이론 등을 들 수 있다. 그 외에 문화인류학에 토대를 둔 민족지(Ethnography)적 심층연구, 사회학적 바탕 위에서 가족구조·사회구조·생활구조적 연구, 물질문화에 기본한 각종 유형문화재에 대한 자연과학적 연구 등이 폭넓게 이루어졌다.

구조주의(Structuralism) 방법은 원래 철학의 기호이론(Semiotics)에 바탕을 둔 이론으로서, 서구에서 언어학·인류학·심리학 등 인문과학과 수학·생물학 등 자연과학에 걸친 여러 학문에 공통된 방법론으로 활용되어 왔다. 그러나 우리의 경우 구비문학 연구에서 민담의 구조가 그 전승과정에서 기억과 구연, 그리고 재창조를 가능하게 하는 핵심적 요소라는 측면에서 주로 민담연구에 적용되었다. 그리고 레비스트로스(C. Lévi-strauss)의 병립적 구조론과 프로프(V. Propp), 던데스(A. Dundes)의 순차적 구조론이 주로 논의

42) 이들 내용은 1986년 성병희·임재해 편, 『한국 민속학의 과제와 방법』(정음사)이란 단행본으로 간행되었다.

되었다. 이 방면의 업적으로는 1970년 조동일의 『서사민요연구』, 1981년 임재해의 『꼭두각시놀음의 이해』, 1990년 박진태의 『탈놀이의 기원과 구조』를 들 수 있다. 한편 기능주의(Functionalism) 방법은 구조기능주의로도 일컬어지는데, 1986년 김광억에 의해 상세히 소개되었다.43) 문화가 사회적 맥락 속에 갖는 실제적 의미와 기능을 파악함에 의의를 두는 구조기능주의는 브라운(Brown)과 말리놉스키(Malinowski)에 의해 주장된 이론이다. 이 방법은 현지조사와 참여·관찰을 주된 조사방법으로 삼아 문화현상의 맥락(Context)과 상황적 분석, 총체적 접근(Holistic approach)을 통하여 해석을 시도하는 것이 그 특징이다. 임재해가 1986년 『민속문화론』에서 마을 공동체 민속의 통합적 기능과 생산적 기능을 검토하면서 이 방법론을 세밀히 검증한 바 있다.44) 그리고 연행론적 방법은 민속을 하나의 연행(Performance), 또는 예술적 의사교환(Communication)으로 보는 견해로 연행중심의 방법(Performance-centered Approach)으로도 불린다. 즉 민담의 경우, 어떻게 민담의 연행에 참여하는 모든 이들의 사회적·심리적 현실에 호응하며 꾸며지고 재창조되는가 하는 과정과 법칙을 연구하여 그 존재의 본 모습을 포착한다는 것이 이 방법론의 특징이다. 결국 연행론적 방법은 우리의 경우, 민담뿐만 아니라 판소리, 무가, 민요 등의 문학적·음악적·연극적·민속적 연구에 종합적이고 입체적인 이해를 가능하게 할 수 있다는데 유용한 방법이다. 한때 관련 학계에서 다양하게 활용된 구연공식구론(Oral-Formulaic Theory)도 이러한 범주에 속한다. 로드(A. Lord)와 페리(M. Parry)의 구연공식구론은 우리 학계에서 구연상투어구, 공식적 표현단위, 공식적 표현구, 작시단위 등으로 불리면서 많은 연구자들에 의해 구비 연행예술의 생성, 발단, 확장, 변형의 원리 연구에 응용된 바 있다.

이상의 연행론적 방법, 그리고 이와 연계되는 구연공식구론 등은 그대로

---

43) 김광억(1986), 「구조기능주의적 방법」, 성병희·임재해 편, 위의 책, 154~167쪽 참조.

44) 임재해(1986), 『민속문화론』, 문학과 지성사, 67~112쪽 참조.

현장론적 방법으로 이어진다. 현장론적 방법은 민속이 살아 있는 현장을 중요시한다는 방법으로, 이에 입각한 연구는 이미 1979년 조동일의 『인물전설의 의미와 기능』에서 실증적으로 실험된 바 있다. 그리고 1980년 서대석의 『한국무가의 연구』나, 1988년 강등학의 『정선아라리연구』가 모두 이러한 토대 위에서 이루어진 업적이라 할 수 있다. 그러다가 1991년 임재해의 『설화작품의 현장론적 분석』에서, 그리고 같은 해 박경신의 『무가의 작시원리에 대한 현장론적 연구』에서 방법론적 이론의 체계화와 자료를 통한 실증적 검증이 본격적으로 이루어졌다. 결국 현장론적 방법은 연희, 연행, 공연, 구연 등의 연행(Performance)과 그 현장의 상황(Context), 즉 연행 현장과 전승 상황을 통합적으로 이해하여 살아있는 민속 실체의 총체적 연구(Holistics Study)에 해당한다고 할 수 있다. 민속학이 실증과학인 한 민속 현장을 떠난 연구는 있을 수 없다는 점에서 당연한 이론이다. 다만 어느 시대의 어느 방법론이든 완전무결할 수는 없기에 민속 전반을 아우를 수 있는 객관적이고 타당한 방법론이 되기 위해서는 좀 더 많은 검토와 실험이 지속적으로 이루어져야 할 것이다.

1990년대를 넘어 현재에 이르기까지의 방법론은 이상 70, 80년대 이래의 방법론이 계속되는 한편, 이들 방법론이 상호보완적 측면에서 변형되기도 하고 선택적으로 종합되기도 하면서 다양한 양상으로 전개되었다. 그러면서도 이 시대 방법론은 두 가지의 새로운 양상을 보이기도 하였다. 그 하나는 전통문화 연구가 민속학 연구 중심에서 벗어나 다양한 인문과학 · 사회과학의 자매과학, 인접학문의 방법론을 활용하거나 제휴하면서 그 폭을 넓혀간 점이다. 특히 민속문화재나 민속자료 등의 수집과 보존, 그리고 분석과 정리에 현대의 첨단 과학기자재가 활용되고 이를 토대로 자연과학적 이론의 원용이 불가피하게 되면서 컴퓨터 등, 전자정보 분야의 방법론이 필요하게 된데서 기인하였다. 또 다른 한편으로는 새로운 방법론의 시도가 계속 제기되었다. 예를 들어 기호학적 방법이나 종교학적 방법, 생태학적 방법, 미학적 방법, 담론적 방법, 문화 전승층, 전승자 등 민간 예술인에 대한 심층적 연구 등이 여기에 해당된다.

기호학적 방법(Semiotics, Semiology)은 구조주의에 바탕을 둔 것이어서 구조주의적 기호론의 방법이라고도 한다. 원래 언어학의 이론에 기초하여 기호(sign)가 단순히 의사소통의 체계로만 기능하는 것이 아니라, 인간이 지니는 집단의식, 사회의식, 행위 및 제도 등 모두가 하나의 의미체계로 파악된다고 본다. 그리하여 이를 인류학, 민속학, 문학, 심리학 등에 적용하여 그 해석과 분석에서 기호학적 접근을 시도하는 것이다. 우리의 경우, 이미 전 시기 김열규(1983)의 문학사 이해에서 시도된 분석, 조동일(1979)의 민속극 연구에서 비롯된 이 방법은 이 시기 임재해(1981)와 송효섭(1990)에 의해 본격적인 방법론적 접근이 시도되었다. 주로 설화 연구에 적용되었던 이 방법은 단순한 구조주의에서 벗어나 설화의 심층에 존재하는 의미체계를 기호론적으로 밝혀낸다는 데서 참신한 방법론임은 분명하다. 그러나 이러한 이론적 방식을 모든 서사문학에 기계적으로 적용하여 해석하려는 데서 오는 허다한 무리와 독선이 적지 않은 문제점을 제기함도 유의해야 할 것이다. 또 하나는 역시 이 시기에 민담 연구의 방법론으로 소개되기 시작한 민담생태학(Märchenbiology)을 들 수 있다. 원래 민속학 방법론으로 민속 그 자체보다는 그것이 어떻게 존재하고 있고 어떻게 전승·전파되는가에 초점을 맞추어 전승현장에서의 전승자 연구에 집중적 관찰을 하는 것인데, 주로 민담 연구방법론으로 활용되었다. 즉 민담의 형성, 변화, 소멸, 재생을 다각도로 고찰하면서, 첫째, 화자의 민담에 관련된 생활, 교육, 습관, 둘째, 화자가 속한 사회문화적 구조와 청중의 영향, 셋째, 다른 화자들의 민담을 계속적으로 조사·비교하여 민담의 전승과 창조 및 그 의미를 캐는 것이다.[45] 시도우(Sydow)에 의해 전통의 생태학(Biology)이라 불리며 활용되었고, 뤼티(M. Lüthi)에 의해 심화·확대된 이 방법은 우리의 경우 아직 소개의 단계에 머물고 있다. 그러나 민요나 판소리의 창자, 민속극의 연희자, 무속의 무당(Shaman), 설화

45) 최정무(1982), 「연행중심의 민담학과 그 역사적 배경」, 김열규 외, 『민담학개론』, 일조각, 157쪽.

의 화자 등 전승자들과 이들의 향수자인 청중들, 그리고 이들에 의해 생명을 가지고 이어지는 전승재(傳承財) 등을 거시적 미시적 차원에서 연구하는 최근 새로운 경향과 업적은 이상의 생태학적 방법론과 유관한 것으로, 매우 의의 있는 연구로 평가된다.

이상 광복 이래 50년간의 전통문화 연구방법론을 살펴보았다. 대체로 지속적인 연구가 이루어지고, 그 결과가 연구서로 간행된 경우를 주로 하다 보니 소홀하게 지나친 부분이 적지 않다. 또 일정한 기존의 방법론을 전제하지 않은 많은 독자적 연구나, 명시적으로 기존의 방법론을 거부하고 스스로의 방법론을 창안한 경우도 있으나 상론하지 못했다. 후일 보완하기로 한다.

5. 전통문화 연구 50년의 쟁점과 과제

1945년 이래 50년간 우리의 전통문화 연구는 실로 허다한 역사적 난관 속에서도 꾸준히 발전하여 오늘에 이르렀다. 이제 과거를 되돌아보며 그동안 제기되었던 허다한 쟁점과 과제들을 살펴, 앞으로의 진로를 전망하기로 한다.

쟁점이란 연구의 과정에서 필연적으로 제기되는 견해와 주장의 차이에서 생기는 대립과 논쟁을 말한다. 크게는 학설의 차이에서 작게는 방법의 상이함에서 논쟁은 생기기 마련이고, 또 이 논쟁을 통하여 학문이 발전한다는 점에서 연구의 한 과정이라 할 수 있다. 그러나 쟁점이 되는 문제가 논쟁을 통하여 완전히 해결되는 경우는 드물다. 그래서 대부분 쟁점으로 제기되는 학설과 주장은 상호 대립 속에서 평행선으로 지속되는 것이 일반적인 현상이다. 그것은 쉽게 결론 내기 어려운 원론적 문제이거나 주장이 쉽게 접점이나 일치를 볼 수 없는 경우에 불가피한 결과라 할 수 있다. 이제 그동안 연구에서 제기되었던 쟁점들을 차례로 들면 다음과 같다.

(1) 한국문화의 전래에 있어 북방전래설과 남방전래설의 문제다. 한국문화의 원류가 북방에서 전래된 것이라 함은 지금도 변함없는 통설이다. 그러나

1970년대, 일부 남방전래설이 제기되어 논란이 있었다. 여기에는 불교의 남방전래와 도작(稻作), 즉 벼농사의 남방(주로 중국 남부) 전래 문제로까지 연결되어 적지 않은 이론이 있었으나, 그 후 잠복되고 말았다. 그런데 이 문제는 일본문화의 전래에까지 관련되는 고대 동북아시아 한·중·일 3국의 비교 연구를 요하는 간단치 않은 문제로서 아직 과제로 남아 있다.

(2) 전통문화를 주연구 대상으로 하는 학문은 민속학이다. 그런데 근대 학문으로서의 한국 민속학이 언제, 어떻게 비롯되었느냐는 기원과 남상, 정립과 출발의 시기와 연대에 대하여는 이설이 제기되어 오고 있다. 그동안 한국 민속학의 기원은 18세기 실학시대설, 1926년설, 1933년설 등이 주장되어 왔다. 즉 조지훈은 1964년 「한국민속학소사—해방전」에서 최남선, 이능화, 손진태의 민속학적 업적이 한꺼번에 나왔던 1927년을 한국 민속학이 비롯된 해로 보았다. 그리고 인권환은 1976년 「실학의 민속학적 측면에 대한 연구」에서 실학의 전반적 측면에서 드러난 민속학적 요소와 특징을 바탕으로 실학에서 한국 민속학의 남상과 뿌리를 찾아 그 자생적 성립을 주장하고, 1930년대에 일본을 통한 근대적 민속학을 수용하면서 정립기를 맞았다고 보았다. 김선풍은 1996년 『한국민속학의 새로운 과제와 인식』 서문과 『민속인물사』의 서문에서 『조선민속학』 창간호가 나온 1933년을 한국 민속학이 학문으로서 터잡기 시작한 해로 보고 있다. 한편, 북한에서는 1970년대 중반 조선후기 실학으로부터 한국 민속학이 시작되었다는 설이 나왔다고 하지만 아직 상세히 알려진 바는 없다. 이들 제반 설들은 기원과 남상, 출발과 시작 등의 용어상의 문제와 더불어 아직 쟁점의 상황에 놓여 있다.

(3) 전통문화와 민속학 대상의 계층과 전승문화가 같은가 다른가의 문제는 구체적으로 부상하지 않은 채 잠재적인 쟁점으로 남아 있다. 우선 계층에서 전자가 계층의 구별이 거의 없는 반면, 후자는 지배층에 대한 피지배층, 귀족층에 대한 서민층으로 제한된다. 이에 따라 전승문화도 전자가 귀족층, 피지배층의 문화를 모두 대상으로 함에 반하여 후자는 피지배층의 문화에 국한된다. 그런데 이러한 양자의 구분에 대한 한계가 명확하지 않을 뿐

아니라, 민속학이나 문화인류학으로 확대될 경우 관점에 따라 또는 이해의 목적에 따라 이들 계층과 문화에 대한 해석과 의미는 다르다. 따라서 이들에 대한 쟁점의 논의와 정리가 매우 요긴한 상황이다.

(4) 신앙전승, 즉 민간신앙에 있어 민간종교, 민속신앙, 미신, 속신 등의 구분과 정의에 대한 논란이 불식되지 않고 있다. 신흥종교니 유사종교니 하는 용어도 확연히 구별되었다고 보기는 어렵다. 또 풍수설은 신앙인가 풍속인가의 문제도 마찬가지다.

(5) 민속극은 무엇으로부터 기원되었는가. 민속극은 자생적인 것인가, 외래적인 것인가. 전자라면 무굿에서 왔는가, 농악굿 또는 산대희에서 왔는가. 또 후자라면 서역의 기악인가, 중국의 나례인가. 뿐만 아니라 민속극은 극인가 놀이인가 등등 쟁점은 다양하게 제기되어 왔다. 이처럼 민속극의 기원과 성격만이 아니라, 그 역사적 흐름과 연희자의 정체와 명칭 및 성격과 역할 등 허다한 쟁점이 정리되지 않은 채 학설만이 분분하다. 이들 쟁점의 해결이 시급하다.

(6) 위의 민속극이 가면극을 주로 지칭한다면 가면극과 꼭두각시놀음은 어떤 관계에 있는가. 또 꼭두각시놀음의 명칭, 전승주체, 연희자의 성격과 역할은 어떤가. 이들에 대한 논의의 쟁점 또한 정리되지 않은 채 지속되고 있다.

(7) 우리의 고유신앙으로 불리는 무격신앙, 무속, 무교, 샤머니즘(Shamanism)은 같은 것인가, 서로 다른 것인가. 다르다면 어떻게 다르며 어떤 명칭이 타당한가. 그리고 샤먼(Shaman)은 '무격'인가, '무당'인가, 단순히 '무'인가. 또 몽환, 무아, 황홀경의 엑스터시(Ecstasy)와 트란스(Trance)를 지닌 강신무를 샤머니즘의 핵심으로 본다면 세습무는 어떻게 규정할 것인가. 무엇보다도 무속과 샤머니즘의 정의 문제, 이에 따라 강신무와 세습무의 성격적 유형 구분과 그 분포 등의 기본적 문제부터 풀어야 하는 것이 이 방면 연구의 기본적 쟁점으로 남아 있다.

(8) 통과의례(Rites of Passage)인가, 통과의식 또는 의식전승, 아니면 일생의

레인가. 다양한 명칭을 통일하고, 이에 따르는 개념과 범위를 정해야 한다. 그리고 그 분류와 특질의 규명, 분포와 양상을 밝혀 여기서 제기되는 문제점을 정리하여 이 방면의 혼란이 극복되어야 한다.

(9) 판소리기원에 있어 근원소재론의 설화근원설, 무가기원설, 소설선행설, 형성계기론의 소학지희설, 창우집단 광대소리설, 중국 강창문학 영향설, 무속제의설 등이 그대로 쟁점으로 얽혀 있다. 또 판소리의 발생 시기 문제, 그리고 그 역사적 전개 과정의 구분 문제 등 판소리사의 서술이 난맥상을 보이고 있는 상황이다.

(10) 종합예술로서의 판소리가 지니는 음악적, 문학적, 연극적 측면과 이들이 판소리에서 지니는 각각의 기능과 의미, 그리고 이들의 종합을 통한 총체적 파악이 긴요하다. 또 판소리 유파에 있어 중고제, 동편제, 서편제의 명확한 성격 규명과 성립상의 선후문제도 쟁점으로 남아 있다.

(11) 구비문학의 각 영역, 그 중에도 민요, 민담, 전설, 무가 등의 분류가 논자에 따라 다르다. 분류의 원리적 기준에 입각한 적절한 갈래 및 그 명칭이 객관적 통일성을 토대로 확립되어야 올바른 연구가 가능하다는 점에서 절실한 문제가 아닐 수 없다. 이에 대한 다양한 쟁점들이 시급히 해결해야 할 문제다.

(12) 민담의 유형(Type)과 모티브(Motif)의 문제, 그리고 몇 사람에 의해 시도된 분류와 화소 색인(Motif Index)도 통일이 필요하다. 이 문제가 중요한 이유는, 이것이 쟁점으로 남아 있는 한 자료 정리상의 문제를 제기할 뿐 아니라, 연구상의 혼란도 필연적으로 수반되기 때문이다.

(13) 육담(肉談)인가, 외담(猥談)인가, 음담(淫談)인가. 소담(笑談) 및 욕설(辱說)과 더불어 구비전승의 한 영역을 이루는 이 분야는 내용상의 도덕적 측면 때문에 기휘되어 온 것이 사실이다. 그러나 정확한 명칭의 통일은 물론 학문적 연구의 필요성이 절실하다. 도덕적 논쟁을 극복하고 이를 정면으로 다루어, 구비전승의 한 자산으로 정당하게 평가해야 한다.

이상에서 살펴본 쟁점이 기존의 많은 논의에도 불구하고 아직 미해결인

채 남아 있는 문제들이라면, 과제란 그동안의 연구사를 통하여 아직 연구되거나 밝혀내지 못한 것들로서 앞으로의 연구에서 반드시 개척되고 해결되어야 할 문제들과 지금까지의 정책이나 연구에서 단순한 문제 제기나 피상적인 논의만으로 끝난 경우를 말한다. 이를 간단히 차례로 들어보기로 한다.

(1) 세계화 시대에 적응하고 발전해야 할 우리의 전통문화학과 민속학의 위상을 확립하고 새로운 진로의 개척이 절실하다. 이를 위해서는 대체로 다음 몇 가지 기본적인 과제의 해결이 시급하다.

첫째, 과거지향적인 연구에서 미래지향적인 연구로서 도시민속학, 사회민속학, 그리고 급변하는 사회 속에서 꾸준히 변화하고 새로이 생겨나는 민속현상을 추적하고 연구해야 할 21세기적 안목이 요청된다.

둘째, 우리의 전통문화, 우리의 민속학이란 아집에서 벗어나 인접국가는 물론 동북아시아, 범아시아, 나아가 전 세계적인 시야에서의 비교 연구가 요청된다.

셋째, 전통문화의 과학적 보존과 재창조, 그리고 과학적 연구를 위한 민속자료의 전산화, 각종 데이터베이스(Data base) 구축, 민속학 자료 전자도서관의 개설이 필요하다.

넷째, 전통문화의 세계적 인식과 관광상품화를 위한 고도의 전략화, 산업화와 전통문화에 대한 국민적 인식과 애호를 위한 보급과 확대, 계몽과 선전, 그리고 이를 위한 제도와 기구의 정비가 필수적이다.

(2) 기존의 연구에서 개척되지 않았거나 소외된 영역은 없었는가. 이를 모두 열거하기란 쉬운 일이 아니지만, 대체로 해양민속, 도서민속, 어로민속, 농악과 풍물패, 예조(豫兆)와 금기, 가택신앙, 전통사회의 경제구조와 협동구조, 은어 · 비어 · 속어 · 욕설 등의 언어전승, 민간의료, 동식물의 사육과 재배민속 등 아직 깊은 연구가 이루어지지 않았거나 미개지로 남아 있는 분야가 적지 않다.

(3) 방법론적 측면에서 우리의 연구가 당면한 과제도 많다. 인접학문, 자매과학 영역의 방법론적 활용은 충분하였는가. 서구 방법론의 무차별적인,

기계적 활용에 반성할 점은 없는가. 우리의 전통문화 연구에 맞는 한국적 방법론의 창출이 있었는가. 각 영역간의 협동적 연구는 원만하게 이루어지고 있는가.

(4) 통과의례에 해당하는 각종 일생의 의식은 어떻게 변하고 있으며, 사라지고 변하는 이들에 대한 학계의 대안은 없는가. 행정권의 이른바 '가정의례준칙'은 타당하며 이대로 얼마나 시행되고 있는가에 대한 민속학적 검토가 요청된다.

(5) 민속학사는 있어도 민속사는 없다. 민속과 민속에 대한 연구는 있으나 민속의 과거와 현재를 꿰뚫는, 민속의 흐름과 변화에 대한 연구는 없다. 우리 민족이 한반도에서 삶을 영위해 온 이래, 역대 민족의 생활사를 체계적으로 연구한 『한국민속사』 또는 『한국전통 문화의 역사와 전개』 류의 연구서, 더 나아가 시대별 · 분야별 연구서가 시급히 나와야 한다.

(6) 전통문화나 민속문화 연구가 더 완벽하게 이루어지기 위해서는 이들의 원리적 바탕을 이루는 한국적 전통의 본질, 한국적 사고의 유형, 한국문화의 사상적 원천, 민속적 사상과 사고의 정신적 특질이 다각적 측면에서 연구되고 종합되어야 한다.

(7) 전통문화 연구나 민속학 연구가 과거지향적인 복고적 향수나 배타적 독선에 함몰될 때, 진정한 연구가 될 수 없다. 여기서 전통의 계승과 재창조, 새로운 전통문화의 현대적 재현과 부활이 요망된다. 이것은 전통문화 모든 영역에서 가능하다. 고려자기가 그대로 보존만 되는 한 그것은 박물관의 골동품일 뿐이다. 민속극은 현대적 마당극으로 탈바꿈하고, 판소리는 새로 창작되기도 하고 창극으로 변모하며, 민속놀이는 현대적 놀이와 축제로 다시 태어날 수 있어야 한다. 이 모든 것은 독창적 연구가 밑받침되어야 가능하기에 이 방면의 연구 또한 소홀히 해서는 안 된다.

(8) 남북분단의 민족적 비극은 전통문화와 그 연구에도 지대한 영향을 미치고 있다. 냉전시대의 종말로 북방이 개방되는 추세에 따라 남북이 가까워지고 연구교류도 일부 개선된 것도 사실이다. 그러나 남북 구별 없는 전

한반도에 대한 민속조사와 연구는 요원하다. 그렇다고 통일된 이후만을 기약할 수 없기에 현재 가능한 여건을 최대한 감안하여 남북 전체의 전통문화와 민속 연구를 통일적으로 수행해야 함이 현 연구자들에게 주어진 과제다.

(9) 50년간 전통문화 연구, 민속학 연구에도 불구하고 본격적인 이 방면의 사전 하나 없는 것이 현실이다. 전통문화사전, 민속학사전은 말할 것도 없고, 각 영역별 사전, 즉 민간신앙사전, 구비문학사전, 세시풍속사전, 무속・무가사전, 판소리사전, 민속극사전, 민속음악・민속예능・민속공예사전 등이 모두 필요하다. 아직 이런 사전들이 나오지 않았다는 사실이 우리 학계의 수준을 말한다는 점에서, 그리고 반세기가 넘는 연구사를 정리한다는 점에서도 이들 사전의 편찬은 시급한 과제이다.

참고문헌

고려대학교 민족문화연구소(1980~1982), 『한국민속대관』 전6권.

김동석(1948), 『예술과 생활』, 박문서관.

김선풍 외(2004), 『한국민속학 인물사』, 보고사.

김열규 외(1982), 『민담학개론』, 일조각.

김열규(1983), 『한국문학사 : 그 형상과 해석』, 탐구당.

문화예술진흥원(1979), 『민속예술사전』, 한국문화예술진흥원.

민속학회(1994), 『한국 민속학의 이해』, 문학아카데미.

비교민속학회(1993), 『인간 임석재』, 민속원.

성병희 · 임재해 편(1986), 『한국민속학의 과제와 방법』, 정음사.

손진태(1947), 『조선민족설화의 연구』, 을유문화사.

손진태(1981), 『손진태선생 전집』, 태학사.

송효섭(1990), 『삼국유사 설화와 기호학』, 일조각.

이원조(1948), 「민족문학론」, 『문학』 7.

이헌구(1953), 『이헌구 평론집』, 청춘사.

이화여자대학교 한국문화연구원 편(2003), 『국문학연구 50년』, 혜안.

이화여자대학교 한국문화연구원 편(2004), 『한국사연구 50년』, 혜안.

인권환(1978), 『한국민속학사』, 열화당.

인권환(2002), 『판소리 창자와 실전사설 연구』, 집문당.

인권환(2003), 『한국 전통문화의 현대적 모색』, 태학사.

임동권박사 고희기념논총(1996), 『한국 민속학의 새로운 인식과 과제』, 집문당.

임재해(1981), 『꼭두각시 놀음의 이해』, 홍성사.

임재해(1986), 『민속문화론』, 문학과 지성사.

전경욱(1998), 『한국가면극 : 그 역사와 원리』, 열화당.

정신문화연구원(1995), 『광복 50주년 기념 전국국학자대회 논문집』.

조동일(1979), 『탈춤의 역사와 원리』, 기린원.

조지훈(1961), 『시와 인생』, 박영사.

조지훈(1996), 「한국문화사서설」, 『조지훈전집』(수록본), 나남출판사.

조희웅(1983), 『한국설화의 유형적 연구』, 한국연구원.

최인학 외 편(1994), 『한국 민속 연구사』, 지식산업사.

세시풍속 연구 50년

김명자

1. 머리말

세시풍속은 생활문화 중에서 '의례생활'에 해당되는 것이어서 정확하게 표현하면 '세시의례'라고 해야 한다. 그러나 지금까지 세시풍속이라는 용어가 보편적으로 사용되어 이 글에서도 종전대로 세시풍속이라는 용어를 사용한다.

세시풍속은 예로부터 세시(歲時)・세사(歲事)・월령(月令)・시령(時令) 등으로도 일컬었는데 일본에서는 연중행사(年中行事)라고 한다. 우리나라에서도 연중행사라는 용어를 사용했지만 세시풍속을 담는 용어로는 적절하지 않다. 연중행사라 하면 세시풍속을 포함하여 연중에 행해지는 행사를 망라할 수 있으므로 세시풍속과 연중행사는 변별할 필요가 있다.

세시풍속 연구사를 기술하기 위해서는 관련 자료를 모두 섭렵하는 것이 바람직하겠으나 현실적으로 불가능한 일이다. 특히 대학박물관과 문화재연구소 등지에서 발행한 지표조사 보고서와 지방사지에 수록된 세시풍속자료까지 모두 담아낼 수는 없다. 민속지와 연구논문 역시 필자가 접하지 못하여 이 글에서 다루지 못한 것이 적지 않으리라 본다.

이 글에서는 초창기 업적을 제외하고는 연구성과를 단행본, 그리고 가능한 학술지에 게재된 논문과 현지조사를 바탕으로 한 세시풍속 민속지 등을 중심으로 논의한다.[1] 세시풍속과 관련된 민속놀이, 곧 세시놀이에 관한 독립적인 논문과 저서도 상당수 있으며 세시풍속의 일환인 동제(洞祭)에 관한 독립적인 연구도 많지만 이 글에서는 생략한다. 민속학 개설서에 서술된 세시풍속 관련 글은 제외시키며 지방사지류의 경우 선택적으로 소개한다.

연구사 검토를 온전하게 하기 위해서는 기존 연구에 대한 치밀한 분석과 비판적인 검토가 있어야 한다. 그러나 이 글에서는 연구성과를 폭넓게 훑어본다는 의도에서 기존 연구에 대한 구체적인 분석과 비판적인 검토를 일일이 하지 못하는 한계가 있다. 연구성과를 방법론이나 쟁점별로 논의하지 못하고 대체로 연구자별로 연대기적인 서술을 하는데 그 서술내용에 대한 검토는 편차가 있으리라는 점을 밝혀둔다.

2. 실학자에 의해 시도된 세시풍속 민속지

우리나라에서 세시풍속을 민속현상으로 본격적인 기술을 하기 시작한 시기는 17세기 이후 실학의 대두와 병행한다.[2)] 실학자들은 중국 중심의 화이사상 또는 중화사상에서 탈피하여 한민족 중심의 사관과 역사의식을 가지고 민족 주체성에 입각하여 세시풍속을 기술하고자 하였다. 이 시기에 나온 것으로 24절후에 따라 세시풍속을 약술한 이수광(李睟光)의 『지봉유설(芝峯類說)』이 있다. 이 책의 권1 시령부(時令部)의 세시조(歲時條)와 절서조(節序條)에 24절후에 따른 세시풍속을 과거의 문헌을 통해 고증, 간략하게 서술하고 있다. 그러나 세시풍속에 관한 실학시대의 대표적인 저술은 유득공

---

1) 이러한 설명을 하는 까닭은 세시풍속 관련 에세이류의 글들이 워낙 많기 때문이다. 필자 역시 각종 잡지, 신문 등지에 세시풍속 관련 글을 쓴 바 있는데 이는 당연히 제외시킨다.

2) 趙芝薰은 한국 민속학이 단편적으로나마 학적 관심이 싹튼 것은 조선조 중엽 이후에 대두한 실학파 학자들에 의해서였다고 간략하게 피력했다(조지훈(1954), 「한국민속학소사 : 해방전」, 『민족문화연구』 1, 고려대학교 민족문화연구소, 235쪽). 印權煥은 이를 심화시켜 실학의 민속학적 측면에 대한 연구를 내놓은 바 있다(인권환(1978), 「한국민속학의 남상」, 『한국민속학사』, 열화당, 7~48쪽). 세시풍속의 학적 발아도 이러한 맥락에서 찾아볼 수 있다.

(柳得恭)의 『경도잡지(京都雜志)』(1779), 김매순(金邁淳)의 『열양세시기(洌陽歲時記)』(1819), 홍석모(洪錫謨)의 『동국세시기(東國歲時記)』(1849) 등의 세시기이다.

『경도잡지』는 서울의 문물제도와 풍속·행사를 서술한 서울 중심의 민속지다. 권1에서는 의식주 등 제반 문물제도를 19항목으로 나누어 설명하고 권2에서는 서울의 세시풍속을 원단(元旦)에서 제석(除夕)에 이르기까지 19항목으로 분류하여 약술했다. 『열양세시기』는 정월부터 섣달까지 월별로 나누어 그에 해당되는 절후의 세시풍속을 기술한 한양의 세시풍속 민속지다. 일반 서민가의 세시풍속도 다소 기술했으나 주로 궁중의 세시풍속을 약술했다. 서울지방의 세시풍속을 수록했지만 『경도잡지』에서 다루지 않은 내용을 추가하여 나름의 특색을 살리고 있다.

『동국세시기』는 앞의 두 책과는 비교되지 않을 만큼 체계가 잡힌 세시풍속 민속지다. 1년간의 세시풍속을 음력 정월부터 섣달까지 23항목으로 나누고 매달 날짜가 분명하지 않은 행사들은 월내(月內)항에 넣어 기술했으며 윤달의 행사는 마지막에 독립시켜 기술하였다. 그 체제면에서 앞의 『경도잡지』 권2 세시편을 모태로 하고 있지만 사대부 계층에서 일반 서민층의 세시풍속에 이르기까지 유래와 변천·기원 등을 밝히려 했으며 내용면에서도 물질문화·놀이·민간신앙·의식주 등 한국의 전통문화 전반을 다루었다.[3] 이밖에 이규경의 『오주연문장전산고』시령편에도 세시풍속이 소개되어 있지만 생략한다.

우리의 세시풍속은 시가문학에도 나타난다. 그 대표적인 것이 고려가요 「동동(動動)」과 조선조 헌종 때의 학자 정학유(丁學游)가 지은 「농가월령가(農家月令歌)」다. 이들은 모두 농촌의 세시를 노래한 세시가요(歲時歌謠)[4]로서 「동동」은 계절의 변화에 따른 일년 열두달의 주기적인 생활을 예축하는

3) 세시풍속은 복합적인 요소를 지닌 문화현상이기 때문에 이처럼 한국문화 전반이 포함되어 있다.

4) 세시가요는 세시절일을 위주로 한 세시의 시정을 노래한 국문시가를 의미한다(박준규(1983), 「한국세시가요의 연구」, 전북대학교 박사학위논문, 60쪽).

노래인 반면 「농가월령가」는 농사에 대한 실천사항을 달마다 읊고 또 철마다 다가오는 풍속과, 지켜야 할 명절을 기억해서 실천할 수 있도록 노래했다.

3. 신문화 도입 후 초창기 현상적 기술(광복 전1960년)

세시풍속에 대한 학문적 인식이 본격적으로 싹트기 시작한 시기는 신문화가 들어온 이후부터였다. 특히 일제 강점 하에서 민족의 주체성과 민족정기의 재정립이라는 목표 아래 자료가 수집·연구되기 시작하였다. 육당 최남선에 의하여 동국세시기·열양세시기·경도잡지가 조선광문회에서 1911년 합본으로 활자화되고 잇달아 세시풍속 자료집이 나오기 시작했다.[5]

이 시기에 나온 대표적인 자료를 소개하면서 그 내용을 소략한다.

최영년(1925)의 『해동죽지(海東竹枝)』에 수록된 「명절풍속」이라는 한시는 1년간의 세시풍속을 읊은 것으로 세시풍속과 관련된 민속놀이·음식·복식·민간신앙 등이 다양하게 나타나 있다. 오청(1936)의 『조선의 연중행사(朝鮮の年中行事)』는 일문(日文)으로 쓰여진 4×6판의 작은 책자인데 연간의 세시풍속을 월별 순차적으로 기술하고 관련 삽화를 곁들였다. 당시의 세시풍속을 조사한 내용과 문헌자료를 참고로 활용하여 서술, 해석함으로써 미흡하나마 현장성 있는 자료로서의 가치가 있다.

방종현의 『세시풍속집(歲時風俗集)』[6]은 문고본으로 기존의 세시기를 중심으로 한국의 세시풍속을 월별 순차적으로 기술했으며 필자 사후 유고집으로 나온 청오(靑吾) 차상찬(車相瓚)의 『조선사외사(朝鮮史外史)』[7] 제1권

5) 원래 『동국세시기』는 한 권의 필사본으로 전해오던 것을 후에 홍승경이 광문회에 기증함으로써, 조선조 정조 때의 실학자인 대산 김매순의 『열양세시기』, 유득공의 『경도잡지』와 합본, 활자화되었다.

6) 방종현(1947), 『세시풍속집』, 연학사. 방종현은 이에 앞서 1939년 『조광』지에 8회에 걸쳐서 「朝鮮の年中行事」라는 제목으로 세시풍속의 내용을, 해석을 곁들여 집필한 바 있다. 『동국세시기』 등 기존의 세시기를 인용하여 각 달의 세시풍속을 소상하게 기록했는데 『세시풍속집』은 이들을 모아 간행한 것이다.

7) 차상찬(1947), 『조선사외사』 제1권 제도·풍속 편, 명성사, 111~168쪽.

제도·풍속편에는 정월부터 8월까지의 세시명절과 그에 따른 세시풍속의 내용이 수록되어 있다. 후자의 경우 『동국세시기』 등의 자료를 중심으로 하면서 당시에 행해지던 세시풍속도 수록했다. 세시명절과 그날 행사의 유래·기원을 우리나라와 중국의 고문헌을 통해 일일이 밝히고자 했으며 단편적이나마 당시의 세시풍속을 소개하여 민속지적 현재를 파악해 볼 수 있는 근거를 제시했다. 최남선(1948)의 『조선상식』 풍속편에는 세시류·의례류·유희류·의복류·음식류의 5개 분야로 나누어 관련 풍속이 서술되어 있는데 제1 세시류편에 정월의 세배로부터 섣달 그믐날의 제석을 끝으로 연간의 세시풍속을 해석을 곁들여 약술했다.

이밖에도 1920~1950년대에 걸쳐 개별 세시에 대하여 내용을 소개하고 그 유래와 기원을 밝힌 간단한 논문류도 상당수 있으나 생략한다.

최상수(1960)의 『한국의 세시풍속』은 기존의 세시기 자료와 현지조사 자료를 병행하여 세시풍속을 월별 순차적으로 기술하면서 옛 문헌을 인용, 해석을 곁들였다. 부록으로 한국 '연중행사'[8] 일람표를 작성, 연간의 세시풍속을 요연하게 볼 수 있도록 했으며 한국화가 김기창 화백의 세시풍속 관련 풍속화도 수록했다. 세시풍속의 현장성을 감안한 데다 내용을 비교적 소상하게 기술하고 있지만 언제 어떠한 방식으로 조사했는지 구체적인 데이터가 없이, 통시대적인 자료기술에 그친 아쉬움이 있다. 그러나 초창기에 관심을 갖고 이와 같은 성과물을 냈다는 점은 높이 평가해야 한다.

이처럼 신문화 도입 후 초창기의 성과는 현상적인 기술로 근본적인 한계가 있다. 우선 이들이 주로 『동국세시기』 등의 기존 문헌자료 중심으로 기술되었기 때문에 지역간의 특수성을 알 수 없음은 물론 현지자료가 거의 조사되지 않아 생자료로서의 가치가 희박하다는 점이다. 둘째, 단편적인 현지조사자료를 포함시켜 기술한 내용도 있지만 구체적인 데이터가 없이 기존 자료에 삽입하는 형식이어서 종전의 한계를 극복하지 못했다는 점을 들 수 있다.[9]

---

8) 이처럼 초창기에는 연중행사라는 용어를 많이 사용했다.

9) 김명자(1990), 「한국세시풍속연구의 사적 검토」, 『한국민속과 문화연구』, 형설출판

4. 체계적 연구방법의 모색과 연구방법의 다변화 (1960년대 후반~1980년대)

1) 체계적 연구방법 모색(1960년대 후반~1970년대)

신문화 도입 후 1960년까지 세시풍속의 연구는 '초기단계의 민속지'적인 성격을 벗어나지 못하다가 1970년을 전후하여 체계적으로 연구되기 시작하였다. 그동안 기존의 논술들이 민속지적인 면에 치중하면서 나름대로 세시풍속에 대한 학문적 천착을 시도했으나 설득력이 부족했던 것은 민속학의 순수함을 지나치게 강조한 나머지 인접과학의 학제적 연구에 비교적 소홀했고 분석 모형에 대한 탐구가 미비하였기 때문[10]으로 지적되기도 한다.

1960년대 후반부터 현지조사를 기반으로 한 자료와 이들 자료를 활용하여 분석한 논문이 나왔으며 1980년에 들어서 단행본 저서가 나오기 시작했다. 세시풍속 민속지의 작성에도 새로운 방법이 등장했다. 이 시기에 전국 단위로 세시풍속이 조사되었던 것은 주목할 일이다. 1969년부터 1981년까지 문화재관리국이 펴낸『한국민속종합조사보고서』12권에 수록된 각도의 세시풍속 자료는 최초로 전국을 대상으로 조사・정리한 세시풍속 민속지이다. 1969년 전남 자료를 시작으로 전북, 경남, 경북, 제주, 충남, 충북, 강원, 경기, 서울, 황해, 평안남・북편, 그리고 마지막 권인 함경남・북편이 1981년에 나와 조사사업이 13년만에 작업이 완료되었다. 조사지가 지극히 제한적이고 간접조사 자료가 많아 자료의 현장성과 신뢰성 등 문제가 있지만, 조선총독부의 정책적인 전국 분야별 민속조사 이래 근대국가 건국 후로는 최초의 '한국민속종합조사사업'이었다는 점에서도 의의가 있다. 또한 선별적이기는 하나 전국을 대상으로 한 자료라는 점에서 세시풍속의 지역성을 파악할 수 있는 근거가 되리라 본다.

자료 정리와 함께 세시풍속 일람표를 작성한 예는 전시대에도 있었지만,

사, 363쪽.

10) 김택규(1985),『한국농경세시의 연구』, 영남대학교 출판부, 15쪽.

일람표의 항목을 보다 세분화하여 체계적인 정리를 한 세시풍속 민속지도 나왔다. 경북의 세시풍속을 조사・보고한 김택규(金宅圭)의 「경북지방의 연중행사」[11]는 세시풍속을 신앙의례적 계열과 생업력적 계열로 분류하여 체계적으로 정리, 민속지 작성의 새로움을 보여주었다.[12] 이 보고서는 신앙의례적 계열에 속하는 세시풍속을 그 목적・절차・금기・분포지역 등으로 나누어 월별 순차적으로 정리했다. 논자는 세시풍속을 우리 민족의 기층문화의 중요한 문화요소로 생각하며 '역사민족학, 비교문화론적인 입장'[13]에서 연구를 시도, 「한국인의 농신신앙에 대하여」(김택규, 1969)와 「한국부락관습사」(김택규, 1971)를 내놓았다. 이들 논문에서 그는 수도재배권의 공통적인 의례적 세시풍속으로 농신신앙과 농사의 생활 주기에 대하여 역사적・사회적・상징적 등 여러 측면에서 고찰했다. 특히 후자의 논문에서는 세시풍속을 축원의 세시, 생장의 세시, 수확의 세시로 나누어 논의를 함으로써 농경의례로서의 성격을 구체화했다.[14]

박준규는 전남의 여러 마을을 현지조사한 내용을 근간으로, 문헌을 활용하여 분석한 「상원(上元)의 세시풍속과 민속상의 보름밥」(1969), 「전남지방의 세시풍속 조사연구」(1970), 「진도(珍島)의 세시풍속」(1979)을 발표했다.

권오돈의 「풍속에 얽힌 서정=세시명절」(1971)은 『동국세시기』 등에 수록된 세시풍속을 소개하고 사회조직의 변동에 따른 세시풍속의 변화를 밝힌

11) 김택규(1966~1967), 「경북지방의 연중행사」, 『청구대학 논문집』 9~10, 청구대학교, 각기 320~344쪽, 466~478쪽.

12) 의례력과 농사력을 나누어 서술된 글로 「농가월령가」를 들 수 있다. 농촌의 세시를 노래한 「농가월령가」의 내용은 신앙의례적인 세시와 생업력을 나누어 노래했는데, 이렇게 의례력과 생업력을 모두 세시풍속에 포함시킬 경우에 문제는 있다. 이를테면 세시풍속과 다른 풍속과의 변별성이 드러나지 않을 수 있다. 따라서 생업력은 선택적으로 포함시켜야 할 것이다.

13) 이는 논자의 표현을 그대로 인용한 것이다.

14) 부락이나 연중행사라는 용어는 적절하지 않은데 종전에는 많이 사용했다. 특히 부락은 일본에서 천민집단이 사는 지역을 뜻하는데 일제강점기 그들은 우리의 마을을 폄하하여 '부락'이라고 했다. 요즘 학계에서는 마을이라는 용어를 보편적으로 사용한다.

글이다. 이 글은 일제 강점기 일인들이 우리나라의 세시명절을 없애고 그들의 명절을 정착화하기 위해서 온갖 만행을 했던 사실을 상세하게 기록하여 세시풍속을 통한 근대사회의 '역사적 사실'의 한 측면을 볼 수 있다는 점에서 자료적 가치를 평가할 만하다.

이두현(1971)은 「한국세시풍속의 연구」에서, 세시풍속 연구가 사회학적 또는 문화인류학적 관점에서 문화변동을 측정하는 데 하나의 접근방법으로서 자료적 가치가 크다는 전제 아래 세시풍속과 역법의 관계를 비롯하여 불교문화, 음향오행사상 등 외래문화의 접변 속에서 세시풍속의 변화상 등을 고찰했다. 뒷부분에 세시풍속 일람표를 작성, 목적 · 절차 · 금기 · 분포지역 · 존속 기간 · 유래와 전설 등을 밝혀 요연하게 볼 수 있도록 했다. 세시풍속에 나타난 점복속, 양퇴귀속 등을 논의한 임동권은 「세시풍속에 나타난 점복속(占卜俗)」(1971b), 「정월의 양귀속(禳鬼俗)」(1971a), 「세시풍속에 나타난 양귀속」(1972) 등 일련의 논문을 비롯하여 현지조사 자료와 기존 문헌 자료를 활용하여 세시풍속 자료집인 『한국세시풍속』(1973)을 출간했다. 책 뒤편에는 부록으로 동국세시기 · 열양세시기 · 경도잡지의 원문을 수록했다.

최철(1972)의 『영동민속지(嶺東民俗誌)』는 강원도 강릉지방을 중심으로 전통문화를 조사 · 보고한 자료집인데 세시풍속 편에 1월부터 12월까지 현지조사한 강릉의 세시풍속이 수록되어 있다. 장주근(1974)의 『한국의 세시풍속과 민속놀이』는 청소년을 대상으로 세시풍속과 민속놀이를 소개한 단행본 자료집이다. 사계절의 세시풍속을 계절별 월별로 나누어 기술하고 마지막에 시기가 일정치 않은 놀이들을 소개했으며 한국화가 이인실의 삽화를 곁들였다. 김명자(1975)는 「한국세시풍속연구 : 세시풍속에 나타난 여속(女俗)의 고찰」에서 문헌자료에 수록되어 있는 세시풍속을 의식(衣食) · 건강(健康) · 기풍(祈豊) · 예절 · 신앙 · 오락의 여섯항목으로 분류하고 여속을 규명, 세시풍속은 대체로 여속과 관련되어 있음을 밝혔다. 진성기(1975)의 『남국(南國)의 민속』은 제주도의 세시풍속과 더불어 일반풍속 및 그와 관련된 갖가지 문화현상을 수록해 제주도의 전통문화를 두루 볼 수 있는 반면 세시풍속을 요연하게 볼 수 없는 취약점이 있다. 김기탁(1975)은 「농가월령가에 대한 고찰」에서, 농가월령가의 내용을 신앙의례적인 행사와 생업력적인 생산활동으로 나누어 분석하고 『시경』, 『예기』등 문헌과의 유사성에 대하여 논의했다.

김열규(1977)는 「고려사회의 민속과 무속」에서 고려 속요 「동동」을 통해 세시풍속의 제의성을 밝히면서 그 속요에 나타난 월령 민속, 곧 세시풍속을 추출했다. 문학과 세시풍속을 접맥, 문헌적 · 제의적 측면에서 해석함으로써 새로운 방법론 모색의 길을 열어 주었다. 최길성(1979)의 「세시풍속과 의례」는 기존 문헌자료를 토대로 천체와 세시풍속의 관계, 자연현상과 세시풍속, 세시풍속에 나타난 시간 구조, 세시풍속의 의례성을 고찰한 논문이다. 윌슨(Wilson)의 시간 개념과 범주를 원용, 세시풍속의 시간 구조를 파악, 세시풍속이 지닌 의례성과 상징성에 접근하고자 했으나 분명하게 드러나지 않는다.

2) 체계적 연구방법 구축과 다변화(1980년대)

1970년대를 전후하여 체계적인 이론이 모색되기 시작한 세시풍속 연구는 1980년대 들어 단행본 저서가 출간되고 본격적으로 이론적 틀이 제시되는 등 체계적인 연구방법이 구축되고 다변화되었다.

전 시대부터 세시풍속 연구의 이론체계를 모색, 구축하고자 했던 김택규는 세시풍속을 기반으로 한 기층문화권을 설정한 「한국기층문화론시고」(1982)를 발표했으며 그간의 연구성과를 모아 『한국농경세시의 연구』(1985)를 출간했다. 자서(自序)에서 농경의례를 모태로 하는 한국의 세시를 문화인류학적인 시각에서 분석했음을 밝힌 저자는 책에 '농경의례의 문화인류학적 고찰'이라는 부제를 달았다. 제의력과 생업력을 중심으로 한 농경의례라는 민속체계를 통하여 한국 문화의 복합적 성격을 규명하고 나아가서 세시풍속을 기반으로 한 기층문화 영역을 추석권 · 단오권 · 추석단오 복합권이라는

3대 영역으로 문화권을 설정했다. 현지조사자료와 문헌자료를 두루 섭렵, 심도있고 폭 넓은 논의를 했는데 세시풍속 연구저서로는 오늘날까지 가장 평가받고 있다. 「한국 농경 세시의 이원성」(김택규, 1988)에서 논자는 연구시야의 확대문제, 잡곡재배와 수도재배를 바탕에 깐 한국 세시풍속의 이원성 문제 및 앞의 저서에서 논의되었던 기층문화영역에 대하여 재검토했다. 오랜 민족문화의 기반이 되는 농경문화를 바탕으로 한국의 기층문화권의 영역을 설정, 세시풍속을 생업력과 제의력으로 나누어 생업을 중심으로 농사를 축원 · 생장 · 수확으로 분류하고 구조화시켜 세시풍속의 분석 체계를 제시함으로써 방법론상의 한 장을 열었다.

세시풍속을 제의력과 생업력으로 나누어 논의를 폄으로써 시각을 넓혀주고 분석 모형을 제시한 점을 높이 평가할 수 있으나 그래서 발생할 수 있는 문제점을 고려해 볼 필요가 있다. 생업력을 모두 세시풍속에 포함시킬 경우 자칫 개별적인 행사까지 세시풍속의 범주에 넣어야 할 뿐만 아니라 변별적인 특징이 모호해질 수 있기 때문이다. 세시풍속이 농업력과 관련되는 것이 대부분이어서 의례력과 생업력을 독립시키기 보다는 세시범주에서 논의될 수 있는 생업력을 함께 서술하는 방법을 생각해 볼 수 있다.

재야학자인 강무학(1982)의 『한국세시풍속기』에는 '천체의 학문인 세시기'의 기원을 비롯하여 세시기를 기준으로 형성된 세시풍속의 본질, 십이지, 세시기 시비론, 삼국의 세시행사 등 논문 10여 편 및 동국세시기 · 열양세시기 · 경도잡지의 번역문과 원문이 수록되어 있다.

1970년대부터 세시풍속 관계 논문을 내놓은 바 있는 임동권(1980)은 80년대 들어서도 연구업적을 내놓았다. 그는 「세시풍속의 연구」에서 세시풍속의 형성요인, 세시풍속의 현상과 그 속에 나타난 의식 및 세시풍속의 계승 등에 대하여 논의했다. 그리고 이 논문과 70년대에 나온 논문 · 자료 등을 모아 단행본 저서 『한국세시풍속연구』(임동권, 1985)를 출간했다. 위의 논문을 비롯하여 세시기에 나타난 농업주술, 서울의 세시풍속, 어촌의 세시풍속 등의 논문과 자료가 수록되어 있는데 각기 독립적인 논문을 모은 것이어서 유기적인 관련성이 없다는 아쉬움이 있다.

박준규는 문학과 세시풍속을 접맥한 「한국세시가요의 연구」(1983)와 「한국세시가요에 나타난 세시풍속고」(1987)를 발표했다. 세시가요에 나타난 세시풍속의 규명은 한국인 재래의 생활상과 향토적 시정이 어떻게 형상화되었는지를 밝힐 수 있다고 했다. 역시 문학과 관련된 연구로, 류종목(1987)의 『한국민간의식요연구』에서는 세시의식요와 장례의식요를 중심으로 그 구조와 가치관을 논의했다. 문학작품을 통해 세시풍속을 논의함으로써 세시풍속 연구의 폭을 넓히는 계기가 되었다.

이두현(1984)은 민속학 관계 논문들을 모아 『한국민속학논고』를 출간, 제1편에 무속과 동제, 제2편에 세시풍속 관계 논문과 각 도의 세시풍속 자료를 수록했다. 세시풍속의 내용을 벽사진경(辟邪進慶)과 민속예술로 나누어 해석함으로써 단순하나마 세시풍속의 성격을 드러내고자 했다. 세시의 기틀이 되는 역법과의 관계를 문제시하여 개설적인 설명을 했지만 세시의 근원적인 이치를 설명하는 데까지는 미치지 못했다.

장주근은 「농경과 세시풍속」(1983)에서 세시풍속의 형성요인, 고대 제천의례의 역사와 역법의 전승양상, 보름명절과 중일(重日)명절, 단오와 추석명절을 남북의 절기차 및 농사 시기차와 관련시켜 그 차이를 검토했다. 그리고 끝으로 현대사회에서 세시풍속의 변화상을 약술했다. 『한국의 세시풍속』(장주근, 1984)은 앞에서 논의했던 논문을 심화하여 수록하고 세시풍속의 내용을 현지조사자료와 문헌자료를 활용, 해석을 곁들여 월별 순차적으로 기술한 개설서다. 부록으로 한·중·일 삼국의 국가 공휴일을 소개했다. 세시풍속의 개념정의부터 사회변동과의 관계에 이르기까지 고루 다루어 세시풍속의 폭넓은 이해에 도움이 되고 있지만 세시의 본질적인 이치, 근원적인 의미와 원리까지는 접근하지 않는 개설서의 한계가 있다. 「한국 세시풍속의 역사적 고찰」(장주근, 1985, 1986)에서는 세시풍속의 역사적 변천을 선사시대·삼국시대·고려시대·조선시대로 나누어 고찰하고 현대의 사회변동과 세시풍속의 상관성을 약술했다. 세시풍속이 농경과 밀접한 관련이 있다는 점을 들어 그 시원을 농경의 시원과 병행했으리라 보았다. 그리고 고대 제천의례는 그 주기성으로 보아 세시풍속의 문헌적인 시원으로 보았다. 삼국시대와 그 이후는 『삼국사기』 등 우리 문헌을 중심으로 논의를 폈다.

김태곤은 민속학이 민속을 보유한 인간의 연구라는 과제를 제시, 「세시풍속 속의 민간사고」(김태곤, 1981)에서 세시풍속을 전승하는 민중의 사고패턴을 추적했다. 「신년제의 실상」(김태곤, 1983a, 1983b)에서는 세시풍속의 일환인 신년제의 주기적인 반복의 의미와 기능을 고찰했다. 그는 신년제가 세속과 신성의 주기적인 순환 속에서 존재지속을 위해 이루어지는 인간의 생존적 방법의 일환이며 그것은 원본의 미분성에 의한 원리임을 밝히고 있다. 신년제는 세시풍속의 일환으로 관심을 가져오기는 했으나 지금까지 소홀했던 주기적인 의미와 기능을 검토, 신년제의 근원적인 문제에 접근했다.

김명자(1982), 「송파(松坡)의 세시풍속」은 서울 송파지역의 세시풍속을 조사·기술한 세시풍속 민속지다. 1977년 처음 조사시, 전형적인 농촌이었던 송파지역을 약 4년에 걸쳐서 조사하는 동안 많은 변화 양상을 보였는데 이 자료에는 마을의 변화양상 및 세시풍속의 내용과 현존여부, 단절시기 등을 기술했다. 「세시풍속의 순환의미」(김명자, 1983)에서는 송파의 세시풍속 자료와 그밖의 지역에서 조사한 내용을 활용, 세시풍속이 1년 주기로 순환하는 그 의미와 순환체계를 파악하고 세시풍속을 통해본 민간사고와 그 근원을 규명했다. 변동론적인 측면에서 접근을 시도한 「근대화에 따른 세시풍속의 변천」(김명자, 1986c)에서는 근대화를 기점으로 세시풍속의 변동과정을 통시적으로 추적했다. 갑오경장을 기점으로 근대화의 상황과 세시풍속의 변화를 약술한 후 크게 산업화 이전과 이후로 나누어 검토했다. 세시풍속은, 갑오경장 이후 근대사회에 들어서도 아직 농경이 주를 이루었기 때문에 전승력을 발휘했지만 산업사회 들어 농업에서 공업으로 산업이 바뀌면서 퇴색되는 등 큰 변화기를 맞는다는 점을 강조했다. 「세시풍속 자료의 분류시고」(김명자, 1986a)는 수집된 자료를 체계적으로 분류하는 방법을 시도해 본 논문이다. 복합적인 민속현상인 세시풍속의 공통점과 유사성을 찾아, 먹기 · 제사 지내기 · 놀기 · 꺼리기(금기) · 생활대책 세우기 · 기원하기(빌기) · 입기 · 점치기 · 방법(방술 · 주술)하기 등의 9개 항목의 분류 방법을 제시했다. 「원두들의 민간신앙과 세시풍속」(김명자, 1986b)과 「송천동의 가신신앙과 세시풍속」(김명자, 1988)은 경북 안동지역의 마을을 대상으로 세시풍속을 조사한 것으로, 전자의 경우 앞의 논문에서 제시한 세시풍속 자료 분류방법의 모형에 적용하여 기술했다. 충남 서산(瑞山) 지역의 민속현상을 집중적으로 조사 · 기술하여 엮은 『서산민속지』, 「세시와 의례전승」(김명자, 1987)[15] 부문에 서산군의 18개 지역을 대상으로 조사한 세시풍속 자료를 수록했다. 현지조사 보고서의 성격을 지닌 책의 체제상 종전의 익숙한 방법대로 시계열적인 기술을 하고 마지막에 윤달의 세시풍속을 기술했다. 「근대화에 따른 세시풍속의 변동과정」(김명자, 1989b)은 앞의 논문 「근대화에 따른 세시풍속의 변천」을 수정 · 보완하여 다시 쓴 논문이다. 세시풍속의 변동과정을 전편과 마찬가지로 민족의 수난기, 광복 이후 산업화 이전과 이후로 나누어 추적했으며 전편 논문이 나온 후의 변화 모습, 현지조사자료를 삽입하는 등 수정과 보완을 했다. 역시 변동론적인 측면에서 다룬 임재해(1989a), 「단오에서 추석으로 : 안동지역 세시풍속의 지속성과 변화」에서는 설날과 추석이 국가적인 차원의 명절이 되면서 단오문화권인 안동지역의 명절이 추석문화권과 같은 양식으로 바뀌어가는데 따른, 세시풍속의 변동양상을 진단했다. 아울러 어떻게 변화되었으며 그 요인은 무엇인가를 논의했다.

김명자(1989a), 「한국세시풍속연구」는 지금까지 논의된 내용과 새로운 논의를 포함, 세시풍속에 대한 종합적인 연구 논문이라 할 수 있다. 세시풍속이 농경의례라는 점에 주목하여 농경의 기원을 통해 세시풍속의 기원을 추정, 문헌에 나타난 세시풍속에 관해 논의했다. 또한 세시풍속의 순환체계와 근원적인 의미 및 원리를 규명했으며 세시풍속의 변화양상을 통시적으로 추적하고 세시풍속의 기능과 그 변화 및 변화요인을 파악해 보았다. 끝으로

15) 『서산민속지』는 충남 서산군(현 서산시)이라는 군 단위의 한 지역을 대상으로 종합적인 민속조사를 하여 발간한 민속지로는 처음인데 이후 군, 시, 도 단위의 민속지가 발간되고 있다.

부록편에 마을의 생태에 따라 4개 표본지역 마을의 세시풍속 자료를 수록, 기초자료로 삼았다. 「문학과 세시풍속의 상관성」(1990b)에서는 고대 제천의례를 바탕으로 세시풍속의 문학적인 기저를 검토하고 세시설화[16)]와 세시가요를 대상으로 문학과의 관련성을 규명했다. 임기중(1982)의 「한국시가문학에 있어서의 세시풍속의 의미」는 학회 발표요지로 시가문학을 세시가요계·달거리계·월령체계의 세 계열로 분류, 그 기능과 의미를 찾아보고자 했다.

고려대 민족문화연구소에서 펴낸 『한국민속대관』 세시풍속편(임동권·이경복·김영진·진성기, 1982)에는 세시풍속 자료를 포함, 관계 논문이 수록되어 있다. 3개월 단위로 계절을 나누고 마지막에 윤달을 설정, 기존의 세시기와 『한국민속종합조사보고서』 세시풍속자료 등을 활용, 명절과 절후·제의와 기원·의식·계절의 잡사 등으로 나누어 해석을 했다.

김기설(1983)은 문헌자료와 현지조사자료를 묶은 영동지방의 세시풍속 자료를 시계열적으로 서술한 「영동지방 세시풍속에 대한 고찰」을 발표했다. 조사시기와 방법 등 데이터가 없이 세시풍속을 정리, 초기단계의 민속지적 성격을 벗어나지 못했다. 임재해(1986)는 「설과 보름 민속의 대립적 성격과 유기적 상관성」에서 세시풍속이 집중되어 있는 설과 보름 명절을 중심으로 세시풍속의 체계와 기능을 고찰하고 있다. 논자는 설의 민속이 개인적이고 폐쇄적이며 소극적인데 비하여 보름의 민속은 집단적이고 개방적이며 적극적이라고 할 수 있는데 이러한 대립적 성격은 상호 보완적인 기능을 지니므로 유기적인 관련 속에서 양립한다는 사실을 밝혔다.

김성원(1987)의 『한국의 세시풍속』은 역(曆)의 효용, 역법의 제정, 중국의 역법 등의 논술과 함께 동국세시기·열양세시기·경도잡지의 원문과 번역문을 수록하고 사진을 곁들인 해설서이다. 사진자료는 다른 문헌의 것을 옮긴데다 적절하지 않은 사진을 게재하고 사진 설명에도 오자가 눈에 띈다.

장정용(1988)의 『한·중 세시풍속 및 가요연구』는 한국과 중국의 민속문

---

16) 세시풍속과 관련되어 있는 설화를 편의상 세시설화라 하였다. 설화를 신화·전설·민담으로 나누지만 이 글에서는 類개념으로서 설화라는 말을 사용했다.

학의 차이점과 공통점, 민족문화의 일환으로 세시풍속과 가요의 유기적 관계를 비교의 시각에서 논술한 저서다. 한국과 중국의 문헌을 기반으로, 한·중 세시가요를 고찰하고 한·중 세시풍속 및 가요를 비교했으며 이를 통해 한·중 세시가요의 시가사적(詩歌史的) 위상을 밝히고 있다. 한국과 중국의 자료를 비교, 내용상의 공통점과 차이를 구체적으로 들어가며 논의를 폈는데 다양한 문헌자료의 섭렵이 주목된다. 김선풍(1989)은 「고려시대 세시풍속고」에서 고려시대의 세시풍속에 대하여 문헌적인 고찰을 했다. 지금까지 세시풍속에 관한 연구가 문헌 섭렵이 철저하지 못하다는 점을 들면서 『고려사』·『동국이상국집』·『포은집(圃隱集)』·『가정문집(稼亭文集)』 등의 문헌자료에서 1월부터 12월까지의 세시풍속에 관한 자료를 추출, 월별로 나누어 소개하면서 각종 옛 문헌을 활용하여 해석했다. 통시대성을 벗어나 한 시대로 한정하여 접근함으로써 당시의 생활상을 볼 수 있는 실마리가 된다. 최승순(1989)은 「춘천·춘성지역 문화조사」 민속부문의 세시풍속편에 강원도 춘천과 춘성지역을 중심으로 조사한 세시풍속을 소개, 미흡하나마 지역의 특성이 나타나는 현장성 있는 자료도 있다.

이상과 같이 1960년대 후반~1980년대에는 세시풍속에 대한 체계적인 연구방법이 구축되고 연구방법도 다변화하면서 '전 시대'의 민속지적인 접근은 지속되어 양자가 병행되었다. 또한 방대한 물량으로 질 보다는 양적인 비대 현상도 나타났다.

5. 연구 폭의 확대와 세시풍속의 응용화(1990년대 이후)

1) 연구 폭의 확대

세시풍속의 새로운 연구방법의 모색과 구축 그리고 다변화에 따라 90년대 들어 전국 규모의 세시풍속 민속지 발간을 비롯하여 사진자료집이 발간되고 중국과 프랑스의 세시풍속 관련 저서가 발간되는 등 연구 폭이 확대되었다. 또한 80년대에 연구했던 원로 연구자들이 활동하지 않는 반면 새로운 연구자의 논문이 발표되었다. 특히 세시풍속을 비롯한 '의례문화'를 논의한 '한국인의 의식과 예절문화 시리즈'와 같은 괄목할 만한 학제간 연구의 성과물이 나오기도 했다. 반면 90년대 이후 탁월한 단행본이 출간되지 못한 것은 아쉬운 일이다.

그동안 세시풍속 연구사에 대한 천착은 지극히 미진했다. 1980년대에 장주근(1985) · 김택규(1985) · 장정룡(1988)이 각기 자신의 저서에서 선별적으로 연구사를 짚은 바 있다. 근래 정승모(2001)가 「세시풍속 연구의 역사」를 간략하게 서술했지만, 상세한 논의는 김명자(1990c), 「한국세시풍속의 사적 검토」에서 이루어졌다. 논자는 이 글에서 실학시기의 성과, 일제 강점기부터 1960년까지의 성과, 1960년 이후부터 1989년까지의 성과로 나누어 살펴본 뒤 앞으로의 과제를 제시했다. 비판적인 논의에는 미치지 못했지만 이 글을 통해 세시풍속 연구의 전반적인 흐름을 파악할 수 있는데, 세시풍속에 대한 그간의 학문적 관심을 보다 소상하게 밝혀보겠다는 의도에서, 때로는 시론류의 글도 소개했다. 쟁점을 중심으로 논의한 글은 임재해(1989b), 「세시풍속」[17]을 들 수 있다. 당시 단행본은 재야학자들의 저서 두 권을 포함하여 일곱 권을 대상으로 논의를 했다. 그러나 『한국세시풍속기』(강무학)와 『한국의 세시풍속』(김성원)에 대해서는 비교적 간략하게 비판적 논의를 한 반면 『한국민속학논고』(이두현), 『한국의 세시풍속』(장주근), 『한국세시풍속연구』(임동권), 『한국농경세시의 연구』(김택규), 『한 · 중 세시풍속 및 가요연구』(장정룡) 등 5권에 대하여 심도있는 논의를 했다. 논쟁적 연구라는 표현처럼 '치열하게' 논의하면서 앞으로의 과제를 제시했다. 이들 저서 가운데 뚜렷한 성과물로 『한국농경세시의 연구』를 들면서 손꼽을 세시풍속 연구가 낮은 것은 논쟁적 연구로 발전하지 않고 전공자가 없다는 점을 들었다. 위에서 든 저자 가운데 세 분이 각기 민속극과 연극사 전공자, 신화와 민속신

---

17) 이 글은 '한국민속학 20년의 반성과 과제'라는 주제로 '민속학회'에서 개최한 학술대회 발표논문이다. 이후 「세시풍속 연구의 반성적 검토와 극복방안」으로 논제를 바꾸어 임재해(1994), 『한국민속과 오늘의 문화』(지식산업사, 366~386쪽)에 수록했다.

앙 전공자, 민요 전공자로서 이들에게 획기적인 업적을 기대할 수는 없다고 했다.

의미와 기능에 대한 연구는 민속학의 다른 분야에서도 보편적인 접근방법으로 김명자(1992a), 「세시풍속의 기능과 그 변화」에서는 전통사회에서 세시풍속의 기능이 산업사회에서 어떻게 지속・변화되는가를 밝히고 아울러 기능변화요인을 규명했다. 세시풍속은 산업사회 들어 퇴색되었지만 나름대로 전통적인 기능을 하면서 새 시대에 적응하여 새로운 기능을 보완하고 있음을 밝혔다. 『구미・선산의 세시풍속』(성병희・김명자, 1992)은 경북 구미시의 4개 마을, 선산군의 12개 마을을 대상으로 조사・보고한 세시풍속 민속지이다. 민속지적 현재를 1960년 이전으로 하여 세시풍속과 농사력, 농사방법 등을 함께 조사, 정리했다. 종전과 마찬가지로 시계열적인 정리를 했지만 세시풍속과 농사력을 도표화하여 한 눈에 볼 수 있도록 자료 정리를 했으며 민속지도와 농사관련 그림을 수록하여 살아있는 자료의 모습을 드러내고자 했다. 「안양의 세시풍속」(김명자, 1992b)은 경기도 안양의 4개 마을을 4차례에 걸쳐 조사한 자료를 정리한 보고서다. 조사지역은 1991년 조사 당시 한창 개발 중이었는데 지금은 신도시 '평촌'의 아파트 촌이 되어 있다. 따라서 옛 마을의 세시를 알 수 있는 자료로서의 가치가 있다.

교육부 인문・사회과학 중점영역연구결과 보고서인 '한국인의 의식과 예절문화 시리즈' 3권은 학제간 연구의 시범을 보여주고 있는 것으로 '세시의례'를 비롯한 우리나라의 각종 의례를 심도있게 다루었다. 김명자는 세시의례를 맡아 논의했는데 제1권 『한국 의례문화 연구사 및 연구방법』(덕성여자대학교 인문과학연구소 편, 1997)에서는 연구자료 및 연구사 등에 대하여 논의[18]했으며 제2권 『한국 의례문화의 구조와 역사』(덕성여자대학교 인문과학연구소 편, 1998)에서는 한국 의례문화의 구조와 의미, 한국 의례문화의 역사와 변천에 대하여 논의하였다.[19] 제3권 『한국 의례문화의 이해와 평가』

18) 이 보고서는 총론, 의례 이론의 검토, 연구자료 및 연구사, 연구과제 및 연구방법, 결론과 전망의 5부로 나뉘고 다시 章과 節로 나뉘어 있다. 연구자(공동 7인)마다 장과 절에서 맡은 분야를 서술했기 때문에 쪽수를 일일이 쓰지 않는다.

(덕성여자대학교 인문과학연구소 편, 1999)에서는 의례문화를 통한 한국인의 삶의 이해란 관점에서 항목에 따라 논의하였다.[20] 한국의 의례문화를 집중적으로 다룬 논저는 최초인데 특히 3년동안 수 차례의 의견교환, 토론과 발표 등을 통해 결과물을 내며 학제간 연구사례를 보여주었다.[21] 「세시풍속의 연구」(김명자, 1994)는 쟁점이 되는 세시풍속 관련 논문을 중심으로 세시풍속 연구사를 짚은 글이다. 실학자들의 세시풍속에 대한 관심, 당시까지 나온 연구사에 대한 논의, 연구동향과 앞으로의 과제, 그리고 새로운 풍속과 세시풍속의 관계 등에 대하여 논의했다.

산촌민속을 조사·보고한 「금대리의 세시풍속」(김명자, 1995b)은 강원도 원성군 판부면 금대2리 일론마을의 세시풍속을 조사·정리한 글이다. 옥수수로 만든 세시음식, 산촌에서 즐길 수 있는 세시놀이, 가정단위의 산기도 등 강원도 산간마을의 특성을 알 수 있다. 특히 처음 조사를 했던 1984년만 해도 세시풍속이 전승되고 있었으나 10년 후인 1994년 마을을 찾았을 때에는 생업을 비롯하여 모든 상황이 달라져 있었던 점을 밝히고 있다.[22] 「엄미리의 세시풍속」(김명자, 1995a)에서는 산간마을인 경기도 광주군 중부면 엄미리의 세시풍속을 조사·보고했다. 요즘에는 장승마을로 알려진 이 마을의

---

19) 이 보고서는 총론과 한국 의례문화의 구조와 의미, 한국 의례문화의 역사와 변천, 결론과 전망의 4부으로 나눠고 다시 章과 節로 나뉘어 있다. 역시 연구자(공동 7인)마다 장과 절에서 맡은 분야를 서술했기 때문에 쪽수를 일일이 쓰지 않는다.

20) 이 보고서는 총론과 의례문화를 통한 한국인의 삶 이해, 한국 의례문화의 평가와 전망의 3부로 나눠고 다시 章과 節로 나뉘어 있다. 역시 연구자(공동 7인)마다 장과 절에서 맡은 분야를 서술했기 때문에 쪽수를 일일이 쓰지 않는다.

21) 필자는 이 작업에 참여하면서 무척 힘들었다. 본인이 맡은 논문을 서술하고 끝나는 것이 아니라 수시로 발표와 토론을 하면서 여러 가지 의견을 내야하는 등 부담이 컸다. 특히 학제간의 연구여서 첫 해에는 흡사한 주제로 여러 차례 쓰면서 내용을 조율했다. 대단히 보람있는 작업이었다는 생각이 지워지지 않는데 단행본 저서로 발간하지 못한 아쉬움이 있다. 단행본 저서로 묶으려면 다시 정리하고 조율이 필요한데 워낙 방대하고 어려웠던 작업인데다 연구자마다 다른 일로 분주하여 손을 못대고 있다.

22) 그러기에 민속자료는 일정한 시기를 두고 재조사함으로써 그 변화상을 볼 수 있다.

세시풍속 조사는 1983~84년 사이에 10여 차례 했으며 특히 현장성 있는 자료를 확보하기 위하여 설날·정월대보름, 그리고 장승제를 지내는 날 참관하기도 했다는 점이 돋보인다. 「세시풍속을 통해 본 윤달의 의미」(김명자, 1996)에서는 윤달의 세시풍속과 특징, 윤달의 성격과 의미, 세시풍속과 윤달의 관계 등에 대하여 논의했다. 특히 윤달의 양면성은 신성성과 직결된다는 점을 밝혔다. 「세시풍속의 순환체계」(김명자, 1997)는 세시풍속이 주기적으로 순환하는 체계와 그 원리를 파악한 글이다. 세시풍속의 시간이 1년을 주기로 단절되면서 순환되는 그 순환체계를 논의하고 이렇게 순환되고 있는 것은 원본사고[23]를 기반으로 하고 있음을 밝혔다. 「안동의 세시풍속」(김명자, 1999)은 연구자가 오랫동안 안동 여러 마을의 세시풍속과 농사력을 조사한 것을 모아 정리한 민속지이다. 애초 현지조사한 날짜와 장소 등 데이터를 확실히 했지만 책의 체제상 이러한 데이터를 모두 없애 민속지로서의 성격이 두드러지지 않는 취약점이 있다.

농경의례로서의 세시풍속을 심도있게 천착한 김택규(1991)는 「조선 후기 사회 농민의 일과 여가」에서 조선후기사회의 농민생활에서 일의 장이 거의 여가의 장이 되고 또 일의 때가 여가의 때와 겹친다는 점을 농사력과 세시풍속의 관계를 통해 밝혔다. 「조선 후기의 농경의례와 세시」(김택규, 1993)에서는 축원의 세시·생장의 세시·수확의 세시로 나누어서 농경의례로서의 성격을 파악하고 세시의 지역성과 복합성을 논의했다. 논자가 지난 1980년대에 세시풍속을 통해 기층문화영역권을 설정, 그에 대하여 논의했던 내용을 재구한 것이다.

부산지역의 민속을 집중적으로 조사·연구하는 김승찬(1992)의 「부산 수영지방의 당산제와 세시풍속」은 부산 수영지방의 세시풍속을 조사·보고한 자료집인데 세 마을의 당산제를 소개하고 세시풍속을 정리했다. 실상

---

23) 이 논문이 실린 『한국문화의 원본사고』는 원본사고(Arche-Pattern)를 이론의 틀로 각 분야의 연구자들이 각기 다른 주제를 가지고 연구한 저서이다. 원본이론에 대해서는 이 책 및 김태곤(1982), 『한국무속연구』, 집문당, 151~183쪽, 475~479쪽 참조.

당산제 역시 주기적인 의례로서 세시풍속의 영역에 포함되므로 이는 세시풍속 민속지의 성격을 지닌다. 당산제는 그 내용을 소상하게 조사 정리한 반면 세시풍속 편에서는 제의・기축(祈祝)・이방(예방)・점복・금기・시식과 오락・기타 등 7개 항목으로 나누어 비교적 간략하게 서술했다. 전통적인 세시와 조사 당시의 양상을 서술하여 생자료로서의 성격을 부각시키고자 했다. 『녹산문화유적 학술조사보고서』의 세시풍속 편(김승찬・이원홍・조태흠, 1992)에는 경남 김해군 녹산면에서 1989년 부산지역으로 편입된 녹산지역의 세시풍속이 수록되어 있다. 『가덕도(加德島)의 기층문화』 세시풍속 편(김승찬, 1993)에는 부산직할시 소속 남해연안 도서지역인 가덕도의 세시풍속 현지조사자료가 수록되어 있다. 세시풍속의 내용을 8개 항목으로 나누어 월별로 기술하고 끝으로 세시의 성격을 약술했다. 『부산지방의 세시풍속』(김승찬, 1999)은 논자가 부산광역시의 변두리에 있는 10여 마을을 현지조사하여 자료를 정리한 민속지이다. 세시풍속 내용을 7개 항목으로 나누어 월별로 서술하고 이를 기반으로 세시풍속에 나타난 사유관을 천착했으며 부록으로 부산지방 세시풍속과 중국 세시풍속의 대비적 고찰, 산성마을의 금기생활과 민간요업을 수록했다. 민속지적 현재를 1940~1950년대로 하고 있어서 반세기 전의 생활문화인 세시풍속의 양상과 중국의 세시풍속을 살펴볼 수 있다. 『기장군 문화유적과 기층문화』(김승찬 외 공편) 세시풍속편(조태흠, 1997)에는 경남 양산군에 속해 있다가 1995년 3월 부산광역시에 편입된 기장군의 세시풍속 현지조사자료가 수록되어 있다. 세시풍속을 8개 항목으로 나누어 월별로 기술하고 마지막 부분에 세시풍속의 특징을 밝혔다.

안길모(1993), 『불교와 세시풍속』은 불교와 세시풍속의 상관성을 천착한 저서이다. 저자는 세시풍속이 불교로부터 깊은 영향을 받아 일부 세시풍속은 처음부터 불교 교리나 행사 또는 특정 사건을 계기로 시작되었다고 했다. 이 책에서는 불교의 명절과 재일, 12간지와 불교, 월별 풍속과 불교의 관련성 등에 대하여 논의했다. 세시풍속이 불교와 밀접한 관련성을 지니고 있다는 점을 문헌을 통해 구체적으로 밝히고 있다. 역시 종교와의 관련성을 다룬 천진기(1995)는 「한국 종교세시 소고」에서 불교와 기독교・천주교 등 종교세시를 소개하고 전통세시명절과 국경일・공휴일・종교세시의 절기를 비교했다. 불교세시는 음력을 사용하고 있어서 전통세시와 만나게 되며 기독교(개신교)와 천주교는 양력을 중심으로, 그것도 휴일과 공휴일, 국경일, 각종 행사일에 맞게 거행되어 현대의 생활에 적합한 성격을 지니고 있으며 세시의 변화에도 영향을 미친다고 했다. 세시풍속의 변화에 종교세시도 고려해야 한다는 논의는 타당하지만 본문에서 자주 사용된 '연중행사'라는 용어는 적절하지 않다.

문학과 관련된 연구는 이 시기에도 등장, 임기중(1993)이 역주와 해설을 한 『우리 세시풍속의 노래』는 서울권 중심의 세시풍속을 한시로 쓴 유만공의 『세시풍요』를 한글로 바꾸고 주석과 해석을 곁들여 쉽게 읽고 이해할 수 있도록 했다.

개별세시에 대한 연구로, 이수자(1993)는 『백중의 기원과 성격』에서 백중은 단순히 불가의 명절이 아니라 민가의 명절이라는 점을 제주도 농경기원신화 세경본풀이와 백중에 행해지는 세시를 관련시키면서 논의했다. 김혜숙(1997)의 「팔관회의 기능과 변화」에서는 팔관회의 전개과정・내용적 구성・기능적 양상에 대하여 논의했다. 착실한 문헌섭렵이 돋보이는 논문이다.

임재해(1993)는 「세시풍속의 변화와 공휴일 정책의 문제」에서 오늘날 설날과 추석이 국가적인 공휴일로 지정됨에 따라 세시풍속이 변화되든지 혹은 역기능을 하는 점 등을 지적했다. 이는 전통문화를 살리는 면도 있지만 역으로 소멸시키는 면도 있다는 것이다. 이러한 사실에 주목하여 세시풍속의 전통에 입각한 공휴일 지정을 문화정책의 시각에서 다시 입안하여 시행할 것을 촉구한다고 했다.

역사・문헌적 연구로 장철수(1997), 「영남지방 세시풍속의 기원」에서는 각종 문헌에 나타난 영남지역의 세시풍속을 소상하게 소개, 그 기원과 유래를 설명했다. 특히 논자는 세시풍속의 본질과 성격, 그리고 형성과 변화는 생업력이 내용별로 보다 명확하게 규명되고, 또 일상생활에 변화를 주는 주기적인 날들의 등장과 의미를 규명할 수 있을 때라야 제대로 밝혀질 수 있다고 했다.

상기숙은 중국의 세시기로 우리나라에서도 많이 알려진 종름(1996)의 『형초세시기』 연구서를 출간하였다. 『형초세시기』가 나왔을 때의 시대적 배경, 판본 연구, 역주 및 두 종류의 판본이 부록으로 수록되어 있다. 『형초세시기』라는 책 이름은 비교적 익숙하지만 중국문화 전공자 이외에는 접할 기회가 흔하지 않았다는 점에서 소중한 책이라 할 수 있다. 『프랑스의 세시풍속』(송영규, 2001)은 본래 농본국인 프랑스의 농업에 관련된 세시풍속을 정리한 책이다. 민속유산을 많이 간직하고 있는 프로방스지방을 중심으로 하되 다른 지방의 민속을 곁들여 소개했다. 프랑스의 세시풍속은 프랑스 고유 풍속과 주변 민족들의 풍속이 가미되어 있고 거기에 그리스도교적인 의례가 첨가되었음을 밝혔다. 민속지적 현재와 전승여부를 알 수 없으나 서양의 세시풍속을 접할 수 있는 기회가 된 것은 소득이다.[24)]

세시풍속의 역사에 대한 논문은 이미 장주근이 전 시대에 논의한 적이 있으며, 김명자(1989a) 역시 「한국세시풍속연구」와 의례문화 관련 논문에서 논의한 바 있다.[25)] 장정룡(1996), 「세시풍속의 역사」는 세시풍속과 관련된 문화현상을 서술, 역사와는 거리가 있다. 역법의 수용, 기(氣)와 세시풍속, 천체와 세시풍속, 원시농경문화와 세시풍속, 종교수용과 세시풍속, 문화변동과 세시풍속 등에 대하여 논의했는데 대체로 다른 연구자들이 논의한 내용을 인용했거나 범박한 논의에 머물렀다. 장장식(1999)은 「동국세시기의 기술태도와 특징 : 경도잡지 · 열양세시기와의 비교를 통하여」에서 『동국세시기』의 기술태도와 특징을 상세하게 검토했다. 결과 『동국세시기』는 중국의 『형초세시기』의 영향을 받은 동시에 자국문화에 대한 자긍심의 발로로 저술되었으며 그 다양한 해석에서 학자적인 태도를 잘 보여주고 있음을 밝혔다.

---

24) 이밖에도 해외의 세시풍속을 논의한 글이 있지만 생략한다.

25) 덕성여자대학교 인문과학연구소 편(1998), 『한국 의례문화의 구조와 역사』, 123~130쪽에 세시의례의 역사성에 대하여 서술되어 있다.

간혹 결론이나 확신이 오류를 범하고 중국기원설로 이어지기는 하나 이는 학문적 태도에서 비롯하기 보다는 학문적 오류에서 기인하는 문제로 보고 있다. 『동국세시기』를 처음 역주한 이석호(1973)는 저자 홍석모 선생의 학자적인 태도를 널리 평가했으며 세시기로서는 백미라고 극찬을 한 반면, 민속의 연원을 찾고자 그 근원을 모두 중국에서 찾느라고 다소 견강부회한 점은 흠이라고 했다. 인권환(1978)은 이를 모화사상으로 보기보다는 그 유래를 밝히려는 학적 의도 내지는 비교민속학적인 측면에서 긍정적인 의도로 받아들여야 할 것으로 본다고 했다. 김명자(1985) 역시 「동국세시기 해제」에서 이와 같은 견해를 상세하게 밝힌 바 있다.

사진을 중심으로 간행된 단행본, 『한국의 세시풍속』(2001)은 황헌만 사진 자료집으로 정승모가 글을 썼다. 뒤편에 정승모의 「세시풍속 연구의 역사」와 「세시풍속 연구방법」이라는 논고가 약술되어 있다. 모처럼 귀한 세시풍속 관련 사진을 접할 수 있다.

2) 전국 규모의 민속지 발간과 사전 편찬

1990년대 후반들어 세시풍속은 '국가 차원'에서 관심의 대상이 되었다. 전국 규모의 세시풍속 민속지가 등장한 것은 바로 이러한 추세와 병행한다. 세시풍속 연구는 보다 심화되고 전국을 대상으로 한 세시풍속 민속지가 발간되었으며 세시풍속의 관광화를 비롯한 응용화의 문제가 대두되었다.

국립민속박물관에서 2년에 걸쳐 출간한 『한국의 세시풍속 I』(1997)과 『한국의 세시풍속 II』(1998)는 전국 대상의 본격적인 세시풍속 민속지이다. 『한국의 세시풍속 I』은 서울, 경기도, 강원도, 충청남・북도의 5개 시도, 62개 마을을 표본으로 세시풍속을 조사・정리했다. 앞부분에 세시풍속의 개념과 역사적 변화, 세시풍속 연구의의와 과제, 세시풍속 자료수집 및 연구사를 서술한 후 각 지역의 자료를 월별로 수록했다. 각 시도의 세시풍속의 양상을 개괄적으로 파악할 수 있는 자료라는 점에서 평가할 만하지만 조사지역의 성격을 드러내는 사진이 거의 없고 많은 사진이 한국민속촌에서 촬영한 것이어서 현장감이 없다.

『한국의 세시풍속Ⅱ』는 전북, 전남, 경북, 경남, 제주의 5개 도를 대상으로 각 시군에서 8개 마을씩 40개 마을을 대상으로 했으나 전편 보다 많은 원고량에 세시관련 현지사진과 마을지도 등을 수록하여 조사지역의 모습을 확연하게 볼 수 있도록 했다. 앞부분에 조사개요, 도별 세시풍속 연구의 현황을 서술하고 각 도별 세시환경 항목을 설정, 농촌과 산촌·어촌 사람들의 삶의 모습을 글로 담았다. 이어 각 도별 세시풍속의 특성을 서술하고 지역의 세시풍속 자료를 농사력과 함께 수록했다. 뒷부분에는 부록으로 정승모(1998), 「세시풍속 연구의 새로운 관점과 조사방법」이라는 주제의 논문을 수록하고 마지막에 각 도의 세시특성을 국문과 영문으로 요약했다. 그야말로 괄목할 만한 세시풍속 민속지라고 할 수 있다. 또한 정승모의 논문은 그 제목처럼 세시풍속 연구의 새로운 관점과 구체적인 조사방법을 제시했다. "세시풍속을 조사 연구한다는 것은 단순히 무슨 달에 무엇을 해먹고 어떤 놀이를 하였는가 등을 조사하고 기록하는 작업은 아니다. 만약 그러한 작업을 '연구'라고 한다면 따로 전공자가 있을 수 없는 것이며 굳이 이를 전공한다고 말할 필요도 없을 것이다……."(정승모, 1998)라는 논쟁적인 글은 실상 귀를 기울일 만한 내용이다.

정부기관인 문화체육부가 1998년 문화관광부로 바뀌면서 문화의 관광화는 주요한 화두가 되었으며 관광화의 대상으로 세시풍속이 물망에 오른 것은 후자의 민속지가 간행되기 전후부터이다. 문화관광부에서는 '세시풍속 생활화 추진협의회'를 구성, 1998년 10월 16일 오전에 언론인·대학교수·청소년 관련 전문가·여행사 대표·민속촌 및 백화점 이사 등이 참석한 가운데 회의가 열렸다. 이례적으로 관공서에서 세시풍속에 대한 관심을 보인 것인데 여러 가지 의견이 있었으나 '세시풍속 달력'을 만드는 일을 우선 한다는 것으로 회의는 끝났다(김명자, 2003b). 같은 날 오후 국립민속박물관에서 열린 '전통세시풍속의 현대화와 자원관광화 방안'이라는 주제의 학술발표회는 그 연장선상에서 이루어진 것이다. 전통예술의 현대화 문제는 이미 전부터 논의되었으며 지역축제의 대부분이 세시풍속의 일환인 '마을신앙의례'에 바탕을 두고 있다. 그러나 여타의 세시풍속이 구체적으로 '관광화'의 대상이 된 것은 이 무렵부터라고 할 수 있다. 이 학술회의에서는 세시풍속의 전승과 변화, 세시풍속의 현대화와 관광화, 세시풍속의 활성화, 세시풍속의 위상 등에 대하여 논의하였는데 관건은 '관광화'였다.[26] 사실상 세시풍속의 하나인 마을신앙의례가 지역축제로 관광상품이 된 경우는 이제 흔히 볼 수 있다. 강릉단오제의 경우 2005년 유네스코 세계문화유산으로 등재될 만큼 국제적인 축제로 관광상품이 되었다.

2000년대 들어 세시풍속은 관광화의 연장선상에서 체험문화 프로그램으로 등장하기도 했다. 이는 근래 주요 화두가 되는 문화컨텐츠와도 관련되는데 이와 관련하여 농촌진흥청에서는 농촌 전통세시풍속 활용 심포지엄을 개최했다. 이 자리에서는 농촌세시의 계승과 현대화방안, 관광자원화를 비롯하여 세시풍속 이벤트, 체험문화 등에 대한 사례 내용이 논의되었다.[27]

한편 경기도 민속지 시리즈를 기획, 1998년에 제1권 개관편을 출간한 바 있는 경기도박물관에서는 세 번째 작업으로 『경기도 민속지 Ⅲ 세시풍속 · 놀이 · 예술편』(경기도박물관 편, 2000)[28]을 출간했다. 여기에는 경기도를 북부와 동부, 남부로 나누어 현지조사한 내용과 함께 그 특징을 사진자료를 곁들여 실었다. 북부에서 8개 마을, 동부에서 9개 마을, 남부 10개 마을로 모두 27개 마을을 대상으로 했다. 경기도 지역의 세시풍속 자료 소개와 경기도 북부와 동부, 남부 세시풍속의 특징과 전망을 기술, 본격적인 세시풍속 민속지로서의 체제를 갖추었다.

---

26) 이 날 발표내용은 국립민속박물관(1998) 제34회 학술발표회 책자 『전통세시풍속의 현대화와 관광자원화 방안』에 수록되어 있다.

27) 이에 대해서는 농촌진흥청(2004) 발표요지집인 『농촌 전통세시풍속활용 심포지엄』 참조.

28) 김지욱 · 김명자 · 장장식이 각기 북부 · 동부 · 남부지역의 세시풍속을 조사 · 정리하였다.

『경기도 민속지』가 경기도 지역을 선별하여 조사한 반면 국립문화재연구소 예능민속실에서는 전국을 대상으로 조사한 방대한 세시풍속 민속지를 발간했다. 2001년부터 2003년까지 서울특별시와 광역시를 제외한 9개 도, 9권이 출간되었다.

1차년도(2001)에 발간된 『강원도 세시풍속』에는 18개 시군, 54개 마을의 세시풍속이 수록되어 있으며 『경기도 세시풍속』에는 32개 시군, 96개 마을, 『제주도 세시풍속』에는 4개 시군 12개 마을, 『충청북도 세시풍속』에는 11개 시군 33개 마을 자료가 수록되어 있다. 2차년도(2002)에 발간된 『충청남도 세시풍속』에는 15개 시군 45개 마을, 『경상북도 세시풍속』에는 24개 시군 72개 마을, 『경상남도 세시풍속』에는 22개 시군 66개 마을의 세시풍속이 수록되어 있다. 3차년도(2003)에 발간된 『전라북도 세시풍속』에는 14개 시군 42개 마을, 『전라남도 세시풍속』에는 22개 시군 66개 마을의 세시풍속 자료가 수록되어 있다. 각 도의 시군에서 3개 마을씩 조사했지만 이는 사실상 '전수조사'라고 해도 무방하다. 각 지역의 자료를 수록하고 뒷부분에 각 도의 세시풍속의 특징과 영문요약문 및 사진자료를 수록하였다. 그러나 짧은 시간에 많은 양을 조사하다보니 민속지적 현재가 대체로 모호하다. 민속지적 현재를 설정할 때 변화양상도 볼 수 있고 비교의 척도를 설정할 수도 있으며 생활상도 볼 수 있다는 점을 덧붙인다.

전국을 대상으로 한 세시풍속 민속지가 출간되고 이후 국립민속박물관에서는 세시풍속 관련 자료집과 사전 등을 출간하였다. 사전을 출간하기에 앞서 2001년 12월에는 『한국 세시풍속 대사전 편찬 어휘 수집연구』, 2002년 7월에는 『한국 대세시기 표제어 목록집(안)』을 펴내고 여러 차례 자문회의를 열었을 뿐 아니라 2002년 3월 9일에는 "한국세시풍속 대사전 편찬방향 검토"라는 주제로 자문위원과 민속박물관의 관련자 및 관련 연구자들이 학술세미나를 갖기도 했다.[29] 또 한쪽에서는 사전편찬을 위한 기초작업으로 옛 문헌에

29) 이에 대해서는 국립민속박물관 편(2002), 『한국세시풍속대사전 편찬방향 검토』(발표집) 참조.

서 세시풍속 관련 자료를 가려내어 집성화했다. 『한국세시풍속자료집성 : 삼국 · 고려시대편』(국립민속박물관 편, 2003a)은 삼국시대부터 고려시대에 이르는 각종 역사서와 문집 등에 수록되어 있는 세시풍속 관련사료를 추출, 역주하여 월별, 시대별, 일별, 주제별로 집대성한 책이다. 한문 원전을 한글로 번역 · 해설하여 누구나 가깝게 접할 수 있는 기회를 제공했다. 뒷부분에는 정구복 · 주영하의 「삼국 및 통일신라시대 세시풍속연구」와 「고려시대 세시풍속 연구」 등 두 편의 논문을 게재하여 삼국시대와 고려시대 세시풍속의 이해를 도모했다.

『조선대세시기 I』(이창희 · 최순권 역주, 2003)는 추재 조수삼의 『추재집』에 수록되어 있는 세시기를 비롯하여 면암 조운종의 『면암집』 소재 「세시기속」, 권용정의 「한양세시기」와 「세시잡영」, 김형수의 「농가십이월속시」, 최영년의 『해동죽지』 소재 「명절풍속」 등을 필자 소개와 함께 수록하고 뒤편에 원문을 첨부하였다. 조선시대 세시풍속을 파악할 수 있는 자료집이다. 특히 선비의 문집에 세시풍속의 내용이 담겨있는 것을 통해 당시 세시풍속의 위상을 짐작할 만하다.

『한국세시풍속자료집성 : 신문 · 잡지편(1876~1945)』(국립민속박물관 편, 2003b)은 1876년 개항에서부터 1945년까지 간행된 신문과 잡지에서 세시풍속 사료를 추출하고 정리 · 해설한 책이다. 뒤편에 강정원의 「근대 신문 및 잡지에 나타난 세시풍속」이라는 논제의 글을 수록했다. 신문과 잡지를 일일이 찾아볼 필요가 없이 이 책 한권으로 당시 활자매체에서 다룬 세시풍속 자료를 볼 수 있게 되었다.

『한국세시풍속자료집성 : 조선전기 문집편』(국립민속박물관, 2004a)은 조선전기의 문집에 실린 세시풍속 관련자료를 추출하여 번역, 집대성한 책이다. 그동안 민족문화추진회에서 발간한 『한국문집총간』 8권에서 100권까지에 실린 문집들을 대상으로 한, 방대한 작업의 결과서라 할 수 있다. 뒷부분에 문집에 대한 해제를 첨부했다.

국립민속박물관에서는 2001년 사전편찬을 기획, 2002년부터 편찬사업을 추진하기 시작하여 2004년에 『한국세시풍속사전』 정월편(국립민속박물관 편, 2004b)을 출간하고 이듬해 『한국세시풍속사전』 봄편과 여름편(국립민속박물관 편, 2005a, 2005b)을 출간하였다.[30] 여기에는 사진자료를 함께 수록하여 이해를 도우면서 볼거리를 제공했다. 세시풍속사전은 세시풍속에 대하여 전문적이며 집중적으로 소개한 것으로 대중성을 지녀 전통 세시풍속을 쉽게 알 수 있는 좋은 기회가 마련된 셈이다.

3) 방법론의 진전과 세시풍속의 현대화

세시풍속의 문헌·역사적 연구는 종전에도 있었지만 박종민(1998)은 「고려 왕실의 세시의례」에서 『고려사』·『고려사절요』 등 사서(史書)를 철저하게 분석, 고려왕실의 세시 내용과 그 성격을 파악했다. 기존 세시기에 담긴 내용의 한계를 극복 또는 보완하는 연구방법을 제시한 정승모(2001)는 문헌을 통해 세시풍속의 변화를 실증적으로 파악하고자 한 「세시관련 기록들을 통해 본 조선시기 세시풍속의 변화」를 발표했다. 이 논문은 방법론상으로 역사민속학적 접근이면서 세시풍속에 대한 비중 있는 역사적 조명이라 할 수 있다. 논자는 세시를 담은 다양한 사료와 자료를 활용, 우선 세시주기의 바탕을 이루면서 의례적인 세시활동의 계기를 제공해온 '속절(俗節)'을 통해 유교적 제의가 묘제와 같은 세시로 정착해가는 과정과 그에 대한 시대적 인식의 차이와 지역적 차이를 파악했다. 이어 주요 세시에 관한 기록을 항목별로 비교, 각각의 시대적 변화를 밝히고자 했다. 조선후기에 나온 세시기류를 극복하여 다양한 사료를 통해 속절 및 절사에 대한 인식의 변화를 살펴보고 문집류 세시자료를 통해 주요 세시풍속의 변화를 보았으며 읍지에 기록된 세시자료를 예로 들어 세시풍속의 역사민속학적인 방법론의 활로를 열어주었다. 세시풍속과 그 변화에 대한 연구는 생활사를 재구성하기 위한 기존지식을 제공하고 지배층에 대해서는 생활과 관련한 그들의 사상과 그

30) 가을편과 겨울편은 2006년 12월에 출간됨.

변화를, 피지배층에 대해서는 매 시기의 농업생산력을 반영하는 농사력 주기와 그에 따른 생활패턴 및 그 변화를 파악할 수 있다는 점에서 특히 중요하다는 논자의 견해는 설득력이 있다. 광문회본(光文會本)『동국세시기』는 원사본(原寫本)과 비교해 볼 때 오자와 탈자가 적지않게 있어 교정본 발간이 시급하다(정승모, 2001)는 논의는 세시풍속 연구자에게는 실로 '고마운 일'이다.

주강현(2004)의 「세시와 생업의 불이(不二)관계 : '오방풍토부동(五方風土不同)'의 법칙」 역시 방법론과 무관하지 않다. 세시와 생업은 불이의 관계로서 세시를 별도로 설정하고 생업력이라는 이름으로 별개의 항을 설정하는 것은 근본적으로 문제가 많다면서 이를 통합해야 한다는 점을 강조하고 있다. 세시연구에서 생업은 반드시 고려되어야 한다는 점을 각종 농서와 수산서의 내용을 제시하면서 실증적으로 논의했다. 논자는 자신이 제시한 '오방풍토부동(五方風土不同)의 법칙'은 문화의 지역적 종다원성이라는 관점에서도 중요하다고 했다. 오방의 풍토가 다르면 당연히 생업의 제조건이 다르며 세시 역시 다를 수밖에 없다는 것이다.

2000년대를 전후하여 국가기관에서 세시풍속 민속지 및 세시풍속사전을 간행하는 등 다양한 측면에서 활로를 연 반면 대학에서는 직접 마을사회로 들어가서 민속조사를 하고 그 조사방법에 대한 원론적인 문제를 짚어보는 작업도 했다. 마을의 변화에 민속도 적응할 수밖에 없으므로 그에 따른 전승방안에 대한 논의도 있었다.

세시풍속 자료조사는 꾸준히 이루어지고 전국적인 보고서가 나왔지만 세시풍속 자료조사를 어떻게 해야 하는가, 그 원론적인 문제에 대한 논의는 거의 없었다. 개설서에, 세시풍속 조사시 질문 사례(박계홍, 1983)가 서술되어 있지만 정승모(1998)의 논의가 최초라고 해도 과언이 아니다. 정승모는 세시풍속 연구의의를 밝히고 연구의 주요관점을 밝혔는데 여기서 주요관점은 조사항목과 직결된다. 이어 조사방법에서는 문헌을 통한 기초조사, 현지에서의 기초조사, 그리고 본조사 방법에 대하여 서술했다. 이와 같이 원론적인 문제를 짚는다는 것은 자칫 퇴보로 보일 수도 있겠으나 그보다는 세시풍속 연구가 이제야말로 '전문 연구자'에 의해 온전하게 연구되어야 한다는 점을 각인시키는 작업이라 생각하여 '진전'으로 본다.

안동대 부설 민속학연구소에서는 마을민속의 조사와 연구, 전승 등에 대한 논의와 연계하여 경북의 전통마을을 조사한 민속지를 출간했다.

김명자는 2000년대 들어 세시풍속의 조사와 연구방법, 서술방법, 전승방안, 현대화방안에 이르기까지 연구의 폭을 넓혀 집중적으로 논의했다. 「마을사회에서 세시풍속의 조사와 연구」(김명자, 2002a)는 마을 현지에서 세시풍속을 어떻게 조사하며 연구할 것인가, 원론적인 문제를 짚어준 글이다. 세시풍속의 자료조사와 연구의의를 밝히고 조사방법은 문헌자료를 통한 기초자료 조사를 간략하게 서술한 후 마을현지에서 실제로 조사할 내용들을 구체적으로 밝혔다. 조사할 항목은 정승모(1998)가 「세시풍속 연구의 새로운 관점과 조사방법」에서 제시한 항목을 수용하면서 사례를 들어가며 보다 구체화하고, 조사된 자료의 정리는 내용을 도표화할 필요가 있음을 밝히면서 앞으로의 연구관점을 제시했다. 「세시풍속 서술방법 시론 : 대전·충남지역 향토지를 중심으로」(김명자, 2002b) 는 앞의 글의 연장선상에서 쓴 글이다. 대전과 충남지역의 시·군지, 이른바 향토지 또는 지방지에 서술된 세시풍속 자료의 서술사례를 예시하면서 문제점을 지적 그 극복방안을 제시하고 앞으로의 서술방안을 논의했다. 사실상 향토지의 세시풍속 자료의 서술방법이라 하여 여타 세시풍속 서술과 다를 바는 없다. 향토지에 수록하는 세시풍속 자료는 연구자료가 아니라 '부차적'이라든가 '주변적'인 것이라는 인식을 불식하는 것이 중요하다. 오히려 지역의 특성을 찾아볼 수 있는 소중한 자료라는 점을 놓쳐서는 안 된다는 점을 강조했다.

「세시풍속의 교육적 의의와 실천화」(김명자, 2003b)는 세시풍속과 교육이라는 주제로 세시풍속의 내용을 통해 교육적인 의의를 찾아보는 작업과 세시풍속의 교육적 실천화 방안을 모색해본 논문이다. 세시풍속의 교육적 의의로는 윤리의식의 고취, 공동체 의식의 고취, 생산적의의, 좋은 만남의 장으로서의 의의, 전승과 보존의 의의 등을 들었다. 교육적 실천화를 위해서는 우선 어린 시절부터 우리의 문화를 익혀야 한다고 전제하면서 가정교육·제도교육(학교교육)·사회교육이 필요하다는 점을 강조했다. 이러한 실천화는 세시풍속의 계승과도 맥을 함께 하며 세시풍속의 현대화는 응용화, 문화컨텐츠화 등과도 연계된다. 김명자(2004), 「세시풍속의 전승과 현대화방안 모색」은 마을사회에서 세시풍속을 어떻게 전승·보존해야 하며 어떻게 현대화할 것인가 그 방안을 모색한 논문이다. 마을사회에서 세시풍속의 전승과 보존을 위해서는 가정교육·제도교육·사회교육에서 모두 필요하지만 특히 사회교육을 마을사회로 끌어들이는 작업을 해야 함을 강조했다. 체험장을 만들거나 나름의 전시장을 만드는 것 이외에 무엇보다 마을 주민들이 세시풍속을 공유할 수 있도록 하는 것인데 특히 마을사회에서 세시풍속의 교육은 가르치고 배운다는 식의 훈육이 아니라 서로 가꾸고 지킨다는 생각으로 해야 할 것임을 강조했다. 또한 전통 세시풍속이 퇴색되고 있지만 세시풍속의 현대화는 그동안 선택적으로 이루어져 왔음을 논의했다. 세시풍속은 당대 사람들의 생활리듬인 동시에 생활양식(김명자, 2002a)이므로 세시풍속의 현대화는 전통세시의 현대적 활용, 새로운 풍속의 생성 등에 이르기까지 다양한 양상으로 전개되리라는 점을 예측했다.

전통마을의 민속조사를 하여 시리즈로 민속지를 출간한 안동대 부설 민속학연구소에서는 2006년 2월까지 5권을 출간했다.

「세시풍속과 일년의 살림살이」(김명자, 2003d)는 경북 안동시 풍산읍 서미2리, 목현마을의 세시풍속을 조사·보고한 민속지이다. 간단한 마을개관과 함께 정월부터 윤달까지의 세시풍속 자료를 일람표와 사진을 곁들여 소개한 뒤 특징을 소략했다. 「현리 사람들의 세시풍속과 여성들의 생활」(김명자, 2003e)은 경북 문경시 산양면 현리마을의 세시풍속과 그곳 농촌 여성들의 생활을 조명해 본 민속지이다. 마을에 대하여 간략하게 소개하고 정월부터 윤달까지의 세시풍속 자료를 일람표와 사진을 곁들여 소개한 뒤 그곳 여성들의 생활을 통해 농촌 여성들의 어제와 오늘을 조명해 보았다.

김명자 · 김수미(2003), 「청운마을의 세시풍속과 생업」은 경북 청송군 청송읍 청운리의 세시풍속과 생업을 조사 · 보고한 민속지이다. 마을에 대하여 간략하게 소개하고 정월부터 윤달까지의 세시풍속 자료를 일람표와 사진을 곁들여 소개한 뒤 길쌈 · 벼농사와 고추농사 등 그곳의 생업을 소개했다.

김명자(2003c), 「풍기 금계리의 세시의례와 농경」[31]은 1992～1993년에 경북 풍기군 금계리를 대상으로 세시풍속과 농업력을 조사 · 정리한 세시풍속 민속지이다.

김명자(2005b), 「도시생활과 세시풍속」은 '도시민속'으로서의 세시풍속에 초점을 맞춰 논의한 글이다. 도시와 농촌의 구별, 도시화에 따른 세시풍속의 변동과정, 전통세시의 변용과 도시세시의 성장, 도시인들의 농촌세시체험, 데이 시리즈의 전망 등에 대하여 논의했다. 전통사회에서 삼짇날이면 즐기던 화전놀이는 관광으로 대체되기도 했는데 이는 도시에서 시작되어 전국적인 행사가 되었으며 도시세시의 성장을 극명하게 보여준 예가 된다. 도시인들의 농촌세시체험은 '웰빙문화'와도 관련이 된다. 이밖에도 청소년 소비층이 증대하는 오늘날 새로운 풍속도, 예컨대 '데이 시리즈'가 등장하기도 한다. 이러한 것들은 도시에서 집중적으로 나타나는 현상으로 도시민속으로 전개될 가능성이 짙다. 다만 데이 시리즈가 세시풍속으로 정착되는가의 문제는 두고 볼 일이라는 점을 밝혔다.

세시풍속의 문화콘텐츠화라는 시사성 있는 주제로 논의한 최명림(2003)은 『한국 세시풍속의 변화와 문화콘텐츠화 연구』에서 세시풍속의 형성원리와 기능, 세시풍속의 변화와 전승, 세시풍속의 계승과 문화컨텐츠화, 세시풍속의 현대적 계승과 활용을 소주제로 논의를 폈다. 콘텐츠화 내용 이외에는 그간 선행 논문에서 논의했던 내용과 큰 차별없는 범박한 논의이며 주목거리는 문화콘텐츠화의 내용이라 할 수 있다. 콘텐츠의 내용으로 공연예술콘텐츠, 문화관광축제콘텐츠, 현대스포츠콘텐츠, 디지털콘텐츠를 제시했다. 이들

---

31) 이 글은 몇해 전에 경기대학교 박물관에 보냈으나 그 곳의 사정상 책 발간이 늦어졌다. 그래서 느닷없이 나타난 '이방인'처럼 되었다.

내용 역시 그 사이 종종 논의되었지만 학문적으로 정리해 주었다는 점에서 의의가 있다.

천진기(2003)는 「세시풍속의 미래전설」에서 세시풍속의 역사적 줄기를 파악하기 위한 작업으로 고려시대 9대 속절에 대하여 논의하고 이어 세시풍속은 과거시제가 아닌 현재시제로 조사기술되어야 한다고 했다. 이 논문의 주제인 세시풍속의 미래전설에서는 오늘날 청소년들이 달마다 행하는 풍속[32]까지 담아야 한다고 했다. 사실상 오늘날 청소년들의 문화인 '데이 시리즈'는 주기성을 띤다는 점에서 세시풍속과 관련하여 논의할 만하겠으나 그 범주에 포함시키기에는 이른 감이 있다.

그동안 전통 세시풍속에 근간을 둔 세시풍속의 변용, 또는 현대화는 이미 자연스럽게 이루어졌으며 앞으로도 지속될 전망이다. 다만 앞으로 관건이 되는 것은 데이 시리즈를 비롯한 새로운 풍속의 세시풍속화 문제이다. 세시풍속은 당대 사람들의 생활리듬인 동시에 생활양식이므로[33] 오늘의 풍속이 생활양식이나 생활리듬을 좌우한다면 도시생활 속에 새로운 세시로 정착할 가능성에 대하여 전혀 배제할 수도 없다. 앞에서 밝힌대로 유행하는 '데이 시리즈'가 언젠가는 세시풍속에 포함될 수도 있고 아니면 한 때 도시 중심의 유행으로 사라질 수도 있다. 따라서 이는 관심을 가지고 조심스레 지켜볼 일이다(김명자, 2005b).

국가기관에서 전국을 대상으로 한 세시풍속 민속지를 발간하기도 했지만, 김명자는 약 30년 전에 조사한 세시풍속 자료를 묶어 뒤늦게나마 출간, 당시의 생활을 상기해볼 수 있게 했다. 『한국세시풍속 I』(김명자, 2005a)은 1970~1980년대의 세시풍속 현지조사자료를 묶은 자료집이다. 1960년대 산업사회가 시작되었지만, 아직은 농사지역이 많던 시절의 세시풍속 자료집으로 당시의 사진 자료를 곁들여 현장감을 살리고 있다. 농촌지역으로는

---

32) 필자는 이를 편의상 '데이 시리즈'라 지칭했다. 김명자(2004), 앞의 논문, 164쪽과 김명자(2005b), 앞의 논문, 40~42쪽 참조.

33) 김명자(2002a), 「마을사회에서 세시풍속의 조사와 연구」, 안동대학교 민속학연구소 편, 『마을 민속조사 어떻게 할 것인가』(『민속연구』 11), 민속원, 102쪽.

서울의 송파[34])를 비롯하여 경북 안동시 송천동[35]) 등 7개 지역, 어촌은 경북 울릉도 등 3개 지역, 산촌은 강원도 원성군 일론마을 등 5개 지역으로 모두 15개 지역의 세시풍속자료가 수록되어 있다. 송파지역에 마지막으로 남았던 움집과 초가의 이엉을 손보는 할아버지 모습, 정월 대보름의 불놀이, 낡은 복조리, 널뛰는 모습 등의 사진들은 우리 생활문화의 편린을 보여주는 자료들이다.

부산지역의 민속자료 조사를 꾸준히 하면서 그 성과를 내고 있는 황경숙(2003b)은『부산 기장군 장안읍 효암리 민속문화』,「세시풍속」편에 효암리의 세시풍속이 제의 · 점복 · 기축 · 금기 · 이방 · 시식과 놀이 · 기타의 7개 항목으로 나누어 월별로 기술하고 마지막으로 세시풍속의 특징을 서술, 마무리했다.「산성마을의 세시풍속」(황경숙, 2003a)은 국가지정 유형문화재 제215호인 금정산성이 있는 전형적인 산간마을인 금성동의 세시풍속을 현지조사한 자료이다. 세시풍속의 내용을 7개 항목으로 나누어 월별로 서술하고 끝부분에 이 지역 세시풍속의 특징을 밝혔다.

4편의 개별 세시에 대한 연구가 등장한 것은 대단히 고무적인 일이다. 배영동(2001),「농업생산형태 변화에 다른 초연(草宴)의 소멸과 대체의례 등장」에서는 경북 영양군 수비면 수하2리 5개 촌락을 대상으로 농업생산형태가 변화하면서 농경세시 역시 변화한다는 사실을 실증적으로 설명하면서 초연의 사례를 들었다. 초연은 음력 7월 농사일이 이제 수확만을 남겨두었을 때 농민들이 마을단위로 하룻동안 푸짐하게 먹으며 쉬는 행사이다. 그러나 새로운 재배법에 의한 상품생산농업은 노동주기를 변화시켰고 농경세시도 변화하게 되었다. 조사지역에서는 초연이 사라지고 대신 모내기 종료 후 휴식하는 날에 접목되면서 '매기먹는 날'로 초연이 재형성 · 재창조되었음을 밝히고 있다.[36]) 음력 2월 초하루에 하늘에서 내려온다는 영등신을 대상으로

---

34) 이 지역이 오늘날에는 '주택거래 신고지'가 될 만큼 최첨단 지역이 되었다.

35) 이 지역은 안동대학교가 있는 곳으로 역시 도시화되어 있다. 특히 대학교 주변 마을이어서 학생들의 자취방이 주를 이루고 그밖에도 학생들의 문화에 적절하게 변화되어 있다.

논의한 황경순(2002)의 「경북지역 영등신앙 연구」에서는 영등신앙의 유래와 신격을 문헌자료와 구술자료를 기반으로 파악하고 영등제 사례를 제시했다. 특출한 논의는 아니지만 경북 포항시 송라면 화진1리의 '영등할만네 모시기' 사례는 조사자가 참여관찰, 치밀하게 현지조사한 자료가 돋보인다. 불가의 명절이었던 초파일이 민간의 세시명절로 정착된 과정을 논의한 진철승(2002)의 「사월 초파일의 민속화 과정 연구」는 종교세시의 민속화 과정을 볼 수 있는 사례로서 의의가 있다.

최덕경(2005)의 「조선의 동지팥죽과 그 사회성」은 방법론상 역사민속학적 접근으로 문헌자료를 통해 동지팥죽의 다양한 측면을 실증적으로 고증하고자 했다. 팥죽의 유래와 한반도의 전래, 팥죽의 효능과 사회성, 중국과 일본 등 동아시아의 동지와 팥죽 등에 대하여 논의했다. 동짓날 팥죽이 고대부터 변하지 않고 현재까지 절일 음식으로 남아있는 국가는 동아시아 국가 가운데 오직 한국뿐인데 이처럼 동지팥죽이 오늘날까지 원형을 유지할 수 있었던 요인은 유교의 경로사상과 밀접하게 관련이 있음을 밝히고 있다. 역사학 쪽에서 민속학, 특히 세시풍속에 대한 관심을 갖고 집중적으로 조명했다는 점에서도 의의가 있다.

문학과 관련된 연구성과로 장정룡(2001)은 「교산 허균의 세시풍속시 고찰」에서 교산 허균의 문집인 『성소부부고』에 수록되어 있는 세시풍속 관련 시를 소개하고 해석했다. 세시풍속과 역법의 상관성연구는 대단히 중요한 작업인데 박동일(2001), 「역법과 세시풍속에 나타난 음양원리와 의미 : 동지를 중심으로」는 역법에 나타난 동지, 동지에 나타난 음양원리 등을 논의했지만 새로운 것이 아니라 기존에 나온 자료들을 인용, 주제를 제대로 살리지 못하고 일반적인 논의에 머물렀다. 이밖에 김명자(2003a), 「세시풍속을 통해 본 시절식」은 본격적인 논문이라기 보다는 자료 제시의 성격이 강하지만, 시절식으로도 일컬어지는 세시음식을 계절과 음식종류별로 나누어 소개하

36) 어떤 마을에서는 음력 7월에 하던 초연(경북지역에서는 풋구 또는 풋굿, 풋구먹는다 등으로 표현한다)을 양력 8월 15일 광복절 휴일에 하는 경우도 있다.

고 끝으로 시절식의 의미를 간략하게 서술했다. 류종목(2003)은 「세시의식에 표현된 가족관과 사회관」에서 세시의식(세시풍속)을 통해 가족관과 사회관을 천착했다. 세시의식의 궁극적인 목적은 기복이며 가족단위 혹은 사회공동체 단위의 생명지향성, 그리고 존재의 지속을 향해 열려있는 구조라 하였다.

6. 지금까지의 연구경향과 앞으로의 과제

실학시대의 세시기를 시작으로 신문화가 들어온 후 1960년대까지 초기단계의 민속지적인 연구의 성격을 벗어나지 못했던 세시풍속의 연구는, 70년대와 80년대를 거치면서 체계적인 연구방법의 모색과 구축, 그리고 다변화현상을 이루었다. 1990년대 들어 다변화 속에 연구 폭이 확대되고 후반에 들어서면서 각 시도의 지역별 세시풍속 민속지가 등장하기 시작, 2000년대 들어 조사범위도 확대되어 이른바 전국을 대상으로 '전수조사'에 근접하는 민속지가 발간되었다. 이어 세시풍속사전이 출간되기 시작하여 대중화에도 한몫을 하고 있다. 세시풍속 관련 옛 문헌자료를 접하기는 여러 가지 요인으로 인해 수월하지 않은데 세시풍속사전 편찬을 위한 기초작업으로 옛 문헌에서 세시풍속 관련 자료를 가려내어 집대성화한 단행본이 간행되기도 했다.

세시풍속에 대한 학문적 접근은 크게 자료편과 연구편으로 나눌 수 있다. 자료편으로는 『동국세시기』를 비롯한 기존의 문헌을 중심으로 정리한 자료, 기존자료와 단편적인 현지조사자료를 묶은 자료가 초창기에는 주를 이루었지만 1990년대 들어 전국을 대상으로 현지조사를 한 세시풍속 민속지가 등장하는 등 자료집은 대단한 진전을 보이고 있다. 연구논문이나 단행본 저서는 지난 1980년대까지 자료를 정리하고, 개설적인 논의를 편 기초적 연구가 주를 이루는 반면 뛰어난 성과물이 나오기도 했다. 90년대 후반기부터 마치 '세시풍속 시대'인양 국가차원의 관심과 함께 자료집이 쏟아져 나왔다. 이런 가운데 세시풍속 조사와 연구방법에 대한 원론적인 문제로부터 관광화, 현대화 등 응용화문제가 중요한 화두로 논의되기도 했다. 또한 방법론에서 문헌을 통해 역사성과 변화를 파악하고자 한 논의는 세시풍속 연구의 진전을 보여준 대표적인 사례가 될 수 있다.

그동안 세시풍속 연구는 방법론상 옛 문헌의 고증을 통한 문헌적·역사적 논의, 현지조사자료와 기존의 문헌자료를 활용한 주술 및 농경세시와 관련된 논의, 제의적인 측면에서의 논의, 제의성을 기반으로 근원적인 의미와 원리를 파악한 논의, 세시풍속이 행해지는 날의 시간구조를 파악한 논의, 문화접변 또는 변동론적인 측면에서의 논의, 의미와 기능에 관한 논의, 세시풍속 자료 분류방법에 대한 논의 등이 있으며 그밖에도 다른 문화영역과의 관계로 문학적인 관점에서의 논의(김명자, 1994), 불교 등 종교와의 상관성에 대한 논의에 이르기까지 그 연구방법의 폭이 상당히 넓어졌다. 지난 70~80년대에 연구했던 원로 연구자들이 활동하지 않는 반면 새로운 연구자의 논문이 발표되기도 했다. 세시풍속을 비롯하여 '의례문화' 전반을 논의했지만 학제간의 연구라는 괄목할 만한 작업도 있었다. 특히 세시풍속 현지조사와 연구방법에 대한 논의로 원론적인 문제를 다룬 것은 자칫 퇴보로 보일 수도 있겠으나 그보다는 세시풍속 연구가 이제는 '전문 연구자'에 의해 온전하게 연구되어야 한다는 점을 부각한 것으로 오히려 '진전'으로 볼 수 있다. 2000년대 들어 그동안 미흡했던 역사민속학적 방법론에 따른 논의가 구체화한 것 또한 큰 성과였다. 물론 90년대 이후 탁월한 단행본이 출간되지 못한 것은 아쉬운 일이다.

세시풍속의 연구관점에 대해서는 김명자(1990a, 1994), 임재해,[37] 장철수(1997), 정승모(1998)가 제시한 바 있다. 이들 연구관점은 중첩되는 부분도 있는데 필자는 연구자들이 논의한 내용을 종합하여 연구관점 내지는 연구방법으로 다음과 같이 제시한 바 있다.

(1) 역법체계를 고려한다. 세시풍속과 역법의 관계를 심화시켜 체계적으로

---

37) 임재해(1994), 「세시풍속 연구의 반성적 검토와 극복방안」, 『한국민속과 오늘의 문화』, 지식산업사, 367~384쪽.

밝히는 작업, 세시풍속의 주기를 결정짓는 근간으로서 역법에 주목하며 태양력과 태음태양력[음력]에 의한 이원적 주기의 세시풍속이 지니고 있는 장점과 의의를 논의한다. 다달이 치러지는 세시풍속은 그들대로의 독립성이 있는 반면 앞뒤 것과의 상관성이 있을 것이다. 이를 부분의 종속성, 부분의 독자성이라 한다면 개별적인 세시풍속이 전체 속에서 차지하는 위상을 짐작할 수 있는 실마리가 된다. 이는 역법과의 관련 속에서 연구된다면 보다 본질적인 문제에의 접근이 되며 그 의미나 기능을 파악하는 데에도 과학적인 전거가 되리라 본다(김명자, 1990a).

(2) 주기성과 관련된 논의를 한다. 즉 나날의 주기성과 계절의 주기성에 따른 생활양식의 반복성 문제에 대하여 천착한다.

(3) 시점문제와 역사적 논의를 한다. 통시적 관점의 시점에 대한 인식과 역사적 연구 및 시대사적 비교를 시도한다.

(4) 농업생산력의 발전과 이에 따른 변화를 분석한다.

(5) 생업에 따른 세시풍속의 특성을 밝힌다.

(6) 종교적 연원을 구별한다.

(7) 행사의 지역적 범위 또는 단위를 명확히 한다.

(8) 전승주체를 파악한다. 즉 세시풍속의 향유주체인 공동체의 계층 · 지역 · 직업 · 종교 등에 따른 문화적 층위를 설정할 수 있는 논의를 한다.

(9) 행위의 상징성에서 세시풍속의 본질을 찾는다.

(10) 폭넓은 자료의 확보와 비교 연구를 한다. 지역간의 비교, 마을의 성격을 비롯하여 계층, 직업에 따른 비교 및 인접국과 비교 · 연구한다.

(11) 세시풍속 전체를 한 묶음으로 논의하는 것 이외에 개별 세시에 대한 연구, 이를테면 미시적인 연구가 필요하다.

(12) 세시풍속 자료의 분류에 대한 논의가 필요하다.

(13) 새롭게 정착된 풍속과 세시풍속, 세시풍속의 지속과 변화에 대해 논의한다. 세시풍속이 당대 사람들의 생활리듬인 동시에 생활양식이므로 이것이 과연 어떻게 달라졌으며 새롭게 수용 또는 재조명되고 있는가 등을 구체적으로 규명하는 데까지 진전되어야 한다(김명자, 2002a).

이상 13항목이라는 많은 과제를 제시했는데 여기 제시된 것들이 현재 연구되지 않았다는 뜻은 아니다. 세시풍속 전문연구자로서 이러한 문제들이 논의되어야 한다는 일종의 숙제이다. 역법과의 관련성은, 역법이라는 '과학'

을 제대로 파악해야 하는 어려운 점이 있는데 세시풍속 연구자로서는 지금까지 역법과 세시풍속의 상관성에 대해 기초적인 연구에 머문 것이 사실이다. 주기성의 문제는 근원적인 의미와 관련하여 논의된 바 있으며 시점문제나 통시적인 연구는 종전에도 있었지만 90년대 후반부터 본격적으로 발표되고 있다. 농업 생산력의 발전에 따라 세시가 달라지고 기능이 달라진다는 측면도 논의된 바 있으며 종교적 연원에 대한 논의 역시 간과되지는 않았다. 생업에 따른 세시풍속의 변화는 부분적으로 논의되었지만 본격적인 작업은 앞으로의 과제이다. 지역적 범위 또는 단위를 비롯하여 전승주체에 대한 논의는 '층위'를 설정하는 것으로 이에 대한 천착은 대단히 미흡하다. 상징성에 대한 논의 역시 흡족하지는 못하며 폭넓은 자료는 확보했지만 비교 연구는 이루어지지 못한 형편이다. 개별세시에 대한 논의는 간간이 나오고 있지만 지속되어야 한다. 자료분류 문제는 필자가 한 차례 시고로 서술하고 분류방법의 모형에 적용하여 기술한 바 있지만 그 이상 진전시키지 못한 데에는 책임이 있다고 본다. 세시풍속의 변용, 새로운 풍속도의 세시풍속화 문제 등은 여러 차례 논의가 되었는데 그 전망은 시간을 두고 볼 일이다. 그밖에 문화컨텐츠, 보존과 현대적 계승, 체험문화를 비롯한 관광화 등 응용화는 오늘날 중요한 화두로 등장하여 실천화되기도 한다.

과제로 제시된 13항목의 연구관점은 앞으로 계속 풀어나가야 할 숙제이다. 특히 학문적인 연구는, 응용화 이전에 본질적인 탐구가 선행되어야 한다는 점을 덧붙인다.

참고문헌

이수광, 『지봉유설』
유득공, 『경도잡지』
김매순, 『열양세시기』
홍석모, 『동국세시기』

강무학(1982), 『한국세시풍속기』, 동호서관.
강정원(2003), 「근대 신문 및 잡지에 나타난 세시풍속」, 『한국세시풍속자료집성 : 신문 · 잡지 편(1876~1945)』, 국립민속박물관.
경기도 박물관 편(2000), 『경기도 민속지 Ⅲ 세시풍속 · 놀이 · 예술편』.
국립문화재연구소 편(2001), 『강원도 세시풍속』 · 『경기도 세시풍속』 · 『충청북도 세시풍속』.
국립문화재연구소 편(2002), 『충청남도 세시풍속』 · 『경상북도 세시풍속』 · 『경상남도 세시풍속』.
국립문화재연구소 편(2003), 『전라북도 세시풍속』 · 『전라남도 세시풍속』 · 『전라북도 세시풍속』.
국립민속박물관 편(1997), 『한국의 세시풍속Ⅰ』.
국립민속박물관 편(1998), 『한국의 세시풍속Ⅱ』.
국립민속박물관 편(2002), 『한국세시풍속대사전 편찬방향 검토』(세미나 발표집).
국립민속박물관 편(2003a), 『한국세시풍속자료집성 : 삼국 · 고려시대편』.
국립민속박물관 편(2003b), 『한국세시풍속자료집성 : 신문 · 잡지편』(1876~1945).
국립민속박물관 편(2004a), 『한국세시풍속자료집성 : 조선전기 문집편』.
국립민속박물관 편(2004b), 『한국세시풍속사전』 정월편.
국립민속박물관 편(2005a), 『한국세시풍속사전』 봄편.
국립민속박물관 편(2005b), 『한국세시풍속사전』 여름편.
국립민속박물관(1998), 제34회 학술발표회 발표집 『전통세시풍속의 현대화와 관광자원화 방안』.
권오돈(1971), 「풍속에 얽힌 서정=세시명절」, 『한국현대사』 7, 신생활 100년, 신구문화사.
김기설(1983), 「영동지방 세시풍속에 대한 고찰」, 『강원민속학』 창간호, 강원민속학회.
김기탁(1975), 「농가월령가에 대한 고찰」, 『영남어문학』 2, 영남어문학회.

김명자(1975), 「한국세시풍속연구 : 세시풍속에 나타난 여속의 고찰」, 성균관대학교 석사학위논문.

김명자(1982), 「송파의 세시풍속」, 『한국민속학』 15, 민속학회.

김명자(1983), 「세시풍속의 순환의미」, 『한국민속학』 16, 민속학회.

김명자 엮음(1985), 『동국세시기』, 다락원.

김명자(1986a), 「세시풍속 자료의 분류시고」, 『한국민속학』 19, 민속학회.

김명자(1986b), 「<원두들>의 민간신앙과 세시풍속」, 『안동문화』 7, 안동대학교 안동문화연구소.

김명자(1986c), 「근대화에 따른 세시풍속의 변천」, 『한국의 민속』 3, 경희대학교 민속학연구소.

김명자(1987), 「세시와 의례전승」, 경희대학교 민속학연구소 편, 『서산민속지』(上), 서산문화원.

김명자(1988), 「송천동의 가신신앙과 세시풍속」, 『안동문화』 9, 안동대학교 안동문화연구소.

김명자(1989a), 「한국세시풍속연구」, 경희대학교 박사학위논문.

김명자(1989b), 「근대화에 따른 세시풍속의 변동과정」, 『문화재』 22, 문화재관리국.

김명자(1990a), 「한국세시풍속연구의 사적 검토」, 『한국민속과 문화연구』, 형설출판사.

김명자(1990b), 「문학과 세시풍속의 상관성」, 『어문논총』 5, 경희대학교 국어국문학과.

김명자(1990c), 「한국세시풍속연구의 사적 검토」, 『한국민속과 문화연구』, 형설출판사.

김명자(1992a), 「세시풍속의 기능과 그 변화」, 『민속연구』 2, 안동대학교 민속학연구소.

김명자(1992b), 「안양의 세시풍속」, 『안양시지』, 안양시지편찬위원회.

김명자(1994), 「세시풍속의 연구」, 『한국민속연구사』, 지식산업사.

김명자(1995a) 「엄미리의 세시풍속」, 김태곤 · 김명자 등, 『한국의 산촌민속 II 노적산편』, 교문사.

김명자(1995b), 「금대리의 세시풍속」, 김태곤 · 김명자 등, 『한국의 산촌민속 I 치악산편』, 교문사.

김명자(1996), 「세시풍속을 통해 본 윤달의 의미」, 『古文化』 49, 한국대학박물관협회.

김명자(1997), 「세시풍속의 순환체계」, 김태곤 외, 『한국문화의 원본사고』, 민속원.

김명자(1999), 「안동의 세시풍속」, 『안동의 민속과 문화』(안동시사 3권), 안동시사편찬위원회.

김명자(2002a), 「마을사회에서 세시풍속의 조사와 연구」, 안동대학교 민속학연구소 편, 『마을민속조사 어떻게 할 것인가』(『민속연구』 11), 민속원.

김명자(2002b), 「세시풍속 서술방법 시론 : 대전 · 충남지역 향토지를 중심으로」, 『역사민속학』 14, 한국역사민속학회, 민속원.

김명자(2003a), 「세시풍속을 통해 본 시절식」, 『한국 : 동유럽 · 발칸의 의식주 문화』, 한국동유럽발칸학회 · 한국역사민속학회.

김명자(2003b), 「세시풍속의 교육적 의의와 실천화」, 『비교민속학』 25, 비교민속학회.

김명자(2003c), 「풍기 금계리의 세시의례와 농경」, 『한국의 농경문화』 6, 경기대학교 박물관.

김명자(2003d), 「세시풍속과 일년의 살림살이」, 안동대학교 민속학연구소 편, 『까치구멍집 많고 도둑없는 목현마을』, 한국학술정보.

김명자(2003e), 「현리 사람들의 세시풍속과 여성들의 생활」, 안동대학교 민속학연구소 편, 『반속과 민속이 함께 가는 현리마을』, 한국학술정보.

김명자 · 김수미(2003), 「청운마을의 세시풍속과 생업」, 안동대학교 민속학연구소 편, 『줄당기기와 길쌈이 유명한 청운마을』, 한국학술정보.

김명자(2004), 「세시풍속의 전승과 현대화 방안모색」, 안동대학교 민속학연구소 편, 『마을민속 전승 어떻게 할 것인가』(민속연구 13), 민속원.

김명자(2005a), 『한국세시풍속 I 』, 민속원.

김명자(2005b), 「도시생활과 세시풍속」, 『한국민속학』 41, 한국민속학회.

김선풍(1989), 「고려시대 세시풍속고」, 『두산 김택규박사 화갑기념 문화인류학논총』, 간행위원회.

김성원(1987), 『한국의 세시풍속』, 명문당.

김승찬(1992), 「부산 수영지방의 당산제와 세시풍속」, 『국어국문학』 29, 부산대학교 국어국문학과.

김승찬 · 이원홍 · 조태흠(1992), 부산대학교 한국문화연구원 편, 『녹산문화유적 학술조사보고서』.

김승찬(1993), 『가덕도의 기층문화』, 부산대학교 한국문화연구원.

김승찬 외 공편(1997), 『기장군 문화유적과 기층문화』, 부산대학교 한국민족문화연구소.

김승찬(1999), 『부산지방의 세시풍속』, 세종출판사.
김열규(1977), 「고려사회의 민속과 무속」, 『한국신화와 무속연구』, 일조각.
김태곤(1981), 「세시풍속 속의 민간사고」, 『한국무속연구』, 집문당.
김태곤(1983a), 「신년제의 실상」, 『월간문화재』 1 · 2 합병호(통권 116호), 월간문화재사.
김태곤(1983b), 『한국민간신앙연구』, 집문당.
김택규(1966～1967), 「경북지방의 연중행사」, 『청구대학 논문집』 9～10, 청구대학교.
김택규(1969), 「한국인의 농신신앙에 대하여」, 『동양문화』 11, 영남대학교 동양문화연구소.
김택규(1971), 「한국부락관습사」, 『한국문화사대계 Ⅳ』, 고려대학교 민족문화연구소.
김택규(1982), 「한국기층문화론시고」, 『인류학연구』 2, 영남대학교 문화인류학연구회.
김택규(1985), 『한국 농경세시의 연구』, 영남대학교 출판부.
김택규(1988), 「한국 농경세시의 이원성」, 『한국문화인류학』 20, 한국문화인류학회.
김택규(1991), 「조선후기사회 농민의 일과 여가」, 『민속연구』 1, 안동대학교 민속학연구소.
김택규(1993), 「조선후기의 농경의례와 세시」, 『정신문화연구』 16-4, 한국정신문화연구원.
김혜숙(1997), 「팔관회의 기능과 변화」, 한국정신문화연구원 한국학대학원 석사학위논문.
농촌진흥청(2004) 발표책자, 『농촌 전통세시풍속 활용 심포지엄』.
덕성여자대학교 인문과학연구소 편(1997), 『한국 의례문화 연구사 및 연구방법』.
덕성여자대학교 인문과학연구소 편(1998), 『한국 의례문화의 구조와 역사』.
덕성여자대학교 인문과학연구소 편(1999), 『한국 의례문화의 구조와 역사』.
류종목(1987), 『한국민간의식요연구』, 집문당.
류종목(2003), 「세시의식에 표현된 가족관과 사회관」, 『한국민속학』 37, 한국민속학회.
문화재관리국 편(1969～1981), 『한국민속종합조사보고서』 각 시도편.
박계홍(1983), 『한국민속학개론』, 형설출판사.
박동일(2001), 「역법과 세시풍속에 나타난 음양원리와 의미 : 동지를 중심으로」,

영남대학교 석사학위논문.

박종민(1998), 「고려 왕실의 세시의례」, 『민속학연구』 5, 국립민속박물관.

박준규(1969), 「상원의 세시풍속과 민속상의 보름밥」, 『어문논총』 5, 전남대학교 국어국문학회.

박준규(1970), 「전남지방의 세시풍속 조사연구」, 『성곡논총』 1, 성곡재단.

박준규(1979), 「진도의 세시풍속」, 『호남문화연구』 10・11 합병호, 전남대학교 호남문화연구소.

박준규(1983), 「한국세시가요의 연구」, 전북대학교 박사학위논문.

박준규(1987), 「한국세시가요에 나타난 세시풍속」, 『한남어문학』 13, 한남대학교 국어국문학회.

방종현(1947), 『세시풍속집』, 연학사.

배영동(2001), 「농업생산형태 변화에 다른 草宴의 소멸과 대체의례 등장 : 경북 영양군 수비면 수하리의 사례」, 『역사민속학』 12, 역사민속학회・민속원.

성병희・김명자(1992), 『구미・선산의 세시풍속』, 안동대학교 민속학연구소.

송영규(2001), 『프랑스의 세시풍속』, 만남.

안길모(1993), 『불교와 세시풍속』, 명상.

吳晴(1936), 『朝鮮の年中行事』, 조선총독부.

이두현(1971), 「한국세시풍속연구」, 『논문집』, 서울대학교 사범대학.

이두현(1984), 「한국민속학논고」, 학연사.

이석호 역(1973), 『동국세시기・열양세시기・경도잡지・동경잡기』, 대양서적.

이수자(1993), 「백중의 기원과 성격」, 『한국민속학』 25, 민속학회.

이창희・최순권 역주(2003), 『조선대 세시기 I 』, 국립민속박물관.

인권환(1978), 『한국민속학사』, 열화당.

임기중(1982), 「한국 시가문학에 있어서의 세시풍속의 의미」, 『한국민속학』 15, 민속학회.

임기중 역주(1993)/ 해설(유만공 원저), 『우리 세시풍속의 노래』, 집문당.

임동권(1971a), 「정월의 양귀속」, 『지헌영선생회갑기념논총』, 간행위원회.

임동권(1971b), 「세시풍속에 나타난 점복속」, 『상은조용욱박사 회갑기념논문집』, 간행위원회.

임동권(1972), 「세시풍속에 나타난 양귀속」, 『문화인류학』 5, 한국문화인류학회.

임동권(1973), 『한국세시풍속,』, 서문당.

임동권(1980), 「세시풍속의 연구」, 『한국의 사회와 문화 2집, 전통적 생활양식(상)』,

한국정신문화연구원.

임동권・이경복・김영진・진성기(1982), 「세시풍속」, 『한국민속대관』 4, 세시풍속・전승놀이편, 고려대학교 민족문화연구소..

임동권(1985), 『한국세시풍속연구』, 집문당.

임재해(1986), 「설과 보름 민속의 대립적 성격과 유기적 상관성」, 『한국민속학』 19, 민속학회.

임재해(1989a), 「단오에서 추석으로 : 안동지역 세시풍속의 지속성과 변화」, 『한국문화인류학』 21.

임재해(1989b), 「세시풍속」, 『한국민속학』 23, 민속학회.

임재해(1993), 「세시풍속의 변화와 공휴일 정책의 문제」, 『비교민속학』 10, 비교민속학회.

임재해(1994), 「세시풍속 연구의 반성적 검토와 극복방안」, 『한국민속과 오늘의 문화』, 지식산업사.

장장식(1999), 「동국세시기의 기술태도와 특징 : 경도잡지・열양세시기와의 비교를 통하여」, 『한국문화연구』 2, 경희대학교 민속학연구소.

장정룡(1988), 『韓・中 세시풍속 및 가요연구』, 집문당.

장정룡(1996), 「세시풍속의 역사」, 『한국민속사논총』, 지식산업사.

장정룡(2001), 「교산 허균의 세시풍속시 고찰」, 『역사민속학』 12, 역사민속학회・민속원.

장주근(1974), 『한국의 세시풍속과 민속놀이』, 대한기독교서회.

장주근(1983), 「농경과 세시풍속」, 『한국의 농경문화』, 경기대학교 출판부.

장주근(1984), 『한국의 세시풍속』, 형설출판사.

장주근(1985), 「한국 세시풍속의 역사적 고찰」, 『한국문화연구』 2(서남춘교수 회갑기념논문집).

장주근(1986), 『한국민속논고』, 계몽사.

장철수(1997), 「영남지방 세시풍속의 기원」, 『인문과학』 11, 경북대학교 인문과학연구소.

정구복・주영하(2003), 「삼국 및 통일신라시대 세시풍속연구」, 『한국세시풍속 자료집성, 삼국・고려시대편』, 국립민속박물관.

정구복・주영하(2003), 「고려시대 세시풍속 연구」, 『한국세시풍속 자료집성, 삼국・고려시대편』, 국립민속박물관.

정승모(1998), 「세시풍속 연구의 새로운 관점과 조사방법」, 국립민속박물관 편,

『한국세시풍속Ⅱ』.

정승모(2001), 「세시관련 기록들을 통해 본 조선시기 세시풍속의 변화」, 『역사민속학』 13, 한국역사민속학회.

조지훈(1954), 「한국민속학소사 : 해방전」, 『민족문화연구』 1, 고려대학교 민족문화연구소.

종름 원저, 상기숙(1996), 『형초세시기』, 집문당.

주강현(2004), 「세시와 생업의 不二관계 : '五方風土不同'의 법칙」, 『역사민속학』 19, 한국역사민속학회.

진성기(1975), 『남국의 민속』, 교문사.

진철승(2002), 「사월 초파일의 민속화과정연구」, 『역사민속학』 15, 한국역사민속학회 · 민속원.

차상찬(1947), 『조선사외사』 제1권 제도 · 풍속편, 명성사.

천진기(1995), 「한국종교세시소고」, 『민속연구』 5, 안동대학교 민속학연구소.

천진기(2003), 「세시풍속의 미래전설」, 『한국문화연구』 7, 경희대학교 민속학연구소.

최길성(1979), 「세시풍속과 의례」, 『중앙문화 』 14, 중앙대학교 학도호국단.

최남선(1948), 『조선상식문답』 풍속편, 명성사.

최덕경(2005), 「조선의 동지팥죽과 그 사회성」, 『역사민속학』 20, 한국역사민속학회.

최명림(2003), 「한국 세시풍속의 변화와 문화콘텐츠화 연구」, 전남대학교 박사학위논문.

최상수(1960), 『한국의 세시풍속』, 홍인문화사.

최승순(1989), 「춘천 · 춘성지역 문화조사」, 『강원문화연구』 9, 강원대학교 강원문화연구소.

최영년(1925), 『해동죽지』, 장학사.

최철(1972), 『영동민속지』, 통문관.

황경숙(2003a), 『부산의 민속문화』, 세종출판사.

황경숙(2003b), 『부산 기장군 장안읍 효암리 민속문화』, 세종출판사.

황경순(2002), 「경북지역 영등신앙연구」, 『향토문화』 17, 대구향토문화연구소.

황헌만 사진 · 정승모 글(2001), 『한국의 세시풍속』, 학고재.

한국민간신앙 연구사

김헌선

1. 민간신앙의 특징과 의의

민간신앙은 민간에 전승되는 신앙을 이른다. 이를 달리 민속신앙이라고도 이르는데 상층의 신앙이 아니고 하층의 신앙이라는 담당층의 공통점 때문에 이러한 용어가 거의 같은 뜻으로 사용된다. 민간신앙은 다른 신앙과 구조적이고 체계적으로 관계된다. 이를 정리해서 보이면 역사성, 신앙의 근원성, 사회성 등에서 기본적인 차별성을 가지게 된다. 기성의 고등종교는 달리 다른 특성을 위의 세 가지 특성을 연역할 수 있다.

민간신앙은 역사성의 측면에서 보면 기성종교와 엄격하게 준별된다. 신앙의 역사에서 본다면 민간신앙은 오랜 역사를 지니고 있으며 신앙의 심층부위와 저층성을 간직하고 있는 종교임이 분명하다. 무속신앙을 준거로 해서 본다고 하더라도 이 점이 뚜렷하게 관찰되는데, 무속신앙을 근간으로 여러 신앙이 존재하다가 불교신앙이 전래되면서 무속은 주류에서 벗어나 비주류로 전락했다. 그러나 단순한 전락을 겪은 것이 아니라 기성의 신앙과 일정한 복합을 이루거나 기성신앙이 심각한 변질을 겪으면서 달라졌다고 보는 편이 적절하리라고 본다. 실제로 고유한 신앙이 외래의 신앙에 의해서 변질되는 사례를 신앙과 신화의 측면에서 구체적으로 확인할 수 있다. 구체적으로 「어산불영(魚山佛影)」조에 나타난 신앙의 변천을 확인하면 이 점이 드러난다.[1)]

「어산불영(魚山佛影)」은 신앙의 변천내력을 상세하게 보여준다. 이 대목의 주체는 수로왕이다. 수로왕은 「가락국기(駕洛國記)」를 보면 자신이 신성한 존재임을 구간(九干) 등에게 입증한 존재인데도 불구하고 이 대목에서는 나라 안의 옥지에 사는 독룡을 제어하지 못해서 4년동안 번개가 치고 비가 내려 곡식이 영글지 않아서 나라의 근심거리가 생겼다. 부처님에게 설법을 청한 뒤에 나찰녀가 오계를 받아서 이 근심을 해소할 수 있었다고 하는 것이 기사 내용이다. 고유의 신앙과 신화의 주체가 주술로 제어하지 못한 존재를 부처님이 설법을 하여 오계를 내린 뒤에 결국 제어할 수 있었다고 하는 것이 이 대목의 요점이라고 할 수 있다.

고유한 신앙이나 신화의 주체가 사악한 존재 또는 이질적인 존재를 제어하지 못하는 것이 이 기사의 핵심이라고 할 수 있다. 이 존재가 믿는 방법이 통하지 않는데 이것이 곧 주술이다. 주술은 무속신앙의 핵심이라고 하겠고 무속신앙으로 통제하지 못하는 대상을 외래신앙의 주체인 부처가 설법하여 수계하도록 하는 것은 외래신앙의 힘을 빌어서 고유의 주체가 도움을 받는 특성이 있다고 하겠다. 이를 우리는 불교신앙과 고유신앙의 복합과정으로 이해하여도 무방하리라고 본다. 그렇다면 민간신앙은 두 단계의 변화가 이룩된다. 하나는 주류신앙에서 벗어나서 다른 외래신앙에 의해서 밀려나는 점을 보여주는 증거이다. 다른 하나는 주류에서 벗어난 신앙이 외래신앙과 복합화될 개연성이 있음을 이 문면에서 확인하게 된다. 독룡이나 나찰녀라고 표현된 대상이 사실은 고유의 신앙적 요소인데 다른 신앙에 의해서 제어되고 복합화되는 측면을 가지고 있음이 확인된다.

민간신앙은 역사성, 신앙의 시원성, 사회성 등의 측면에서 고유한 측면을 가지고 있으면서도 신앙 자체의 변화와 시대적 요소에 의해서 변화되어

---

1) 『三國遺事』, 「塔像」篇, "古記云 萬魚寺(山)者 古之慈成山也 又阿耶斯山 [當作摩耶斯 此云魚也] 傍有呵囉國 昔天卵下于海邊 作人御國 卽首露王 當此時 境內有玉池 池有毒龍焉 萬魚山有五羅刹女 往來交通 故 時降電[雷/雹]雨 歷四年 五穀不成 王呪禁不能 稽首請佛說法 然後羅刹女受五戒 而無後害 故 東海魚龍 遂化爲滿洞之石 各有鍾磬之聲 [已上古記]." 이밖에도 고유신앙과 외래신앙이 충돌하는 사례가 더 있다. 예컨대 <사금갑>, <염촉멸신> 등이 적절한 예증이다.

가는 것을 구체적으로 확인하게 된다. 역사적으로 오랜 것이며 신앙적으로 소박하고 사회적으로 지배집단이 아니고 피지배집단의 신앙으로 변모하는 것이 민간신앙의 근본적 요소라고 할 수 있다.

민간신앙은 기성종교와 다르게 세 가지 요소를 갖추고 있으면서도 달리 구조적인 차이점이 있다. 기성종교는 세 가지 측면에서 종교적 요소를 갖추고 있으니 교조(教祖), 교리(教理), 교단(教團) 등에서 뚜렷한 특징을 갖추고 있다. 교조는 특정 종교의 창시자를 일컫는다. 교리는 종교의 섭리와 이치를 이르는 것으로 특히 생명과 죽음, 죽음 이후의 관계를 일관되게 구성하는 것이 특징이다. 교단은 종교를 신앙적으로 연결하는 단체 결성의 방식을 일컫는다. 기성종교인 불교나 유교 등을 비롯해서 신흥종교는 이러한 요소를 온전히 갖추고 있으나, 민간신앙은 이러한 요소를 결여하고 있어서 차별성이 있다. 그러나 민간신앙이 꼭 이 요소를 결하고 있는 것은 아니다.

민간신앙의 유형에 따라서 정도와 빈도에 있어서 기성종교와 비교될 수 있는 요소를 간추리고 있음이 확인된다. 특히 무속신앙은 그러한 성향을 농후하게 지니고 있음이 확인된다. 무속의 신앙적 교조는 존재하지 않으나 교조의 본디 면모를 가지고 있는 대상은 많이 존재한다. 무속신앙은 신앙의 교조가 여럿 존재하는데 이 교조에 관한 신화가 존재한다. 구체적으로 현재 전승되는 본풀이의 주인공이 이러한 구체적 대상으로 판단된다.[2] 전국적으

2) 우리나라 본풀이가 현재 전승되는 양상을 정리해 보면 다음과 같다.
함경도 : 「창세가」, 「황천혼쉬」, 「숙영랑앵영랑신가」, 「도랑선배청정각씨」, 「오기풀이」, 「돈전풀이」, 「대감굿」, 「셍굿」, 「살풀이」, 「짐가제굿」, 「산천굿」, 「안택굿」, 「문굿」, 「충열굿」
평안도 : 「신선세천님청배」, 「원구님청배」, 「데석님청배」, 「일월놀이푸념」, 「성인노리푸념(삼태자풀이)」, 「성신굿」
경기도 : 「바리공주」, 「성주본가(황제본풀이)」, 「제석본풀이」, 「시루말」
충청도 : 「제석풀이」, 「장자풀이」
경상도 : 「오귀풀이」, 「시무염불」, 「당금애기(세존굿)」, 「심청굿」, 「계면굿」, 「악양궁왕자노래」
전라도 : 「바리데기(오구물림)」, 「제석굿」, 「칠성풀이」, 「장자풀이」
제주도 : (1) 일반신본풀이 : 「천지왕본풀이」, 「초공본풀이」, 「이공본풀이」, 「삼공

로 전하는 본풀이가 교조의 내력이라고 보아도 지나치지 않는다. 그러나 전국적인 본풀이 유형이 일치한다고 하더라도 단일한 신에 관한 내력을 서술하고 있지 않으므로 일관된 교조의 내력이라고 보기 어려운 측면이 있다. 또한 특정 종교의 집전에 사용되는 단일한 의례집이 없이 전국적인 각본이 사용되고 지방의 차이가 있는 점도 특별하게 염두에 두어야 할 특징이라고 하겠다.

교리가 없는 것도 아니다. 교리는 교조의 생각과 실천을 구체화하는 방편이다. 교리는 간단한 계율과도 같은 것이지만 후대의 성현이 나타나서 더욱 구체화하고 단일한 교조의 종교가 각 민족에게 구체화되어 색다르게 구현되면서 토착화되는 성향이다. 교리가 민족마다 다르고 민족마다 성현이 나서고 성자들이 나타나는 것은 이러한 각도에서 이해된다. 무속신앙에서 교리가 없는 것은 전혀 아니다. 무속신앙은 유형에 따라서 각기 다르게 나타나지만 동일한 사고와 발상을 이어가면서 불변하는 사고의 핵심이 있다고 하겠다. 그것이 곧 무속신앙의 교리라고 해도 무방하다. 교리의 근간은 화합에 있으며 화합의 근간은 산 사람과 죽은 사람의 신명풀이적 일체감이다. 한은 풀고 신명풀이로 서로 일체감을 획득하도록 하는 것이 기본적 교리이다. 신을 위하고 신에게 가무악희의 방법으로 신찬을 올리면 신의 마음이 움직이고 사람의 뜻이 이루어진다고 하는 것이 기본적 교리이다. 특히 조상신앙의 화합이 근간을 이룬다.

교단이 민간신앙에 없는 것은 아니다. 교단은 신, 사제자, 신도 등이 함께

본풀이」, 「삼승할망본풀이」, 「마누라본풀이」, 「세경본풀이」, 「차사본풀이」, 「문전본풀이」, 「지장본풀이」, 「사만이본풀이」, 「칠성본풀이」
(2) 당신본풀이 : 「서홍리본풀이」, 「송당본풀이」, 「궤눼깃또본풀이」, 「토산야드렛당본풀이」, 「칠머릿당본풀이」, 「세화본향당본풀이」 등
(3) 조상신본풀이 : 「나주기민창조상본풀이」, 「구실할망본풀이」, 「광청아기본풀이」, 「고대장본풀이」, 「양이목ᄉ본풀이」, 「양씨아미본풀이」 등
(4) 특수본풀이 : 「허웅애기본풀이」, 「세민황제본풀이」, 「군웅본풀이」 이들 본풀이를 교조의 내력담이라는 관점에서 논의할 필요가 있음을 절감하게 된다.

만나서 신앙적 행위를 하고 신을 섬기는 조직을 유지하는 것을 말한다. 교단의 운용은 잘 드러나지 않으나 실제로 신앙을 유지하는 기본적인 것인데, 무당의 신당과 달리 굿당·마을의 본향당 등이 근본적인 교단의 성격을 유지한다. 신도나 마을사람들이 모여서 신앙을 이루고 신을 섬기는 일이 벌어지는 것은 이러한 교단 운용의 사례라고 보는 편이 적절하리라고 생각한다. 교단이 일관되게 전국적 통일성을 유지하지 못하는 것은 근본적 결함이기는 해도 신앙의 근간을 이루고 있는 점에서는 상통하는 성격을 갖고 있는 셈이다. 통일된 단체가 없음은 문제이지만 교단이 없다고 말할 수는 없다.

민간신앙은 우리나라 사람들의 종교적 심성의 근저를 이해하는 긴요한 단서가 되므로 이에 관한 연구가 불가피하게 요청된다. 과거 50년간 이룩된 연구는 특별하게 민간신앙의 중요성을 언급하는데 집중적으로 할애되었음이 확인된다. 민간신앙은 단일한 것이 아니다. 크게 보자면 무속신앙(巫俗信仰)과 가신신앙(家神信仰)으로 양분되는데 이를 중심으로 해서 연구한 결과를 개념적으로 정리하면 다음과 같다.

가. 신앙의 실체 규명 : 현지조사와 자료 작업
나. 신앙의 유형과 특징 : 무속신앙, 가신신앙, 마을신앙
다. 신앙의례와 상호관계 : 굿, 치성

민간신앙 연구는 대상의 발견으로부터 시작된다. 이를 우리가 자료학이라고 한다면 자료학으로서의 민간신앙 연구는 크게 두 가지 각도에서 진행되었다고 보는 것이 적절하다. 이미 해방이전에 자료 작업에 관한 논의가 상세하게 이루어진 바 있는데 이를 중심으로 해서 논의한 것은 참고자료로 활용될 수 있을 따름이고 여기에서 필요한 것은 민간신앙을 구체적으로 작업한 사례에 기반하고 있는 것이 검토의 대상이 된다.

자료학으로서의 민간신앙 연구는 다양하고 풍부할수록 대상의 실체를 드러내는 것이므로 이를 일일이 예거하는 것 자체가 의의가 있는 작업이다. 그러나 귀납적 사례가 풍부한 것과 귀납적 사례가 모여서 의의가 있게 구성되

고 이론적인 작업이 된다고 하는 것은 별개의 사안이라고 판단된다. 귀납적 사례 열거는 일종의 민속학적 실증주의로 전락할 우려가 있으며 실증주의는 현지조사를 단순하게 소개하는 정도로 의의가 있게 하는 몰이론적 가치주의를 양산할 우려가 있음을 명심해야 하리라고 본다.

게다가 중요한 것은 자료학으로서의 민간신앙 연구는 비교적 다른 자료에 견주어서 풍부한 문헌자료를 가지고 있다고 생각된다. 문헌에 전승되는 민간신앙의 자료와 현지에서 조사된 전승자료는 같으면서 다른 양상을 지니고 있으니 이 둘이 어떻게 같고 다른지 충분한 비교 연구가 필요한데 논의의 시각이 여기에 이르지 못하고 있어서 아쉬움이 매우 크다고 할 수 있다.

2. 민간신앙 연구사의 접근 시각

'한국민간신앙 연구사'는 셋으로 갈라서 말할 수 있다. 우리나라의 민간신앙에 관한 연구사이므로 개념 정의가 불가피하다. 일단 '민간신앙 연구사'에서 '민간'이 요긴하다. 민간은 달리 민속이라고도 이르는데 이 민속은 전승에 근거하는 다원적인 피지배계층을 뜻한다. 전통시대의 산물이므로 현재 잔존하는 모든 피지배계층의 유산을 한꺼번에 지칭할 때에 이를 민간이라고 규정한다. 이에 반하는 개념을 우리는 관 또는 상층이라는 관념을 염두에 둘 때 이 개념은 비로소 명확한 뜻을 갖게 마련이다.

'민간신앙 연구사'에서 이제 '신앙'이 중요하다. 신앙은 어떠한 대상에 기원하는 것을 총체적으로 이르는 말로 종교적인 의례를 포함하는 포괄적인 개념으로 보아야 마땅하다. 개인적인 신앙에서부터 집단적인 신앙까지, 그리고 비체계적인 신앙에서부터 체계적인 신앙을 이른다. 이 신앙은 문서로 정의되지 않고 전승에 근거하는 신앙적 행위를 총체적으로 지칭하는 개념으로 파악해야 한다.

'민간신앙 연구사'에서 연구사가 매우 긴요한 개념 가운데 하나이다. 연구사는 여러 가지 방식으로 정리가 가능하다. 온전한 연구사를 이루기 위해서는 연구의 시기별 개관, 이론적 쟁점에 의한 연구사 정리, 새로운 연구사의 이론 기반 체계의 변화 등을 중점적으로 기술하는 것이 연구사의 온전한 측면이 될 수 있다고 생각한다. 그러나 이러한 연구사의 온전한 기술을 충족하기 위해서 연구의 진전과 온축이 있어야 함을 우리는 반성적으로 알 수 있다. 그러나 실제 연구사가 여기에 이르기 위한 이론의 전개와 온축이 없는 경우가 있어서 실로 난감한 경우라고 말할 수 있다.

이제 세 가지 개념을 합쳐서 본다면 민간신앙 연구사는 비교적 한정하는 대상이 명료하게 드러난다. 구체적으로 우리나라 민간신앙은 전통적인 관점에서 의례와 전승 행위가 살아있는 대상으로 여러 가지 신앙이 존재한다.[3] 논자마다 견해차가 크다고 하는 것이 매우 주목되는 사례인데 민간신앙의 복합적인 성격으로 말미암아서 이러한 현상이 발생한다고 생각한다.

크게 보자면 동신신앙, 가신신앙 및 무속신앙을 꼽을 수 있다. 동신신앙은 마을을 수호하는 신에 대한 의례와 행위를 드러내는 신앙으로 여러 가지 복합적인 제의가 있기는 하지만 민간신앙의 삼대분 속에 소속시킬 수 있는 긴요한 신앙이다. 가신신앙은 집에서 특정한 국면을 맡아서 지키는 신앙을 말하는 것이다. 이에 견주어서 무속신앙은 무당을 매개로 하는 신앙을 이르는

3) 민간신앙을 어떻게 갈래지울 것인가 하는 점은 민간신앙 연구사에서 심각한 논란거리이다. 대상을 어떻게 정의하는가가 학문의 핵심이 되기 때문에 이러한 연구의 쟁점이 부각되기에 이른 것이다. 민간신앙의 종류와 범위에 관해서 대표적인 네 가지 업적을 보이면 다음과 같다.

장주근 외(2004), 『개정판 한국민속학개설』, 일지사. 이 저작에서는 민간신앙을 무속, 가신신앙, 동제 등으로 셋으로 갈랐다.

최광식 · 장주근 · 나경수 · 김헌선(2001), 『한국민속의 세계』 9, 고려대학교 민족문화연구원. 이 저작에서는 고대신앙, 가신신앙, 동신신앙, 무속신앙 등으로 사분하였다.

김태곤(1983), 『한국민간신앙연구』, 집문당. 이 저작에서는 민간신앙의 범위를 여러 가지로 제시했는데 구체적으로 사례를 보이면 계절제, 가신신앙, 동신신앙, 무속신앙, 독경신앙, 자연물신앙, 영웅신앙, 사귀신앙, 풍수신앙, 점복 · 예조, 금기 · 주부 · 주술, 민간의료 등을 포괄적으로 다루고 있다.

최준식(2005), 『한국의 풍속 민간신앙』, 이화여자대학교 출판부. 이 저작에서는 무교, 가신앙, 마을신앙 등으로 삼분하였다.

데 이 신앙은 무당을 어떻게 정의하는가에 따라서 심각한 질적 차이를 내포하는 것이기도 하다. 따라서 일단 민간신앙의 삼대 축을 동신신앙, 가신신앙, 무속신앙으로 보는 것이 바람직하리라고 예견된다.

최근에 가신신앙을 가정신앙으로 규명하려는 일련의 저작이 있는데 이를 사용하는 것은 어떠한 이해득실이 있는지 따져 보아야 한다. 그것이 논의된 연후에 온전한 개념으로 재정립할 수 있기 때문이다(김명자 외, 2005 ; 국립문화재연구소, 2005, 2006a, 2006b). 이를 두고 심각한 견해차가 존재했는데 가정신, 가택신, 집지킴이 등의 용례를 여러 각도에서 다원적으로 논의하고 이야기 해 왔음을 알 수 있다.[4] 이를 인정하면서 종래의 신앙으로 가신신앙을 사용하기로 한다. 왜냐하면 가신신앙과 가정신앙은 일정한 거리가 존재하며 동일한 대상을 지칭한다고 보기 어렵기 때문이다. 가정신앙에 여러 가지 이질적인 신앙이 첨가될 수도 있기 때문이다.

마찬가지 각도에서 동신신앙이나 무속신앙도 시빗거리가 될 수 있다고 생각한다. 동신신앙을 마을신신앙이라고 하거나 마을지킴이신앙이라고 하는 것도 마찬가지 각도에서 문제될 수 있다고 생각한다. 무속신앙 역시 무교, 무신앙, 무라고 해서 지칭하기도 하므로 이에 관한 이견을 논쟁적으로 진행할 수 있다. 그러나 핵심은 용어가 아니라 실체이고 실체를 체계적으로 연구하다 보면 서로 긴밀하게 관련되어 있으므로 이에 관한 온전한 연구가 필요한 점을 깨닫게 된다.

사리가 이렇다면 우리는 민간신앙 연구사를 여러 가지 각도에서 정리해야 한다는 생각이 든다. 대상이 세 가지이므로 이를 어떠한 각도에서 재정립하고 논의해야 하는가가 핵심적인 관건이다. 이를 실현하기 위해서 총괄적인 논의를 먼저 하기로 한다. 총괄적인 논의에서 주로 다루고자 하는 점검 사항은 일단 연구의 일반적인 경향을 서술한다. 이 서술에서 일단 중요한

---

4) 김광언(2000), 『한국의 집지킴이』, 다락방 ; 김형주(2002), 『민초들의 지킴이신앙』, 민속원. 이 저작에서는 가신을 집지킴이, 마을신을 마을지킴이라고 했다. 이 용례들도 주목해서 보아야 하겠으나, 이들의 구체적인 대상이 결국 동일한 것이므로 이를 일관되게 연구하는 것이 필요한 일이므로 다시금 구성해야 될지도 모른다.

것은 연구의 전반적인 경향을 민간신앙 전반에 걸쳐서 기술할 필요가 있다. 연구경향 가운데서도 일단 연구방법을 중점적으로 기술하지 않을 수 없다. 연구방법론이 중요한 것은 두루 아는 바와 같이 학문적인 연구의 체계를 실현하는 긴요한 수단이 되기 때문이다. 이에 관련하여 연구방법론이 기저에서 어떻게 작용하고 있는지 여러 연구 논문과 저작을 중심으로 기술하기로 한다.

다음으로 공통적인 사안이나 쟁점을 구체적으로 민간신앙에서 살펴볼 필요가 있다. 특정 연구의 영역에서 문제되는 것은 구체적인 항목을 중심으로 말하기로 한다. 다만 민간신앙에서 전반적으로 문제되는 공통 사항을 정리해서 구체적으로 정리하는 것은 긴요한 의의가 있다고 생각한다. 개별적인 영역의 연구사를 정리하기 위한 기본적인 작업을 하기로 한다. 특히 공통적으로 발견되는 연구의 저변을 확충하는 현지조사의 작업성과를 말하고 여러 곳의 지역적인 차이를 규명하기 위한 연구방법의 개척을 문제삼아 논의를 지속적으로 보증하는 문제점을 예시하기로 한다. 총괄적인 논의에서 문제되는 것을 모두 언급하면서 각론의 논의를 충족하는 발판을 삼고자 한다.

각론에서는 가신신앙, 동신신앙, 무속신앙 등을 차례대로 다루면서 개별 신앙에서 문제되고 쟁점을 다루었던 것을 정리해서 문제를 버르집기로 한다. 특히 세 가지 신앙의 특수한 측면을 논의하고 쟁점을 예각화할 수 있으면 이를 드러내는 작업을 하기로 한다. 전반적인 고찰에서 대상의 일반적인 특성이 드러났다고 하더라도 이를 세부적인 점검과정에서 특수하게 다루기로 한다. 각론에서 문제되는 개별 신앙의 양상을 일차적으로 정리하면서 문제의 실상이 무엇인지 드러내기로 한다.

각론에 관한 연구사의 이론적 축적이 충실한 것은 아니지만 이에 관한 개괄적 논의는 어느 정도 이루어졌다고 생각한다. 그런데 문제는 사실의 열거나 자료에 관한 실증주의로 연구사 개관을 모두 대처할 수 없다는 것이다. 그러한 의미에서 각론 차원의 연구사 검토는 논문의 나열이나 실증주의적 사실만이 충실하게 이루어졌을 따름이고 연구의 차원을 높일 수 있는 충분한 연구가 있었던 것은 아니라고 본다. 그만큼 각론 차원의 연구사는 미흡한 실정이고 심각한 문제의식의 소멸을 만날 수 있다고 생각한다. 연구사의 구체적인 검토에서 이러한 문제의 양상이 소상하게 드러나리라고 생각한다.

더욱이 큰 문제는 각론에서 만나는 각론과 각론의 문제점이나 이론적 쟁점이 서로 긴밀하게 연결되어야 하는데 이에 관련되는 논의가 매우 희박하거나 거의 없다는 것이다. 이 점이 민간신앙 연구사의 실제를 여실하게 보여주는 반증이라고 생각한다. 신앙이라는 일관성이 서로 어떻게 같고 다른지, 겉으로 다르면서도 이면적으로 어떻게 같은지, 둘은 심층적으로 어떠한 관련성이 있는지 충실한 논의가 이루어져야 하는데 이에 관련되는 연구사의 착안이나 착목은 없다고 보아도 잘못이 아니다. 여기에 민간신앙 연구사의 근간이 튼실하지 않음을 인식하게 된다.

외견상 가신신앙과 동신신앙은 아무런 연관이 없는 듯이 보이지만 그렇지 않다. 또한 마찬가지 각도에서 무속신앙 : 가신신앙/ 무속신앙 : 동신신앙 등은 서로 대립되면서도 깊은 관련성이 있어서 심층적인 비교 연구가 불가피하다. 이를 문제삼아서 본격적으로 다루어야만 문제의 실상이 온전하게 드러날 수 있고 신앙 일반에서 세 가지가 민간신앙으로 어떠한 관련성이 있는지 논의를 할 수 있다고 생각한다. 그런데 연구는 아직 여기에 이르지 않았다고 판단된다.

총론과 각론에서 검토된 민간신앙 연구사의 문제점을 마무리하는 의미로 앞으로의 연구 과제를 기술하고 미해결되었거나 장차 연구되었으면 하는 문제를 예시하고 이에 대한 일련의 답안을 개괄적으로 서술하기로 한다. 총론과 각론에서 문제되는 것을 모두 통섭해서 이를 일관되게 전망하는 자리가 마련될 수 있다고 생각한다. 연구사의 정리는 앞으로의 연구 방향을 집약하고 미해결의 과제를 명시함으로써 소임을 다할 수 있다고 믿는다. 연구는 아직 온전히 이루어지지 않았지만 전체적인 얼개를 그리는 것이 연구사 요약의 핵심이 되리라고 생각한다.

총론과 각론에서 문제되는 핵심을 미리 그려본다면 그것은 셋이 하나로 논의되어야 하고 동시에 하나에서 셋으로 갈라지는 문제의 양상이 정확하게 비교, 분석되어야 한다는 점이 명확하게 드러난다. 즉 지금까지도 민간신앙 일반에 관한 연구사가 정리되면서도 이 분야의 쟁점이 명시되지 않음으로써 민간신앙의 일반적 연구사와 동시에 각 분야의 각론 역시 이론적인 통합이나 심층적인 연구사의 이면이 드러나지 않았다고 생각한다. 이를 새로운 각도에서 전망함으로써 연구의 튼실한 저변 확대와 심층적인 이론의 심화를 꾀할 수 있으리라고 본다. 민간신앙 연구는 총론의 이론적 안목과 각론의 섬세한 심층과 이면이 만났을 때에, 진척될 수 있다고 생각한다. 민간신앙은 하나이면서 셋이고, 동시에 셋이면서 하나이다. 연구를 총론과 각론의 차원에서 회통시킬 때에 민간신앙 연구사의 쟁점과 이론적 문제점이 한층 분명하게 드러날 수 있다고 생각한다.

3. 민간신앙 연구사의 총괄적 점검

민간신앙 연구사를 일별하게 되면 개별적인 논문의 전반적인 성향을 검토하지 않을 수 없다. 예거하는 논문이나 저작이 많기 때문에 일일이 거론하는 것은 문제의 소지를 흐릴 가능성이 있으므로 이에 대해서 예거하는 것은 문제일 성 싶다. 이를 온전하게 검토하기 위해서 전반적인 성향과 관련지어 논의하는 것이 바람직하다. 이를 정리하면 다음과 같이 된다.

연구방법론의 부재
지역적 사례에 의거한 민속학적 실증주의
미시적 사례중심주의

전반적인 연구 성향이 모두 이에 통섭되는 것은 아니다. 그러나 민간신앙 연구사에서 전반적으로 두드러지는 현상이 이러한 것이 있음을 확인하게 된다. 연구방법은 대상인 자료를 일관되게 구성하는 이론을 향해서 접근하는 길이라고 할 수 있다. 자료와 이론을 구성하고 일관되게 이들을 적용한 결과를 우리는 연구방법론이라고 말할 수 있을 것이고 연구방법론이야말로 연구사에서 핵심적인 문제이다. 대체로 실증주의적 방법이 우세하고 구조주의를 부수적으로 활용하며 현장론적 방법을 중심으로 하는 여러 가지 변화된 방법을 말하고 있지만, 과연 이를 충족하는 것이 있는지 의문이 들 정도로 논문이나 저작은 이론이나 방법을 망각하고 있음이 확인된다.

대상이 확정적이지 않고 전승에 입각한 사례를 중심으로 해서 이에 관한 실증을 학문의 최우선적인 방법으로 나타내고 있으므로 현장 기술적인 민속학적 실증주의가 만연하고 있음이 전반적으로 확인된다. 실증주의적 연구가 무의미하거나 과오가 있다고 하는 것은 아니다. 실증주의에 입각해서 논의한 결과를 좀더 체계적으로 확인하고 연구하는 다음 단계로 나아가지 못하는 점이 지적되어야 할 것으로 보인다. 민간신앙 연구가 일정 부분 답보 상태에 머무르고 있는 것은 연구사의 커다란 장애라고 생각한다. 그러한 점에서 연구를 비약하는 근간을 마련해야 하는 점이 인정되는데, 이는 민간신앙 연구사를 혁신할 수 있는 이론적인 진전이 필요하다는 뜻이 되리라고 생각한다.

미시적 사례를 열거하는 것이 연구의 전반적인 문제점이라고 생각한다. 거시적인 이론 구성을 도달점으로 하지 않고 구체적인 자료에 함몰되어 있어서 연구의 진전이 이루어지지 않는다고 생각한다. 이론을 구성하고 민간신앙의 특성을 드러낼 수 있는 연구사의 착안이 중요한데 연구의 시각이 여기에 이르지 않고 있음이 확인된다. 현장에 입각한 미세한 자료중심주의는 의의가 있으나 이를 일관되게 구성하는 이론적 성숙이 필요하다.

세 가지 연구 성향이 전반적으로 어떻게 구현되었는지 이를 정리해서 논의할 필요가 있다. 세 가지 민간신앙 연구사의 문제점을 정리해서 제시하면 다음과 같다.

1) 연구방법론의 부재

민간신앙 연구사에서 두드러지게 나타나는 현상은 연구방법론의 문제이다.[5] 연구방법은 학문의 이론적 성취를 이루는 요긴한 수단인데 이 수단을 응집하는 이론이 없다는 뜻이다. 대다수의 경우에 민간신앙의 자료를 열거하는 것이 능사여서 연구방법을 충족하는 연구가 없는 것이 매우 안타까운 실정이다. 대상의 성격을 드러내는 현지조사와 아울러 있는 대상을 드러내는 평면적인 기술이 연구를 대신할 수 있는 것은 결코 아니다. 연구를 충족하기 위한 현지조사가 무용하다거나 아니면 사례의 보고가 의미가 없다는 뜻도 아니다. 그런데도 불구하고 민간신앙 연구사 현상 중심의 자료나 사례에 집착함으로써 연구방법을 소홀하게 여기는 것은 문제점이라고 생각한다.

연구의 방법 부재는 근본적인 문제인데 원인 분석이 가능하다. 민간신앙의 사례를 기술적인 차원에서 귀납적으로 정리하는 것이 문제의 소인이라고 생각한다. 귀납을 능사로 하니 현상적인 기술이 문제로 남는다. 사실을 자체로 해명하려고 하므로 이를 현상적으로 기술하고 종합적으로 처리하거나 해석하는 이론적인 안목이 부재하는 것이 실상이다. 사례의 천착이 전체적인 민간신앙과 어떠한 관련이 있는지 이를 가설적으로 제기하고 정리하는 작업이 필요한데 그러한 작업은 좀처럼 나타나지 않는다.

민간신앙이라는 전체적인 대상을 드러내기 위해서 가신신앙의 근본적인 연구방법이 기술적으로 그치지 않고 실제로 어떠한 이론적인 가능성을 가지고 있는지 사례를 집약적으로 기술하고 이를 연결할 수 있는 이론적 추론이 납득할 만한 연구가 성립되지 않는다. 자료나 사례를 일관되게 연결하는

---

5) 연구방법론에 관한 문제의식의 소멸은 참으로 큰 문제라고 생각한다. 학위논문에서 제시하고 있는 연구방법의 작은 그물을 말하자면 숱하게 많다고 강변할 수 있을지 모른다. 최소한의 작은 통찰을 민간신앙 연구를 위해서 내세우는 연구방법론의 부재를 문제삼을 수 있다. 민간신앙을 종교 일반의 관점에서 또는 신앙 일반이나, 개별 신앙에서 문제삼을 수 있는 통찰이나 연구방법이 없는 점이 문제라고 생각한다. 게다가 총론적인 차원의 연구방법이 없는 점도 매우 큰 것이라고 생각한다. 이에 관한 세부적인 예증을 드는 것은 어리석은 일이므로 전체 민간신앙 연구사 목록에서 이 점을 확인할 수 있으리라 판단된다.

방식이 다른 대상에서도 확인이 되므로 이를 굳이 재론할 필요는 없다고 생각한다. 위계적으로 상위의 민간신앙과 하위의 가신신앙, 동신신앙, 무속신앙 등이 일관되게 어떻게 연결될 수 있는지에 대한 구체적인 학문적 논의가 없으며 문제의식이 소멸되었다고 보아도 지나치지 않는다. 그러한 각도에서 온전한 연구는 이루어지지 않았다고 생각한다.

민간신앙 연구사에서 연구방법의 부재는 곧 이론의 부재로 직결된다. 민간신앙 연구의 이론적 문제는 신앙의 사례를 일관되게 다루고 구체적인 대상을 연결하는 방법과 관련된다. 사례와 이론을 창조적으로 결합하는 것이 곧 방법이고 방법의 일관성이 구현되는 것이 곧 방법론이라고 할 수 있는데 이에 관련한 진지한 고민이 없는 것이 연구사의 근본적인 결함이라고 생각한다. 사례에 천착하면서 연구방법이 증발되고 대상에 대한 기술을 하고 종합적인 판단이나 연구의 입체적인 전개가 이루어지지 않았음이 확인된다.

민간신앙의 핵심적인 문제는 결국 민간신앙을 구성하고 있는 신앙의 요체가 무엇인지 궁극적으로 검토해야 한다는 뜻이다. 이 신앙이 다신론으로 어떠한 의의가 있는지, 여러 신의 결합 양상이 구체적으로 어떠한 실제적인 맥락에서 관련되는지 하는 이론적 연구방법론이 필요한데 이에 관련한 성찰이 없어서 문제점이라고 생각한다. 현지조사의 사례를 분류하거나 구분하면서 생기는 일관성에 관한 탐구가 없으므로 이를 구성하는 이론적 안목이 없는 것이다. 신앙의 이론적 접근이 없으므로 사례를 천착하고 연구의 근본적 시각을 갖추지 못하는 것으로 판단된다. 이론의 부재와 연구방법의 소멸은 민간신앙 연구사의 가장 두드러지는 문제점이라고 할 수 있다. 민간신앙을 연구하는데 있어서 방법이 중요하다고 하는 지적은 어찌 보면 시대착오적인 지적처럼 보일 수 있을지 모르는 것이나 사실은 그만큼 민간신앙 연구사의 허약한 측면에 대한 성찰이라고 하겠다.

2) 지역적 사례에 의거한 민속학적 실증주의

연구방법이 부재한 것은 전적으로 큰 문제가 아니다. 오히려 핵심은 평면적인 연구방법이 문제이다. 그렇게 하는데 있어서 두 가지가 결합되어 있다. 하나는 바로 실증주의의 팽배이다. 다른 하나는 지역적 사례중심주의이다. 두 가지 학문의 성향은 근대학문의 극복 방법으로서 매우 중요한 의의를 가진다. 두 가지 방법론의 특징은 중세에서 근대로의 학문적 방법을 개척했으나, 동시에 다른 한편으로 근대에 심각하게 문제된 방법의 하나라는 점에서 매우 중요한 의의를 지닌다. 이들은 방법론적으로 결합하여 새로운 학문으로 나아가는데 적지 않은 지장을 초래하고 있으므로 이에 관련해서 본격적인 검토가 불가피하다.

실증주의는 중세적인 학문을 극복하는 방법이었음이 확인된다.[6] 실증주의를 확립한 두 명의 논자가 있는데 이들이 곧 오귀스트 꽁트(August Comte, 1798~1857)와 에르네스트 르낭(Ernest Renan, 1823~1892)이다. 이들의 학문적 고안의 근간은 결국 중세까지 이어져온 학문에 관한 비판이다. 형이상학적 전제에 동반된 선험적 원리를 비판하고, 현상적인 차원의 사실을 귀납적으로 총괄하고 자연과학적 법칙을 최소한으로 찾자고 하는 것이 이 실증주의의 근간이라고 할 수 있다. 실증주의의 공격 목표가 결국 신학과 형이상학이었다고 해도 지나치지 않는다.

그런데 문제는 실증주의적인 방법으로 민간신앙 전체를 입증할 수 없다는 점이다. 자연과학적 가설로 민간신앙의 낱낱 사례를 포괄할 수 없음도 물론이다. 따라서 민간신앙 연구에 형이상학적 전제와 같은 포괄적인 원리를 필요로 하는데도 민간신앙 연구사에서 이러한 원리에 입각한 연구가 없음은 그 자체로 종교학적 연구를 포기했다는 말이 된다. 연구가 심화되기 위해서도

---

6) 이에 관해서는 다음과 같은 업적에 의거해서 기술하기로 한다. 『조동일을 만납시다』(http://chodongil.x-y.net)의 강의란에 2006년도 제2학기 강의 제1강에 있는 사안을 참조해서 기술하고자 한다. 여기에서 서구의 실증주의가 어떠한 경로로 성립했으며 그 이론의 출발점과 도달점에 관한 상세한 기술을 했다. 꽁트와 르낭의 실증주의가 가지는 의의를 상세하게 논했으므로 자세한 논의는 이 사이트로 미룬다.

실증주의에서 내세우는 귀납과 이성에 대한 맹신이 민간신앙 연구에 장애가 있음을 깨달아야만 한다.

더욱이 문제는 지역주의의 팽배이다. 이 연구경향에 대해서는 일단 긍정적 가치를 부여할 수 있다. 연구자가 많아지므로 현지조사에 입각한 민간신앙 연구의 근간이 되는 갖가지 사례를 모을 수 있으며 기대 이상의 자료집이 간행될 수 있었다고 생각한다. 연구가 자료집으로 대신할 만한 것은 아니지만, 현상을 정리하는 점에 있어서 지역주의의 팽배는 커다란 기여를 했다고 생각한다. 문제는 미세한 사례 중심의 방법과 고증에 의한 조사보고서 등이 많이 나와서 이론적인 가설이나 접근은 정체성을 상실했다고 하는 점이다. 이론적 집적을 포기한 현상적인 자료집이 많이 간행된 사실을 거듭 지적할 수 있다.

지역의 사례중심적 학문과 실증주의적 학문이 결합하면서 본디의 학문적 관심은 망실되었다고 해도 지나치지 않다. 실증주의는 최소한의 귀납과 이성에 의한 학문적인 추구가 있었는데 이제 그마저도 지역의 사례주의가 만연하게 되면서 행방이 모호해진 점을 인정할 수밖에 없다. 물론 실증주의에서 벗어나기 위해서 실증주의 뒤에 나타난 구조주의나 현장론적 관점을 대안으로 제시한 것은 있다. 그러나 우리가 학문의 본질로 삼고 있는 연역적인 방법이나 형이상학적 전제와 같은 형이상학을 벗어난 학문적 방법이 필요한데 이에 관한 진지한 성찰은 이루어지지 않았다고 판단된다.

실증주의를 넘어서는 그 자체의 원리가 어떠한 총괄적인 원리에 입각하고 있는가에 관한 고찰이 필요하나 이에 관련한 연구가 매우 미흡하게 이루어져 있음이 확인된다. 게다가 미세한 고증에 천착하는 지역중심주의가 결합하면서 실증주의의 방법 역시 소멸하고 말았다. 현상적인 기술 차원의 방법이 팽배함으로써 우리는 동일한 지역적인 사례의 실증주의적 연구 결과가 다른 고장의 그것과 어떻게 같고 다른지에 대한 천착을 가로막고 있음을 확인하게 된다. 게다가 문제는 다른 지역의 사례를 동일하게 거론한다고 해도 지역적인 사례가 어떻게 비교될 수 있으며 이면에 어떠한 원리가 잠재되어 있는지에 관한 연구의 총괄적 원리에 대한 천착이나 착목이 없음을 확인하게 된다.

민간신앙 연구사에서 민속학적 실증주의와 지역적 사례중심주의가 만연하면서 앞으로 지역적 연구가를 자처한 연구논문들이 양산될 수 있으리라 기대한다. 그러나 우리가 기대하는 전체에 관한 통찰이나 연역적인 가설로부터 출발하는 연구논문은 점점 희망을 없애는 쪽으로 진행될지 모른다는 불안감이 싹튼다. 고증이나 해설이 연구를 크게 하는데 장애를 일으킨다고 할 수 있다.

민간신앙 연구사에서 더욱 큰 문제는 이론에 관한 탐구가 대두하지 않으면서 총괄적인 이론적 탐색이 다른 이론의 수입으로 나아갈 수 있다는 우려가 있다. 민간신앙 연구사에서 민간신앙의 실체를 아는 연구 작업의 과정이 대체로 세 단계에 걸쳐서 진행되었음이 확인된다. 이는 실증주의나 귀납법을 통해서 이미 예측되거나 심각하게 논란된 방법론적 가설인데 이러한 사정이 거의 적중하리라고 생각한다. 세 단계의 가설은 이러한 각도에서 문제가 될 수 있다고 생각한다.

민간신앙 전체를 표본적으로 막연하게 알게 된 단계가 있다. 이러한 작업은 일제시대에 일본인 학자들이 한 작업에서 상세하게 확인할 수 있다. 이들의 기여가 무엇인지 후발연구주자들의 분발과 업적이 이를 증명해주고 있다. 두 번째 단계의 작업은 부분을 확실하게 아는 단계의 작업이 이루어졌다. 전체를 막연하게 알던 단계에 견주어서 이해한다면 이는 상당한 진전이라고 할 수 있다. 부분에 관한 확실한 작업이 이제 더욱 정밀한 그물이 되어서 연구를 실증적인 작업으로 가중시켰다고 할 수 있다. 그런데 문제는 이제 마지막 단계에서 발생한다. 부분적인 사실의 상세한 파악이 과연 전체적인 종합으로 나아갈 수 있는지에 관한 의문이 생겨났다고 하는 것이다. 세 번째 단계에 관한 이론의 원리를 어디에서 구할 것인지 이에 관한 모색이나 고찰은 아주 막연한 것이라고 아니할 수 없다.

실증주의의 이론적 고안이 없으므로 문제는 이론을 다른 데서 가져오거나, 이론적 탐색이 올곧게 이루어지지 않으면서 결국 이론은 다른 데서 구하는 과오를 저지를 위험이 있는 것이라고 할 수 있다. 이론을 수입해서 대치하면 창조의 수고는 덜 수 있다고 생각한다. 그런데 자료에서 구한 이론이 아니므로 논의 자체가 버성기게 되고 연구의 도달점이 출발점과 다른 이상한 결론에 도달할 수 있는 점이 생겨나게 된다. 연구를 하는 것은 학문적인 체계를 세우는 일이라고 할 수 있다. 연구를 온전히 하는 것은 사례, 방법, 이론 등을 위계적으로 연결하는 점에서 찾을 수 있는 것이다.

3) 미시적 사례중심주의

거시적인 문제의식이 없는 것 역시 자세하게 지적되어야 할 사안이다. 비유적으로 말한다면 촘촘하게 이론적인 문제의식이 없이 사실을 미세하게 고증하면서 현지조사 방법과 결합시켜 다루는 업적은 상세하게 언급할 수 있다. 미시적 사례중심주의에 입각한 여러 가지 논의를 찾을 수 있지만 구체적으로 이러한 연구를 표방하면서 발생하는 문제점이 무엇인지 검토하기로 한다.

가) 민간신앙의 현지조사 결과를 충실하게 정리한다.
나) 민간신앙의 유형과 의례적 특징을 기술한다.
다) 민간신앙의 구성소에 관한 변수를 추론한다.

민간신앙 연구사에서 적어도 현지조사자료 보고집이 이러한 단계까지 진척된 것은 연구사에서 뿐만 아니라, 학문의 발전에 있어서도 커다란 진전이 이루어졌다고 생각한다. 문헌전승과 구비전승의 실상 가운데 구비전승의 결과를 집적하고 이를 문헌전승과 견주면서 사실의 중요성을 충실하게 기술하는 것은 학문의 방법으로 의의가 있으면서 동시에 대상을 파악하고 존재의의를 기술하는데 있어서 매우 중요한 의의를 갖는다. 가)의 의의를 거듭 주장해도 무리가 없다고 생각한다. 사실적인 논의를 할 수 있는 실증적인 기반을 다졌다는 점에서 중요한 의의를 갖는다고 생각하면서 동시에 이론

구성을 위한 예비적 고찰을 할 수 있는 단계로 진전을 했다고 판단된다.

동시에 가)의 성취는 나)의 단계로 진전되어 나간다. 사례를 그 자체로 파악하는 것도 의의가 있으나 이것이 현장이나 문맥에서 일관된 의의를 가지기 위해서는 대상을 구조적으로 파악하는 것이 급선무이다. 구조적 논의를 위해서 유형을 묶고 신앙의 근간인 의례적 특징을 논의하는 것은 어찌 보면 상당한 논의의 심화를 말하는 것이라고 할 수 있다. 현재까지의 연구는 이 단계까지 진전되어 있다. 그러나 문제는 유형과 특징을 전반적으로 일관되게 구성하는 이론을 구성하지 않았다. 어떻게 보면 평면적인 관점에서 논의를 할 수 있는 최대의 관건이라고 할 수 있으나 이론 구성을 따로 하지 않는다. 이론 구성에 의거해서 해석이나 견해를 내지는 않는다는 말이다.

다)는 그 자체로 의의가 있는 추론이라고 생각한다. 예측 가능한 모델을 제시하고 이를 변수로 취급하려는 것이다. 그러나 엄밀하게 말한다면 이는 모델의 구성소를 가지고 해결하려는 변수 정도의 취급 사안이지 본격적인 논의를 위한 이론적 구성이나 연역적인 가설을 말하는 것은 아니다. 구성소의 변수를 말하는 것과 이와는 다르게 상수를 말하는 것이 일관된 관계를 맺는 이유에 대해서 논의를 하고 이것이 총괄적인 민간신앙의 구조와 어떠한 관련을 맺는지 논의해야 하는데 이론 구성을 하지 않으므로 이에 대해서는 발언을 하거나 해석하지 않는 것이 능사라고 보는 편이 적절하리라고 생각한다.

이론적으로 말하자면 가) 나) 다)는 합쳐졌을 때에 이론적 가설로 나아갈 수 있다. 구체적으로 사례를 든다면 세 가지 신앙은 서로 복합되어 있다. 가신의 대상인 성주에 대한 의례적인 고찰을 하자면 농악대의 고사, 무당의 굿, 마을의 동제 등에서 일관되게 모시는 대상이 된다. 이들이 각각의 관련성을 어떻게 갖고 있으며 심층적으로 동이점이 어떻게 구성될 수 있는지 심각한 논란거리를 가질 만하다. 그런데 이에 관한 논의는 전무한 실정이다. 세 가지 대상을 구체적으로 어떻게 관련짓고 논의를 단계적으로 진척시킬 것인가는 미시적인 사례에서 얻는 결과로 온전하게 해명할 수 없다고 생각한다.

개별 사례에 대한 점검이 성주에 관한 가신신앙의 본질과 무속신앙의 본질이 어떻게 관련되는지 해명할 수 없다. 이를 위해서 커다란 이론이 필요한데 실제로 이에 관한 추론은 없는 실정이다.

가신에 관한 의례적인 절차는 모두 네 가지이다. 집안을 수호하는 신격이 의례적인 형식으로 네 가지로 되어 있는 것은 매우 주목되는 현상이다. 고사 또는 안택의 유형, 무당굿 또는 치성의 유형, 농악대의 성주굿 유형, 일반적인 유가적 제례 유형 등이 그것이다. 동일한 신격 대상을 이처럼 각기 다르게 섬기는 이유가 무엇이고 이 유형들이 상호 어떠한 관련을 지니고 있는지 매우 궁금한 일이 아닐 수 없다. 가신에 관한 의례적인 절차가 다양하게 존재하는 사실을 가지고 여러 가지 이론적 가설을 세울 수 있을 것이다. 이에 관한 문제의식이 없는 것은 미시적인 사례중심주의의 관점에 사로잡혀 있기 때문이라고 생각한다. 사례가 어떻게 이론적인 가설 수립으로 나아갈 수 있는지 문제의식을 가다듬어야 하는데 현재 이러한 각도의 논의는 없다고 생각한다.

4. 민간신앙 연구사의 개별적 점검

1) 동신신앙 연구사 개요

동신신앙 연구사의 핵심적인 사안은 지역적인 차이와 상관성에 관한 비교 연구라고 생각한다. 동제는 마을의 신앙을 말하는 것인데 마을신앙의 형태는 매우 복잡하고 지역적인 차이와 유형이 존재한다. 마을신앙의 구체적인 방식에 있어서 차이를 지니는데 이에 관련한 신앙의 유형이 중요한 차이를 가지고 있다.

우리나라 동신신앙은 의례적인 속성에 입각해서 본다면 다음과 같은 세 가지 형식으로 요약된다.[7)]

---

7) 秋葉隆, 심우성 역(1994),「家祭의 二類型」,『朝鮮民俗誌』, 동문선 ; 秋葉隆, 최길성 역(1988),「村祭의 二類型」,『朝鮮巫俗의 現地 調査 硏究』, 계명대학교 출판부 ; 조

가) 유교식 제사
나) 무속식 굿
다) 농악대 고사

가) 유교식 제사는 젯상을 차리고 한문으로 된 축문을 읽는 의례의 형식이다. 제관을 정하고 제관이 초헌, 아헌, 종헌 등으로 잔을 올리고 절을 하는 것이 유교식 제사의 핵심으로 된다. 유교식 제사는 제관에 의해서 정해진 신에게 축원을 드리는 것인데, 신위에다 숭앙하는 경우도 있으나 일정한 장소로 산, 우물, 당나무 등이 그 대상으로 된다. 인격화된 신은 아니고 대체로 마을 사람들이 상정하고 있는 자연적 신격에게 그 신앙적 행위를 기원하고 있는 경우가 흔한 사례이다. 예외적으로 인격화된 신에게 의례를 드리면서 신위에 제사를 고하는 경우도 존재한다.

나)는 가)와 유사하리라 예견되나 양상과 형태가 전혀 다르다. 무속식의 굿에서는 설사 화주나 소임이 정해져 있다고 하더라도 무속식의 굿은 무당들이 섬기는 신격에 의해서 마을의 안녕을 기원하는 특징이 있다. 마을을 수호하는 신들인 여러 이칭을 가진 인격적 존재가 주가 된다. 마을의 신앙대상으로 도당할아버지, 도당할머니, 부군신, 별신, 골맥이할아버지, 골맥이할머니, 당산할아버지, 당산할머니, 본향당신 등이 그들이다. 무속의 인격신적 존재가 변화되어서 굿의 일부로 자리 잡고 있는데 굿의 한거리로 구체적인 마을의 신성소 방문이 이루어지기도 한다. 유가, 돌돌이, 세경돌기 등에서 신성한 장소인 장승, 우물, 서낭, 집안의 성소를 방문하는 것이 가)와 공통적인 면모라고 할 수 있다.

동일(1978), 『탈춤의 역사와 원리』, 홍성사 ; 정병호(1990), 『農樂』, 열화당. 아키바 다카시는 가제에서는 제사와 굿이라는 유형의 의례를 남녀의 성 주체가 달라짐에 따라서 규명하고자 했고, 촌제에서는 유교식 제례와 무속식 제례를 비교하였다. 조동일은 아키바의 의견에 대해서 비판하고 농악대의 존재를 중시하면서 세 가지 유형의 제례 주체를 중시했다. 정병호는 농악의 분포와 동제의 무속 분포를 함께 비교하면서 논의한 바 있다. 이 연구는 그러한 연구 업적을 비판적으로 극복하기 위해서 마련되었다.

다)는 나)의 무속 신격을 제외하고 보통 마을의 성소와 집안의 성소를 돌아다니면서 고사를 하는 것이 특징이다. 마을의 농악대가 가락을 연주하면서 마을과 개별 집안의 여러 곳을 방문하는데 상쇠가 쇳가락을 울리면서 여러 가지 고사덕담을 하는 것이 이 농악대 고사의 핵심적 면모가 된다. 농악대 고사소리가 신성성을 지니는가 의문이 있기는 하지만 하나의 제의적 형식으로 자리잡고 있음은 부인하기 어렵다. 의례적 속성이 형식의 한 근간 요소가 되는 것은 부인하기 어려운 노릇이다.

그러나 이 세 가지 근간 요소가 다시금 결합하는 측면을 가지고 있어서 복합적 형태를 띠고 있다. 가)와 나)가 결합하는 유형, 가)와 다)가 결합하는 유형, 가)와 나)와 다)가 결합하는 유형 등이 그것이다. 가)와 나)가 결합하는 것은 당산동 부군당굿 등이 적절한 사례이고, 가)와 다)가 결합하는 것은 경기도 일대의 마을의례에서 보편적으로 발견되고 가)+나)+다) 등이 모두 합쳐져 있는 것은 경기도 일대에서 쉽사리 찾을 수 없는 것이고 황해도식의 대동굿에서 일부 발견되고 다른 고장에서는 이러한 형태를 찾기 어려운 실정이다. 경기도의 굿, 충청도의 굿, 강원도의 별신굿 등이 이에 해당한다고 할 수 있다.

가), 나), 다)의 근간 요소가 어디에서부터 기원을 두고 생성되었는지 증명하기 어렵다. 가)는 명백하게 유교의 유입과 더불어서 들어왔을 가능성이 있고 나)와 다)는 서로 분간하기 어려운 형편이다. 나)와 다)가 동시적으로 진행되었거나 나)가 먼저이고, 다)가 나)를 이어서 하는 것인지 아니면 이와 다르게 다)가 먼저이고 나)가 나중인지 이해하기 어렵다. 가), 나), 다)는 유형의 형식적 기원과 상호관계를 위시해서 의례적 방식의 상동성과 이질성을 중심으로 해서 증명하기 어려운 여러 가지 면모가 확인된다. 이 문제는 쉽사리 증명하기 어려운 것이어서 여러 가지 사례를 들고 장차 증명해야 할 문제라고 생각한다. 그렇다고 하더라도 그 개략적 구도는 제시할 수 있으니 나), 다), 가) 등의 순서로 진행되었을 공산이 크다. 현재적 양상을 정리해서 역사적 단계를 증명할 수 있으리라 기대된다.

동신의 지역적인 의례의 차이 역시 긴요한 연구 과제 가운데 하나이다. 지역별로 차이가 있는 것을 정리한다면 다음과 같이 정리가 된다.

제주도 : 본향당굿과 포제[8)]
영남 : 골맥이의 동신제 또는 별신굿
호남 : 당산제
강원도 : 서낭제
경기도 : 도당제
서울 : 부군당제
황해도 : 대동제
장승제와 솟대제

모두 제라고 했으나 제에는 당굿이나 마을굿이 합쳐져 있는 것이 대부분이다. 위에서 검토한 것처럼 여러 가지 신앙의 형태나 의례적인 절차가 복합되어 있으므로 이러한 용어가 사용된다. 각기 근원을 가지고 이 용어들이 쓰이는 것인데, 모두 마을의 동신을 위한 제례라는 점에서 예외적인 것이 아님을 확인하게 된다. 제주도의 본향당굿은 마을의 본향당굿을 말하는 것인데 무당이 집전하는 굿을 말한다. 이와는 다르게 마을의 유교식 제례도 성행하고 있어서 이것이 곧 포제(酺祭)이다. 포제는 유교식 제례와 결합되어 있는 것이 기본적인 특징이라고 할 수 있다. 여성 위주의 당굿과 남성이 주가 되는 포제는 엄격한 차이가 있음이 확인된다. 남녀가 각기 서로의 구실이 다르게 포제와 당굿으로 이원화된 것은 근래의 현상이다. 왜냐하면 봄과 가을에 남녀의 무리가 광양당, 차귀당에 모여서 술과 고기를 갖추어서 제사를 지낸다는 기록을 확인할 수 있기 때문이다.[9)] 남녀의 구분이 이루어지지 않고 서로 합쳐서 함께 제를 지내는 전통이 무너져서 커다란 변화가 생겼던 것으로 이해된다.[10)]

---

8) 본향당굿과 포제의 관련성에 관해서는 일단의 연구가 있었다.

9) 『新增東國輿地勝覽』 濟州牧 風俗條, "於春秋 男女群聚 廣壤堂 遮歸堂 具酒肉祭"라고 하는 대목에서 이를 확인할 수 있다.

골맥이할매와 골맥이할배를 중심으로 하는 영남의 별신굿은 무당에 의해서만 진행되는 굿이다. 이 굿은 정월에서 오월까지 진행하고 다시 9월에서 10월까지 진행하는 것으로 마을마다 터전을 잡은 조령을 중심으로 해서 이 굿을 주로 연행하는 특징을 가진다. 마을마다 일정한 대잡이나 비리쟁이들이 있어서 그들과 연계된 화랭이나 양중이 주도권을 가지고 굿을 하는 것이 별신굿의 특징인데 특히 요긴하게 여기는 것이 마을의 동사에서 하는 성주굿이나 용왕굿에서 하는 선주들의 열명 제차들이다. 이를 중심으로 해서 본다면 마을굿과 풍어굿의 성격을 겸하고 있는 것이 확실하게 판단되며, 별신굿의 성격이 어디에 있는지 알 수 있게 되어 있다. 시조신을 중심으로 하면서도 결국 현실적인 풍요나 풍어를 가져다 주는 것을 매우 중요하게 굿의 목적으로 취급했음이 확인된다.

호남의 당산제는 당산나무를 중심으로 하는 유교제의적인 성격이 일부 있으며 이를 농악대들이 주도하는 줄다리기 형태로 가져가는 점에서 다른 고장의 굿과 다른 면모를 가지고 있음이 확인된다. 무당이 주도적인 구실을 하지 않으며 농악대가 걸궁을 하고 여러 가지 집안이나 마을 공동의 장소를 돌아다니면서 굿을 치는 점에서 남다른 면모가 확인된다. 마을 전체는 특별하게 당산을 구심점으로 삼는데, 당산신은 서로 부부간이나 큰마누라 내지 작은마누라로 얽혀 있는 점이 남다른 면모라고 할 수 있다. 그런 점에서 한 마을을 나누어서 부부신이 정해져 있는 영남의 부부신과도 성격이 상통하고, 달리는 여러 당산이 있다는 점에서 호남의 당산은 다른 성격을 일부 지니고 있는 점도 확인이 된다. 게다가 농악대의 뒤를 잡색들이 가면을 쓰고 따르는 점도 남다르다고 하겠다.

강원도의 서낭제는 산촌형 서낭제로 서낭이 집집마다 있고 이를 일관되게 유지하는 반서낭이 있고, 다시 전체적으로 통괄하는 도서낭이 있다. 이 도서낭을 중심으로 마을의 복재(卜者)들이 소지를 올리고 축원하는 것이 서낭제의 면모이다. 서낭제의 뒤를 이어서는 마을의 반(班)마다 농악대가 있어서

---

10) 장주근 외(2004), 『한국민속학개설』, 일조각, 230쪽.

이들을 중심으로 농악을 하는 것이 기본적인 놀이의 양상이라고 할 수 있다. 해촌에 인접하고 있는 별신굿의 골맥이서낭제와 일정한 거리가 있음이 확인된다.

경기도의 도당제는 유가식 제의와 전통적인 화랭이가 합쳐져서 복합적인 제의를 하는 특별한 굿이다. 이를 달리 도당굿이라고 하는데 웃도당과 아랫도당, 할아버지와 할머니의 당신에게 음력으로 3월이나 10월에 제사를 지내는 것이 이 도당제의 근본적인 성격이라고 할 수 있다(김헌선, 1995 ; 하효길 외, 2001). 도당굿은 경기도 북부형과 경기도 남부형으로 양분되는데 남부형은 화랭이들이 굿을 하는 것이고, 북부형은 강신무들이 굿을 하는 점이 남다르다고 하겠다. 이를 달리 강신무권과 세습무권이라고 하는데 이렇게 굿의 무가권을 나누는 것은 바람직한 일이라고 판단된다. 둘 사이의 중요한 공통점과 차이점이 있는데 이를 정리해서 연구의 빌미로 삼을 필요가 있다.[11)]

서울의 부군당제는 서울지역에서만 독자적으로 형성된 굿이다.[12)] 부군당제는 한강변을 끼고 발달한 굿으로 잠정 규정할 수 있는데, 이 굿은 부군당과 일정한 관련이 있는 것으로 서울의 부군당은 역사적으로 분명한 의의와 특징을 가지고 있는 굿으로 판단된다. 『증보문헌비고(增補文獻備考)』나 이규경(李圭景)의 『오주연문장전산고(五洲衍文長箋散稿)』에 그러한 사실에 관한 기록이 있어서 역사적 성격을 짐작할 수 있는데 이를 중심으로 본다면 적어도 19세기 이전부터 요긴한 의의를 가지고 있었음이 확인된다.[13)]

특히 당신에 배향된 인물이 모두 역사적인 인물이 많아서 이를 주목할 필요가 있다고 생각한다. 조선 태조 이성계(李成桂), 김유신(金庾信), 남이(南怡), 고려 태조 왕건(王建), 최영(崔瑩), 단군(檀君), 제갈공명(諸葛孔明),

---

11) 김용국(2005), 「강화도 외포리 곶창굿의 현지 연구」, 경기대학교 박사학위논문. 강화도 외포리 곶창굿의 현지 조사에 입각한 논문을 작성해서 많은 도움을 준다.

12) 장주근(1998), 『한국의 향토신앙』, 을유문화사, 20~30쪽.

13) 부군굿은 『文獻備考』에 보면, "본조 풍속에, 도하 관부들에는 으레 수호신을 모신 한 작은 숲을 두고 그 사당에 지전을 걸고 부군이라 일컫는다(本朝風俗 都下官府 例置一小守叢 祠掛紙錢 號曰府君)."고 하였다.

관우(關羽) 등으로 역사적인 관련성을 많이 가지는 것이 확인된다. 왜 이렇게 역사성이 많은 인물과 결합하는지 의문이 아닐 수 없다. 서울만이 역사적인 인물과 결합되어 당굿이 진행되는 것은 아니다. 다른 고장에서도 유사한 사례가 존재하므로 이 점에 관해서 입체적인 비교 논의가 필요하다.[14] 더 범위를 확대해서 이른바 마을굿이 아니라 고을굿에서도 역사적인 인물의 출현을 말하는 사례가 있어서 광범위한 비교 연구가 필요하다고 하겠다.[15]

황해도의 대동제는 일단 대동굿의 성격이 분명하게 드러나는데 대동굿의 일반적 성격을 논하는데 있어서 이를 확인하는 연구나 조사가 온전하게 이루어지지 않았다. 대동굿에서 주목되는 것이 곧 고사반에 준하는 절차인 세경돌기가 있으며 이 세경돌기를 통해서 대동굿의 성격을 완성하는 절차가 있다. 이는 마치 다른 곳의 마을굿에서 확인되는 돌돌이나 유가(遊街)돌기와 상통한다. 황해도의 대동제가 일치하는 면모가 동일하게 확인된다. 마을의 의례로서 세경돌기를 하는 것은 인상적인 대목이다.

세경돌기는 황해도 대동굿에서 발견되는 서울이나 경기도의 돌돌이와 성격이 상통하는 유사한 굿거리이다.[16] 세경돌기의 굿거리 전후에 당산맞이 –세경돌기–초부정굿 등으로 연계되어 있음을 주목할 필요가 있다. 당산맞이는 당산에 있는 마을의 수호신을 청배해서 맞이하는 절차로 전형적인 마을굿의 출발을 알리는 굿거리임이 확인된다. 세경돌기는 당산맞이를 한 다음에 마을 전체를 대상으로 하지만 특히 상도가집에서부터 출발하여 마을

14) 김헌선(2005), 「안산 잿머리성황제」, 『巫, 굿과 음식』 2권, 국립문화재연구소. 안산 잿머리 성황제나 인근의 시흥 군자봉 성황제 등에서 섬기는 신격이 모두 역사적인 인물과 관련이 있다고 하는 사실이 확인된다.

15) 고을굿의 사례로 우리는 두 가지 자료를 거론할 수 있는데 이에 관련된 자료는 다음과 같은 연구서에서 얻을 수 있다. 이필영(2002), 『은산별신제』, 화산문화 ; 문화재관리국(1994), 『강릉단오제 실측조사보고서』.

16) 김금화(1995), 『김금화의 무가집』, 문음사, 277~286쪽. 이 자료에 비교적 소상하게 마을굿의 전반적인 면모가 나타나고 세경돌기의 절차가 기록되어 있어서 주목된다. 최근에 박선옥 만신과의 현지 면담에서도 세경돌기의 절차에 관한 제보와 증언을 들을 수 있어서 도움이 되었다. 이 면담은 2004년 12월 16일 인천 계양산 둑실 굿당에서 있었다. 이 면담을 통해서 들은 것을 정리한다.

사람 모두에게 걸립과 고사 축원을 하는 굿거리이다. 이 굿거리가 끝난 다음에 초부정굿을 위시해서 본격적인 대동굿이 만신에 의해서 집전된다. 그러므로 세경돌기는 대동굿의 기본적 절차 가운데 하나임을 말하는 절차라고 할 수 있다.

장승과 솟대 역시 마을을 수호하는 신격적인 대상이고 신앙의 대상이 된다고 하는 점에서 중요한 마을신앙의 유형 가운데 하나라고 할 수 있다. 장승과 솟대에 관한 제의적 절차는 여러 각도에서 관찰되고 연구되었다.[17)] 장승과 솟대가 지니는 일반적인 신앙의 양상을 기준으로 해서 이를 중심으로 여러 각도에서 논의할 수 있다. 장승제는 유교식 제례의 형식을 선택하고 있음이 확인된다.

2) 가신신앙 연구사 개요

가신신앙에서 문제가 되는 것은 일단 개별신앙의 유형과 사례이다. 집안에서 섬기는 신앙이 어떠한 대상을 섬기는 것인가 하는 점은 일찍이 연구사에서 주목받은 바 있는데 이를 구체적, 유형적으로 논의한 사례는 많지 않다. 전통적으로 가옥의 구조 속에서 자리하고 있는 가신이 위치하고 있는 것이 특징이다. 가신의 지역적인 차이와 이에 관한 현지조사가 긴요한 것은 이 때문이다.

조령(祖靈)
성주
조왕
터주
업

---

17) 최준식(2005), 「마을신앙」, 『한국의 풍속 민간신앙』, 이화여자대학교 출판부, 119~125쪽. 장승제 일반에 관한 연구나 조사보고서는 일일이 예거하기 어려운 형편이다. 이 책에 일반적으로 이루어지는 장승제의 실상이 공주 탄천 소라실 마을을 사례로 하여 소개되어 있으므로 용이하게 이용할 수 있다.

제석 / 삼신
측신
문신
철륭신
우물신
우마신
굴대장군

이 신격은 집안의 일정한 거주처를 지니고 있는 신격으로 가신신앙의 대상이 되는 신격이라고 할 수 있다. 이들 신격은 매우 중요한 것이다. 개개의 신앙적 성격을 분명하게 보여주고 있으며, 이 신격의 전국적 보편성과 특수성을 가지고 있다. 이에 관한 세부적인 현지조사가 이루어졌으나 집안에서 섬기는 신격의 보편성과 특수성에 관한 연구는 매우 필요하다.

조령은 죽은 조상의 혼령을 말한다. 조령은 조상단지의 신체를 가지고서 주로 종가집의 신앙으로 구현되는 것도 있으나 굳이 유가적인 개념을 떠나서 무속신앙 일반으로서도 중요한 대상을 갖는다고 할 수 있다. 조상은 가신으로서도 중요한 구실을 하지만, 이와는 다르게 무속신앙의 근간을 이룬다고 보아도 잘못이 아니다.[18] 조령은 여러 가지 형태로 되는 것으로 그 성격에 관한 논란이 있는데, 구체적으로 보아 세 가지 개념이 있다.

첫째는 여성이 죽어서 된 혼령을 말한다. 여성이 죽은 말명의 근원이 김유신의 어머니인 만명과 관련이 있다고 말하는 것이 확인된다. 여성은 죽어서 말명이 되고 남성은 죽으면 제장이 된다고 하는 것이 있어서 이 개념을 이해하는데 도움이 된다. 그런데 과연 이 개념이 서울굿의 종사자에게는 발견되는데 황해도나 일반적인 다른 지역의 굿에서도 보편적으로 확인되는지는 의문이다.

둘째는 무당이나 특별하게 무업에 종사하다가 죽은 혼신을 말명이라고 하는 것이다. 신을 섬기는 무당의 혼령을 달리 일러서 말명이라고 부르면서

18) 최길성(1986), 『한국의 조상숭배』, 예전사. 이 저작에서 한국인의 조상숭배 관념의 근간을 구조적으로 비교 논의해야 마땅하다.

동일하게 취급하는 것이 곧 말명 또는 조상이라고 말하는 것이다. 조상이나 말명은 분간이 잘 되지 않으나 특별하게 신격으로 모시는 것을 말명이라고 취급하는 것이다.

셋째는 일반적인 의미의 조상신을 말한다. 조령은 달리 말명 또는 조상 등으로 다양하게 취급하고 있다. 조령이나 조상을 일반적인 관념으로 가신으로 모신다고 할 때 바로 이에 관련되는 것이 조상이고 조령이라고 할 수 있다. 조령이라고 하면서 특별히 집안을 모시는 것이 곧 조상이라고 할 수 있다.

이를 핵심만 정리하자면 특정 집안의 혈연적인 관련을 가진 신격과 이와는 다르게 혈연과 관련 없이 특정 집안의 조상으로 모셔지는 신격을 말한다. 모시는 신앙의 신체는 여러 가지가 있으나 특히 조상당세기처럼 유교적인 접근을 보이고 있는 경우도 있고, 이와는 다르게 조상단지, 말명상자, 말명동고리, 말명당세기 등으로 간추려서 따로이 모셔두는 전통이 있다. 말명은 본풀이나 무당굿의 의례와도 깊은 관련이 있음이 확인된다. 특히 제주도의 일월맞이나 불도맞이에서 긴요한 구실을 한다. 조상신본풀이가 맞이와 관련이 있는 사실을 여러 각도에서 재론해야 할 실정이다(현용준, 2005 ; 김헌선 · 현용준 · 강정식, 2006).

성주는 가택신으로서의 성주신을 말한다. 성주신의 신체는 주로 마루의 한 구석에다 봉안하는데 이를 성주단지라고 한다. 성주단지에는 보리나 쌀을 넣어서 두는데 이를 달리 '부루독' 또는 '부루단지'라고도 한다. 단지에 넣지 않는 경우에는 호남이나 경기도 충청도에서는 마루방의 천장이나 마루대 사이에 한지로 동전을 접어서 막걸리를 끓여서 이를 붙이기도 하고 달리 한지를 붙이고 나서 여기에다 쌀알을 뿌려서 붙이기도 한다. 이와는 다르게 신체가 없이 모시는 건궁성주나 건궁조왕이라고 부르는 경우도 있음이 확인된다.

성주는 가신 가운데 가장 중요한 위치를 차지하는 것을 확인할 수 있으니 "성주가 산란하면 대주가 산란하고 지신이 산란하면 기주가 산란하고 제석이 산란하면 자손이 산란하다"고 하는 관념 속에서 확인이 가능하다. 성주를 축원하는 굿을 하거나 이를 중심으로 하는 굿거리가 있다는 사실만으로도 이 신의 성격이 얼마나 중요한지 쉽사리 알 수 있다. 그런데 이 신의 성격에 대한 입체적인 연구나 신의 의례에 관한 연구가 매우 미흡한 형편이다.[19] 성주신에 관한 의례로 가장 미흡한 사실을 지적하면 문제의 핵심 사안이 잘 드러나리라고 본다.

경기도나 서울 일대에서 굿을 할 때에 '왼성주받이'를 한다. 이 과정에서 새 성주를 받아서 이를 성주의 신체로 부치는 구체적인 의례적인 행위를 한다. 그렇다면 이것이 전부인가? 그렇지 않다. 성주신을 모시는 것은 무당만이 하는 것은 아니다. 농악대의 상쇠가 하는 의례에서도 성주를 섬기기도 하고, 복재(卜者)가 하는 독경의례에서도 하고, 예사사람, 특히 집안의 여성이 집에서 고사를 빌기도 하는 사례가 있으므로 이를 전반적으로 상호관계 속에서 살펴야 한다. 그러니 이에 관련한 연구가 상세하게 논의되지 않았고, 나아가서 이를 비교하는 작업으로 가져가지도 않아서 문제이다. 이를 도대체 어떻게 같게 하고 다르게 하는지 논의를 해야만 될 성 싶다. 그래야 연구의 진전이 이루어지지 않을까 한다. 시월 상달에 고사를 지낸 아낙네가 '고사떡'을 돌리는 일을 어떻게 이해할 것인지 의문이 생기지 않을 수 없다. 이를 놓고 입체적인 논의를 해야 하는 것은 지극히 당연한 일이 아닐 수 없다.

게다가 성주신에 관한 본풀이가 있으므로 이를 중점적으로 비교하는 일이 필요하다. 가령 「황제풀이」 「성주풀이」 등은 이러한 사례로 아주 긴요한 구실을 한다. 「황제풀이」는 주로 성주받이에서 성주를 받고 나서 이를 구연하는 것이 일반적인 양상인데 주로 성주목을 키워서 이를 가져와서 집을 짓는 양상이 중요하게 기술되고, 집안의 치장을 매우 중요하게 여기는 과정을 예시하기도 한다.[20] 이에 견주어서 「성주풀이」는 서사적인 내용으로 전개되

19) 임재해(2002), 『안동문화와 성주신앙』, 안동시. 비교적 이 저작에서 근본적인 논의를 했다고 생각되나 논의의 결과는 총괄적인 논의에 이르지 않았다고 생각한다. 이밖에도 개별적인 논의는 여럿이 있으나 한정적인 시각으로 논의를 했을 따름이다.

20) 「황제풀이」에 관한 연구는 자료 소개에 치중되어 있을 따름이고 논의의 밀도나

는데 남녀신의 삼각갈등을 중심으로 해서 가정의 평화를 지켜내는 것이 본풀이의 주요 내용이라고 할 수 있다.[21] 게다가 맹인들이 외우는 「성조풀이」가 있어서 이를 함께 견주어서 본다면 연구의 가닥이 잡힐 수 있으리라고 믿는다.[22]

조왕(竈王)은 이른바 부엌신이다. 부엌 가운데서 구체적으로 아궁이를 지칭하는 듯한데 정말 그런지는 의문이다. 부엌의 공간이 여성이 사용하는 공간이므로 이에 준하는 성격이 있음은 부인하기 어렵지 않다. 그런데 부엌은 물, 불 등이 동시에 복합되는 공간이므로 이를 화신(火神)으로 치부하는 것은 재고의 여지가 있다고 생각한다.[23] 조왕을 조왕중발이라는 신체와 연결시켜서 생각하면 이는 화신으로만 보기 어렵게 하는 측면이 있기 때문이다. 오히려 조왕중발이 부뚜막 정면에 놓이는 것은 사실이지만 오히려 조왕중발에는 물이 담겨져 있으므로 이를 재고해야 한다.

조왕신은 물, 불, 재 등이 복합되어 있는 신의 성격을 모두 고려해야 한다. 그런데 이러한 신격에 관한 착상이 구체적인 신앙의례의 형태에 따라서 어떻게 달라지는가에 대한 연구는 하지 않았다. 조왕은 개별신앙이지만 구조적으로 굿과 관련된다는 점이 중요하다. 전국의 모든 굿이 부정거리 또는 부정굿으로부터 시작한다. 조왕신과 굿의 출발점이 서로 일치하는지는 의문이다.

서울굿에서 부정굿으로 시작하는 사실은 조왕신의 이해에 관한 요긴한 준거를 제공한다. 부정을 가시는 행위는 물, 불, 잿물, 고춧가루물 등으로 가시게 되어 있다. 동시에 호남의 씻김굿에서는 조왕반으로부터 굿을 시작한

집약이 이루어지지 않았다고 생각한다.

21) 서대석(2001), 「성주풀이연구」, 『한국신화의 연구』, 집문당, 289~321쪽.

22) 손진태(1930), 『조선신가유편』, 향토문화사. 여기에 실린 자료가 맹인이 제공한 자료임이 확인된다.

23) 장주근(1998), 「조왕」, 앞의 책, 216~217쪽. 조왕을 화신으로 규정하고 이를 부엌에서 모시는 부엌의 여신이라고 재규정하였으나 재고의 여지가 있다. 특히 「조왕굿」이나 「조왕반」으로 말하는 굿거리의 성격을 감안하면 이 문제에 대한 접근시각이 마련될 수 있다고 생각한다.

다. 조왕반으로 시작하는 굿은 부엌에서 하는 것이므로 외견상 서울굿의 부정굿과 연결되지 않지만 물, 불, 잿물 등을 사용하는 굿거리와 무관하지 않다. 핵심은 여성들이 주로 사용하는 부엌에서 굿을 시작하며 거기에서 사용하는 물, 불, 재 등과 깊은 관련이 있다. 따라서 부정굿과 조왕반의 출발점이 부엌을 관장하는 조왕신의 정화행위로부터 비롯되었을 개연성이 있음이 확인된다.

조왕신앙과 굿이 관련된다고 하는 사실은 가신신앙의 일반적 체계를 확인할 수 있는 소중한 단서로 된다. 가령 굿에서 체계화한 가신신앙의 체계가 무엇인지 연구할 가치가 있는데 이 점에 대해서 연구하지 않았다. 굿에서 구현하는 가신의례는 전국적으로 정밀하게 체계화했음이 확인된다. 가령 서울굿에서 가신의례는 성주받이의 경우에 굿의 후반부에 배치해서 연행한다. 대감거리 뒤에 안당제석을 하고 이어서 성주군웅을 놀리는 것이 확인된다. 그러나 이웃하고 있는 황해도 굿에서는 칠성제석거리를 하고 나서 이어서 성주굿을 한다. 제주도 굿에서는 일반적으로 각도비념이라고 해서 굿거리의 후반부에 일관되게 모아서 굿을 하고 있음이 확인된다. 굿의 전반부나 중간부에서 가신을 놀리는 데 있어서 구조적으로 다른 점이 확인된다. 가신신앙이 무속 일반의 신앙과 결합되면서 구조화되는가 하는 점은 거시적인 관점에서 집중적으로 논의할 사안이다.

집안을 수호하는 가신들이 일정하게 집안의 구조적 배열과 맞물려 있으면서 무속 일반의 신앙의례로 발전하는 데 있어서 매우 중요한 의의가 있다. 현재 가신의례와 무속의례가 서로 어떠한 관련이 있는지 체계적으로 파악해야 하는데 이를 접근하고자 하는 문제의식이 마멸되어 있으므로 커다란 문제점이 있는 것으로 판단된다. 현상적인 기술은 가능하지만 이를 일반화해서 학문적으로 논의하는 착안점이 부족한 것이 사실이다. 조왕신을 놀리는 점이 여성 스스로 하는 것과 이와는 다르게 특정한 사제자와 관련하는 것은 이처럼 체계적인 변화가 있음이 확인된다.

터주는 집안의 뒤뜰에 있는 터줏가리를 말하는데 이 신에 관한 의례 역시 가신신앙 일반의 의례와 무속의례라는 국면에서 구조적으로 맞물린다. 터주는 대체로 업과 나란히 주절이를 씌운 신체로 섬기기도 하는데 터주와 업은 분간되기도 하고 구분되기도 한다. 이 사실에 근거해서 논의를 선명하게 집약할 필요가 있다고 생각한다. 업은 집안의 재물을 가져다주는 신격이라고 말하는데 업 신앙은 여성들만의 은밀한 내력을 지니고 있는 것이어서 금기가 매우 강한 신앙 대상임을 확인하게 된다. 내밀한 전통이고 전승 과정 역시 은밀하게 이루어지므로 이에 관한 신앙의 실체를 구체적으로 확인하기 어려운 실정이다.

업은 대체로 인업, 도깨비업, 두꺼비업, 물업, 긴대업, 돼지업 등으로 구분하는데 대체로 집안 대대로 섬기는 경우도 있고 여성들의 꿈으로 지시되는 경우도 있다고 한다. 구체적으로 이들이 어떻게 같고 다른지 분명하게 확인하기 어려운 실정이지만 인지되는 것은 가시적으로 해명할 수 있다고 한다. 인업은 아이가 비치거나 사람이 비쳐서 이를 모신 뒤에 부자가 되면 지속적으로 섬긴다. 도깨비업은 구체적으로 어떻게 해명되는지 설명하지 못하나 땅부자가 되게 하는 업이라고 이른다. 두꺼비업은 기어드는 업이고, 물업은 물처럼 흘러드는 업이고, 긴대업은 구렁이처럼 서려드는 업이라고 하고, 돼지업은 물고 들어오는 업이라고 말한다. 이들의 신앙적 실체와 꿈의 상관성을 해명해야 할 것으로 보인다.

안당제석은 이른바 안당의 유다락에 모셔두는 신격으로 아이들의 출생과 건강 등을 관장하는 긴요한 신격이다. 진둥항아리나 바가지에 쌀을 넣어두어서 모시는 신격이다. 진둥항아리 백항아리에 물을 넣어두는 경우도 있고, 바가지에 넝출제석이라는 말도 하므로 여기에 가지가 뻗고 줄기가 자란다는 관념과 긴밀하게 맞닿아 있음이 확인된다. 이것이 안당제석의 실체이다. 그런데 이 신앙은 전국적인 차이가 있으므로 이에 관해서 다양한 비교 연구가 절실하게 요구된다. 가령 제석오가리와 같은 것이 이러한 신앙의 변이에 해당한다.

신앙의례 역시 긴밀한 연구 대상인데 역시 이 신앙의 실체에 관한 연구가 본격적으로 이루어지지 않았다. 서울의 경우 안당굿에서 안당말미와 같은 의례절차가 있다는 사실도 잊혀졌다고 생각한다. 일제시대에 조사된 자료에서는 안당말미 의례가 구체적으로 존재했다고 확인되는데 이에 관한 의례 역시 현재 거의 도외시되고 있음이 확인된다. 이러한 의례를 구조적으로 논의해야만 안당제석에 관한 연구를 집약적으로 진행할 수 있다고 생각한다. 그러한 사실을 구체적으로 확인하고 남은 자료가 멸실되기 전에 연구가 진행되어야 한다고 생각한다.

측신과 문신 역시 긴요한 신앙 대상이다. 측신은 전국적으로 확인되는 신격이다. 부출각시, 변소각시, 칙간조신, 정낭각시, 변소장군, 칙시부인 또는 칙도부인 등이 전국적으로 확인되는 유형이다. 이들의 신앙적 실체와 특징은 막연하게 지적되어 왔다. 이들 신격은 여성이고 변소의 위나 아래에 있으면서 사람을 놀라게 하는 특징이 있으므로 이에 관련되는 의례와 신격적 특징을 말하는 것이 바람직하리라고 생각한다. 제주도의 경우에는 본풀이가 있으므로 이에 관련한 논의를 하는 것이 긴요하다. 문신 역시 제주도에만 있는 특별한 신격이라고 할 수 있다.

철륭신은 장독대를 수호하는 신으로 농악대에서 섬기는 일이 많다. 우물신 역시 샘굿의 형식으로 물을 긴요하게 여기는 대상을 말하는 것이라고 할 수 있다. 우마신은 마굿간을 수호하는 신이다. 이에 관한 연구가 진척되어야 한다. 굴대장군은 굴뚝을 수호하는 신격이다. 이들에 관한 신앙은 여러 각도에서 의례적으로 중요한데 사실 지적만 있을 따름이고 이에 관한 연구가 미흡한 실정이다.

3) 무속신앙 연구사 개요

무속신앙 연구는 여러 각도에서 문제가 되나, 중요한 것은 무속을 둘러싸고 있는 여러 측면이 강조점에 따라서 달라진다는 점이다. 무속신앙에 대한 연구는 가신신앙의 연구처럼 현지조사에 의한 자료의 발굴과 실체에 대한 탐구가 일차적으로 중요한 과제였다고 할 수 있다. 성과는 크게 전국적으로 존재하는 무가의 실제 자료를 조사해서 보고하는 작업이 주종을 이룬다. 다음으로 실제의 무속 조직에 대한 집중적인 탐구를 중요한 연구업적으로 꼽을 수 있으리라고 생각한다. 전국적으로 존재하는 강신무와 세습무 집단의 존재를 확인하고 이들의 실체를 가까이에서 정리하고자 한 것이 이 연구의 주된 작업이라고 할 수 있다.

(1) 현지조사자료집의 간행

무속 연구에서 주종을 이루는 것이 곧 현지조사에 입각한 현지조사자료집 간행이다. 그 자료 작업은 대체로 두 가지 각도에서 이루어졌는데 그것은 관에서 주도하는 자료조사 작업이다. 특히 무속자료조사 작업을 하는 것이 일련의 조사 성과 자료인데 이 작업은 주로 녹음 자료와 함께 보고된 것으로 긴요한 의의가 있는 것이었다.

그러한 업적으로 우리는 빛나는 성과를 몇 가지 꼽을 수 있는데 대표적으로 임석재 · 장주근의 업적을 들 수 있다. 관에서 주도한 사업이라는 점에서 일차적인 의의가 있는데 총괄적인 분포를 감안한 조직적이고 일관된 작업은 아니다. 그럼에도 불구하고 적절한 제보자가 살아 있는 지역을 고려하여 일관되게 추진한 작업의 결과임을 우리는 주목할 필요가 있다. 우선 이 작업의 의의를 확인하기 위해서 이 업적을 일별할 필요가 있다.

임석재 · 장주근(1965), 『관북지방무가』, 문화재관리국조사보고서.
임석재 · 장주근(1966), 『관북지방무가(추가)』, 문교부.
임석재 · 장주근(1966), 『관서지방무가』, 문화재관리국.
임석재(1970), 『줄포무악』, 문화재관리국.

이 작업들은 일차적으로 매우 중요한 업적으로 평가된다. 일단 당시의 구비전승의 환경을 고려한다면, 이 작업은 전승 단절의 위기가 닥친 곳을 선정하고 그 지역 출신 제보자를 대상으로 해서 작업한 것으로 매우 희귀한 성과에 해당한다. 이 자료집은 남북이 갈리고 한 바탕 분단의 아픔을 겪은 뒤에 이남으로 남하한 제보자를 대상으로 해서 현지의 굿을 녹음하고 이를 정리한 작업이라는 점에서 매우 중요한 의의를 갖는다고 하겠다. 물론 위의 자료집 가운데 전라북도 줄포의 무악을 정리한 것도 상대적으로 매우 소중한 가치를 갖는다고 하겠다.

자료집 간행에서 중요한 의의를 갖는 것이 자연적 조건과 인공적 조건의 자료 조사인가 하는 점인데 이 업적들은 물론 제보자를 현지조사를 통해서 찾기보다는 이미 당해 지역의 훌륭한 제보자로 알려져 있는 인물을 택해서 인공적 조건 아래서 녹음한 자료라는 점에서 일정한 한계를 갖는다. 그럼에도 불구하고 현재 전하지 않는 전승실태를 감안한다면 학문의 기반이 되는 자료들을 조사하고 정리한 이 자료조사집은 그 자체로 일정한 의의를 갖는 셈이다. 더욱이 이들 자료는 모두 녹음한 자료를 전사한 것이므로 매우 중요한 것이라고 할 수 있다.

이 자료집이 의의가 있다고 해서 모두 온전한 가치를 가지는 것은 아니다. 특히 유일하게 발굴된 제보자의 자료집임에도 불구하고, 상대적으로 제보자를 비롯해서 제보자가 제공한 무가의 문맥에 해당하는 굿의 정보에 대한 개황이라든지 실제 굿의 내용에 대한 자료조사가 너무 미흡해서 굿을 온전히 이해할 수 없는 한계가 있다. 이것은 자료를 제공한 제보자의 한계라기보다는 굿을 직접적으로 공략하고 이를 연구하는 관점이 아직 진전되지 않아서 생긴 결함이라고 생각한다. 굿을 현지에서 직접 조사하고 굿을 일관되게 관찰하고 정리했다면 우리 연구사의 희귀한 자료를 제공하면서 동시에 연구의 진전을 꾀했을 가능성이 있었는데 그점이 성취되지 않아서 문제가 너무 쉽사리 노정되었다고 하겠다.

관주도형의 작업과 다르게 개인이 우리나라 굿을 총괄적으로 정리하는 작업이 있음도 잊지 말아야 할 일이다. 특히 김태곤은 순전히 개인적인 노력에 의해서 굿을 전국적으로 일관되게 조사하고 이를 자료 작업의 결과로 묶을 수 있는 작업을 했음을 확인할 수 있다. 이를 보면 다음과 같다.

김태곤(1966), 『황천무가연구』, 서울 : 창우사.
김태곤(1971), 『한국무가집 Ⅰ』, 원광대학교 민속학연구소.
김태곤(1976), 『한국무가집 Ⅱ』, 원광대학교 민속학연구소.
김태곤(1979), 『한국무가집 Ⅲ』, 집문당.
김태곤(1979), 『한국무가집 Ⅳ』, 집문당.

김태곤은 위의 무가집에서 여러 지역의 무가를 정리해서 소개한 바 있다. 1권에는 서울지역의 무가로 재수굿과 진오귀 무가를 정리했고, 충남 부여지역 무가로 성주굿과 오기굿 무가, 강원 고성지역 무가를 정리했고, 재수굿과 기타굿으로 용신굿과 초망자굿을 소개했으며, 강원 강릉지역의 굿으로 시준굿과 손님굿 무가, 경북 울진지역의 풍어제 무가와 영덕지역의 오구굿 무가 등을 소개하였다.

2권에는 전남 광주지역의 무가로 오구굿 자료를 소개했으며, 전북지역의 무가로 축원굿과 오구굿 및 기타 자료와, 전북 군산지역의 씨끔굿도 소개했다. 또 전남 목포지역의 무가로 축원굿 무가를, 전남 해남지역의 무가로 씨끔굿, 삼신굿, 근원손, 축원 등을, 전북 고흥지역의 무가로 씨끔굿 무가, 삼신풀이, 사제막이 등을 소개했으며, 경북 안동지역의 무가로 오구굿과 기타 자료를, 인천지역의 무가로 축원굿 무가를, 해주지역의 무가로 재수축원굿과 진오귀굿 무가를 소개했다.

3권에는 평북 평양지역 무가로 재수굿과 수왕굿 무가를 소개했으며, 함남 함흥지역 무가로 망묵굿을, 경기 화성지역 무가로 재수굿과 집가심, 그리고 씨앗고사, 재수굿과 단골셈김 등을, 전북 고창지역 무가로 씨끔굿과 성주풀이를, 전남 광주지역의 무가로 씨끔굿과 삼신풀이, 그리고 근원손 등을 소개했다.

4권에는 영일지역의 무가를 중심으로 소개하고 있다. 부록으로 별신굿의 탈굿과 호탈굿을 소개했으며, 동시에 서사무가 등을 일별하고 있음이 확인된다. 이 저작은 나중에 『한국의 무속신화』라는 저작으로 다시 확장 간행되었다. 무가 연구 가운데 중요한 자료라고 할 수 있는 무가의 본풀이를 중점적으로 정리했다는 점에서 매우 소중한 업적임이 틀림없다.

김태곤의 무가자료집은 비교적 이른 시기에 전국적으로 존재하는 무가자료를 전반적이고 집중적으로 정리한 점에 중요한 의의가 있다. 특히 세부적으로 굿을 양대분하여 재수굿과 진오기굿의 유형으로 나누어서 집중적으로 정리했다는 점에서 매우 특별한 의미를 부여할 수 있다. 게다가 더욱 주목되는 점은 작은 규모의 치성도 현장이 살아있을 때에 상세하게 조사하여 이 자료의 존재를 밝혀서 후발 연구 주자에게 많은 도움을 주었다는 점이다. 아울러 무속 전반의 자료를 종류별로 파악하게 하여 연구자들에게 많은 도움을 주었다.

그러나 이 자료집은 일정하게 한계가 있으니 그것은 현장의 자료 조사가 아니라는 점이다. 인공적인 상황에서 이 자료를 조사하여 굿의 실제 무가가 아닌 인공적 조건 아래에서 일반적 자료에 의의를 두고 조사한 것이기에 한계가 있다. 무속신앙의 살아있는 종교적 신앙 속성이 굿이고, 자연적 조건 아래서 굿은 사제자의 매개로 신과 인간이 만나는 현장의 성격을 유지하고 있는 것이라고 할 수 있겠다. 그러므로 현장의 생생한 기록이 아니고 인공적 조건 아래서 녹음된 무가 자료는 의의와 한계를 함께 지니는 것이 명백하다.

후발 연구주자들의 현지 자료 조사는 지속적으로 이어졌는데 이 가운데 대표적인 자료조사집을 든다면 다음과 같은 것들이 있다.

진성기(1968), 『남국의 무가』, 제주민속문화연구소.
최정여 · 서대석(1977), 『동해안무가』, 형설출판사.
현용준(1980), 『제주도무속자료사전』, 신구문화사.

진성기와 현용준의 자료집은 제주도 무가를 중심으로 하는 무가자료집이다. 진성기의 자료집은 일단 『제주도무가 1 · 2 · 3』으로 간행되었던 것을 다시 묶어서 간행한 것이고, 이를 다시 『제주도무가본풀이사전』이라는 책명으로 1991년에 간행하였다. 진성기의 자료집은 제주도의 네 가지 본풀이를 발굴, 소개한 점에서 선진적 의의를 지닌다. 일반신본풀이, 당신본풀이, 특수본풀이 등을 처음에 발굴했으며 나중에 조상신본풀이를 첨가했다. 현지조사 이기는 해도 이 자료집은 구술로 무가를 받아 적은 것이어서 굿이나 문맥을 잘 모르게 했음이 또한 한계이다. 처음에 없던 것을 찾아서 1991년에 낼 때에는 조상신본풀이를 첨가했으므로 커다란 변화가 있었음을 확인할 수 있다.

현용준의 자료집은 일단 현장의 굿을 근간으로 해서 이를 전체적으로 재정리하면서 넣은 것이므로 일단 제주도의 큰굿 체계를 이해할 수 있도록 구성했음이 확인된다. 굿을 하는 과정에서 심방이 하는 '말명'이라든지 기타 비념 등이 생략되어 있어서 아쉽기는 해도 제주도 굿의 총괄적 면모를 파악하게 하는데 매우 소중한 도움을 주는 자료집이다. 더욱이 이 자료집은 충실한 자료 주석도 곁들이고 있어서 이를 가지고 제주도 굿을 연구하는데 매우 큰 도움이 된다고 하겠다. 제주도 큰굿의 체계를 온전히 아는 데 있어서 이 자료집은 큰 도움이 된다. 또한 제주도 굿에서 발생하는 네 가지 토착갈래인 초감제와 도진 등의 기본적인 의례, 본풀이, 맞이, 놀이 등을 총괄적으로 이해할 수 있는 자료를 확보하고 있어서 제주도 큰굿 연구에서 매우 중요한 자료이다. 제주도 굿이 이처럼 네 가지 갈래로 나뉜다는 사실을 밝힌 것은 매우 중요한 의의가 있으며, 아울러 우리나라 무속의 핵심이라고 할 수 있는 굿 이해에 있어서도 절대적인 준거를 제공하는 것임이 거듭 확인된다(현용준, 1986).

제주도 굿이 기본의례인 초감제와 도진, 본풀이, 맞이, 놀이 등으로 나뉘어져 있다는 것은 사실 자체로 이해의 가치가 있는 것이 아니라, 다른 각도에서도 요긴한 의의가 있음을 간단하게 말할 필요가 있다. 초감제와 도진은 각기 종합적인 영신의례임과 동시에 종합적인 송신의례이다. 곧 굿의 서두와 결말이라고 말할 수 있다. 굿은 무속신앙에서 신과 사제자 및 신도가 만나는 현장이고 굿을 매개로 이루어지는 종교적인 만신전의 구현이므로 이를 중심에다 두고 본다면 서두와 결말은 매우 중요한 종교적인 의미를 지닌다. 신격이 하나의 신으로 고착되어 있지 않으므로 여러 신격을 다각도에서 숭앙하는 의례의 기초가 된다. 초감제라고 해도 그것은 종합적인 신격을 모두 초치하는 것이므로 다단계의 유기적 절차를 통해서 구현되는 것을 알게 한다. 현재 진행되는 굿에서 초감제는 그러한 의의를 여전히 유지하고 있다. 가령 다음과 같은 특정 굿의 절차에서 초감제가 세분되는 상황을 확인할 수 있다.

A. 베포도업침
1. 삼석연물
2. 날과 국 섬김 (요령)
3. 연유닦음 (요령)
3.1 집안연유닦음
3.2 앞의 굿드리 읊음
3.3 조상청함
: "저승 삼혼정 보내여 줍써" 아들현제, 딸하나, 아버지 본메 본짱으로 내리고, 아버지 어머니 외 김칩조상, 책불조상, 고씨 할마님, 삼불도 조상님, 강칩 책불조상
4. 베포도업
4.1 천지혼합시 도업
4.2 베포도업 (장구)
천지개벽시 도업입네다—상갑자년 갑자월 갑자일 갑자시에 낮도 밤도 왁왁 일무꿍—을축년 천개어자 지개어축 인개어인 떡징ᄀ치 금이난다—갑을동방 서방 남방 북방으로 대명천지 밝은 날 됨—동성게문 수성게문 상경게문 도업—서을 세 하늘문 도업 : 천궁일월 지부초목 황해수—하늘의 청이실 땅에 흑이실 내림—금성별 등—일광님 도업 월광님 도업 : 산과 물이 금나옴—산베포도업—물베포도업—천지왕 지부왕 총명부인 대별왈 소별왈 저승 이승법 ᄀ리침—천왕씨 지왕씨 인왕씨—유소씨 수인씨 여와씨 태후복희씨 염제신롱씨 황제 헌농씨 전우고양씨—주환씨 여련씨 호양씨 혼돈씨 소호금천씨—하후 상탕 주무 삼황—공자—십오성인
4.3 날과 국 섬김
4.4 연유닦음
: 자손열명

연유닦음

영혼열명과 비념 : 아버지, 어머니, ᄆᆞ을로 웃대조상, 전싱 그르친 고씨 할마님, 성주님, 김칩 산신일월조상, 책징일월조상, 책불일월조상, 황씨 신중서낭, 파평윤씨 일월조상, 전싱 그리친 고씨 할마님, 강칩 산신첵불 ᄉᆞ당백과 조상 / 본향한집님 / 신공시 부모조상님

4.5 젯ᄃᆞ리 앉혀 신도업

4.5.1 혼합시 개벽시 신도업 / 십오생인 / 청룡사 대불법, 천지옥황상저, 지부ᄉᆞ천대왕님 / 신신백관 / ᄉᆞ만ᄉᆞ천 제용신 / 절의 서산대사 등

4.5.2 인간 불도할마님 / 고씨 불도할마님 / 책불조상님

4.5.3 초공 임정국 삼시당 하나님 / 노가단풍아기씨 / 삼시왕 삼하늘, 너사미너도령, 유정싱 따님애기 / 이공서천 도산국님 외 / 삼궁

4.5.4 열시왕 제왕관 / 이른 여덥 도멩감 / 처서 ᄉᆞ제 / 김칩 강칩 영혼 돌아간 ᄉᆞ제 처ᄉᆞ 멩두멩감 삼처ᄉᆞ

4.5.5 세경 / 성주 / 강태공 서목시

4.5.6 첵불조상, 산신조상, 선왕조상, 고씨 불도조상

4.5.7 한집님네 : ᄇᆞ름웃또 소공전 마누라 / 궤네깃또 일곱차 태ᄌᆞ님 / 웃손당 셋손당 메알손당 / ᄂᆞ물이 양주 초일뤠 / 한개하르바님 새개하르바님

4.5.8 영혼영신님네 / 고종 하르바님 부부, 증조하르바님 부부 외

4.5.9 고씨 할마님 몸받은 조상님 '신공시레 신수픕서' / 신의성방 몸받은 삼시왕 삼하늘 / 삼멩두 / 유정싱 ᄄᆞ님아기 / 옛선성님 진궤펜 김시 하르바님 책불조상 / 삼불도, 임씨 불도 할마님 외 아버지, 어머니 몸 받은 조상 / 이씨(이중춘) 몸 받은 조상 / 한씨(한생소) 몸 받은 조상 / 고씨(고순안) 몸 받은 조상

4.5.10 비념

B. 군문열림

1. 군문돌아봄

: 당주문, 천왕초군문, 시왕도군문, 인왕삼서도군문, (?)문, 성주문

2. 인정걸음

3. 문열음 (신감상기로 열려감)

: 시군문, (시왕도군문), 삼서도군문, 성주문, 오방신장문, 본당신당문, 영혼영신문, 신공시 당주문, 책불일월, 각향지방 이른여덥 신군문

4. 각 시군문에 산받음
   4.1 어머니 내린 문
   4.2 고씨 불도 할마님 ᄂᆞ린 시군문
   4.3 성주님 ᄂᆞ리는 시군문
   4.4 일월조상문, 양사돈 육ᄆᆞ을 ᄉᆞ사돈 육ᄆᆞ을 ᄂᆞ리는 시군문
   4.5 당주문 몸주문 각향지방 여든여덥 신군문
5. 주잔넘김 : 인정잔 올림
6. 분부사룀
   : (영게울림) 어머니, (부모 하르바님 할마님), 아버지, 어려서 죽은 딸(춘옥이), (춘옥어멍), 친정 아버지 어머님, 큰아지망 셋아지망, 조카, 큰아버님네 영혼들, 동서 영혼 씨아지방 영혼, 말제아바지 말젯어머님, 족은아바지 부부, 조카사위, 시누이 아지방
7. 원미올림 : 원미 청감주 올림
8. 다음제차로 넘김

C. 물감상 / 새ᄃᆞ림
1. 물감삼
2. 새ᄃᆞ림
3. 다음제차로 넘김

D. 도레둘러뵘
1. 들어가는 말
   '천왕 지왕 인왕도레 신나수완 제청드레 살려옵서'
2. 젯ᄃᆞ리 앉혀 살려옴 (살려옵서 노래 '몰팔들 하메 주잔)
   2.1 천신만주백관
   2.2 십오성인
   2.3 청용산, 천지옥황 상제님, 지부사천대왕, 산신왕, 용궁, 서산대사, 육한대사, 사명당, 전하님
   2.4 서신국마누라, 명진국할마님, 고씨할마님, 책불조상
   2.5 초궁, 고옛선성님, 이공, 삼공
   2.6 열시왕, 도멩감, 처서 ᄉᆞ제님[24)]

현용준이 조사해서 보고한 자료집과 현재까지 진행된 의례는 커다란 차이가 없음이 확인된다. 굿은 종교적인 집전의례이므로 구체적인 절차와 신을 모시는 방법에 의해서 굿을 진행한다. 굿법이 있어서 이에 의한 의례를 거행하는 것이지 임의적으로 굿을 하지 않는다. 굿법은 심방 개인에 의해서 진행하는 것이지만 여기에는 오랜 전승성과 함께 규범적으로 인정될 수 있는 정통성을 가진다. 신을 모시는 위계의 절차가 있고, 이를 올곧게 전승하는 굿의 법칙이 있다고 하겠으며 개인을 떠나서 집단적으로 공유되는 공통적 전승이 굿에 내재되어 있음이 확인된다. 이를 제주도의 굿에서는 엄격하게 확인하게 된다. 제주도 심방들은 이를 신의 위계에서는 '젯드리'라고 이르고, 굿하는 절차에 대해서는 '굿드리'라고 이른다. 현용준의 자료집은 현장에서 구성한 것은 아니지만 굿의 실제적인 자료를 알게 하는 시금석 구실을 했다는 점에서 중요한 의의를 갖는다고 하겠다. 기본적인 의례를 굿의 서두 부분만을 가지고 찾아낼 수 있었다. 도진 역시 하나의 의례이므로 종교적인 의례의 엄격성을 갖지 않을 수 없다. 도진 뒤에 하는 의례 역시 종교적인 의례성을 견고하게 유지한다. 아울러 도진 뒤에 하는 의례가 하나씩 필수적으로 수반되는데 그것이 곧 '가수리'와 '뒤맞이'이다. 굿을 마치고 집에 이르러서 따라온 잡귀잡신을 모두 돌려보내는 절차가 곧 가수리와 뒤맞이이다. 가수리는 큰굿을 마치고 사흘만에 하는 굿이고, 뒤맞이는 큰굿이 끝나고 이레째 하는 굿이다. 신을 청하고 보내는 기본적인 의례는 제주도에만 있는 것은 아니다. 서울굿에서 부정과 뒷전이 대응하는 것과 동일한 의의가 있다고 하겠다. 서울굿에서도 역시 굿을 마치고 무당의 집에 다시 가서 하는 이른바 '사흐렛치성'과도 같은 것이라고 할 수 있다. 제주도에서 하는 뒤맞이와 다를 바 없다. 굿의 지역적인 고형을 유지하고 있는 자료가 의의를 가지는 것은 이처럼 다른 지역의 굿과 비교되기 때문인데, 기본적인 의례를 치밀하게 조사한 결과 이러한 의의를 발견하게 유도한다.

24) 이상의 초감제 절차는 1998년 7월 12일에서 15일까지 있었던 제주도 북제주군 동김녕리 시왕맞이의 초감제 절차를 간략하게 정리한 것이다.

제주도의 본풀이 역시 중요한 신화구연의례인데, 이 의례 절차 역시 현용준의 조사 자료에서 발견된 것처럼 동일하게 현행의 본풀이 의례에서도 발견된다.

H. 초공본풀이
  1. 들어가는 말미
  2. 공선가선
  3. 연유닦음
  4. 굿드리 읊음
  5. 공시풀이
  6. 초공본풀이
  7. 주잔권잔 / 비념
    7.1 고씨 선성님
    7.2 초공 성하르바님
    7.3 웨하르바님 천하대월 지하대월
    7.4 초공 아방
    7.5 이 산 앞은 줄이 벋고 저 산 앞은 발이 벋어 왕대월산 금하늘 노가단풍 즈지멩왕 아기씨
    7.6 허씨 선성님, 차나라 차시 선성님, 수나라 수씨 선성님
    7.7 삼시왕
    7.8 삼하늘 너사무 너도령 유정싱 뜨님아기
    7.9 곽곽선생 주육선생 여러 선성님네들
    7.10 문씨 남천문 받은 조상님
    7.11 이 마을 놀던 선성님, 굿사 옵센 선성님…… "안팎공시로 도몰아 일부 한잔입네다"
    7.12 여러 임신들, 군졸
    7.13 축원비념
  8. 산판점 : 본주, 가족, 소미들, 여러 사람들의 산판점을 침
  9. 들어가는 말[25]

본풀이 역시 신화적인 구연의례가 명확하게 존재한다는 사실을 알 수

25) 이상의 본풀이 절차는 1998년 7월 12일에서 15일까지 있었던 제주도 북제주군 동김녕리 시왕맞이의 초공본풀이 절차를 간략하게 정리한 것이다.

있으며, 현용준의 자료집과 견주어도 기본적 골격이 현재에도 그대로 전승되는 점을 확인할 수 있다. 본풀이는 심방이 앉아서 하는 의례 절차이다. 우리가 아는 것처럼 본풀이만 간단하게 하는 것이 아니라, 이것을 의례적인 절차로 형식을 갖추어서 구연하는 점을 확인할 수 있다. 이러한 절차가 있는 이유는 이를 신성한 의례로 생각했으면서 개별적인 의례 절차를 받는 신에게 반드시 구연하는 절차가 있기 때문임을 깨닫게 한다. 본풀이가 구연되는 부분은 고정되어 있으나 전후에 긴밀하게 연결되는 절차가 더욱 소중하고 신화와 굿의 상관성을 알게 하는 요긴한 대목이다. 신화가 곧 굿은 아니고 굿이 곧 신화가 아니므로 두 가지가 연결되는 것은 서로 다르다. 본풀이를 하는 이유와 본풀이의 전승 계보 등을 상세하게 말하면서 이들의 상관성을 논의하는 것이 본풀이의 속성을 파악하는 기본적 절차임을 알게 한다.

제주도의 굿 갈래 가운데 맞이 역시 단순한 절차가 아니다. 본풀이가 앉아서 하는 것이라면, 맞이는 서서하는 본풀이이며 신을 맞이하는 기본적인 절차이다. 초공본풀이가 있다면 동일하게 초공맞이가 있다. 본풀이와 맞이가 기본적인 상관성을 이루는 것은 이로 말미암아 요긴하다. 실제로 이루어지는 맞이 가운데 관찰된 결과를 보여주는 불도맞이 하나를 보기로 한다.

10. 불도맞이
  10.0 각 신당에 절 올림. 본주와 큰심방과 인사.
  10.1 베포도업침
    10.1.1 33천 베포도업
    10.1.2 칠원대성군, 별 하늘도업
    10.1.3 산, 물 도업
    10.1.4 천지왕 베포도업, 천왕베포도업, 지왕베포도업, 인왕베포도업
  10.2 날과 국 섬김
  10.3 연유닦음
  10.4 삼승할망본풀이
  10.5 마누라본풀이
  10.6 신매와 들임

10.6.1 안공시
10.6.2 밧공시
10.6.3 신소미
10.6.4 조상, 본향조상
10.6.5 공시선성
10.6.6 기명선생
10.6.7 신칼산
10.7 동토해원
10.8 제청궤로 신도업
10.9 신칼산
10.10 물감상
10.11 푸다시
10.11.1 새드림
10.11.2 푸다시
10.11.3 주잔권잔
10.12 군문 돌아 봄
10.12.1 삼도레 대령상 들여 군문 돌아봄
10.12.2 신칼산
10.13 역가올림
10.13.1 역가올림 내력엮음
10.13.2 주잔점김
10.14 군문열림
10.14.1 시군문 열음1 : 신칼, 천문산(서서), 산받아 분부사룀
10.14.2 시군문 열음2 : 신칼, 천문산(서서), 산받아 분부사룀
10.14.3 시군문 열음3 : 신칼, 천문산(서서), 산받아 분부사룀
10.14.4 천문, 신칼산 받음
10.14.5 주잔넘김
10.14.6 분부사룀
10.15 오리정 신청궤로 신매와 들임
10.15.1 신칼로 쌀을 뿌려 신을 청함, 천왕낙화를 두름
10.15.2 물감상
10.15.3 상촉권상
10.15.4 주잔권잔

10.15.5 산판점, 신칼점
10.16 추물공연 : 송낙쓰고 불도상 앞에 앉아서 말미장귀를 치면서 한다.
10.16.1 들어가는 말미
10.16.2 공선가선
10.16.3 연유닦음
10.16.4 주잔권잔
10.16.5 재비쏠점
10.17 수룩질침 : 보답상을 앞으로 내 놓고, 그 앞에 바랑을 꺼내 놓고, 할망다리를 펴 놓고 앞에 서서 한다.
10.17.1 날과 국 섬김
10.17.2 가족열명
10.17.3 연유닦음
10.17.4 담불소리
10.17.5 수룩드림
10.17.6 산받아 분부사룀
10.17.7 소지올림
10.17.8 재비쏠점
10.17.9 다음 제차로 넘김
10.18 구삼싱할망본풀이
10.19 공시풀이
10.20 군웅석살림
10.21.1 담불소리
10.21.2 날과 국 섬김
10.21.3 상촉권상
10.21.4 염줄 목탁 당 바래굿
10.21.5 서낭물색 추낌
10.21.6 바랑탐
10.21.7 군웅덕담
10.21.8 군웅본판
10.21.9 조상일월본풀이
10.21.10 서우젯소리
10.21.11 푸다시
10.21.12 잔 케우리는 굿[26)]

현행 의례에서 확인되는 불도맞이의 절차와 현용준이 조사한 자료에서 구체적인 절차가 일치되는 점을 확인할 수 있다. 맞이는 현재 제주도에서만 발견되지 않고, 전국적으로 보편화되어 발견되는 절차이다. 황해도뿐만 아니라, 서울지역의 굿에서도 동일하게 굿의 절차가 확인된다. 게다가 다른 지역의 굿에서도 동일하게 맞이의 절차들이 있어서 제주도 굿의 특수성과 보편성을 확인하게 하는 절차로 된다. 가령 제주도의 현지조사가 충실하게 이루어진 자료집이 간행되었으므로 이를 준거삼아 제주도 굿만이 아니라 전국적으로 산재한 굿의 보편성을 확인하는 작업이 필요한데 제주도의 맞이는 그에 적절한 전례라고 생각한다. 맞이 속에 있는 본풀이의 분포와 갈래 역시 매우 긴요한 것이다. 모두 네 가지가 구연되는데 삼승할망본풀이, 마누라본풀이, 구삼싱할망본풀이, 조상일월본풀이 등이 그것이다. 맞이가 더욱 큰 개념일 수 있음을 시사받을 수 있다. 맞이 안에서 본풀이가 구연되는 법칙을 예측 가능하게 한다.

맞이와 본풀이가 관련이 있다는 사실은 제주도 굿이나 무속 연구에 있어서 의의를 가질 뿐만 아니라, 다른 지역의 본풀이와 놀이를 이해하는 긴요한 준거로 된다. 본풀이와 놀이가 직접적인 관계가 있는 지역이 여러 군데 있으나 특히 황해도와 동해안의 굿은 긴밀한 관련이 있다. 다른 고장에서는 맞이가 있기는 해도 그 기능이 매우 약화되어 있음이 확인된다. 맞이와 본풀이는 긴밀한 관련이 없는데 본풀이와 놀이의 관련은 현저하게 발견되는 현상이다. 제주도에서 본풀이와 놀이가 직접적인 관련을 갖는 것은 맞이와 본풀이가 관련을 맺는 것과 관련이 있다.[27)]

---

26) 이 굿은 2006년 3월 3일~9일 (7일간) 이중춘 심방 시왕맞이(병굿) 가운데 불도맞이 대목을 미세한 절차로 나누어서 보인 것이다.

27) 맞이와 본풀이가 관련이 있다고 하는 사실은 여러 차례 언급된 바 있으니 이를 연구한 업적으로 다음과 같은 것이 있다.
김헌선(2002), 「제주도와 유구의 무조신화 비교 연구」, 『민속학연구』 10, 국립민속박물관 ; 김헌선(2003), 「제주도와 유구의 무조신화 비교 연구」, 『구비문학연구』 16, 한국구비문학회 ; 김헌선(2004), 「巫俗과 政治 : 쇠걸립, 쇠내림, 사제계승권을 중심으로 해서」, 『比較民俗學』 26, 비교민속학회.

위의 사례는 맞이 속에 있는 본풀이의 관련성을 말하고 있는 자료이다. 맞이 가운데 가장 많은 본풀이가 있는 것이 곧 불도맞이라 하겠다. 달리 불도맞이에 천지왕본풀이를 구연할 수도 있어서 여기에 본풀이가 더 첨가되기도 한다. 맞이가 본풀이보다 큰 개념의 것이고, 맞이가 서서 하는 굿으로 신을 맞이하면서 여러 가지 놀이를 하는 점도 잊지 말하야 할 사실이 된다. 맞이와 놀이를 연결짓는 것의 적절한 사례가 곧 불도맞이 속에 여러 가지 놀이가 연결되기도 한다. 예컨대 위의 불도맞이 현지 사례에서는 확인되지 않았으나 불도맞이에는 연결되는 놀이가 곧 수레멜망악심꽃 꺾음, 꽃탐, 꽃풀이 등이 관련된다.[28)]

이 놀이에 관련된 본풀이는 삼싱할망본풀이와 이공본풀이이다. 수레멜망악심꽃 꺾음은 구삼싱할망이 차지한 '구삼승냄'에서의 '악심꽃'을 말한다. 어린 아이의 목숨을 가져가는 구삼싱의 꽃을 의미한다. 꽃탐에서는 이공본풀이의 내력을 서서 소리로 하고 아이를 잉태시키는 생명의 꽃을 노래로 하는 대목이라고 할 수 있다. 꽃풀이는 훔쳐온 꽃을 본주로 하여금 뽑게 해서 아들인가 딸인가 하는 점을 치게 되는데 이를 곧 꽃풀이라고 한다. 순전히 의례적 성격이 있는 맞이인데도 불구하고 맞이, 본풀이, 놀이 등이 분간되지 않으면서 이것이 곧 중요한 의례적 속성이 있는 종합적인 제전임을 분명하게 하고 있다.

제주도의 굿놀이는 현용준의 자료에서 발견하여 학계에 보고한 매우 요긴한 것이다. 삼공맞이와 같은 자료들이 들어가 있어서 제주도의 굿놀이가 어떠한 절차에 의해서 진행되는지 알 수 있다.

본풀이와 놀이가 관련이 있다고 하는 연구는 다음과 같은 것이 있다.
박경신(1986), 「무속제의의 측면에서 본 「변강쇠가」」, 서울대학교 석사학위논문 ; 현용준(1988), 「영감본풀이와 영감놀이」, 『백록어문』 5, 제주대학교 국어교육과.

28) 현용준(1986), 『제주도무속연구』, 집문당, 282쪽 ; 문무병(2003), 『제주민속극』, 각. 현용준은 불도맞이에서 벌어지는 놀이의 실상을 상세하게 해설하였다. 문무병의 자료는 서천꽃놀이로 당제가 관련되는 사례를 보여주는 적절한 놀이라고 할 수 있다.

1. 베포도업침
2. 날과 국 섬김
3. 집안연유닦음
4. 군문열림
5. 삼공질침
6. 신청궤
7. 정데우
8. 전상풀림
9. 산받아 분부사룀[29)]

굿놀이 역시 일종의 굿이고 의례적인 절차임을 우리가 알 수 있다(현용준, 1965, 1986 ; 황루시, 1986 ; 이균옥, 1998). 무당굿놀이가 무당이 주체가 되기는 해도 실제로 종교의례인 점이 간과되는 일반적 이해가 있으나 그렇지 않다. 무당굿놀이는 명백하게 굿의 하나로 간주되는 것임이 분명하다. 다만 심방 자신이 일정하게 극적 구실을 하며 신의 내림과 그에 따른 다소간의 사건을 전개하는 것이 특징이다. 굿놀이가 지니는 제의적 특징을 완벽하게 보여주는 사례가 곧 제주도의 경우에 해당한다. 현용준의 자료집이 의의가 있는 이유가 바로 여기에 있다고 하겠다.

굿놀이 역시 본풀이와 무관하지 않다. 삼공맞이에서 웃상실인 강이영성이 서불과 제상실인 홍은서천궁에궁이 가믄장아기가 배설한 계와씨 잔치에 참여해서 벌이는 과정을 해명하는 놀이로 핵심은 전상풀림에 있다. 실제로 놀이 속에 본풀이를 부르는 대목이 있다.[30)] 본풀이와 놀이가 전혀 다른

29) 현용준(1980), 『제주도무속자료사전』, 신구문화사, 372～378쪽. 삼공맞이도 정규적인 의례적인 절차와 간단하게 하는 절차로 하는 경우로 나뉘는데 상ᄉᆞ록과 하ᄉᆞ록이 그것이다. 하ᄉᆞ록은 상ᄉᆞ록으로 하는 것을 모두 하지 않고 전상풀림만을 하는 것을 이른다.

30) 현용준(1965), 『제주도 무당굿놀이』, 문교부. 해당되는 본풀이의 한 대목을 보면 다음과 같다.

夫 : 아이고 우린 보아난 도래도 엇고 써난 도래도 엇습내다.
婦 : 들어난 도래도 엇수다.
立巫 : 계덴 당신네 일생전에 살아난 경험담도 없음내까?

방식으로 결합하면서 놀이 속에 본풀이가 자리잡고 있는 형식으로 존재하는 사실을 확인하게 되는 것이다. 굿놀이가 본풀이와 관련이 있다는 사실을 확인할 수 있는 자료로서 뿐만 아니라, 이 사례가 다른 고장의 사례를 이해하는데 있어서도 소중한 의의가 있다.

가령 동해안 별신굿에서 세존굿과 중도둑잡이놀이, 손님굿과 말놀이 등이 이에 적절한 사례이다. 본풀이는 아니지만 천왕굿과 천왕곤반놀이 등이 서로 관련되는 것도 같은 각도에서 분석할 수 있는 사례라고 할 수 있다. 우리나라 본토에서 이루어지고 있는 본풀이와 놀이의 상관성을 논하는데 있어서 제주도의 굿은 절대적인 의의가 있는데 이에 관련된 현지사정을 복원하고 이를 토대로 논의를 구체화하는 것이 곧 제주도 굿이라고 할 수 있다. 제주도에서는 놀이와 본풀이가 직접적인 대응관계를 지닌다. 영감놀이와 영감본풀이, 삼공맞이 또는 전상놀이와 삼공본풀이, 세경놀이와 세경본풀이, 여드렛또본풀이와 아기놀림 등은 본풀이와 놀이가 관련을 맺는 결정적 사례이다.

제주도 굿의 기본적 의례와 함께 본풀이, 맞이, 놀이 등의 관련 사항이 밝혀진 것은 매우 중요한 굿 연구의 관점과 시각을 파악하는 것이다. 초감제와 도진, 그리고 가수리와 뒤맞이 등의 근간구조를 정리해서 일관되게 보여준 것은 현용준 자료집의 의의일 뿐만 아니라, 우리나라 굿 구조 이해의 전반적인 가치를 지니고 있음을 말해주는 증거이다. 게다가 제주도 굿의 구조적 복합성이 근간이 되어서 우리나라 굿이나 무속의 예술적 성격을 일관되게 드러낼

夫 : 예, 계민 우리 살아난 옛말이나 ᄒᆞᆫ꼼 ᄀᆞ름주 (하고 삼공 본풀이를 장고치며 唱 함)

(唱)
오ᄂᆞᆯ오ᄂᆞᆯ 오ᄂᆞᆯ이여
날도 좋아 오ᄂᆞᆯ이여
성도 얼마나 가실소냐
ᄇᆞ람 산도 ᄂᆞᆯ고 가자
강이 영성과 아랫 녁히는
홍문 소천은 궁에 궁전이 서-읍네다

수 있는 준거를 알 수 있게 하고, 더 나아가서 굿의 내재적 요인에 대한 이해를 심화시킴으로써 제주도 굿과 우리나라 굿의 토착적 요소를 확인할 수 있는 갈래와 구성 요소를 온전히 알 수 있는 단서를 제공한다.

제주도 굿의 구성 요소가 그러하니 이 단서들은 의의가 있는 것이고, 실상 연구가 온전히 진행될 수 있도록 자료집을 구성한 점에 이 자료집의 의의가 있는 것이다. 이는 연구자의 집요한 현지조사가 이룩해낸 성과로, 제주도 자료의 정형성과 원형성에 긴요한 의의를 부여했다. 아울러 치밀하게 정리한 자료라는 점에서 우리나라 굿을 총괄적으로 이해하는 구실을 한다. 우리나라 굿의 현지조사 보고서 가운데 가장 탁월한 업적이 곧 현용준의 자료집이라고 할 수 있다.

이 자료집은 또 한 가지의 미덕이 있다. 현지 언어의 정확한 전사와 더불어서 충실한 주석이 이를 말한다. 국어학을 전공해서 어미의 변화를 정확하게, 어휘의 의미를 온전하게 기재하고 있는 점도 주목해서 보아야 할 사안이다. 현용준 스스로도 말하듯이 제주도의 언어를 아는 유일한 전사이기 때문에 상세한 어휘의 주석과 전사가 이 저작의 훌륭한 근거를 이루고 있으며 자료집의 간행이라는 점에서 보다 긴밀한 의의를 갖는다고 할 수 있다.[31)]

그러나 앞에서도 말했듯이 이 자료집은 새로운 학문의 호흡과 방법을 갖추고 있는 것은 아니었으나 자료집을 간행할 당시까지의 최선의 학문 방법을 담고 있음이 확인된다. 그러나 아직까지 현지조사의 연행현장과 굿을 본주와 함께 한 기록이 아니었다. 그러한 자료집의 간행은 다음 단계의 조사 방법과 연구사의 진척에 의해서 가능하였다고 보아도 잘못이 아니다. 그러한 보고서의 전범이 곧 『제주도큰굿자료』이다.[32)]

---

31) 현용준(2003), 『한라산 오르듯이』, 각, 371~375쪽. 이 저작에서 『제주도무속자료사전』이 어떠한 경로로 만들어졌는지 상세하게 소개되어 있다. 안사인을 주제보자로 해서 무려 20여 년에 걸친 작업의 경위가 상세하게 소개되어 있다.

32) 제주전통문화연구소(2001), 『제주도큰굿자료』, 제주도. 이는 제주도 북제주군 동김녕리의 문순실 중당클굿의 신굿을 전반적으로 전사한 것이다. 자료집으로 근본적인 결함이 있으나 제주도 굿의 현장을 중심으로 자료를 정리한 것으로서는 유일한 자료집이 아닌가 한다.

동해안 지역의 현지조사자료집 역시 같은 각도에서 논의할 수 있는 사례이다. 처음에 하는 것은 일단 굿을 녹음하고 이를 전사하는 것이다. 앞서 사례로 예시했던 것으로 최정여와 서대석이 낸 자료집인 『동해안무가』는 굿의 핵심만 정리했으나 다음 단계의 작업들은 매우 긴요한 의의가 있는 자료집을 간행한 것으로 이어진다.

박경신(1993), 『동해안별신굿무가 1-5』, 국학자료원.
박경신(1999), 『한국의 별신굿무가 1-12』, 국학자료원.
김헌선(2006), 『동해안 화랭이 김석출 오구굿 무가자료집』.

세 가지 저작은 현지조사의 학문적 성과를 새롭게 연 것이면서 동시에 자료집 간행의 전환을 이루는 저작이다. 박경신의 작업은 현장에서의 녹음자료를 근간으로 해서 충실한 주석과 해설을 곁들인 저작이다. 이미 다른 작업을 통해서 현지조사의 작업을 진행한 바 있어서 그러한 작업의 결과를 확장한 것이라고 할 수 있다.[33] 이 자료집은 굿거리의 순서에 따라서 사설을 정리하고 사설의 의미가 무엇인지 알게 하는 중요한 근거를 이룬 업적이라고 할 수 있다. 충실한 주석을 통해서 동해안 별신굿 무가의 굿거리별 무가를 상세하게 소개하고 있으며, 어휘의 소종래를 갖가지 전거를 원용해서 밝히고 무가의 실상을 규명하고 있어서 커다란 도움이 된다.

박경신의 자료집은 무가의 소종래와 어휘의 근거를 밝히고 있어서 무당들이 굿에서 사용하는 언어전승의 실체가 궁극적으로 무엇인지 알 수 있게 하는 중요한 저작이다. 우리가 그것을 총괄적으로 이해한다면, 무당들의 언어전승은 일반적으로 발화되는 것이 아니라 여러 가지 말을 혼합해서 누적적으로 전승한 결과임을 알게 된다. 가령 무속의 굿에서 사용하는 고유한 언어전승도 있지만, 다른 종교의 경전이나 의례적 용어를 그대로 가져다

33) 서대석 · 박경신(1989), 『안성무가』, 집문당. 이 자료집에서 한 차례 안성지역의 굿을 정리하고 이를 제보자와 대담을 하면서 굿거리의 특성과 의의를 정리한 바 있다.

쓴 것임을 우리는 박경신의 굿 전승자료집을 보면서 거듭 확인할 수 있다. 박경신이 낸 '한국의 별신굿'이라고 표방한 자료집은 그러한 실상을 더욱 확실하게 보여주는 자료집이다. 입체적인 현지조사자료집이라는 사실을 절감하게 한다.

별신굿 위주로 조사가 진행된 학계의 관심을 방향을 바로잡은 것이 김헌선의 현지조사자료집이라고 할 수 있다. 그간 동해안 지역의 굿에 관한 자료집 발간과 연구에 있어서 다소 제한적인 방향으로 조사되었음을 인정할 수밖에 없다. 그것은 특정하게 동해안 지역의 별신굿을 위주로 해서 조사와 연구가 진행된 결과 때문이다. 강원도, 경상북도, 경상남도 등의 지역을 일련의 '동해안'이라는 지역으로 묶어서 고찰한 관계로 말미암아서 특정한 별신굿만을 대상으로 해서 현지조사자료를 수집했다고 할 수 있다. 그러나 별신굿만이 굿의 전부가 아니고 세습 화랭이만이 굿의 전반적인 담당자는 아니다. 일단 별신굿에서 벗어나 다양한 굿을 현지조사 해야 할 임무가 있으며, 동시에 경상도 내지의 다른 굿에 대해서도 현지조사를 시행해야 할 임무가 있다. 그러한 각도에서 경상도의 오구굿에 대해서 천착한 조사는 매우 중요한 의의가 있다고 생각한다.

오구굿 무가 자료집은 현장 조사에 입각한 것이면서도 동시에 오구굿 의례 절차가 구체적으로 어떻게 전개되는지 이해할 수 있도록 많은 도움을 주는 저작이다. 무가만으로 치우쳐 있는 이해의 근거를 청산하고 굿의 의례 절차가 일반적으로 무가 이해에 어떻게 연결될 수 있는지 도움을 주는 저작이라고 할 수 있다. 굿의 순서와 무가가 결합하는 방식은 의례뿐만 아니라, 무속신앙 이해에 깊은 도움을 주는 것이 실상으로 확인된다. 연구를 진전시키기 위해서 굿을 단위별로 이해하는 것은 매우 긴요한 과제로 떠오르는데 이 무가 자료집은 장단이나 여타의 굿거리 구성을 위해서 도움을 주는 저작이다.

현지조사자료집 간행은 무속연구의 기반이 될 뿐만 아니라, 무가를 위시한 굿에서 쓰이는 여러 가지 예술 갈래의 집약인 가무악희 이해에 근본적인 도움이 되는 것임을 확인하게 된다. 구체적인 자료집을 대상으로 해서 자료집 간행에 관한 전반적인 자료를 검토한 결과 우리는 해방 이후에 자료집 간행이 대체로 세 단계에 걸쳐서 진행되었음을 알 수 있었다.

첫 번째 단계는 아주 적절한 제보자를 선별하여 전국적인 무가 자료집을 국비를 지원받아서 진행한 것이다. 이 자료집은 우리나라 굿을 현장에서 녹음하여 그것을 전사한 점에서 앞시대 자료집과 구분되는 특성을 갖추고 있다. 그러나 인공적인 조건으로 녹음한 것이므로 자연적 조건으로 녹음하지 않았음을 분명하게 인지해야 한다. 따라서 굿을 의뢰한 제가집과의 상관성이 결여되어 있고 공수나 재담이 전혀 기록되지 않아서 자료로서의 가치가 상당 부분 훼손되었다. 곧 개량된 기계를 통해서 무당의 소리와 음악은 녹음되어 있어서 구전으로 전사하던 단계를 넘어섰으나 결정적인 결함을 가지고 있다고 생각한다. 임석재와 장주근의 작업이 소중한 것이면서 이에 관련해 한계가 있는 것은 불가피한 문제라고 생각한다.

김태곤의 자료집 역시 동일한 성격을 지니고 있다고 생각한다. 김태곤 역시 엄격한 자료집을 간행한 의의는 있으나, 제보자에 관련한 엄선의 여부와 아울러 무가를 전사한 사실에 관한 엄격한 정보를 가지고 있는지 의문의 여지가 없지 않다. 이 역시 자료집에 제가집과 무당이 서로 어떠한 관련을 가지고 있는지 공수나 재담이 기록되어 있지 않아서 자료집으로서는 중요한 결함을 가지고 있다. 무가만을 중시하던 견해가 결국 이러한 자료집을 간행하게 된 계기가 되었을 것으로 보인다.

무속의 요소에 여러 가지가 있으나 굿이 소중한 것은 무속의 주체와 객체가 서로 긴밀하게 관련되고 신앙의 여러 요소가 결합해서 이를 구현하도록 하는 것에 핵심이 있다고 생각한다. 그런데 첫 번째 단계에서 구현된 사실이 무속신앙의 실상을 판단하는데 과연 큰 도움이 되고 실상 자체를 입체적으로 파악하는데 도움이 되는지 의문의 여지가 없지 않다. 무가가 긴요하고 텍스트를 파악하는데 도움이 되기는 해도 과연 컨텍스트가 없는 텍스트가 어떠한 의의가 있는지 의문의 여지가 없지 않다. 텍스트가 소중하다고 생각해서 이를 채록하고 가치를 부여하는 작업은 일단의 의의에도 불구하고 굿의 실상을 있는 그대로 전하지 못하는 결함이 있다고 하겠다. 자료조사와 조사집 간행에 있어서 학문적 문제의식과 관점이 반영된다고 하는 것은 이러한 각도에서 논하면 적절한 견해가 되지 않을 수 없다.

두 번째 단계의 진전은 학문적 문제의식과 무관하지 않다. 굿에서 사용되는 굿의 순서만을 평면적으로 제시하고 이를 무가만으로 전사하던 단계에서, 이를 극복하는 새로운 조사방법과 자료정리 방법이 도래했다. 이러한 연구자가 곧 현용준이다. 현용준은 일단 제주도의 큰굿과 같은 자료에 깊이 있게 천착했다. 제주도의 특별한 사정을 고려해서 이러한 특성이 잘 드러나도록 하는 자료집 구성을 고안하였다. 이러한 결과 제주도 큰굿의 여러 요소를 정리해서 이를 드러나도록 하는 자료집 구성을 했다. 동시에 이 자료집 간행에 근간이 되는 큰굿의 구성 요소를 구체적으로 해체하고 이를 재구성하는 방법을 선택했다. 그래서 큰굿이 어떠한 요인에 의해서 구성될 수 있는지 철저하게 궁구하고 이것이 드러날 수 있는지 구체적으로 살폈다. 자료집 구성에서 이러한 점이 잘 드러나는 것은 이 때문이다. 이는 앞에서 상세하게 말한 바 있다.

현용준 자료집의 또 하나의 특징은 국어학적 식견의 눈부신 활용이다. 제주도 말이 지니는 특성이 섬세하게 드러날 수 있도록 주석 처리로 구성한 것은 아주 특별한 현상이다. 국어학적 식견이 작용하면서 제주도 말 가운데 극히 어렵기로 소문난 제주도 무가 말의 본령이 드러나도록 혼신의 힘을 다하고 있음이 뚜렷하게 확인된다. 말이 어려운 까닭은 다른 데 있는 것이 아니다. 전통적인 문화의 층위에 있는 심오한 무가를 현재적 관점에서 이해하자니 그러한 이해의 결함이 발견된다. 이를 극복하는 방안은 해독 가능한 말을 모두 주석하고 이를 드러나도록 하는 것이 필연적인 작업의 순서라고 할 수 있다. 그러한 요구에 충실하게 부응한 자료집이 곧 현용준의 자료집이다.

그러나 현용준의 작업 역시 국어학, 국문학, 민속학 등이 두루 결합된

다학문적 식견이 모두 동원된 것이기는 해도 일정한 결함이 있다고 생각한다. 이것은 학문의 단계에서 어쩔 수 없는 한계가 되는 것일지도 모른다. 문제의 핵심은 앞선 단계의 학문이 가지는 결함을 시정한 것이기는 해도 결국에는 현장 자료의 생생함이 살아있는 자료는 아니라는 점이다. 비유적으로 말한다면 그것은 현장 자료를 상정한 자료의 교합본이라고 할 수 있다. 현장에서 충실하게 심방과 단골이 만난 자료가 아니라 심방의 말에만 의존한 자료라는 점에서, 그리고 갖가지 굿에서 발생할 수 있는 모든 자료를 가정하고 있다는 점에서 온전한 의미를 가지고 있으나 굿과 굿이 결합하고, 굿에 소용되는 다른 용도의 무가가 어떻게 단골과 만나서 적용되는지는 이 자료집이 해명하지 못한다고 생각한다. 그러한 점에서 현용준의 자료 작업은 최상의 선본이고 선본을 교합한 자료집이라는 점에서 한계가 분명하게 있다.

세 번째 단계의 학문적 진전은 단순한 결과는 아니고 현장을 중심으로 하는 여러 가지 방법론의 성취에 의한 것이다. 특히 학문에 있어서 현장론적 방법에 의해서 고안된 텍스트, 콘텍스트 등의 상관성을 고려한 입체적인 자료 수집을 중심으로 하면서도 전대의 학문적 방법을 온축한 것에 의의가 있다. 게다가 녹음 장비의 발달 역시 무시할 수 없는 진전이었다고 할 수 있다. 그전까지 막연하게 이루어졌던 전사 단계를 지나서 이것을 능가하는 방법이 시용되었다. 현장의 녹음 자료를 근간으로 삼아 자료를 정리하고, 이를 굿의 절차와 의례에 입각해서 해설하고 전사하는 방법으로, 이는 굿 자료집 정리의 새로운 차원을 열었던 것이라고 할 수 있다. 이러한 방법론적 전환에 이론적 진전과 학문적 식견이 수반되었으나, 다른 한편에서 근본적 변화가 생기게 되었다.

그 변화는 다름이 아니라, 현장 자체의 심각한 멸절이다. 적어도 전통적인 문화가 유지되던 단계에서 심각한 변화가 있었는데 이 변화가 곧 전통문화의 골격을 완전히 무너지게 했다는 점이 주목된다. 굿의 전통이 너무나 심각하게 훼손이 되었기에 이러한 전통이 달라진 것은 커다란 불행이라고 할 수 있다. 그러한 사정이 앞선 두 단계 변화와 차이가 나는 점이라고 할 수 있다.

전통성의 기준을 무엇으로 잡느냐에 따라서 심각한 견해 차이가 생길 수 있다. 과거의 연속성으로 판단해서 이를 올곧게 유지하는 쪽을 전통이라고 판단하는 견해와 이와는 다르게 심각한 전통의 훼손에도 불구하고 현재의 상황 속에서 굿을 유지하는 쪽을 전통이라고 판단하는 쪽의 견해로 갈릴 수 있다. 두 가지 견해의 시비는 단박에 가릴 수 없다고 생각한다. 그러나 현행의 굿이 적어도 전통적인 문맥을 유지하면서 이어지던 것을 근본적인 관심사라고 한다면, 견해의 차이에도 불구하고 두 가지 견해의 차이는 단순한 문제는 아니다.

우리는 두 가지 견해의 차이를 극복하고 지양하기 위한 방편으로 전통성의 준거를 가지고 새로운 생각을 제시할 필요가 있다. 하나는 현재의 굿을 있게 한 과거의 전통을 근거삼아 논의하는 일이 반드시 필요하다는 점을 상기할 필요가 있다. 현재의 관점에서 이루어진 실상을 판단하고 변화된 양상을 알기 위해서라도 필요한 것이 곧 전통에의 준열한 지향이라는 점을 환기할 필요가 있다. 변화되기 이전에 주어진 것을 근거삼아 전통을 생성하고 극복하는 힘이 무엇인가 아는 일은 반드시 요청되는 실상이라고 할 수 있다. 동시에 전통을 생성하고 이룩한 과거를 미래로 계승하기 위해서라도 전통은 반드시 재인식되어야 할 사안이라고 생각한다. 그러한 각도에서 전통에 대한 견해의 차이를 극복하는 일은 그다지 어려운 것은 아니라고 본다.

세 번째 단계의 진전은 자료를 조사하는 안목과 장비가 성장했으나 결국 현장 자체의 극심한 훼손에 의해서 실상이 많이 왜곡된 상황에서 작업이 진행될 수밖에 없는 사정이 있음이 구체적으로 확인된다. 현장에서 얻은 자료를 충실한 주석 작업을 거쳐 정리해서 내는 경우와 굿의 절차를 중시해서 내는 경우로 양분하여 후발 작업이 진행되었다고 할 수 있다. 구비전승의 언어로 이루어진 무가의 일반적인 특징을 이해하는 데 있어서 이를 수행한 연구는 매우 중요한 의의를 가진다고 할 수 있다. 그런데 문제는 그 말들이 일반적인 의미로서보다 이것을 무가로 사용하면서 굿에서 어떠한 거리에서 어떠한 의미로 사용하는지 하는 것이 매우 중요한 의미 구현의 양상이라고 생각한다. 그러한 각도에서 상세한 의미 해석보다 중요한 것이 곧 제차적인 의미 해독이라고 할 수 있다. 둘은 상호보완적인 작업이 되리라고 예견되며 연구에 있어서 어느 한 쪽도 소홀하게 할 수 없는 요긴한 작업이라고 할 수 있다.

학문적 연구에서 무속의 핵심 가운데 하나인 무가를 채록해서 자료집으로 간행하는 것은 자료학의 꽃이라고 할 수 있다. 자료학은 이론학의 근간이 된다고 생각하며 자료학의 중요성은 거듭 강조해도 지나치지 않다고 할 수 있다. 자료학과 이론학이 상호보완적인 관계에 있으며 자료학에 근거한 이론학이어야 매우 심각한 의미를 가지리라고 생각한다.

(2) 무속신앙의 핵심적 문제 : 무속신격의 위계

무속신앙은 하나의 신을 모시는 것이 아니라 여러 신격을 다양하게 섬기는 신앙이다. 무속신앙은 신앙이므로 종교적 본질에서 접근해야 무속신앙의 본질적 성격이 드러난다고 생각한다. 이에 관한 선행 연구는 만족할 만하게 이루어진 것은 아니다. 학문적 쟁점을 부각하기 위해서 다음과 같은 문제를 정리할 필요가 있다. 무속신앙은 산만한 잡신을 다양하게 열거하는 신앙인가, 아니면 신앙에 있어서 일관된 원리를 가지고 신들이 존재하고 신앙되는가는 중요한 쟁점이 아닐 수 없다. 이 문제는 심각한 쟁점이 될 만한 것으로, 이에 관한 연구는 막연하게 이루어졌거나 산만하게 진행되었다.

대체로 잡신이 산만하게 되어 있으므로 신들을 막연하게 연구하는 풍조가 없지 않다. 신들에 대해서 분류를 하는 것이 바로 이러한 연구라고 생각한다. 분류는 궁극적으로 일정한 원리에 입각해서 신들을 정리하지 않을 수 없는데도, 신들을 막연하게 분류함으로써 본질에 이르렀다고 생각하는 사례가 있는데 이는 온전한 연구가 아니다. 무속신앙의 대상인 신이 산만하게 된 원인이 무엇이고, 신앙의 근간을 구성하는 신의 분류와 위계를 명확하게 하는 것이 곧 학문의 방법이다. 산만하게 구성된 신들의 결합 방식을 연구하는 것이 학문의 임무이다.

무속신앙의 신들이 일관된 원리를 가지고 있다면 이 신들이 어떻게 일관성을 유지하고 있는지 살펴야 마땅하다. 이에 관련해서도 연구가 진척되지 않았다. 신들이 여럿으로 되어 있는데 이들이 어떠한 관점에서 일관된 모습으로 숭앙되는지 이 문제는 매우 긴요한 과제이다. 이들 신에 관해서 일관된 견해를 유지할 수 있어야 한다. 이를 명확하게 하는 것은 신들을 섬기는 의례이다. 이 의례의 결합 양상을 알아야만 무속신앙의 신격적 본질을 추구할 수 있을 것으로 기대된다.

무속의 핵심적 의례는 정기적 의례와 비정기적 의례이다. 정기적 의례는 예컨대 무당과 지속적 관계를 맺는 단골이 관련되는 관계 속에서 성립되는 신의 실상을 보아야 살펴진다. 정기적 의례라고 하는 것은 이른바 치성이다.[34] 일년 세시절기에 의해서 신과 만나는 단골과 무당의 지속적 관계를 말한다. 이는 흔히 일년 열두 달의 절기를 말한다. 이것은 굿은 아니고 굿의 근간이 되는 작은 치성이라고 할 수 있다. 정기적인 의례에서 섬기는 신앙의 본질은 치성의례를 보면 확연하게 알 수 있다. 이 의례의 근간에는 조상신앙이 있음을 알 수 있다.

치성의례를 보면 신앙의 핵심이 무엇인지 알 수 있는데, 이는 상 차림에서 확실하게 나타난다. 불사상, 상산장군상, 조상상 등이 근간이 되며 이 가운데서도 중심에 놓이는 것이 곧 조상상이다. 조상상을 차리고 여기에 맞이를 올리고 앉은 열두거리를 드리는 것이 이 의례의 근간이라고 할 수 있다. 조상상이 핵심이 되는 것은 조상에게 절기 별로 새로운 것을 올리는 천신의 중심이 되기 때문이다. 열두 달의 치성이 햇곡식이나 햇과일이 나오는 것을 근간으로 해서 조상에게 바치는 의례이다. 구체적인 용례에서도 확인되는데 채미진상, 햇밀천신, 올게심리, 조구심리 등이 그러한 사례에 해당한다. 그러므로 정기적인 의례에서는 근간이 되는 것이 조상의례임이 확인된다.

---

34) 김헌선(2003), 「서울굿 열두 달 치성의례와 경제적 상관성 연구」, 『비교민속학』 28, 비교민속학회. 이 글에서 서울굿의 정기적인 의례에 대하여 상세한 논의를 한 바 있다. 특히 서울굿의 경제적 기반이 무엇인지에 관한 논의를 상세하게 진행하였다.

정기적인 의례에서는 조상신앙만 형성의 근간이 되는 것은 아니다. 그 이면에는 세시절기의 의례적 원천이 달리 작동하고 있음이 확인된다. 자연의 시간에 의한 절기적 의례를 확인할 수 있으며 자연의 시간이 조상신앙과 결합하면서 이러한 신앙의 기반이 성립된 것을 확인할 수 있다. 동시에 세시절기의 저변에 외래신앙의 흔적이 결합되는 것을 확인하게 된다. 사월에 하는 연등맞이, 구월에 하는 중구일의 의례 등이 과연 고유한 의례인지 의문이 간다. 그러므로 조상신앙이 자연적 절기에 의해서 근간이 되지만 동시에 다른 신앙이 누적적으로 복합되면서 형성된 것임을 알 수 있다.

정기적 의례 속에서 만신과 당골이 결합하는 것은 여러 고장의 사례에서 두루 확인된다. 서울지역의 무속에서 뿐만 아니라, 제주도의 무속에서, 더 나아가서 세습무들이 존재하는 곳에서도 의례 속에서 생성되는 두 주체 사이의 정기적인 의례는 필연적인 골격을 갖추고 있다. 한 달을 분할하여 초하루, 보름, 세시절기의 중심이 되는 갖가지 절기의 날짜, 가령 음력 1월 1~15일 사이의 절기나 5월 5일, 7월 7일 등이 이러한 날짜의 근간이 된다고 할 수 있다.

구체적으로 생동감을 가지는 것은 제주도이다. 제주도에서 당제일을 보면 당매인심방과 당골이 만나는 구체적 일정을 확인하게 된다. 하나는 일년의 절기이고 다른 하나는 한 달의 시간 속에 이루어지는 절기이다. 정월달의 신년과세제, 2월달의 영등제, 7월달의 마불림제, 10월의 시만곡대제 등이 구체적으로 확인되는 정기적인 의례이다. 나아가서 한 달에 7일, 17일, 27일 등으로 이루어지는 정기적인 당제일 역시 중요한 의례이다. 제주도가 특별한 사정이 있는 것은 아니고 좀더 구체적인 의례 일정을 가지고 있음이 확인된다. 서울지역에서 초하루, 보름이라는 정기적인 의례를 근간으로 해서 정기적인 절기의례를 합치면 전체적으로 드리는 한달의 의례는 거의 같은 숫자임이 확인된다.

이 정기적인 의례 속에 하는 행사가 조상신앙임이 확인되는데 제주도에서는 특별하게 변형되었다. 집안에 설치한 당주 앞에서 이러한 행사를 하지 않고 이를 본향당이나 특정하게 마련된 당을 중심으로 행사를 진행하는 것이다. 그러나 신앙의 근간이 되는 것이 마을신앙이기는 해도 다른 각도에서 보면 마을에서 섬기는 공통의 조상에 대한 환기이므로 이 신앙이 별다른 것은 아니라고 생각한다. 아울러 자신의 집안에서 섬기고 있는 신앙의 대상은 조상신이기는 한데 특별한 제일이나 정기적인 의례의 성격을 지니고 있는 것은 아니다. 이 점은 제주도 신앙의 두드러진 차이점이라고 할 수 있다. 조상에 대한 각별한 신앙의 형식은 인정이 되지만 그 조상을 위해서 제의적 절차가 있는지는 의문의 여지가 있다. 그러나 보편성을 인정한다면 조상신앙이 근간이 되는 점을 인정할 수 있다.

그렇다면 이 신앙을 근간으로 해서 무엇을 하자는 말인가? 여기에 무속신앙의 비밀이 숨어 있다고 해도 과언이 아니다. 적어도 전통적인 신앙의 맥락이 살아 있는 시대에 '무꾸리'라는 것이 있었던 점을 이해할 필요가 있다. 우리가 사는 시대에 자신이나 집안에 궁금한 점이 있으면 무당이나 그에 준해 궁금한 점이나 가려운 데를 긁어주는 인물에게 찾아가는 경우들이 있다. 그래서 낯선 곳을 찾아가서 무꾸리를 하거나 인터넷으로 그러한 신앙의 기반을 물어보는 것이 근간이 된다. 전통사회에서는 당골이 만신을 만나거나 신도가 되면 무꾸리는 정기적인 의례나 만신을 통해서 하는 것이 관례가 된다. 이 과정에서 무꾸리의 결과에 대한 의견을 받아오게 된다. 그러한 결과 다음 단계의 진전이 이루어진다. 그것이 구체화된 형식이 곧 굿이다. 굿은 무꾸리나 치성에 의해서 결정된 사항을 구체적으로 입안하여 종합적인 의례로 환원하는 형식이다.

굿을 통해 우리나라 무속의 본질적인 형식인 신들의 위계를 만날 수 있다. 굿은 치성의례와 같은 정기적인 의례가 아니다. 비정기적인 의례인데 관습적인 규칙성은 일부 있으나 절대적인 것이 아니므로 이를 정기적인 의례라고 말하기 어렵다. 무꾸리나 치성의례에서 상의된 결과를 해석하는 견해와 종합적인 신들의 제전이 결합되면 그것이 곧 굿으로 실현된다. 굿은 분명히 종합적인 신의 제전이고 의례이다. 이에 관한 연구는 거의 이루어지지 않았다. 다만 최근에 굿에서 섬기는 신들이 단순한 혼합주의가 아니라 신들의 위계가 분명하게 밝혀지는 것임을 말한 바 있다(이용범, 2001). 이 견해는 우리나라 굿의 본질을 이해하는데 도움이 되는 데에 머무르지 않고, 우리나라 무속신앙의 본질을 이해하는 데도 매우 중요한 단서로 된다.

5. 민간신앙 연구사 미해결의 연구과제 확인과 대안

민간신앙 연구사를 전반적으로 개괄하면서 우리는 연구가 심각하게 미진한 정황을 알게 되었다. 이를 극복하기 위한 연구과제를 새로이 설정하고 이를 대안으로 제시하면서 장차 지침으로 삼아야 마땅하다. 이를 항목별로 기술하면 다음과 같다.

1) 종교 일반으로서의 민간신앙 : 종교학적 시각의 요구

민간신앙은 신앙이므로 신앙에는 분명한 체계가 존재한다. 세 가지 신앙은 서로 깊이 있게 얽혀 있다. 신앙은 신에 관한 믿음의 발로이므로 신앙심을 증명하기 어렵다고 말하는 것은 잘못이다. 신앙은 신의 체계를 가지고 있으므로 전승도 된다. 결코 산만한 나열은 아니다. 분명하게 체계적으로 전승력을 가지고 있는 대상이므로 연구를 이러한 각도에서 진행하는 것이 바람직하다.

신은 하나인데 여럿으로 나뉜 것인지, 모두 개별적인 신앙으로 발전하면서 이것이 입체적으로 구현된 것인지 논의의 집약이 요구된다. 결국 일원론과 다원론적 시각이 중요하다. 종교적 심성의 근저에 모든 대상을 신앙화하는 일반적인 법칙이 있으므로 구체적인 신앙의 실체는 다르지만 이것이 하나에서 비롯되었다고 하는 생각이 중요하다. 집, 마을, 무속 일반의 신앙에서 사고가 동일하다고 한다면 이를 어떻게 가르고 구분할 것인지 매우 중요한 문제가 발생한다.

기왕의 종교적 틀에서는 이러한 문제에 관한 사실 차원의 해명을 하려고

했으나 이론적 가설을 가지고 이를 증명해야만 논의의 진전이 있을 수 있다고 생각한다. 신은 세 가지 유형으로 존재한다. 사람의 몸 밖에 있는 신, 사람의 몸 안에 있는 신, 사람의 몸 안에도 있고 사람의 몸 밖에도 있는 신 등이 그것이다. 이 유형론은 종교를 체계적으로 이해하게 한다.

사람의 몸 밖에 있는 신은 기독교와 같은 것이 대표적인 신앙의 사례이다. 만물의 원인이 신의 창조에 있으므로 인간은 피조물에 지나지 않는다고 생각한다. 사람의 몸 안에 신이 있다고 하는 것은 우리의 무속이나 민간신앙 일반의 현상이라고 말할 수 있다. 대상에 대한 내적 구현과 지향의 결과가 갈라져 있어서 산만한 듯하지만 궁극적으로 내적 통찰력에 의한 신앙의 대상을 확정하는 특징이 있다. 사람의 몸 안과 몸 밖에 존재하는 신앙의 사례로 여럿이 있지만 힌두교가 적절한 사례이다. 아트만과 브라흐만의 궁극적 합일을 이루고자 하는 신앙적 통찰이 바로 이 신앙체계의 특징이고, 게다가 불교 역시 이러한 신앙의 근본을 가져왔음이 확인된다.

민간신앙의 실체를 이렇게 종교적인 각도에서 논의해야 분명하게 대상의 실체가 잡힐 수 있다고 생각한다. 민간신앙이 여럿으로 분화되어 있으나 이것이 신앙으로 발전하거나 의례적인 형식이 갖추어진 것을 본다면 내적인 합일에 의해서 개별화된 것임을 알 수 있다. 민간신앙들 가운데 각 신앙의 구체적인 실체를 본다면 내적인 통찰에 의한 일관된 구성을 하는데 바로 이것의 실체가 신앙유래담이나 본풀이다. 마을신 일반, 집안신 일반, 무속신 일반 등에서 이러한 과정이 없는 것이 없다. 그를 반증하는 것이 곧 내적 체험과 신앙의 근간이라고 할 수 있다. 외적 구현은 반드시 내적 통찰에 의거한다. 이것이 민간신앙을 종교적인 유형으로 보는 대안이다.

2) 신의 위계와 분포에 의한 기능 연구

신의 위계나 신이 의례에서 분포하는 특징이 무엇인지 구체적으로 확인해야 하는데 이에 관한 본격적인 비교 연구가 이루어지지 않았다. 신은 어떻게 구성되어 있는지를 구조적으로 비교할 필요가 있다. 신은 여럿인데 이것이 산만하게 되어 있는지 아니면 체계적인지 의문이 아닐 수 없다. 신들이 결합하는 법칙이 있다. 구체적으로 보면 이 점이 확인된다. 서울굿의 사례를 들어서 신의 위계가 구성되는 점을 확인할 필요가 있다. 서울굿 중 집굿이나 마을굿에서 일반적으로 확인되는 특징이 있다. 구체적으로 조상을 모시는 절차를 한 대목 보기로 한다.

본향바라기－가망헤치기－말명놀리기－대신말명놀리기－조상놀리기

이 굿의 한 대목은 신의 위계를 확인하는 적절한 사례라고 생각된다. 자신의 조령들을 섬기기 위해서 곧 바로 조상으로 나아가지 않는 것을 확인할 수 있다. 먼저 마당에 나가서 본향상을 앞에 놓고 본향지를 들고 본향의대를 입고서 사방으로 절을 한다. 이 과정에서 본향에 관한 여러 신격을 누적적이고 종합적으로 굿판에 청배한다. 이어서 본향상을 마루로 들고 올라와서 이제 가망을 말한다.

가망을 헤쳐서 조상의 부리를 만나게 하는 매개적인 과정을 거친다. 다음으로 본향의대를 벗고 은하몽두리를 입고서 방울을 들고 대신말명을 놀게 된다. 앞서간 대신이 여럿이므로 여러 만신이나 굿의 종사자였던 말명과 제장을 모두 열거한다. 물론 만신과 직간접적으로 관련된 말명만 열명한다. 다음에 은하몽두리를 벗고서 평복 위에 물론 남치마를 입고서 여러 조상의 의대를 차례로 갈아입으면서 본격적인 조상과 후손의 매개자 노릇을 한다.

본향바라기는 조상의 원조인 부리의 근본 원향을 찾는 행위이다. 아득히 먼 곳에서 동시에 아주 오랜 옛날의 근원을 찾아서 신의 부리를 부르는 절차가 곧 본향바라기이다. 가망헤치기는 본향과 직접적으로 교통할 수 있는 감웅을 말한다. 신을 불렀으나 신이 아직 좌정처를 정하지 못했으므로 신에게 들어올 곳을 지정한다. 만신은 신과 인간, 조상과 후손을 매개하는 존재이므로 만신의 무령들을 구실삼아 매개자 노릇을 하고 자신들의 혼령들

에 대해서도 굿의 의례를 하지 않을 수 없다.[35] 아울러서 대신말명이 매개된 뒤에 후손과 조상이 만신을 매개로 해서 연결되는 것이다.

이는 단순한 현상이 아니다. 몸속에 있는 신이 매개자가 되어서 외부의 여러 신격과 만나는 과정을 말하는 것이다. 굿은 만신이 반신반인의 존재로 신과 인간의 교통을 하는 구체적인 현장이다. 외부의 신격이 조상만 있는 것은 아니다. 다른 곳에서 공간적으로 위계를 구성하는 신격이 있으므로 이에 관한 구조적 고찰이 요구된다. 이를 압축하면 하늘, 산, 사람, 집을 수호하는 신이 위에서 살핀 방식대로 존재하는 것임을 확인하게 된다. 천신, 산신, 인간신, 가신 등이 구조적으로 관련되는 것이다. 따라서 신격의 체계나 위계로만 본다면 분명하게 무속신앙의 의례인 여러 신앙이 복합되어 있는 실체임을 확인하게 된다. 외래신앙과 고유신앙, 무속 이외의 불교, 도교 등이 집약적으로 구성되어 있는 점이 확인된다.

서울굿에서만 이러한 면모가 확인되는 것은 아니다. 다른 고장에서도 유사한 구조가 확인되는데 문제는 결합 방식에서 차이가 난다. 가령 황해도 굿에서는 동일한 방식이 존재하지만 천신, 산신, 인격신, 가신 등이 결합하는 굿거리의 순서가 차이가 나게 된다. 동일한 강신무권에서 연행하는 굿인데도 불구하고 이를 구체화하는 방식에서 긴밀한 결합양상의 차이점이 있는 셈이다.

게다가 문제는 여기에 그치지 않는다. 세습무권의 굿에서는 이러한 방식이 어떻게 구현되는지가 전혀 연구되지 않았다. 강신무와 세습무에 관한 입체적인 비교 연구에도 불구하고 굿 자체가 어떻게 같고 다른지, 굿의 구조에 관한 비교 연구가 전혀 이루어지지 않았음이 확인된다(한국무속학회 편, 2006). 특정 지역의 굿에 대해 일방적으로 편중 연구되면서 생긴 비극이라고 생각한다. 가령 씻김굿, 별신굿 등에만 치중되어서 그 이외의 굿은 전혀 기록하지도 못했다. 따라서 서울굿이나 황해도굿에서 확인되는 실체가 대등

35) 이것은 전국의 굿에서 보편적으로 확인된다. 만신이나 무당의 역대 내력이 구체적으로 나타난다. 대신말명, 성수부리, 공시풀이, 고금역대, 신살풀이, 신장고사 등은 강신무권이든 아니든 보편적으로 확인되는 실상임이 확인된다.

하게 비교 연구되어야 하는데 이에 관한 비교 자료가 망실된 것은 무속 연구의 비극이라고 생각한다. 결론삼아 말한다면 일반적인 구조가 거의 일치하면서도 미묘한 차이가 있다고 하는 것이 연구의 잠정적 대안이다.

3) 비교 연구방법의 제안 : 내적 비교와 외적 비교, 그리고 비교종교학

민간신앙 연구에서 연구방법의 개척이 시급한 과제라고 했으므로 이에 관한 문제를 다루기로 한다. 민간신앙의 골자를 받아들여서 구조적인 고찰이 이론적으로 이루어져야 함은 확실한 문제로 부각되었다고 생각한다. 그런데 민간신앙의 구조적 고찰을 한다고 하더라도 문제는 이를 완전하게 소화하는 방법이다. 문제의 해결 방안 가운데 하나로 우리는 비교 연구를 제안할 필요가 있다. 구조적인 비교가 새로이 문제로 된다는 말이다. 그렇다면 구조적인 비교를 하는데 있어서 필요한 것이 무엇인가 하는 점이다.

그 방법으로 제기되는 것이 곧 내적 비교와 외적 비교이다. 내적 비교라는 것은 일단 민간신앙의 유형과 구조를 동일한 지역의 것으로 한정해서 다루어 보는 것이다. 그렇게 하는데 필요한 것이, 동일한 지역 내의 세 가지 신앙 형태를 준거삼아서 비교하는 것이다. 내적 비교가 필요한 것은 신앙 대상의 공통점과 차이점을 말하고, 구체적이고 심층적인 구조를 가려내서 일정한 이론적 준거를 찾는 것이다. 곧 마을신앙, 가신신앙, 무속신앙 등의 형태를 비교해서 이 신앙의 문제점을 다루는 것이 내적 비교의 지향점이다.

아울러 외적 비교 또한 매우 중요한 연구방법이다. 외적 비교는 대상에 따라서 동일한 민족의 다른 지역들을 체계적으로 비교하는 것을 우선적인 과제로 삼는 것이다. 그래서 얻을 수 있는 이상적인 방안이 전국적인 공통점과 차이점을 정밀하게 논의하면서 구조적 일치점을 도달점으로 삼아서 논의를 해야 하는 것이다. 특히 종합적인 의례를 기준삼아서 어떠한 구조적 변이가 이루어지는 가를 통찰할 수 있으면 비교 연구의 이상은 달성될 수 있다고 생각한다. 외적 비교에서 지역의 개별적 사례는 이론 구성을 위한 수단이나 보조적인 언급 방법이지 그것이 도달점이 되는 것은 온당하지 않다. 사례가 풍부한 것과 이론을 구성하는 예증은 분명히 다르다.

외적 비교 가운데 다음으로 해야 할 것은 동일한 중세문명을 공유한 지역을 대상으로 문명권내의 유사 신앙과 견주면서 역사적인 변천과 지속을 비교하는 것이 이상적으로 제시되는 것이다. 무속신앙, 마을신앙, 가신신앙 등이 어떻게 같고 다른지 논의를 할 수 있어야 비교 연구는 일정한 가치를 지닌다고 할 수 있다. 특히 만주, 몽고, 중국, 일본, 오키나와, 아이누 등의 제 민족에서 발견되는 신앙들을 비교하는 것은 매우 중요한 과제라고 생각한다. 외적 비교가 여기에 이르게 되면 연구의 이상은 더욱 확고한 자리를 잡는다고 생각한다.

다음으로 세계적인 범위의 비교종교학을 개척할 수 있다면 비교 연구는 가장 바람직한 소망을 이룰 수 있다. 비교종교학의 보편적인 역사발전의 법칙을 찾아내고 한 시대 한 민족의 민간신앙이 구체적으로 다른 시대나 다른 민족에게서 어떻게 구현되었는지 밝히는 것은 매우 흥미로운 가설을 수립하는 것이며, 이를 온전하게 하는 연구를 마련할 수 있다고 생각한다. 이런 비교종교학의 이상이 이루어지도록 논의를 해야 민간신앙 연구의 가능성을 열 수 있다고 생각한다.

4) 마을신앙, 가신신앙, 무속신앙의 결합 방식

마을신앙, 가신신앙, 무속신앙의 공통점을 논의하기 위해서 필요한 작업이 무엇인지 생각할 필요가 있다. 우선 가신이 신앙의 근간이 되므로 이를 제의적으로 충족하는 사례를 보기로 한다. 성주를 모시는 것은 의례를 담당하는 담당층으로 본다. 예사 여성, 무당, 농악대, 독경무, 창우집단, 남사당패, 절걸립패 또는 비나리패, 동냥스님패 등이 있을 수 있다. 이들은 집안에 와서 특정한 절기나 비정기적 의례 속에서 가신을 섬기는 일을 한다. 왜 이러한 공유현상이 발생했는지 입체적인 논의가 필요한데 아직 논의가 여기에 이르지 않았다고 생각한다. 이를 체계적으로 정리하면 다음과 같다.

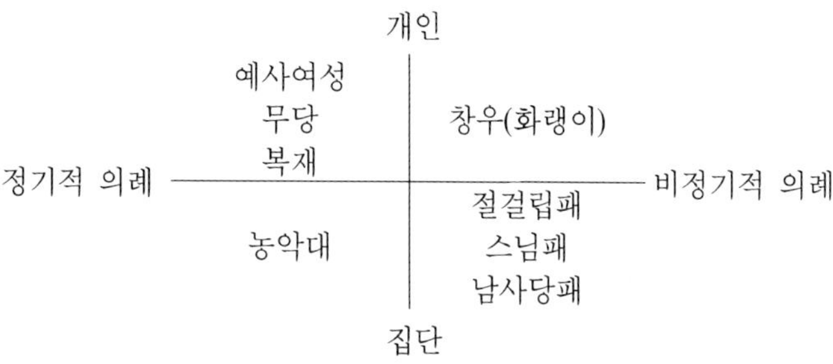

예사여성은 집안에서 여성이 하는 것으로 예를 들어서 시월상달의 고사시루를 쪄서 비는 행위를 말한다. 대체로 조상이나 성주신을 모시고 이들이 관련이 있는 신앙 행위를 한다. 예사여성은 집에서 섬기는 아낙네이다. 이들은 일종의 가무로서 비손을 하면서 신앙적인 행위를 하는 여성이라고 하겠다. 무당은 이들 예사여성과는 다르게 입체적인 기예능을 발휘하는 인물들이다. 이들이 가을철에 하는 것이 곧 성주받이이다. 대주의 나이가 성주를 받을 수 있는 나이가 된다면 성주받이를 하는 것이 원칙이고 무당의 성주받이 형식은 온전하게 구현된다. 이와 유사한 성격이 있는 집단이 복재(卜者)이다. 경객(經客)이라고 하는 집단이 이들인데 이들은 굿을 하지 않고 경을 읽는다는 특성이 있는데 굿과 일정한 관련이 있으면서 서로 대등한 성격의 독경을 읽는 것이 그러한 성격을 말하는 것이라고 판단된다. 의례적으로 매우 중요한 성격을 갖고 있으며 굿의 무가와 같으면서 일정한 거리가 있는 무경을 읽는 것이 특징이다. 제의의 절차나 순서가 굿과 같으면서 일정한 부분 차이가 있음이 확인된다. 무당과 경객이 서로 어떻게 공유하고 차별화하는지 근본적 비교가 필요하다.

정기적 의례에서 하는 것 중 정월 대보름에 하는 농악대의 집굿 순서는 시사하는 바가 매우 크다 할 수 있다. 집굿의 순서에서 일정 부분 굿의 독자성이 있는데 주로 농악대의 상쇠가 이들을 통해서 구현하는 신앙적 행위가 아주 중대한 의의를 갖고 있음이 확인된다. 농악대의 상쇠가 이루는 굿의 구조적 특징이 과연 어떠한 의의가 있는지를 알기 위해 농악대 굿을 비교하는 작업은 매우 중요하다. 또 창우들이 하는 소리는 주로 여성들이 하는 것과는 달리 남성들과 전문적인 예능인들이 소리를 하는 것이 고사소리의 특징이라고 할 수 있다.

다음으로 집단과 관련이 있는 것이 곧 농악대와 유랑예인집단이라고 할 수 있다. 이 집단은 조선조 이전에도 존재했으나 본격화된 것은 조선후기일 가능성이 매우 높다. 이들 집단은 마을을 돌아다니면서 연행을 하지만 경우에 따라서는 마을이 아닌 개인 집에서도 여러 가지 의례를 하고 소리를 해서 먹고 살았던 집단이라고 할 수 있다. 이들이 기존에 있던 집굿이나 마을굿, 그리고 농악대의 굿을 본떠서 여러 가지 소리를 했는데 그것이 곧 고사소리이다. 고사소리를 하면서 여러 가지 흥미로운 놀이를 첨가하고 기예를 세련되게 하는 등 소리를 일관되게 구성했음을 확인하게 된다.

이상과 같은 관계는 무엇을 말해주는가? 이 문제를 해명하기 위해서 일정한 문제의식을 가다듬을 필요가 있다. 신앙의 의례가 근본적으로 동일하므로 이러한 공통점이 발견된다. 신앙적인 절차를 어떠한 집단에서 하는가에 따라서 커다란 차이가 있을 것으로 짐작되지만, 구체적으로 비교해 보면 근본적인 일치점이 생긴다. 이 일치점을 근간으로 해서 종합적으로 비교하고 논의할 필요가 있다. 곧 유가식 제례만을 뺀다면 거의 같은 양상을 보이고 있음을 확인할 수 있다.

이를 중점적으로 논의하며 새로운 해명의 단서를 찾아야 하겠는 바, 이것이 곧 우리 신앙의 근간 구조일 가능성이 있다. 연구를 진척시키면서 이러한 사실을 구조적으로 밝혀야만 논의의 지평이 열릴 수 있으리라고 생각한다. 특히 세 가지 신앙이 결합하는데 있어서 무속신앙, 그 가운데서도 온전한 굿은 아주 중요한 가치를 지닌다고 생각한다. 굿에서 불교를 수용하고, 도교를 숭앙하는 것은 근본적인 이유가 있다. 이를 연구하면서 세 가지 신앙이 어떻게 구조적으로 결합하는 것인가 하는 점이 중요한 쟁점이 된다고 생각한다.

연구의 진전을 이룩하기 위해서는 연구과제를 확인하고 이를 논의할 수 있는 새로운 시각이 필요하다. 세 가지 신앙의 복합 과정을 전반적으로 비교한다면 우리나라 종교사의 이면을 철저하게 탐구할 수 있을 것으로 보인다. 특히 독경과 굿의 의례적 절차를 비교하면서 논의를 하는 거시적인 시각이 마련된다면 논의의 진전을 꾀할 수 있을 것으로 본다. 독경과 굿의 본격적인 비교가 필요하다. 실제로 두 가지가 같은가 아니면 다른가는 연구사에 있어서 심각한 문제가 될 수 있기 때문이다. 대체로 외견상 동일한 의례이다.

5) 민간신앙의 존재 가치와 문화적 창조력의 탐구

민간신앙은 과연 의의가 있는지 의문이다. 어찌 보면 간단한 신앙 행위일 수 있는데 이것이 이처럼 개명한 세상에 어떠한 의의가 있는지 의문을 가질 수 있으리라고 본다. 연구를 온전하게 하기 위해서 필요한 것은 민간신앙의 존재 가치를 새로운 시각에서 마련하고 현대에 어울리는 것으로 발전적인 해석을 가할 필요가 있다. 민간신앙의 현재적 의의가 도대체 무엇인지 논의를 할 수 있어야 민간신앙의 가치와 의의를 입증할 수 있을 것으로 보인다.

민족의 특질과 함께 보편적 정서를 확인하기 위해서 가장 필요한 것이 곧 종교적 심성에 관한 탐구라고 이해된다. 종교에 도사리고 있는 의의를 함께 연구하면서 이를 구조적으로 논의해야만 다음 단계의 이해가 이루어질 수 있다고 생각한다. 종교적 심성의 지향과 추구는 특수성을 확인하는 것은 아니다. 오히려 잠재되어 있는 심층적 심성을 구조적으로 이해하는 것이 필요하다. 이를 연구의 과제로 삼아서 논의를 하는 것이 바람직하다. 기층적인 신앙에 기반을 두고 우리의 심성을 찾아가면 정립되지 않았거나 산만한 신앙의 이면에 근본적인 정서를 찾아낼 수 있다고 생각한다.

참고문헌

1. 한국 가신신앙 연구

『한국민속종합조사보고서』(1968~1981) 전남 · 전북 · 경남 · 경북 · 충남 · 충북 · 경기 · 제주 · 황해도 · 평안도 · 함경남북도 편, 문화재관리국.

강석진(1998), 「한국인의 전통적 종교심성과 그리스도교 영성 토착화연구 : 민간신앙을 중심으로」, 카톨릭대학교 석사학위논문.

경기도박물관(1998), 『경기민속지 I : 개관편』.

경기도박물관(1999), 『경기민속지 II : 신앙편』.

고려대학교 민족문화연구원(2001), 『한국 민속의 세계 1-10』.

국립광주박물관 · 고흥군 공저(1984), 『高興 長水마을 民俗調査』.

국립문화재연구소(2000), 『古群山群島』.

국립문화재연구소(2005), 『한국의 가정신앙 : 경기도편』.

국립문화재연구소(2006a), 『한국의 가정신앙 : 충청북도편』.

국립문화재연구소(2006b), 『한국의 가정신앙 : 충청남도편』.

국립민속박물관 편(1994), 『강원도 산간지역의 가옥과 생활 : 삼척군 · 평창군 · 정선군』.

국립민속박물관 편(2002), 『경남 어촌민속지』.

금희승(1984), 「農村住民의 民間信仰 受容實態에 관한 硏究 : 全南地方을 中心으로」, 전남대학교 석사학위논문.

김광언(2000), 『한국의 집지킴이』, 다락방.

김명자(1984), 「家神信仰 의 性格 과 女性像」, 『女性問題硏究』 13, 曉星女子大學校 韓國女性問題硏究所.

김명자(1986), 「'원두들'의 민간신앙과 세시풍속」, 『安東文化』 7, 安東大學校 安東文化硏究所.

김명자(1987), 「'岳砂'의 동제와 가신신앙」, 『安東文化』 8, 安東大學校 安東文化硏究所.

김명자(1988), 「천동의 가신신앙과 세시풍속」, 『安東文化』 9, 安東大學校 安東文化硏究所.

김명자(1989), 「업신고 I 」, 『斗山 金宅圭박사 화갑기념문화인류학논총』, 논총간행위원회.

김명자(1993), 「안동지역의 용단지」, 『문화재』 26, 문화재관리국.

김명자(1993), 「풋기의 민속종교와 신앙생활 : 동신신앙과 가신신앙을 중심으로」, 『민속연구』 3, 안동대학교 민속학연구소.
김명자 · 김태곤(1995), 「금대리의 민간싱앙」, 『한국의 산촌민속 I : 치악산편』, 교문사.
김명자 · 김태곤 · 이상언(1995), 「엄미리의 민간신앙」, 『한국의 산촌민속II : 노적산편』, 교문사.
김명자(1996), 「가신신앙의 역사」, 『한국민속사논총』, 지식산업사.
김명자(1998), 「무속신화에 나타난 조왕신과 측신의 성격」, 『고전작가 작품의 이해』, 박이정.
김명자(1998), 「호남지역 철릉神의 성격」, 『남도민속학의 진전』, 태학사.
김명자(2000), 『가정신앙, 남양주시지3 : 민속』, 남양주시지편찬위원회.
김명자(2001), 「가신신앙 이렇게 변화하면서 전승된다」, 실천민속학회 편, 『민속문화, 무엇이 어떻게 변하는가』, 집문당.
김명자(2001), 「경기지역 업신신앙의 지속과 변화」, 실천민속학회 편, 『민속문화의 지속과 변화』, 집문당.
김명자(2002), 「용단지가 두드러진 가신신앙」, 안동대학교 민속학연구소 편, 『까치구멍집 많고 도둑 없는 목현마을』, 한국학술정보.
김명자(2003), 「가신신앙과 외래종교의 만남」, 실천민속학회 편, 『민속문화가 외래문화를 만나다』, 집문당.
김명자(2003), 「현리 사람들의 가정신앙」, 안동대학교 민속학연구소 편, 『민속과 반속이 함께 가는 현리 마을』, 한국학술정보.
김명자(2004), 「청운마을 사람들의 신앙생활」, 안동대학교 민속학연구소 편, 『줄당기기와 길쌈이 유명한 청운마을』, 한국학술정보.
김명자 외(2005), 『한국의 가정신앙』 상 · 하권, 민속원.
김석주(2003), 「초기 개신교 선교사들의 민간신앙 이해」, 목원대학교 신학대학원 석사학위논문.
김선풍 외(2004), 『한국과 중국의 민간신앙』, 보고사.
김승찬(1993), 『加德島의 基層文化』, 부산대학교 한국민족문화연구소.
김영민(2005), 『우리 조상 신앙 바로 알기』, 새문사.
김인회(2004), 「한민족과 퉁구스민족의 가신신앙 비교 연구」, 『문화재』 37, 국립문화재연구소.
김진순(1997), 『산이 산중이지 사람이 산중이냐』, 삼척문화원.

김진순(1999), 『장작 한 짐에 앵미리 일곱 두름』, 삼척문화원.

김진순(2000), 『가린 재비 진재비 막아 천섬만선 점제하소』, 삼척문화원.

김태곤(1969), 「성주신앙속고」, 『후진사회문제연구논문집』 2, 경희대학교.

김태곤(1969), 「성주신의 본향고」, 『사학연구』 21, 한국사학회.

김태곤(1983), 「민간의료의 실태와 원리」, 『정신건강연구』 1, 한양대학교 정신건강연구소.

김태곤(1990), 「民間信仰」, 『韓國民俗學』 23, 민속학회.

김태곤(1994), 「가신신앙 연구」, 『한국민속연구사』, 지식산업사.

김형주(1996), 「민간주술요법과 그 형태 : 부안지방의 자료를 중심으로」, 『비교민속학』 13, 비교민속학회.

김형주(2002), 『민초들의 지킴이 신앙』, 민속원.

문정옥(1981), 「한국 가신연구」, 성신여자대학교 석사학위논문.

문정옥(1982), 「한국가신의 분류」, 『韓國民俗學』 15, 민속학회.

민병근(2000), 「용인지역의 가신신앙(家神信仰) : 용인시 기흥읍을 중심으로」, 『人文社會論叢』 5, 龍仁大學校 人文社會科學硏究所.

박대복(1990), 「古小說에 受容된 民間信仰 연구」, 중앙대학교 박사학위논문.

박대복(1995), 『고소설과 민간신앙』, 계명문화사.

박동석(2000), 「한일기층문화의 상관성 분석을 위한 일본 가신신앙의 연구사적 검토」, 『韓國文學論叢』 26, 한국문학회.

박상규(2005), 「손진태의 종교 연구 : 민간신앙을 중심으로」, 한국학중앙연구원 한국학대학원 석사학위논문.

박성석(1977), 「說話와 民間信仰에 나타난 樹木」, 경희대학교 교육대학원 석사학위논문.

박정옥(1994), 「민간 신앙에 대한 학교 교육과 민간 교육의 차이에 관한 연구 : 남원지역을 중심으로」, 한국교원대학교 석사학위논문.

박행묵(1992), 「家神信仰의 形成과 變化過程 연구 : 全北地方의 家神信仰을 중심으로」, 경희대학교 교육대학원 석사학위논문.

변덕진(1968), 「韓國의 民間信仰에 있어서의 城主神에 對하여」, 『硏究論文集』 3, 효성여자대학교.

서귀포시(2001), 『서귀포시지 상 · 하권』, 서귀포시.

서정화(2001), 「영동 산간지역의 가신신앙 연구 : 삼척 산간지역을 중심으로」, 관동대학교 석사학위논문.

서해숙(1997), 「가택신앙」, 『남도민속학』 4, 남도민속학회.
서해숙(2001), 「가택신앙과 주거공간의 상관관계」, 『남도민속연구』 7, 남도민속학회.
수원시 편(2003), 『수원시 이의동지』, 수원시.
신영순(1993), 「조왕신앙연구」, 영남대학교 석사학위논문.
안지원(1997), 「고려시대 제석신앙의 양상과 그 변화」, 『국사관논총』 78, 국사편찬위원회.
오문선(1997), 「부여지방의 단잡기」, 『충청문화연구』 5, 한남대학교 충청문화연구소.
우쾌제(2002), 「永宗島・龍遊島 民俗調査 報告」, 『仁川語文硏究』 17・18, 인천어문학회.
원용국(1992), 「韓國民間信仰의 神觀에 대한 宣敎學的 연구」, 亞細亞聯合神學校 신학대학원 석사학위논문.
유승희(1984), 「韓國民間信仰과 巫神圖에 關한 硏究」, 숙명여자대학교 교육대학원 석사학위논문.
윤정태(1996), 「민간신앙에 나타난 윤리의식에 관한 연구 : 영동 북부지방을 중심으로」, 韓國敎員大學校 석사학위논문.
이도재(1999), 「金海地域 家神信仰과 禁忌에 關한 硏究」, 『金海文化』 17, 김해문화원.
이두현 외(2004), 『한국 민속학 개설』, 일조각.
이성희(2004), 「어부심과 여성」, 『한국민속학』 39, 한국민속학회.
이수자(1995), 「구렁이업 신앙의 성경과 형성기원(1) : 칠성맞이제 및 칠성본풀이와의 상관성을 중심으로」, 『한국민속학보』 5, 한국민속학회.
이연희(1994), 「신소설에 나타난 민간신앙 : 이해조와 이인직의 작품을 중심으로」, 成均館大學校 석사학위논문.
이재곤(1996), 『서울의 民間信仰』, 백산출판사.
이종철 외(1987), 「智島地域의 信仰民俗」, 『島嶼文化』 5, 목포대학교 도서문화연구소.
이필영(2001), 「가을떡과 안택 : 충청지방을 중심으로」, 『한국문화연구』 1, 이화여자대학교 한국문화연구원.
이필영(2001), 「충남지역 가정신앙의 제 유형과 성격」, 『샤머니즘연구』 3, 한국샤머니즘학회.
이필영(2001), 『부여의 민간신앙』, 부여문화원.

이향란(2001), 「가신신앙(家神信仰)과 한국의 전통적 집 관념」, 『우리사회연구』 8, 우리사회문화학회.

임근혜(2002), 「성주신연구 : 안동 수동마을신앙의 사례를 중심으로」, 한양대학교 석사학위논문.

임재해(2002), 『안동문화와 성주신앙』, 민속원.

임종진(2002), 「務安 南岳里 民間信仰에 對한 小考」, 『全南文化』 15, 전국문화연연합회 전라남도지회.

장영회(1985), 「무속의 가신신앙에 나타난 신령관 연구」, 연세대학교 교육대학원 석사학위논문.

장정룡(2003), 「민속신앙과 교육」, 『比較民俗學』 25, 비교민속학회.

장주근(1982), 「가신신앙」, 『한국민속대관3 : 민간신앙 · 종교편』, 고려대학교 민족문화연구소 편.

장주근(1983), 「한국민간신앙의 조상숭배」, 『한국문화인류학』 15, 한국문화인류학회.

장주근(1991), 「가신신앙」, 『한국민족문화대백과사전』 1, 한국정신문화연구원.

全國文化院聯合會 全羅南道支會 編(2000), 「해남지방의 가신신앙」, 『全南文化』 13, 韓國文化院聯合會全羅南道支部.

전용한(2003), 「논산지역 민간신앙과 교육 현장의 수용실태에 관한 연구」, 건양대학교 교육대학원 석사학위논문.

정다정(2003), 「『춘향전』에 수용된 민간신앙 : 이본 비교를 중심으로」, 중앙대학교 교육대학원 석사학위논문.

좌동렬(1976), 「제주도 조왕신앙연구」, 『학술조사보고서』, 제주대학교 국어교육과.

최광식(1982), 「삼신할머니의 기원과 성격」, 『여성문제연구』 11, 효성여자대학교 여성문제연구소.

최운식 외(2004), 『한국 민속학 개론』, 민속원.

최인학(1986), 「비교민속학적 방법 : 조왕의 성격규명을 위하여」, 『한국민속학의 과제와 방법』, 정음사.

최인학(1989), 「죠군령격지」, 『비교민속학』 5, 비교민속학회.

최준식(2005), 『(한국의 풍속)민간 신앙』, 이화여자대학교 출판부.

충청남도교육위원회 편(1988), 『우리고장 忠南』.

충청북도 문화공보담당관실(1987), 『民俗誌』, 충청북도.

한남대학교 충청문화연구소(1990), 『금산의 마을공동체 신앙』, 한남대학교 충청문화연구소.
홍순석(2004), 『이천의 민간신앙』, 민속원.
홍태한(2000), 「성주무가 연구」, 『人文學硏究』 4, 경희대학교 인문학연구소.
황경숙(2002), 『부산 기장군 장안읍 효암리 민속문화』, 세종출판사.
황경숙(2003), 『부산의 민속문화』, 세종출판사.

2. 한국 동신신앙과 무속신앙 연구

1) 자료편

『한국민속종합조사보고서』(1968～1981) 전남・전북・경남・경북・충남・충북・경기・제주・황해도・평안도・함경남북도 편, 문화재관리국.
가회박물관 출판부 편(2004), 『토속신앙의 원형을 찾아서 : 무속화』, 가회박물관 출판부.
갈매동 도당굿 학술조사단(1996), 『갈매동 도당굿』, 경기도 구리시.
경기도 박물관(1999), 『경기민속지Ⅱ : 신앙편』, 경기도박물관.
고려대학교 민족문화연구원(2001), 『한국민속의 세계 1～10』, 고려대학교 민족문화연구원.
광주광역시립 민속박물관(1996), 『광주의 무속』.
국립국악원(1996), <서울재수굿과 진오귀굿>, 『한국음악』 29.
국립국악원(1998), <경기도당굿>, 『한국음악』 30.
국립국악원(2000), <제주도 칠머리당굿>, 『한국음악』 31.
국립국악원(2001), <서해안배연신굿>, 『한국음악』 32.
국립국악원(2002), <황해도 만구대탁굿>, 『한국음악』 33.
국립국악원(2003), <진도씻김굿>, 『한국음악』 34.
국립문화재연구소 예능민속연구실 편집(1991), 『굿놀이』.
국립문화재연구소 예능민속연구실 편집(1998), 『남해안 별신굿』.
국립문화재연구소 예능민속연구실 편집(1998), 『서울 새남굿』.
국립문화재연구소 예능민속연구실 편집(1998), 『황해도평산소놀음굿』.
국립문화재연구소 예능민속연구실 편집(1999), 『경기도 도당굿』.
국립민속박물관(1984), 『위도의 민속』.
국립민속박물관(1988), 『진도 무속현지조사 : 채씨자매를 중심으로』, 전라남도.
국립민속박물관(1999), 『한국의 무속 : 서울・황해도』.

김금화(1995), 『김금화의 무가집』, 문음사.
김금화(1995), 『복은 나누고 한은 푸시게』, 푸른숲.
김선풍(1997), 『남해안별신굿』, 박이정.
김영진(1976, 『충청도무가』, 형설출판사.
김원호 · 노수환(2001), 『경기도의 풍물굿』, 경기문화재단.
김진영 · 홍태한(1997), 『(서사무가) 바리공주전집 1~2』, 민속원.
김진영 · 김준기 · 홍태한(1999), 『(서사무가) 당금애기전집 1~2』, 민속원.
김진영 · 김영수 · 홍태한(2001), 『(서사무가) 심청전집』, 민속원.
김충수 · 김풍기(1998), 『춘천의 마을신앙』, 춘천문화원 · 강원지역문화연구회.
김태곤(1966), 『황천무가연구』, 창우사.
김태곤(1971), 『한국무가집 I 』, 원광대학교 민속학연구소.
김태곤(1976), 『한국무가집 II』, 원광대학교 민속학연구소.
김태곤(1979), 『한국무가집III』, 집문당.
김태곤(1979), 『한국무가집IV』, 집문당.
김태곤(1979), 『한국무속지 I 』, 경희대학교 민속학연구소.
김태곤(1985), 『한국의 무속신화』, 집문당.
김태곤(1989), 『한국무신도』, 열화당.
김태곤(1991), 『한국의 무속』, 대원사.
김헌선(1995), 『일반무가』, 고려대학교 민족문화연구소.
김헌선(2006), 『동해안 화랭이 김석출 오구굿 무가사설집』, 월인.
김헌선 · 현용준 · 강정식(2006), 『제주도 조상신본풀이 연구』, 보고사.
노재명 · 문무병 · 장휘주(2004), 『제주도의 무속음악』, 국립문화재연구소.
대전대 인문과학연구소(1997), 『대전 · 충남 무속연구』, 대전대학교 인문과학연구소.
문무병(1998), 『제주도 무속신화』, 칠머리당굿보존회.
문무병(2003), 『제주민속극』, 각.
문무병 책임 정리 및 해설(2005), 『(바람의 축제 칠머리당) 영등굿』, 황금알.
문화재관리국(1987), 『巫舞』.
문화재관리국(1994), 『강릉단오제 실측조사보고서』.
문화재관리국(1996), 『남해안 별신굿 종합조사보고서』.
문화재관리국(1998), 『은산별신제 종합실측조사 보고서』.
박경신 · 서대석(1990), 『안성무가』, 집문당.
박경신(1993), 『동해안별신굿무가 1~5』, 국학자료원.

박경신(1999), 『한국의 별신굿무가 1～12』, 국학자료원.
박경신·장휘주(2002), 『동해안별신굿』, 화산문화.
박미경(2004), 『진도 씻김굿 연구』, 계명대학교 출판부.
서대석·박경신(1996), 『서사무가1』, 고려대학교 민족문화연구소.
서울대학교 규장각(1996), 『무당내력』, 서울대학교 규장각.
서울새남굿보존회 편(1996), 『서울새남굿 신가집』, 문덕사.
서울특별시(1992), 『서울民俗大觀 2 : 서울巫俗編』, 서울특별시.
안동민속박물관(2005), 『안동의 무속』, 안동민속박물관.
오수복 외 구술, 하주성 정리 해설(2000), 『경기도당굿의 무가』, 경기문화재단.
윤광봉·이강렬(1987), 『굿과 무당』, 경서원.
이경엽(2000), 『씻김굿 무가』, 박이정.
이균옥(1998), 『동해안 별신굿 : 경상북도 울진군 후포면 삼율 별신굿/巫劇자료』, 박이정.
이선주(1996), 『한국의 굿 1～3 : 인천지역 편』, 민속원.
임석재·장주근(1965), 『관북지방무가』, 문화재관리국조사보고서.
임석재·장주근(1966), 『관북지방무가(추가)』, 문교부.
임석재·장주근(1966), 『관서지방무가』, 문화재관리국.
임석재(1970), 『줄포무악』, 문화재관리국.
임석재 글, 김수남 사진(1993), 『위도 띠배굿』, 열화당.
임수정(1999), 『한국의 무속장단』, 민속원.
장주근(1961), 『한국의 신화』, 성문각.
장주근·최길성(1967), 『경기도지역무속』, 문화재관리국.
장주근·최길성(1975～1978), 「무속」, 『한국민속종합조사보고서 : 충남편』.
장주근·최길성(1976), 「무속신앙」, 「점복 및 주술」, 『한국민속종합조사보고서』.
장주근(1983), 『제주도영등굿』, 열화당.
장주근(2001), 『제주도 무속과 서사무가』, 역락.
장주근(2003), 『사진으로 보는 민속의 어제와 오늘 1·2』, 국립민속박물관.
장주근·이두현·이광규(2004), 『한국민속학개설』, 일조각.
제주대학교 탐라문화연구소(1994), 『風俗巫音 上·下』, 제주대학교 탐라문화연구소.
제주도(1998), 『제주의 민속Ⅴ : 민간신앙·사회구조』, 제주도.
조흥윤(1990), 『한국의 무』, 정음사.
조흥윤·이보형 글, 김수남 사진(1993), 『서울 진오기굿』, 열화당.

조흥윤(1997), 『한국무의 역사와 현상』, 민족사.

중랑구문화원 편(2005), 『봉화산도당굿』, 중랑구문화원.

진성기(1960), 『남국의 무가』, 제주민속박물관.

진성기(1964), 『남국의 신화』, 아림출판사.

진성기(1975), 『남국의 민속(제주도무속) 상 · 하』, 교학사.

진성기(1980), 『남국의 무속서사시 : 세경본풀이』, 정음사.

진성기(1987), 『남국의 무속』, 형설출판사.

진성기(1991), 『제주도무가본풀이사전』, 민속원.

진성기(2004), 『제주무속학사전』, 제주민속연구소.

충북학연구소 편집(2002), 『충북의 무가 · 무경』, 충청북도.

최길성(1968), 「무속」, 『한국민속종합조사보고서 : 전남편』, 문화재관리국.

최길성(1970), 「궁중무속자료」, 『한국민속학』 2, 민속학회.

최길성(1971), 「무속신앙」, 『한국민속종합조사보고서 : 전북편』, 문화재관리국.

최길성(1971), 『영동지방무속 및 감포호랑이굿』, 문화재관리국.

최길성(1974), 「무속」, 『한국민속종합조사보고서 : 경북편』.

최길성(1979), 「무속신앙」, 『한국민속종합조사보고서 : 경북편』.

최운식 · 김정헌 · 배성진(1997), 『홍성의 무속과 점복』, 홍성문화원.

최정여 · 서대석(1974), 『동해안무가』, 형설출판사.

최준식(2005), 『(한국의 풍속) 민간신앙』, 이화여자대학교 출판부.

최형근(2004), 『서울의 무가』, 민속원.

최형근(2005), 『서울의 무가2』, 민속원.

하효길(2004), 『풍어제무가』, 민속원.

현용준 · 김영돈(1965), 『제주도 무당굿놀이』, 문교부.

현용준(1976), 『제주도신화』, 서문당.

현용준(1980), 『제주도무속자료사전』, 신구문화사.

현용준 · 현승환(1996), 『제주도무가』, 고려대학교 민족문화연구소.

홍순석(2004), 『이천의 민간신앙』, 민속원.

홍태한(2000), 『서사무가 당금애기 연구』, 민속원.

홍태한(2004), 『한국의 무가1』, 민속원.

홍태한(2005), 『한국의 무가3』, 민속원.

홍태한 · 이경엽(2001), 『(서사무가) 바리공주전집3』, 민속원.

홍태한(2004), 『(서사무가) 바리공주전집4』, 민속원.

2) 단행본 · 학위논문학술지논문

강권용(2003),「제주도 특수본풀이에 대한 연구」,『민속학연구』12, 국립민속박물관.
강미영(1997),「무당의 Ecastasy 체험에 대한 종교심리학적 분석」, 監理敎神學大學校 神學大學院 석사학위논문.
강민규(1996),「한국무속문화의 구조와 가치관 연구」, 공주대학교 교육대학원 석사학위논문.
강봉수(2003),「제주무속신화에 나타난 도덕질서 : 일반신본풀이의 갈등양상을 중심으로」,『제주도연구』24, 제주학회.
강석복(2005),『충청민속문화론』, 민속원.
강소전(2005),「제주도 잠수굿 연구」, 제주대학교 석사학위논문.
강영경(2005),「고대 한국 무속의 역사적 전개 : 신라 진평왕대의 벽鬼를 중심으로」,『한국무속학』10, 한국무속학회.
강유리(1993),「무속신화의 구연특성 연구」, 서강대학교 석사학위논문.
강정식(2002),「제주도 당신본풀이의 전승과 변이 연구」, 한국정신문화연구원박사학위논문.
강정식(2003),「서귀포시 동부지역의 당신앙 연구」,『한국무속학』6, 한국무속학회.
강효선(2000,「굿의 음악치료적 기능에 관한 연구」, 이화여자대학교 교육대학원 석사학위논문.
고광수(1999),「굿의 대신 말하기 방식 연구」, 서울대학교 석사학위논문.
고영희(2005),「서울굿의 동쪽제와 서쪽제 비교」,『비교민속학』29, 비교민속학회.
고은지(1999),「「세경본풀이」여성인물의 형상화 방향과 내용 구성의 특질」,『韓國民俗學』31, 民俗學會.
고현민(2004),「제주도 영등굿 연구」, 한국교원대학교 석사학위논문.
곽현희(1996),「무가 심청굿의 전승구조와 주술적 기능」, 중앙대학교 석사학위논문.
권범순(2003),「제주도 칠머리당굿과 진도 씻김굿의 춤사위 비교 연구」, 제주대학교 석사학위논문.
권영국(1983),「한국무속의 신관연구」, 연세대학교 교육대학원 석사학위논문.
권태효(1999),「제주도 무속서사시 생성원천에 대한 새로운 고찰 :「세경본풀이」에 미친「송당계본풀이」의 영향을 중심으로」,『韓國民俗學』31, 民俗學會.
권태효(2000),「제주도「맹감본풀이」의 형성에 미친 당신본풀이의 영향과 의미」,『韓國民俗學』32, 民俗學會.
권태효(2005),『한국구전신화의 세계』, 지식산업사.

김경미(1999),「韓國 巫俗에 內在된 治病효과에 관한 연구 : 정신분석학적 측면을 중심으로」,『한국미래춤학회연구논문집』 5, 한국미래춤학회.

김기탁(1974),「골맥이 당산제와 민간신앙 : 상주지역의 龜石神仰을 중심으로」,『영남어문학』 1, 영남어문학회.

김난주(1986),「굿과의 관계에서 본 판소리의 기원」, 서울대학교 석사학위논문.

김노연(2002),「강릉단오제의 사회교육적 연구」, 중앙대학교 박사학위논문.

김대룩(1983),「巫俗畵에 관한 연구」, 경희대학교 교육대학원 석사학위논문.

김대숙(1999),「한국신화의 가족구성체계 연구Ⅰ : 비교신화 연구를 위한 시론」,『논문집』 13, 평택대학교.

김대진(1988,「「바리데기」 巫歌硏究」, 경희대학교 석사학위논문.

김덕묵(2000),「황해도 진오귀굿 연구 : 굿의 절차를 통해 본 무당별 비교」,『한국무속학』 2, 한국무속학회.

김덕묵(2000,「황해도 진오귀굿 연구」, 한국정신문화연구원 석사학위논문.

김덕범(2002),「제주도 무속신화 속에서의 화해의 과정과 제주도 교회의 역할 : 천지왕본풀이를 중심으로」, 협성대학교 신학대학원 석사학위논문.

김만석(2000),「全南 東南部 地域의 巫俗音樂 考 : 여수 영당풍어제 및 씻김굿과 진도 씻김굿의 비교를 중심으로」,『민속학연구』 7, 국립민속박물관.

김명숙(1979),「도당굿의 巫舞에 대한 고찰」, 이화여자대학교 석사학위논문.

김명숙(1992),「韓國 巫俗畵 연구 : 佛畵속의 巫俗畵를 중심으로」, 숙명여자대학교 석사학위논문.

김명자(1994),「안동지역의 무속사례」,『安東文化』 15, 安東大學校 安東文化硏究所.

김명자(2000),「독석마을에서 본 오구굿과 死婚」,『한국무속학』 2, 한국무속학회.

김명자(2002),「무당과 '신부리'」,『한국무속학』 5, 한국무속학회.

김명현(2005),「한국 무속의 변화 양상에 관한 연구」, 전북대학교 석사학위논문.

김미숙(2003),「진도 씻김굿 과정의 예술치료적 현상에 관한 연구」, 서울여자대학교 석사학위논문.

김민정(1998),「여성무당의 서사행위를 통해 본 여성성의 재구성 : 여성구술생애사를 중심으로」, 계명대학교 여성학대학원 석사학위논문.

김보근(1996),「고려무속의 관찰」,『대전어문학』 13, 대전대학교 국어국문학회.

김보근(1996),「高麗巫俗의 硏究 : 高麗巫歌類를 中心으로」, 대전대학교 석사학위논문.

김선미(1996),「韓國 巫俗의 死靈굿에 나타난 죽음 意識 硏究」, 경희대학교 교육대학원 석사학위논문.
김선풍·김경남·김인회 편저(2004), 『한국과 중국의 민간신앙』, 보고사.
김선풍 글, 김수남 사진해설(1987), 『강릉단오굿』, 열화당.
김성례(1989), 「원혼의 통곡 : 역사적 담론으로서의 제주무속」, 『제주도연구』 6, 제주도연구회.
김성례(1990), 「무속전통의담론 분석 : 해체와 전망」, 『한국문화인류학』 22, 한국문화인류학회.
김성례(1991), 「한국 무속에 나타난 여성체험 : 구술 생애사의 서사분석」, 『한국여성학』 7, 한국여성학회.
김성미·손유정(2001), 「영남지방의 巫俗과 佛教 祭儀에 나타난 음식문화 연구」, 『東아시아食生活學會誌』 11-3, 동아시아식생활학회.
김성진(1990), 「韓國 巫俗畵 연구 : 朝鮮後期 庶民의 美意識을 中心으로」, 숙명여자대학교 석사학위논문.
김수남 사진, 김인회 글(2005), 『굿, 영혼을 부르는 소리』, 열화당.
김순덕(1981), 「한국무속복식의 연구」, 세종대학교 석사학위논문.
김순제(1989), 「곶창굿·연신굿－인천지역무속1 : 곶창굿에 대한 고찰 : 이선주 편저－서평」, 『比較民俗學』 4, 비교민속학회.
김승혜 외(1995), 「한국 무속의 인격 이해 : 제주굿을 통해 본 인격의 개념과 구조－討論」, 『사목』 192, 韓國天主教中央協議會.
김열규(1969), 「巫俗部落祭와 그 民間思考」, 『人文科學』 22, 연세대학교 인문과학연구소.
김열규(1973), 「巫俗와 神話 : 한국사상의 주류를 더듬는다」, 『수도사대』 6, 수도여자사범대학교.
김열규(1977), 『한국신화와 무속연구』, 일조각.
김열규(1980), 「韓國神話와 巫俗」, 『月刊朝鮮』 1·7, 조선일보사.
김열규(1992), 「아카이브적 민속지의 한 본보기 : 『韓國 巫俗誌 1·2』, 최길성 著－書評」, 『서평문화』 8, 한국간행물윤리위원회.
김열규 외(1998), 『한국의 무속문화』, 박이정.
김영민(1993), 「韓國巫俗信仰에 나타난 死靈觀 考察」, 『人文科學研究』 15, 朝鮮大學校 人文科學研究所.
김영숙(2000), 「삼공본풀이의 서사 구조와 의미」, 『韓國言語文學』 44, 한국언어문학회.

김영일(1986), 「韓國巫俗敍事詩의 敍事構造 研究 : 본풀이 敍事模型과 民譚構造와의 對比를 中心으로」, 서강대학교 박사학위논문.

김영일(1989), 「巫俗의 敍事와 儀禮의 等價性에 대한 研究」, 『경남어문논집』 1, 경남대학교 국어국문학과.

김영일(1990), 「한·일 고대신화와 무속의례의 비교 연구 서설 I」, 『加羅文化』 8, 慶南大學校 加羅文化研究所.

김영일(1998), 「한국창세신화의 비교 연구 : 「천지왕본풀이」와 북미 인디언의 '쌍둥이' 영웅신화를 중심으로」, 『人文論叢』 10, 慶南大學校 人文科學研究所.

김영일(2002), 「무속신화의 서사모형재론 : 무속영웅과 창세신화를 중심으로」, 『大學院論叢』 17-2, 慶南大學校 大學院.

김영자(2005), 「산신도에 표현된 산신의 유형」, 『한국민속학』 41, 한국민속학회.

김영진(1977), 「忠清北道巫俗研究」, 『論文集』 10, 清州大學校.

김영진(1980), 「韓國의 巫俗, 韓國思想의 脈－特輯」, 『淸大春秋』 24, 清州大學校.

김영진(2005), 「무무(巫舞)의 불교적 영향에 대한 고찰 : 동해안 「별신굿」 중 「세존굿」의 巫佛習合현상을 중심으로」, 『Korea sport research』 16-4, 한국스포츠리서치.

김용국(2005), 「강화도 외포리 곶창굿의 현지 연구」, 경기대학교 박사학위논문.

김용숙(1974), 「李朝 宮中風俗의 研究」, 숙명여자대학교 박사학위논문.

김월덕(2003), 「전북지역 마을굿의 공연학적 연구」, 전북대학교 박사학위논문.

김월덕(2003), 「전북지역 마을굿의 구조와 의미」, 『한국민속학』 38, 한국민속학회.

김윤희·신현균(2003), 「굿 수행 과정에서 무속인의 신체체험의 민속지학적 접근 가능성 탐색」, 『움직임의철학 : 한국체육철학회지』 11-1, 한국체육철학회.

김은자(1997), 「무속의 생명력」, 『韓國民俗學』 29, 民俗學會.

김은정(2003), 「망자천도굿에서 상징하는 무복의 특성 : 진도 씻김굿과 서울 진오기굿을 중심으로」, 『韓國衣類學會誌』 27-11, 한국의류학회.

김은정(2003), 「巫服長衫의 考察」, 『比較民俗學』 25, 비교민속학회.

김은정(2004), 『한국의 무복』, 민속원.

김인옥(1996), 「서사무가 「당금애기」 연구」, 한국교원대학교 석사학위논문.

김인회(1979), 『한국인의 가치관 : 무속과 교육철학』, 문음사.

김인회(1980), 「한국 무속 연구사 논고」, 『연세교육과학』 17, 연세대학교 교육대학원.

김인회(1981), 「한국 무속의 사회인류학적 연구에 대하여 : 미·일 두 여류 인류학자에 의한 연구」, 『韓國民俗學』 14, 民俗學會.

김인회·최종민 글, 김수남 사진(1983), 『황해도 내림굿』, 열화당.
김인회·정진홍 글(1985), 『수용포 수망굿』, 열화당.
김인회(1986), 「巫俗과 外來宗敎」, 『自由』 151, 자유사.
김인회(1987), 『한국무속사상연구』, 집문당.
김인회 글, 김수남 사진(1993), 『황해도 지노귀굿』, 열화당.
김인회(1998), 「巫俗의 禮節文化, 그 敎育的 內容과 機能의 現場」, 『人文科學』 79, 延世大學校 人文科學硏究所.
김인회 외(1998), 「한국의 민간신앙, 왜 강한가? : 座談」, 『전통과 현대』 6, 전통과 현대사.
김인회(2003), 「민속(무속)과 교육」, 『比較民俗學』 25, 비교민속학회.
김재용(2004), 「「문전본풀이」의 무속 신화적 성격에 대한 연구」, 『한국문학이론과 비평』 8-1, 한국문학이론과 비평학회.
김정수(2003), 「무속음악을 수록한 음반의 현황과 내용」, 『傳統文化硏究』 2, 용인대학교 전통문화연구소.
김정숙(2000), 「제주도 신화 속의 여성 원형 연구」, 제주대학교 교육대학원 석사학위논문.
김정순(1997), 「한국무용에 내재된 무속의 양상」, 계명대학교 석사학위논문.
김정업(1976), 「湖南地方의 民間信仰, 巫俗과 洞神 信仰을 中心으로」, 『朝鮮大學報』 9, 朝鮮大學校 學徒護國團.
김종대(1987), 「부적의 기능론 서설」, 『韓國民俗學』 20, 民俗學會.
김종대(1999), 『한국 민간신앙의 실체와 전승』, 민속원.
김종대(2004), 『도깨비를 둘러싼 민간신앙과 설화』, 인디북.
김종대(2004), 『한반도의 중부지방의 민간신앙』, 민속원.
김준기(1999), 「巫俗神話의 形式的 特徵」, 『한국문화연구』 2, 경희대학교 민속학연구소.
김지수(1995), 「제주칠머리당굿의 형식과 춤사위에 관한 연구」, 숙명여자대학교 석사학위논문.
김진(1989), 「巫俗信仰과 恨의 神學」, 『신학사상』 67, 韓國神學硏究所.
김창일(2003), 「이공본풀이계 서사체의 전개와 공간 의미 고찰」, 『한국무속학』 6, 한국무속학회.
김창호(2002), 「한국 무(巫)에서 나타나는 죽음과 새남 : 의사소통의 단절과 재생」, 『한국무속학』 5, 한국무속학회.

김태곤(1968), 「민간신앙 속의 경제관념」, 『기업평론』 1, 2, 기업평론사.
김태곤(1969), 「東海岸地方巫俗」, 『古文化』 5 · 6, 한국대학박물관협회.
김태곤(1974), 「巫俗의 宗敎的 機能」, 『空間』 91, 空間社.
김태곤(1974), 「韓國巫俗의 神觀」, 『韓國思想』 11, 韓國思想硏究會.
김태곤(1975), 「巫俗 : 韓國의 民俗」, 『서울평론』 75, 서울신문사.
김태곤(1975), 「巫의 단골制 硏究 : 湖南地域 巫俗硏究」, 『馬韓百濟文化』 1, 圓光大學校 馬韓百濟文化硏究所.
김태곤(1976), 「巫俗硏究半世紀의 方法論的 反省」, 『韓國民俗學』 9, 민속학회.
김태곤(1977), 「巫俗의 宗敎史的 성격」, 『문학사상』 60, 문학사상사.
김태곤(1977), 「北韓地域의 巫俗實態와 傳承」, 『北韓』 63, 북한연구소.
김태곤(1977), 「湖南地域의 巫俗, 標本地域의 巫俗事例를 中心으로」, 『語文論集』 19 · 20, 고려대학교 국어국문학연구회.
김태곤(1978), 「巫俗の宗敎史的 性格, 韓國のシヤ一マニズム : 特集」, 『アジア公論』 74, アジア공론사.
김태곤(1980), 「巫俗과 韓國人 : 特輯」, 『靑夜』 8, 國際大學.
김태곤(1980), 「韓國巫俗의 原型 硏究」, 『韓國民俗學』 12, 民俗學會.
김태곤(1981), 『한국무속연구』, 집문당.
김태곤(1983), 『한국민간신앙연구』, 집문당.
김태곤(1986), 「巫俗과 佛敎의 習合」, 『韓國民俗學』 19, 民俗學會.
김태곤(1988), 「韓國巫俗 神話의 類型과 異本의 分布 硏究」, 『省谷論叢』 19, 성곡학술문화재단.
김태곤(1990), 「民間信仰」, 『韓國民俗學』 23, 民俗學會.
김태곤(1993), 『무속과 영의 세계』, 한울.
김태곤(1995), 「韓國巫俗硏究史 敍述方法에 對하여1」, 『比較民俗學』 12, 비교민속학회.
김태연(1985), 「韓國 紙花에 關한 硏究Ⅱ : 東海岸 巫俗 金石出氏의 技法을 中心으로」, 『産業技術硏究』 4, 大邱大學校 産業技術硏究所.
김태연(2001), 「무화연구1 : 동해안 별신제를 중심으로」, 『한국무속학』 3, 한국무속학회.
김택규 · 성병희 공편(1982), 『한국민속연구논문선Ⅰ~Ⅳ』, 일조각.
김헌선(1992), 「경기도 도당굿 무가의 현지 연구」, 경기대학교 박사학위논문.
김헌선(1993), 「창세신화 「인세차지경쟁」 신화소의 전승과 변이 연구」, 『論文集』

32, 京畿大學校.

김헌선(1995), 『경기도 도당굿 무가의 현지 연구』, 집문당.

김헌선(1996), 「李能和 學問의 方法論的 意義와 限界 : 『조선무속고』를 예증삼아」, 『韓國民俗學』 28, 民俗學會.

김헌선(1997), 『한국 화랭이 무속의 역사와 원리1』, 지식산업사.

김헌선(1998), 「巫俗神話 硏究의 方向과 課題」, 『人文科學』 28, 成均館大學校 人文科學硏究所.

김헌선 글, 정수미 사진(2001), 『양주소놀이굿』, 화산문화.

김헌선(2002), 「제주도와 유구의 무조신화 비교 연구」, 『민속학연구』 10, 국립민속박물관.

김헌선(2002), 「한국과 유구의 창세신화 비교 연구」, 『고전문학연구』 21, 한국고전문학회.

김헌선(2003), 「제주도와 유구의 무조신화 비교 연구」, 『구비문학연구』 16, 한국구비문학회.

김헌선(2004), 「「바리공주」의 여성신화적 성격 연구」, 『종교와 문화』 10, 서울대학교 종교문제연구소.

김헌선(2004), 「巫俗과 政治 : 쇠걸립, 쇠내림, 사제계승권을 중심으로 해서」, 『比較民俗學』 26, 비교민속학회.

김헌선(2005), 「「베포도업침 · 천지왕본풀이」에 나타난 신화의 논리」, 『비교민속학』 28, 비교민속학회.

김헌선(2005), 「「삼승할망본풀이」의 여신 투쟁이 지니는 신화적 의미」, 『민속학연구』 17, 국립민속박물관.

김헌선(2005), 「「조녹잇당신본풀이」의 전승 유형 연구」, 『구비문학연구』 21, 한국구비문학회.

김헌선(2005), 「「칠성본풀이」의 본풀이적 의의와 신화적 의미 연구」, 『고전문학연구』 28, 월인.

김헌선(2005), 「맞이로 하는 우리 신화 연구」, 『경기어문학』 10, 경기대학교 국문과.

김헌선(2005), 「제주도 「지장본풀이」의 가창방식, 신화적 의미, 제의적 성격 연구 : 특히 『시왕맞이』의 「지장본풀이」를 예증삼아」, 『한국무속학』 10, 한국무속학회.

김헌선(2005), 「제주도 당본풀이의 계보 구성과 지역적 정체성 연구」, 『비교민속학』 29, 비교민속학회.

김현주(1995),「巫佛祭儀를 통해서 본 한국인의 죽음관념 : 死靈굿과 49제의 비교 연구」, 이화여자대학교 석사학위논문.

김형근(2002),「동해안 오귀굿 구조의 현장론적 연구」, 경기대학교 석사학위논문.

김형진(2003),「제주도 칠머리당 영등굿 무가 연구」, 원광대학교 석사학위논문.

김홍운(1988),「祭儀로서의 時間 : 무속적 시간관」,『廣場』 177, 世界平化敎授協議會.

김홍철(2000),「제주도 무속음악 연구 : 칠머리당굿 음악을 중심으로」, 영남대학교 교육대학원 석사학위논문.

김희숙(2001),「제주 칠머리당굿 12제차에 나타난 무용연구」, 중앙대학교 석사학위논문.

나경수(1998),『광주 · 전남의 민속연구』, 민속원.

나영옥(1995),「한국무속과 전통무용의 구조에 관한 연구 : 살풀이 춤과 탈춤을 중심으로」, 조선대학교 석사학위논문.

남민이(2001),「죽은 자를 위한 무속의례와 불교의례의 구조적 분석」,『韓國佛敎學』 29, 韓國佛敎學會.

남민이(2001),「죽은 자를 위한 무속의례와 불교의례의 구조적 분석」,『韓國佛敎學』 30, 韓國佛敎學會.

남성호(1991),「巫俗儀禮에 나타난 役割演技 연구 : 특히 死靈祭儀를 중심으로」, 중앙대학교 석사학위논문.

남영진(1990),「굿과 祈福의식 성행, 宗敎는 양성화 추세 : 북한의 종교와 무속」,『전망』 46, 대륙연구소.

노미선(2000),「마을굿(춤)에 대한 연구」, 순천향대학교 석사학위논문.

대구교육대학총학생회 編(1988),「한국의 민간신앙과 무속」,『敎大春秋』 21, 대구교육대학교.

류춘규(2000),「강릉 단오제의 문화재적 의의」,『關東民俗學』 14, 關東大學校 江陵無形文化硏究所.

명동수(1992),「한국 무신도 고찰」, 동국대학교 교육대학원 석사학위논문.

문무병(1984),「제주도 굿의 연극성에 관한 연구」, 제주대학교 석사학위논문.

문무병(1992),「중문마을 민속과 신앙(I)」,『제주도연구』 9, 제주도연구회.

문무병(1994),「濟州道 堂信仰 연구」, 제주대학교 박사학위논문.

문무병(1995),「민간신앙 연구의 성과와 과제」,『백록어문』 11, 백록어문학회.

문봉순(2005),「심방의 입무 의례 연구」, 경상대학교 석사학위논문.

문상기(1989), 「寃鬼說話研究 : 說話와 巫俗에서의 寃鬼의 相同性에 대하여」, 『釜山漢文學研究』 4, 부산한문학회.
민속학회 편(1989), 『민간신앙』, 교문사.
민정희(1999), 「조선전기의 무속과 정부정책」, 연세대학교 석사학위논문.
민정희(2000), 「朝鮮前期의 巫俗과 政府政策」, 『學林』 21, 延世大學校 史學研究會.
박경신(1985), 「무속제의의 측면에서 본 변강쇠가」, 서울대학교 석사학위논문.
박경신(1991), 「무가의 작시원리」, 서울대학교 박사학위논문.
박경신(2000), 「한국 巫俗史에서 본 處容과 「處容歌」」, 『人文論叢』 18, 蔚山大學校 人文科學研究所.
박경신(2002), 「安城의 巫俗과 巫歌」, 『口碑文學研究』 14, 한국구비문학회.
박경하(2002), 「儒・巫, 공존과 분리 : 『조선조 무속 國行儀禮 연구』, 최종성 著 : 書評」, 『韓國學報』 28-3, 일지사.
박관수(2002), 「횡성군 지역의 복술 연구」, 『韓國民俗學』 35, 한국민속학회.
박기원(1994), 「동해안 심청굿 사설 연구」, 강릉대학교 석사학위논문.
박대복(1990), 「고소설에 수용된 민간신앙 연구」, 중앙대학교 석사학위논문.
박미경(2002), 「진도씻김굿의 미적 경험과 의미화」, 『美學・藝術學研究』 15, 한국미학예술학회.
박성자(1989), 「巫俗的 여성관에 대한 새로운 인식 : 한국 무속의 여성학적조명」, 『大學院論文集』 2, 梨花女子大學校 大學院.
박순호(1991), 「전북의 민간신앙사」, 『향토사연구』 3, 전국향토사연구전국협의회.
박영주(1975), 「韓國巫俗服飾研究 : 黃海道 巫堂 全大珠를 중심으로」, 이화여자대학교 교육대학원 석사학위논문.
박용우(1996), 「한국 무속 신앙에 대한 연구」, 『啓明神學』 11, 啓明大學校 神學研究所.
박을수(1974), 「時調文學에 나타난 巫俗性 考察」, 『詩文學』 31・32・33, 시문학사.
박일영(1990), 「무속의 대동잔치」, 『宗教神學研究』 3, 西江大學校 宗教神學研究所.
박일영(1994), 「민간신앙을 통해서 본 한국인의 종교성」, 『연구논문집』 49, 효성여자대학교.
박일영(2000), 「무교적 종교성의 구조와 특징 : 가톨릭 신앙심과의 관계를 중심으로」, 『한국무속학』 2, 한국무속학회.
박일영(2005), 「지혜의 체험과 전승 : 신앙공동체를 기준으로 본 무당의 유형과 역할」, 『한국무속학』 9, 한국무속학회.
박정경(2002), 「경기도 남부 도당굿 중 제석굿 무가의 음악적 분석」, 한국정신문화연구원 석사학위논문.
박정경(2003), 「경기도 남부 도당굿 중 제석굿 무가의 음악적 특징」, 『한국무속학』 7, 한국무속학회.
박종익(2002), 「대전의 무속신앙 : 앉은굿을 중심으로」, 『대전문화』 11, 大田廣域市史編纂委員會.
박진태(1985), 「巫俗의 측면에서 본 河回탈놀이의 成立」, 『大邱語文論叢』 3, 대구어문학회.
박춘규(1985), 「高麗歌謠의 巫覡性 : 樂學軌範 樂章歌詞所載 俗歌를 中心으로」, 『論文集』 6, 김천보건전문대학.
박태범(2001), 「무속적 신관」, 『현대가톨릭思想』 25, 대구가톨릭대학교 가톨릭思想研究所.
박태상(1981), 「원초적 무속신앙에 나타난 죽음의식」, 연세대학교 석사학위논문.
박현숙(2001), 「무속신화 「바리공주」의 현대적 재창조에 관한 연구 : 구비문학을 통한 아동 교육과 관련하여」, 건국대학교 교육대학원 석사학위논문.
박환영(1996), 「진도씻김굿의 음악적 구조 연구」, 중앙대학교 석사학위논문.
박흥주 글, 정수미 사진(2001), 『서울의 마을굿』, 서문당.
백영자·유효순(1986), 「巫黨來歷을 中心으로 한 巫俗服飾研究」, 『論文集』 5, 韓國放送通信大學.
변남섭(2004), 「경기도당굿 군웅거리 장단 연구」, 단국대학교 석사학위논문.
변성환(1998), 「「손님굿」 무가의 유형과 전승」, 경북대학교 석사학위논문.
서경림(1996), 「濟州巫俗과 習俗規範」, 『法과 政策』 2, 濟州大學校 法과政策研究所.
서대석(1980), 『한국무가의 연구』, 문학사상사.
서대석(1984), 「巫俗에 나타난 人間觀」, 『韓國文學』 132, 한국문학사.
서대석(1993), 「한국신화와 만족신화의 대비」, 『東亞文化』 31, 서울大學校 東亞文化研究所.
서대석(1997), 『한국신화의 연구』, 집문당.
서대석(2001), 「임석재 선생의 무가연구」, 『比較民俗學』 20, 비교민속학회.
서대석(2003), 「한국 신화의 성격과 특징」, 『(월간)문화재』, 한국문화재보호재단.
서마리아(2001), 「Kut in Sacred and Secular Contexts : Focusing on Musical Practices of Ritual Performances」, 『한국무속학』 3, 한국무속학회.
서영대(2005), 「한국 무속사의 시대구분」, 『한국무속학』 10, 한국무속학회.
서영숙(1996), 「진도 씻김굿 무가의 음악적 특성」, 중앙대학교 석사학위논문.

서정란(1995), 「한국 무신도에 나타난 상징성 연구」, 홍익대학교 석사학위논문.
서한범(1989), 「무속음악」, 『音樂敎育』 38, 세광음악출판사.
석대권(1995), 「대구지역의 무속에 관한 사례보고」, 『향토문화』 9 · 10합집, 향토문화연구회.
손유정(2001), 「영남지방의 무속과 불교 제의에 나타난 음식문화」, 계명대학교 석사학위논문.
손태도(2004), 「강신무와 세습무 : 세습무 유지의 한 조건으로서의 경기 이남 무부(巫夫) 집단의 세습」, 『한국무속학』 8, 한국무속학회.
송기태(2005), 「완도 생일면 서성리 풍물굿의 현장론적 연구」, 목포대학교 석사학위논문.
송명희(1986), 「사령굿의 巫舞에 관한 연구 : 서울진오귀굿, 평안도 다리굿, 동해안 수망오귀굿을 中心으로」, 이화여자대학교 교육대학원 석사학위논문.
송성대 · 김정숙(2000), 「濟州島 神話 속의 女性原型 研究」, 『문화역사지리』 12-1(통권 12), 한국문화역사지리학회.
송순강(1987), 「巫歌와 巫俗과의 關係考 : 群山地方을 중심으로 한 巫俗과 聯關하여」, 『鄕土文化研究』 4, 圓光大學校 鄕土文化研究所.
송효섭(1992), 「무속신화와 문화기호체계 : 「바리공주」, 「시준굿」 텍스트에 대한 기호학적 분석」, 『比較民俗學』 8, 비교민속학회.
신동흔(1995), 「경기지역 성주풀이 무가의 신화적 성격」, 『태릉어문연구』 5 · 6, 서울여자대학교 국어국문학회.
신승익(2002), 「거제도 설화에 나타난 무속성 연구」, 영남대학교 교육대학원 석사학위논문.
신애선(1996), 「진오기굿의 연극학적 고찰」, 경희대학교 석사학위논문.
신월균(1995), 「巫俗神話에서의 聖俗인식」, 『比較民俗學』 12, 비교민속학회.
신은진(1992), 「佛敎 齋儀式과 巫俗 진오귀儀式 춤 比較 研究 : 영산재, 씻김굿, 진오귀굿을 중심으로」, 이화여자대학교 석사학위논문.
신현군 · 차수정(2003), 「한국제례의식 관점에서 본 종묘제례 일무와 무속 굿의 특성에 관한 비교 연구 : 종묘제례 일무, 동해안 별신굿, 진도씻김굿, 中心으로」, 『움직임의철학 : 한국체육철학회지』 11-1, 한국체육철학회.
심상교 · 이철우(2002), 「황도당제(堂祭) 조사 보고」, 『한국무속학』 4, 한국무속학회.
심상교(2003), 「동해안별신굿 지화 조사연구1」, 『한국무속학』 6, 한국무속학회.
심상교(2005), 「영남 동해안지역 풍어제의 연행특성과 축제성」, 『한국무속학』 10,

한국무속학회.

안명수(1996), 「무속(巫俗)의 어제와 오늘 : 김해지역의 무속을 중심으로」, 『金海文化』 14, 金海文化院.

안명숙 · 김은정(2000), 「現代 巫服의 變化에 관한 연구 : 서울 굿을 중심으로」, 『論文集』 9, 光州大學校 文化藝術研究所.

안상경(1999), 「충청북도 무경 연구」, 세명대학교 석사학위논문.

안상경(2001), 「충북지역 '앉은굿' 무가 연구」, 『忠北學』 3, 忠北學研究所.

안상경(2002), 「설경(說經)의 특성과 분포」, 『淸州大學校 博物館報』, 淸州大學校出版部.

안상경(2002), 「충청도 설경(設經) 연구」, 『한국무속학』 5, 한국무속학회.

안상경(2004), 「무속경전의 신의 획득 원리와 전승 양상」, 『開新語文研究』 21, 개신어문학회.

안상경(2005), 「무경의 사상적 원류 : 중국 고대문화의 수용을 중심으로」, 『한국무속학』 10, 한국무속학회.

안상경(2005), 「앉은굿 무경 연구」, 충북대학교 석사학위논문.

안정연(2002), 「굿의 연극성에 관한 고찰 : 진오귀굿을 중심으로」, 이화여자대학교 석사학위논문.

안종범(1984), 「한국민요에 나타난 무속신앙 연구」, 중앙대학교 석사학위논문.

안종범(1986), 「한국민요에 나타난 무속신앙 연구」, 『語文論集』 19, 中央大學校國語國文學科.

안창경(1987), 「韓國巫俗의 演劇性에 관한 研究」, 중앙대학교 석사학위논문.

양미경(1990), 「무속의 의복 의미화 연구 1 : 병굿을 중심으로」, 『論文集』 14, 漢城大學校.

양미경 · 김순심(1993), 「韓國 巫俗儀禮 服飾의 研究 Ⅱ : 진도 씻김굿을 중심으로」, 『社會科學論集』 7, 한성대학교 사회산업연구소.

양미경 · 최해주(1994), 「韓國 巫俗儀禮 服飾의 研究 Ⅲ : 황해도 만구대탁굿을 중심으로」, 『社會科學論集』 8, 한성대학교 사회산업연구소.

양영예(1996), 「『春香傳』의 형성에 끼친 巫俗의 영향」, 고려대학교 교육대학원 석사학위논문.

양윤순(1997), 「넋굿과 구비문학의 관련양상」, 대구대학교 석사학위논문.

양종승(1995), 「무당문화의 전통 : 강신무당 전승고」, 『比較民俗學』 12, 비교민속학회.

양종승(1996), 「韓國 巫俗神 考察 : 巫神圖를 中心으로」, 『몽골학』 4, 한국몽골학회.
양종승(1999), 「대전・충청굿의 설경(說經)연구」, 『민속학연구』 6, 국립민속박물관.
양종승(1999), 「대전굿의 經文」, 『한국무속학』 1, 한국무속학회.
양종승(1999), 「한국 巫神의 구조 연구」, 『비교문화연구』 5, 서울대학교 사회과학연구원 비교문화연구소.
양종승(2000), 「무당의 신병과 신들림」, 『한국무속학』 2, 한국무속학회.
양종승(2001), 「무당 鬼物 연구 : 『삼국유사』의 三符印과 무당의 거울・칼・방울을 중심으로」, 『생활문물연구』 2, 국립민속박물관.
양종승(2001), 「서울지역의 고사염불 : 살풀이・달풀이・성주풀이」, 『한국무속학』 3, 한국무속학회.
양종승(2001), 「양종승 소장 「황제풀이」 필사본」, 『민속학연구』 9, 국립민속박물관.
양종승(2002), 「서울 강북지역 벌리도당굿과 북한산도당굿 현지조사」, 『한국무속학』 5, 한국무속학회.
양종승・최진아(2002), 「神花 연구」, 『한국무속학』 4, 한국무속학회.
양종승(2004), 「강신무・세습무 유형론에 따른 무속연구 검토 : 김태곤・최길성론을 중심으로」, 『한국무속학』 8, 한국무속학회.
양종승(2004), 「무속과 정치 : 문화재 지정 무속의례를 중심으로」, 『比較民俗學』 26, 비교민속학회.
양종승(2004), 「서울 무속과 錦城堂의 실체」, 『생활문물연구』 15, 국립민속박물관.
양향진(2003), 「광양 풍물굿 연구」, 우석대학교 석사학위논문.
염현주(1996), 「京畿都堂굿을 通해 본 太平舞 硏究」, 상명여자대학교 교육대학원 석사학위논문.
오문선(1995), 「충청도 앉은굿 연구」, 한양대학교 석사학위논문.
오상훈 외(1989), 「東洋의 巫俗 信仰과 精神療法의 相關性에 對한 考察」, 『慶熙漢醫大論文集』 12, 경희대학교 한의과대학.
오세정(2001), 「무속신화의 희생양과 희생제의 : 「바리데기신화」와 「제석본풀이」를 중심으로」, 『韓國古典硏究』 7, 韓國古典硏究學會.
오수성(1997), 「한국 무속의 심리학적 이해」, 『현상과인식』 73, 한국인문사회과학원.
오수성(1998), 「씻김굿의 분석심리학적 접근」, 『東西精神科學』 1-1, 韓國東西精神科學會.
오은주(1996), 「남해안 별신굿 춤에 관한 연구 : 정모연을 중심으로」, 경성대학교 교육대학원 석사학위논문.

오종근(1997), 『(나주지방)구전 민간신앙』, 鄭.

오출세(2003), 「한국 민간신앙 一考 : 「成造歌」를 중심으로」, 『불교어문논집』 8, 한국불교어문학회.

오현정(1993), 「韓國 巫神圖 연구」, 홍익대학교 석사학위논문.

왕인숙·배현숙(1998), 「巫俗信仰에 나타난 샤먼의 服飾形態에 관한 硏究 : 시베리아 소수민족과 韓國 샤먼을 中心으로」, 『論文集』 19-1, 慶星大學校.

우선영(1993), 「도당굿 「도살풀이」의 구조적 분석」, 세종대학교 석사학위논문.

우혜란(1982), 「한국 무속에서의 병치료」, 서울대학교 석사학위논문.

원일(1997), 「동해안 진오기굿 중 장수굿의 짜임새와 장단구조」, 중앙대학교 석사학위논문.

유동식(1977), 「민간신앙과 신흥종교를 통해 본 민중의 종교사상」, 『고대문화』 17, 고려대학교.

유동식(1989), 『한국 무교의 역사와 구조』, 연세대학교 출판부.

유승희(1984), 「韓國民間信仰과 巫神圖에 關한 硏究」, 숙명여자대학교 교육대학원 석사학위논문.

유영대(1998), 「진도씻김굿의 절차와 기능」, 『語文論集』 37, 안암어문학회.

유효순(1994), 「우리나라 巫俗服飾의 特性」, 『論文集』 12, 彗田專門大學.

유효순(1995), 「한국의 무속복식 연구 : 서울굿 무복을 중심으로」, 숙명여자대학교 박사학위논문.

유효순(2000), 「한국 무속복식의 조형성 고찰 : 충남 홍성지역을 중심으로」, 『服飾』 50-6, 한국복식학회.

윤광봉(1998), 「韓國巫俗과 演戱」, 『比較民俗學』 15, 비교민속학회.

윤광봉(2000), 「『神話 宗敎 巫俗』, 崔吉城·日向日雅 共編 : 書評」, 『比較民俗學』 19, 비교민속학회.

윤교임(1996, 「여성영웅신화 연구 : 초공본풀이, 삼공본풀이, 세경본풀이에 대한 문화기호학적 해석」, 서강대학교 석사학위논문.

윤난지(1979), 「巫俗과 女性에 관한 一硏究 : 韓國女性의 役割 및 地位에 관련하여」, 이화여자대학교 석사학위논문.

윤동환(2000), 「세습무의 학습 체계와 굿의 변화 : 동해안 굿을 중심으로」, 『한국무속학』 2, 한국무속학회.

윤동환(2000), 「연행예술로서 동해안 굿의 변화 양상과 변화 요인」, 안동대학교 석사학위논문.

윤동환(2005),「별신의 양상과 성격 : 1900년대 이후를 중심으로」,『한국무속학』 10, 한국무속학회.

윤성노(2003),「무속행위 일반 유형론」,『기호학연구』 13, 한국기호학회.

윤열수(2005),「무신도도(巫神圖)로 본 무속」,『한성인문학』 3, 한성대학교 인문과학연구원.

윤찬주(1991),「『이공본풀이』의 敍事 構造 연구」, 인하대학교 교육대학원 석사학위논문.

이강렬(1987),「대전지방의 무속(巫俗) : 한국 무속의 형성과정」,『대전어문학』 4, 대전대학교 국어국문학회.

이경덕(2005),「한국 샤머니즘의 신화 연구」, 한양대학교 석사학위논문.

이경식(1994),「韓國巫敎의 變遷過程에 關한 硏究」,『社會文化硏究』 13, 大邱大學校 社會科學硏究所.

이경애(1981),「京畿巫俗에 관한 硏究, 都堂굿의 儀式節次와 시나위춤을 中心으로」,『同大論叢』 11, 동덕여자대학교.

이경엽(1997),「전남무가의 연구」, 전남대학교 박사학위논문.

이경엽(1999),「씻김굿의 제의적 기능과 현세주의적 태도」,『韓國民俗學』 31, 民俗學會.

이경엽(2001),「무가의 정서 표출 방식과 연행 현장적 의미」,『한국무속학』 3, 한국무속학회.

이경엽(2002),「무속의 전승 주체 : 호남의 당골제도와 세습무계의 활동」,『韓國民俗學』 36, 한국민속학회.

이경엽(2002),「순천 씻김굿 연구」,『한국무속학』 5, 한국무속학회.

이경엽(2003),「세습무 사례를 통해 살펴본 강신무 · 세습무의 구분 검토 : 전라도 당골과 점쟁이의 관계를 중심으로」,『한국무속학』 7, 한국무속학회.

이경엽(2004),『씻김굿』, 한얼미디어.

이경엽(2004),『지역민속의 세계』, 민속원.

이경호(1985),「수왕굿춤 연구」, 경희대학교 석사학위논문.

이계옥(1993),「巫俗춤과 現代 精神醫學 治療의 連繫性에 관한 小考」,『무용한국』 46, 무용한국사.

이관호(2002),「수룡동 堂祭 조사연구」,『한국무속학』 5, 한국무속학회.

이균옥(2000),「세존굿」,『한국무속학』 2, 한국무속학회.

이동희(1983),「진도 시킴굿의 자전춤」, 숙명여자대학교 석사학위논문.

이두현(1986), 「내림무당의 쇠乞粒 : 東北亞細亞 샤머니즘과 韓國巫俗과의 比較研究 1」, 『師大論叢』 34, 서울大學校 師範大學.

이두현 · 임돈희 글, 김수남 사진(1989), 『양주 경사굿 소놀이굿』, 열화당.

이두현(1993), 「단골巫와 治匠 : 東北亞細亞 샤머니즘과 韓國巫俗과의 比較研究 2」, 『정신문화연구』 50, 韓國精神文化研究院.

이두현(1996), 『한국무속과 연희』, 서울대학교 출판부.

이두현(2001), 「韓國巫俗演戲研究」, 『學術院論文集』 40, 大韓民國學術院.

이명숙(2002), 「「제석굿」의 풀이와 놀이의 연구」, 경기대학교 석사학위논문.

이명숙(2004), 「서울지역 무구의 신화 · 의례적 기능 연구 : 부채 · 방울 · 대신칼을 중심으로」, 『한국무속학』 8, 한국무속학회.

이미영(1996), 「황해도 진오기굿과 봉산탈춤 中 미얄과장 굿의 聯關性에 관한 研究」, 『淸藝論叢』 10, 淸州大學校 藝術文化研究所.

이미현 외(1998), 「한국 무속신앙과 간호이론」, 『論文集』 24, 淸州科學大學.

이병하(1990), 「강원도지방 설화에 수용된 민간신앙 연구」, 건국대학교 석사학위논문.

이보형(1991), 「무속음악장단의 음악적 특성」, 『韓國音樂研究』 19, 韓國國樂學會.

이복규(1998), 「조선전기 사대부가의 무속 : 이문건의 『묵재일기』를 중심으로」, 『韓國民俗學報』 9, 韓國民俗學會.

이복희(2003), 「황해도 평산소놀음굿 연구」, 건양대학교 석사학위논문.

이부영(1970), 「「死靈」의 巫俗的 治療에 對한 分析心理學的 研究」, 『最新醫學』 13-1, 최신의학사.

이부영(1970), 「「死靈」의 巫俗的 治療에 대한 분석 心理學的 연구」, 서울대학교 박사학위논문.

이부영(1989), 「제주무속의 몇가지 특징과 분석심리학적 시고」, 『제주도연구』 6, 제주도연구회.

이부영 · 서경란(1994), 「'병굿'의 精神治療學的 考察 : 事例 추적 연구를 중심으로」, 『心性研究』 13, 韓國分析心理學會.

이상일(1979), 「시론 민간신앙과 장생제의」, 『논문집』 26, 성균관대학교.

이상일(1981), 『한국인의 굿과 놀이』, 문음사.

이상헌(1968), 「巫堂 · 巫俗」, 『世代』 6, 世代社.

이세나(2003), 「무신도 '성수'의 신적 정체성과 의미 분석」, 『생활문물연구』 8, 국립민속박물관.

이소라(1999), 「동해안별신굿의 드렁갱이 장단과 삼오동 장단 및 거무장단」, 『한국무속학』 1, 한국무속학회.

이수자(1989), 「무속신화 「지장본풀이」의 祭儀的 기능과 意義」, 『梨花語文論集』 10, 梨花女子大學校 韓國語文學研究所.

이수자(1989), 「제주도 무속과 신화 연구」, 이화여자대학교 박사학위논문.

이수자(1991), 「巫俗과 국문학」, 『現代宗教』 207, 現代宗教社.

이수자(1993), 「무속신화 이공본풀이의 신화적 의미와 문화사적 위상 : 이공본풀이계 서사물의 변용과 의미 1」, 『제주도연구』 10, 제주도연구회.

이수자(1993), 「백중의 기원과 성격 : 농경기원신화 세경본풀이와의 상관성을 중심으로」, 『韓國民俗學』 25, 民俗學會.

이수자(1996), 「무속신화 「생불할망본풀이」에 나타난 여신상, 여성상 : 한국 무속신화에 나타난 여성 인식 2」, 『梨花語文論集』 14, 梨花女子大學校 梨花語文學會.

이수자(1998), 「한국 무속신화에 나타난 母神像과 신화적 의미」, 『梨花語文論集』 16, 梨花女子大學校 梨花語文學會.

이수자(2001), 「제주도 큰굿내의 신화에 나타난 가족구성상의 특징과 의의」, 『口碑文學研究』 12, 한국구비문학회.

이수자(2004), 「무신도 「일월신도」의 형성 배경과 문화사적 의의 : 창세신화 배포도업침과의 상관성을 중심으로」, 『한국무속학』 8, 한국무속학회.

이수자(2004), 『(제주도무속을 통해서 본) 큰굿 열두거리의 구조적 원형과 신화』, 집문당.

이순혜(1997), 「심청굿 연행에 따른 사설의 구성과 변이 양상」, 부산대학교 석사학위논문.

이영금(2000), 「전북지역 무당굿 연구」, 전북대학교 석사학위논문.

이용범(1991), 「제의를 통해서 본 무속의 신념체계에 대한 연구」, 서울대학교 석사학위논문.

이용범(2001), 「한국무속에 있어서 조상의 위치」, 『民族과文化』 10, 漢陽大學校 民族學研究所.

이용범(2001), 「한국 무속의 신관에 대한 연구 : 서울지역 재수굿을 중심으로」, 서울대학교 박사학위논문.

이용범(2002), 「한국무속에 있어서 조상의 위치」, 『샤머니즘연구』 4, 한국샤머니즘학회.

이용범(2002), 「한국무속의 神의 유형」, 『종교문화비평』 1, 청년사.

이용범(2003), 「강신무 · 세습무 개념에 대한 비판적 고찰」, 『한국무속학』 7, 한국무속학회.

이용범(2003), 「근현대 한국무속의 역사적 변화」, 『宗教研究』 30, 韓國宗教學會.

이용범(2003), 「한국무속에 나타난 신의 유형과 성격 : 서울지역 무속을 중심으로」, 『민속학연구』 13, 국립민속박물관.

이용범(2003), 「한국 신종교 의례와 민간 신앙 의례」, 『신종교연구』 9, 한국신종교학회.

이용범(2005), 「경기도 남부 무속의 지역적 정체성 : 실태 소개를 중심으로」, 『比較民俗學』 29, 비교민속학회.

이용범(2005), 「무속에 대한 근대 한국사회의 부정적 시각에 대한 고찰」, 『한국무속학』 9, 한국무속학회.

이용식(2003), 「남해안 별신굿 음악 현지연구 : 경상남도 통영시 한산면 매죽리 죽도 별신굿을 중심으로」, 『한국무속학』 6, 한국무속학회.

이용식(2005), 『황해도 굿의 음악인류학』, 집문당.

이유신(2004), 「제주도 건입동 칠머리당 영등굿의 연행 기호 분석」, 성균관대학교 석사학위논문.

이윤경(2005), 「서울굿과 경기도 도당굿 노랫가락의 비교 연구」, 중앙대학교 석사학위논문.

이윤선(2001), 「島嶼地域 巫俗의 變遷에 대한 研究 : 무당 송순단과 진도지역을 중심으로」, 『全南文化』 14, 全國文化院聯合會 全羅南道支會.

이윤선(2004), 「島嶼地域 巫俗의 變遷에 대한 研究 : 무당 송순단과 진도지역을 중심으로」, 『南道民俗研究.』 10, 남도민속학회.

이윤선(2005), 「무대공연을 통해서 본 진도씻김굿의 문화원형과 문화콘텐츠 : 「진도 토요민속여행」을 소재로 삼아」, 『한국무속학』 10, 한국무속학회.

이윤진(1998), 「무속신화 속의 여성신상에 관한 교육학적 의미 연구」, 연세대학교 석사학위논문.

이인우(1993), 「'바리공주'와 '당금애기'의 敍事體 比較研究」, 경남대학교 교육대학원 석사학위논문.

이자연(1983), 「한국무속복식에 대한 연구」, 부산대학교 석사학위논문.

이자연(1999), 「巫俗服飾의 象徵的 意味에 관한 研究(II) : 在日 韓國人의 宗教生活을 中心으로」, 『服飾文化研究』 18, 服食文化學會.

이자연(2005), 「시베리아 · 중앙아시아와 한국 중부지방 무속복식의 비교 연구」, 『한국의류산업학회지』 7-4, 한국의류산업학회.

이재곤(1996), 『서울의 民間信仰』, 백산출판사.

이재헌(1999), 「李能和 硏究의 現況과 課題」, 『韓國宗敎史硏究』 7, 韓國宗敎史學會.

이정재(1997), 「시베리아 샤마니즘과 한국 무속」, 『比較民俗學』 14, 비교민속학회.

이정재(2004), 「바리공주 이본연구의 허와 실 : 이본 연구의 이론적 검토」, 『한국무속학』 8, 한국무속학회.

이정재(2004), 『지역민속연구』, 경희대학교 출판국.

이종철(1987), 「智島地域의 信仰民俗」, 『島嶼文化』 5, 목포대학교 도서문화연구소.

이종태(2000), 「京畿 北部 마을祭儀의 構成과 節次」, 『北岳史論』 7, 북악사학회.

이주승(1998), 「마을굿에 나타난 허제비의 뜻과 구실」, 안동대학교 석사학위논문.

이준규(2005), 「사대부 문인의 무속적 세계관의 긍정과 시적 형상화 고찰」, 『민속학연구』 16, 국립민속박물관.

이창식 · 안상경(2003), 「죽령 국행제의 무속적 기원과 전승」, 『한국무속학』 7, 한국무속학회.

이철우(1997), 「무속 연구 : 정의와 범위를 중심으로」, 『民族文化』 8, 漢城大學校民族文化硏究所.

이태우(1997), 「高麗時代 巫覡의 地位와 世襲化 過程 硏究」, 경희대학교 석사학위논문.

이필영(1993), 「조선 후기의 무당과 굿」, 『정신문화연구』 53, 韓國精神文化硏究院.

이필영(1999), 「화랭이 무가와 판소리의 연행방식 비교」, 경기대학교 석사학위논문.

이필영(2000), 「대전 충남 지역의 민간신앙 구조와 성격」, 『충청학연구』 1, 한남대학교 충청학연구센터.

이필영(2001), 「가을떡과 安宅 : 충청지방을 중심으로」, 『한국문화연구』 1, 이화여자대학교 한국문화연구원.

이필영(2001), 「장동 산디 마을의 민간신앙」, 『대전문화』 10, 대전광역시사편찬위원회.

이필영(2002), 「민간신앙 서술방법 시론 : 대전, 충남지방 향토지를 중심으로」, 『역사민속학』 14, 한국역사민속학회.

이필영(2005), 「역사민속학과 민간신앙 연구」, 『역사민속학』 20, 민속원.

이햇님(1997), 「한국 무속 사상에 나타난 가치관 연구」, 동아대학교 교육대학원 석사학위논문.

이현동(2001),「금산 풍물굿에 관한 기록」, 상명대학교 석사학위논문.
이혜구(1955),「巫俗研究 : 청수골의 도당굿」,『思想界』3 · 7, 思想界社.
인권환(1978),『한국민속학사』, 열화당.
임돈희 · 자넬리, 로저 L(1998),「무속을 통하여 본 한국인의 인간관계」,『한국문화연구』1, 경희대학교 민속학연구소.
임동권(1967),「三國時代의 巫 · 占俗」,『白山學報』3, 백산학회.
임동권(1969),『朝鮮の民俗』, 동경, 岩崎美術社.
임동권(1975),「巫俗의 歷史와 現況」,『서라벌』1, 중앙대학교 예술대학학생회.
임동권(1976),「秋葉隆의 韓國巫俗研究, 그의 功과 過 : 外國人의 韓國學上의 功過檢討－特輯」,『韓國學』9 · 10, 영신아카데미 한국학연구소.
임동권(2001),「무경의 계보」,『한국무속학』3, 한국무속학회.
임동권 · 최명희 글, 김수남 사진(1986),『은산 별신굿』, 열화당.
임석재(1971),「巫俗에 깃든 佛教」,『法施』47, 法施舍.
임석재(1971),「韓國巫俗研究序說」,『亞細亞女性研究』10, 숙명여자대학교 아세아여성문제연구소.
임석재(1974),「韓國의 巫俗과 古代文化 : 第3回 東洋學 學術會議錄」,『東洋學』4, 檀國大學校 東洋學研究所.
임석재(1986),「韓國巫俗研究의 回顧」,『比較民俗學』2, 비교민속학회.
임석재 · 이보형(1996),『풍물굿』, 평민사.
임석재 글(1993),『위도 띠배굿』, 열화당.
임석재 외(1983),「巫俗과 韓國人의 삶－座談」,『문학사상』134, 문학사상사.
임수정(1996),「경기도 도당굿의 장잔 분석」, 중앙대학교 석사학위논문.
임영금(1997),「한국인의 종교 : 무속 그 종교학적인 이해와 한국교회에 미친 영향」,『神學理解』15, 湖南神學大學校.
임재해(1992),「굿의 주술성과 변혁성」,『比較民俗學』9, 비교민속학회.
임재해(1993),「하회별신굿에 나타난 옛 제의의 자취와 별읍의 전통」,『安東文化』14, 安東大學校 安東文化研究所.
임재해(1994),「하회별신굿의 당제 시기와 낙동강 유역의 탈놀이 전파」,『安東文化』15, 安東大學校 安東文化研究所.
임재해(1999),「굿의 주체를 통해 본 굿의 양상과 현실인식」,『한국무속학』1, 한국무속학회.
임재해(1999),「민속신앙에서 발견되는 한국인의 자연관과 현대적 변용」,『민속학연구』 6, 국립민속박물관.
임재해(2002), 『안동문화와 성주신앙』, 안동대학교 민속학연구소.
임재해(2004), 「굿문화의 정치 기능과 무당의 정치적 위상」, 『비교민속학』 26, 비교민속학회.
임종진(2002), 「무안 남안리 민간신앙에 대한 소고」, 『전남문화』 15, 전국문화원연합회 전라남도지회.
장기석(2004), 「경기 도당굿에서 화랭이의 음악 분석」, 용인대학교 석사학위논문.
장남혁(1987), 「巫俗信仰의 死靈觀 硏究 : 진오귀굿의 象徵分析을 中心으로」, 『宗敎學硏究』 6, 서울대학교 종교학연구회.
장남혁(1987), 「巫俗信仰의 死靈觀 硏究 : 진오귀굿의 상징분석을 중심으로」, 서울대학교 석사학위논문.
장병길(1965), 「민간신앙의 생태」, 『청맥』 2·9, 靑脈社.
장병길(1965), 「한국민간신앙」, 『논문집』 11, 서울대학교 연구위원회.
장병길(1966), 「한국민간신앙의 심리」, 『논문집』 12, 서울대학교 연구위원회.
장애심(1977), 「濟州道 巫俗祭 祭物의 民俗學的 연구」, 이화여자대학교 교육대학원 석사학위논문.
장윤선(1998), 「황해도 철무리 굿의 연행 기호학적 연구 : 의사소통체계를 중심으로」, 서강대학교 석사학위논문.
장윤식(1984), 「信仰體系로서의 巫俗」, 『한국문화인류학』 16, 한국문화인류학회.
장장식(1999), 「주광석 소장 필사본 「발이공주」」, 『한국무속학』 1, 한국무속학회.
장주근(1964), 「濟州島 巫俗의 地域性에 對하여」, 『제주도』 15, 제주도.
장주근(1966), 「巫俗과 無形文化財」, 『文化財』 2, 문화재관리국.
장주근(1967), 「김알지신화와 영남지방의 민간신앙」, 『문화재』 3, 문화재관리국.
장주근(1973), 『韓國の民間信仰(論考篇, 資料編)』, 동경 : 金花舍.
장주근(1981), 「『한국무속연구』 김태곤 저-서평」, 『韓國民俗學』 14, 韓國民俗學會.
장주근(1982), 「무속·무가」, 『나라사랑』 44, 외솔회.
장주근·이보형 글, 김수남 사진(1983), 『제주도 영등굿』, 열화당.
장주근(1986), 『한국민속학논고』, 계몽사.
장주근(1989), 「제주도 무속과 신화」, 『제주도연구』 6, 제주도연구회.
장주근(1995), 『한국신화의 민속학적 연구』, 집문당.
장주근(1998), 『한국의 향토신앙』, 을유문화사.
장휘주(2000), 「巫俗音樂을 수록한 유성기 음반의 書誌的 고찰」, 『韓國音盤學』 10,

韓國古音盤硏究會.

장휘주(2002), 「경남 경북 동해안무악 비교 연구」, 서울대학교 석사학위논문.

전경욱(1995), 「탈놀이의 形成에 끼친 巫俗의 影響」, 『語文論集』 34, 고려대학교 국어국문학연구회.

전애경(1991), 「高麗・朝鮮의 巫俗에 관한 一硏究」, 인하대학교 교육대학원 석사학위논문.

전영래(1975), 「完山과 比斯伐論 : 湖南地域 巫俗硏究」, 『馬韓百濟文化』 1, 圓光大學校 馬韓百濟文化硏究所.

전용한(2003), 「논산지역 민간신앙과 교육 현장의 수용 실태에 관한 연구」, 건양대학교 석사학위논문.

정남선(1992), 「韓國 巫神圖 연구」, 계명대학교 교육대학원 석사학위논문.

정병호・서대석 글, 김수남 사진(1989), 『통영 오귀새남굿』, 열화당.

정연옥(2002), 「샤머니즘 문학과 문학교육」, 홍익대학교 교육대학원 석사학위논문.

정운성(1998), 「동해안 오기굿과 무가 연구」, 관동대학교 석사학위논문.

정진욱(2004), 「이북지역의 巫俗文化 연구의 체계적 정립 : 황해도 철물굿이 중심으로」, 『Korea sport research』 15-5, 한국스포츠리서치.

정진홍(1983), 「巫俗信仰 의 현대적 照明－特輯」, 『月刊朝鮮』 39, 조선일보사.

정진홍(2002), 「한국의 종교문화와 민간신앙」, 『미학예술학연구』 15, 한국미학예술학회.

정창수(2000, 「무속신앙에 관한 신・구세대간 의식성향 비교 연구」, 경기대학교 국제대학원 석사학위논문.

정환수(1997), 「韓國의 原始宗敎로서 巫俗의 Ecstasy 硏究」, 『論文集』 3, 경북외국어전문대학.

조남규(1997), 「경기 巫俗舞踊의 儀式과 美的價値에 관한 硏究」, 『학술논문집』 4, 한국무용협회.

조만호(1986), 「濟州道 「무당굿놀이」의 民俗學的 接近」, 성균관대학교 석사학위논문.

조성윤・현혜경(2001), 「제주지역 민간신앙과 점복」, 『제주도연구』 20, 제주학회.

조성윤(2003), 「제주의 무속신앙과 신종교」, 『新宗敎硏究』 9, 한국신종교학회.

조성윤・이상철・하순애(2003), 『제주지역 민간신앙의 구조와 변용』, 백산서당.

조연남(2004), 「동해안 세습무의 굿 전승방식과 창조적 연행능력」, 안동대학교 석사학위논문.

조영천(2004), 「서해안 풍어제의 배연신굿의 연구」, 한국교원대학교 석사학위논문.
조윤진(2000), 「황해도 만구대택굿 무복의 상징에 관한 고찰」, 서울대학교 석사학위논문.
조은희(1989), 「湖南巫俗과 東海岸巫俗의 연구 : 珍島씻김굿과 東海岸 별신굿을 중심으로」, 조선대학교 석사학위논문.
조정규(1992), 「珍島 단골의 空間構造에 관한 연구」, 전남대학교 석사학위논문.
조정현(2005), 「별신굿의 개념과 역사적 전개」, 『한국무속학』 10, 한국무속학회.
조정호(2002), 『무속 현지조사방법과 연구사례』, 민속원.
조정호(2003), 「한국의 무속사상」, 『傳統文化硏究』 2, 용인대학교 전통문화연구소.
조향(1987), 「무속에 나타난 '恨'과 '신명', 그 樣相에 관한 연구」, 한양대학교 석사학위논문.
조형경(1996), 「바리공주 무가의 기호학적 분석」, 대구효성가톨릭대학교 석사학위논문.
조흥윤(1984), 『한국 무의 세계』, 정음사.
조흥윤(1993), 「天神에 관하여」, 『東方學志』 77 · 78 · 79, 延世大學校 國學硏究院.
조흥윤 · 이보형 글, 김수남 사진(1993), 『서울 진오기굿』, 열화당.
조흥윤(1998), 「한국무(巫)의 역동적 이해」, 『인문학연구』 4, 경상대학교 인문학연구소.
조흥윤(1999), 『한국의 샤머니즘』, 서울대학교 출판부.
주강현(1985), 「대동굿의 분화변천연구」, 경희대학교 석사학위논문.
주강현(1992), 『굿의 사회사』, 웅진출판사.
주강현(2000), 「韓國巫俗에서 靜과 動 : 20세기 후반의 民俗誌를 중심으로」, 『동양예술』 2, 한국동양예술학회.
진성기(1963), 「濟州島 巫俗考 : 「심방」篇」, 『제주도』 10, 제주도.
진성기(1964), 「濟州島巫俗考 : 本鄕 「본풀이」를 中心으로」, 『제주도』 13, 제주도.
진성기(1964), 「濟州島民과 巫俗信仰」, 『제주도』 16, 제주도.
진성기(1965), 「本島巫俗神話의 祭次의 實態」, 『제주도』 21, 제주도.
진성기(1968), 「우리 고장의 巫俗信仰 : 特히 巫俗信仰과 島民의 心性을 中心으로」, 『北濟州』 59, 북제주군.
진성기(1968), 「濟州道巫俗信仰의 意義」, 『제주도』 34, 제주도.
진성기(1969), 「濟州島民의 生活과 巫俗」, 『제주도』 37, 제주도.
진성기(1971), 「제주도의 무속과 「질침굿」」, 『제주도』 51, 제주도.

진성기(1986),「濟州道의 傳統文化 : 주로 巫俗神話 본풀이를 중심으로」,『韓國民俗學』19, 韓國民俗學會.

진성기(2003),「초감제 풀이」,『한국무속학』6, 한국무속학회.

진성기(2003),『제주도무속논고 : 남국의 무속』, 민속원.

채희완 · 김인회(1983),「巫俗은 우리文化의 基底이며 集約 : 한국춤의 정신은 무엇인가-對談」,『춤』91, 琴研齊.

최길성(1965),「소놀이굿과 무가」, 고려대학교 석사학위논문.

최길성(1967),「韓國巫俗의 研究 : 서울地方의 帝釋巨里를 中心으로」,『論文集』5, 육군사관학교.

최길성(1971),「民俗劇과 巫俗信仰」,『文化財』5, 문화재관리국.

최길성(1972),「서울 地方 巫俗의 特徵」,『月刊文化財』2, 月刊文化財社.

최길성(1972),「서울地方의 巫俗 : 韓國의 巫俗(2)」,『月刊文化財』2 · 3, 月刊文化財社.

최길성(1972),「韓國의 巫俗(1)」,『文化財』2, 月刊文化財社.

최길성(1978),『한국무속의 연구 : 동해안지역을 중심으로 한 사회인류학적 연구』, 아세아문화사.

최길성(1980),「巫俗에 나타난 宗教意識」,『月刊朝鮮』1 · 7, 조선일보사.

최길성(1981),『한국무속론』, 형설출판사.

최길성(1981),『한국의 무당』, 열화당.

최길성(1986),「무속의 한과 춤」,『啓明』18, 계명대학교.

최길성(1987),「한 · 일 무속신앙의 비교 고찰 : 오끼나와의 오나리 신앙을 중심으로」,『日本學』6, 東國大學校 日本學研究所.

최길성(1987),「韓日巫俗信仰の比較考察」,『アジア公論』177, 한국국제문화협회.

최길성(1988),「巫俗을 통해 본 죽음」,『廣場』181, 世界平化教授協議會.

최길성(1989),『한국민간신앙의 연구』, 계명대학교 출판부.

최길성(1990),『한국무속의 이해』, 아세아문화사.

최길성(1991),「우리 나라의 天地開闢神話」,『比較民俗學』7, 비교민속학회.

최길성(1991),「韓國巫俗研究序說」,『比較民俗學』7, 비교민속학회.

최길성(1991),「韓國 巫俗의 死生觀」,『現代와宗教』14, 현대종교문화연구소.

최길성(1991),「韓國民俗學史에 있어서 任晳宰선생님」,『比較民俗學』7, 비교민속학회.

최길성(1992),『한국무속지1』, 아세아문화사.

최길성(1992), 『한국무속지2』, 아세아문화사.
최길성(1993), 「天地開闢과 終末論」, 『比較民俗學』 10, 비교민속학회.
최길성(1999), 『(새로 쓴)한국무속』, 아세아문화사.
최난경(1992), 「동해안 무가 중 「세존굿」의 제마수 장단고」, 서울대학교 석사학위논문.
최덕원(1990), 『남도민속고』, 삼성출판사.
최래옥(1998), 「임석재 선생의 설화 조사와 연구에 관한 고찰」, 『한국문화인류학』 31, 한국문화인류학회.
최미경(1992), 「강릉지역 전통 떡에 관한 연구」, 『家政學硏究』 10, 關東大學校 家政敎育科.
최상화(2003), 「무속음악의 장단연구 : 진도 씻김굿 장고장단을 중심으로」, 『한국전통음악학』 4, 한국전통음악학회.
최석영(1994), 「한국 '巫俗'연구사 서술상의 문제점」, 『比較民俗學』 11, 비교민속학회.
최석영(1998), 「일제하 일본인에 의한 무속조사의 계보」, 『日本學年報』 8, 일본연구학회.
최석영(1999), 『일제하 무속론과 식민지권력』, 서경문화사.
최석영(2000), 「金孝敬의 『무당에 대하여』」, 『한국무속학』 2, 한국무속학회.
최석영(2005), 「일제의 대한제국 강점 前後 조선무속에 대한 시선 변화」, 『한국무속학』 9, 한국무속학회.
최성희(1979), 「韓國의 佛畵와 巫俗畵에 對한 硏究」, 이화여자대학교 석사학위논문.
최용수・김정호(2005), 「아시아 지역 무속의례의 신화수용 연구 : 한국, 일본, 인도의 疫神을 중심으로」, 『한민족어문학』 46, 한민족어문학회.
최운식(2002), 「충남 홍성 지역 '보살'과 '법사'의 성격과 실상」, 『한국무속학』 4, 한국무속학회.
최원석(2004), 「춘천 무가의 연구」, 강원대학교 석사학위논문.
최원오(2001), 「동아시아 무속영웅서사시의 변천과정 연구 : 제주도・만주족・허저족・아이누의 자료를 중심으로」, 서울대학교 박사학위논문.
최원오(2001), 「創世, 그리고 惡의 출현과 공간 인식에 담긴 세계관 : 한국, 만주족, 아이누의 자료를 중심으로」, 『우리말글』 23, 우리말글학회.
최인학(1994), 「무당이 왜 필요한가 : 조화와 균형을 이룬 무당의 역할」, 『仁荷』 34, 인하대학교.

최인학(1994),「한·중 무속신앙의 비교」,『황해문화』5, 새얼문화재단.
최인학·최래옥·임재해 공편(1994),『한국민속연구사』, 지식산업사.
최종민(1985),「강릉단오제의 무속음악」,『江原民俗學』3, 江原道民俗學會 江陵無形文化研究所.
최종성(1995),「진오귀굿 천도제차의 연속성 연구」, 서울대학교 석사학위논문.
최종성(1996),「무속의례의 구조이해를 위한 신화－제의 연구 : 진오귀굿 薦度祭次 이해를 중심으로」,『宗教研究』15, 서울대학교 종교학연구회.
최종성(1998),「國行 무당 祈雨祭의 歷史的 研究」,『震檀學報』86, 震檀學會.
최종성(2001),「巫의 치료와 저주」,『종교와문화』7, 서울대학교 종교문제연구소.
최종성(2001),「조선시대 유교와 무속의 관계 연구 : 儒·巫 관계유형과 그 변천을 중심으로」,『民族과文化』10, 漢陽大學校 民族學研究所.
최종성(2001),「조선조 유교사회와 무속 국행의례 연구」, 서울대학교 박사학위논문.
최종성(2002),「儒醫와 巫醫 : 유교와 무속의 치유」,『宗教研究』26, 韓國宗教學會.
최종성(2002),「조선시대 유교와 무속의 관계 연구 : 儒·巫 관계유형과 그 변천을 중심으로」,『샤머니즘연구』4, 한국샤머니즘학회.
최종성(2002),『조선조 무속 國行儀禮 연구』, 일지사.
최종성(2003),「조선시대 王都의 신성화와 무속문화의 추이 : 법제를 통한 淫祀정책과 서울에 대한 문화의식을 중심으로」,『서울학연구』21, 서울시립대학교 서울학연구소.
최진봉(2002),「한국 무속신화에 나타난 저승의 양상」, 숭실대학교 박사학위논문.
최진아(1999),「진도 씻김굿의 물질문화 연구」, 한국정신문화연구원 석사학위논문.
최진아(2000),「진도 씻김굿의 물질문화 연구 : 무구와 무복을 중심으로」,『한국무속학』2, 한국무속학회.
최진아(2004),「진도씻김굿의 '넋당석[龍船]' 연구」,『한국무속학』8, 한국무속학회.
최진아(2005),「巫具 연구의 성과와 전망」,『한국무속학』10, 한국무속학회.
최홍순(1985),「평안도 巫俗 '다리굿' : 북한 의 民俗紀行 4」,『北韓』168, 북한연구소.
키스터, 다니엘 A.(1986),『무속극과 부조리극』, 서강대학교 출판부.
편무영(1996),「생불화를 통해 본 무불습합론」,『比較民俗學』13, 비교민속학회.
하수경(2001),「기원을 위한 무신도」,『比較民俗學』21, 비교민속학회.
하순애(2001),「제주도 민간신앙의 변화와 사회적 의미」,『제주도연구』20, 제주학회.
하효길·황효창 글(1989), 김수남 사진,『강사리 범굿』, 열화당.
하효길(1998),『한국의 풍어제』, 대원사.

하효길(2001), 「무속의례와 배」, 『한국무속학』 3, 한국무속학회.
하효길 외(2001), 『봉화산도당굿』, 중랑문화원.
하효길 외(2002), 『서해안 배연신굿 및 대동굿』, 화산문화.
하효길 외(2002), 『한국의 굿』, 민속원.
하효길(2003), 『현장의 민속학』, 민속원.
한국무속박물관 편(1995), 『무속연구 문헌목록집』, 한국무속박물관출판부.
한국무속학회 편(2006), 『한국무속의 강신문화 세습무 유형구분의 문제』, 민속원.
한국임상예술학회 편(1993), 『(93 국제학술심포지움)무속, 정신치료 그리고 임상예술』, 한국임상예술학회.
한국종교학회 편(2000), 『무교분과』, 한국종교학회.
한승희(2003), 「제주도 굿에 대한 연구」, 단국대학교 석사학위논문.
한전기(2000), 「동해안 별신굿의 공연특성 연구」, 청주대학교 석사학위논문.
한홍렬(2000), 「韓國巫信仰의 地域的 展開過程에 관한 研究」, 『社會科學研究』 13, 西原大學校 社會科學研究所.
한홍렬(2003), 「韓國 Shamanism의 地域的 展開過程에 관한 研究」, 『社會科學研究』 16, 西原大學校 社會科學研究所.
허경미(2003), 「남해안 별신굿의 축제적 기능과 활동」, 경성대학교 석사학위논문.
허용호(2002), 「연행 인형의 기호 작용 연구 : 충청도 사혼제를 중심으로」, 『기호학연구』 11, 문학과지성사.
허용호(2002), 「충청도 사혼제 속의 연행 인형 연구」, 『한국무속학』 4, 한국무속학회.
허용호(2003), 『전통연행예술과 인형오브제』, 민속원.
허용호(2005), 「강신무 · 세습무 유형론의 비판적 고찰 : 충청도 앉은굿을 중심으로」, 『한국무속학』 9, 한국무속학회.
허지현(1999), 「남해안 별신굿의 음악적 특징」, 동아대학교 석사학위논문.
현승환(2000), 「사만이본풀이 研究」, 『白鹿語文』 16, 白鹿語文學會.
현용준(1972), 「제주도 무속에 대한 몇가지 문제」, 『교육제주』 19, 제주도교육위원회.
현용준(1973), 「成巫過程 : 濟州島 巫俗의 比較研究」, 『國文學報』 5, 濟州大學校 國語國文學科.
현용준(1973), 「濟州島 巫俗의 比較研究」, 『論文集』 5, 제주대학.
현용준(1974), 「濟州島 巫俗의 比較研究」, 『論文集』 6, 제주대학.
현용준(1976), 「濟州島 巫俗儀禮 研究」, 『論文集』 7, 제주대학.
현용준(1985), 『濟州道巫俗の研究』, 第一書房.

현용준 · 이부영 글, 김수남 사진(1985), 『제주도 무혼굿』, 열화당.
현용준(1986), 『제주도 무속연구』, 집문당.
현용준(1989), 「제주도민의 신앙체계와 무속」, 『제주도연구』 6, 제주도연구회.
현용준 · 이남덕 글, 김수남 사진(1989), 『제주도 신굿』, 열화당.
현용준(1990), 「巫俗神話의 社會的 機能」, 『韓國民俗學』 23, 韓國民俗學會.
현용준(1992), 『무속신화와 문헌신화』, 집문당.
현용준(2002), 『제주도 무속과 그 주변』, 집문당.
현용준(2005), 『제주도 신화의 수수께끼』, 집문당.
홍나래(1997), 「巫俗神話 「칠성풀이」의 연구」, 이화여자대학교 석사학위논문.
홍순석(2005), 「이천지역 민속문화와 문화환경」, 『비교민속학』 29, 비교민속학회.
홍태한(1993), 「무가 연구의 방향과 과제」, 『한민족』 4, 教文社.
홍태한(1996), 「평택지역의 巫俗 硏究」, 『國際語文』 17, 국제어문학연구회.
홍태한(1997), 「서사무가 「바리공주 연구」, 경희대학교 박사학위논문.
홍태한(1999), 「심청굿과 오구굿을 통해 본 굿거리의 변화」, 『한국무속학』 1, 한국무속학회.
홍태한(2000), 「심청굿 무가의 변이 양상과 형성과정 추론」, 『한국무속학』 2, 한국무속학회.
홍태한(2001), 「무가권에 따른 서사무가의 전승 양상」, 『한국무속학』 3, 한국무속학회.
홍태한(2002), 「김석출 구송 「바리공주」 연구 : 「방심굿」 무가 연구」, 『한국무속학』 4, 한국무속학회.
홍태한(2002), 「서울 무속에서 '제'의 문제에 대하여」, 『한국무속학』 5, 한국무속학회.
홍태한(2002), 『한국 서사무가 연구』, 민속원.
홍태한(2003), 「강신무의 사례로 본 강신무와 세습무의 유형 구분」, 『한국무속학』 7, 한국무속학회.
홍태한(2003), 「서울굿의 상차림에 대하여」, 『한국무속학』 6, 한국무속학회.
홍태한(2004), 『서울진오기굿』, 민속원.
홍태한(2005), 「서울 무속의 지역적 정체성」, 『비교민속학』 29, 비교민속학회.
홍태한(2005), 「한국무속과 무형문화재」, 『한국무속학』 9, 한국무속학회.
홍태한 외(2005), 『한국 무속 연구의 한 단면』, 민속원.
황루시(1978), 「굿의 연극성 : 서울지역 진오기 굿을 중심으로」, 이화여자대학교 석사학위논문.
황루시 · 김열규 · 이보형(1985), 『평안도 다리굿』, 열화당.
황루시 글, 김수남 사진(1986), 『옹진배연신굿』, 열화당.
황루시(1986), 「무당굿놀이연구」, 이화여자대학교 박사학위논문.
황루시(1988), 『한국인의 굿과 무당』, 문음사.
황루시 글, 김수남 사진(1989), 『서울 당굿』, 열화당.
황루시 글, 김수남 사진(1989), 『팔도굿』, 대원사.
황루시(1990), 「巫俗의 세계와 한국성 : 한국미술의 자생력 회복을 위한 검증 4」, 『美術世界』 67, 월간미술세계.
황루시(1992), 「무속문화 전승집단의 존재방식 연구」, 『梨花語文論集』 12, 梨花女子大學校 韓國語文學硏究所.
황루시(1992), 「전통굿의 현장」, 『(계간)연세 진리 · 자유』 13, 연세대학교.
황루시 글, 김수남 사진(1993), 『거제도별신굿』, 열화당.
황루시(1996), 「巫俗의 세계와 한국성 : 신의 성격과 죽음에 관한 이해를 중심으로」, 『美術世界』 137, 월간미술세계.
황루시(1998), 「무속연구자로서 임석재 선생님의 삶과 학문」, 『한국문화인류학』 31, 한국문화인류학회.
황루시(2000), 『(황루시의) 우리 무당 이야기』, 풀빛.
황루시 글, 임원순 사진(2001), 『진도씻김굿』, 화산문화.
황루시(2002), 「巫俗의 天神儀禮에 관한 硏究」, 『比較民俗學』 22, 비교민속학회.
황루시(2003), 「무속교육을 통한 기층 문화의 이해」, 『比較民俗學』 25, 비교민속학회.
황루시(2005), 「무속문화의 이해」, 『한국무속학』 9, 한국무속학회.
황인완(2002.) 「여주 이포리 '三神堂굿'의 성격」, 『한국무속학』 5, 한국무속학회.
自由社 編(1987), 「韓國の民俗信仰」, 『韓國文化』 92, 駐日大韓民國大使館.
川上新二(2000), 「韓國 降神巫에게 守護神靈으로서 내려온 死靈에 관한 연구 : 서울과 전라남도 진도의 비교를 중심으로」, 『비교문화연구』 6-2, 서울대학교 사회과학연구원 비교문화연구소.
Daniel A. Kister(1998), 「한국 무속과 몽고 및 부르야트족 샤머니즘의 비교적 고찰」, 『한국문화연구』 1, 경희대학교 민속학연구소.
Daniel A. Kister(2000), 「별신굿의 미학성」, 『한국무속학』 2, 한국무속학회.

한국복식사 연구 50년

홍나영

1. 들어가며

의생활은 의식주로 대표되는 인간의 가장 기본적인 생활의 한 분야이자 한국전통문화 중 생활문화의 한 영역으로서 중요한 위치를 차지하고 있으며, 한국전통문화로서 의생활사는 한국복식사의 영역에서 그 연구가 이루어져 왔다. 복식이란 의복과 장신구를 포함하는 개념으로 복식사에서는 인간의 몸에 두르거나 걸치는 의류 전반은 물론 그것의 생산과 소비 관리, 그리고 그 복식이 착용되었던 시대의 문화와 역사를 모두 다룸으로써 의생활 전반에 대한 역사와 큰 차이 없는 개념으로 사용되어 왔다.

그동안 한국복식사의 활발한 연구 활동에도 불구하고 한국의 의생활사 연구에 대해 회고사를 정리한 경우는 전무하다시피하다. 의류학 분야에서 간략히 연구목록을 발행하거나 연구동향을 소개한 것이 전부였다. 석사학위 논문으로서 한국복식관계 문헌해제목록을 정리한 것[1]과 한국복식의 연구동향을 고찰한 것[2]이 있었으며, 그 외에 한국복식의 30년간(1958~1989) 연구동향을 분석하여 학회지에 발표한 것[3]이 전부였다.

1) 홍혜숙(1975), 「한국 복식관계문헌 해제목록(1945년~1973년)」, 이화여자대학교 교육대학원 석사학위논문.

2) 이경남(1984), 「한국복식의 연구 동향」, 계명대학교 석사학위논문.

3) 김미자(1990), 「한국복식의 30년간 연구동향(1958~1989)」, 『복식』 15, 한국복식학회, 55~61쪽.

이에 본 연구에서는 한국의 의생활사를 회고하기 위해 저서, 각 대학의 석박사학위논문, 각종 학술지, 논문집 등에 수록된 한국복식분야의 연구업적을 모두 수집 정리하여 주제별, 연대별, 연구방법별 분석을 시도하였다. 그러나 각각의 분석결과는 서로 중첩되는 부분이 적지 않기 때문에, 우선 한국복식에 대한 연구가 어떻게 시작되고 대학에서의 교육은 언제부터 이루어졌는지, 그리고 연구자의 양성과 연구 활동을 위한 기반이라고 할 수 있는 출판저술과 학회활동 등은 어떻게 이루어지고 체계화되었는지 등에 관하여 한국복식사 연구 개관에서 간략히 살펴보았다. 다음 장에서는 그동안의 한국복식사 논문을 모두 수집하고 이를 다시 세부 영역별로 분류 정리한 결과를 토대로 하여 10년 단위별로 한국복식사 연구의 시대별 동향 변화를 양적으로 분석하였다. 그리고 마지막 장에서는 위에서 살펴본 결과를 바탕으로 한국전통문화의 한 분야로서 새로운 한국복식사 연구의 지평을 위한 모색을 위한 몇 가지의 제언으로 마무리하였다.

2. 한국복식사 연구의 개관

우리 옷의 기원과 유래에 대한 관심을 굳이 위로 거슬러 올라간다면 조선후기이다. 조선시대 백과사전이라고 할 수 있는 이규경의 『오주연문장전산고(五洲衍文長箋散稿)』 등의 글에서 복식의 유래에 대해 다루고 있는 것이 그것이다. 하지만 학문적인 연구의 시작은 해방 전 일제강점기 이여성(1901~?)부터라고 말할 수 있다. 이여성은 동아일보 조사부장을 지내면서 활발한 활동을 하다가 1940년 동아일보가 폐간당한 뒤로는 복식 분야에 몰입하여 1947년 『조선복식고(朝鮮服飾考)』를 펴냈다. 이 책은 고구려벽화에 보이는 복식과 국내와 중국의 문헌 사료를 바탕으로 연구한 결과로서, 당시 황무지나 다름없던 한국복식 분야를 개척하였다는 의의가 있다. 또한 복식사와 미술사를 연구하는 이들에게 매우 중요한 자료가 되었다.

한편 대학에서의 한국복식사 교육은 이화여대에서 시작되었다. 1929년 이화여전에서는 가사과가 설립되어 의생활에 대한 강의가 이루어지고 있었지만, 1940년대에 이르기까지의 의생활 관련 교과목은 주로 세탁법, 섬유학, 염색학, 봉재 등이었다. 한국복식과 관련된 강좌는 한재(韓裁)를 가르치는 강좌만 있었을 뿐 복식사는 다루어지지 않았다. 다만 이화여전 가사과 출신으로 훗날 법률가로 활동한 이태영 선생이 1950년대 전반 한재를 강의하면서 버선 본(pattern)을 만드는 등 새로운 시도를 시작하였으나, 당시에는 국내에서 한국복식사를 교육하는 강좌는 전무하였다.

한국복식사 강좌는 유희경 교수가 이화여대에 부임한 다음 학기인 1955년 이여성의 『조선복식고』 내용을 바탕으로 국내 최초로 한국복식사 강의가 시작되었다. 이후 각 대학에 가정학과가 설립되고 가정학과가 1960년대 중반 가정대학으로 승격함에 따라 각 대학에 의류학을 전공하는 의류학과 혹은 의류직물학과, 의상학과, 의생활학과 등이 설립되었고 한국의복구성과 한국복식사가 거의 모든 대학에 개설되었다. 한편 한국복식의 역사를 주변국가의 복식문화와 비교 연구하고 한국복식사 외연을 넓힌 민속의상, 동양복식사 등의 교과목이 일부 대학에서 1980년대부터 개설되었으며, 1990년대에 들어서면서 전통복식디자인, 한국복식의 색채와 문양 등 세계화된 오늘날에 적합한 한국 전통복식을 개발하기 위한 교과목이 개설되고 있다.

4년제 대학 가정과에서 졸업논문을 제출하고 논문집을 발간하게 되면서 한국복식사 분야의 연구가 점차 시작되었는데, 특히 1950년대 가정학과에 석사과정이 개설되면서 1950년대 말부터 한국복식 분야의 학위논문도 나오기 시작하였고, 1970년대에는 본격적으로 한국복식사 연구가 활성화되기 시작하였다. 석사학위를 배출하면서 시작된 연구의 양적 성장이 모두 질적 성장을 보장한다고 할 수는 없으나 긍정적 측면도 무시할 수 없는데, 한국복식의 연구 인력이 풍부해지면서 과거 소수대학에 집중되어 있거나 몇 개 대학 출신이 대다수였던 선도적인 연구자들이 전국의 대학에 골고루 분산되거나 여러 대학에서 배출되는 양상으로 나타났다.

한국복식의 연구를 위한 기반의 확립과정을 보면, 1960년대부터 대학에 부설된 연구소들을 중심으로 연구발표회가 개최되고 기획연구 및 기획출판 활동이 이루어졌으며, 정기적으로 연구논문집이 발간되거나 연구자료가 간행되는 등의 활발한 활동 속에서 한국복식사 연구의 제도적 기반이 마련되었다고 할 수 있다. 고려대학교 민족문화연구소에서 1971년 발간된『한국문화사대계』제4권 '풍속예술사'에 김동욱 교수가 한국복식사를 집필하면서 문화사, 특히 풍속예술사 연구에 처음으로 한국복식사가 다루어졌다. 이후 전통복식 유물에 대한 민속자료, 문화재 지정을 위한 보고서들도 발간되었으며, 박물관에서 전통복식유물을 수집하여 복식연구의 기초자료를 제공하게 되었다. 특히 1981년에 개관한 석주선기념민속박물관과 1999년에 개관한 담인복식미술관은 한국복식의 전문박물관으로서 한국복식사 연구에 크게 기여하고 있으며, 조선시대 출토복식 역시 각 지역의 박물관에 소장되어 조선 중후기의 복식연구에 귀중한 자료로 활용되고 있다. 그 밖에도 1980년 이후 전통의생활의 조사를 위한 민속조사도 실시되어 서민들의 의생활에 대한 기초조사도 이루어지게 되었다.

1980년대 말 개인연구자에 의한『한국복식사 사전』(김영숙, 1988) 발간에 이어 2007년 한국복식학회 창립30주년 기념사업으로 학계 여러 학자들이 함께 한국복식사 사전을 발간하기 위한 준비도 진행되고 있다. 또한 한국정신문화연구원을 중심으로 인문학의 각 분야와 복식사학 분야의 학자들의 전통생활양식 공동연구가 1980년대 이루어진 이후 근래에는 민속학, 한국사, 국문학 등의 학자들이 조선후기 생활문화 연구를 주제로『오주연문장전산고』의 내용을 연구하여 그 성과를 발표하는 등(주영하 외, 2005) 학제간의 연구가 시도되고 있다.

4년제 대학의 설립 이후 학술연구모임과 학회들도 결성되기 시작하였다. 1947년 '대한가정학회'가 창립되고 1959년부터 학술지를 발간하기 시작함으로써 가정학자들의 연구결과들을 발표하는 장이 마련되었는데, 한국복식사 분야의 연구도 예외는 아니었다. 하지만 의류학 분야에서 1976년 '한국복식학회'와 '한국의류학회'가 결성됨에 따라 한국복식사의 연구도 더욱 활발하게 움직이게 되었다. 특히 초대회장인 이화여자대학교 유희경 교수와 서울대학교, 연세대학교, 숙명여자대학교 등 의류학과가 있는 4년제 대학의 교수들을 중심으로 의류학의 다양한 분야의 전공자들이 함께 모여 활동할 수 있는 장을 마련하여 오늘에 이르고 있으며, 근래에는 학회의 규모가 비대하여짐에 따라 각 분과별로 활동이 활성화되고 있다. 한편, 같은 해 '한국복식학회'는 수도여자사범대학(세종대학교의 전신) 최옥자 초대회장을 중심으로 결성되어 국문학자이자 복식학자인 김동욱 교수와 유희경 교수가 합류하여 활동함에 따라 한국복식사 분야 연구자들이 보다 많이 참여한 학회로서 오늘날까지도 복식사와 디자인분야 활동이 활발하다.

한편 1980년 한일 복식문화심포지엄을 시작으로 1982년에는 한국・일본・대만의 복식학자들이 모여 '아세아복식학술회의'를 결성하여 국제교류를 시작하였으며 근래에는 미국의 ITAA를 비롯한 해외의 학회와도 공동학술회의를 개최하는 등 활발한 교류가 지속되고 있다. 각 분야별로 전문화된 학회도 새로이 등장하기 시작하였다. 1990년대에 들어 의류학 분야에서 '복식문화학회', '한복문화학회' 등이 결성되어 있으며 학제간의 연구도 활성화되어 '민속학회', '중앙아시아학회' 등 인접학회에도 복식학자들의 참여가 늘고 있다.

3. 연대별 연구동향

본 연구에서는 1956년부터 2005년 8월까지 발표된 한국복식사와 관련된 논문을 수집・정리하여 연구동향을 파악하였다. <표 1>과 같이 본 연구의 전체 자료로 사용된 논문 편수는 총 1595편으로, 그 중 국내 석・박사 학위논문 479편, 학회지[4] 논문 838편, 각 대학의 논문집에 실린 논문 258편을 연구대상

4) 『고구려연구』(고구려연구회), 『대한가정학회지』(대한가정학회), 『동양예술』(한국동양예술학회), 『디자인학 연구집』(한국디자인문화학회), 『미술사학 연구』(한국미술사학회), 『복식』(한국복식학회), 『복식문화연구』(복식문화학회), 『비교민속학』(비교민속학회), 『중앙아시아연구』(중앙아시아학회), 『한국공예논총』(한국공

자료논문으로 선정하여 분석하였다. 편의상 일반대학원의 석·박사 학위논문은 일반대학원 논문으로, 미술대학원, 산업미술대학원, 교육대학원 등의 석사학위논문은 특수대학원 논문으로 분류하였다. <그림 1>과 <그림 2>는 <표 1>에 따라 연대별 논문 발표 빈도 및 비중을 그래프로 정리한 것으로서, 2000년대를 제외하고 대략 10년 단위로 논문수의 추이 및 게재 동향을 한눈에 볼 수 있다. 수집된 논문자료를 가지고 연대별 분류 이외에 주제별 분류, 연구방법별 분류를 행하였고, 논문의 주제는 다시 시대적 주제, 세부적 주제로 분류하여 연대별로 어떻게 나타나는지 변화양상을 분석하고자 하였다.

<표 1> 연대별 논문 발표 빈도

<table>
<tr><th rowspan="3">연대</th><th colspan="3">학위논문</th><th rowspan="3">학회지</th><th rowspan="3">논문집</th><th rowspan="3">계</th></tr>
<tr><th colspan="2">일반대학원</th><th>특수대학원</th></tr>
<tr><th>석사</th><th>박사</th><th>석사</th></tr>
<tr><td>1950～1959</td><td>1</td><td>0</td><td>0</td><td>0</td><td>7</td><td>8</td></tr>
<tr><td>1960～1969</td><td>2</td><td>0</td><td>0</td><td>7</td><td>19</td><td>28</td></tr>
<tr><td>1970～1979</td><td>18</td><td>0</td><td>11</td><td>28</td><td>51</td><td>108</td></tr>
<tr><td>1980～1989</td><td>93</td><td>10</td><td>11</td><td>73</td><td>71</td><td>258</td></tr>
<tr><td>1990～1999</td><td>89</td><td>29</td><td>24</td><td>350</td><td>89</td><td>581</td></tr>
<tr><td>2000～2005.8</td><td>121</td><td>29</td><td>41</td><td>380</td><td>21</td><td>592</td></tr>
<tr><td rowspan="3">계</td><td>324</td><td>68</td><td rowspan="2">87</td><td rowspan="3">838</td><td rowspan="3">258</td><td rowspan="3">1,575</td></tr>
<tr><td colspan="2">392</td></tr>
<tr><td colspan="3">479</td></tr>
</table>

자료논문의 목록을 조사하는 과정에 있어, 대학원에 의류학 관련학과가 있는 대학교의 도서관 사이트, 국회도서관 사이트(http : //www.nanet.go.kr), KISS(http : //kiss.kstudy.com), RISS(http : //www.riss4u.net), DBPIA(http : //www.dbpia.co.kr) 등을 이용하였으므로, 학계에는 발표되었으나 검색사이트에 등록되어 있지 않은 논문에 관해서는 일부 누락되어 있는 것이 있을 수 있음을

예학회), 『한국미용학회지』(한국미용학회), 『한국민속학』(한국민속학회), 『한국민속학보』(한국민속학회), 『한국의류학회지』(한국의류학회), 『한국의류산업학회지』(한국의류산업학회), 『한복문화』(한복문화학회) (가나다 순)

밝힌다.

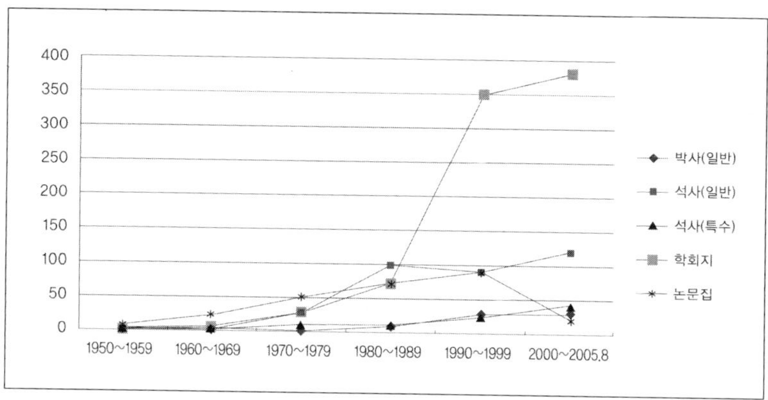

<그림 1> 연대별 논문 발표 빈도

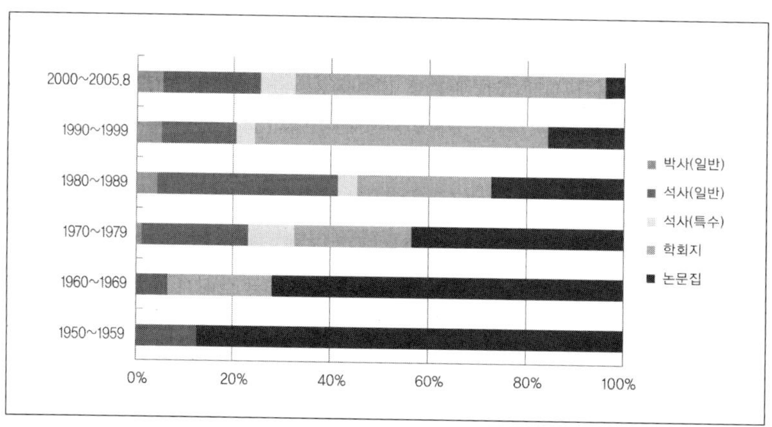

<그림 2> 연대별 논문 발표 비중

1) 1950년대의 연구동향

복식사 연구는 1947년 이여성의 『조선복식고』 이후 별다른 성과를 보이지 않았으며, 당시로서는 거의 미개척이나 다름없는 학문분야였다. 1955년 이화여대 가정학과에서 유희경 교수에 의해 한국복식사 강좌가 처음 개설되고, 그 이후 이화여대 학술지를 중심으로 복식사 연구논문이 미미하게 보고되기 시작하였는데, 「비녀에 관한 소고찰」(김태공, 1956), 「이식류에 관한 소고」(서옥수, 1956) 등 처음에는 주로 장신구에 관한 연구들이 나타났으며, 이후 「한국의 고대 선(扇)」(이현경, 1958), 「문헌에 나타난 조선시대 여성복식에 관한 고찰」(유희경, 1958), 「우리나라의 여자 의복의 변천」(장영호, 1959) 등 주로 문헌을 중심으로 복식에 관한 연구가 이루어졌다. 이화여대 가정학과의 대학원은 1950년 일반대학원의 창설과 함께 이루어졌으며, 1959년 방인도는 「한국 삼작 노리개고(考)」로 한국복식사 분야의 최초의 석사학위를 취득하였다. <그림 4>는 1950년대 연구의 주제별 동향을 나타낸 것으로, 한국복식사 연구의 초창기에는 장신구 연구가 비교적 우세하였음을 알 수 있다.

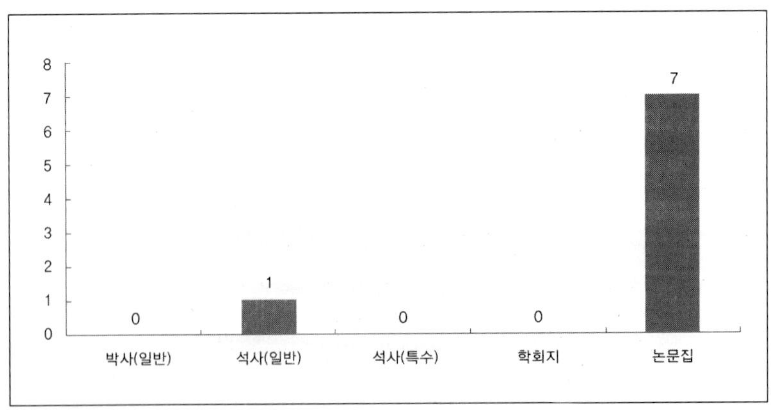

<그림 3> 1950년대 논문 발표 빈도

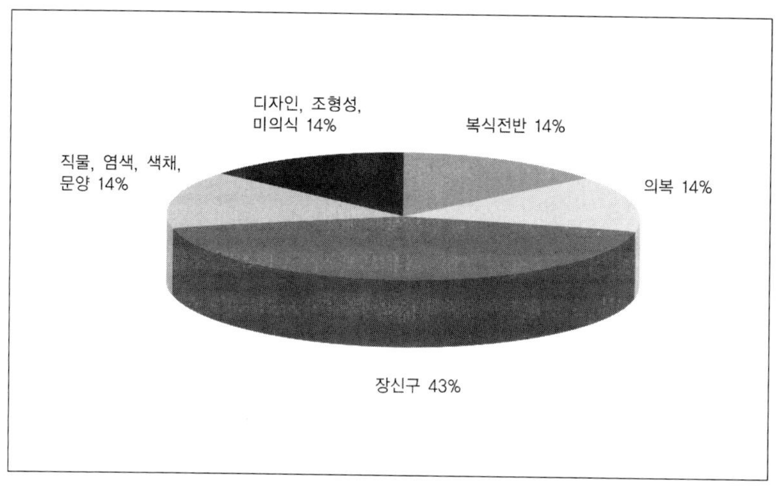

<그림 4> 1950년대 주제별 연구동향

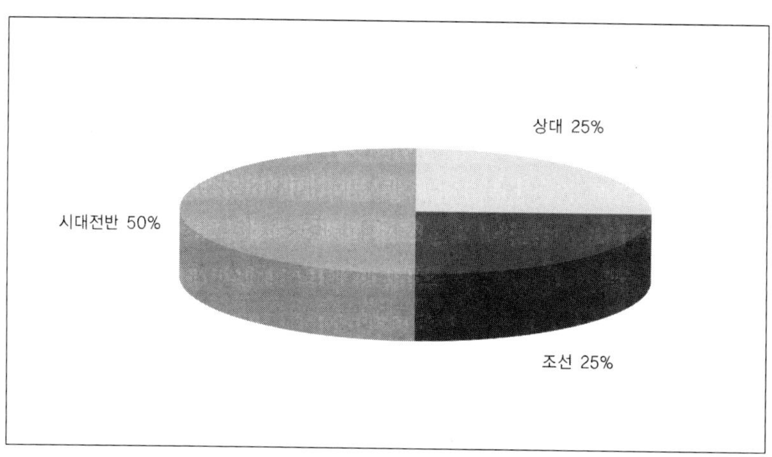

<그림 5> 1950년대 시대적 주제별 연구동향

2) 1960년대의 연구동향

1960년대에 이르면 논문의 수가 3배 이상으로 늘어나게 되었는데, 이화여대 이외에 중앙대, 숙명여대 아세아여성문제연구소, 성신여대 한국여성연구소 등에서도 논문집이 발간되었고 1959년부터 대한가정학회가 발간됨으로써 학회지를 통해 많은 연구가 발표되었기 때문이다.

1960년대 연구의 경향은 복식의 전반적인 고찰 이외에 의복, 관모, 신발, 장신구, 직물, 문양 등 이전보다 다양한 논제가 연구되었다. 석주선 교수는 「한복의 역사적 고찰」(1963)에서 한국복식의 전반적인 흐름을 문헌을 중심으로 설명하였으며, 유희경 교수는 「우리나라의 관모」(1963)에서 문헌을 중심으로 남녀관모의 시대적 변천을 연구하였다. 또한 「이조의 백관복」(1968)에서는 조선시대 백관복 제도를 문헌을 중심으로 고찰하였다. 당시의 연구들은 주로 고문헌 자료에 의존한 것이어서, 국문학을 전공한 학자가 복식사를 연구하는 사례도 나타났는데, 국문학 박사이자 복식학자인 김동욱 교수는 「이조 초의 복식금제」(1961)를 시작으로 「이조 전기 복식연구」(1963), 「우리 복식에 있어서의 편복제의 변천에 대하여」(1963), 「이조 관모제 시말－남자 관모에 대하여」(1964), 「이조 중후기의 여복구조－자료제시를 주로」(1964) 등 주로 문헌을 중심으로 조선시대 복식 연구를 행하였다. 역시 국문학자인 김용숙 교수는 「이조 후기 비빈들의 사절복식과 의차－순화궁접초를 중심으로」(1966)에서 당시 숙명여대 박물관에서 발굴, 구입한 『순화궁접초』에 기록된 복식명칭을 통해 궁중풍속을 선구적으로 연구하였다.

석사학위논문으로는 동시대의 서구 복식과 비교 분석함으로써 한국 복식을 좀더 입체적으로 해석할 수 있는 새로운 관점을 제시한 「18세기경 이조 여성복장과 서구 여성복장의 비교 연구」(박창희, 1963), 신발에 관하여 역사적으로 고찰한 「우리나라 신의 변천에 대한 연구」(박수자, 1969) 등이 있으며, 그 밖에 학술지 논문으로 「고구려 관모에 관한 고찰」(김영숙, 1966), 「면복에 관한 연구」(고광림, 1967), 「한국 여자저고리 형태와 역사적 변천」(황효영, 1969) 등이 있다. 특히 「혼례복에 관한 실태조사」(박경자, 1968)는 현대에 착용되는 전통 혼례복에 초점을 두고, 연구대상자의 설문조사 및 통계로 결과를 도출하여 복식사 연구에서도 양적 연구를 행할 수 있다는 가능성을 시사하였다는 의의를 가지며, 「여자 저고리의 형태와 기능에 관한 연구」(김분칠, 1969)는 현대에 알려진 전통 여자 저고리의 여러 패턴들을 실물로 제작한 후, 피험자 착장 실험 및 설문 조사를 통하여 현대 생활에 알맞고 아름답게 입을 수 있는 구성방법을 제시하였다.

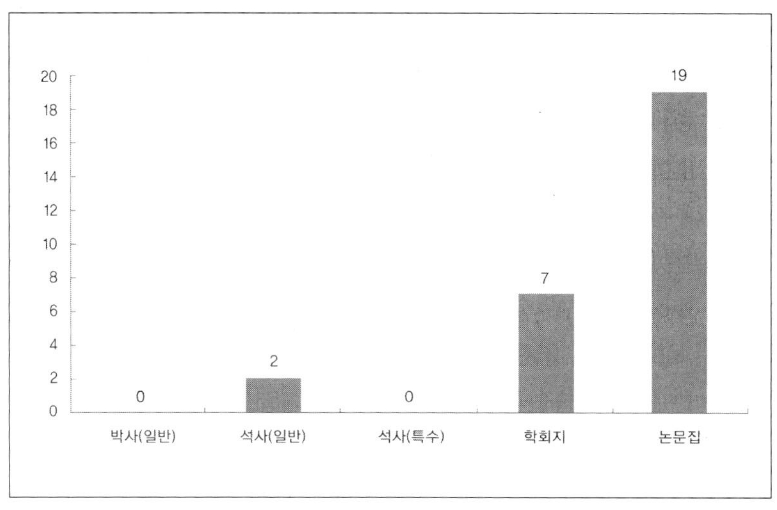

<그림 6> 1960년대 논문 발표 빈도

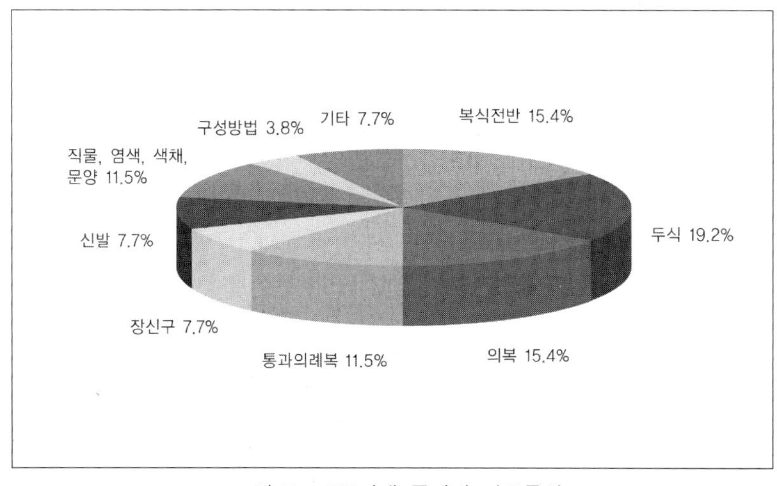

<그림 7> 1960년대 주제별 연구동향

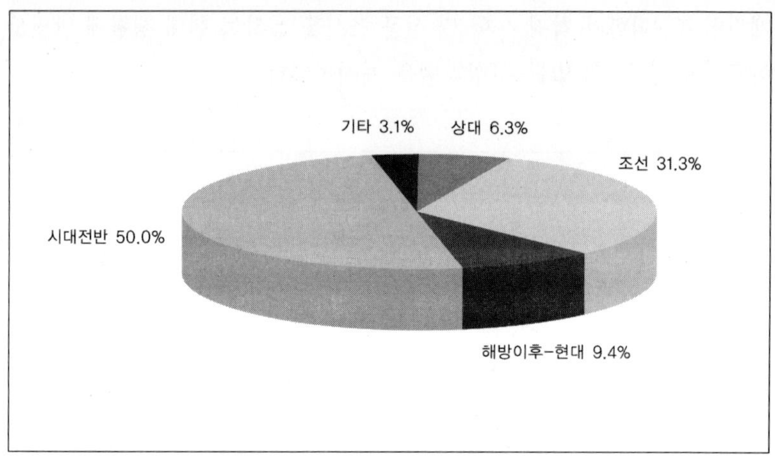

<그림 8> 1960년대 시대적 주제별 연구동향

3) 1970년대의 연구동향

1970년대는 의류학의 영역이 가정학의 일부가 아닌 하나의 독립된 학문으로 발전하면서 새로운 학과의 설립, 전공자의 증가, 전공분야의 세분화 및 전문화가 이루어지기 시작한 시기이다. 이화여대, 서울대, 숙명여대 등의 의류계열학과 및 가정교육학과를 중심으로 학위논문의 수가 계속 증가하였고, 이화여대, 성신여대, 부산대, 세종대, 효성가톨릭대, 단국대, 계명대, 인천교육대, 국민대 등 각 대학의 논문집에서도 활발한 연구성과가 있었다. 의류학의 전문화가 이루어지면서 1975년 한국복식학회와 1976년 한국의류학회가 창립되었는데, 학회수의 증가로 복식학자들 간의 교류가 더욱 빈번해지고 전문 학술지를 통해 양질의 복식사 논문들이 발표됨으로써 한국복식사 연구도 더욱 활발해지는 계기가 되었다.

이전에 비해 4배 이상 논문수가 증가하였고 주제도 더욱 다양해졌지만, 그 동향을 살펴보면 60년대와 마찬가지로 넓은 범위의 총체적인 연구보다 좁은 범위의 구체적인 연구로 나타났다. 대표적인 학위논문으로는 「여자저고리 소고」(이경자, 1971), 「이조시대의 복식 금제」(이순홍, 1973), 「심의고」

(김인숙, 1974), 「한국입제의 변천에 관한 연구」(강순제, 1974), 「개화기 문관복에 관한 연구」(김미자, 1974), 「조선시대 관복색의 연구」(이상은, 1975), 「족두리 소고」(이갑희, 1976), 「난삼의 연구」(이순자, 1331) 등이 있으며, 그 외에 남녀 궁중예복, 관복, 관모, 수식, 장신구, 갑주 등에 관한 다수의 논문이 대학논문집을 중심으로 발표되었다. 이와 같은 경향은 복식학계의 전반적인 추세 이외에, 아직 학위논문보다 학술지 및 다양한 논문집을 중심으로 발표하는 소논문의 빈도수가 훨씬 더 높게 나타나는 점과도 관계가 있을 것으로 생각된다.

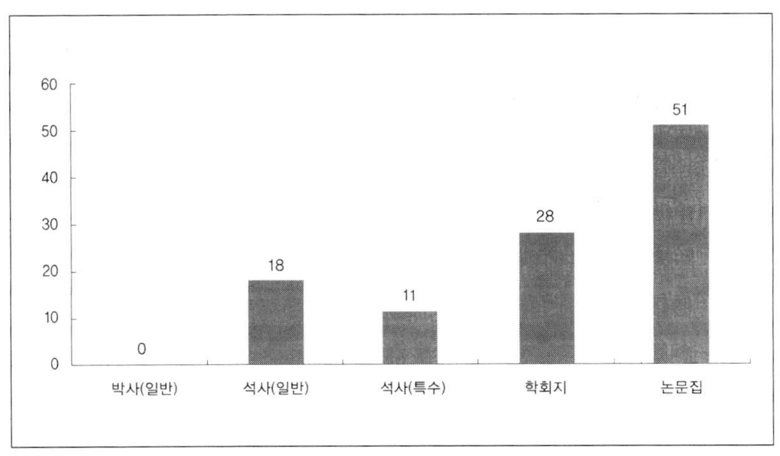

<그림 9> 1970년대 논문 발표 빈도

연구의 주제를 살펴보면 대부분 조선시대에 치중되어 있는데, 이는 다른 시기와 비교하여 문헌 자료가 많고 현존하는 유물의 종류도 다양하게 나타나기 때문이다. 유물조사보고서, 전문서적 및 각종 전시회를 통하여 유물을 직접 간접적으로 면밀히 접할 기회가 점차 많아지면서, 조선시대의 연구는 다른 시기에 비해 어느 정도 문헌 연구와 유물을 통한 실증적 연구가 가능해졌다. 특히 이전에는 유물 대부분이 조선후기 이후의 전세품에 치중되어, 조선 초중기의 복식 연구는 주로 문헌 연구에 의존할 수밖에 없었으나, 60년대

후반 이후 조선시대 분묘에서 수십 벌의 복식유물이 출토되고 직접조사 및 보고서를 통해 학계에 귀중한 연구 자료로 제공됨으로써 「유물 상으로 본 이조 중기 의복고」(권계순, 1973), 「출토 조선시대 유의(遺衣)의 복식사적 연구」(고복남 · 김동욱, 1978) 등과 같이 복식유물의 치수, 형태, 구성적 특징을 토대로 조선 초중기의 복식을 고찰한 논문들이 등장하였다. 출토유물은 복식사 뿐만 아니라 문화사 전반의 중요자료라 인정되어 대부분 문화공보부의 중요민속자료로 지정되었다. 그 밖에 「이조시대의 문양을 중심으로 한 자수 노리개의 연구」(백영자, 1970), 「한국의상에 나타난 문양에 관한 연구」(김순분, 1970), 「조선왕조시대 직물의 문양 고찰」(이경자, 1975), 「실물로 본 색채와 무늬의 고찰 : 이조시대 의상을 중심으로」(최옥자, 1977), 「조선왕조시대 금박에 관한 연구」(인윤실, 1978), 「조선조 복식문양 연구」(선수산, 1979), 「활옷의 형태와 문양에 관한 연구」(손경자, 1977) 등 이전에 비해 복식 문양에 관한 관심이 높아졌음을 알 수 있다.

고대복식에 관한 연구는 「한국 고대 귀고리 양식고」(성효인, 1970), 「한국 과대의 역사적 연구」(안명숙, 1976), 「고구려 고분벽화의 복식 연구」(이경자, 1976) 등 주로 고분에서 발굴된 유물을 중심으로 이루어졌으며, 무령왕릉(1971) · 천마총(1973) · 황남대총(1975)의 연이은 발굴로 금관, 귀고리, 목걸이, 팔찌 등 다수의 국보급 고대 장신구가 출토되어, 삼국시대 복식 연구를 보완하는 데에 귀중한 자료가 되었다. 조선시대에 비해 사료가 부족한 삼국과 고려시대의 연구는 인접국가인 중국, 일본과의 복식 교류 안에서 다각도로 고찰하려는 연구가 이루어져, 「고려복식에 미친 중국복식의 영향」(유희경, 1974), 「정창원의 고려금」(조규화, 1976), 「바지의 기원과 그 교류」(조규화, 1979)와 같이 한국복식사의 연구영역이 중국, 일본복식사에까지 확대되게 되었다. 유희경 교수는 박사학위논문인 「면복에 관한 연구」(1974)를 위해 당시 대만 고궁박물관에서 연구하였다.

「제주도 복식의 민속학적 연구」(고부자, 1971), 「한국무속복식 연구 : 황해도 무당 전대주를 중심으로」(박영주, 1975)는 문헌 · 유물 조사 외에 현지조사 및 인터뷰 등 민속학적인 연구방법을 병행한 논문들인데, 이들은 주로 20세기 이후 특정 지방의 서민 복식에 관한 것으로서 직접・간접적으로 경험한 현지인들의 증언을 바탕으로 문헌기록의 한계를 보완하였다.

1970년대에는 특히, 한국복식사에서 대표적인 전문서적들이 출판되어 학문적 체계를 완성시켰다는 의의를 가진다. 1971년 『한국복식사』(석주선, 보진재)를 시작으로, 『한국장신구사』(황호근, 서문당, 1972), 『한국복식사연구』(김동욱, 아세아문화사, 1973), 『한국복식사연구』(유희경, 이화여대출판부, 1975), 『한국복식의 역사 : 고대편』(이은창, 세종대왕기념사업회, 1978), 『흉배』(석주선, 석주선기념민속박물관, 1979) 등이 출간되었다. 이 중에서 유희경 교수의 『한국복식사연구』는 문헌기록, 회화, 유물을 총망라하여 연구된 것으로, 처음으로 한국복식을 통시적으로 체계화한 역작으로 평가되며 현재까지 대학에서 복식사를 연구하는데 기본교재로 사용되고 있다. 석주선 교수의 『한국복식사』는 고서의 기록 이외에 특히 유물의 비중을 크게 두고 실물 및 착장모습을 상세한 도판(圖版)으로 실어 복식을 구체적으로 이해할 수 있게 하였으며, 『흉배』는 조선시대 흉배의 유물만을 모은 도록(圖錄)으로 조선시대 관복 및 자수를 연구하는데 귀중한 자료가 되었다.

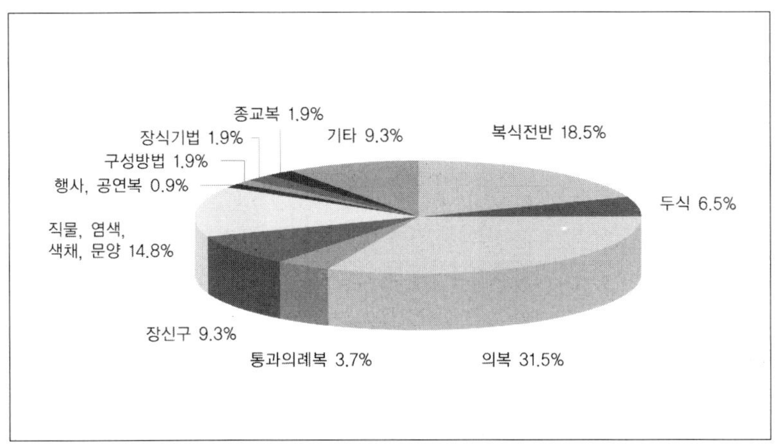

<그림 10> 1970년대 주제별 연구동향

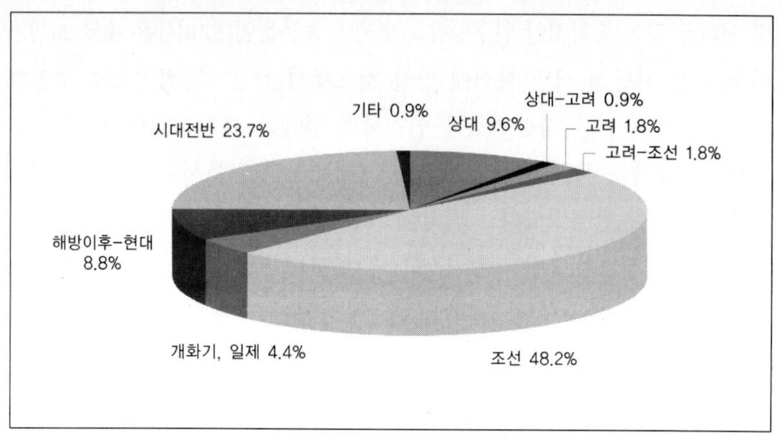

<그림 11> 1970년대 시대적 주제별 연구동향

4) 1980년대의 연구동향

1980년대에 이르면 학생수의 증가에 따라 학위논문의 수량이 대략 4배정도 증가하였고, 학회지의 편수도 증가하여 논문집과 거의 비슷한 비중을 나타냈다.

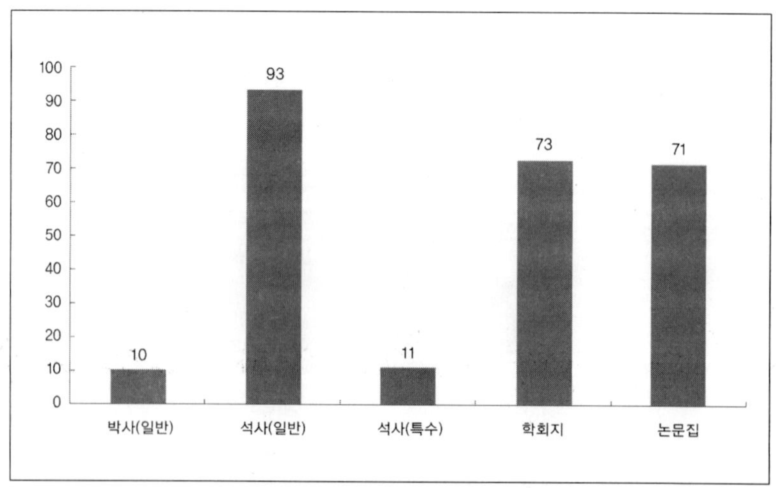

<그림 12> 1980년대 논문 발표 빈도

논문의 주제는 이전과 마찬가지로 조선시대에 편중되어 나타났는데, 특히 출토복식에 관한 관심이 높아졌다. 애초에 출토복식은 망자(亡者)가 수의로 입은 특별한 의복으로 치부되었으나, 도시 계획 및 이장으로 인한 계속된 발굴 성과를 바탕으로 더 이상 망자의 수의가 아닌 평시에 입었던 생활복식으로 해석됨에 따라 복식사 연구에 있어서 매우 귀중한 자료로 떠오르게 되었다. 1981년 단국대학교에 석주선기념 민속박물관이 건립되면서, 개관기념으로 '광주이씨 수의 특별전'을 개최하였는데 이는 출토복식을 학계에 연구 자료로 제공한 최초의 전시회였으며, 이후 현재까지 매년 개관 기념으로 출토복식 특별전과 학술발표회가 열리고 있어 복식사 연구에 큰 영향을 끼치고 있다.

이러한 성과들에 힘입어 조선 전 시기의 복식에서 보다 실증적이고 구체적인 연구가 가능해졌다. 남자복식에서는 비교적 다량으로 출토되는 단령, 직령, 철릭, 창의류, 도포 등의 포제(袍制)를, 여자복식에서는 저고리, 치마를 중심으로 형태적 특징 및 시대에 따른 변화 양상을 분석 고찰하는 논문들이 다수 배출되었다.

학위논문으로 「첩리에 관한 연구」(문명희, 1980), 「창의류에 관한 연구」(윤미화, 1982), 「답호에 관한 연구」(이봉숙, 1984), 「도포에 관한 연구」(조근희, 1986), 「한국 직령교임식 포에 관한 연구」(이해영, 1989)가 있으며, 학술지논문으로는 「조선시대 깃에 대한 연구」(김문자, 1981), 「직령에 관한 연구」(김미자, 1981), 「조선조 초기 여자복식」(고복남, 1982), 「단령 및 창의 봉제에 관하여」(정광희, 1984), 「조선시대 여자 의복 변천의 수치적 연구」(고복남, 1984), 「조선 중기 복식변천의 요인 분석」(고복남, 1984), 「첩리고」(김정자, 1985), 「철릭의 명칭에 관한 연구」(이은주, 1988), 「철릭에 대한 사회학적 분석」(이은주, 1989) 등이 있다. 이 중 이은주(1989)의 논문은 철릭의 특성을 사회학적인 측면에서 분석한 연구로서, 외래 복식인 철릭이 우리나라에 유입되고 널리 전파될 수 있었던 유행심리적 · 사회적 요인을 분석함으로써 복식문화 연구의 질을 높이고자 하였다.

그 밖에 눈에 띄는 조선시대 연구로는 문헌과 유물을 토대로 한 면복,

적의, 활옷, 원삼, 당의 등 궁중예복에 관한 연구가 있으며, 「기사계첩에 나타난 복식에 관하여」(유희경, 1980), 「평양감사환영도의 복식연구」(이주원, 1981), 「조선통신사의 일연구」(궁민봉, 1983), 「단원 김홍도의 평생도병풍에 나타난 인물들의 관모에 관한 고찰 : 세종박물관의 소장품을 중심으로」(손경자 · 전혜숙 · 임영자, 1983), 「조선시대 가례도감의궤에 나타난 반차도의 구조적 연구」(금정진, 1988) 등과 같이 궁중 기록화나 풍속화를 바탕으로 복식의 형태, 행사의 절차, 생활양식 등을 종합적으로 분석한 연구도 있었다. 조선시대 복식의 연구는 의복 · 관모 · 두식 · 장신구 · 직물 · 문양 · 복식제도 · 복식관 등 삼국시대나 고려시대에 비해 매우 다양하게 접근되었다.

1980년대에는 삼국시대와 통일신라시대의 연구가 크게 증가하였다는 점이 주목된다. 이전의 무령왕릉(1971), 천마총(1973), 황남대총(1975) 발굴자료는 「삼국시대 과대에 관한 연구」(문영희, 1980), 「삼국시대 경식에 관한 연구」(구미혜, 1983), 「삼국시대 이식과 경식에 관한 연구」(신용희, 1984), 「이식고」(신상호, 1986), 「삼국시대 팔찌에 관한 연구」(김문자, 1988) 등 다양한 금제 장신구의 연구성과로 이어졌다. 또한 1986년 용강동 고분과 1987년 황성동 고분에서 출토된 남녀의 토용들에서 당시의 복식을 착장한 모습이 실물로 확인되어, 이전에 주로 문헌에만 의존하였던 통일신라시대 복식연구에 새로운 장을 여는 계기가 되었고, 이러한 성과를 바탕으로 「용강동 토용에 나타난 복식 연구」(김인숙, 1987), 「황성동 고분출토 토용의 복식연구」(구인숙, 1988) 등의 학위논문들이 배출되었다.

그 밖에 「한일고대복식 관계 연구」(김문자, 1980), 「고분벽화에 표현된 복식형태의 비교 연구 : 고구려 고분과 고송총(다카마쓰총)을 중심으로」(김영희, 1984), 「일본의 고송총 벽화나 식륜 등과의 비교 연구」(김진희, 1986), 「삼국시대와 일본 고대복식과의 비교 연구」(이향미, 1986), 「고송총 벽화 인물복식의 복식사적 연구」(박경자, 1987) 등 고구려벽화와 일본 고송총 벽화와의 비교를 통한 한일 고대복식의 비교 연구가 이루어졌다.

사료의 부족으로 한국복식사에서 가장 미진한 부분으로 남아있었던 고려시대 복식의 연구는 1980년대에 들어 이전보다 다소 늘어났는데, 「한국불화에 나타난 매듭에 대한 연구」(성낙윤, 1986), 「고려불화에 나타나는 의상문양 연구」(임명자, 1984), 「고려전기 향리신분과 복식」(은영지, 1986), 「삼국시대와 고려시대의 상(裳)에 관한 연구」(장미, 1989) 등 주로 문헌 및 불화를 바탕으로 한 연구가 있었다.

직물에 관한 연구논문은 고문헌 및 발굴조사보고서를 중심으로 한 고대 직물의 연구가 있으며, 그 외에도 「한국전통수직에 관한 연구」(구희경, 1985), 「우리나라 직물제직기술에 대한 연구」(민길자, 1985)와 같은 직조기술에 관한 연구, 「이조중기 출토면직물의 특성에 관한 연구」(이정숙, 1981) 등의 조선시대 출토직물의 연구도 나타났다. 문양에 관해서는 전통문양에 대한 개괄적 연구, 용 · 십이지장 · 모란 · 구름 등 전통적으로 한복에 많이 사용되었던 특정문양에 관한 연구, 고구려벽화나 고려불화 등 회화에 나타난 문양의 연구 등이 주류를 이루었으며 문양의 형태, 시대에 따른 변천, 주변국가와의 비교, 상징성, 조형성 등 비교적 다양한 접근으로 나타났다.

이와 같이 새로운 자료가 발굴되고 여러 분야에서의 연구성과가 더해지면서 『속 한국복식사』(석주선, 1982, 고려서적주식회사) 등의 개정판으로 이전의 개설서의 내용이 수정 · 보완되었고, 그 밖에 『한국의 복식』(문화재보호협회, 1982), 『한국복식사론』(이경자, 1983, 일지사), 『백제의 복식』(김동욱, 1985, 백제문화개발연구원), 『한국전통복식사연구』(고복남, 1986, 일조각), 『조선조 궁중풍속연구』(김용숙, 1987, 일지사), 『출토유의 및 근대복식논고』(김동욱, 1987, 충북대박물관), 『한국복식풍속사 연구』(조효순, 1988, 일지사) 등 새로운 저서들이 출간되는 성과를 이루었다. 또한 한국복식사에서의 연구 범위를 동양복식의 비교로 넓히는 연구도 시도되었는데, 한 · 중 · 일 여성의 폐면(蔽面)용 쓰개를 비교한 논문(홍나영, 1987)을 비롯하여 패옥(佩玉), 피백(被帛) 등의 복식 비교 연구도 이어졌다.

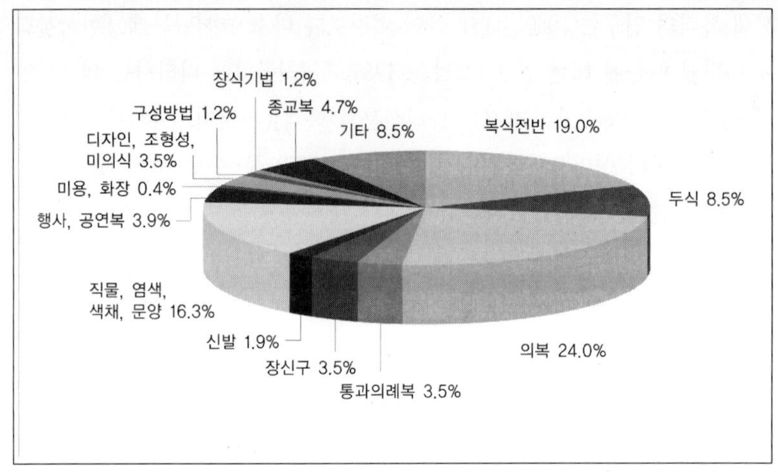

<그림 13> 1980년대 주제별 연구동향

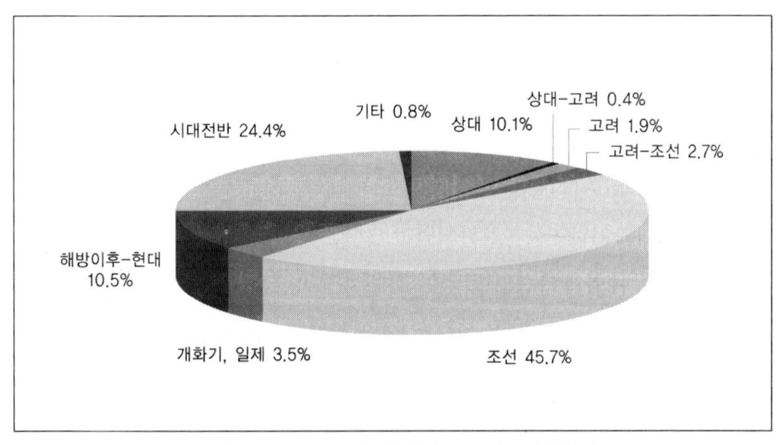

<그림 14> 1980년대 시대적 주제별 연구동향

복식사 연구의 종합적 성과는 오늘날 그것을 시각적으로 복원, 재현하는 사업과 연계되었다. 한국방송공사에서는 1974년 말부터 여러 고증위원들을 중심으로 본격적인 복원작업에 착수하였고, 그 결과 상대시대에서 개화기까지 전시대에 걸쳐 380여 점의 복원품이 만들어졌다. 이들을 각 시대, 신분별로 수록한 『한국복식도감』(한국방송공사사업단, 1986)은 일반인들에게도 쉽게

이해되도록 서술된 책으로, 옛 문화를 재현하고자 하는 관련 업계에게 당시로서 귀중한 참고자료가 되었다. 또한 1986년 아시안게임이 서울에서 개최되면서 외국인들에게 아름다운 한국문화를 소개하고자 하는 여러 문화행사가 각지에서 열렸는데, 그 중에서 당시에 TV드라마 '조선왕조 500년'을 장기 방영하고 있었던 (주)문화방송에서 주관한 <조선왕조 500년 복식전>은 철저한 고증을 거쳐 제작된 조선시대 복식 복원품 50여 점을 공개한 전시로서 아시아 각국에 우리의 복식문화를 소개하고 널리 알리는 계기를 마련하였고, 이를 기념하는 도록도 발간하였다.

이 시기에는 새로이 장식미술학과, 공예학과, 응용미술학과, 산업미술학과 등 미술계통 학과에서 한복의 복식미를 응용한 작품개발을 주제로 내세운 디자인 관련 논문들이 배출되면서 한복의 현대화, 세계화에 대한 관심이 하나의 추세로 자리 잡게 되었다. 패션의 국제화라는 흐름과 함께 현대의 실생활에 한국적인 이미지를 접목시키려는 움직임이 일어났는데, 주로 한복의 선이나 직물, 문양을 응용한 디자인들이 제안되었다.

5) 1990년대의 연구동향

1990년대에는 80년대에 비해 논문수가 2배 이상 증가하였다. 학위논문에서는 석사학위 논문수는 비슷하나, 박사학위 논문수가 약 3배 정도 증가하였으며, 디자인, 산업미술, 교육대학원 등 특수대학원의 석사 논문수도 2배 이상으로 증가하였다. 특히 이 시기에는 대학논문집의 논문수가 감소하고 학회지의 논문수가 5배 정도 급증하였는데, 그 주된 연유는 1993년 복식문화학회가 창설되어 새로운 학회지를 연 4회 발간하였고, 한국복식학회에서도 예전에 매년 2~4회 학회지를 발행하였던 것을 점차 6~8회로 회수를 늘려가는 등 전문 분야에 논문을 등재할 수 있는 기회가 늘어났기 때문이다. 또한 역사학, 민속학, 미술사학, 공예사 분야의 학회지에 복식사 연구자가 논문을 발표하거나, 이와 반대로 다른 분야의 연구자가 복식사에 관심을 가지고

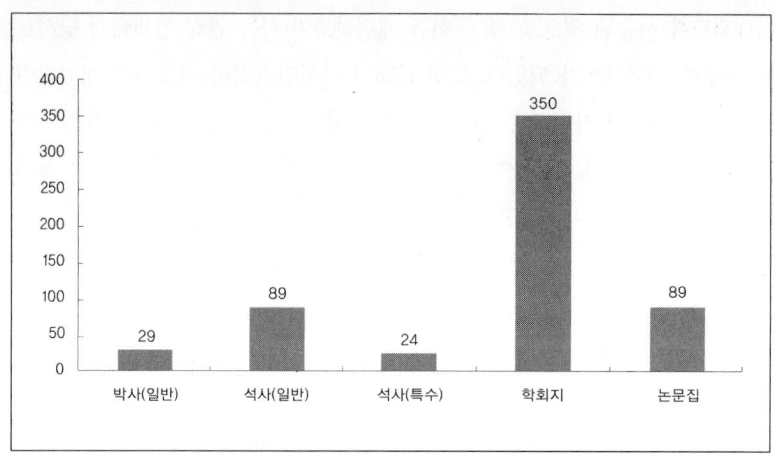

<그림 15> 1990년대 논문 발표 빈도

새로운 사료를 바탕으로 복식을 논하는 사례가 늘어나는 등 인접 학문 사이의 연구교류가 활발해지기 시작한 것도 이 시기 연구동향의 특징 중 하나이다.

연구주제의 동향을 살펴보면 이전에 비해 한국복식과 주변국가 복식의 비교 연구가 현저히 증가했다는 점이 가장 주목된다. 1980년대까지는 기존의 국내 사료를 통한 학문의 체계가 어느 정도 완성되었기 때문에, 1990년대에 이르면 국내 사료 연구의 한계를 극복하고 서로 다른 국가 간의 문화적인 교류관계를 연구하여 복식의 원류를 찾는 동시에, 시대적 흐름에 따른 복식의 변천을 보다 포괄적이고 입체적으로 이해하려는 움직임이 활발해지기 시작하였다. 게다가 국제사회의 개방화 추세와 함께 1992년에 한중수교가 체결되고 중국과의 직접적인 문화·사회적 교류가 가능해지면서 중국 유적을 직접 답사하거나 새로운 서적 및 사료를 접하는 것이 이전에 비해 수월해지게 되면서 한국복식사 연구의 세계화에도 다분히 영향을 끼쳤다고 본다.

복식 비교대상은 논제에 따라 중국, 일본, 서역, 베트남, 몽골, 유럽 국가 등으로 나타났는데, 「몽고 한국복식의 상관성 연구」(손경자, 1990), 「한중 단령의 비교」(문광희, 1991), 「당대 남자복식에 관한 연구」(이옥만, 1991), 「한국의 단령과 일본의 단령의 비교 연구」(김미자, 1993), 「관모연구(2) : 식륜(埴輪)에 나타난 고대 일복의 관모를 중심으로」(강순제, 1994), 「고대 한중 복식의 선 연구」(이상은, 1996), 「고대 한일 장신구 비교 연구」(김문자, 1996), 「한국 유고(襦袴)와 중국 고습(袴褶)의 보편성과 특수성에 관한 연구 : 4C~7C를 중심으로」(김미자, 1997), 「배자 고찰을 통한 한·중·일 복식문화의 비교」(이진영, 1997), 「동북아시아 신 문화에 관한 연구 : 화(靴), 혜(鞋), 리(履)를 중심으로」(조선희, 1997), 「반비의 원류와 변천에 관한 연구 : 한국과 중국의 반비를 중심으로」(박두이, 1998) 등 인접 국가인 중국·일본의 복식과의 비교 연구가 가장 활발하게 이루어졌다. 특히 통일신라시대 복식은 당시 서역(西域)풍이 만연했던 당(唐)의 복식과 밀접한 영향관계가 있었던 만큼 연구의 관심이 필연적으로 실크로드(silk road) 복식에까지 미치게 되었으므로, 이 시기에는 서역(西域) 복식에 대한 연구가 활성화되었을 뿐만 아니라 「한국복식과 서역복식 간의 공통요소」(깐수 무함마드, 1993), 「슬슬전 고」(김영재, 1997)와 같이 고대 한국과 서역과의 복식 영향관계를 규명하는 연구도 함께 이루어졌다.

주변국가와 복식 비교 연구의 분위기는 이전에 거의 연구의 불모지였던 고려복식에 대한 연구와도 이어져, 「한국, 몽고 복식의 상관성 연구(2) : 고려시대 몽고 침략기를 중심으로」(손경자, 1991), 「고려왕조대 고려와 교류하였던 제국과 고려의 복식제도에 관한 연구(5-2) : 금 패망 후 원복속기 100여 년간의 고려복식제도(AD 1224~1370)」(임명미, 1991), 「고려왕조대 남송, 금제를 병용한 100여 년간의 복식(AD 1142~1224)」(임명미, 1991), 「고려시대와 송대의 관복 비교 연구 : 공·상복을 중심으로」(서옥경, 1993), 「고려왕조대 고려와 교류하였던 제국과 고려의 복식제도에 관한 연구(2-4) : AD 960~1142년 사이 200년간 송대(北宋), 요(遼)와 교류 당시의 고려복식」(임명미, 1993), 「송 복식이 고려복식에 미친 경향에 대한 연구 : 여자복식을 중심으로」(이순자, 1995), 「고려시대와 송대의 관복(冠服) 비교 연구 : 공(公), 상복(常服)을 중심으로」(서옥경, 1997) 등 주로 문헌을 중심으로 동시대에 교류하였던 남송, 금, 요, 원과의 복식 교류를 비교 분석하여 고려 복식을 규명하고자 하는 다수의 연구가 있었다. 하지만 일부의 연구에서는 새로운 사료를 바탕으로 한 참신한 시도를 뒷받침할 객관적인 논증이 부족하여 학계의 논란을 야기하기도 하였다.

한편 고려불화를 통한 복식의 형태 및 의복의 문양 분석도 이전에 비해 더욱 활발하게 나타났다. 고려불화는 이미 1981년 일본 아사히(朝日) 신문과 한국의 중앙일보가 『고려불화』 도록을 출판하면서 구체적인 연구의 대상이 되기 시작하였는데, 1990년대 호암갤러리에서 주최한 '고려불화 특별전(1993)', '대고려 국보전(1995)'을 통해 국내외의 고려불화가 일반에 공개되면

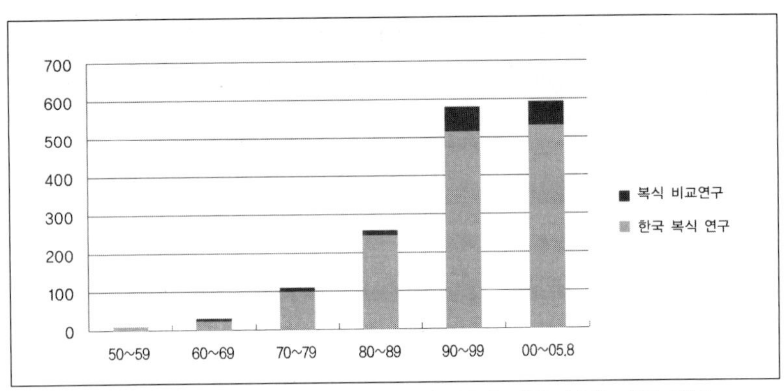

<그림 16> 연대별 연구방법 동향 : 한국복식 연구, 복식 비교 연구

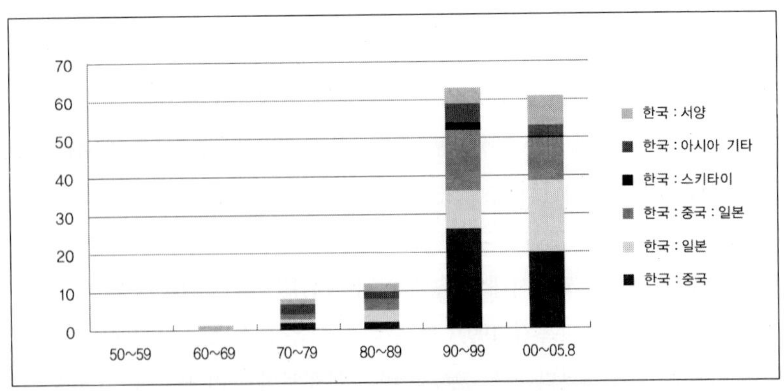

<그림 17> 복식 비교 연구의 대상 분포

서 고려불화는 중요한 문화유산으로 새롭게 각광받는 단서가 되었다. 이와 같은 흐름을 바탕으로 「고려시대 수월관음도의 의상에 나타난 문양 연구」(박옥련, 1991), 「고려불화에 나타난 여인 복식 연구」(김진성, 1993), 「통도사 조사도에 나타난 복식에 관한 연구」(안명숙, 1993), 「고려시대 인물관련 제작물을 통해서 본 복식에 관한 연구(1)」(임명미, 1994), 「불화 속에 표현된 복식의 구조와 형태 연구」(채금석, 1994), 「고려시대 여인들의 유, 상의 형태에 관한 연구」(김문자, 1998), 「고려불화에 나타난 복식의 조형미」(한자령, 1995) 등의 논문들이 발표되었다.

이 시기의 고려 복식 연구에서 또 하나 괄목할 만한 성장을 이룬 것은 직물 연구이다. 고려시대의 섬유 유물은 대개 불상을 조성하여 봉안할 때 넣은 불복장물(佛腹藏物)로 발견된다. 간혹 옷의 형태로 복장된 경우도 있지만 대개는 작은 천 조각으로 나타나는 경우가 많은데, 이는 문헌으로만 기록되어 있는 당시의 직조 상황을 실물로 확인할 수 있는 중요한 단서가 된다. 더욱이 불복장물은 출토품과 달리 완전 밀폐된 공간에서 색상의 변화 없이 양호한 상태로 보존되어 나타나므로 고려 복식 연구에 있어 매우 귀중한 자료가 아닐 수 없다. 1966년에 보고된 장곡사 철조약사불 복장유물(1346), 1975년에 보고된 문수사 금동여래좌상 복장유물(1346)에 이어 1990년에는 온양민속박물관에서 아미타불 복장유물(1302)이 공개되었는데, 여기에는 3점의 의복류 이외에 200여 점에 넘는 직물편이 포함되어 있어 부족했던 고려시대 직물 연구에 큰 도움이 되었으며, 그 결과 「고려시대의 견직물과 그 세직에 관한 연구」(조효숙, 1990), 「한국 전통 문직물의 조직에 대한 고찰(1)」(민길자, 1990), 「1302년 아미타불복장직물의 조사연구」(김미자 · 조효숙, 1991), 『한국민속종합조사보고서』(민길자 · 이양섭 · 김미자 · 이순홍 · 박두이, 1991)가 발표되는 등 문헌과 유물을 연관시킨 실증적 연구가 활발히 이루어졌다. 이와 같이 의복 · 직물 · 문양 등 여러 분야에서 개척된 고려시대의 연구는 1980년대에 비해 7배나 급증하는 성과를 보였다.

1980년대부터 활성화되기 시작한 고대 복식 연구는 1990년대에 이르면 그동안 남북한 및 중국 · 일본에서 발표된 조사 자료를 바탕으로 의복 · 관모 · 장신구 등 다양한 분야에서의 연구성과가 있었으며, 복식과 사회계층, 원류를 탐구하기 위한 사상적 배경 등의 접근도 나타나 연구 분야의 확산이 이루어졌다. 또한 이전에 전무하였던 발해와 가야 복식에 관한 연구가 시작되었다. 김민지는 정효공주묘 벽화(1980년 발굴) 및 발해유적 조사 논문 및 보고서를 근거로 「발해(698~926)의 복식에 관한 연구」(1993), 「발해의 복식에 관한 연구(II)」(1994) 등의 논문을 연이어 발표하였으며, 특히 객관적이고 구체적인 연구를 위해 중국과 통일신라의 복식과 연계하여 비교 분석하였다. 가야 복식 연구로는 「가야지역의 이식(耳飾)에 관한 연구」(은영자, 1990), 「가야 고분을 통해 살펴본 장신구」(백성례, 1993), 「고신라, 가야 고분출토 수목형, 수목녹각형 입식에 대한 연구」(김문자, 1997) 등 문헌 및 고분 출토유물을 바탕으로 한 주로 장신구에 관한 연구가 있었다.

혼례복에 관한 연구로는 문헌 및 유물을 통한 분석으로 나타나며, 상례복에 관한 연구로는 『가례집람』, 『국장도감의궤』등의 문헌적 고찰, 중국 제도와의 비교 연구, 전통적인 수의와 현행 수의와의 비교 연구, 출토유물에 나타난 염습의 고찰, 수의에 관련된 금기 연구 등이 있었다. 의례복식은 복식뿐만 아니라 의례 절차 하나하나에도 많은 의미와 상징이 부여되어 있으므로, 「의례복식의 상징작용에 관한 연구방법론과 그 적용」(이은주, 1995), 「한국 의례복식의 기호학적 분석(1) : 조선시대 혼례복식을 중심으로」(나수임, 1996)와 같이 복식 상징작용을 기호학 이론에 적용시켜 해석하려는 논문도 새롭게 등장한 것이 90년대 이후 연구동향의 한 특징으로 나타났다.

이 시기의 조선시대 복식 연구에서 특히 주목되는 점은 문헌과 복식 유물을 통한 실증적 연구 이외에도 국어국문학 자료를 통한 복식 용어 규명에 대한 연구가 이루어졌다는 것이다. 황유선은 「조선시대 저고리류 명칭에 관한 연구」(1999)에서 조선시대 문헌에 나타난 저고리류의 다양한 명칭에 대한 개념 정리를 시도하였으며, 김진구 교수는 「신라 복식 어휘의 연구」(1994),

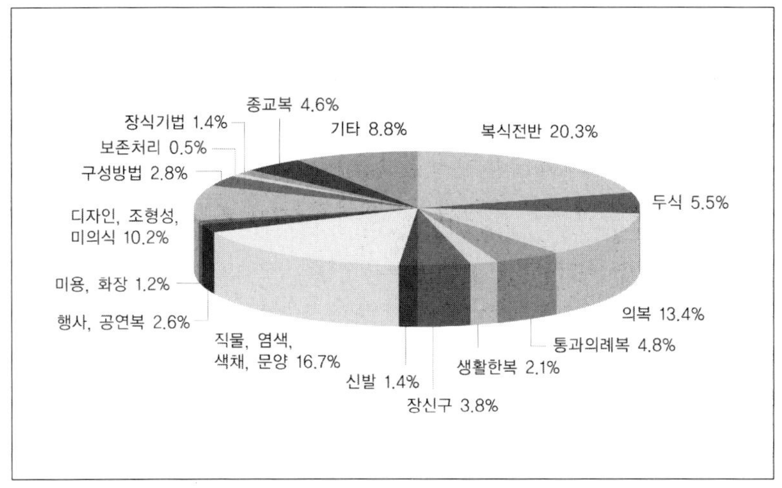

<그림 18> 1990년대 주제별 연구동향

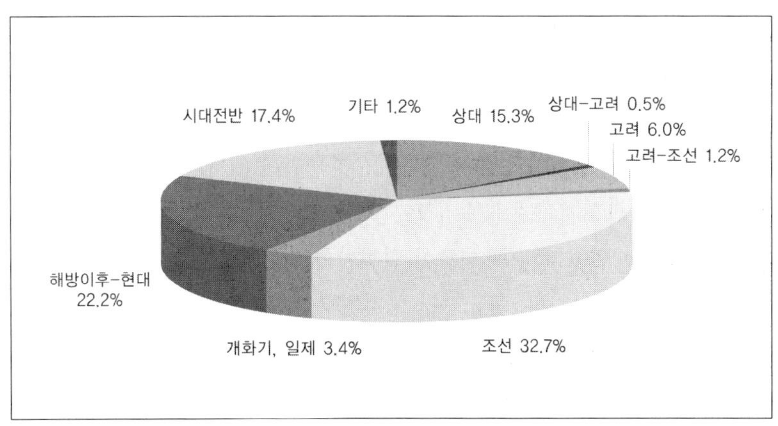

<그림 19> 1990년대 주제별 연구동향

「『노걸대』의 복식 연구」(1996), 「『삼국사기』의 복식용어 연구」(1997), 「『계림유사』의 직물관련용어 연구(1)」(1999)등 복식 용어에 계속된 관심을 가지고 수년에 걸쳐 여러 시기의 연구를 행하였다. 또한 비단 복식학자가 아니더라도 「『의궤』에 나타나는 차자(借字) 표기 연구(1) : 조선후기 복식 어휘를 중심으로(1)」(오창명, 1997)과 같이 국어국문학 전공의 연구자가 전문적인

지식과 사료를 바탕으로 복식 용어를 객관적으로 해독한 사례도 나타났다.

한편 종교복식에 관한 연구는 1970년대부터 나타났으나, 1990년대에 이르면 불교복식과 무속복식을 중심으로 논문수가 크게 증가하였다. 현지조사 및 인터뷰를 통한 자료 수집보다 주로 문헌과 유물 및 현재 착용되고 있는 실물을 중심으로 고찰된 내용이 주류를 이루었으며, 그밖에 증산도 · 원불교 · 대종교와 같은 신흥 종교의 복식을 다룬 논문들도 다양하게 발견되었다. 이 시기에는 이양섭 소황옥 교수 등을 중심으로 문헌을 통한 전통 염색의 연구 이외에도 전통 염색기법을 실용적으로 응용하기 위한 실험적 연구가 다양하게 시도되었다.

6) 2000년대 전반기의 연구동향

최근 5년간의 논문수를 살펴보면, 박사학위 논문은 90년대와 비교할 때 별다른 차이가 없지만 석사학위 논문은 90년대 10년간의 논문 수의 1.3배 이상 상회하고 있다. 또한 특수대학원의 디자인, 미용계열학과에서 배출되는 논문수도 크게 늘어났다. 눈에 띄는 것은 논문집에 게재되는 논문수가 크게 줄고, 그 대신 학회지의 논문수가 2배 이상 급증하였다는 점인데, 연구자의 증가 및 활발한 연구 활동과 더불어 학회지의 연간 발행수가 90년대에 비해 더욱 늘어났기 때문이다. 대표적인 학회지인 『복식』(한국복식학회)은 90년대 후반에 연 4~6회 발행하던 것을 1999년 이후 연 8회 발행하기 시작하였으며, 학술진흥재단에서 실시하는 학회지 평가에서 우수학회지로 선정되면서, 대학 논문집보다 전문적인 학술지를 통해 논문을 발표하는 경향이 근래에 들어 더욱 우세해 지게 되었다. 또한 1997년에는 한복문화학회, 1999년에는 한국의류산업학회가 창설되어 각각 『한복문화』(한복문화학회, 연 3회), 『한국의류산업학회지』(한국의류산업학회, 연 5~6회)의 학회지를 발행함으로써, 학회지를 통한 논문 발표의 기회는 더욱 많아졌다고 하겠다. 『고구려연구』(고구려연구회), 『비교민속학』(비교민속학회), 『한국동양예술학회지』

(한국동양예술학회) 등 다른 분야의 학회에 발표하는 건수는 줄어들었지만 꾸준히 지속되고 있어 국문학, 역사학, 인류학, 민속학, 미술사학 등과의 학술적 교류의 장은 계속 열어두고 있다.

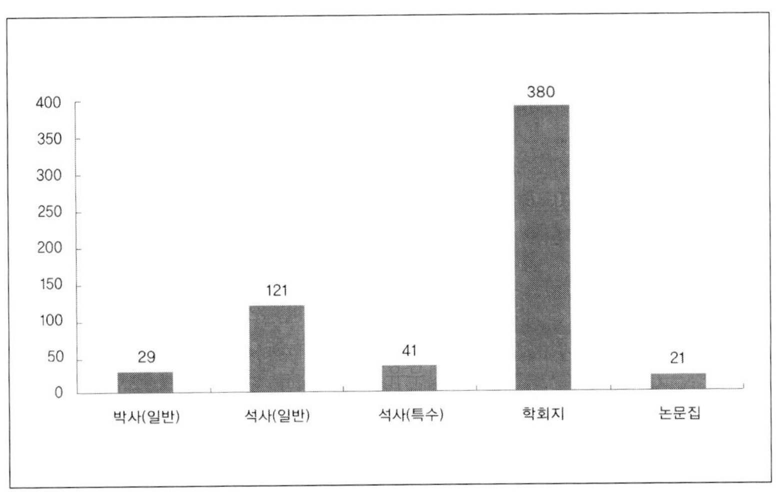

<그림 20> 2000~2005. 8. 논문 발표 빈도

2000년 이후의 연구동향을 살펴보면 이전에 다루어지지 않았던 새로운 주제 탐구, 근래 새로운 자료의 발견·조사로 기존에 연구된 내용의 수정·보완, 같은 주제를 새로운 시각과 방법으로 재해석한 연구 등으로 나타난다.

문헌 및 유물자료가 풍부하여 가장 많은 논제를 가지고 있는 조선시대 복식의 연구는 새로 발굴된 출토유물의 성과로 기존에 밝히지 못했던 부분에 대한 연구가 시도되었으며, 이전에 발표된 논제에 대한 새로운 해석이 추가된 연구들이 새로 발표되었다. 또한 출토복식에 관심을 두고 이를 연구하는 학자들이 증가하면서 예전에는 일부 박물관 및 대학에 집중되었던 출토복식 보존처리가 출토묘역과 가까운 거리의 지방 박물관에서도 이루어지게 되었으며, 각 박물관의 특성에 따라 다양한 전시가 기획되고 보고서의 질도 높아지면서 학계의 연구도 더욱 활기를 띠게 되었다.

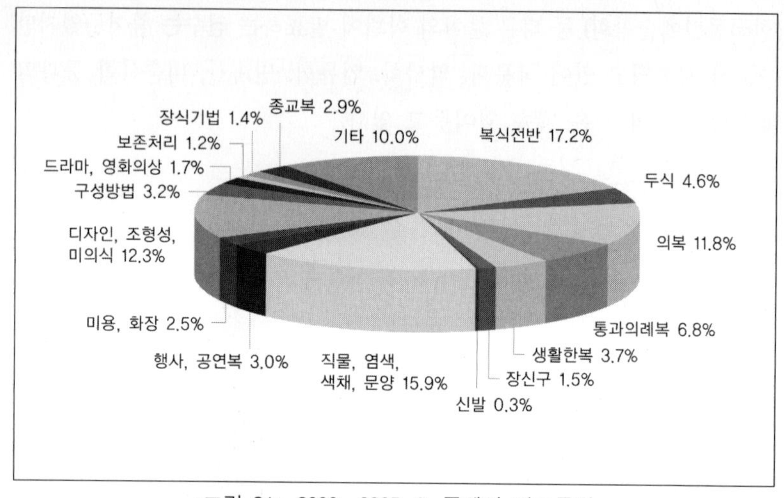

<그림 21> 2000~2005. 8. 주제별 연구동향

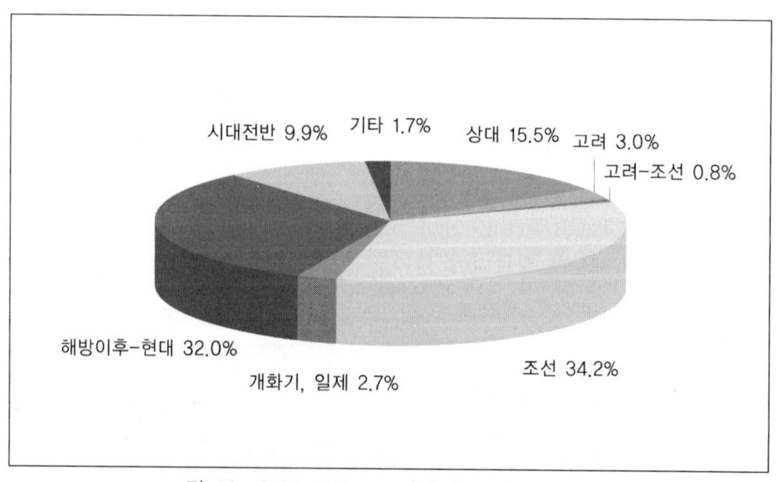

<그림 22> 2000~2005. 8 시대적 주제별 연구동향

연구자의 전문분야에 따라 연구도 세분화되어 복식의 종류, 봉제방법 연구 이외에도 보존처리 실험, 직물·문양에 관한 연구도 심도 깊게 진척되었다. 출토복식의 전문적인 보존처리에 대한 관심이 높아짐에 따라 배상경, 안춘순, 이미식, 유효선 교수 등을 중심으로 섬유 유물의 손상을 최소화하면

서 보존처리를 하기 위한 노력이 이루어졌으며, 조효숙 교수는 「장기 정씨(1565~1614)묘 출토 직물의 특성」(2001)을 발표한 이후 의원군 일가, 여흥 민씨 묘, 청송 심씨(1534~1589)묘 등에서 출토된 직물의 실증적 고찰을 통해 각 시대에 사용되었던 직물의 종류 및 문양의 특성을 규명하고, 특히 당시 문헌과 비교하여 당시에 명명되었던 직물의 특정한 명칭을 밝히는데 중점을 두고 있다.

근래에는 16~17세기의 복식 유물이 다량으로 출토되면서 복식제도의 혼란기인 조선 중기의 복식을 구체적으로 규명하려는 논문들이 나타나고 있다. 임진・병자 양란을 기점으로 조선 전기와 후기의 복식 양상은 매우 다르게 나타나므로 중간의 과도기적인 성격을 지니는 조선 중기의 복식은 아직 논란이 되고 있는 부분이 많다. 또한 기존에는 복식의 형태 변화에 주로 초점을 두었다면, 이제는 「조선시대 철릭과 남자 포류의 상호관계」(정혜경, 2000), 「출토 저고리의 형태변화와 변화요인 연구 : 16, 17세기를 중심으로」(심화진・송지혜, 2000), 「조선시대 직령의 유형과 특성」(이주영・권영숙, 2003), 「조선시대 남자복식에 나타난 목판 당코깃 연구」(구남옥, 2005) 등과 같이 형태 변화의 요인, 복식간의 상호영향관계에까지 연구의 폭이 넓어지게 되었다.

또한 기존의 복식사 연구는 대개 왕실 및 상류층을 중심으로 이루어졌으나, 근래에는 연구 범위의 확장으로 중인이나 서민의 복식에 관심을 두는 연구자들이 생겨났다. 주로 한국사와 국문학 분야에서 연구되어 왔던 중인계급의 복식에 대하여 본격적인 연구를 시도한 「조선시대 중인 복식 연구」(송혜주, 2004)는 신분별 복식제도 뿐만 아니라 경제・사회 변동에 따른 복식의 변화양상을 설명하고 있다. 서민 복식은 문헌 자료가 미비하여 연구를 시작하는데 어려움이 있고, 다채로운 상류층 복식에 비해 덜 중요하게 생각되어 거의 연구가 이루어지지 않았다. 그러나 극히 일부의 상류계급의 복식을 가지고 한 시대의 전체적인 복식으로 일반화시키는 것은 늘 무리가 있으므로 이 분야는 앞으로도 새로운 자료가 입수되는 대로 계속 연구・보완되어야 하는 과제로 남아 있다.

일반 서민의 의생활 풍속에 대한 연구로는 이미 고부자의 연구(1971, 1989, 1995), 「서민복식문화에 관한 연구 : 경북 금오산 주변지역의 민속조사 결과를 중심으로」(홍나영 · 이은주 · 임재영, 1994a, 1995b) 등과 같이 주로 민속조사를 통해 입수한 자료를 가지고 분석한 연구로 나타나며, 대개 통과의 례복이나 지방색을 나타내는 특수한 의복을 중심으로 연구가 진행되어 왔다. 일반 서민의 의생활 풍속에 대한 관심은 점차 늘어나, 2000년대에 이르면 지방 민속 조사를 통한 연구가 더욱 활발하게 이루어졌는데, 비교적 구체적인 자료수집이 가능한 의례복을 중심으로 행해졌으며 과거의 전통복식을 직접 혹은 간접적으로 경험했던 노인 및 관련자를 대상으로 인터뷰 자료를 수집했기 때문에 「20세기 중엽 충청지역의 혼례복과 혼례풍속에 관한 민속학적 연구」(김정자, 2000), 「광복 이후 첫돌 복식의 변천」(지윤영 · 홍나영, 2001), 「20세기 한국의 혼례 문화 변천에 관한 연구 : 서울과 경상도의 지역의 사례를 중심으로」(홍나영 · 박선희 · 이은진, 2002) 등과 같이 연구 범위는 주로 20세기 이후로 나타난다. 이러한 논문들은 일반 가정에서 행해졌던 전통의례와 관련된 의생활 풍속을 질적으로 연구하였다는 의의가 있다.

한편 민속조사를 통한 연구방법은 종교복식 연구에서도 나타났다. 90년대에는 주로 문헌 및 유물에 근거한 분석이 다수를 이루었던 것에 반해, 2000년 이후 특히 무복에 관한 연구를 보면 서울 · 황해도 · 경상도 등 지방 현지조사 및 인터뷰를 통한 연구가 눈에 띄게 증가하였다. 불교복식에 관해서는 한국 · 중국 · 일본의 현재 가사의 비교 고찰이 이루어졌으며, 그 외에 일부 신흥 종교의 의례복에 관한 연구도 있었다.

이 시기에는 전통 복식을 현대화, 산업화하기 위한 노력의 일환으로 생활 한복에 관련한 논문들이 대거 등장하였다. 소비자의 생활한복 착용실태, 인지도, 선호도 조사를 통해 보다 대중화할 수 있는 패턴과 디자인 제안 및 생활한복을 고급화시킬 수 있는 방안 연구, 직접 업체 조사를 통하여 현재 생산되는 생활한복 제품의 비교 연구, 생활한복의 이미지를 일상적인 캐쥬얼 웨어(casual wear)나 직업복 등 이전에 비해 다양한 부분에 실용화시킬 수 있는 방안을 연구한 것, 현대에 생활한복이 형성된 배경을 복식 문화사적으로 분석한 것 등의 연구성과가 있었다. 이를 위해서 문헌 연구 이외에 업체 조사, 표본 집단의 설문 및 인터뷰, 통계 등의 연구방법을 사용하였으며, 필요한 경우에는 실물제작을 하기도 하였다.

한편, 드라마나 영화에서 역사를 주제로 한 사극에 대한 관심이 늘어나면서 영상물에 사용된 복식 고증에 관한 관심이 고취되었다. 사극 의상은 원작의 시대를 바탕으로 어느 정도 고증이 이루어지지만, 인물의 성격 및 이야기 전개에 따라 각기 부각되는 부분과 감추어지는 부분이 존재한다. 또한 극이 만들어지는 시점의 유행경향이 반영되기 때문에 같은 소재라 하더라도 어느 시기에 제작되었는가에 따라 등장인물의 복식은 다르게 나타난다. 영상물에 관한 대표적인 연구로는 <춘향전>과 <장희빈>의 복식 연구가 있는데, 이들은 1960년대부터 대략 10년 단위로 수차례에 걸쳐 반복되어 제작된 작품이기 때문에 다른 주제에 비해 축적된 자료를 바탕으로 한 통시적 연구가 가능하므로, 제작 시기에 따른 복식 고증의 변화, 고증과 한복 유행과의 관계 등을 비교·분석한 연구 결과들로 나타났다. 또한 최근 사극의 경향에서 소재의 '탈조선화'가 이루어지면서 이전에 흔히 다루지 않았던 삼국시대나 고려시대를 배경으로 하는 드라마나 영화가 많이 제작되고 있는데, 한국방송공사(KBS)에서는 '유희경 복식문화연구원'의 고증위원들에 의하여 철저히 고증된 드라마 <삼국기>, <태조 왕건>, <무인시대> 등의 방송의상을 종합하여 『한국복식도감』(2004, KBS아트비전)을 출간, 근래에 연구 보완된 삼국시대~고려시대의 복식 고증 성과들을 구체적인 실물 재현을 통하여 집대성하였다.

관모의 연구는 1960년대 이후로 꾸준히 이루어진 주제이지만, 자료의 한계로 대부분 고대나 조선시대의 남자 관모를 중심으로 나타났다. 2000년대에도 크게 달라진 것은 없으나, 관모의 원류, 형성과정 및 제작방법, 관모에 담겨진 상징성, 미적 특성 등 연구의 깊이가 더해졌다. 남자의 두식이 대부분

관모를 중심으로 연구되었던 것에 반하여, 여성의 두식은 머리모양, 머리장신구, 쓰개를 중심으로 연구되어 왔다. 머리모양에 관한 연구는 유물의 한계가 있어 주로 문헌과 회화 자료에 근거하여 이루어졌는데, 시대전반을 다룬 「우리나라 수발에 관한 연구」(김용문, 1983)를 제외하고는 대부분 시기적으로 가까운 조선시대를 중심으로 연구한 논문이 주류를 이루었다. 2000년대에는 「조선시대 가체 변화에 관한 연구」(이영주, 2001), 「조선후기 가체와 후계에 관한 연구 : 조선왕조실록과 북학자 문집을 중심으로」(전혜숙 · 김태영, 2003), 「가체를 중심으로 한 조선후기 여성의 머리장식 연구 : 신윤복의 풍속화를 중심으로」(송승희, 2004) 등 여성의 가체와 관련된 연구들이 있었으며, 그 밖에 일부 미용관련 학과에서 개화기 남녀의 머리모양의 변천 및 재현에 관한 연구도 있었다.

그 밖에 색에 관한 연구를 살펴보면 색명(色名)의 개념 연구, 천연염색 연구동향의 분석, 유물이나 풍속화에 나타난 한복의 전통적인 배색 방법, 천연염색 실험, 현대의 전통 배색의 인식 및 선호도 조사 등으로 나타났다.

경제사를 통한 복식 연구도 시도되었는데, 이자연(2002, 2003, 2004)의 연구를 보면 조선 통신사와 일본 사신간의 교역품을 통해 조선 전기의 복식문화를 밝히고자 한 점이 주목된다.

4. 새로운 한국복식사 연구의 지평을 위한 모색

한국복식사 연구는 그동안 양적으로나 질적으로도 꾸준한 성장을 해왔다. 하지만 대부분의 논문들은 방법론으로 문헌의 섭렵과 실물의 실측을 언급하고 과거의 복식의 형태나 양식을 밝히기 위한 사례중심의 획일적 연구에 치중하였다. 따라서 지금까지 복식사의 방법을 구체적이고 체계적으로 검토하는 방법이 미흡했다는 아쉬움이 없지 않다. 앞으로는 주제에 따른 다양한 분석을 통해 객관적이고 체계적인 이해를 도모하기 위한 다양한 연구방법론의 시도가 필요하며, 획일적인 연구방법에서 벗어나 가설을 세워 검증하는 경험론적인 방법론과 같은 사회과학에서의 방법론과 같이 타 분야의 연구방법론을 도입 활용하여 연구방법론을 다양하게 활용할 필요가 있다.

또한 지금까지의 연구논문들은 일정한 주제에 대한 설명식 서술이 많았으며, 문제제기가 없이 결론은 본론을 요약하는 글로 대신할 수밖에 없었는데, 이는 한국복식사가 아닌 역사학계 전반을 향한 비판[5]과 일치한다. 이에 대해 일부에서는 한국복식사 분야가 체계적 연구의 역사가 짧고, 복식 사료와 훈련받은 연구원이 부족하다는 이유를 들어 한국복식 연구의 더 많은 집적이 필요하다고 지적하였다. 하지만, 다른 분야의 대부분의 학문 역시 20세기 후반에 시작된 것이 적지 않고, 연구인력 배출도 그동안 다른 분야에 비해 적다고는 말할 수 없다. 또한 한국복식사의 연구 사료도 꾸준히 발굴되고 있는 실정이다. 따라서 한국복식사 연구의 문제는 사료나 인력, 연구결과의 부족보다는 학자들의 문제의식의 제기와 공유, 그리고 이에 대한 토론이 활발하지 못한 것에 있다고 본다.

그러므로 무엇보다도 연구의 주제를 공유하고, 학자들 간의 토론 전개를 통해 쟁점화하는 작업이 필요하다. 예를 들어 한국인의 '백의호상(白衣好尙)'과 같은 주제는 계속적인 관심을 끌어온 주제임에도 불구하고, 백의를 선호한 배경 요인에 대해 태양을 숭배하는 민족이 백의를 숭상한다는 최남선의 견해 이외에 염료의 부족, 유교의 상례(喪禮)제도로 인해 상복(喪服) 착용기간이 길었던 점, 자연미를 선호하는 미의식 등의 일부 의견이 각각 제시되었을 뿐 이에 대한 총체적인 문제 제기와 토론 및 쟁점화가 이루어지지 않았다. 근래 새로운 사료의 발굴로 인해 쟁점이 될 수 있는 논제에 대해서도 다른 학자의 견해에 대한 반론 없이 새로운 견해가 조심스럽게 제시될 뿐이다. 연구의 질적 성장을 위해서는 각자의 견해를 뒷받침할 수 있는 신뢰성 있는 사료를 찾아내고, 새로운 해석과 설명이 논리적으로 시도되어야 하며, 함께 비평하고 논쟁하는 풍토가 학계에 조성되어야 한다. 이와 같은 맥락에서, 그동안의 연구업적이 양적인 평가와 학술지 게제 논문에 대해서만 게재학술

5) 강우철(1992), 『역사는 왜 배우는가』, 교학사, 69～70쪽.

지의 수준으로 평가되어 왔다면 앞으로는 분과학회에서 서평활동을 강화하여 저서출판에 대한 질적 감시도 강화해야 할 것이다. 무엇보다 동일한 주제에 대해 다른 의견을 가진 학자들 간에 같은 주제를 공유하고 쟁점화하는 과정을 통해 복식사 연구의 깊이와 외연을 확대할 수 있을 것으로 기대한다.

앞으로의 한국복식사 연구는 인접 학문과의 연계를 통한 학제간 연구가 충분히 수행되어야 한다. 학제적 연구가 활발하지 못한 것은 우리의 학문풍토가 세분화되어 각각의 영역은 많은 발전을 이룬 반면, 서로 다른 분야의 전공자들이 공동의 관심사를 설정하고 연구하는 풍토가 아직 발달되지 못한 것도 하나의 원인이었다. 따라서 연구자들이 통합적 시각을 가질 수 있도록 인접 분야와의 교류를 권장하거나 제도화하고, 이를 통해 연구대상을 기존의 분과체제 중심에서 벗어나 입체적으로 설정하는 능력을 갖추도록 하는 것이 필요하다. 역사학과 민속학, 미술사 등의 복식사 관련분야는 물론, 문학 · 언어학 등의 인문학, 인류학 · 사회학 · 정치학 · 여성학 등의 사회과학, 그밖에 예술학과 자연과학을 망라한 여러 학문분야와의 협동 연구과정을 통해 새로운 연구자료 확보와 정확한 해석을 도모하고, 새로운 연구방법론을 모색할 수 있을 것이다. 학제간 연구의 활성화는 한국의 복식문화를 입체적으로 이해하는데 도움이 될 뿐만 아니라, 미술사학 · 역사학 · 한국학 등에서 한국복식사의 고유한 영역과 위상을 확실하게 공고히 하는 데에도 도움이 될 수 있을 것이다.

그밖에, 한국복식사 연구를 위해서는 자료와 업적의 정보화, 연구성과의 활용과 대중화가 필요하다. 그동안의 연구 업적을 쉽게 이용할 수 있는 정보화 작업이 요청되어 이미 각 학회에서 이를 인터넷에 제공 중이지만, 학위논문과 저서, 연구보고서 등 한국복식사 연구 전반을 정기적으로 정리하는 체계적인 작업의 시도가 필요하다. 그리고 이러한 정보를 데이터베이스화하여 제공함으로써 연구성과를 활용하고 대중적으로 이용할 수 있게 하여야 한다. 연구성과를 대중의 교양물로 전환하는 일을 폄하하는 경향이 있어왔던 것이 사실이나, 그동안의 연구가 미래창조의 기반이 되기 위해서는 성과가 교육으로 전이되고 일반 대중의 교양으로 전파되어야 하는 것은 매우 중요한 사업 중의 하나로 생각된다. 특히 한류(韓流)문화의 지속적인 확대를 위해서 학계의 연구성과가 대중문화에 쉽게 적용될 수 있어야 하는데, 그러기 위해서는 각종 문화행사에서 지속적으로 손쉽게 활용될 수 있도록 데이터베이스(data base)화하고 디지털콘텐츠(digital contents)화하는 작업이 계속되어야 한다. 애니메이션(animation), 무대예술, 영상예술 등 대중문화 영역에서 한국적이며 역사적인 소재를 문화상품으로 활용할 수 있도록 정보화하는 작업을 수행할 한국문화에 대한 충분한 이해와 해박한 복식사 지식으로 인력과 문화예술과 테크놀로지의 결합을 가능하게 할 인재양성 등이 요구된다.

마지막으로 세계화 속의 한국복식사의 위상을 정립하기 위한 노력이 필요하다. 그동안의 한국복식사 연구에서는 한국복식 자체에 대한 관심에서 중국과 일본, 몽골 등 주변국으로 확대, 비교 연구되어 왔다. 하지만 대부분의 비교복식문화 연구는 복식의 영향관계만 중시하고 수용의 상황과 수용주체의 창조적 변인을 고려하지 않았고, 비교의 대상이 아시아와 서구복식의 일부에 한정되었다. 세계시장에 한류문화로 일익을 담당하도록 전통문화를 상품화하고, 한국을 국제시장에 내놓기 위한 방법으로 한국복식사를 국제사회 속에 소개하기 위해서는, 그동안의 연구성과를 외국어로 소개하는 작업이 활발히 이루어져야 한다. 또한 학제적 연구와 마찬가지로 일방적인 외국의 이론이나 연구방법의 도입에서 벗어나 해외의 학자들과 활발한 소통과 교류를 통한 상호연구를 하기 위한 새로운 방법모색이 필요하다. 그리고 한국복식 자체를 세계화하는 구체적인 작업 또한 필요하다.

한국복식사는 의류학의 한 분야로서의 차원이 아니라 한국문화로서의 존재를 증명해야 한다. 새로운 한국복식 연구의 지평을 열기 위해서는 한국복식의 특수성만이 아닌 인류문화의 보편성과 각국 문화의 특수성을 함께 밝힐 수 있는 학문으로서 발전해야 한다.

참고문헌

강순제(1974), 「한국입제의 변천에 관한 연구」, 이화여자대학교 석사학위논문.

강순제(1989), 「巾制소고(Ⅱ) : 상고시대의 관, 건을 중심으로」, 『생활과학연구논집』 9-1, 가톨릭대학교.

강순제(1993), 「우리 관모의 始末에 관한 연구 : 남자 편복 관모를 중심으로」, 서울여자대학교 박사학위논문.

강순제(1994), 「관모연구(2) : 埴輪에 나타난 고대 일복의 관모를 중심으로」, 『생활과학연구논집』 14-1, 가톨릭대학교.

강우철(1992), 『역사는 왜 배우는가』, 교학사.

고광림(1967), 「면복에 관한 연구」, 『논문집』 7-2, 인천교육대학교.

고복남 · 김동욱(1978), 「출토 조선시대 遺衣의 복식사적 연구」, 『복식』 2, 한국복식학회.

고복남(1982), 「조선조 초기 여자복식」, 『아세아여성연구』 21, 숙명여자대학교 아세아여성문제연구소.

고복남(1984), 「조선 중기 복식변천의 요인 분석」, 『논문집』, 25, 숙명여자대학교.

고복남(1984), 「조선시대 여자 의복 변천의 수치적 연구」, 『아세아여성연구』 23, 숙명여자대학교 아세아여성문제연구소.

고복남(1986), 『한국전통복식사연구』, 일조각.

고부자(1971), 「제주도 복식의 민속학적 연구」, 이화여자대학교 교육대학원 석사학위논문.

구남옥(2005), 「조선시대 남자복식에 나타난 목판 당코깃 연구」, 『복식』 55-3, 한국복식학회.

구미혜(1983), 「삼국시대 경식에 관한 연구」, 숙명여자대학교 석사학위논문.

구인숙(1988), 「황성동 고분출토 토용의 복식 연구」, 이화여자대학교 박사학위논문.

구희경(1985), 「한국전통수직에 관한 연구」, 이화여자대학교 석사학위논문.

궁민봉(1983), 「조선 통신사의 일연구」, 이화여자대학교 석사학위논문.

권계순(1973), 「유물 상으로 본 이조 중기 의복고」, 『연구논문집』 12-1, 대구효성가톨릭대학교.

권학수(1993), 「가야사복원과 고고학자료의 해석」, 『선사와 고대』 4, 한국고대학회.

금정진(1988), 「조선시대 가례도감의궤에 나타난 반차도의 구조적 연구」, 숙명여자대학교 석사학위논문.

김동욱(1961), 「이조 초의 복식금제」, 『논문집』 7-1, 중앙대학교.

김동욱(1963), 「우리 복식에 있어서의 편복제의 변천에 대하여」, 『동방학지』 7, 연세대학교 국학연구원.

김동욱(1963), 『이조 전기 복식연구』, 한국연구원.

김동욱(1964), 「이조 관모제 시말 : 남자관모에 대하여」, 『아세아연구』 7-1, 고려대학교 아세아문제연구소.

김동욱(1964), 「이조 중후기의 여복구조 : 자료제시를 주로」, 『아세아여성연구』 3, 숙명여자대학교 아세아여성문제연구소.

김동욱(1973), 『한국복식사연구』, 아세아문화사.

김동욱(1985), 『백제의 복식』, 백제문화개발연구원.

김동욱(1987), 『출토유의 및 근대복식논고』, 충북대학교 박물관.

김문자(1980), 「한일고대복식 관계연구」, 이화여자대학교 석사학위논문.

김문자(1981), 「조선시대 깃에 대한 연구」, 『복식』 5, 한국복식학회.

김문자(1988), 「삼국시대 팔찌에 관한 연구」, 『논문집』 6, 수원대학교.

김문자(1996), 「고대 한일 장신구 비교 연구」, 『복식』 29, 한국복식학회.

김문자(1997), 「고신라, 가야 고분출토 수목형, 수목녹각형 입식에 대한 연구」, 『대한가정학회지』 35-5, 대한가정학회.

김문자(1998), 「고려시대 여인들의 유, 상의 형태에 관한 연구」, 『복식』 38, 한국복식학회.

김미자(1974), 「개화기 문관복에 관한 연구」, 이화여자대학교 석사학위논문.

김미자(1981), 「직령에 관한 연구」, 『복식』 5, 한국복식학회.

김미자(1990), 「한국복식의 30년간 연구동향(1958~1989)」, 『복식』 15, 한국복식학회.

김미자 · 조효숙(1991), 「1302년 아미타불복장직물의 조사연구」, 『1302년 아미타불복장직물의 조사연구』, 온양민속박물관.

김미자(1993), 「한국의 단령과 일본의 단령의 비교 연구」, 『논문집』 1, 서울여자대학교.

김미자(1997), 「한국 襦袴와 중국 袴褶의 보편성과 특수성에 관한 연구 : 4C~7C를 중심으로」, 『복식』 33, 한국복식학회.

김민지(1993), 「발해(698~926)의 복식에 관한 연구」, 서울대학교 석사학위논문.

김민지(1994), 「발해의 복식에 관한 연구(2) : 러시아 연해주에서 발견된 청동용을 중심으로」, 『복식』 22, 한국복식학회.

김분칠(1969), 「여자 저고리의 형태와 기능에 관한 연구」, 『대한가정학회지』 7,

대한가정학회.
김순분(1973), 「한국의상에 나타난 문양에 관한 연구」, 영남대학교 석사학위논문.
김영숙(1966), 「고구려 관모에 관한 고찰」, 『대한가정학회지』 5, 대한가정학회.
김영재(1997), 「슬슬 · 전 고」, 『복식』 31, 한국복식학회.
김영희(1984), 「고분벽화에 표현된 복식형태의 비교 연구 : 고구려 고분과 고송총(다까마스총)을 중심으로」, 이화여자대학교 석사학위논문.
김용문(1983), 「우리나라 수발에 관한 연구」, 성신여자대학교 석사학위논문.
김용숙(1966), 「이조 후기 비빈들의 사절복식과 의차 : 순화궁접초를 중심으로」, 『아세아여성연구』 5, 숙명여자대학교 아세아여성문제연구소.
김용숙(1987), 『조선조 궁중풍속연구』, 일지사.
김인숙(1974), 「심의고」, 이화여자대학교 석사학위논문.
김인숙(1987), 「용강동 토용에 나타난 복식 연구」, 이화여자대학교 석사학위논문.
김정자(1985), 「첩리고」, 『복식』 8, 한국복식학회.
김진구(1994), 「신라복식 어휘의 연구」, 『복식문화연구』 2-2, 복식문화학회.
김진구(1996), 「『노걸대』의 복식 연구」, 『복식문화연구』 4-1, 복식문화학회.
김진구(1997), 「『삼국사기』의 복식용어 연구(I)」, 『복식문화연구』 5-1, 복식문화학회.
김진구(1999), 「『계림유사』의 직물관련용어연구(1)」, 『복식문화연구』 7-2, 복식문화학회.
김진성(1993), 「고려불화에 나타난 여인 복식 연구」, 고려대학교 석사학위논문.
김진희(1986), 「일본의 고송총 벽화나 차륜 등과의 비교 연구」, 이화여자대학교 교육대학원 석사학위논문.
김태공(1956), 「비녀에 관한 소고찰」, 『가정학보』 4, 이화여자대학교.
깐수 무함마드(1993), 「한국복식과 서역복식 간의 공통요소」, 『한국복식』 11.
나수임(1996), 「한국 의례복식의 기호학적 분석(1) : 조선시대 혼례복식을 중심으로」, 『복식문화연구』 4-3, 복식문화학회.
문광희(1991), 「한중 단령의 비교」, 『복식』 17, 한국복식학회.
문명희(1980), 「첩리에 관한 연구」, 이화여자대학교 석사학위논문.
문영희(1980), 「삼국시대 과대에 관한 연구」, 숙명여자대학교 석사학위논문.
문화공보부 문화재관리국 편(1985), 『한국민속종합조사보고서(의생활편)』.
문화재관리국 문화재연구소편(1991), 『한국민속종합조사보고서(직물공예편)』.
문화재보호협회(1982), 『한국의 복식』, 문화재보호협회.

민길자(1985), 「우리나라 직물제직기술에 대한 연구」, 『교육논총』 4-1, 국민대학교.
민길자(1990), 「한국 전통 문직물의 조직에 대한 고찰(1) : 면기(綿綺)의 조직적 분류와 명명」, 『교육논총』 10, 국민대학교.
박경자(1968), 「혼례복에 관한 실태조사」, 『연구논문집』 1, 성신여자대학교 한국여성연구소.
박경자(1987), 「고송총 벽화 인물복식의 복식사적 연구」, 『생활문화연구』 1, 성신여자대학교 생활문화연구소.
박두이(1998), 「반비의 원류와 변천에 관한 연구 : 한국과 중국의 반비를 중심으로」, 서울여자대학교 박사학위논문.
박수자(1969), 「우리나라 신의 변천에 대한 연구」, 이화여자대학교 석사학위논문.
박영주(1975), 「한국무속복식 연구 : 황해도 무당 전대주를 중심으로」, 이화여자대학교 교육대학원 석사학위논문.
박옥련(1991), 「고려시대 수월관음도의 의상에 나타난 문양 연구」, 『한국의류학회지』 16-1, 한국의류학회.
박창희(1963), 「18세기경 이조 여성복장과 서구 여성복장의 비교 연구」, 이화여자대학교 석사학위논문.
방인도(1959), 「한국 삼작 노리개 考」, 이화여자대학교 석사학위논문.
백성례(1993), 「가야 고분을 통해 살펴본 장신구 : 금동관과 이식을 중심으로」, 『한양여자대학논문집』 16.
백영자(1970), 「이조시대의 문양을 중심으로 한 자수 노리개의 연구」, 서울대학교 석사학위논문.
서옥경(1993), 「고려시대와 송대의 관복 비교 연구 : 공·상복을 중심으로」, 숙명여자대학교 박사학위논문.
서옥경(1997), 「고려시대와 송대의 冠服 비교 연구 : 公, 常服을 중심으로」, 『복식』 31, 한국복식학회.
서옥수(1956), 「이식류에 관한 소고」, 『가정학보』 4, 이화여자대학교.
석주선(1963), 「한복의 역사적 고찰」, 『대한가정학회지』 4, 대한가정학회.
석주선(1971), 『한국복식사』, 보진재.
석주선(1979), 『흉배』, 석주선기념민속박물관.
석주선(1982), 『속 한국복식사』, 고려서적주식회사.
선수산(1979), 「조선조 복식문양 연구」, 건국대학교 석사학위논문.
성낙윤(1986), 「한국불화에 나타난 매듭에 연구」, 숙명여자대학교 석사학위논문.

성효인(1970), 「한국 고대 귀고리 양식고」, 『가정』 16, 이화여자대학교.

손경자(1977), 「활옷의 형태와 문양 관한 연구」, 『복식』 1, 한국복식학회.

손경자 · 전혜숙 · 임영자(1983), 「단원 김홍도의 평생도병풍에 나타난 인물들의 관모에 관한 고찰 : 세종박물관의 소장품을 중심으로」, 『복식』 7, 한국복식학회.

손경자(1990), 「몽고, 한국복식의 상관성 연구(1) : 복식의 양식비교를 중심으로」, 『복식』 14, 한국복식학회.

손경자(1991), 「한국, 몽고 복식의 상관성 연구(2) : 고려시대 몽고 침략기를 중심으로」, 『복식』 16, 한국복식학회.

송기호(2003), 「발해문화사 연구 현황과 과제」, 『한국사연구』 122, 한국사연구회.

송승희(2004), 「가체를 중심으로 한 조선후기 여성의 머리장식 연구 : 신윤복의 풍속화를 중심으로」, 충남대학교 석사학위논문.

신상호(1986), 「이식고」, 이화여자대학교 석사학위논문.

신용희(1984), 「삼국시대 이식과 경식에 관한 연구」, 숙명여자대학교 석사학위논문.

심화진 · 송지혜(2000), 「출토 저고리의 형태변화와 변화요인 연구 : 16, 17세기를 중심으로」, 『생활문화연구』 14, 성신여자대학교 생활문화연구소.

안명숙(1976), 「한국 과대의 역사적 연구」, 이화여자대학교 석사학위논문.

안명숙(1993), 「통도사 조사도에 나타난 복식에 관한 연구」, 『논문집』 3, 광주대학교 민족문화예술연구소.

오창명(1997), 「『의궤』에 나타나는 借字 표기 연구(1) : 조선후기 복식 어휘를 중심으로(1)」, 『한국복식』 15, 단국대학교 민속학연구소.

유희경(1958), 「문헌에 나타난 조선시대 여성복식에 관한 고찰」, 『한국여성문화논총』, 이화여자대학교 출판부.

유희경(1963), 「우리나라의 관모」, 『대한가정학회지』 4, 대한가정학회.

유희경(1968), 「이조의 백관복」, 『성신여사대논문집』.

유희경(1974), 「고려복식에 미친 중국복식의 영향」, 『한국문화연구원논총』 23, 이화여자대학교 한국문화연구원.

유희경(1974), 「면복에 관한 연구」, 이화여자대학교 박사학위논문.

유희경(1975), 『한국복식사연구』, 이화여자대학교 출판부.

유희경(1980), 「기사계첩에 나타난 복식에 관하여」, 『한국문화연구원논총』 37, 이화여자대학교 한국문화연구원.

유희경(1981), 『한국복식문화사』, 교문사.

윤미화(1982), 「창의류에 관한 연구」, 이화여자대학교 석사학위논문.
은영자(1990), 「가야지역의 耳飾에 관한 연구」, 『과학논집』 16, 계명대학교 생활과학연구소.
은영자 · 최윤혜 · 형승희(1999), 「동양 복식의 연구동향 분석」, 『과학논집』 25, 계명대학교.
은영지(1986), 「고려전기 향리신분과 복식」, 영남대학교 석사학위논문.
이갑희(1976), 「족두리 소고」, 이화여자대학교 석사학위논문.
이경남(1984), 「한국복식의 연구동향」, 계명대학교 석사학위논문.
이경자(1971), 「여자저고리 소고」, 이화여자대학교 석사학위논문.
이경자(1975), 「조선왕조시대 직물의 문양 고찰」, 『한국문화연구원논총』 25, 이화여자대학교 한국문화연구원.
이경자(1976), 「고구려 고분벽화의 복식연구」, 『한국문화연구원논총』 28, 이화여자대학교 한국문화연구원.
이경자(1983), 『한국복식사론』, 일지사.
이봉숙(1984), 「답호에 관한 연구」, 이화여자대학교 석사학위논문.
이상은(1975), 「조선시대 관복색의 연구」, 이화여자대학교 석사학위논문.
이상은(1996), 「고대 한 · 중 복식의 선 연구」, 한양대학교 박사학위논문.
이순자(1979), 「난삼의 연구」, 이화여자대학교 석사학위논문.
이순자(1995), 「송 복식이 고려복식에 미친 경향에 대한 연구 : 여자복식을 중심으로」, 『복식문화연구』 3-1, 복식문화학회.
이순홍(1973), 「이조시대의 복식 금제」, 이화여자대학교 석사학위논문.
이영주(2001), 「조선시대 가체 변화에 관한 연구」, 동덕여자대학교 석사학위논문.
이옥만(1991), 「당대 남자복식에 관한 연구」, 성균관대학교 석사학위논문.
이은주(1988), 「철릭의 명칭에 관한 연구」, 『한국의류학회지』 12-3, 한국의류학회.
이은주(1989), 「철릭에 대한 사회학적 분석」, 『한국의류학회지』 13-4, 한국의류학회.
이은주(1995), 「의례복식의 상징작용에 관한 연구방법론과 그 적용」, 『한국의류학회지』 19-2, 한국의류학회.
이은창(1978), 『한국복식의 역사 : 고대편』, 세종대왕기념사업회.
이자연(2002), 「조선전기 조선통신사와 일본사신 간의 교역품을 통하여 본 복식문화 연구 : 일본으로부터의 수입품을 중심으로」, 『복식』 52-4, 한국복식학회.
이자연(2003), 「조선의 사절과 일본사신 간의 교역품을 통하여 본 조선 전기의 직물문화」, 『복식문화연구』 11-6, 복식문화학회.

이자연(2003), 「조선전기 조일간의 교역품을 통하여 본 복식문화(2) : 조선에서의 수출품을 중심으로」, 『복식』 53-7, 한국복식학회.

이자연(2004), 「조선통신사의 路資와 교환예단으로 본 복식문화」, 『한복문화』 7-2, 한복문화학회

이정숙(1981), 「이조중기 출토면직물의 특성에 관한 연구」, 서울대학교 석사학위논문.

이주영 · 권영숙(2003), 「조선시대 직령의 유형과 특성」, 『복식』 53-6, 한국복식학회.

이주원(1981), 「평양감사환영도의 복식연구」, 숙명여자대학교 석사학위논문.

이진영(1997), 「배자 고찰을 통한 한 · 중 · 일 복식문화의 비교」, 경희대학교 박사학위논문.

이해영(1989), 「한국 직령교임식 포에 관한 연구」, 이화여자대학교 박사학위논문.

이향미(1986), 「삼국시대와 일본 고대복식과의 비교 연구」, 숙명여자대학교 석사학위논문.

이현경(1958), 「한국의 고대선(扇)」, 『가정학보』 6, 이화여자대학교.

이화여자대학교 가정과학대학 인간생활환경연구소(1999), 『가정과학대학 70년사』

인윤실(1978), 「조선왕조시대 금박에 관한 연구」, 『복식』 2, 한국복식학회.

임명미(1991), 「고려왕조대 고려와 교류하였던 제국과 고려의 복식제도에 관한 연구(5-2) : 금 패망 후 원복속기 100여년간의 고려복식제도(AD 1224～1370)」, 『복식』 17, 한국복식학회.

임명미(1992), 「고려왕조대 남송, 금제를 병용한 100여년간의 복식(AD 1142～1224)」, 『복식』 18, 한국복식학회.

임명미(1993), 「고려왕조대 고려와 교류하였던 제국과 고려의 복식제도에 관한 연구(2-4) : AD 960～1142년 사이 200년간 송대(北宋), 遼와 교류 당시의 고려복식」, 『복식』 20, 한국복식학회.

임명미(1994), 「고려시대 인물관련 제작물을 통해서 본 복식에 관한 연구 1」, 『동대논총』, 동덕여자대학교.

임명자(1984), 「고려불화에 나타나는 의상문양 연구」, 숙명여자대학교 교육대학원 석사학위논문.

장미(1989), 「삼국시대와 고려시대의 裳에 관한 연구」, 성신여자대학교 석사학위논문.

장영호(1959), 「우리나라의 여자 의복의 변천」, 『가정학보』 7, 이화여자대학교.

전혜숙 · 김태영(2003), 「조선후기 가체와 후계에 관한 연구 : 조선왕조실록과 북학

자 문집을 중심으로」, 『한복문화』 6-2, 한복문화학회.
전호태(1997), 「고구려 고분벽화 연구사」, 『고구려연구』, 고구려연구회.
전호태(2000), 『고구려 고분벽화 연구』, 사계절.
정광희(1984), 「단령 및 창의 봉제에 관하여」, 『복식』 8, 한국복식학회.
정혜경(2000), 「조선시대 철릭과 남자 포류의 상호관계」, 『한국의류학회지』 24-2, 한국의류학회.
조규화(1976), 「정창원의 고려금」, 『대한가정학회지』 14-1, 대한가정학회.
조규화(1979), 「바지의 기원과 그 교류」, 『논문집』 16-1, 국민대학교.
조근희(1986), 「도포에 관한 연구」, 이화여자대학교 석사학위논문.
조선희(1997), 「동북아시아 신 문화에 관한 연구 : 靴, 鞋, 履를 중심으로」, 성신여자대학교 박사학위논문.
조효숙(1990), 「고려시대의 견직물과 그 제직에 관한 연구」, 『복식』 15, 한국복식학회.
조효숙(1993), 「한국 견직물 연구 : 고려시대를 중심으로」, 세종대학교 박사학위논문.
조효숙(2001), 「장기 정씨(1565~1614)묘 출토 직물의 특성」, 『복식』 51-4, 한국복식학회.
조효숙 · 안지원(2002), 「의원군(1661~1722)묘 출토직물에 관한 연구」, 『한국의류학회지』 26-9 · 10, 한국의류학회.
조효숙(2003), 「여흥 민씨묘 출토직물과 17세기 『의궤』직물명칭의 비교 연구」, 『한복문화』 6-3, 한복문화학회.
조효숙(2004), 「청송 심씨 수륜(1534~1589)묘 출토직물에 관한 연구」, 『한복문화』 7-2호, 한복문화학회.
조효순(1988), 『한국복식풍속사연구』, 일지사.
주영하 외(2005), 『19세기 조선, 생활과 사유의 변화를 엿보다』, 돌베개.
주영하 · 김소현 · 김호 · 정창권(2005), 『19세기 조선, 생활과 사유의 변화를 엿보다』, 한국학중앙연구원.
채금석(1994), 「불화 속에 표현된 복식의 구조와 형태연구 : 고려시대를 중심으로」, 『복식』 23, 한국복식학회.
최옥자(1977), 「실물로 본 색채와 무늬의 고찰 : 이조시대 의상을 중심으로」, 『복식』 1, 한국복식학회.
한국방송공사사업단(1986), 『한국복식도감』, 한국방송공사사업단.

한자령(1995), 「고려불화에 나타난 복식의 조형미」, 성균관대학교 석사학위논문.
홍나영(1983), 「조선왕조 왕비 법복에 관한 연구」, 이화여자대학교 석사학위논문.
홍나영(1987), 「여성 쓰개(蔽面)에 관한 연구」, 이화여자대학교 박사학위논문.
황유선(1999), 「조선시대 저고리류 명칭에 관한 연구」, 서울대학교 석사학위논문.
황호근(1972), 『한국장신구사』, 서문당.
황효영(1969), 「한국 여자저고리 형태와 역사적 변천」, 『대한가정학회지』 7, 대한가정학회.
KBS아트비젼(2004), 『한국복식도감』, 한국방송출판.

음식생활에 대한 연구 50년

주영하

1. 들어가는 글

음식물을 먹는 행위는 인간이 생명을 유지하기 위해서 반드시 갖추어야 할 기본적인 생활 중의 하나이다. 만약 인간이 음식물을 먹지 않으면 생명의 연장은 이루어지지 않는다. 이것은 우주에 존재하는 모든 생물이 지니고 있는 특징이기도 하다. 그런데 인간이 음식물을 섭취하기 위해 하는 행위는 다른 생물들과 다르다. 비록 다른 생물과 마찬가지로 인간 역시 그들이 생활하는 환경 속에서 주어진 먹을거리를 주로 먹지만, 조리하는 방식이나 먹는 방식은 일반적인 생물과 달리 '선택(choice)'이라는 과정을 거친다. 인간이 지닌 이러한 선택은 다른 의미로 말하면 '문화(culture)'라고 할 수 있다.[1)]

특정한 사회를 구성하여 삶을 영위하는 인간은 그들의 집단이 거주하는 지역에서 오랫동안 선택해 온 음식물이 존재한다. 이것은 그들이 거주하는 공간이 처한 자연환경과 그 곳에서 주로 생산되는 먹을거리의 종류와 밀접한 관련을 지니고 있기 때문이다. 이로 인해서 적어도 전근대 시기까지 특정한 인간집단이 주로 소비하는 음식의 재료는 자연환경에서 비교적 구하기가 쉬운 자연에서 나온 생산물에 의해서 전적으로 결정되는 경우가 많았다.[2)]

---

1) 石毛直道(1974), 「食物と文化」, 『文化と人類』, 東京 : 平凡社, 175～181쪽.

2) Chang, K.C., ed.(1977), *Food in Chinese Culture.*, New York : The Vail-Ballou Press,

이러한 양상은 다른 생물도 마찬가지일 수 있다.

그러나 인간은 자연에서 수렵이나 채집과 함께 인공적인 생산기술을 개입시켜 먹을거리를 확보하고, 그것을 '조리(cooking)'라는 과정을 통해서 소비한다. 당연히 음식물 재료를 조리하는 과정에서 특정한 방법과 조리기술, 그리고 조미료의 사용이 집단마다 약간씩 다른 형태로 나타난다. 그래서 '인간은 조리하는 동물이다'[3]는 주장이 나온다. 조리된 음식물은 단지 먹는 행위로 연결되지만, 여기에는 '식사(meal)'라는 인간만의 독특한 행위로 이어진다. 식탁에 음식을 배열시키고, 각종 식사도구를 이용하며, 식구 집단이 모여서 함께 밥을 먹는다. 이 과정에서 특정한 음식물에 대한 선택과 조리방법, 그리고 식사방식이 경험적으로 한 세대에서 다음 세대로 이어진다.

식사는 생물학적으로 음식물을 섭취하는 실제 행위이다. 그러나 인간이 지닌 음식물의 섭취는 단지 생물로서의 생명 연장에만 한정하지 않는다. 술과 음료, 그리고 담배와 같은 기호품의 소비는 인간이 지닌 감정을 표현하기 위한 수단으로 이용되기도 한다. 식사와 기호품의 섭취는 몸의 반응으로 이어져서 질병을 가져올 수 있다. 질병에 대한 대처방식 역시 인간이 지닌 음식과 관련된 행위의 한 측면이다. 음식은 질병을 가져오기도 하면서 동시에 질병을 예방하거나 치료하기도 한다. 음식물의 섭취와 소화, 그리고 배설 과정에서 등장하는 '영양'의 문제는 음식물의 선택을 결정짓는 기준의 하나가 된다.

그런데 19세기 이후 형성된 근대적인 국민국가(nation-state)는 정치경제적으로 지역적 기반을 지닌 사람들을 하나의 집단적 범주로 묶어 국민 혹은 민족으로 만들었다. 그 과정에서 적어도 좁은 지역적 체계 속에서 유지되어 왔던 음식생활의 일정한 패턴이 종합되어 국민국가의 틀 속에서 규정되기 시작했다. 즉 중국음식・프랑스음식・이탈리아음식과 같이 특정한 국가를

p.6.

3) Cuisenier, Jean.(1986), *Ethnologie de la France*(野村訓子 外 譯(1991), 『フランスの民族學』, 東京：白水社), 84쪽.

내세운 음식이 사람들의 민족적 특성까지도 담보하고 있는 것으로 상징되었다. 여기에 근대적인 합리주의와 과학주의가 개입되어 인간의 음식생활은 두 가지의 서로 다른 학문적 경향 속에서 다루어지기 시작했다.

즉 인문학적 측면과 자연과학적 측면이 바로 그것이다. 인문학적 측면에서는 특정한 인간집단이 왜 특정한 음식을 소비하는가에 초점을 맞추어 연구를 진행했다면, 자연과학적 측면에서는 과학적 소비에 초점을 맞추어 음식을 바라보았다. 이로 인해서 인문학에서는 주로 음식생활 그 자체에 관심을 가지고 있는 반면에 자연과학에서는 음식생활을 개선시키는 계몽적인 입장을 견지해 온다. 이와 같이 서로 다른 입장에서 바라본 음식에 대한 접근은 양자가 동일한 주제인 음식을 다루면서도 서로 만날 수 없는 평행선을 달리도록 만들었다.

하지만 국민국가의 틀 속에서 형성된 특정한 음식물에 대한 소비가 국민 혹은 민족의 역사와 밀접한 연관이 있다는 전제로 인해서 인문학적 측면과 자연과학적 측면은 서로 접점을 찾을 수 있었다. 즉 대표적인 음식을 언제부터 먹기 시작했는가를 규명하는 작업은 '음식에 대한 역사적 접근'이라는 공통분모를 만들어냈다. 특히 2차 세계대전 이후 세계적으로 근대국가들이 각 곳에서 생겨나면서 국민과 민족에 대한 새로운 자각을 한 신생국가에서는 자신들의 '정체성(identity)'을 확보하기 위한 노력의 일환으로 음식생활에 대한 관심이 증대되었다.

그러나 적어도 1960년대까지 진행된 각국의 음식생활에 대한 연구는 대체로 음식물 자체를 근대화 혹은 개량하는 작업에 대한 관심이었다. 즉 자신들이 소비하는 음식물들을 어떻게 공장제 생산에 적용할 것인가에 초점이 맞추어진 연구가 이루어졌다. 북한의 경우, 이러한 경향성은 더욱 두드러졌다. 1950년대 말에서 1960년대 초반 사이에 북한에서 이루어진 '조선음식'에 대한 연구는 가정에서 행해지는 일상적인 식사를 단체식사로 바꾸기 위해 밥・장류・면류 등을 공장에서 생산하는 방식에 대한 연구가 제시되었다(주강현 편, 1989). 이에 비해 남한에서는 이미 일제시대에 정착한 일본식 식품산업에 밀려서 여전히 가정식으로 생산되는 '전통적'인 한국음식을 개량하여 근대화시키는 데 연구의 초점이 맞추어져 있었다(이한창, 1999).

1970년대에 들어오면 제1세계의 학자들이 음식생활에 지대한 관심을 가지기 시작한다. 특히 자연과학 연구자들의 전유물로 여겨졌던 음식에 대한 연구가 인문사회과학 연구자들에게도 특수한 주제로 떠올랐다. 그 이유는 그들 사회가 먹고 사는 문제를 어느 정도 해결하면서 음식이 하나의 사회적 유행으로 나타나기 시작했기 때문이다. 즉 식품산업의 발달로 사람들이 선택하는 음식물은 이제 끼니를 해결하기 위해서가 아니라, 사회적 지위와 집단적 정체성을 드러내는 산물이 되었다. 이것이 계기가 되어 서유럽에서 음식에 대한 다양한 연구가 시도되기 시작한 때가 1970년대였다.

1970년 스웨덴 룬드(Lund)에서는 <민족학적인 음식연구(Ethnological Food Research)>라는 심포지엄이 개최되었다. 이 심포지엄에는 스칸디나비아・독일・오스트리아・유고슬라비아・폴란드・헝가리・체코슬로바키아・불가리아・스코틀랜드・아일랜드・프랑스・미국 등지의 인류학자・민족학자・민속학자들이 참석하였다. 식습관 연구의 방법론적 문제, 음식문화 연구에 적합한 자료의 문제, 기아문제에서의 생태와 문화의 관련성에 대한 분석의 문제, 식품소비 패턴에서의 차이와 변화에 따른 조리기구・식습관・식품의 복합적 요소와 개인적 요소, 그리고 경제적인 측면의 문제 등이 주로 다루어졌다.[4] 이것이 계기가 되어 이후에도 이와 유사한 심포지엄이 열려 음식에 대한 인문사회과학 연구자들의 연구성과가 나왔고, 오늘날 하나의 경향성을 지니고 연구가 이루어지고 있다.

일본의 경우, 이러한 경향은 1980년대에 들어와서 본격적인 양상으로 나타났다. 민족학자인 이시케 나오미즈(石毛直道, 1937~)가 주도하여 열린 <음식문화심포지엄'80－인간・음식・문화>가 그 출발점이 되었다. 그 이후 동아시아의 음식문화, 쇼와[昭和]의 음식 등과 같은 주제로 다양한 전공의

---

4) Yoder, Don.(1972), "Folk Cookery", *Folklore and Folklife*, Chicago : The University of Chicago Press, pp.326~327.

연구자들이 모여서 음식을 둘러싼 여러 현상에 대한 공동 토론을 지속시키고 있다. 일본의 경우 음식에 대한 연구가 민족학·인류학·민속학·사회학·정치학·식품학·가정학·영양학·조리학 등 학문적 영역을 뛰어넘어 학제적으로 이루어진다.

이 글은 해방 이후 50년 동안 국내에서 전개된 음식생활에 대한 연구경향을 정리하는 데 목적을 두고 있다. 사실 앞에서도 밝혔듯이 음식에 대한 연구는 주로 자연과학 연구자들이 수행해온 주제였다. 비록 최근 국내에서도 인문사회과학 연구자들 중에서 음식에 대한 연구를 시도하는 경우가 증가하고 있지만, 전체 연구경향을 하나의 연구사로 정리하기에는 아직까지 학문적 성숙도가 높지 않다. 왜냐하면 식품학에서나 인문사회과학에서나 '음식생활'이라는 공통분모에 초점을 맞추고서 집단적으로 이루어지는 전문적인 연구가 일정한 경향성을 지니고 진행되지 않았기 때문이다.

이 점은 음식생활에 대한 연구 50년을 검토하는 이 글이 지닌 가장 큰 한계이다. 비록 시기별로 출현한 연구성과가 지닌 사회적 함의는 충분히 검증할 수 있지만, 그것이 하나의 경향성으로 모여서 논쟁과 새로운 연구주제의 개발로 이어지지 않았다. 더욱이 자연과학과 인문사회과학 연구자가 서로 각기 다른 입장에서 이에 대한 연구를 부분적으로 수행해 왔기 때문에 이러한 현상은 당연한 결과로 보인다. 이로 인해 이에 대한 연구사는 개별적인 연구자의 연구 경향성을 단순히 시대별로 구분하여 서술을 할 수밖에 없는 한계를 지니고 있다.

본론에서는 다음과 같은 구성으로 서술을 한다. 먼저 해방 이후 1960~70년대의 연구경향을 살핀다. 대체로 음식생활에 대한 역사적 접근을 했던 제1세대 연구자들이 중심이 되어 이루어진 이 분야의 연구성과를 조망하는 데 중점을 둔다. 그 다음에 1980년대의 연구경향에 초점을 맞추어 서술한다. 제1세대 연구자와 제2세대 연구자의 협력 연구가 주류를 이룬다. 마지막으로 1990년대 이후 지금까지 진행되고 있는 연구에 초점을 맞춘다. 여기에서는 인문사회과학 연구자들의 연구성과를 일별해 본다.

2. 1960~70년대 연구

일제시대 근대적인 식품산업은 대부분 일본인의 주도 아래에 놓여 있었다. 당연히 식품학이나 영양학에 대한 지식을 체계적으로 학습한 연구자들도 일본의 학문적 영향력에서 크게 벗어나지 못했다. 해방 이후 한국의 식품학계 역시 이러한 경향성 아래에 놓여 있었다. 다만 미국과의 관계가 밀접해지면서 구미의 식품학이나 영양학을 공부하려는 경향이 강해졌고, 유학을 가서 직접 그 학문을 수용하고 돌아온 학자들이 생겨났다. 이와 함께 한국음식에 대한 민족적 자각이 일어나면서 일부 연구자들 사이에서 '전통음식'을 영양학이나 식품학 차원에서 다루기 시작했다.

특히 1960년대 이후 민족문화에 대한 학계의 관심은 한국음식에 대한 역사적 접근을 본격적으로 시도하도록 만든 결정적인 계기가 되었다. 주로 조선시대의 농서(農書)와 조리서(調理書)를 대상으로 문헌적인 고찰을 시도한 식품사적 연구는 본래 농학의 기초에서 출발한 것이었다. 일제시대 조선총독부에 의해서 진작된 농업은 농촌을 개량하기 위한 정책적 도구로 활용되었다. 이와 함께 농업의 역사적 전개를 통해서 식량의 수급과 음식의 섭취에 대한 학문적 관심도 일어났다. 일제 말기인 1945년 4월 당시 숙명여전 교수였던 김호직(金浩稙, 1905~1959)이 펴낸 『조선식물개론(朝鮮食物概論)』[5]은 근대 이후 가장 최초로 한국음식에 대한 체계적인 개론서라고 할 수 있다.

비록 일본어로 서술되었고 전쟁 시기에 식품수급을 효과적으로 하기 위한 방안을 마련하기 위한 정치적 목적도 배경에 있었지만, 조리학과 영양학, 그리고 '향토음식'에 대한 조사방법에 이르기까지 종합적인 학술서로서도 손색이 없다. 그 목차를 살펴보면 다음과 같다. 조선의 식품(소재식품 · 가공식품), 조선의 음식(재료 · 조미료 · 조리법), 조선의 일상식(농촌식 · 산촌식 · 도회식), 음식학의 신과제(조선의 지세와 기후, 조선의 식농산물, 생산식품과 식성), 향토음식 연구법의 한 시안(음식조리표, 기호조사표, 음식의

5) 당시 출판될 때는 김호직의 창씨개명한 이름으로 되어 있다(豊山泰次(1945), 『朝鮮食物概論』, 京城 : 生活科學社).

영양가 계산표) 등이다.

김호직은 1924년 수원고등농림학교를 졸업하고, 1930년 일본 동경제국대학 생물학과를 졸업했고, 1949년 미국 코넬대학으로 유학을 가서 콩단백질 연구로 영양학 박사학위를 받았다. 이런 면에서 그는 농학을 기초로 하여 생물학과 영양학을 연구한 학자였다. 그가 교육자로서 활동한 일제시기의 이화여전과 숙명여전, 그리고 해방 이후의 서울대농대·부산수산대학·연희대학·건국대학 등에서 한국음식에 대한 연구가 일부 학자들에 의해서 전개된 점 역시 그와 무관하다고 할 수 없다.

1952년 김호직과 함께 서울대 농대의 조교수로 있었던 이춘녕(李春寧, 1917~)의 역할도 지대하다. 그가 1950년에 펴낸『조선농업기술소사(朝鮮農業技術小史)』와 그것을 보완하여 1964년 다시 펴낸『이조농업기술사(李朝農業技術史)』는 음식의 재료가 되는 작물의 재배와 관련된 역사적 접근의 결과물이라 할 수 있다. 특히 이춘녕이 이 책에서 다룬 내용은 쌀의 유입 및 재배기술의 변천과 함께 조선후기에 전개된 외래 유입 작물의 경위를 상세하게 밝혔다. 이러한 성과는 일제시기 일본인 학자와 조선인 학자들의 연구 결과를 비판적인 입장에서 충분히 활용한 데서 나온 것이었다.

이와 같이 해방 이후 진작된 민족문화에 대한 자연과학 연구자들의 관심은 자연스럽게 한국음식에 대한 역사적 접근을 시도하도록 만들었다. 적어도 해방 이후 1970년대까지 음식생활에 대한 연구를 핵심적으로 수행한 연구자로는 강인희(姜仁姬, 1919~2001), 황혜성(黃慧性, 1920~2006), 윤서석(尹瑞石, 1923~), 장지현(張智鉉, 1928~), 이성우(李盛雨, 1928~1992)를 꼽을 수 있다. 앞의 세 사람은 가정학자로 일제시대에 일본에 유학하여 가정학을 공부한 경험을 가지고 있으며, 한국음식의 조리와 역사적 접근을 동시에 시도한 연구자이다. 사실 일제시대 일본에서 가정학을 공부하고 이화여전 교수를 지낸 방신영(方信榮, 1890~1977)의 활동 역시 조리학 측면에서 주목을 받아야 마땅하다. 그가 제시했던 한국음식에 대한 조리학적 분류와 조리법의 정리는 해방 이후 이 분야 연구자들에게 많은 영향을 끼쳤다. 이에 비해 장지현과 이성우는 농학을 기초로 하여 식품학과 음식에 대한 역사적 접근을 한 연구자라 할 수 있다. 나는 이들 다섯 사람을 제1세대 한국 음식생활 연구자라고 규정한다.

당시 이들에게 공통적으로 주어진 문제의식은 1960년대 이후 강력하게 제기된 민족문화의 재정리와 재해석이었다. 장지현은 1969년에 펴낸 재래(在來) 장류에 대한 논문[6]에서 한국음식의 역사적 접근이 필요한 이유를 다음과 같이 밝혔다. "식생활의 근대화의 일면에서 이들 우리의 장류(醬類)가 하루 속히 그의 내용면에서, 제조기술면에서 전통 있는 문화민족으로서, 또 민족문화의 착실한 계승을 위하여서도 외국장류의 역수입 내지는 모방 이전에 우리 조상이 우리들에게 남겨준 식품의 내용이 무엇인지를 확실히 깨달아야 되겠다. 따라서 민족의 역사적인 유물인 이들 장류 제품이 오랜 역사를 거치는 동안 어떻게 변천하였는지를 역사상의 제기록(諸記錄)을 더듬어서 우리 민족의 기호에 알맞은, 즉 우리가 원하는 장류제품의 내용이 무엇이었는지, 또 그 방향이 무엇인지를 조사 개발하여, 변천하는 식생활의 근대화 작업에 필요한 자료를 얻고자 함은 물론, 숨어 있는 장류의 여러 제조기술을 개발하는 데 도움을 줄 수 있게 되기를 희망하면서 정리된 범위 내에서 자료를 소개하여 보고자 한다."고 적었다.

곧 당시 음식생활에 대한 역사적 접근은 오로지 한국음식을 새롭게 조망하여 근대화를 달성하는 데 목적이 있었다. 장지현이 관심을 가졌던 연구대상은 주로 산업화를 통해서 근대화를 달성해야 하는 전래의 한국음식이었다. 1950년대 농학과 식품학을 통해서 학문적인 입지를 세운 장지현은 외국에 가서 발효공학을 공부할 계획을 가지고 있었다. 하지만 개인적인 사정으로 유학이 어렵게 되자 연구 방향을 고문헌을 통한 제조기술사 쪽으로 바꾸었다. 식품학자로서 장지현은 실험실에서 한국음식의 공학적 측면을 연구하면서 동시에 문헌자료를 통해서 그것이 지닌 역사적 정보를 구체화하려 했다.

---

6) 張智鉉(1969), 「韓國在來醬類製造史 : 특히 古農書類 나타난 醬類를 中心으로」, 『민족문화연구』 3, 고려대학교 민족문화연구소, 97~140쪽.

이 점은 이성우에게도 동일하게 나타난다. 다만 이성우는 1970년대 일본에서 진행된 학제적 연구에 영향을 받아 음식생활 전반을 정리하는 방향으로 연구를 확대하였다. 그 결과가 1978년에 출간된 『고려이전의 한국식생활사 연구』이다(이성우, 1989). 원래 이성우는 일본에서 중국식품사의 대가로 유명했던 시노다 오사무(篠田 統, 1899~1978)에게서 가르침을 받았다.[7] 시노다 오사무는 농학자로서 일제시대 만철(滿鐵)의 연구원으로 활동하면서 베이징[北京] 인근까지 현지관찰을 한 사람이다. 전쟁이 종결된 이후 일본에 돌아와 교토[京都]대학 인문학연구소 과학사연구실에서 연구와 교학에 힘을 쏟았다. 이성우는 1970년대 중반 교토대학에서 시노다를 만난다. 이것이 계기가 되어 그는 한국식품사 연구에 관심을 가지게 되었고, 본격적으로 그의 지도를 받게 된다.

이에 비해 윤서석은 조리학적 기초에서 시작하여 한국음식의 문화적 맥락에 대한 접근을 시도하는 글들을 발표하였다. 1962년 「한국의 절식음식」[8]을 발표하면서 가정학 연구자로서 한국의 전통음식에 대한 글을 발표하기 시작했다. 특히 1965년부터 문화재관리국에서 주도하여 시작된 <한국민속종합조사사업>에 윤서석은 황혜성과 함께 '식생활' 분야 연구자로 참여하면서 민속학 · 문화인류학 연구자들과 만나게 된다. 그들로부터 문화적 접근에 대한 지식을 얻게 되었고, 동시에 현지조사를 통해서 각 지역의 음식과 조리법을 정리하는 작업도 하였다.

특히 1970년에 출판된 『한국문화사대계 4－풍속 · 예술사(상)』에서 「한국식품사」 집필을 맡은 윤서석은 더욱 인문학적 접근을 음식생활 연구에 접맥시킨다(고려대학교민족문화연구소편, 1970). 그는 식품사를 수렵 · 채집시대, 원시농경 시대, 농경사회, 불교의 전래와 북방민족의 남하, 고려 전성기의 식생활, 한국 식품구조의 확립, 남방식품의 유입과 보급, 진상 품목에 오른

7) 依田千百子(1989), 「韓國の食文化に關する文化人類學的諸問題」, 『斗山金宅圭博士華甲紀念文化人類學論叢』, 大邱 : 斗山金宅圭博士華甲紀念論文集刊行 委員會, 1~7쪽.

8) 윤서석(1962), 「한국의 절식음식」, 『대한가정학회』 3, 대한가정학회, 385~392쪽.

식품류, 식품의 조리와 찬물류, 이조(李朝)의 식품 금제(禁制), 얼음 · 조미료 · 김치 · 술, 절식 풍속과 시식(時食), 향토요리, 구황식품 등으로 구분하여 서술하였다.

이것이 기초가 되어 윤서석(1973)은 박사학위논문으로 「한국 식품구조 형성의 역정」을 발표했다. 그리고 1977년 민속학회에서 발표한 「민속과 음식」이라는 제목의 글을 통해서 한국문화에 대한 역사적 맥락을 찾는 데 주력했던 당시 민속학 연구자들에게 음식생활에 대한 관심을 제고시켰다. 그의 연구가 지닌 특징은 자연과학 연구자이면서 상당히 인문학적 시각을 제공한다는 데 있다. 그가 밝혀낸 한국음식에 대한 분석은 유교적 특성과 종교적 관념, 그리고 주부식(主部食)의 구성이 지닌 의미론적 측면이었다. 이런 면에서 윤서석은 구조주의적 측면에서 음식생활의 구성 원리를 밝히는 데 주목했다고 평가할 수 있다.

윤서석이 인문학적 입장을 수용하여 연구를 진행한 점은 강인희에게서도 마찬가지로 나타난다. 특히 그는 본인이 직접 체험한 반가(班家)의 음식생활에 기초하여 조리와 그것의 역사적 접근에 관심을 가진 글을 발표했다. 특히 1978년에 출간된 『한국식생활사』에서 그는 식생활사 연구의 방법과 시대구분, 그리고 한국 식생활의 특징에 대해서 나름대로의 입장을 밝힌다. 그는 식생활사 변천도 하나의 생활사이기 때문에 시대구분을 어떻게 할 것인가에 대해 고민을 한다. 그러나 기왕의 역사학에서 내놓은 왕조 중심의 성과를 답습할 수밖에 없었다.

다만 '식생활사'란 용어에 걸맞도록 계층에 따른 식생활, 조리법과 부엌용구, 식생활 풍습, 식생활 예절 등에 관심을 가지고 책을 구성하였다. 아울러 문화인류학적 의미에서 '문화'를 식생활에 접맥시킬 필요성을 내세우고, 당시 한국학계에서 유행했던 프랑스 민족학자 레비스트로스(Claude Lévi-Strauss)의 '요리의 삼각형'[9])을 소개한다. 이런 면에서 강인희의 연구는

---

9) Lévi-Strauss, Claude.(1965), "Le triqngle culinaire", *L'Arc*, No.26, Aix-en-provence(李光奎(1983), 『레비-스트로스』, 大韓基督敎書會).

풍속사의 하나로 식생활사를 위치 지으려는 나름대로의 노력이 있었다고 할 수 있다.

강인희가 반가음식에 주목했다면, 황혜성은 궁중음식에 집중적인 관심을 보였다. 이미 일제시대인 1940년경에 당시 이왕직(李王職)의 상궁으로 있던 한희순(韓熙順, 1889~1972)에게서 궁중음식을 배우기 시작한 그는 1958년 「이조궁정요리통고」(한희순 · 황혜성 · 이혜경, 1958)라는 책을 펴내는 데 주도적인 역할을 한다. 그리고 앞에서 밝혔듯이 그는 1965년 이후 윤서석과 함께 <한국민속종합조사사업>에 참여하여 향토음식을 조사하고, 1965년 무형문화재 제도가 성립되면서 생긴 문화재 전문위원이 되기에 이른다. 이것을 계기로 삼아 그는 「조선왕조의 궁중음식」에 대한 조사보고서를 1970년 11월에 문화재관리국에 제출하고 그 다음해인 1971년 1월 6일 한희순을 기능보유자로 하여 '조선왕조 궁중음식'을 국가 중요 무형문화재 제38호로 지정하도록 하였다.

이와 함께 1971년 5월에 사단법인 궁중음식연구원을 설립하여 궁중음식의 기능전수 · 발표 · 출판 · 연구 등의 사업을 주도했다. 다른 한편에서는 중학교 가정교과서의 편찬위원이 되어 한국음식의 조리법을 정리하여 교육시키는 일에도 참여하였다. 이런 면에서 황혜성은 궁중음식과 향토음식의 조리학적 접근을 한 연구자로 볼 수 있으며, 궁중음식을 일반에 보급하는 역할을 했다고 할 수 있다. 그러나 1970년대까지도 궁중음식을 비롯한 한국음식에 대한 학계와 사회적 관심이 미약했기 때문에 고난스러운 작업이 이어진 것도 사실이다. 더욱이 역사학이나 고문헌을 다룰 수 있는 인문학 연구자들이 조선왕실문화에 대해 상당히 부정적인 인식을 가지고 있었기 때문에 그의 궁중음식에 대한 연구는 단지 한희순이라는 이왕직 상궁에게만 집중된 한계를 보였다.

이와 같이 1960~1970년대 이루어진 음식생활에 대한 연구경향은 역사적 접근이 주를 이루면서 동시에 지역음식에 대한 정보를 구축하는 데 있었다. 음식생활에 대한 역사적 접근은 문화사 연구의 입장에서 보면 특수사(特殊

史) 혹은 분야사(分野史) 연구의 하나다. 그러나 특수사나 분야사가 지닌 한계는 왕조사 중심의 시대 구분법을 채용하고 있다는 점이다. 가령 음식사와 같은 분야사는 전체의 역사과정과 밀접하게 연결되어 있기 때문에 단순히 왕조의 변화와 같은 맥락에서 살펴볼 경우 일정한 한계를 지닐 수밖에 없다.[10] 특히 사람들의 음식 관습은 자연환경의 변화와 외부 문화와의 접촉, 그리고 사회문화적 시스템의 변용(transformation) 등과 밀접한 관련을 맺고 새로운 단계로 옮겨간다. 따라서 왕조의 교체가 음식 관습을 변화시키는 데 결정적인 역할을 하기보다는, 오히려 교체의 결과가 사람들로 하여금 식사의 내용과 방식을 바꿀 가능성이 더 많다. 이러한 점에 대해 연구자들 사이에서 고민도 있었지만, 마땅한 대안을 제시하지 못했다.

앞에서 소개한 연구자들 외에 음식생활에 대한 대중적인 접근을 한 글들도 이 시기에 출현하기 시작했다. 이어령(1963)이 펴낸 『흙 속에 바람 속에 : 이것이 한국이다』에서는 「'밥상'으로 본 사회」라는 짧은 글이 들어 있다. 한국인의 밥상이 지닌 의미론적 설명이 들어간 이 글은 문학 연구자가 접근한 음식생활에 대한 단상이라 할 수 있다. 이기열(1976)의 『한국인의 식생활』과 김숙희(1982)의 『먹는 즐거움 먹는 두려움』은 영양학적 입장에서 식습관의 변화와 연결시킨 글로 구성되어 있다. 영양개선과 관련된 내용이 주로 서술되었지만, 동시에 식생활의 변천과 식습관, 그리고 식생활 개선의 실제에 대한 내용은 자연과학 연구자들의 경향성을 읽을 수 있어 참고가 된다.

비록 석사학위논문으로 제출된 것이지만, 1974년에 나온 김상보(1974)의 「무속·불교·유교를 통하여 본 식생활문화 및 그 의식절차에 대한 연구 : 서울지방을 중심으로」라는 논문은 이 분야의 새로운 경향성을 제시한 글이었다. 그는 비록 식품학 전공자였지만, 다루고 있는 주제와 분석 방법은 민속학적 경향이 강하였다. 이 글에서 김상보는 무속·불교·유교의 의례가 행해지는 현장을 직접 현지조사하고, 그 속에서 주로 의식절차와 상차림을 중심으로

10) 이기백(1971), 「한국사 연구에서의 분류사 문제」, 『민족문화연구』 5, 고려대학교 민족문화연구소, 84쪽.

상호 분석을 시도하였다. 비록 상징분석이 과도하게 문헌 중심으로 이루어진 한계가 있지만, 이 시기에 이러한 주제에 대한 연구를 시도했다는 면에서 이 분야에서 손꼽을 수 있는 연구성과라 하겠다.

1960~70년대에 이루어진 음식생활에 대한 연구성과는 그 이후 이 분야에 대한 연구를 더욱 심화시키는 기초를 다진 데 큰 의의가 있다. 더욱이 일제시대에 시작된 부분적인 연구성과를 바탕으로 제1세대 학자들이 보여준 노력은 이 분야의 연구가 하나의 독립된 학문적 영역으로 자리 잡을 수 있는 가능성을 마련해 주었다. 특히 다른 분야사와 마찬가지로 통사 위주의 연구성과가 나오면서 후속 세대들에게 좀 더 세밀한 주제를 다룰 수 있도록 해 주었다. 동시에 그들이 모두 대학에서 교학을 하고 있었기 때문에 이 시기에 후속 세대들을 육성할 수 있었다는 점 역시 중요하다. 이것이 바탕이 되어 1980년대의 연구성과가 나왔다.

3. 1980년대 연구

1980년대는 1986년 아시안게임과 1988년 서울올림픽이라는 사건을 통해서 한국문화에 대한 한국인 스스로의 자부심이 강하게 진작된 때라 할 수 있다. 특히 외국인과의 빈번한 접촉 기회는 한국문화를 그들에게 홍보해야 할 필요성이 강하게 대두되도록 만들었다. 이것은 한국음식에 대한 정부와 사회의 관심을 높여 주었고, 이것이 음식생활 연구를 활발하게 만든 계기로 작용했다. 특히 '김치'가 일본에 수출되기 시작하면서 한국음식에 대한 이화학적 연구는 정부의 적극적인 지원과 함께 활기를 띠었다. 당연히 외국음식과 한국음식을 상호 비교하는 작업도 이 시기에 시작되었다.[11)]

11) 崔吉城・柳尚熙(1980), 「在日韓國人の燒肉に關する文化人類學的考察」(『社會人類學年報』 1980年 11月)이 대표적이다. 그 이후 일본인 학자 중에서 아사쿠라 도시오[朝倉敏夫]의 연구(朝倉敏夫(1994), 『日本の燒肉 韓國の刺身』, 東京 : 農山漁村文化協會人間選書)와 이토 아비토[伊藤亞人]의 연구(伊藤亞人(1995), 「韓國農村における土器の使用」, 吉田集而編, 『生活技術の人類學 : 國立民族學博物館シンポジウムの記錄』, 東京 : 平凡社) 등이 주목을 받는다.

제1세대 연구자들이 이 시기에 들어와 더욱 활발한 활동을 펼친 것은 물론이다. 특히 1980~1981년 당시 한국정신문화연구원(현재 한국학중앙연구원)의 프로젝트로 수행된 두 가지 연구는 괄목할 만한 성과라고 할 수 있다. 하나는 이성우(1982)의 『조선시대 조리서의 분석적 연구』이고, 다른 하나는 윤서석(1982)의 「식생활의 전통양식」이다. 이미 『한국식경대전』을 펴낸 바 있는 이성우(1981)는 조선시대 조리서를 중심으로 음식물의 종류를 밝히고, 그것을 다시 조리재료 · 조리용구 · 조리기법 · 단위 등으로 구분하여 분석적 접근을 시도하였다.

『한국식경대전』에서 식생활종합서, 식품재료생산서, 조리 및 식품가공서, 구황서, 영양서 등 1,273책을 목록과 관련기사별로 정리한 바 있는 이성우가 조리서를 분석적으로 연구하여 자신이 고려이전 식생활사 연구에서 시도했던 연구방법을 조선시대에 적용시키고 있다. 이것을 바탕으로 요리문화사 · 식품문화사 · 식품사회사 등의 제목으로 된 책을 펴내 음식생활의 주제별 접근을 시도하였다(이성우, 1988a, 1988b, 1988d). 특히 이들 세 가지 책은 한국 음식생활 연구에서 대중적으로도 읽히는 역작이다. 그가 수집한 다양한 자료가 바탕이 되어 서술된 이 책의 내용은 그야말로 음식생활과 관련된 역사적 · 문화적 접근을 종합적으로 시도했다고 평가할 수 있다. 다만 외국자료의 무분별한 인용은 학문적 근거를 놓치는 결과를 낳기도 했다.

윤서석은 앞에서 소개한 글에서 본인의 박사학위논문을 더욱 세련시키는 연구성과를 냈다. 한국의 밥상은 밥과 그것을 먹기에 적합한 음식을 반찬으로 하여 차려진 것이라고 하면서 반찬의 구성은 상응적(相應的) 조합성(調合性)을 갖추고 있다고 주장했다. 즉 식품의 배합, 간의 농담, 음식의 냉온, 색상의 배합 등 여러 면에서 합리성과 조합성을 이루려 했다는 것이다. 이에 비해 의례음식은 떡 · 과일 · 유과류 · 적 등을 모두 동격의 것으로 차려 각각 상징성을 부여한다는 점을 강조했다. 그래서 축의음식(祝儀飮食)에는 기복 · 반복(頒福) · 불복(祓福)의 상징성을 가지며, 제의음식(祭儀飮食)은 그 자체에 상고성(尙古性)과 습합성(習合性)이 존재한다는 점을 밝혔다. 이와 같이 그의 논의는 더욱 인문학적 지향을 보였다. 그 이유는 이 연구를 하면서 한국정신문화연구원 사회민속연구실의 교수들과 토론했기 때문이다. 이 점은 윤서석의 연구가 지닌 가장 큰 장점이라고 할 수 있다.

고농서류에 주목한 장지현(1989, 1992, 1993, 1994, 1995)의 식품제조기술사적 연구는 장류에서 시작하여 식초, 저채류(菹菜類, 김치), 주류(酒類), 양념과 고추, 대두이용음식, 면류(麵類), 유지류(油脂類) 등으로 이어진다. 그런데 그가 연구의 대상으로 삼은 음식류의 종류를 살펴보면, 산업화와 밀접한 관련을 맺고 있는 것들이 주로 꼽혔음을 알 수 있다. 고문헌에서 특정 음식을 만드는 방법에 대한 내용을 추출하고 이것을 통해서 제조기술이 어떻게 전개되는지를 살피는 과정으로 이루어졌다. 특히 중국이나 일본의 문헌과 조선시대 문헌에 등장하는 음식을 비교하고 그것의 제조법에 초점을 맞추어 연구를 진행하였다. 농학의 기초 위에서 식품학적 지식을 겸비한 장지현은 당시 일반 가정에서 행해지던 제법과 문헌상의 것을 비교하는 접근법을 통해서 재래 음식을 근대화하겠다는 자연과학자의 태도를 견지하였다.

나는 장지현의 이러한 연구방식을 역사적 접근 중에서도 '음식제조기술사적인 접근'이라고 별도로 구분한다. 왜냐하면 그가 시도한 연구방법은 우선 현재 한국인이 대량으로 소비하고 있는 음식류에 초점을 맞추고, 그 제조기술이 문헌에서 어떻게 나타나는가를 분석했기 때문이다. 가령 앞에서 소개한 그의 논문 중에는 『산림경제(山林經濟)』의 메주 만드는 법을 고찰한 후 도출한 결론이 제시되어 있다. "오늘날 가정화되고 있는 메주는 산림경제의 조시법(造豉法) 중 별법(別法, 鄕法)인즉, 우리 조상은 우리 고유의 메주 제법을 가지고 있고, 좋은 메주를 만들기를 고심하였다는 것을 짐작할 수 있다. 다만 산림경제의 조시법의 명칭을 제민요술(齊民要術)의 작시법(作豉法)을 이름 따라 지은 것은 콩 위주의 개념에서 온 정리상의 명칭인 듯, 메주 제법상으로 보아서 잘못된 명칭이라 고찰되며, 시(豉, 된장)과 메주(末醬)를 혼동할 염려가 있는 것이다."고 했다.

그러나 장지현의 이러한 연구는 후속 연구자에게 이어지지 않았다. 특히 그는 한자 위주로 논문을 서술하였기 때문에 그의 글을 완벽하게 소화할 수 있는 자연과학 연구자가 드물었던 것도 사실이다. 이로 인해서 장지현의 연구성과는 후진 연구자들에게는 부분적인 인용에 그치기도 하였다. 결국 고문헌에 등장하는 특정 음식의 제조기술사를 정리하는 작업은 장지현이 다루었던 몇 가지 음식 외에 다른 항목으로 확장되지 못했다. 오늘날 식품산업계에서 한국음식의 상품개발에 장지현의 연구성과는 여전히 유효하다. 이런 측면에서 보면, 그가 본래 지녔던 문제의식이 다른 연구자에게 지속되어야 함은 마땅하다.

동시에 1990년대 이후 한국음식의 역사적 접근을 참고하려고 했던 일부 인문사회과학자들에게는 장지현이 견지해온 제조기술사적 접근이 상당히 생소하였다. 왜냐하면 장지현이 시도한 좁은 의미의 제조기술사 연구는 결코 기술과 역사적 변화 과정이 연결되는 접점을 찾는 데 큰 도움을 주지 않았다. 만약 음식의 역사가 사회의 변화상과 일정한 관계가 있다고 할 때, 장지현의 제조기술사적 접근은 상대적으로 인문사회과학 연구자들에게 음식과 역사의 관계를 살피는 풍부한 정보를 제공하지 못한다. 그러나 인문사회과학 연구자들이 본격적으로 기술과 음식의 상관성에 대해 역사적 접근을 하려고 할 경우 장지현의 세밀한 기술사적 연구는 많은 도움이 된다.

가령 『임원십육지(林園十六志)』의 '면자기(麵榨機, 국수틀)'에 대한 장지현의 분석은 그가 제조기술사에 초점을 맞추고 연구를 진행했기 때문에 가능한 것이다. 장지현(1994)은 음식물 자체의 조리기술은 조리도구와도 밀접한 관련이 있다고 믿었다. 그래서 면류에 대한 역사적 접근을 하면서 국수틀의 형태에 주목하여 그것을 세밀하게 옮겨온다. 특히 공학적인 원리까지 해명하려는 노력은 장지현이 가진 가장 큰 장점이라고 할 수 있다. 이와 같은 분석 결과, 오늘날 박물관 유물로 전해지는 국수틀이 19세기 이전에도 쓰였다는 사실을 확인한다. 아울러 여기에서 언급되는 국수는 결코 밀가루가 아니라, 메밀을 주로 사용한 메밀국수 혹은 냉면이라는 사실이다. 이를 통해서 18~19세기 음식생활의 단면을 살필 수 있는 계기가 마련되었다.

그럼에도 불구하고 장지현의 연구가 지닌 다음과 같은 한계는 향후 더욱 진전된 다른 연구에서 해결될 수 있으리라 믿는다. 즉 문헌자료에만 한정하여 연구를 수행하다보니, 그것을 오늘날 확인할 수 있는 음식과 쉽게 대비시키는 단점이 있다. 가령 문헌에 나오는 중국 만두의 일종인 '훈둔(餛飩)'에 대한 해석을 '밀가루로 만든 면류'라는 식으로 쉽게 단정한다든지, 자신의 경험에서 나온 음식 조리법을 일반화시키거나, 과도한 문헌적인 해석에만 매달리는 등의 문제점이다. 하지만 이러한 장지현의 한계는 그가 겪어온 시대적 한계와도 관련이 있기 때문에 개인적인 탓으로 돌릴 수 없다. 이 점은 장지현의 제조기술사적 연구가 후속 연구자들에 의해서 지속될 때 충분히 해결될 수 있을 것이라 믿는다.

장지현의 연구가 주로 제조기술사에 초점을 맞추어 진행되었다면, 이성우(1978)의 연구는 '식생활사'라는 통사적 접근에 주안점을 두었다. 『고려이전의 한국식생활사 연구』에서 이성우는 '식생활 연구'의 필요성을 다음과 같이 제기했다. "오늘날 여러 민족들은 흔히 그들의 식생활연구에 현대영양식품학의 이론을 획일적으로 적용시키려는 경향이 있지만, 적어도 그 민족의 식생활 연구는 우선 그 민족의 전통적인 식생활양식을 역사적인 고찰을 통해 분석·종합한 다음 그 결과를 현대과학을 광원(光源)삼아 강렬하게 조명해야 한다"는 것이다. 그가 제시한 식생활사 연구는 식생활을 주제로 하여 통사적인 접근을 하는 데 있었다.

이러한 연구방법은 앞에서 소개했던 일본 식품사 연구자인 시노다의 영향을 강력하게 받은 것이다. 1974년에 나온 시노다의 『중국식물사(中國食物史)』[12]는 시대별로 식품의 재료, 조리·가공, 영양 등에 대해 다룬다. 이러한 접근법은 다분히 일본학계의 풍속사(風俗史) 연구의 경향과도 밀접한 연관이 있다. 이성우는 이 책에서 고려 이전의 시기를 선사시대, 고조선·원삼국

---

12) 국내에서는 다음과 같은 제목으로 번역 출판되었다. 시노다 오사무, 윤서석 옮김(1995), 『중국음식문화사』, 민음사.

시대, 삼국 및 통일신라시대, 고려시대로 구분을 하고 각 시대마다 식품재료 및 그 생산, 식기 및 부엌세간, 식품의 조리 · 가공, 영양과 건강으로 나누어 서술하였다. 특히 이 책에서 이성우는 문헌자료가 거의 남아 있지 않은 고려 이전의 식생활사를 연구하기 위해서는 다음과 같은 입장을 가지고 접근해야 한다고 밝혀 두었다.13) 조금 긴 내용이지만, 연구방법을 분석하기 위해 아래에 그대로 옮겨본다.

첫째 고조선 · 원삼국 시대의 문헌적인 연구 자료로서는 『삼국사기』와 『삼국유사』 속에 기원 후 300년 이전의 기사가 조금 기록되어 있으나, 이 시대의 기사는 신화적인 요소가 많다. 보다 구체적인 식생활 관계의 기사는 오히려 『삼국지』 위지동이전을 비롯한 중국의 정사(正史) 속에 많이 나온다. 또 중국의 각종 옛 문헌이나 사전을 자세히 살펴보면 우리나라의 식생활에 대한 기사가 산발적으로 실려 있으며, 또 일본의 『일본서기(日本書紀)』, 『고사기(古事記)』의 신화 속에도 우리나라의 식생활을 추측할 수 있는 기사가 간혹 실려 있다.

둘째, 식기와 부엌세간에 대한 자료는 고고학적인 유물에 의하여 비교적 쉽게 얻을 수 있으며, 만주지방이 당시에는 우리나라였으므로 이 지방의 유물도 연구대상에 넣어야 한다.

셋째, 우리나라 사서(史書) 속에 당시의 식생활에 관계되는 몇몇 한자 단어가 나타난다. 그러나 이것만으로는 그 내용을 알 수가 없으므로 이들 한자를 중국의 사전이나 『주례(周禮)』, 『예기(禮記) 등 옛 문헌을 통하여 해석해야 하는데, 『예기』에는 구체적인 조리가공법이 많이 실려 있다. 또 한자의 뜻이 중국에서는 시대에 따라 변한다는 것과 중국과 우리나라 사이에도 서로 차이가 있다는 것을 알아둘 필요가 있다.

넷째, 중국의 문헌만으로 해석이 불충분할 때에는 현대과학과 문화사적인 지식을 동원하여 차분히 생각해야 한다. 또 기원에 관한 것은 중국뿐만 아니라, 전 지구상을 무대로 삼아 고려해 보아야 한다.

---

13) 李盛雨(1978), 『高麗以前의 韓國食生活研究』, 鄕文社, 84～85쪽.

다섯째, 당시의 우리나라는 유목계이면서도 중국의 문화권 속에 있었다고 보는 것이 편리하며, 우리나라의 식생활사를 분리하여 독립적으로 생각할 수는 없다. 중국의 식생활사를 전 분야에 걸쳐 정리해 놓고 여기서 파생시키는 가운데 우리나라 식생활의 사적(史的) 체계를 세우는 방법론이 오히려 바람직하다.

이성우는 음식에 대한 역사적 접근을 시도하면서 가장 먼저 문헌자료가 절대적으로 부족한 고려 이전의 식생활사를 다루었다. 아마도 이 작업을 근간으로 하여 한국식생활사를 종합적으로 정리할 생각을 가지고 있었던 듯하다. 앞에서도 밝혔듯이 이미 일본 교토대학의 과학사연구실에 축적되어 있는 중국과 일본의 문헌자료를 비롯하여 음식사 관련 자료를 모두 망라할 수 있었던 이성우의 입장에서는 20년이 넘게 걸린 고생스러운 작업의 결과가 바로 이 책이었다. 결국 이성우의 노력은 어느 정도 고대 한국식생활사의 윤곽을 잡는 데 성공했다고 할 수 있다.

그러나 한계점 역시 많을 수밖에 없다. 왜냐하면 직접적으로 인용하고 이용할 수 있는 한국 관련 문헌이 부족했기 때문이다. 특히 중국에서 한반도를 거쳐서 일본으로 음식생활 모습이 연결되어 있다는 전파론적 입장은 추정과 추측으로 한국음식생활사를 다루는 문제점을 노정시켰다. 더욱이 대부분 음식 재료가 외부에서 전파되었다는 입장은 자칫 한국음식생활사를 중국 문명 아래에 놓이게 하는 한계를 보인다. 아울러 중국과 일본의 문헌자료와 일본학계의 연구 결과를 비판적 분석을 거치지 않은 채 통째로 사용하고 있다는 점도 문제이다.

황혜성은 기왕의 <한국민속종합조사사업>에 참여한 것을 계기로 1984년에 출간된 『한국민속종합조사보고서, 제15책, 향토음식편』(국립문화재연구소편, 1984)을 주관하였다. 각 시도별로 음식의 특징과 조리법을 조사하여 서술한 이 책은 한국음식의 지역성을 종합적으로 담아낸 최초의 보고서라고 평가할 수 있다. 다만 각 지역의 특색을 도별로 설정하다 보니, 특수한 지역적 특성에만 집중적인 조사를 한 한계를 보인다. 하지만 지역음식이 도시화

과정을 통해서 사라지고 있던 당시에, 1978~1980년에 수행한 본격적인 향토음식 조사를 기초로 하여 지역별로 종합적 정리를 했다는 면에서 음식생활 연구의 또 다른 지평을 열었다고 할 수 있다.

비록 음식에 대한 역사적 접근에 속하는 연구이지만, 강인희 · 이경복(1984)의 『한국식생활풍속』 역시 새로운 연구 방향을 제시한 성과라 하겠다. 일상식의 풍속, 상차림과 상물림의 풍속, 식사예절, 손님접대, 세시음식과 식생활 풍속, 통과의례와 식생활, 복식 · 주택과 식생활 풍속, 구황식과 식생활 풍속 등 풍속사적 시각을 가지고 서술되었다. 다만 종합적인 고찰이 이루어지지 않았으며, 참고한 문헌자료에 대한 논거가 부족하다는 한계를 지니고 있다. 그래도 음식생활 연구를 '풍속'이라는 창으로 들여다 보았다는 면에서 인문학 연구자들로부터 많은 관심을 받은 연구성과였다.

이와 같이 제1세대 연구자들의 연구는 1980년대 들어와서 꽃을 피웠다고 할 수 있다. 그들이 주축이 되어 본격적인 음식생활 연구를 위한 학회가 생긴 것도 1980년대였다. 1985년 11월 16일 이화여대에서 창립총회를 개최하고 출범한 '한국식문화학회'가 바로 그것이다. 그 이전에도 식품관련 학회는 이미 여러 개가 존재했다. 1959년 한국가정학회가 창립된 것을 필두로 한국농화학회(1960년, 2004년 한국응용생명화학회로 개명), 한국영양학회(1967년), 한국식품과학회(1968년), 한국영양식량학회(1972년), 한국조리과학회(1984년) 등이 결성되었다. 한국식문화학회는 비록 기왕에 결성된 식품관련 학회에도 참여하고 있던 가정학 · 식품학 · 조리학 · 영양학 연구자들이 중심이 되었지만, 그들이 지향한 연구방향은 상당히 인문학적인 개념인 '문화'에 초점을 맞추고 있었다.

사실 이 학회가 출발하는 데 결정적인 역할을 한 학자는 이성우였다. 앞에서도 이미 밝혔듯이 이성우가 1970년대 중반 교토대학 인문학연구소의 시노다 연구실에 있을 때 역사학을 전공하고 농학박사학위를 받은 민족학자 이시케와 알게 되었다. 이때 그들의 만남이 1985년 한국에서 '한국식문화학회'를 창립하는 데까지 이어진다. 당시 일본의 국립민족학박물관 교수였던

이시케는 일본의 다학문적 시스템을 수용하여 이른바 '식문화(食文化)'에 대한 논의를 본격적으로 전개한 대표적인 학자로 꼽을 수 있다. 그는 1980년 식품회사인 아지노모토(味の素)의 지원을 받아 앞에서도 밝혔던 <식문화심포지엄>을 주도했다.

이시케의 연구경향은 그의 스승인 시노다의 역사적 접근과 달리 민족학적 접근이었다. 즉 '문화'의 개념을 핵심에 두고 민족지학적(ethnographic) 연구를 하는 데 초점이 맞추어져 있었다. 그래서 각 민족의 식사에 관심을 가지고 연구를 진행시켰다. 이런 이유로 이시케(1986)는 한국식문화학회 창립총회에서 기조 강연을 하여 한국식문화학회가 앞으로 해야 할 일을 제시하였다. 여기서 그가 강조한 점은 자연과학과 인문사회과학 연구자들이 공동으로 학제적 연구를 해야 한다는 점이었다. 그러나 학회의 구성원 대부분이 가정학 · 영양학 · 식품학 · 농학 등의 연구자들이었고, 인문사회과학 연구자들을 포섭하지 않았기 때문에 이 학회의 성립 이후에도 학제적인 연구는 실제로 큰 성과를 내지 못하였다.

그러나 이 학회의 성립은 제1세대 학자들과 그들의 후속 연구자들이 좀 더 세밀한 주제를 가지고 음식생활에 대한 연구를 하도록 만들었다. 이 시기 이 학회지에 실린 글들을 보아도 그것을 충분히 짐작하고 남는다. 주로 문헌에 기초하여 역사적 접근을 한 연구, 지역음식에 대한 연구, 음식 소비의 실태와 관련된 연구, 그리고 자연과학 연구자가 아닌 인문사회과학 연구자의 음식에 대한 연구로 구분할 수 있다.

먼저 문헌에 기초하여 역사적 접근을 한 연구로는 조선왕실 음식에 대한 연구, 고문헌에 나타난 음식별 연구, 그리고 구황식품에 대한 연구 등이 주류를 이룬다. 조선왕실 음식에 대한 연구[14]는 주로 이성우 · 윤서석 · 이효

14) 이성우(1986), 「조선왕조 궁중식에 대한 문헌학적 연구」, 『한국식문화학회지』 1-1, 한국식문화학회 ; 이효지 · 윤서석(1986), 「조선시대 궁중음식중 찬물류의 공석적 연구」, 『한국식문화학회지』 1-2, 한국식문화학회 ; 김춘련(1986), 「18세기 궁중연회음식고 : 원신을묘정리의궤를 중심으로」, 『한국식문화학회지』 1-2, 한국식문화학회 ; 이효지 · 윤서석(1986), 「조선시대 궁중연회음식중 과정류의 분석적 연구」, 『한국식문화학회지』 1-3, 한국식문화학회 ; 이효지 · 윤서석(1986), 「조선시대 궁

지·김상보·한복진이 주도를 하였다. 그런데 이들이 접근한 연구의 방식은 조선왕실 자료 중 연회와 관련된 의궤(儀軌)를 대상으로 음식물의 종류를 밝히는 작업이었다. 이성우·김상보·한복진은 이성우가 이 시기에 운영한 공부 모임에서 함께 활동하면서 조선왕실 음식에 대한 문헌적 고찰을 집중적으로 시도하였다. 그 결과 김상보와 한복진은 각기 조선시대 궁중음식의 전문적 연구자로 성장할 수 있었다. 이에 비해 윤서석과 이효지는 똑같이 문헌을 이용했지만, 주로 특정한 음식물을 대상으로 그것의 종류와 이름, 그리고 쓰임새를 정리하는 작업을 하였다.

다음으로 고문헌을 이용하여 음식에 대한 역사적 접근을 시도한 글이 있다.[15] 이 작업에도 이성우·이효지·이철호 등이 주도를 한다. 이철호의 경우, 당시 주식회사 미원에서 '한국음식문화연구원'을 설립하고 전통음식 영상화 작업을 고려대학교 민족문화연구소에 의뢰했는데, 이 작업을 그가 주도하면서 한과류와 떡에 대한 문헌적 고찰을 지도하는 학생과 함께 하였다. 그러나 식품공학자인 그가 본격적으로 이 분야에 대한 연구를 수행했다고 보기는 어렵다.

중연회음식중 병이류의 분석적 연구」,『한국식문화학회지』 1-4, 한국식문화학회 ; 이성우(1988),「궁중연회식의궤에 나타나는 초출연도별의 음식명」,『한국식문화학회지』 3-1, 한국식문화학회 ; 한복진·이성우(1989),「조선조 궁중 탄생상 발기의 분석적 연구」,『한국식문화학회지』 4-1, 한국식문화학회 ; 김상보·한복진·이성우(1989),「원행을묘정리의궤 중 조리면에서 본 수자상고」,『한국식문화학회지』 4-2, 한국식문화학회 ; 김상보·한복진·이성우(1989),「원행을묘정리의궤 중 조리면에서 본 죽상·미음상 및 현륭원에서의 상차림고」,『한국식문화학회지』 4-4, 한국식문화학회 ; 한복진·이성우(1989),「원행을묘정리의궤에 나타나는 음식명, 식기명, 조리기구명」,『한국식문화학회지』 4-4, 한국식문화학회 등.

15) 이성우·이현주(1986),「한국 고문헌속의 주류색인」,『한국식문화학회지』 1-1, 한국식문화학회 ; 이미순(1986),「한국산채류 이용의 역사적 고찰」,『한국식문화학회지』 1-2, 한국식문화학회 ; 이성우·이현주(1986),「한국고문헌속의 장류색인」,『한국식문화학회지』 1-2, 한국식문화학회 ; 김귀영·이성우(1986),「「주방문」의 조리에 관한 분석적 연구」,『한국식문화학회지』 1-4, 한국식문화학회 ; 이효지·최종희(1987),「조선시대 술에 관한 분석적 고찰 : 조선중기 1600년대를 중심으로」,『한국식문화학회지』 2-1, 한국식문화학회 ; 이철호·맹영선(1987),「한과류의 문헌적 고찰」,『한국식문화학회지』 2-1, 한국식문화학회 등.

구황음식에 대한 역사적 접근 역시 눈에 띄는 연구이다(김희선・김숙희, 1986). 특히 김숙희・정혜경・김희선 등 이화여자대학교 출신들이 주축이 된 이 연구는 인문학적 연구성과를 충분히 참조하여 얻어낸 중요한 성과라고 할 수 있다. 특히 정혜경(1988)이 박사학위논문으로 제출한 「한국의 사회・경제적 변동에 따른 식생활 변천 : 조선말기부터 1980년대까지」는 영양학의 지식을 기초로 하여 역사적 접근을 한 글로 새로운 연구의 경향성을 보여주었다. 특히 구황음식에 대한 치밀한 접근은 이와 같은 연구가 하나의 모범이 될 가능성을 제시하였다.

지역음식에 대한 연구는 서혜경과 윤숙경[16]이 주도를 한다. 「우리나라 젓갈의 지역성 연구」로 박사학위를 받은 서혜경(1987)은 음식생활에 대한 역사적 접근에만 머물고 있던 이 분야 연구경향을 폭넓게 하는 데 크게 기여를 하였다. 그는 특히 젓갈이 실제로 쓰이는 사례를 문헌과 현지조사를 통해서 밝혔다. 그 결과 반찬용 젓갈과 양념용 젓갈로 구분된다는 점을 정리하였다. 아울러 지역성을 밝히기 위해 김치에 넣는 젓갈의 지역적 차이를 조망하기도 했다. 가령 지역별로 김치 담그는 데 사용하는 젓갈로 멸치젓・새우젓・조기젓・황석어젓 등은 대부분의 지역에서 쓰인다는 점을 밝혀냈다. 그 외에 평북 철산군과 선천군의 낙지젓, 충남 홍성군과 서산군의 실치젓, 전남 고흥군의 아그대젓, 전북 부안군과 고창군의 등피리젓과 같이 특정 지역에서 많이 어획되는 재료로 만든 젓갈이 김치에 쓰이는 경우도 있다고 하였다. 윤숙경은 안동지역에 거주한다는 장점을 살려서 지역음식으로 이름이 난 안동식혜에 대한 문헌조사와 이화학적 연구를 수행하기 시작했다. 1990년대에 들어와서 윤숙경은 안동지역을 중심으로 유교식 제사음식에 대한 현지조사 작업을 줄기차게 수행하여 좋은 연구를 내놓았다(윤숙경,

16) 서혜경・윤서석(1987), 「우리나라 젓갈의 지역성 연구(1) : 젓갈의 종류와 주재료」, 『한국식문화학회지』 2-1, 한국식문화학회 ; 서혜경(1987), 「우리나라 젓갈의 지역성 연구(2) : 젓갈의 담금법」, 『한국식문화학회지』 2-2, 한국식문화학회 ; 윤숙경(1988), 「안동식혜의 조리법에 관한 연구 : I.조리법의 유래에 따른 사적 고찰」, 『한국식문화학회지』 3-1, 한국식문화학회 ; 윤숙경(1993), 「풍기지역 식문화 양상에 관한 연구」, 『한국식문화학회지』 8-1, 한국식문화학회.

1996, 1998).

음식 소비의 실태에 대한 조사연구도 이 시기에 본격적으로 등장했다(최진호 외, 1986 ; 문수재 · 이영미, 1986 ; 계승희 · 윤석인 · 이철, 1987). 이 분야는 특정 연구자에 의해서 수행되지 않았지만, 주로 소비자의 음식 소비에 대한 조사 자료를 근간으로 하여 연구를 수행하였다. 그러나 이러한 연구는 이 학회지뿐만 아니라, 식품관련 다른 학회지에서도 많이 보이는 것이라 특별히 이 학회지의 특성이라 보기는 어렵다. 이외에도 한국음식을 공장제 생산으로 전환시키기 위해서 행했던 조리과학적 · 식품공학적 연구성과가 이 시기에 많이 나왔다.

『한국식문화학회지』의 발간과 함께 식품학 연구자가 아닌 학자들도 음식과 관련된 논문을 쓰기 시작했다. 주로 학회의 청탁에 의해서 작성된 것들이지만, 초기 이 학회의 주력 구성원이 음식생활 연구의 지평을 넓혀 보고자 했던 노력과 연결된다. 민속학 연구자인 김민기(1986a, 1986b)가 부작(符作)에 표현된 동식물 모습과 조왕에 관한 논문을 발표했다. 건축학자 주남철(1987)은 한국의 살림집에서 부엌이 지닌 형태와 기능에 대한 글을 실었다. 아울러 국문학자 이훈종(1988)은 부엌세간과 식기의 언어학적 측면을 조망하였다. 아울러 한의학자인 송일병(1988)은 사상체질과 사상음식에 대한 글을 발표했다.

한국식문화학회의 창립과 함께 1980년대 음식생활 연구에서 또 다른 특징은 미원주식회사에서 1987년 <한국음식문화연구원>을 창립하여 매년 이 분야 연구자들에게 연구비를 지원하여 연구논총을 발간한 점이다. 기왕에 자연과학 연구자를 중심으로 집필자가 구성되었지만, 『한국음식문화논총』 제1집[17]에는 고고학자인 최몽룡의 「한국선사시대의 식문화 : 고고학적 고찰」이라는 글이 실렸다. 주로 고고학 유적과 유물을 중심으로 선사시대의 음식문화에 대해 살핀 이러한 글도 이 시기에 인문학 연구자들이 음식에

17) 韓國飮食文化硏究院(1988), 『한국음식문화논문집』 1, 한국음식문화연구원. 이 책은 1997년까지 총 7집이 발간되었다.

관심을 가지게 한 계기가 되었다.

동시에 1986년 전례 전문가이면서 골동학 연구자인 이훈석이 설립했던 김치박물관의 활동에도 주목할 필요가 있다. 이후 (주)풀무원에서 인수하였고, 1988년 서울올림픽과 함께 이 박물관이 세계 각지에 알려지면서 김치에 대한 역사적·문화적 인식을 사회적으로 넓히는 데 공헌한 것도 사실이다. 특히 이훈석은 한국식문화학회 회원들을 중심으로 음식문화의 맥락을 살피는 공동 작업을 연결시키는 역할을 이 시기에 해 냈다. 그가 주도하여 펴낸 『한국음식오천년』[18]에는 당시 한국음식에 대한 전문가가 망라되었다.

이런 의미에서 1980년대는 그 이전부터 한국음식에 대해 연구해 온 자연과학 연구자를 중심으로 인문사회과학 연구자 중에서 이 분야에 참여하는 연구자 등의 종합적 인적 관계를 설정하기 시작했다고 할 수 있다. 특히 음식문화에 대한 정부와 사회적 관심 증대는 이들의 연구를 더욱 활성화시키는 계기가 되었다. 특히 김치의 일본 수출은 한국음식에 대한 민족적 자부심을 드러내게 했다. 그 결과 정부에서는 식품학 연구자들에게 한국음식에 대한 이화학적 연구를 수행하도록 지원하였다(이종미·최성은, 1993 ; 주영하, 2004a).

4. 1990년대 이후

1990년대 이후 한국사회는 경제적 형편이 월등하게 좋아지면서 음식의 소비는 풍요의 시대로 접어들었다고 해도 과언이 아니다. 더욱이 외국의

18) 한국음식문화오천년전준비위원회 펴냄(1988), 『韓國飮食五千年』, 유림출판사. 집필자는 다음과 같다. 자연환경(이춘녕), 간략한 역사(이성우), 통과의례 음식(윤서석), 밥(김태홍), 죽(허필숙), 국수와 만두(박승애), 찌개와 전골(이효지), 국(염초애), 장류(윤덕인), 장아찌(우순임), 김치(조재선), 젓갈과 식해(이철호), 쌈(황춘선), 생채(성기희), 나물(임희우), 튀각과 부각(장정욱), 두부(허태완·한억), 적(조창숙), 전(김영애), 회(김춘달), 조림과 초(이효지), 좌반(정순자), 포(정순자), 구이(홍성야), 떡과 과자(강인희), 향토음식(황혜성), 궁중음식(한복려), 절식(김경진), 사찰음식(서혜경), 양생음식(윤숙경), 음청(조후종), 차(김명배), 담배(이훈종), 전통주(장지현).

식품산업이 국내에 자리를 잡았고, 외식산업이 급속하게 발달하였다. 아울러 도시화는 거의 80%에 도달하였으며, 60% 이상의 국민들이 서구식 주거에서 도시형의 생활을 누리게 되었다. 특히 외국 여행을 자유롭게 다닐 수 있게 되면서 한국음식은 물론이고 외국음식에 대한 관심도 점차 증대되기 시작했다. 이때 음식 연구에 가장 절대적인 영향을 끼친 책이 번역되어 나와 대중적인 관심을 더욱 증폭시켰다.

미국의 인류학자 마빈 해리스(Marvin Harris)가 1985년에 출판한 책[19]이 『음식문화의 수수께끼』라는 이름으로 1992년에 국내에서 번역 출판되었다. 마빈 해리스는 문화유물론(cultural materism)이라는 입장에서 사람들의 음식 소비를 연구했다. 즉 그가 내세운 문화유물론은 생물심리 · 환경 · 기술 · 정치경제적 요소가 어떤 집단에 의해 생산 · 소비될 수 있는 음식들에 강력한 영향을 미친다는 전제를 가지고 출발한다. 그러나 측정하기는 어렵지만 충족되어야 할 영양적 요구와 습관적인 맛과 관련된 심리화학적 한계가 음식문화를 결정지을 수도 있다고 본다. 또한 인간의 식사행위는 역사적 연구를 통해 보면 기초 생산형태들에서의 변동과 상호 관련된 변화의 연속성을 거쳐 온 것이라 여긴다. 아울러 식습관의 지역적 차이는 기후 · 토양 · 동물군의 특이하고 지역적인 상태와 상호 관련되어 있다고 보았다. 따라서 인간이 음식을 먹는 데는 동물성 단백질의 섭취가 영양적 측면에서 중요하며, 각 인간 집단은 이를 만족시키기 위해 각자의 생태학적 조건 속에서 적응해왔다고 주장한다.

그러나 문화유물론의 입장에서 보는 음식문화 연구는 지나친 단순화와 일반화의 위험을 내포하고 있다. 또한 생태학적 조건들이 상징적 의미체계마저도 결정짓는다는 결정론적 시각이 두드러진다. 아울러 동물성 단백질에 집착한 나머지 서구 중심적인 영양학 관점을 드러내고 있다. 세계 각지에서는 서구식 영양학의 관점에서 이해될 수 없는 식품 섭취 패턴을 유지하면서

---

19) Harris, Marvin(1985), *The Sacred Cow and the Abominable Pig : Riddles of Food and Culture*(서진영 옮김(1992), 『음식문화의 수수께끼』, 한길사).

생존하는 사람들이 있다는 점을 그는 간과하였다. 비록 이러한 문제점에도 불구하고 문화유물론적 입장은 종래 관념론자들이 주장해온 식습관이 단지 심리정신적인 측면에 의해 결정된다는 논의를 극복할 수 있는 대안으로 간주되기도 했다. 이러한 명쾌하고 논리적인 그의 책은 종래 한국음식에 대한 연구에 대해 '지루한 역사적 접근과 전통에 대한 단순한 회귀'로 인식하고 있던 다른 학문의 연구자와 일반 독자들에게 매우 신선하게 다가왔다.

이와 같은 사회적 관심에 부응이라도 하듯, 1993년 한국문화인류학회의 전국대회 주제는 '음식문화'였다. 기왕에 1980년대부터 진행된 서구의 사회문화인류학자들이 주목한 음식에 대한 문화적 접근이 10여 년 후 한국의 문화인류학자들에게 영향을 끼친 결과였다. 그러나 여기에서 논의된 음식문화에 대한 접근은 결코 자연과학자들이 그동안 이룬 연구경향과 직접적으로 연결되지 않았다. 그래도 문화적 접근을 시도한 결과, 음식문화에 대해 한국인 문화인류학자들의 관심이 증대하는 계기가 되었다. 앞에서 이미 밝혔듯이 구미의 인류학계에서 음식에 대한 본격적인 관심은 이미 1970년대부터 시작되었다. 1980년대에 들어오면 각 지역 연구자들이 서로 모여 음식을 둘러싼 생산과 소비행위를 통해서 권력·지위·정체성·세계관 등을 읽으려는 연구를 하였다.

1993년 한국문화인류학회의 심포지엄 결과는 이듬해인 1994년 『한국문화인류학』 26권의 특집에 실렸다. 그 중 총론을 쓴 김광억은 서론에서 자신이 음식문화에 관심을 가지는 이유로 "먹고 마시는 생활부분이 정치·경제·사회적 영역에 관한 연구에 중요하다는 인식과, 문화의 역동성과 가변성에 대한 주목의 결합"에서 나온 것이라고 밝혔다.[20] 그러면서 그는 문화체계로서 음식, 성(性)과 음식, 권력과 음식, 사회정치적 제도로서의 음식, 공동체의 범주와 사회적 관계, 문화의 계급화, 세계체제와 민족주의 담론, 음식과 역사적 담론, 생활 스타일과 음식, 건강과 과학먹기와 같은 주제어와 음식의

20) 김광억(1994), 「음식의 생산과 문화의 소비」, 『한국문화인류학』 26, 한국문화인류학회, 8쪽.

생산과 소비를 연결시키는 이론적 접근을 시도했다.

김광억의 논문은 국내의 인문사회과학 연구자 중에서 가장 최초로 음식과 문화에 대한 체계적인 접근법을 제시한 글이다. 특히 음식을 문화적으로 연구할 때 가져야 할 사회과학적 사유방식에 대한 문제를 구미의 연구성과를 바탕으로 제시했다는 면에서 탁월한 논문이라 할 수 있다. 다만 한국사회에서 행해지는 음식의 생산과 소비의 사례를 특별한 사건들을 예로 들어 논의를 전개하고 있다는 면에서 일정한 한계를 지닌다. 더욱이 역사적 경험에 대한 세밀한 묘사가 부족한 점은 그 이후 이 분야 연구를 담론 위주로 이끄는 문제점을 낳았다.

같은 책에 실린 한경구(1994)의 논문 역시 이러한 한계를 지니고 있다. 다만 1980년대부터 일본에 수출되고, 1988년 서울올림픽 때는 '한국인=김치'라는 도식을 만들어낼 정도로 강력한 민족주의 담론의 대상이었던 김치에 대해 사회과학적 분석을 제시했다는 면에서 이 논문은 이전에 자연과학 연구자들 중심으로 전개된 김치 예찬론과는 판이하게 다른 시각을 제시했다. 그는 특히 이성우(1984)와 주영하(1993)의 연구성과를 충분히 활용하면서 논의를 전개했다는 면에서 자연과학 연구자와 민속학 연구자의 역사학적 접근을 사회과학적인 시각에서 연결시키려는 노력을 보였다.

그의 연구 결과는 일본인들이 20세기 초반 근대화 과정에서 쌀을 통해서 스스로를 정의하려고 했던 것과 비슷하게 한국인들이 김치야말로 '생각하기에 좋다'는 사실을 발견하였다. 그 이유는 1988년을 전후하여 김치가 민족음식으로 자리를 잡았기 때문이라고 분석했다. 이로 인해서 어린 아이들이 김치를 싫어한다는 자체가 사회적 문제가 되고, 더 나아가 '신토불이'에 대한 확신에 찬 감정이 생겨났다는 것이다. 이것은 김광억의 논문에서 세계체제 속에서 민족주의 담론이 음식과 연결된다는 논리와 같은 맥락에 놓여 있다.

이들이 모두 담론을 중심에 두고 연구를 했다면, 같은 책에 실린 황익주(1994)의 논문은 구체적인 사례를 통해서 음식의 문화적 소비에 대해 살폈다.

그는 1990년대 이후 향토음식에 대한 관심이 증대하고 있는 사회적 현상에 주목하여 이 논문을 썼다. 관광화와 지역사회의 정체성 확보, 그리고 사회계층과의 상관성에 주목하였다. 결국 1970년대 이전, 서민들의 쇠고기 대체 음식이었던 닭갈비가 1970년대 말 춘천이 수도권 주민들에게 관광도시로 인식되면서 하나의 '전통'으로 '발명'되었다는 점을 밝혔다. 이와 같은 논의는 음식생활의 지역성에 관심을 가지고 진행된 식품학 연구자들의 성과에도 적용될 수 있다. 즉 20세기를 관통하는 역사적 접근이 세밀하지 못할 경우, 지역민들 스스로 말하는 특정한 지역음식 역시 새롭게 발명되었을 가능성은 충분하다.

사실 한국문화인류학자들의 음식에 대한 관심은 이 시기 이전에도 그들의 연구에서 부분적으로 다루어졌다. 가령 전경수(1977)는 진도 '하사미'의 의례음식에서 제사음식은 동물성 단백질의 급원으로서 구실을 하면서 동시에 음식의 교환 역할을 한다고 주장한 적이 있다. 동시에 그는 소금의 문제를 통해서 고고학계의 비과학적 연구를 비판하는 글을 쓰기도 했다(전경수, 1994). 아울러 권숙인(2005)은 재외 한인의 민족음식에 대한 현지조사 결과를 바탕으로 한 분석적 논문을 발표하기도 했다. 한반도에서 이주해간 재외 한인들이 초창기에는 현지에 적응하려고 유사한 재료를 이용하여 특별히 의미가 있는 한국음식을 공동으로 생산·소비하면서 현지화를 시도하지만, 한국과의 접촉이 단절되면서 나름대로 정형화의 길을 걷게 되지만, 지구화 과정에서 다시 한국과 접촉하여 더욱 '한국적'인 음식을 생산해낸다는 점을 밝혔다.

이와 같은 연구성과는 사회과학적 훈련을 받은 문화인류학자들이 음식을 문화 읽기의 한 대상으로 설정했기 때문에 가능한 것이었다. 그러나 앞에서 소개한 몇몇 연구들은 대부분 사회적 조류에 부합하여 그것에 의미를 부여한 '기획'된 연구라는 데 문제가 있다. 비록 그들의 탁월한 이론적 접근과 문제 제기는 기왕에 음식생활을 연구해온 식품학 연구자들에게 좋은 공부 자료가 되지만, 다른 한편에서 그들이 이 연구를 하나의 학문적 경향으로서 지속시키지 않는다는 데 문제가 있다. 그로 인해서 자연과학과 인문사회과학 연구자가 '음식'이라는 주제를 두고 상호 소통하지 못하고 오히려 자신의 학문이 지닌 특성을 드러내서 벽을 쌓는 결과를 낳았다.

이러한 학문 분야 사이의 벽이 1996년에 출판된 정혜경 · 이정혜(1996)의 『서울의 음식문화 : 영양학과 인류학의 만남』을 통해서 다시 소통의 길로 갈 수 있는 가능성이 보였다. 영양학과 인류학 연구자가 공동으로 작업한 이 연구는 그 이전에 나온 어떤 성과에 비해서 학제적인 연구를 시도했다는 측면에서 큰 의의를 지닌다. 특히 서울의 전통 음식문화와 현대 음식문화를 근간으로 하여 살핀 점은 기왕의 연구에서 보이지 않는 새로운 접근이었다. 다만 인류학 연구자가 영양학 연구자와 심층적인 현지조사를 공동으로 행하지 않은 채, 단순한 면접만 시도했다는 점은 두 학문의 '만남'이라는 제목과는 거리가 먼 방법론이었다.

특히 주제가 되는 서울의 음식문화에 인류학적 조망이 충분히 적용될 수 있을 것인가를 점검할 수 있는 기회였음에도 불구하고, 그것마저 제대로 시도하지 않은 채 이 분야에 대한 외국의 이론만을 소개한 점은 결국 서로의 만남이 그다지 효과적이지 않았음을 증명하고 말았다. 학제적인 연구란 상호의 학문이 지향하는 문제의식과 방법론을 파악하지 않을 경우, 단순한 역할 분담 혹은 한 분야에서 주도하는 형태로 나타날 가능성이 많다. 이 점이 이 연구에서도 여실히 드러났다. 이런 면에서 자연과학 연구자들이 영양인류학적 · 음식인류학적 조망을 구체적으로 이루어내야 할 필요성이 대두되었다.[21)]

사실 이런 면에서 1993년부터 본격적인 연구성과를 내기 시작한 이 글의 필자인 주영하를 주목할 필요가 있다. 1993년 「김치의 문화인류학적 연구」에서 출발하여 2000년 『음식전쟁 문화전쟁』, 그리고 2005년 『그림 속의 음식 음식 속의 역사』로 이어지는 그의 연구성과는 역사학 · 민족학 · 인류학 · 민

---

21) 아래의 연구가 이 분야를 개척하는 데 참고가 된다. Fieldhouse, Paul.(1986), *Food and Nutrition : Custom and Culture*, New York : Chapman&Hall.

속학의 여러 학문의 연구방법을 동원하여 음식을 연구하고 있다고 해도 과언이 아니다. 특히 그는 전근대와 근대에 이르는 음식생활의 역사적 변용과정,[22] 음식에 대한 문화인류학적 주제와 연구방법론의 제시(주영하, 2000b), 현재 한국인의 음식생활에 대한 세밀한 현지조사(주영하, 2001a, 2001b), 이것을 바탕으로 한 종교음식과 식구론(食口論)의 전개(주영하, 1999a, 2002), 일제시대부터 현대에 이르는 외식의 전개과정에 대한 사회사적 접근(주영하, 2005a), 그리고 지역음식이 지닌 사회문화적 의미 분석(주영하, 2002, 2005b, 2005d)에 이르기까지 음식 자체를 두고 인문사회과학적 접근을 총체적으로 시도하고 있다.

이와 같은 종합적인 인문사회과학적 접근은 2003년 한국사회사학회의 정기 학술대회 주제로 <음·식의 사회사>가 채택되는 데 일조를 하였다. 이 심포지엄의 결과로 나온 『사회와 역사』 제66집(한국사회사학회, 2004c)에는 주영하의 논문과 함께 민속학자 배영동의 「안동지역 전통 음식의 탈맥락화와 상품화 : 1970년대 이후를 중심으로」, 사회학자 정근식의 「맛의 제국, 광고, 식민지적 유산」, 사회학자 최원기의 「한국인의 음주문화 : 일상화된 축제의 탈신성성」, 사회학자 최항섭의 「상류 사회의 연결망과 문화적 자본 : 런던 소사이어티, 파리 16구, 한국 호텔 레스토랑에 대한 사회 문화적 해석」이란 글이 실렸다.

이미 1999년에 사회학 연구자들이 중심이 되어 『술의 사회학』이란 논문집을 통해서 술이라는 음료가 지닌 사회적 관계망 및 그 의미를 정리한 바 있지만, 이 학술지에서처럼 좀 더 구체적인 양상으로 음식의 사회사적 조망을

22) 주영하(1993), 「김치의 문화인류학적 연구」, 한양대학교 석사학위논문 ; 주영하(1999), 「젓가락의 닮음과 숟가락의 다름 : 한중일 삼국의 일상 생활사에 대한 역사인류학적 접근」, 『실크로드와 한국문화』, 조합공동체소나무 ; 주영하(2000a), 「고추의 상징화 과정에 대한 一考」, 『역사민속학』 11, 민속원 ; 주영하(2004), 「식탁위의 근대 : 1883년 조일통상조약 기념연회도를 통해서」, 『사회와역사』 66, 문학과지성사 ; 周永河(2004), 「壁畵를 통해서 본 高句麗의 飮食風俗」, 『高句麗研究』 17, 學研文化社 ; 주영하(2005), 「소설 『임꺽정』의 조선음식 묘사에 대한 연구」, 『통일문학의 선구, 벽초 홍명희와 『임꺽정』』, 사계절 ; 주영하(2005), 『그림 속의 음식 음식 속의 역사 : '조선'의 표상과 실재에 대해 다시 생각하다』, 사계절.

시도한 작업은 새로운 경향성이라 할 수 있다. 다만 민속학자 배영동(1999, 2002)이 이미 음식 관련 민속학적 논문을 몇 편 발표한 것 이외에 다른 연구자들은 음식을 앞에서 밝혔던 문화인류학자들과 마찬가지로 소재주의적으로 접근을 하고 있다는 한계를 보인다. 그러나 이와 같이 인문사회과학 연구자의 참여는 음식생활에 대한 연구를 더욱 다양하게 만들었다.

민속학 분야에서 이루어진 종교음식에 대한 연구도 이 시기에 나온 주목할 만한 성과이다. 이미 앞에서도 밝혔듯이 김상보(1974)의 연구가 1974년에 이미 나왔지만, 그 이후 이에 지속적인 연구가 수행되지 않다가 이때 다시 시작되었다. 주영하(1999a)의 「밤섬 부군당 도당굿의 제물과 음식 : 신과 인간의 공식(共食)」은 서울의 마을 굿에서 등장하는 제물에 대해 살핀 글이다. 이 글은 시간적 배열을 기준으로 하여 제물의 준비과정, 의례과정, 제물 소비과정을 정리하고, 마지막에 각 제물과 마을 굿의 관계를 살펴서 그 내용을 분석하는 방식으로 쓰였다. 즉 아무리 일정한 규범을 내세우는 종교음식이라고 해도, 무속의 경우 그것을 연행하는 무당과 요청한 단골 사이에서 끊임없이 일어나는 상호작용의 결과로 생겨나는 변화가 있기 마련이다. 이런 면에서 종래 단지 제물에만 관심을 가지고 그것의 의미를 분석하는 데 머문 연구는 제물이 지닌 원래의 의미를 놓치는 위험이 있다. 이를 극복하기 위해서는 가능한 의례 전체를 파악하면서 동시에 그것을 행하는 무당과 단골의 종교적 사유와 생활에 대해서도 이해하지 않으면 안 된다.

이런 의미에서 굿에서 차려지는 신령별 상차림은 굿이 지향하는 종교적 의미를 가장 잘 담고 있다고 해도 과언이 아니다. 이것에 주목한 연구로는 심우성(1999)의 「'서울 새남굿'의 굿상차림」과 홍태한(2003)의 「서울 무속의 상차림에 대하여」가 있다. 하지만 심우성의 경우, 단지 굿상차림을 소개하는 정도에 머물고 말아 각각의 상징적 의미를 분석하지 못한 한계를 보인다. 이에 대해 주영하・최진아(2005f)의 『무・굿과 음식①』은 의례과정을 중심에 두고 제물과 상차림의 준비, 제물과 상차림이 의례에서 소비되는 과정, 그리고 제물과 상차림의 상징적 의미를 분석하는 데까지 논의를 진전시켰다.

홍태한의 글 역시 상차림에 주목하여 논의를 전개하고 있기 때문에 일정한 의의를 지닌다. 그러나 무당과 단골, 그리고 연구자가 각기 바라보는 상차림의 상징적 의미가 다를 수 있다는 전제를 제시하지 않은 채 과도한 해석을 한 것은 한계이다.

이 시기에 기왕의 식품학 연구자들이 내놓은 통사적인 성격의 글로는 김상보(1997)의 『한국의 음식생활문화사』와 한복진(2001)의 『우리생활100년 · 음식』, 그리고 한복진(2005)의 『조선시대 궁중의 식생활문화』가 가장 대표적이다. 그런데 김상보의 책은 비교역사적 방법을 채택하여 고대의 음식생활을 궁구한 점에서 그 의의를 높이 살 만하지만, 한국의 음식생활을 논하면서 일본학자들의 연구들을 비판 없이 수용하여 논의를 전개하고 있다는 점이 문제이다. 한복진의 앞선 책은 다른 분야사와 함께 시리즈로 기획된 책이지만, 20세기 전반을 세밀하게 사회사적으로 전개하고 있지 않다는 점에서 안타까운 결과물이라고 할 수 있다. 다만 부분적으로 일제시대 모습을 신문자료 등을 통해서 재구성하였기 때문에 자료적인 성과는 충분한 편이다. 한복진의 뒤 책은 조선시대 궁중의 식생활을 진상식품 · 일상식 · 연회식 · 제례 · 시절식 · 통과의례 등으로 구분하여 서술한다. 다만 조선왕실의 음식생활을 알 수 있는 각종 구체적인 문헌 자료를 다양하게 다루지 않고 작성된 글이라 깊이 있는 논의가 전개되지 못한 점이 아쉽다.

사실 1990년대 후반 이후 '한국식생활문화학회(원 한국식문화학회)'의 활동은 더욱 식품학 연구자 중심으로 전개되는 문제점을 노정시켰다. 이미 앞에서 밝혔듯이 이 분야의 제1세대 연구자들이 은퇴를 한 이후, 1980년대에는 이효지 · 윤숙경 · 김상보 · 서혜경 · 윤덕인 · 한복진 · 정혜경과 같은 제2세대 연구자들이 중심을 이루었다. 그러나 이들 중 제1세대가 지닌 학문적 깊이를 제대로 전수받은 연구자들이 드물었다. 그로 인해 후학을 육성하지 못한 탓에 '한국식생활문화학회'는 설립 초창기의 활발했던 음식생활에 대한 연구경향과 달리 다른 식품학 관련 학회의 연구경향과 차이를 보이지 않는 지경에 이르렀다. 비록 잠시 장철수 · 조흥윤 · 이필영과 같은 인문사회과학 연구자들이 학회의 임원진으로 활동한 적도 있었지만, 이들의 역할 역시 회장단이 바뀌면서 사라졌다.

최근 조선왕실의 실천적인 음식생활의 모습을 알 수 있는 구체적인 문헌 자료가 서울대 규장각과 한국학중앙연구원 장서각에 다수 소장되어 있는 것으로 알려지고 있기 때문에 이에 대한 학제적 연구가 절실하다. 아마도 인문사회과학 연구자들이 중심이 되어 조선시대 궁중의 음식생활에 대한 본격적인 연구성과가 앞으로 나올 것이라 기대한다. 심지어 최근 국가 중요 무형문화재 제38호인 '조선왕조 궁중음식'이 당초 일제시대 이왕직에서 생산・소비했던 음식에 지나지 않는다는 주장도 제기되고 있기 때문에, 보다 면밀한 문헌고찰과 구체적인 복원 작업이 이루어질 필요가 있다. 이런 면에서 향후 음식생활에 대한 학제적 공동연구의 가능성이 많다. 이 점은 1990년대 이후 인문사회과학 연구자가 음식생활에 연구에 대해 깊은 관심을 보이고 있기 때문에 가능하리라 생각한다.

5. 나가는 글

음식생활에 대한 연구는 해방 이후 줄곧 분과 학문으로서 자리를 잡아오지 못한다. 이에 비해 1990년대 이후 음식에 대한 사회적 관심은 날이 갈수록 증대하고 있다. 앞에서 살펴본 바와 같이 음식을 주제로 연구성과를 낸 학문 분야는 1970년대와 비교하면 엄청나게 확장되었다. 그러나 그것이 일군의 연구자를 결집시키지 못했고, 이로 인해서 연구의 주된 경향성과 방법론에 대한 논쟁을 거치는 과정을 밟을 기회를 가지지 못했다. 결국 음식생활에 대한 연구는 여전히 계몽적인 수준에 머물고 있다고 해도 지나친 말이 아니다. 그렇다면 어떻게 기왕의 연구성과를 기반으로 하여 이 분야의 연구를 활발하게 조성할 것인가?

최근 인문사회과학 분야에서는 생활사・사회사・문화사에 대한 관심과 연구열이 증대하고 있다. 이런 면에서 사람들이 먹고 마시면서 살아가는 이야기는 분명히 학문적으로도 의의가 충분한 주제임에 틀림없다. 그래서 식품학 연구자가 주로 진행했던 음식생활에 대한 연구는 이제 인문사회과학 연구자들에게도 관심의 대상이 되고 있다. 이런 면에서 음식생활에 대한 기왕의 역사적 접근을 보다 면밀하게 시도할 필요가 제기된다. 당연히 새로 발굴된 각종 고고학 자료와 문헌자료, 그리고 구술사 방법론을 동원하여 전근대에서 근대에 이르는 음식생활사에 대한 종합적인 연구가 이루어질 필요가 있다.

이를 위해서는 우선 통사적 전개과정을 대강 서술하는 작업을 지양해야 한다. 그 보다는 면밀하게 텍스트를 확보하고, 그것을 기초로 하여 사회문화적 의미 체계 내에서 역사적 접근을 시도해야 한다(주영하, 2000a, 2004c). 특히 19세기와 20세기의 사회문화적 변용과정에서 만들어진 '전통'에 대한 재해석이 필요하다(주영하, 2005e). 이것을 제대로 파악하기 위해서는 일제시대의 음식생활과 외식업의 발달(주영하, 2005a), 식품산업의 전개과정, 그리고 해방 이후 국가에 의해서 주도된 한국음식에 대한 문화적 의미 부여(주영하, 2005b)에 대해서 다시 살펴보는 작업을 해야 한다. 이를 통해서 한국음식에 대해 과도하게 부각시켰던 민족주의적 담론과 재생운동의 결과를 제거시키는 작업이 요구된다. 이 분야는 인문사회과학 연구자들이 주도하고, 식품학 연구자들이 협력하는 방식으로 연구가 이루어지면 효과적이다.

음식생활의 역사적 접근 중에서 장지현이 견지했던 제조기술사적 접근은 조리학・식품학・영양학 연구자를 중심으로 지속되어야 한다. 당연히 고문헌의 제공과 번역 작업은 인문학 연구자들이 먼저 수행하고, 식품학 연구자들이 그 번역에 대해서 내용을 검증하는 작업을 함께 하면 된다. 왜냐하면 그 내용을 모르는 인문학 연구자가 고문헌을 번역할 경우 그 내용이 전혀 다르게 해석되기 때문이다(주영하, 2006b). 이 작업에서는 음식의 제조과정과 그것의 약리적인 측면에 대해서도 주목해야 한다. 특히 의료와 음식의 상관성에 대한 연구를 통해서 한국적 영양관을 살필 수 있다는 장점이 있다. 최근 중국음식의 영향을 받아 약선음식(藥膳飮食)에 대한 식품학계의 관심이 증가한다. 하지만 제조기술사적 접근을 하지 않은 채 무조건 현대적 영양학이나 한의학 관점으로 한국음식의 약리작용을 남발하는 것은 지식의 탈을 선 상업적 광고에 지나지 않는다. 이 점에서 김호(2000)의 『동의보감 연구』를 비롯한 약(藥)에 대한 연구에 주목해야 한다.

역사적 접근과 함께 음식생활에 대한 민족지적 접근도 필요하다. 현대 한국인의 음식관습이 어떤 상태에 놓여 있는가에 대한 연구는 세밀한 현지조사를 통해서 확보해야 할 작업이다(주영하, 2001a, 2001b). 여기에는 가정에서 이루어지는 각종 음식생활뿐만 아니라, 학교・사회집단・군대에서의 그것에 대해서도 관심을 가져야 한다. 아울러 지역음식이 관광상품으로 소비되는 과정에 대해서도 세밀한 현지조사를 통한 연구가 필요하다. 특히 음식을 공식(共食)하는 식구집단이 재료의 확보, 조리과정과 조리법, 조리공간과 조리도구, 식사 방식과 식사도구, 식사예절과 관념, 그리고 종교와 의례에서의 음식관습, 세시음식 등에 주목하여 연구를 수행할 필요가 있다. 이 작업은 식품학 연구자와 인문사회과학 연구자가 공동으로 협력연구를 해야 제대로 된 연구성과를 낼 수 있다.

마지막으로 한반도를 둘러싼 다른 지역의 음식생활과 비교 연구를 시도하는 것이다. 특히 재외한인의 음식생활, 최근 한류현상이 일어나고 있는 외국에서 한국음식의 해외 적응과 변용과정, 그리고 각국의 음식생활과의 비교 연구는 현지조사를 통해서 살펴야 한다(주영하, 2005d, 2006a). 이것은 한국음식과 한국인의 음식생활이 어떻게 적응되고, 변용되며, 나아가 새로운 정형화 과정을 밟는지에 대해 보다 구체적인 조망을 할 수 있는 사례이다. 특히 최근 외국에서 형성된 재외한인의 음식생활(이종미・김미경・박혜진, 2001)과 한국 내에 거주하는 외국인의 음식생활, 그리고 북한주민들의 음식생활에 대한 연구는 한국음식의 다양한 양상을 조망하는 데 중요한 사례 연구가 될 수 있다. 이것 역시 식품학 연구자와 인문사회과학 연구자가 공동으로 연구해야 할 대상이다.

이러한 작업을 통해서 음식생활에 대한 연구는 자연과학과 인문사회과학

사이에 놓인 모더니즘(modernism)의 벽을 깨고 상호 소통하는 새로운 모습을 보일 수 있다. 이것은 음식생활이 인간이 지닌 가장 동물적이면서 동시에 인간적인 활동이라는 점에서도 이 분야에 대한 연구자들이 지닌 사회적 책무일 수 있다. 다만 이 분야를 육성하기 위해서는 각 분야의 연구자가 자유스럽게 논의를 전개시켜 서로의 학문에 대한 기본적인 이해를 하면서 공동연구를 수행하는 시스템을 만들어야 한다. 앞에서도 이미 밝혔듯이 기왕에 존재하는 한국식생활문화학회를 창립 초기의 분위기와 같이 개방적으로 운영한다면 이 문제를 해결할 수 있을 것이라 생각한다. 그러나 이것을 누가 주도해서 이끌고 갈 것인가에 대해서는 이 분야 연구에 관심을 가진 연구자들이 고민해야 할 과제이다. 나는 이 분야가 독립된 분과학문의 하나로서 '음식학'이 되기를 바란다. 이것을 달성하기 위한 연구자의 인적 연계는 '음식학'이 21세기 한국학 연구에서 학문적 시민권을 얻을 수 있는 관건이다.

참고문헌

姜仁姬 · 李慶馥(1984), 『韓國食生活風俗』, 三英社.

계승희 · 윤석인 · 이철(1987), 「주부들의 한과류 이용에 관한 실태조사」, 『한국식문화학회지』 2-2, 한국식문화학회.

高麗大學校民族文化硏究所編(1970), 『韓國文化史大系4 : 風俗 · 藝術史(上)』, 고려대학교 민족문화연구소 출판부.

國立文化財硏究所編(1984), 『韓國民俗綜合調査報告書, 第15冊, 鄕土飮食編』, 國立文化財硏究所.

권숙인(2005), 「현지화 · 정형화 · 지구화 : 재멕시코/일본 한인의 민족음식문화」, 『비교문화연구』 11-2, 서울대학교 비교문화연구소.

김광억(1994), 「음식의 생산과 문화의 소비」, 『한국문화인류학』 26, 한국문화인류학회.

김귀영 · 이성우(1986), 「「주방문」의 조리에 관한 분석적 연구」, 『한국식문화학회지』 1-4, 한국식문화학회.

김민기(1986a), 「부적을 통해서 부엌의 신 조왕님」, 『한국식문화학회지』 1-3, 한국식문화학회.

김민기(1986b), 「한국동물과 식문화부작과 식문화」, 『한국식문화학회지』 1-1, 한국식문화학회.

金尙寶(1974), 「巫俗 佛敎 儒敎를 通하여 본 食生活文化 및 그 儀式節次에 對한 硏究」, 이화여자대학교 교육대학원 석사학위논문.

김상보 · 한복진 · 이성우(1989), 「원행을묘정리의궤 중 조리면에서 본 수자상고」, 『한국식문화학회지』 4-2, 한국식문화학회.

김상보 · 한복진 · 이성우(1989), 「원행을묘정리의궤 중 조리면에서 본 죽상 미음상 및 현륭원에서의 상차림고」, 『한국식문화학회지』 4-4, 한국식문화학회.

김상보(1997), 『한국의 음식생활문화사』, 光文閣.

김숙희(1982), 『먹는 즐거움 먹는 두려움』, 정우사.

김춘련(1986), 「18세기 궁중연회음식고 : 원신을묘정리의궤를 중심으로」, 『한국식문화학회지』 1-2, 한국식문화학회.

김호(2000), 『허준의 동의보감연구』, 일지사.

김희선 · 김숙희(1986), 「조선후기 기근 만성화와 구황식품 개발의 사회 경제적 고찰」, 『한국식문화학회지』 2-1, 한국식문화학회.

문수재 · 이영미(1986), 「청소년의 식품에 대한 가치 구조의 분석 연구」, 『한국식문화학회지』 1-2, 한국식문화학회.

方信榮(1934), 『朝鮮料理製法』, 京城：漢城圖書出版株式會社.

배영동(1999), 「안동지역의 일상음식과 제사음식의 비교」, 『민속연구』 9, 안동대학교 민속학연구소.

배영동(2002), 「마을사회의 의식주생활 조사의 관점」, 안동대학교 민속학연구소편, 『민속연구 : 마을민속조사 어떻게 할 것인가』 11, 민속원.

서혜경・윤서석(1987), 「우리나라 젓갈의 지역성 연구(1) : 젓갈의 종류와 주재료」, 『한국식문화학회지』 2-1, 한국식문화학회.

서혜경(1987a), 「우리나라 젓갈의 지역성 연구(2) : 젓갈의 담금법」, 『한국식문화학회지』 2-2, 한국식문화학회.

서혜경(1987b), 「우리나라 젓갈의 지역성 연구」, 중앙대학교 박사학위논문.

石毛直道(1974), 「食物と文化」, 『文化と人類』, 東京：平凡社.

石毛直道(1986), 「식문화연구의 전망과 과제」, 『한국식문화학회지』 1, 한국식문화학회.

송일병(1988), 「사상체질과 체질음식(음식섭생)」, 『한국식문화학회지』 3-4, 한국식문화학회.

심우성(1999), 「'서울 새남굿'의 굿상차림」, 『샤머니즘연구』 1, 한국샤머니즘학회.

윤서석(1962), 「한국의 절식음식」, 『대한가정학회』 3, 대한가정학회.

윤서석(1973), 「한국 식품구조 형성의 역정」, 중앙대학교 박사학위논문.

윤서석(1977), 「민속과 음식」, 『한국민속학』 10, 민속학회.

尹瑞石(1982), 「食生活의 傳統樣式」, 『傳統的 生活樣式의 硏究(中)』, 한국정신문화연구원.

윤숙경(1988), 「안동식혜의 조리법에 관한 연구 : I. 조리법의 유래에 따른 사적 고찰」, 『한국식문화학회지』 3-1, 한국식문화학회.

윤숙경(1993), 「풍기지역 식문화 양상에 관한 연구」, 『한국식문화학회지』 8-1, 한국식문화학회.

윤숙경(1996), 「안동지역의 不遷位祭禮와 祭需」, 『한국식생활문화학회지』 11-2, 한국식생활문화학회.

윤숙경(1998), 「鄕校와 書院의 祭禮에 따른 祭需에 관한 연구」, 『한국식생활문화학회지』 13-4, 한국식생활문화학회.

依田千百子(1989), 「韓國の食文化に關する文化人類學的諸問題」, 『斗山金宅圭博士華甲紀念文化人類學論叢』, 大邱：斗山金宅圭博士華甲紀念論文集刊行 委員會.
이기백(1971), 「한국사 연구에서의 분류사 문제」, 『민족문화연구』 5, 고려대학교 민족문화연구소.
李琦烈(1976), 『韓國人의 食生活』, 연세대학교 출판부.
이미순(1986), 「한국산채류 이용의 역사적 고찰」, 『한국식문화학회지』 1-2, 한국식문화학회.
李盛雨(1978), 『高麗以前의 韓國食生活史硏究』, 鄕文社.
李盛雨(1981), 『韓國食經大典』, 鄕文社.
李盛雨(1982), 『朝鮮時代 調理書의 分析的 硏究』, 한국정신문화연구원.
李盛雨(1984), 『韓國食品文化史』, 교문사.
이성우(1986), 「조선왕조 궁중식에 대한 문헌학적 연구」, 『한국식문화학회지』 1-1, 한국식문화학회.
이성우 · 이현주(1986), 「한국 고문헌속의 주류색인」, 『한국식문화학회지』 1-1, 한국식문화학회.
이성우 · 이현주(1986), 「한국고문헌속의 장류색인」, 『한국식문화학회지』 1-2, 한국식문화학회.
李盛雨(1988a), 『韓國料理文化史』, 敎文社.
李盛雨(1988b), 『韓國食品社會史』, 敎文社.
이성우(1988c), 「궁중연회식의궤에 나타나는 초출연도별의 음식명」, 『한국식문화학회지』 3-1, 한국식문화학회.
李盛雨(1988d), 『韓國食品文化史』, 敎文社.
이어령(1963), 『흙 속에 바람 속에 : 이것이 한국이다』, 현암사.
이종미 · 김미경 · 박혜진(2001), 「연변 조선족 주부와 여대생의 식생활 조사」, 『한국식생활문화학회지』 16-1, 한국식생활문화학회.
이종미 · 최성은(1993), 「전통적 증편 제조의 표준화」, 『한국식품과학회지』 25-6, 한국식품과학회.
이철호 · 맹영선(1987), 「한과류의 문헌적 고찰」, 『한국식문화학회지』 2-1, 한국식문화학회.
李漢昌(1999), 『醬 歷史와 文化와 工業』, 신광출판사.
이효지 · 윤서석(1986), 「조선시대 궁중연회음식중 과정류의 분석적 연구」, 『한국식문화학회지』 1-3, 한국식문화학회.
이효지 · 윤서석(1986), 「조선시대 궁중연회음식중 병이류의 분석적 연구」, 『한국식문화학회지』 1-4, 한국식문화학회.
이효지 · 윤서석(1986), 「조선시대 궁중음식중 찬물류의 공석적 연구」, 『한국식문화학회지』 1-2, 한국식문화학회.
이효지 · 최종희(1987), 「조선시대 술에 관한 분석적 고찰 : 조선중기 1600년대를 중심으로」, 『한국식문화학회지』 2-1, 한국식문화학회.
이훈종(1988), 「언어학상으로 보는 한국의 부엌세간과 식기」, 『한국식문화학회지』 3-2, 한국식문화학회.
張智鉉(1969), 「韓國在來醬類製造史 : 특히 古農書類 나타난 醬類를 中心으로」, 『민족문화연구』 3, 고려대학교 민족문화연구소.
장지현(1989), 『한국전래발효식품사연구』, 수학사.
장지현(1992), 『한국외래주유입사연구』, 수학사.
장지현(1993), 『한국전래 대두이용음식의 조리 · 가공사적 연구』, 수학사.
장지현(1994), 『한국전래면류음식사연구』, 수학사.
장지현(1995), 『한국전래유지류사연구』, 수학사.
全京秀(1977), 「珍島 下沙美 儀禮生活」, 서울대학교 석사학위논문.
전경수(1994), 「先史文化의 변동과 소금의 民俗考古學」, 『한국문화론 : 상고편』, 一志社.
鄭惠京(1988), 「韓國의 社會 · 經濟的 變動에 따른 食生活 變遷 : 朝鮮末期부터 1980年代까지」, 이화여자대학교 박사학위논문.
정혜경 · 이정혜(1996), 『서울의 음식문화 : 영양학과 인류학의 만남』, 서울학연구소.
주강현 편(1989), 『북한의 민속학』, 역사비평사.
주남철(1987), 「한국의 전통적 식생활 공간」, 『한국식문화학회지』 2-2, 한국식문화학회.
주영하(1993), 「김치의 문화인류학적 연구」, 한양대학교 석사학위논문.
주영하(1999a), 「밤섬 부군당 도당굿의 제물과 음식 : 신과 인간의 共食」, 『마포부군당도당굿연구』, 문덕사.
주영하(1999b), 「젓가락의 닮음과 숟가락의 다름 : 한중일 삼국의 일상 생활사에 대한 역사인류학적 접근」, 『실크로드와 한국문화』, 조합공동체소나무.
주영하(2000a), 「고추의 상징화 과정에 대한 一考」, 『역사민속학』 11, 민속원.
주영하(2000b), 『음식전쟁 문화전쟁』, 사계절.
주영하(2001a), 「경기동부의 식생활」, 『경기민속지』 4(의 · 식 · 주편), 경기도박물관.
주영하(2001b), 「경기북부의 식생활」, 『경기민속지』 4(의 · 식 · 주편), 경기도박물관.

주영하(2002), 「食口論 : 현대 한국사회에서의 음식관습」, 『정신문화연구』 25-1, 한국정신문화연구원.

주영하(2004a), 「민속문화의 국제화 요구와 비교민속학의 대응」, 『한국민속학』 40, 한국민속학회.

周永河(2004b), 「壁畵를 통해서 본 高句麗의 飮食風俗」, 『高句麗硏究』 17, 學硏文化社.

주영하(2004c), 「식탁 위의 근대 : 1883년 조일통상조약 기념연회도를 통해서」, 『사회와역사』 66, 문학과지성사.

주영하(2005a), 「'內鮮融化'와 조선인의 식사풍속 : 『日常生活上より見たる內鮮融化の要諦』(1928년)를 대상으로」, 『日本思想』 9, 일본사상사학회.

주영하(2005b), 「민속의 표상과 실재 : 안동지역 의식주 민속에 대한 담론적 접근」, 『지역민속연구와 국학』, 집문당.

주영하(2005c), 「소설 『임꺽정』의 조선음식 묘사에 대한 연구」, 『통일문학의 선구, 벽초 홍명희와 『임꺽정』』, 사계절.

주영하(2005d), 「야키니쿠에서 비빈멘까지 : 일본에서의 한국음식 유행과 한류」, 『한국문화의 세계화 : 일본에서의 한류현상』, 한국학중앙연구원 문화와 놀이연구소 제1회 학술심포지엄 자료집.

주영하(2005e), 『그림 속의 음식 음식 속의 역사 : '조선'의 표상과 실재에 대해 다시 생각하다』, 사계절.

주영하 · 최진아(2005f), 『巫 · 굿과 음식①』, 국립문화재연구소.

주영하 · 김소현 · 김호 · 정창권(2005), 『19세기 조선, 생활과 사유의 변화를 엿보다』, 돌베개.

주영하(2006a), 「식사, 嗜好, 민족음식 : 음식에 대한 민속학적 조망」, 『비교민속학』 31, 비교민속학회.

주영하(2006b), 「유교와 음식 : 음식의 유교적 질서와 일상화」, 『유교와 민속』, 민속원.

崔吉城 · 柳尙熙(1980), 「在日韓國人の燒肉に關する文化人類學的考察」, 『社會人類學年報』 1980年11月.

최진호 · 편재형 · 임채환 · 양종순 · 김수현 · 김정한 · 이병호 · 우순임 · 최선남 · 변대석(1986), 「우리나라 장수자의 생활 및 의식구조사에 관한 연구」, 『한국식문화학회지』 1-3, 한국식문화학회.

豊山泰次(1945), 『朝鮮食物概論』, 京城 : 生活科學社.

한경구(1994), 「어떤 음식은 생각하기에 좋다 : 김치와 한국민족성의 정수」, 『한국문화인류학』 26, 한국문화인류학회.
한국사회사학회(2004), 『사회와 역사 66 : 특집 음·식의 사회사』, 문학과지성.
韓國飮食文化研究院(1988), 『한국음식문화논문집』 1, 한국음식문화연구원.
한국음식문화오천년전준비위원회 펴냄(1988), 『韓國飮食五千年』, 유림출판사.
한복진(2001), 『우리생활100년·음식』, 현암사.
한복진(2005), 『조선시대 궁중의 식생활문화』, 서울대학교 출판부.
한복진·이성우(1989), 「원행을묘정리의궤에 나타나는 음식명. 식기명. 조리기구명」, 『한국식문화학회지』 4-4, 한국식문화학회.
한복진·이성우(1989), 「조선조 궁중 탄생상 발기의 분석적 연구」, 『한국식문화학회지』 4-1, 한국식문화학회.
韓熙順·黃慧性·李惠卿(1958), 『李朝宮廷料理通攷』, 學叢社.
홍태한(2003), 「서울 무속의 상차림에 대하여」, 『한국무속학』 6, 한국무속학회.
황익주(1994), 「향토음식 소비의 사회문화적 의미 : 춘천 닭갈비의 사례」, 『한국문화인류학』 26, 한국문화인류학회.
Chang, K.C. ed.(1977), *Food in Chinese Culture.*, New York : The Vail-Ballou Press.
Cuisenier, Jean(1986), *Ethnologie de la France*(野村訓子 外 譯(1991), 『フランスの民族學』, 東京 : 白水社).
Fieldhouse, Paul(1986), *Food and Nutrition : Custom and Culture*, New York : Chapman&Hall.
Lévi-Strauss, Claude(1965), "Le triqngle culinaire", *L'Arc*, No.26, Aix-en-provence(李光奎(1983), 『레비-스트로스』, 大韓基督敎書會).
Yoder, Don(1972), "Folk Cookery", *Folklore and Folklife*, Chicago : The University of Chicago Press.

해방 이후의 전통건축 연구사

임석재

1. 전통건축 연구의 몇 가지 문제점들

1) 사료 연구와 해석 연구

건축역사 연구는 동서양 사이에 큰 차이 없이 크게 두 경향으로 나눌 수 있다. 하나는 사료 중심의 연구이고 다른 하나는 해석 중심의 연구이다. 사료 중심의 연구는 건축역사와 관련된 객관적 정보와 사료를 발굴, 수집, 축적, 정리, 분류하는 경향이다. 이 경향은 가능한 한 정확한 사실 규명을 주요 목적으로 가지며 많은 경우 숫자 중심으로 진행되며 직설적이고 단층적인 접근 방식을 특징으로 갖는다.

이 경향은 다시 다음의 세부적인 전공분야로 나뉜다. 건축물의 연대를 밝히고 정리하는 연대기학, 건축역사를 문헌으로부터 접근하거나 건축 관련 문헌을 다루는 문헌학, 건축역사를 유구의 관점에서 접근하여 발굴을 중심으로 진행하는 고고학, 파손되거나 소실된 건축유구를 복원, 보존하는 보존학, 건축물을 척도의 관점에서 접근하는 측량학, 건축물의 현황을 기록하는 측량학, 지역별 문화재와 향토사학의 관점에서 접근하는 지역학, 축적된 객관적 정보와 사료를 분류하는 분류학 등이다. 이런 세부 전공분야는 물론 하나의 독립된 학문분야는 아니다. 건축역사의 자생적 연구경향도 아니다. 명확한 구별이 있는 것도 아니다. 실제 필드에서는 이들 가운데 몇 가지 경향들이 혼용되어 운용된다.

해석 중심의 연구는 이와 반대이다. 이 경향은 첫 번째 경향에서 얻어진 기본 사료를 소재로 삼아 그 의미를 정의하고 해석한다. 인문학과 예술학 각 분야의 이론과 사상이 기본 관점을 이루지만 건축학 고유의 관점도 많이 있다. 이 경향은 연구 범위가 광범위하고 관점이 다양하기 때문에 규칙화하기 힘들다. 철학사상, 사회학이론, 미학이론, 비례론, 공간지각이론, 시지각 이론, 상징이론, 의미론, 기호론, 배치이론, 유형학 등이 해석 중심의 연구를 대표하는 이론들이다.

전통건축 연구에서 사료 중심의 경향은 실측 작업은 많이 진행된 편이나 복원은 경복궁 등 대표적 대형 건축물 이외에는 부진한 실정이다. 분류학 같은 응용 경향은 더 미진하다. 연대기학은 많이 발전한 편이나 문헌학은 전통건축 역사가 가장 취약한 부분이다. 사료 중심의 경향에서 나타나는 이런 현상들은 장르 고유의 한계가 가장 큰 원인이다. 한국 전통문화에서 건축은 인문학이나 예술이 아닌 실용기술에 속했기 때문에 문헌이나 자료를 통한 기록과 연구의 대상에서 제외되었다. 이 때문에 전통건축과 관련된 고문헌이나 자료는 빈약한 편이고 이것이 문헌을 통한 연구를 어렵게 만드는 요인으로 작용한다. 다른 분야의 자료 사이사이에 파편처럼 박혀 있는 것을 일일이 찾아내야 하는데 건축 전공자들에게는 아무리 역사학자라 해도 이것은 불가능에 가까운 일이다. 건축학 내부의 반성적 입장에서 보자면 학문적 한계로 해석될 수 있는 부분도 있는 것이 사실이다. 고문헌을 해독하고 정리하려면 고어 능력이 필수적이다. 그런데 건축학자들은 기본적으로 이과 출신들이기 때문에 이것이 쉬운 일이 아니다. 더욱이 건축학 내부에서 전통건축 연구는 부차적 분야이기 때문에 종사자 숫자, 저변, 사회적 관심, 연구 지원 등 모든 점에서 열악하다.

해석 중심의 연구는 서양이론에 많이 의존하는 점이 가장 큰 문제이다. 전통문화에도 사상과 예술 등 고유의 이론들이 있는데 이것을 바탕으로 한 해석까지는 연구가 진행되지 않고 있는 상태이다. 더욱이 미시적 차원의 해석적 연구를 바탕으로 한국적 정체성의 정의와 같은 거시적 차원의 결과를 내는 일은 아직 요원해 보인다. 서양이론의 응용이 반드시 나쁜 것은 아닐진대 더 큰 문제는 응용 방식과 내용에 있다. 일대일로 단순 대응시키는 한계가 많이 관찰된다. 서양이론 자체에 대한 이해도가 낮은 상태에서 전통이론과의 비료학적 해석은 기대할 수 없다. 축적된 내용의 질과 양 모두 아직은 초보적 수준에 머물고 있다. 이 문제는 앞의 사료 중심 경향의 문제 가운데 문헌학의 부진과 일맥상통하는 것이기도 하다. 해석적 연구경향은 한두 사람의 노력에 의해서도 큰 발전이 가능하다. 이 때문에 이 경향에서의 연구 부진은 장르적 한계나 사회적 상황 등에 따른 것이라기보다는 건축학 내부의 학문적 한계를 보여주는 것이라 할 수 있다.

2) 식민사관의 문제

해방 이후의 전통건축 연구 역시 식민사관의 문제로부터 완전히 자유롭지 못했다. 장르의 특성으로 인해 정치문화사나 경제사에서만큼 문제가 크지는 않았고 최근의 미술 분야에서와 같은 논쟁도 없었다. 또한 식민사관이라고 주장되는 내용들의 정확성에도 문제가 있는 것이 사실이다. 객관적 학문성과를 일본인 학자들이 먼저 한 것이라고 해서 이것을 좇는 것이 반드시 식민사관은 아닌 것이기 때문이다. 예를 들어 한국의 전통건축이 상당부분 중국의 영향 아래 성립된 것은 반드시 일본학자가 연구하지 않더라도 쉽게 밝혀질 수 있는 사실이다. 그런데 일본학자가 이런 사실을 주장했다고 해서 이것을 식민사관으로 볼 것이냐의 문제 같은 것이다. 이렇게 보았을 때 식민사관의 주장이 타당성을 갖기 위해서는 다음의 두 가지 조건이 만족되어야 한다. 하나는 식민경영의 목적을 위해서 한국 전통건축의 의미, 정체성, 내용, 해석 등의 객관적 역사적 사실을 확실하게 오도했음이 증명되어야 한다. 다른 하나는 해방 이후의 한국 학자들이 이런 경향과 학풍을 비판 없이 이어받아 반복하고 발전시켰어야 한다. 그렇다면 전통건축 연구에서 이 문제는 어떠한가. 일반 역사학이나 정치학 · 경제학 등의 인문사회학 분야나

회화 등의 예술 분야에서만큼 확실한 증거는 없는 편이다. 그러나 일단의 전통건축 연구자들 사이에는 식민사관의 문제에 대한 인식이 일정부분 형성되어 있는 것 또한 사실이다. 그 내용을 요약하면 다음과 같다.

일제 강점기 때에는 세키노 타다시, 스기야마, 후지시마 가이지로, 곤 와지로, 후나코시 긴사이, 노무라, 야나기, 스에마쓰, 오다 등 여러 일본학자들에 의해 한국 건축사 연구가 진행되었다. 적지 않은 건축물과 유구들에 대한 실측 등의 현황파악과 연대기 등의 역사적 자료와 객관적 정보가 정리되었다. 이 결과들은 대부분 보고서나 저서 등으로 출판되었다. 그런데 이런 연구의 목적이 한국의 전통 문화재를 효율적으로 관리하기 위한 것이었다는 주장이다. 이것은 물론 식민경영 가운데 문화재라는 하부 분야에 해당되는 내용이다.

그런데 문제는 여기서 그치지 않는다. 문화재는 역사적 증거이기 때문에 역사 조작에 악용될 소지가 다분하다. 또한 한 나라의 정신과 혼과 민족정서를 집약해 놓은 것이기 때문에 그 나라의 국민성을 정의하는 데 중요한 자료이다. 일본학자들이 행했던 문화재 연구의 궁극적 목적은 역사를 조작하고 한국국민의 국민성을 폄하하는 데 있다고 볼 수 있다. 그 내용은 크게 세 가지로 요약된다. 첫째, 한국의 역사는 짧고 보잘 것 없으며 그나마도 중국에 부속된 변방 문화였다. 둘째, 한국 역사의 상당부분은 일본으로부터도 영향을 받아 형성되었다. 셋째, 한국국민의 국민성은 열등하기 때문에 더 뛰어난 일본의 지배를 받는 것이 당연하고 일본의 지배를 받음으로써 더 발전할 수 있다.

이상의 주장은 어느 분야에나 적용될 수 있는 일반론이다. 건축 분야에 한정시켜 보면 가장 두드러진 현상은 실증적 접근이다. 일본학자들이 행했던 연구는 모두 실측과 연대기 중심의 객관적 정보를 추출, 정리하는 작업이었다. 따라서 유구가 존재하지 않는 대상은 연구에서 제외되었으며 연구경향에서도 해석적 경향은 처음부터 배제되었다. 그 대신에 유구의 물리적 측면, 역사적 정보, 지리적 정보 등에 집착하는 경향을 보였다.

물리적 측면은 실측을 바탕으로 한 기본 치수, 구조 구성, 도면 제작,

규모와 모듈 기술 등이 그것이다. 역사적 정보는 유구의 연도나 제작 건립과 관련된 역사적 배경과 사건 등이다. 지리적 정보는 유구가 위치한 지점에 관한 행정적, 지형적, 민속적 정보 등이다. 이런 사항들은 그야말로 가장 기초적인 단편 수치와 객관적 정보에 불과할 뿐이다. 이것들이 사료의 가장 밑바닥을 이루는 것을 부인할 수 없고 이런 사료들의 축적 위에서 다음 단계의 고차원적인 학문발전이 가능한 것은 사실이다. 그러나 전통건축 연구의 출발 단계에서부터 이런 사료의 축적이 연구의 최종 종착점인 것 같은 인식이 고착화되었다. 이런 인식은 최근의 일부 젊은 학자들에게까지 영향을 끼쳐 역사 연구의 고차원적 단계는 해석임에도 불구하고 여기까지 나아가지 못하고 사료 정리에 머무는 흐름으로 더욱 고착화되고 있다.

일본학자가 이런 경향에 집착했던 이유는 두 가지로 보인다. 하나는 이전까지 고유섭 등의 연구 이외에는 한국의 전통건축에 관한 이렇다 할 연구가 없었기 때문에 기초 사료 작성 차원에서 행해진 연구였기 때문이다. 다른 하나는 한국 전통건축에 관하여 해석을 해서는 안 되었기 때문이다. 해석이라는 것은 기본적으로 깊이 있는 사변성이나 민족적 감성 등과 같은 긍정적 의미를 찾아내는 작업이 되기 때문이다. 조선을 식민지화하는 과정에서 조선의 정신적 역량을 폄하하는 데 열심이었던 일제가 이것을 용납했을 리 만무하다. 해석을 할 경우에는 '한(恨)의 문화'와 같은 부정적 의미를 찾아내는 쪽으로 몰아가거나 "조선의 전통문화는 이렇다 할 것이 아무 것도 없는 매우 심각한 후진성에 머물러 있다"는 결론을 끄집어냈다. 그 대안으로 물리적 기록만이 전통건축 연구의 전부인 것 같은 입장을 고착화시킨 것이다.

일본학자의 조선건축 연구 대상은 크게 보아 문화재적 가치가 있는 고급 대형 건축물과 농가나 민가 같은 일반 농민들의 주택 두 가지로 분류할 수 있다. 두 대상은 모두 효과적인 식민경영을 위한 도구로 악용되었다. 전자의 경우에는 이런 대표적 건축물들이 중국과 일본 양쪽으로부터 영향을 받은 아류에 불과하다는 주장을 폄으로써 한국국민들에게 패배의식과 자기비하의식을 심는 데 활용했다. 더욱 통탄할 일은 이런 대표 건축물들에 대한 연구과정이 곧 파괴과정과 함께 진행되었다는 사실이다. 조선 왕궁에 대한 파괴행위는 대표적인 예이다. 후자의 경우에는 풍수 등의 지리적 정보와 함께 연구함으로써 전국토를 지배 통치하는 행정자료로 활용했다. 이런 정보는 심지어 군사자료로까지 활용될 수 있는 여지도 있었다. 대륙으로 향하는 통로에 대한 지리적 연구의 일환이었다는 의미이다.

일본학자들의 건축연구가 식민사관으로 정의될 수 있는 보다 구체적인 내용으로는 세 가지를 들 수 있다. 첫 번째는 스기야마가 행했던 목구조 분류작업이다. 스기야마는 일본에서 정착되었던 일본의 목구조 분류체계를 한국의 전통건축에도 동일하게 적용하여 두 나라의 건축이 같은 뿌리를 갖고 유사한 발전과정을 보였다는 주장을 이끌어 냈다. 이것은 내선일체의 주장에 다름 아니었다. 스기야마가 정립한 공포(栱包) 이론은 해방 이후에도 한국건축사를 해석하는 가장 핵심적 사관으로 남았다. 해방 이후의 1세대 학자들이 이것을 그대로 답습했음은 물론이며 그 영향권 내에 들어있는 젊은 학자들의 현재 연구까지도 같은 경향을 이어받고 있다.

두 번째는 후지시마가 했던 사찰배치의 분류이다. 후지시마는 탑을 사찰배치 분류의 기준으로 삼아 단탑식과 쌍탑식으로 나누었으며 여기에 지형적 조건을 첨가하여 평지식과 산지식으로 한번 더 나누었다. 이런 분류는 순수 학문적 관점에서 보았을 때 초보적 수준의 물리적 관찰에 의존하는 점에서 깊이가 결여된 낮은 단계의 연구이다. 더욱이 한국 불교건축을 탑에 종속시킴으로써 그 깊은 의미와 정신을 애써 덮으려 한 불순한 의도도 파악된다. 한국 불교건축의 배치구성이 깊은 불교적 교리와 사상에 의한 결과물임을 볼 때 후지시마의 연구가 갖는 식민사관적 의도는 쉽게 파악될 수 있다. 문제는 이런 분류법 역시 공포 이론과 마찬가지로 해방 이후 1세대 학자들에 의해 교과서적으로 받아들여져 반복되었다는 점이다.

세 번째는 온돌과 마루의 기원에 관한 논쟁이다. 이 두 요소는 한국인의 전통 주거를 구성하는 핵심요소인 동시에 기후와 연관이 가장 많은 요소이다. 일본학자들은 온돌은 중국 등의 북방에서, 마루는 일본 등의 남방에서 받아들인 것이라는 주장을 폈다. 이것은 한국인의 생활방식의 핵심 요소들이 독창적인 것은 없고 모두 외래문화에서 받아들인 것이라는 주장이 되며 이 가운데 절반은 일본의 영향을 받아 형성된 것이라는 주장이다. 이것은 결국 식민지배가 당연하다는 주장의 논리적 근거를 제공하는 역할을 했다. 나아가 온돌의 좌식 문화가 한국인의 게으른 국민성을 만들었다는 주장도 폈다. 온돌과 마루와 연관된 식민사관은 앞의 공포 이론이나 가람배치만큼 해방 이후에 답습되지는 않았다. 또한 이 두 요소가 한반도에서 자생한 독창적 건축요소임을 밝히는 연구들이 적지 않게 행해지고 있다.

이상이 전통건축 연구에서 나타난 식민사관의 내용들이었다. 이런 내용들은 일반사에서의 식민사관 논쟁에 대응될 수 있다. 일반사에는 '식민사관 대 국학'의 이분법적 대립구도가 형성되어 있다. 식민사관이란 '식민주의적 동기에 따라 일본인에 의해 수행된 조선연구' 및 그 영향을 받은 후대 학자들의 사관을 의미한다. 식민사관은 개별 분야의 분과학문에 함몰된 특징을 보였다. 여기에 대항하는 국학은 인문학의 여러 분야 사이를 자유로이 넘나들며 학문의 경계를 넓히는 경향을 추구한다. 분과횡단에 의한 통합 인문학의 추구이다.

이것이 한국적 정체성을 대표할 수 있는 근거로 조선시대의 학풍이 바로 분과횡단적 통합 인문학이었다는 점을 든다. 한국의 전통적 학문관은 문학(文學), 역사(歷史), 철학(哲學), 예술(藝術)이 서로 분리되는 것이 아니라 하나로 연결되는 것으로 보았다. 이런 입장은 조선후기 실학사상에까지 이어졌다. 실학이 추구했던 학문적 방향의 가장 큰 특징은 통합 학문을 통해 학문적 깊이와 범위 모두의 발전을 추구하고 이것을 바탕으로 현실 개혁까지 꾀한 데에 있다. 실제로 전통건축 연구에서도 식민사관을 극복하는 대안으로 가장 많이 거론되는 것이 실학에 나타난 건축사상을 이어받자는 것이다.

식민사관의 분과함몰 경향이 갖는 문제점은 각 학문의 개별 이론에만 초점을 맞춤으로서 결국은 이런 이론들이 외국으로부터 수입한 것이라는 등식으로 결론 나는 데에 있다. 개별 이론만 따지면 조선시대의 학문 사상과 이론은 대부분 중국에서 온 것이기 때문에 한국은 학문적 뿌리를 갖지 못하고 중국의 아류에 머물고 말게 된다. 해방 이후 근대기 때에는 서양에 대해 똑같이 종속적 입장에서 못 벗어나게 된다. 이런 사관은 한국의 학문적 독창성을 간과하고 그 내용을 지나치게 단순화시키고 한정시켜 왜곡시킨 것이다. 한국의 학문적 독창성은 여러 분야를 통합한 자유로움과 확장성에 있다는 것이다. 이 과정에서 한국인 특유의 감성적 정서, 예술적 기질, 사상적 뿌리, 논리적 구조 등이 반영되면서 한국의 학문적 정체성이 형성되어 가는 것이다. 전통건축 연구의 경우에도 식민사관의 분과함몰에 해당되는 유사한 경향이 관찰된다. 일제 강점기 때 일본학자들에 의해 행해진 조선건축 연구는 앞에서 언급한 바와 같이 이 경향에 강하게 천착하는 특징을 보였다.

해방 이후 전통건축 연구의 1세대들은 대체적으로 일제 강점기 때 일본학자들에 의해 시작되었던 연구경향을 답습하는 경향을 보였다. 물론 이 가운데 일부는 연구자의 국적이나 식민-피식민 관계와 상관없이 건축역사 연구에서 공통적으로 나타나는 객관적 현상일 수 있다. 그러나 일부 연구는 일본학자들의 연구를 단순 종합화하는 수준에 머물렀고 더욱이 일본학자들의 연구에 내재된 식민사관의 문제에 대한 고민은 전혀 없었다고 할 수 있다. 이런 점에서 전통건축 연구에서도 식민사관의 문제는 엄연히 존재한다고 할 수 있다.

2세대와 3세대가 보이는 다양화 경향은 이 문제에 대한 대안 가운데 하나로 이해될 수 있는 측면이 있다. 일반사에서 얘기하는 '통합 인문학'에 대응되는 전통건축 연구에서의 경향으로 볼 수 있다는 의미이다. 물론 이런 일대일 대응은 신중을 기해야 하는 문제이다. 다양화는 여러 방향으로 나타났다. 자세한 내용은 아래 각 세대별 장에서 살펴볼 것이다. 큰 경향별로 간단히 정리하자면 인접분야와의 연관성 확대(문화재 분야, 인문학과 고고미술학의 여러 분야들), 연구대상의 확장 및 세분화(시대, 지역, 건축물, 유형 등), 새로운 방법론의 도입과 현대적 해석, 연구기관의 활성화, 지방자치단체의 참여 및 사설연구소의 활동, 조영술 제도 규범 등 기술적 측면으로의 확대, 답사 열풍 및 대중화 등을 들 수 있다.

3) 통합성과 한국적 정체성의 문제

2세대와 3세대의 다양화 경향은 양면성을 갖는다. 일반사의 통합 인문학 개념과 동일한 기준을 적용한다면 개별 분과의 각개 이론이 심화되어 가는 과정으로 볼 수 있다. 건축을 벗어난 다른 인문학과의 통합 경향은 아직 본격적으로 나타나지 않기 때문이다. 이것은 오히려 분과함몰 경향으로 판단될 수 있다. 반면 전통건축 연구 내에서 각 경향과 방법론 등을 하나의 분과로 본다면 일정한 확장과 통합이 있는 것으로 볼 수 있다. 이것은 결국 전통건축 연구에서 '분과'의 기준을 어떻게 잡는가의 문제이다. 앞에 언급한 2세대와 3세대의 다양화 경향을 주도한 각 세부 내용을 분과로 본다는 전제 아래 이런 다양화 경향은 긍정적 의미를 획득할 수 있다. 특히 1세대의 두 가지 경향인 공포양식사와 왕조양식사를 분과함몰 경향으로 해석할 경우 더욱 그러해진다.

그러나 여전히 문제점은 남는다. 문제점은 크게 세 가지이다. 첫 번째는 전통건축 연구 전체로 보면 분과횡단적 통합이 일어났지만 이것이 개별 연구경향의 확장에 머문 점이다. 개별 연구의 종류가 늘어난 것이지 이것들을 통합하는 진정한 의미에서의 통합 경향은 미약하다는 것이다. 두 번째는 확장의 내용 가운데 많은 부분이 서양이론이라는 점이다. 서양이론의 도입 자체가 나쁜 것은 아니다. 문제는 둘 모두에 대한 학문적 깊이가 결여된 채 서양이론을 단순 적용한 데에 있다. 세 번째는 통합의 궁극적 목적이 불명확하다는 점이다. 통합의 궁극적 목적은 전통건축에서 한국적 정체성을 찾는 데에 있다. 이것은 방법론, 이론, 사상 등 여러 측면에서 그러하다. 그러나 다양화 경향은 이런 목표의식을 명확하게 갖지 못하고 연구경향의 종류만 늘어나는 데에 그치고 있다.

전통건축은 우리의 전통문화를 대표하는 분야임에도 불구하고 그 연구는 한국적 정체성에 대한 논쟁이 거의 없이 진행되어 왔다. 이 논쟁은 오히려 현대건축에의 적용이라는 현실분야에서 주도해왔다. 전통건축 연구자들은 건축가들이 마련한 이런 토론의 자리에 불려나가 '우리 것은 좋은 것이여' 정도의 원론적 발언을 해온 것으로 볼 수 있다. 전통건축 학계와 연구자들이 주도해야 하는 논쟁을 오히려 현실 실물분야인 설계분야에서 이끌었다. 그러니 그 깊이와 수준이 어떠했으리라는 것은 쉽게 짐작할 수 있다. 현실적 필요성에 의해 잠시, 간헐적으로, 깊이 없이, 피상적으로 시도되었다.

이것조차도 건축계 내부의 자생적 논쟁이기보다는 사회 유행을 좇는 현상에 가까웠다. 민족주의 바람이 불던 1960년대와 1990년대에 정치 사회에서의 전통논쟁 유행이 건축분야에도 흘러 들어와 잠시 반짝 나타난 것일 뿐이다. 더욱 큰 문제는 당시 한국 사회에 불었던 전통논쟁 자체가 자생적인 것이 아니라 같은 시기 일본에서 유행하던 민족주의 유행을 모방한 것이라는 사실이다. 이나마도 최근에는 세계화바람이 거세게 불면서 거의 사라진 상태이다. 학계에서 일단의 학자들이 평생의 연구주제로 삼아야만 유행과 상관없이 지속적으로 깊이 있는 연구가 나오는 법인데 전통건축에서의 한국적 정체성에 대한 연구는 거의 이루어지지 않고 있는 실정이다.

이런 경향은 '한국 전통건축의 원형미'라는 가장 원론적인 내용을 등한시한 데에서 비롯된다. 이에 따라 건축역사 연구의 궁극적 목적이라 할 수 있는 해석 경향의 침체도 맞물리고 있다. 최근에 세분화된 주제에 대한 연구가 많이 진행되었지만 그 내용들은 지나치게 객관적 사료 수집에 치중되어 있다. 개별 사항들에 대한 기술적 중립적 정보를 다루는 경향에 치우쳐 있다는 의미이다. 이것으로부터 한국다움을 해석하는 인문학적 확장 작업이나 통합적 의미화 작업은 부족한 편이다. 또한 최근의 전통문화 대중화 바람이 건축에도 불었지만 정작 전통건축 연구자들 쪽에서 대중들에게 전통건축의 참 의미와 참 멋에 대한 뛰어난 해석을 제공할 수 없는 형편이다. 더 넓게 보면 이런 모든 문제점들은 아직도 우리의 전통건축 연구가 일제 강점기 때 형성된 실증사학의 영향권 아래에 놓여있기 때문에 나타나는 현상들이다.

해방 이후의 전통건축 연구는 크게 1세대, 2세대, 3세대의 세 단계로 나눌 수 있다. 분류 기준은 연구자들의 출생 연도에 따른 자연 나이와 연구경향이다. 1세대는 1920~30년대 생으로 1970년대에 연구업적을 남기기 시작했다. 이 가운데 일부는 활동을 중단했거나 타계했고 다른 일부는 최근까지도 연구업적을 내고 있다. 이 세대는 한국전쟁 이후 척박한 환경에서 전통건축 연구를 처음 시작했다는 데 기여를 했지만 일제가 남긴 잔재를 청산하지 못한 한계를 갖는다. 1세대의 연구경향은 통사 작업으로 요약할 수 있다.

2세대는 1940~50년대 전반부 생이 주축을 이루며 주로 1980년대에 주요 연구업적을 내기 시작해서 최근까지도 이어어고 있다. 2세대는 전통건축 연구의 기틀을 닦고 기초를 다지는 기여를 했다. 일부는 1세대가 남긴 한계를 넘지 못하고 그 범위 내에 머물기도 했지만 다른 일부는 이것을 극복하고 한국적 정체성을 갖는 전통건축 연구를 발전시켰다. 더욱 중요한 것은 2세대의 일부 학자들은 3세대가 등장한 이후에도 새로운 경향에 보조를 맞추어 연구 활동을 계속한다는 점이다. 이런 관점에서 보면 나이를 제외한 연구경향만으로는 2세대 일부 학자와 3세대 사이의 구별은 큰 의미를 못 갖는다.

3세대는 1950년대 후반~60년대 생이 주축이 된 소장학파들로 1990년대에 주요 업적을 내기 시작했다. 3세대의 연구경향은 한 마디로 다양화로 요약될 수 있다. 연구자의 수와 내용 모두에서 양적 성장이 크다고 할 만하며 연구경향도 매우 다양해졌다. 연구 범위의 확장이 있었으며 일부는 1세대의 한계에 대한 명확한 문제의식을 연구의 출발점으로 삼는 등 한국적 정체성이 확립된 시기이기도 했다.

2. 1세대와 1970년대

1) 1970년대와 통사 세대

1세대는 정인국, 윤장섭, 강경호, 주남철, 김광언, 신영훈 등으로 대표된다. 이들은 모두 1920~30년대(정인국만 1916년생) 생이며 일제 강점기 때 대학을 다녔거나 일본에서 유학한 공통점을 갖는다. 1세대는 기본적으로 통사 세대라 부를 수 있다. 주요 연구업적이 전통건축의 통사로 나타났다는 의미이다. 논문보다는 단행본이 주류를 이루는 점과 이것이 1970년대 이후에 나오기 시작한 점도 또 다른 공통점이다. 전통건축에 대한 단편적 연구는 1960년대 중반부터 시작되었다. 이것부터가 해방된 지 이미 20년이나 지난 시기였다. 그나마 구체적 결과물이 나오기 시작한 것은 다시 이로부터 10여년의 세월이 지난 뒤였다. 해방 이후 혼란기, 한국전쟁 이후 복구기, 60년대의 민족적 자각기 때에 전통건축 연구에서는 이렇다 할 연구 업적을 내지 못한 것이다.

60년대에 우리나라에 불었던 민족주의 바람 자체가 당시 일본에서 불었던 같은 바람을 본 뜬 것이었다. 또한 군사정권의 독재를 합리화하기 위한 측면도 많았다. 이를 위해 일본의 유행을 국가정권 차원에서 들여와 정치적으로 활성화시킨 것이다. 충무공의 유적지에 아산 현충사를 세우고 민속촌을 새로 만들었으며 세종문화회관 등의 대형 공공건물에 전통양식이 차용되었다. 이것이 뒤늦게 전통건축 연구에 흘러들어 70년대를 넘어서야 연구업적이 나오기 시작했다. 70년대에 처음 나타나기 시작한 이런 연구업적은 학문 내부의 자발적인 것이라기보다 70년대 한국사회에 불었던 다소 왜곡된 민족주의 운동의 산물에 가까운 측면이 많았다. 이들 1세대 가운데 정인국, 윤장섭, 강경호 3인은 통사 경향을 공유한다. 주남철은 각론 연구에 집중했으며 김광언은 민속학이나 인류학적 관점에서 접근한 차이를 보인다.

2) 양식사와 왕조사

정인국(1974)은 『한국건축양식론』이 대표작이라 할 수 있다. 정인국은 이 책에서 한국의 전통건축은 왕조사에 따른 역사적 분류가 무의미하다고 밝히고 있다. 이것은 2년 먼저 출판된 윤장섭의 연구와 차별화시키려는 입장인 것으로 보인다. 이 때문에 책의 제목도 '사'가 아닌 '양식론'이 되었다. 이런 주장은 남한에 고려 이전의 유구가 거의 남아있지 않은 데 따른 실증사학적 입장이라 할 수 있다. 이런 주장 자체에 대해서는 찬반의 양론이 있을 수 있다. 유구와 문헌기록이 없는 상태에서 조선 이외 시대의 역사 연구가 무의미하다는 주장도 있는 반면 최근에는 여러 다양한 자료를 발판 삼아 고려 이전의 건축에 대한 연구가 일부 진행되고 있다.

정인국이 왕조양식사에 대한 대안으로 제안한 새로운 기준은 다소 애매해 보인다. '목조건축총론'이라는 항목 아래 다섯 가지 기능 유형을 넣었다.[1] 각 유형 아래에는 다시 대표 건축물들을 소개했다. 사찰건축만 공포 양식에 따른 여섯 개의 분류기준[2]을 한번 더 만든 뒤 그 아래에 대표 건축물들을 소개했다. '배치계획론'이라는 항목 아래에서는 사찰의 평면배치를 여덟 가지 종류[3]로 분류하고 있다. 대표 건축물들을 다룬 내용을 보면 '소재지－규모 양식－시대'를 세트로 밝힌 뒤 이 내용에 대한 세부 설명과 주요 도면을 덧붙이고 있다.

정인국의 기여는 주요 건축물들에 대한 기초 사료를 한 권의 책으로 요약 정리한 데 있다. 이 책에 수록된 자료 자체가 중요한 것이기도 하지만, 이런 작업은 이후 기초사료를 다루는 시발점이 된 것 또한 사실이다. 일제 강점기와 한국전쟁을 거치면서 전통건축에 관한 기초사료들이 초토화되다시피 한 상황에서 이런 작업은 향후 다양한 연구를 가능하게 한 디딤돌이 되었다. 그러나 깊이 있는 해석이 결여된 채 백과사전식 단편적 역사정보의 나열에 그친 점과 분류기준이 단편적이고 깊이가 없다는 점 등은 향후 전통건축 연구가 나아갈 방향을 오도한 것으로 볼 수 있다.

---

1) '사찰건축, 궁궐건축, 성문건축, 루정건축, 사당 향교서원 건축'이 그것이다.

2) '주심포 전기－주심포 중기－주심포 후기－다포 전기－다포 중기－다포 후기'가 그것으로 공포 양식과 시대양식을 혼합한 것이다.

3) '평지 일탑병렬형－평지 이탑병렬형－평지 직교형－구릉 일탑병렬형－구릉이탑병렬형－구릉 직교형－산지 일탑형－산지 무탑형'이 그것으로 자연지형과 탑의 개수 및 배치를 혼합한 것이다.

윤장섭(1972)의 대표 업적은 『한국건축사』라 할 수 있다. 이 책은 왕조사에 따른 시대양식을 가장 큰 분류기준으로 삼고 그 아래에 각 시대를 대표하는 하부 항목들을 첨가했다. 하부 항목은 일원화된 규칙 없이 시대를 대표하는 내용에 따라 약간씩 차이를 보인다.[4] 윤장섭의 연구는 이렇다 할 유구가 남아있지 않은 고려 이전의 시대까지 시대 범위를 확장시킨 점과 왕조사에 따른 표준 분류를 한 점 등이 중요한 기여다. 개별 건축물들을 기술한 구체적 내용에서 단순정보를 벗어난 현상설명이 나타나기 시작한 점도 중요한 발전으로 볼 수 있다.

그러나 기존의 다른 연구에 의존하여 단순 종합화에 머문 점을 한계로 지적할 수 있다. 기존 연구에는 일제 강점기 때 일본학자가 조선연구의 일환으로 행한 건축사 연구도 상당 부분 포함되어 있다. 또한 고유섭이나 김원용 등의 미술사 연구도 대표적인 예들이다. 기존 연구에의 의존이 심한 것만 문제가 되는 것이 아니라 사관에 차이가 있는 이런 연구 내용들을 한 곳에 종합화한 것도 문제로 지적할 수 있다. 사관이 다른 연구를 종합화하는 것 자체가 나쁘다고는 할 수 없다. 문제는 그런 종합화에 대한 학술적 타당성이나 새로운 방법론이 결여된 채 단순 정보의 종합화에 머문 점이다. 이것은 결국 사관이라는 역사연구의 가장 기본적인 틀이 결여된 것으로 볼 수 있다. 또한 해석연구로의 발전 가능성을 보이지 못하고 향후 전통건축 연구의 방향을 한 곳에 고정시킨 점도 한계로 보인다. 윤장섭(1990)은 이후 『한국건축사』의 내용을 발전시켜 기능유형에 관한 연구와 각 왕조시대별 연구를 진행시켰다.

장경호, 신영훈, 주남철은 모두 1930년대 생이지만 주요 연구업적을 1980년대 이후에 내놓기 시작했다. 장경호와 신영훈 두 사람은 모두 문화재 복원 현장의 경험을 주요 경력으로 갖는다는 공통점이 있다. 문화재 관련

4) 하부 항목 분류의 가장 큰 기준은 목조건축양식, 궁궐건축, 불사건축, 탑파건축, 주거건축 등이다. 이 항목들은 거의 모든 시대에 다 들어가 있다. 이외에 각 시대를 대표하는 특징에 따라 항목들에 차이가 조금씩 있다. 예를 들어 통일신라시대에는 '목조건축양식'이라는 항목이 빠진 대신 '석굴건축'이 들어가 있는 식이다.

경험은 두 사람에게서 다르게 나타났다. 장경호(1992)의 연구업적은 둘로 나눌 수 있다. 하나는『한국의 전통건축』으로 대표되는 통사 연구이다. 이 책은 이렇다 할 독창성 없이 정인국과 윤장섭의 두 편제를 혼합한 특징을 보인다.5) 다른 하나는 백제 등 고려 이전 시기의 건축에 대한 연구인데 이것은 장경호의 중요한 기여 가운데 하나이다(장경호, 1988, 1991, 2000). 물론 이 연구들도 이 시기들에 대해 아직 단편화된 추측에 머물 뿐 구체적 결과를 내놓거나 총체적 실체를 파악하지 못하는 한계를 여전히 갖는다. 그러나 문화재 분야에 종사하면서 얻은 발굴 경험과『삼국사기』와『삼국유사』등의 문헌을 토대로 백제, 신라, 통일신라 등에 관한 이전 연구와 차별화된 특징을 보인다.

신영훈 역시 문화재 복원 경험을 주요 경력으로 삼았지만 문헌연구에서는 장경호와 차이를 보인다. 신영훈은 1970년대 중반부터 한옥에 관심을 집중시키기 시작했다. 이후 80년대와 90년대를 거치면서 한옥에 관한 저술을 남겼다(신영훈, 1975, 1983, 2000). 이 가운데 70년대 연구는 통사를 벗어나 각론사의 시작을 알리는 중요성을 갖는다. 80년대 연구는 이것을 더욱 발전시켜 한옥에 관한 자료를 집대성하고 연구 범위를 확장시킨 중요성을 갖는다.6) 그러나 이미 80년대 연구부터 문헌적 깊이 대신 현장 경험을 주요 특징으로 삼는 경향을 보인다. 이런 경향은 이후 계속되어 신영훈의 연구의 대체적 경향은 학술적 가치는 크지 않은 것으로 판단된다. 그보다는 1990년대의 답사 열풍을 주도한 대중화에 일정한 기여를 한 것으로 평가될 수 있다.

주남철(1983a, 1983b)은 각론 연구와 종합화의 양면적 경향을 특징으로 갖는다. 각론 연구에서는 유형과 시대의 세분화가 두드러진다.7) 이외에도

5) 왕조사에 따른 분류를 가장 상위 위계로 잡은 점은 윤장섭의 편제와 같고 개별 건물을 항목별로 뽑아 기본도면을 백과사전식으로 정리한 편제는 정인국과 같다. 이 두 위계 사이에 기능유형의 분류기준을 한번 더 넣은 것은 정인국과 윤장섭 양인에 공통적으로 나타나는 편제이다.

6) 밖으로는 개별 집의 범위를 벗어나 주변 환경으로 확장하였으며 안으로는 주춧돌, 창방, 처마, 기단, 기둥, 도리, 천장, 지붕 등 세부요소로 확장했다. 이외에 우물, 뒤뜰, 문과 창, 쇠장석, 울타리 등 주변요소로도 확장했다.

상징성, 개별 요소, 공포기법 등 다양한 세부 주제들에 관해 많은 연구를 남겼다. 종합화 경향에서는 『한국건축의장』이나 『한국건축미』 등과 같이 전통건축의 포괄적 의미에 대한 고민을 보인다. 『한국의 문과 창』은 이 두 경향을 혼합한 예이다(주남철, 2001). '문과 창'이라는 개별 요소로 본 것은 각론적 세분화에 해당되지만 이것을 다루는 내용은 종합화 경향을 보인다. 이 연구는 주택건축, 성곽과 궁궐, 사찰건축의 세 가지 대표유형을 기준으로 삼아 분류한 뒤 그 아래에 세부 항목을 두었다. 주남철의 연구는 한계도 갖는데 의장요소에 대한 의존도가 높은 점, 표면외관에 대한 현상적 기술에 머문 점, 역사적 배경의 직접적 인용, 역사적 배경과 건축 해석이 융화되지 못하고 단순 병렬된 점, 역사적 배경을 단편 정보로 차용한 점, 많은 논문 가운데 어디까지가 본인의 고유 연구이고 어디까지가 대학원생의 논문인지가 불분명한 점, 연구주제가 분산적이어서 연구의 축적이 시너지 효과를 낼 수 없는 점 등을 들 수 있다.

3. 2세대와 과도기

1) 각론사와 다양화의 가능성

---

7) 유형의 확장은 객사, 교통건축, 서당, 정사류, 서원, 주거, 정원, 궁궐, 사찰 등 다양하다. 시대의 확장은 삼국시대, 통일신라시대, 고려시대 등으로 다양하다. 전자의 대표적인 예로 김종헌 · 주남철(1999), 「고려시대 교통건축의 특성에 관한 연구」, 『大韓建築學會論文集, 계획계』 124, 대한건축학회, 103~114쪽 ; 이연노 · 주남철(2004), 「조선초 객사 건축에 관한 연구」, 『大韓建築學會論文集, 계획계』 194, 대한건축학회, 169~176쪽 ; 주남철 · 김은중(1991), 「호남지방 서당 · 정사류 건축에 관한 연구」, 『大韓建築學會論文集』 35, 대한건축학회, 91~98쪽 등을 들 수 있다. 후자의 대표적인 예로 주남철 · 김도경(1995), 「고려시대 관경변상도의 전각도에 관한 연구」, 『大韓建築學會論文集』 11-4, 대한건축학회, 93~107쪽 ; 류성룡 · 주남철(2003), 「고려시대 臺工의 結構 방식에 관한 연구」, 『大韓建築學會論文集, 계획계』 176, 대한건축학회, 39~45쪽 ; 김종헌 · 주남철(1999), 「삼국 및 통일신라시대의 교통체계를 통해 본 교통건축에 관한 연구」, 『大韓建築學會論文集, 계획계』 123, 대한건축학회, 153~161쪽 등을 들 수 있다.

1세대의 1970년대를 지낸 뒤 전통건축 연구는 활기를 띠기 시작했다. 1세대의 뒤를 이어 많은 연구자들이 등장했다. 1940~50년대 초반 생이 주축이 된 2세대였다. 김일진, 조성기, 박언곤, 김성우, 김동욱, 이상해, 이희봉, 김홍식, 김동현, 김경표, 김남응, 김홍곤, 홍대형, 최효승, 안영배 등 많은 연구자들이 등장했다. 1세대와 2세대를 가르는 가장 큰 차이는 각론 연구이다. 1세대가 통사 세대였다면 2세대는 각론사 세대라 할 수 있다. 2세대 가운데 일부는 나이로 보면 1세대에 속하기도 했지만 연구경향에 의해 2세대로 분류하는 것이 더 타당한 것으로 볼 수 있다.

2세대는 60~70년대에 대학을 다녔기 때문에 일단 일제 감정기의 직접적 영향에서는 벗어난 것으로 볼 수 있다. 공부한 지역도 한국을 비롯하여 미국과 일본 등으로 다양했다. 그러나 사회적 분위기 전반과 전통건축 연구경향 모두에서 간접적 영향을 받은 것 또한 사실이다. 1세대와의 직간접적인 관계에서 자유롭지 못한 점도 2세대의 한계적 특징을 결정짓는 중요한 조건이었다. 크게 보아 1세대의 일정한 영향 아래 1세대의 한계를 극복하려는 학문적 확장과 발전의 노력을 보인 점과 주제의 폭과 깊이 모두에서 진일보한 발전이 있었던 점 등이 2세대의 중요한 기여였다.

그러나 한계도 있었다. 이런 긍정적 발전 내용이 일관성 있는 하나의 흐름을 이루지 못했고 한국적 정체성에 대한 자각의식이 부족한 점 등을 들 수 있다. 일관된 흐름을 이루지 못함으로써 다양한 연구가 분산되는 결과를 초래했다. 개별 연구가 산별적(散別的)으로 존재할 뿐 더 큰 거시적 목적이나 의미를 획득하지 못한 것이다. 연구의 집중도가 떨어지면서 더 깊이 있는 발전을 이룰 축적이 없었던 것이다.

한국적 정체성을 확립하지 못한 현상은 이와 반대로 포괄성의 부족을 의미했다. 2세대의 포괄성 부족은 해석의 결여로 요약될 수 있다. 전통건축에 대한 연구가 '무엇'과 '어떻게'에만 집중되고 '왜'와 '무엇을 위해서'에 대한 연구와 고민이 부족했다. 전통건축의 현대적 해석도 부족했다. 서양이론의 도입은 지나친 직설적 차용에 머물 뿐 깊이 있는 비교건축학의 수준으로까지

올라서지 못했다. 이런 문제들은 결국 우리의 현실에 대한 상황 인식의 부족에서 비롯된 것이었다. 전통건축을 지금 이 시점까지의 연속적 흐름으로 보지 못하고 화석화된 과거 사건으로 묶어서 딴 세계의 일로 접근한 것이다. 심지어 설계분야에서 산발적으로 제기한 전통의 현대적 재해석에 대한 훈수조차도 학계 쪽에서 제공하지 못할 정도로 이 문제에 대한 연구와 인식은 일천했다.

2) 목구조, 유형, 기술사

김일진은 유교 교육건축, 불교건축, 민가, 목구조, 비례론 등으로 주제를 다원화시켰다. 이런 내용들은 표면적으로는 전통적인 연구주제였지만 김일진의 접근은 각론적 세분화를 보였다. 유교건축, 불교건축, 민가 등에서는 기능유형에 의한 분류에 머물지 않고 개구부, 누의 기둥, 불전배면 등의 세부 요소를 통한 접근방식을 보였다(김일진, 1989 ; 정명섭 · 김일진, 1992 ; 곽동엽 · 김일진, 1997 ; 김일진 · 조영화, 1995). 유교건축에서는 제실이라는 개별 채에 대한 연구로도 세분화되었다(김일진 · 김동인, 1988, 1990). 김일진은 나이로는 1세대와 거의 동일한 세대였지만 연구경향에서는 1세대의 통사경향과 분명히 구별되는 차이를 보였다. 목구조에서는 양면적 입장이 관찰된다. 목구조를 일제 강점기 때 시작된 공포 이론의 범위 내에 여전히 묶어 둔 점은 1세대의 건축관을 못 벗어난 것으로 볼 수 있는 반면 구체적 내용에서는 첨차유형과 같은 세부 요소로의 확장이 있었다(김찬영 · 김일진, 1993).

조성기의 연구경향도 김일진과 유사했다. 조성기는 민가 연구자였다. 조성기는 안동지역의 민가, 농촌부락, 전통주거 등으로 연구주제와 대상을 집중시켰다. 이것은 유형의 집중일 뿐 아니라 지역의 집중이기도 했다. 지역에의 집중은 지역문화 연구의 일환으로 활성화되면서 긍정적 의미의 지역성을 정의하는 바탕을 이루는 기여를 했다. 조성기의 접근 스케일 역시 '문자형태', '택법', '부엌의 배연구조', '안마당', '뜰집' 등 세부요소와 주제로 좁혀졌다(조성기, 1981 ; 윤일이 · 조성기, 1995 ; 조성기 · 김화봉, 1998 ; 장백기 · 조성기, 2001).

박언곤은 목구조 연구에 집중성을 보였다. 목구조에 대한 기본 입장은 공포 중심에서 못 벗어났지만 연구주제는 부재 치수 단위, 이방, 처마의 비례 기법 등 세부적으로 분화한 변화를 보였다(박언곤 · 고영훈, 1991 ; 박언곤 · 한욱 · 김재국, 2004). 이런 주제들은 전통건축의 구성요소를 찾으려는 입장의 일환으로 보인다. 시기와 대상도 유구 중심의 조선에서 벗어나 고려, 신라 등으로 확장되었다. 이에 따른 중요한 변화가 관찰된다. 도감의궤 등 문헌사료를 연구대상으로 삼은 것이다(고영훈 · 박언곤, 1991 ; 박언곤 · 윤희상, 1998 ; 박언곤 · 신동철, 1998 ; 홍석주 · 박언곤, 1999). 이것은 건축물이라는 구체적 유구를 연구대상으로 삼던 이전의 경향과 차별화되는 중요성을 갖는다. 그러나 박언곤의 연구는 기존 연구보다 한 단계 발전한 새로운 영역을 개척할 만큼 집중도를 보이지 못했다. 몇 가지 대안만 제시한 채 크게 보면 1세대 연구의 연장선에 있는 것으로 평가된다.

김성우의 연구는 불교건축과 주거건축으로 대표된다. 유형 분류에서는 1세대의 표준형에서 못 벗어나고 있지만 하부주제와 구체적 방법론에서는 세분화된 변화를 보인다. 불교건축은 고려시대 이전을 주로 다룬 점에서 유구가 남아있지 않은 시대의 연구를 시도하였다(김성우, 1987, 1988, 1989, 1996). 주거건축은 민가, 상류주택, 도시 한옥 등 다양한 주제로의 확장이 관찰된다. 양택삼요 의간법 등 고문헌을 통한 접근 등 학문적 영역의 확장을 시도하였다(정성현 · 김성우, 1988 ; 김성우 외, 1996 ; 김성우 · 윤동근, 1997). 그러나 주제의 분산이 심해서 연구의 축적을 통한 자신만의 학문영역이나 이론을 개척하는 데까지는 이르지 못하고 있다. 기존의 물리적 형상 분류에 머문 점도 한계로 지적된다. 불교건축 연구에서는 문헌 연구, 고고학적 접근, 터의 분석, 시대상황을 통한 유추 등 여러 방식의 혼재가 갖는 전문성의 분석이 한계로 지적된다. '일탑 일금당 형식'과 같은 주제는 물리적 형상 분류에 머문 예에 해당된다. 주거건축 연구에서도 유사한 한계가 관찰된다.

김동욱의 연구는 기술사로 요약된다. 그 내용은 다시 두 가지로 분류된다. 한 가지는 조선시대의 공사시간, 건축공사, 공장도구, 건축공장, 노임고 등 건축기술과 관련된 구체적 사항에 관한 연구이다(김동욱, 1985, 1987, 1990, 1993). 다른 한 가지는 조선시대 건축기술 가운데에서도 특히 18세기 영정조 때에 관한 연구이다. 수원 화성 연구는 그 핵심을 이룬다(김동욱, 1994, 1996a, 1996b, 2002). 김동욱의 이런 연구들은 문헌에 충실함으로써 객관성 확보에 주력하고 있다. 또한 기술사라는 한 가지 세부 주제에 대한 집중도를 유지한 점도 높이 평가된다. 다른 연구자들의 경향이 일정한 세분화를 이루었음에도 불구하고 주제의 분산이 심한 것과 비교하면 더욱 그러하다. 수원 화성에 대한 연구는 전통건축 연구 전체를 통틀어 중요한 업적으로 꼽힌다. 그러나 지나치게 문헌연구에 치중함으로써 통계수치나 기술관련 내용 등 건축의 범위를 벗어난 주제에의 의존이 심한 한계를 갖는다. 기술사 연구가 전통건축의 핵심 분야에 대한 해석과 이해를 도울 수 있는 가능성 등 확장과 응용에 대한 고민이 부족한 점도 한계로 지적된다. 기술사의 고찰을 통한 한국적 정체성의 정의나 전통건축 해석의 새로운 가능성의 모색 등은 기술사 연구가 줄 수 있는 확장과 응용의 예들인데 이런 종류의 고민이 결여된 채 기술사 연구에 천착한 점이 한계로 지적된다.

이상해의 연구는 경기도 민가, 복원 보존, 기술사의 세 영역으로 구분된다. 경기도 민가는 경기도라는 특정 지역의 한 가지 기능유형에 대한 연구라는 점에서 세분화의 좋은 예로 판단된다(이상해 · 권종남, 1989 ; 한지만 · 이상해, 2001 ; 정연상 · 이상해, 2004). 전형적 유형분류에 머문 점 등이 한계로 지적되나 '퇴'라는 세부 요소에 의한 경기도 민가 연구는 또 다른 세분화의 예로 판단된다. 복원 보존은 일반이론에서 구체적 예의 분석에 이르는 폭넓은 범위를 보인다. 수몰지구나 정조대 토목공사 등을 복원 보존의 대상으로 삼은 점은 현대적 응용 가능성을 염두에 둔 제안으로 보인다(노진하 · 이상해, 1995 ; 김왕직 · 이상해, 2002 ; 전호상 · 이상해, 2004 ; 윤진영 · 이상해,

2005). 기술사는 김동욱의 연구와 유사성을 보인다. 그러나 척도 운영체계라는 세부 주제로 해석한 점이나 현대적 개념에 의한 해석 등에서 차별성을 보인다(이호락 · 이상해, 1997 ; 이태열 · 이상해, 2001).

김홍식은 학술적 연구보다는 논쟁을 통해 전통건축 연구에 활기를 불어넣은 경우에 해당된다. 김홍식(1992)의 연구는 마을, 실학사상, 설계에의 적용 등 크게 세 분야로 나눌 수 있다. 마을 연구는 전통사상과의 연관성을 찾은 점에서 기존의 실증적 접근과 차별성을 보인다. 실학사상 연구는 논쟁을 불러일으킨 주제였다. 김홍식은 한국 전통건축의 핵심을 실학사상이라고 주장하면서 현대의 전통건축 연구도 이 흐름을 이어 받아야 한다고 주장했다(김홍식, 1972, 1986 ; 김왕직 · 김홍식, 1998). 이런 주장은 건축에서의 식민사관 문제와 맞물리면서 논쟁거리를 제공했다. 김홍식(1987)은 10여 년에 걸친 이런 자신의 주장을 『민족건축론(民族建築論)』이라는 책으로 출판했다. 그러나 김홍식의 연구는 학술적 엄밀성이 결여된 선언문에 가깝다는 한계를 갖는다. 이 때문에 이후 정리된 이론이나 일관된 흐름으로 발전하지 못하고 일회성에 그쳤다. 목구조를 실제 설계에 적용하는 시도는 김홍식의 또 다른 차별성을 보여준다.

김홍곤의 연구는 종가에 집중된다. 이것은 민가 연구와 유교건축 연구를 혼합한 경향으로 볼 수 있다. 종가의 건축 공간, 삼묘건축, 사당 등 종가와 관련된 다양한 주제를 다루었다(조중근 · 김홍곤, 1987 ; 김홍곤 · 조중근, 1994 ; 김홍곤 · 조중근 · 손태진, 1997). 김남응의 연구는 온돌에 집중된다. 온돌의 의미를 현대적으로 재해석하거나 프랭크 로이드 라이트와의 연관성으로 해석하는 등 다양한 접근을 보인다(김남응, 2004a, 2004b ; 김남응 · 장재원 · 임진택, 2005). 이희봉의 연구는 민가에 대한 인류학적 접근 경향을 특징으로 갖는다. 생활방식과 전통 주거공간 사이의 연관성을 통해 경험적 해석을 추구한다(이희봉 · 송병언, 1999 ; 이희봉 · 이향미, 2002 ; 박희영 · 이희봉, 2003). 김동현은 나이로 보면 1세대에 속하나 늦은 시기에 연구업적을 내놓았다. 김동현(1996)은 문화재 전문위원으로 활동했기 때문에 정통 학자는 아니었다. 목구조에 관해서 조예가 깊었으며 이 분야에서 교과서라 할 만한 업적을 냈다. 이 책은 구조적 결구나 이론적 접근을 하던 학자들의 목구조 연구와 달리 시공의 관점에서 기술된 점에서 중요한 차별성을 가졌다.

안영배의 접근은 양면성을 갖는다. 안영배는 정통 역사학자는 아니었다. 그의 연구분야는 의장론이나 조형론에 가까웠다. 안영배의 기여는 전통건축을 쉽게 풀어쓴 점, '전이 공간' 등의 설계적 개념을 도입한 점, 전통건축의 특징을 개별 건물이 아닌 건물들 사이의 외부공간으로 본 점, 건물 배치를 외부 공간에서의 시지각적 경험으로 접근한 점 등을 들 수 있다(안영배, 1980, 1986, 1987, 1993). 그러나 그의 연구는 역사적, 인문학적, 의미론적 깊이가 결여된 채 쉬운 도해 분석으로 일관했다. 건축에 대한 기본 입장도 물리적 형상에 대한 표피적 서술 이상의 깊이를 확보하지 못했으며 외부공간의 분석도 기하학적 형상분류 단계를 넘어서지 못했다. 더욱이 그가 제시한 개념들은 당시 한국 내에서는 새로운 것이었지만 한국만 벗어나면 이미 외국에서는 진부하게 사용되던 것들이었다. 이것은 외국 이론의 무조건적 수입 문제를 내포했다.

4. 3세대와 1990년

1) 1990년과 법제의 확장

1990년을 전후한 시기는 중요한 의미를 갖는다. 한국 현대사 전반에서도 그러하고 전통건축 연구에서도 그러하다. 정치사적으로는 87항쟁－지방자치제의 실행－문민정부의 출범 등이 90년을 전후하여 일어난 중요한 사건들이었다. 87항쟁은 시민계층과 시민정신의 확립을 공고히 했다. 지방자치제의 실현은 지역 문화의 발전을 토대로 긍정적 의미에서의 지역주의 태동을 가져왔다. 문민정부의 출현은 민족주의 바람을 불러일으켰다. 경제적으로는 1인당 국민소득 1만 불 시대에 접어들면서 그에 따르는 파급 효과와 사회 변화가 나타났다. 문화적으로는 서구의 포스트모더니즘 논쟁이 우리나라에서도 크게 유행했다. 1990년대 한국사회에 포스트모더니즘의 도래는 학문적 연구와 토론뿐 아니라 사회적으로도 '신세대', 'X－세대', '오렌지족'의 등장 등으로 요약되는 급격한 변화를 수반했다.

전통건축 연구에서도 1990년을 전후한 시기는 중요한 분기점이었다. 2세대에 의해 시작된 전통건축 연구의 다양화 경향이 더욱 세분화된 것이다. 연구자들의 나이로 보더라도 3세대라 부를 새로운 계층이 등장했다. 3세대는 1950년대 후반~60년대 생이 주축을 이루었다. 전통건축 연구가 70년대 이후에나 조금씩 시작될 정도로 역사가 일천하기 때문에 10여 년 이상의 나이 차이는 세대를 한번 구별할 구실이 될 수 있다. 연구경향은 2세대에 나타났던 주제의 세분화를 계속 이어가면서 방법론과 이론의 다양화도 함께 꾀했다. 그러나 엄밀히 따지면 2세대와 3세대의 구별은 다소 인위적인 것일 수도 있다. 나이에 따른 구별은 타당성을 가질 수 있지만 연구경향에서는 이에 상응할 만한 차별성과 발전이 충분히 나타나지 못한 채 2세대의 연장선에 머문 것으로 볼 수 있는 측면이 많았다.

전통건축과 관련된 학회, 교육기관, 정부기관, 연구소 등의 설립, 확장, 정비도 중요한 의미를 갖는다. 1988년에 한국건축역사학회가 창립되었다. 기간 학회에서 전공분야에 따른 세부 학회가 독립하는 것은 당연하고 자연스러운 현상이었다. 이외에 내면적으로는 대한건축학회의 보수적 분위기와 운영방식에 반발하여 전통건축 연구의 독립성과 효율성을 확보하기 위한 목적도 크게 작용했다. 이것은 일종의 기득권에 대한 반발로 해석될 수 있는 측면이 많았다. 이런 현상은 당시 건축사협회에 대항하는 대안 협회들의 모색 움직임에서도 관찰된 하나의 큰 흐름이었다.

1996년에는 한국전통문화학교의 설립계획이 수립되어 2000년에 개교했다. 문화재관리학과, 전통조경학과, 전통건축학과, 전통미술공예학과, 문화유적학과, 보존과학학과의 여섯 개 학과를 갖춘 전통건축 전문 교육기관이 탄생함으로써 중요한 분기점이 되었다.

1999년에는 문화재청이 설립되었다. 문화재 관리 업무를 담당하는 정부기관은 정부수립과 함께 1948년부터 설립되었다. 그러나 1999년에 문화재청의 독립기관으로 승격하기 전까지는 '문교부의 문화국 교도과(1948년)－구황실재산사무총국(1955년)－문교부 문화보존과(1955년)－문교부 문화재관리국(1961년)－문화공보부 문화재관리국(1968년)－문화부 문화재관리국(1975) 및 국립문화재연구소와 국립민속박물관 개설(1975년)－문화체육부 문화재관리국(1993년)' 등으로 오랜 기간 동안 타기관의 하위부서나 외국으로 전전했다. 이것은 문화재 관련 업무가 정부의 정책 순위에서 하위를 차지했다는 것을 의미한다. 이때 비로소 독립기관으로 승격함으로써 문화재 업무가 주요 정책으로 인식되기 시작했다.

문화재청의 독립 승격 이후 문화재 관련 업무는 활기를 띠었다. 복원 실측사업에 대한 예산지원과 집행이 증가했으며 불국사, 석굴암, 종묘, 해인사대장경판, 창덕궁, 수원화성 등을 세계문화유산으로, 훈민정음과 조선왕조실록을 세계기록유산으로 각각 등록시켰다. 또한 독립기관이 됨으로써 각종 문화재 유관기관, 국공립 박물관, 대학 박물관 등을 문화재 관련기관으로 거느리면서 문화재 관련 분야의 전반적인 확장과 발전을 가져왔다. 이런 여러 움직임들은 복원과 실측을 주요 연구경향으로 추구하던 연구자들에게는 큰 전환점이 되었다.

사설 연구소들의 활동도 일정한 기여를 했다. 대학 박물관의 활동이 특히 중요했는데 울산대학교와 전남대학교는 다시 이것을 대표했다. 울산대학교의 건축연구소는 영남지방의 주요 문화유구에 대한 실측기록과 보존복원사업에서 결정적 기여를 했다. 아무 것도 기록되어 있지 않던 초창기의 열악한 상황에서 많은 주요 건축물들을 답사 발굴 실측기록하여 축적함으로써 이 자체가 중요한 사료가 되었음은 물론이고 후속 연구에 큰 도움을 주었다. 전남대학교에 소속된 호남문화재연구원도 마찬가지였다. 이 연구소는 전통건축에 국한된 것이 아니라 고고학 전반의 발굴사업을 주로 행하는 기관으로 주로 호남지역의 지표조사, 시굴조사, 발굴조사 등에 중요한 업적을 남기고 있다.[8] 또한 이것을 바탕으로 학술자료와 연구자료 간행사업을 병행하고

있다.[9)]

이상을 종합하면 2세대와 비교했을 때 3세대는 나이와 사회적 상황에 따른 구별은 확실한 반면 연구경향에 따른 구별은 양면성을 갖는다. 이런 경우에는 3세대만의 연구경향을 억지로 추출하는 것보다는 1990년을 전후해서 전통건축 연구 전반에 나타난, 즉 2세대에서 3세대에 걸쳐 나타난 다양화 경향 전체를 관찰하는 것이 더 유용할 수 있다. 80년대 이후 한국사회 전반이 급격한 변화를 겪었기 때문에 역사학자 이전에 한 사람의 자연인이자 한국인으로서 드러내게 되는 세대 차이는 적지 않은 것이었다.

사회로부터 받는 영향은 연구경향에도 일정 부분 반영이 된다는 일반론을 받아들일 수 있다면 1990년을 전후한 시기에 전통건축 연구에도 나타난 변화는 중요한 의미를 가질 수 있다. 나아가 나이에 따른 세대 구별은 어느 정도 타당할 수 있다. 1990년을 전후해서 한국사회에서 일어났던 정치, 경제, 사회, 문화에서의 여러 변화의 바람을 20대에서 30대 초반의 나이에 겪은 세대는 30대 후반에서 40대에 겪은 세대와는 사회를 바라보는 감수성, 사물의식, 사회관, 역사관, 세계관 등 모든 면에서 다를 수밖에 없기 때문이다. 이런 관점에서 보았을 때 1990년을 전후한 시기에 학생시절을 보냈거나 연구업적을 처음 내기 시작한 세대가 학문과 사회를 바라보는 시각은 그 이전 세대와 많이 달라질 수밖에 없다. 이런 배경 아래 전통건축 연구에서의 다양화 경향은 다음의 여섯 가지로 요약할 수 있다.

8) 지표조사는 개발 시 지하에 주요 문화재가 존재하는지의 여부를 검사하는 작업으로 여수시 소호지구 개발사업, 배산지구 택지개발사업, 완주군 고산면 삼기리 채석장 등의 총 36건에 대한 지표조사를 실행했다. 시굴조사는 순창 괴정리 골재장 부지, 본덕－임곡간 도로공사 구간 내, 담양 다이너스티 골프장 등 총 11건의 조사를 실행했다. 발굴조사는 고창 예지리 고분, 담양 중옥리 서옥고분군 발굴, 무안 망운－현경간 도로공사 구간 내 등 총 11건의 조사를 실행했다.

9) 학술자료는 『학술조사보고』 시리즈가 주를 이룬다. 이 보고서는 제1책의 '나주 덕룡산 운흥사지', 제3책의 '담양 풍수리 유적', 제7책의 '장흥 외검 하방촌 지석묘' 등의 총 10권을 출간했다. 연구자료는 『연구논문집』이 주를 이룬다. 이 논문집은 총 5호를 출간했다.

2) 확장과 세분화

첫 번째는 확장 경향이다. 확장의 대상은 시기, 지역, 유형 등으로 다양했다. 시기의 확장은 유구가 남아있지 않은 고려, 통일신라, 삼국시대, 고대, 선사시대 등으로 다양했다.[10] 이 시대의 연구는 유구가 없기 때문에 필연적으로 문헌 연구나 동시대 중국과의 비교 연구 등을 수반했다. 이것은 자연스럽게 방법론과 연구주제에서의 발전과 세분화를 함께 가져왔다. 중국의 동북공정 이후에 불기 시작한 고구려 연구경향이 미약하나마 건축에도 나타났다.

시기의 확장은 역사인식과 관련된 사회의 변화에 대응될 수 있다. 현대와 이어지는 역사적 시간의 연속성을 조선까지 한정시키려던 이전의 경향에서 벗어나 더 먼 시기까지 확장하려는 움직임이 사회 전반에 일어났다. 이것은 식민사관의 극복이라는 의미도 일정부분 갖는다. 일제는 현재의 한국을 조선에 강하게 얽매어 놓은 다음 조선의 역사를 폄하함으로써 현재의 한국도 함께 폄하하고 이것으로부터 한국인의 기상을 꺾고 식민 지배를 쉽게 하고 합리화하려 했다. 조선 이전의 역사는 심하게 축소시켰는데 그 이면에는 조선 이전의 역사가 일본으로부터 영향을 받았다는 주장을 뒷받침하기 위한 불순한 의도가 있었다.

이런 식민사관은 해방 이후에도 오래 계속되었다. 조선 이전의 역사는 무엇인가 불분명하고 증거도 없고 허구이며 매우 후진적이었을 것이라는 인식이 사회에 폭넓게 퍼져 있었다. 그렇다고 조선에 대한 인식이 자랑스럽고 떳떳한 것도 아니었다. 파벌과 당파 싸움에 멍든 부끄러운 역사라는 자조적이고 자기 비하적인 인식이 널리 퍼져 있었다. 시기의 확장은 이 모든 것들을 극복하는 계기가 되었다. 텔레비전 사극에서도 조선 이전의 시기가 등장하기 시작했다. 이런 현상은 전통건축 연구에서의 시기 확장과 연관이 깊었다.

---

10) 시기의 확장 경향에 대해서는 앞의 2세대까지의 예에 더해 강영환(1996), 「한국선사시대 및 삼국시대 주거사의 시대구분에 관한 재고」, 『건축역사연구』 5-2, 한국건축역사학회, 9~24쪽 ; 김도경(2004), 「고구려 건축의 성격과 의의」, 『건축역사연구』 13-2, 한국건축역사학회, 104~120쪽 등을 들 수 있다.

사극의 건축적 배경에 대한 역사적 고증을 할 수 있게 됨으로써 사극 제작이 가능했기 때문이었다.

지역의 확장은 북한을 대표적 예로 들 수 있다. 북한에 대한 관심은 처음에는 문헌 접근부터 시작했다(이왕기, 1994). 유구 연구는 긴 답사를 요구했는데 전통건축 연구에까지 이것이 허용되는 데에는 시간이 더 필요했기 때문이다. 이후 1990년대 후반부터 북한 여행이 완화되면서 유구에 대한 연구가 시작되었다.[11] 북한으로의 지역 확장은 남북 화해에 따른 결과였다. 정치에서의 변화 발전이 전통건축 연구에까지 영향을 끼친 것이다.

유형의 확장에서는 부차적 소형 건물이 연구대상이 되었다. 이전의 연구대상이 주로 불교건축의 대웅전, 궁궐건축의 정전, 한옥의 본채 등과 같이 주요 대형 고급 건물이었던 데 반해 이와 반대되는 의미의 건물들이 연구대상으로 되었다. 창고, 객사, 교통시설, 등대 등 종류도 다양했다.[12] 부차적 유형에 대한 관심은 세계적 경향이기도 하려니와 일반 민중과 시민이 역사의 주인이라는 의식변화가 반영된 결과로 볼 수 있다. 대형 고급 건물에는 항상 지배계층의 이데올로기와 외세의 영향이 흘러들어갈 수밖에 없음을 볼 때 부차적 건물로의 확장 경향은 민주화 운동에 따른 탈식민주의와 대중주의에 해당되는 현상이라고 볼 수 있다.

두 번째는 세분화 경향이다. 세분화의 대상은 지역, 지형, 건축물, 구성요소 등이었다.[13] 지역의 세분화는 도－시군구－읍면－동리－마을－일곽 등으

---

11) 이 연구는 강영환(1996), 「北韓地域 傳統住居에 관한 調査硏究[1]」, 『건축역사연구』 5-2, 한국건축역사학회, 25～29쪽 ; 강영환(1997), 「北韓地域 傳統住居에 관한 調査硏究[2]」, 『건축역사연구』 6-3, 한국건축역사학회, 61～75쪽을 대표적 예로 들 수 있다.

12) 이 연구의 대표적 예로 앞의 2세대에 더해 김종헌(1998), 「조선시대 교통건축으로서의 원우에 관한 연구」, 『건축역사연구』 7-4, 한국건축역사학회, 103～112쪽 ; 김종헌(2005), 「대한제국의 등대건축에 대한 연구」, 『大韓建築學會論文集, 계획계』 21-6, 대한건축학회, 85～96쪽 등을 들 수 있다.

13) 이 연구의 대표적 예로 앞의 2세대에 더해 이왕기·박명덕·김난기(1988a), 「안동지방 제사건축에 관한 연구(1)」, 『大韓建築學會論文集』 4-1, 대한건축학회, 147～155쪽 ; 이왕기·박명덕·김난기(1988b), 「안동지방 제사건축에 관한 연구(2)」, 『大韓

로 스케일에 따라 다양하게 일어났다. 이것은 지방자치제의 시행으로부터 적지 않은 영향을 받았다. 지방자치단체와 지역사회가 자신들의 지역 문화재에 대해 관심을 갖기 시작했으며 이것의 연구와 실측 사업 등을 지원, 주도하기 시작하면서 각 지역에 산재해 있는 전통건축 연구는 크게 활성화되었다.[14) 지형의 세분화는 건축 연구에 지형적 요인을 세밀하게 반영하는 경향으로 나타났다. 풍수사상, 양택론 등 구체적 이론에서부터 지형이 배치에 미친 영향과 같은 보다 일반론적 연구에 이르기까지 다양했다. 건축물의 세분화는 주로 스케일의 측면에서 나타났다. 이전까지는 사찰, 궁궐, 서원, 한옥 등의 단지 전체가 연구대상이었는데 이제는 건물 한 채, 심지어 한 건물 내에서의 일부분 등으로 세밀하게 좁혀졌다. 구성요소의 세분화도 이와 유사했다. 창, 기둥, 퇴, 치수, 지붕 등 한 가지 요소에 대한 미세사의 경향이 나타났다. 목구조에서도 첨차, 이방 등 구성 요소 한 가지에 대한 집중 연구가 나타났다.

세 번째는 위 두 가지 경향의 혼합이다. 세분화 경향은 말 자체는 확장 경향과 반대되지만 전통건축의 구체적 연구 내용에서는 같은 의미일 수 있다. 이전 1세대의 '통사－중앙무대－주요 건물' 중심의 연구경향 다음 단계에 나타나는 발전 현상이라는 의미에서이다. 이런 점에서 이 두 가지 경향은 함께 섞이면서 다양화의 발전을 증폭시킨 측면이 많다.[15)] 예를 들어 '안동지역 서원건축의 장서고에 대한 연구'와 같은 것들이다. 확장과 세분화

建築學會論文集』 4-3, 대한건축학회, 43～52쪽 ; 이왕기・박명덕(1989), 「동족부락 옻골마을과 백불고택에 관한 연구」, 『大韓建築學會論文集』 5-3, 대한건축학회, 105～112쪽 ; 박명덕・박언곤(1991), 「조선중기 동족마을의 종가 확산 성립과정에 관한 연구」, 『大韓建築學會論文集』 7-4, 대한건축학회, 3～12쪽 ; 박명덕(1992), 「영남지방 동족마을의 동촌분파에 따른 건축특성에 관한 연구」, 『大韓建築學會論文集』 8-7, 대한건축학회, 129～141쪽 등을 들 수 있다.

14) 이 경향의 대표적 예로 앞의 2세대에 더해 강영환(1995a), 「지방건축문화재의 보전과 변형 실태에 관한 조사연구」, 『건축역사연구』 4-1, 한국건축역사학회, 9～28쪽 ; 강영환(1995b), 「한국 남부지방 민가의 지구적 특성」, 『건축역사연구』 4-1, 한국건축역사학회, 202～209쪽을 들 수 있다.

15) 이 경향에 대해서는 앞의 2세대들 이외에 이창업・강영환(2004), 「高麗時代 別墅建築의 造營 手法에 관한 硏究」, 『大韓建築學會論文集, 계획계』 20-11, 대한건축학회, 201～210쪽을 대표적 예로 들 수 있다.

에 따르는 사항들이 상호 교합함으로써 경우의 수가 대거 증폭된 것이다.

네 번째는 새로운 연구 주제와 방법론의 도입이다. 이것은 다시 둘로 나눌 수 있다. 하나는 전통이론 자체에서의 다양화이다. 가장 두드러진 현상은 문헌 연구와 기술적 접근이다. 문헌 연구는 의궤, 주요 건물의 창건기와 중수기, 양반가문의 문집과 일기, 주요 인물들의 서찰, 현장관리 일기 등으로 다양하다.[16] 기술적 접근은 기술사, 경제사, 조영기법, 조영규범, 목구조기법, 장인인물 연구 등으로 다양화되었다.[17] 이외에 전통사상이나 동양사상과의 연관성을 시도한 연구경향도 나타났다. 이 경향은 큰 중요성을 갖고 많은 가능성을 가짐에도 불구하고 아직 연구의 예는 많지 않다.[18] 주로

---

16) 이 연구의 대표적 예로 앞의 2세대에 더해 김도경 · 주남철(1994), 「화성성역의궤를 통한 공포부재의 용어에 관한 연구」, 『大韓建築學會論文集』 63, 대한건축학회, 85～91쪽 ; 홍승재(1992a), 「조선시대 禮書에 나타난 建築的 圖面의 解釋에 관한 연구」, 『건축역사연구』 1-2, 한국건축역사학회, 52～67쪽 ; 홍승재(1992b), 「조선시대 예적 질서체계와 건축의 배치구조에 관한 연구」, 『大韓建築學會論文集』 40, 대한건축학회, 71～78쪽 등을 들 수 있다.

17) 이 연구의 대표적 예로 앞의 2세대에 더해 강영환(1992), 「지방대목들의 지식체계 분석을 통한 전통 주거문화의 연구」, 『大韓建築學會論文集』 40, 대한건축학회, 91～100쪽 ; 강영환(1998), 「조선장인의 천재성과 예술성」, 『建築』 42-4, 대한건축학회, 53～55쪽 ; 박찬 · 문종만 · Sakata Izumi(1992), 「영조 법식 대목작과 부석사 무량수전과의 비교 연구 : 평면 및 단면」, 『大韓建築學會論文集』 8-5, 대한건축학회, 79～87쪽 ; 박찬 · 문종만 · Sakata Izumi(1992), 「영조법식 대목작과 부석사 무량수전과의 비교 연구[2] : 부재」, 『大韓建築學會論文集』 8-12, 대한건축학회, 51～59쪽 ; 박찬(2002), 「觀點에서 본 高麗末/朝鮮初 多包의 意匠」, 『大韓建築學會論文集, 계획계』 18-6, 대한건축학회, 295～305쪽 ; 이권영 · 서치상 · 김순일(1998a), 「경운궁 중건 목공사의 예산과 실입에 관한 연구」, 『건축역사연구』 7-3, 한국건축역사학회, 27～52쪽 ; 이권영 · 서치상 · 김순일(1998b), 「조선후기 경강변 영선목재에 관한 연구」, 『건축역사연구』 14, 한국건축역사학회, 9～30쪽 ; 서치상(2003), 「朝鮮後期 梵魚寺 僧人工匠의 東萊地域 造營活動」, 『건축역사연구』 12-3, 한국건축역사학회, 39～52쪽 ; 조형래 · 서치상(2004), 「1731년의 동래읍성 수축공사에 관한 연구」, 『大韓建築學會論文集, 계획계』 20-12, 대한건축학회, 159～168쪽 등을 들 수 있다.

18) 이 연구의 대표적 예로 임석재(2005a), 『한국의 돌, 담, 길』, 이화여자대학교 출판부 ; 임석재(2005b), 『한국의 전통공간』, 이화여자대학교 출판부 ; 임석재(2005c), 『한국의 지붕, 선』, 이화여자대학교 출판부 ; 임석재(2005d), 『한국전통건축과 동양사상』, 북하우스 ; 임석재(2005e), 『한국의 꽃살, 기둥, 누각』, 이화여자대학교 출판

유교건축과 관련하여 역사적 배경에서 산발적으로 다루는 정도이고 불교건축에서는 상대적으로 더욱 미약하다. 다른 하나는 서양이론이나 방법론의 도입이다. 공간의 시지각적 분석, 비례이론, 모더니즘 건축이론과의 연관성 등이 대표적 예들이다.

다섯 번째는 전통이론의 현대적 해석이다. 이를 통해 전통건축이 현대적으로 응용, 수용될 수 있는 방안을 모색한다. 환경에 대한 관심은 가장 대표적인 예이다. 전통건축이 갖는 환경과의 일체적 교감으로부터 자연환경조절기법을 찾아내려는 시도이다. 이것을 확장하면 생태이론과의 연관성을 찾는 연구로 발전한다(김삼능 · 강병근, 1991 ; 홍종숙 · 강병근, 2001). 넓게 보면 복원 보존을 통해 전통건축을 현대 생활의 일부분으로 연결시키려는 연구도 이 경향으로 분류할 수 있다. 드물기는 하지만 서양건축과의 비교건축학 연구도 관찰된다(임석재, 1998). 공간에 대한 시지각적 분석이나 서양건축사조와의 비교 등도 관찰된다.[19] 통계적 접근, 디지털화, 목구조에 대한 구조해석 등도 넓게 보면 이 경향으로 분류될 수 있다.[20]

부 ; 임석재(2005f), 『한국의 창, 문』, 이화여자대학교 출판부 ; 윤일이(2002), 「晦齋 李彦迪의 건축관에 관한 연구」, 『大韓建築學會論文集, 계획계』 18-11, 대한건축학회, 137～144쪽 ; 윤일이(2003), 「聾巖 李賢輔와 16세기 누정건축에 관한 研究」, 『大韓建築學會論文集, 계획계』 19-6, 대한건축학회, 81～88쪽 ; 윤일이(2004a), 「16세기 嶺南士林 建築觀의 比較研究」, 『大韓建築學會論文集, 계획계』 20-7, 대한건축학회, 137～144쪽 ; 윤일이(2004b), 「退溪學派 尙州學脈의 建築觀 變遷에 관한 研究」, 『건축역사연구』 13-3, 85～95쪽 등을 들 수 있다.

19) 이 연구의 대표적 예로 앞의 2세대에 더해 두완수 · 박한규(1984), 「한국전통건축에서의 착시효과에 관한 연구」, 『대한건축학회 추계학술발표대회 논문집, 계획계』 4-2, 대한건축학회, 109～112쪽 ; 박한규 · 남해경(1991), 「Hierarchical Structure를 응용한 민가건축의 유형화에 관한 연구」, 『大韓建築學會論文集』 37, 대한건축학회, 117～123쪽 ; 김이석 · 박한규(1997), 「한국전통건축의 관점으로 본 해체주의 건축에 관한 연구」, 『대한건축학회 추계학술발표대회 논문집, 계획계』 17-2, 대한건축학회, 507～513쪽 등을 들 수 있다.

20) 이 연구의 대표적인 예로 김찬영 · 정의용(2002), 「통계방법에 기초한 18세기 다포 주불전의 비례체계에 관한 연구」, 『大韓建築學會論文集, 계획계』 18-10, 대한건축학회, 97～106쪽 ; 김찬영 · 정의용(2003), 「통계방법에 기초한 17세기 다포 주불전의 비례체계에 관한 연구」, 『大韓建築學會論文集, 계획계』 19-1, 대한건축학회, 51～60쪽 ; 윤재신(2001), 「전통 목조건축 형상정보의 기록 전산화 시스템에 관한

여섯 번째 대중화 바람이다. 대중화 바람이 전통건축 연구에 끼친 가장 큰 영향은 미술사, 한국사, 민속사와 연관 짓기이다. 문민정부 출범 이후 한국사회에는 소위 말하는 '공격적 민족주의' 바람이 불었다. 구 조선총독부 철거는 이것을 대표하는 상징적 정치행위였다. 이 바람을 타고 나타난 것이 우리 문화재에 대한 답사열풍이었다. '문화유적 답사기' 종류의 책들이 대거 출판되었다. 그런데 이것을 이끈 사람들은 전통건축 연구자들이 아닌 고고미술사학자들이었다.

이런 대중화 바람은 전통건축 연구에 그다지 깊이 파고들거나 큰 영향을 끼치지는 못했다. 그러나 사회적 관심 증가에 따라 대중 쪽에서 전통건축에 대해 요구와 수요가 많아진 것은 사실이었고 이것은 어떤 식으로든지 전통건축 연구에 영향을 끼쳤다. 대중화 바람 자체가 고고미술사학자들에 의해 시작, 주도되었기 때문에 이것과의 연관성을 추구하는 경향이 나타났다. 시간이 지나면서 한국사나 민속사와의 연관 경향으로 변화가 일어났다. 특히 유교건축을 왕궁문화나 양반문화와 연관지어 해석하는 경향이 주류를 이루었다. 궁궐, 종묘, 왕릉 등에 얽힌 왕조사를 건축과 연관시키는 경향, 양반 종가집의 역사적 배경을 한옥과 연관시키는 경향, 조선시대 유교교육이나 학자 선비 등의 문화사를 서원 · 향교와 연관시키는 경향 등이었다(이덕수, 2004 ; 홍순민, 1999 ; 이순형, 2002 ; 이연자, 2004 ; 안동대학교 안동문화연구소, 2000).

3) 3세대 연구

3세대는 김봉렬, 전봉희, 임석재, 한필원, 천득염 등을 대표적인 연구자로 뽑을 수 있다. 김봉렬은 사찰 배치에서 새로운 업적을 남겼다. 이전의 사찰

연구」, 『大韓建築學會論文集, 계획계』 17-5, 대한건축학회, 89~96쪽 ; 한재수 · 김창준(2005), 「전통목조건축 구조해석과 현대화를 위한 장부접합의 구조적 성능에 관한 연구」, 『大韓建築學會論文集, 계획계』 21-4, 대한건축학회, 121~128쪽 등을 들 수 있다.

배치연구는 ‘직교형－ㅁ자형’ 등과 같은 물리적 형상에 따른 파악, ‘평지형－산지형－구릉형’ 등과 같은 자연지형에 따른 파악, ‘일탑형－이탑형’ 등과 같은 탑의 개수에 따른 파악 정도가 전부였다. 탑의 개수에 따른 연구는 삼국시대 불교의 전래역사나 탑파건축 등과 연관성을 갖는 등 일정한 이론적 배경을 가졌지만 앞의 두 연구는 표피적 현상에 머무는 수준 낮은 것들이었다. 김봉렬의 연구는 이것을 벗어나 미륵신앙－화엄사상－복합신앙 등 불교의 교리에 의거하여 사찰 배치 원리를 밝히려 한 점에서 새롭고 깊이 있는 접근이었다(김봉렬, 1989). 김봉렬(1999a, 1999b, 1999c)은 이후 이 연구를 발전시켜 연구 대상을 유교건축 등 전통건축 전반으로 확장시켰다. 내용에서도 역사와 사상 등 인문학적 배경과 건축해석 사이의 연관성을 꾀했다.

전봉희의 연구는 민가를 중심으로 한 주거사로 집중된다. 전봉희는 연구대상을 마을과 집으로 이원화시켜 스케일 변화를 꾀했다. 마을의 정주형태나 동족부락에 대한 연구에서 요자형 주거와 겹집 등에 대한 연구에 이르는 다양화가 그것이다(전봉희, 1989, 1996, 1998a, 1998b). 또한 좁은 의미의 건축적 해석을 넘어선 포괄적 주제로의 확장도 관찰된다. 민가의 비교 연구, 조선후기의 주거사 연구, 주택 경영 등이 그것이다.

임석재는 좀 특이한 경우이다. 기본적으로 서양건축사학자인 그는 비교건축학에 관심을 보여 왔다. 이후 동양사상의 관점에서 전통건축을 해석한 연구업적을 내놓았다. 임석재는 실측이나 연대기 등 지나치게 실증적으로 진행되어 온 전통건축 연구 전반에 걸쳐 비판적 입장을 견지했다. 이에 대한 대안으로 건축역사에 대한 인문학적 접근의 가장 기초가 되는 사상과의 연관성을 연구주제로 잡았다. 임석재는 선진(先秦)시대의 사상이 한국의 전통건축에 영향을 끼치고 구체적으로 반영된 내용을 추적했다.

한필원의 연구는 마을에 집중된다. 한필원도 전봉희와 유사하게 주거와 마을의 혼합 연구를 시도한다. 중요한 차이는 한필원의 연구에서는 집과 마을 사이의 연관성이 더 깊다는 점이다. ‘생활방식－이용패턴－동선체계－채－집－집의 영역－마을 내 소 영역－마을’로 스케일 변화를 다단계화했다

(박진옥 · 한필원, 2001 ; 한필원 · 이주옥, 2005). 마을에 대한 해석에서는 역사적 사실에 충실한 객관적 분석을 토대로 공동체, 환경친화, 토속성, 근대성 등 다양한 주제로의 확산을 꾀한다(한필원, 2004).

천득염의 연구경향은 포괄적이다. 3세대의 연구경향이 깊이 있는 세분화인 것과 구별되는 천득염만의 특징으로 볼 수 있다. 천득염의 연구는 석탑에의 집중이 상대적으로 높은 편이지만 루정, 주거, 마을 등 다양한 편이다(천득염 · 한승훈 · 김진숙, 1995 ; 천득염 · 지승용, 1998 ; 이용범 · 천득염 · 임영배, 1993 ; 천득염 · 한승훈, 1994). 지역적으로는 자신의 고향인 호남지방에 집중된다. 접근 방식과 연구주제에서는 주거연구에서 다양화가 관찰된다. 가택신앙이나 가신신앙과의 연관성, 가구구조요소의 상관성, 벽면의 비례특성 등은 독특한 접근법이라 할 수 있다(천득염 · 나경수 · 손희하 · 나하영, 2001 ; 천득염 · 이영미 · 김선영, 2004).

참고문헌

강영환(1992), 「지방대목들의 지식체계 분석을 통한 전통 주거문화의 연구」, 『大韓建築學會論文集』 40, 대한건축학회.

강영환(1995a), 「지방건축문화재의 보전과 변형 실태에 관한 조사연구」, 『건축역사연구』 4-1, 한국건축역사학회.

강영환(1995b), 「한국 남부지방 민가의 지구적 특성」, 『건축역사연구』 4-1, 한국건축역사학회.

강영환(1996), 「北韓地域 傳統住居에 관한 調査硏究[1]」, 『건축역사연구』 5-2, 한국건축역사학회.

강영환(1996), 「한국선사시대 및 삼국시대 주거사의 시대구분에 관한 재고」, 『건축역사연구』 5-2, 한국건축역사학회.

강영환(1997), 「北韓地域 傳統住居에 관한 調査硏究[2]」, 『건축역사연구』 6-3, 한국건축역사학회.

강영환(1998), 「조선장인의 천재성과 예술성」, 『建築』 42-4, 대한건축학회.

고영훈 · 박언곤(1991), 「한국 목조 건축물의 처마 내밀기의 비례기법에 관한 연구」, 『大韓建築學會論文集』 37, 대한건축학회.

곽동엽 · 김일진(1997), 「불전배면 창조형식의 시대별 특성 및 변천에 관한 연구」, 『건축역사연구』 12, 한국건축역사학회.

김남응(2004a), 「온돌과 하이퍼코스트의 차이점」, 『大韓建築學會論文集, 계획계』 183, 대한건축학회.

김남응(2004b), 『(문헌과 유적으로 본)구들이야기 온돌이야기』, 단국대학교 출판부.

김남응 · 장재원 · 임진택(2005), 「프랭크 로이드 라이트의 온돌체험과 그의 건축작품에의 적용과정 및 의미에 대한 고찰」, 『大韓建築學會論文集, 계획계』 203, 대한건축학회.

김도경 · 주남철(1994), 「화성성역의궤를 통한 공포부재의 용어에 관한 연구」, 『大韓建築學會論文集』 63, 대한건축학회.

김도경(2004), 「고구려 건축의 성격과 의의」, 『건축역사연구』 13-2, 한국건축역사학회.

김동욱(1985), 「조선후기 건축공장의 노임고」, 『大韓建築學會論文集』 1-1, 대한건축학회.

김동욱(1987), 「공사 기간상으로 고찰한 조선후기의 건축기술」, 『大韓建築學會論文集』 3-6, 대한건축학회.

김동욱(1990), 「조선후기 건축공사에 있어서의 공장도구에 관한 연구」, 『大韓建築學會論文集』 28, 대한건축학회.

김동욱(1993), 『韓國建築工匠史硏究』, 技文堂.

김동욱(1994), 「18세기 수원성 축성에 사용된 자재 운반기구에 대해서」, 『大韓建築學會論文集』 73, 대한건축학회.

김동욱(1996a), 「조선 정조조의 창덕궁 건물구성의 변화」, 『大韓建築學會論文集』 12-11, 대한건축학회.

김동욱(1996b), 『18세기 건축사상과 실천 : 수원성』, 발언.

김동욱(1999), 『조선시대 건축의 이해』, 서울대학교 출판부.

김동욱(2002), 『실학정신으로 세운 조선의 신도시 수원 화성』, 돌베개.

김동현(1996), 『한국 목조건축의 기법』, 발언.

김봉렬(1989), 「조선시대 사찰건축의 전각구성과 배치형식 연구 : 교리적 해석을 중심으로」, 서울대학교 박사학위논문.

김봉렬(1999a), 『한국건축의 재발견 1 : 시대를 닮는 그릇』, 발언.

김봉렬(1999b), 『한국건축의 재발견 2 : 앎과 삶의 공간』, 발언.

김봉렬(1999c), 『한국건축의 재발견 3 : 이땅에 새겨진 정신』, 발언.

김삼능 · 강병근(1991), 「생태적 접근방법에 의한 한국 전통주거 분석과 그 현대적 수용[I]」, 『대한건축학회 추계학술발표대회 논문집, 계획계』 11-2, 대한건축학회.

김성우(1987), 「북위 영녕사와 삼국시대의 불사」, 『大韓建築學會論文集』 3-4, 대한건축학회.

김성우(1988), 「고구려 불사계획의 변천」, 『大韓建築學會論文集』 19, 대한건축학회.

김성우(1989), 「일탑 일금당 형식의 발전」, 『大韓建築學會論文集』 26, 대한건축학회.

김성우(1996), 「분황사지와 7세기 불교건축의 전개」, 『大韓建築學會論文集』 87, 대한건축학회.

김성우 외(1996), 「육간팔자형 민가의 성격과 공간 확장 형식」, 『大韓建築學會論文集』 95, 대한건축학회.

김성우 · 윤동근(1997), 「서울 사대문내의 전통 도시 한옥 주거지에 있어서 근대적 변화의 초기성격」, 『大韓建築學會論文集』 99, 대한건축학회.

김왕직 · 김홍식(1998), 「조선시대 건축 배치도의 도법과 사상에 관한 연구」, 『건축역사연구』 15, 한국건축역사학회.

金王稙 · 李相海(2002), 「木造 建造物文化財의 保存理論에 관한 연구」, 『건축역사연

구』 31, 한국건축역사학회.

김이석 · 박한규(1997), 「한국전통건축의 관점으로 본 해체주의 건축에 관한 연구」, 『대한건축학회 추계학술발표대회 논문집, 계획계』 17-2, 대한건축학회.

김일진(1989), 『韓國建築의 靈雙窓에 關한 硏究』, 동국대학교 출판부.

김일진 · 김동인(1988), 「조선시대 제실건축 연구」, 『大韓建築學會論文集』 15, 대한건축학회.

김일진 · 김동인(1990), 「조선시대 제실건축 연구」, 『大韓建築學會論文集』 31, 대한건축학회.

김일진 · 조영화(1995), 「향교건축에서 누의 기능과 건립상황에 관한 연구」, 『大韓建築學會論文集』 76, 대한건축학회.

김종헌(1998), 「조선시대 교통건축으로서의 원우에 관한 연구」; 『건축역사연구』 7-4, 한국건축역사학회.

김종헌 · 주남철(1999), 「삼국 및 통일신라시대의 교통체계를 통해 본 교통건축에 관한 연구」, 『大韓建築學會論文集, 계획계』 123, 대한건축학회.

김종헌 · 주남철(1999), 「고려시대 교통건축의 특성에 관한 연구」, 『大韓建築學會論文集, 계획계』 124, 대한건축학회.

김종헌(2005), 「대한제국의 등대건축에 대한 연구」, 『大韓建築學會論文集, 계획계』 21-6, 대한건축학회.

김찬영 · 김일진(1993), 「한국 전통목조건축 공포의 첨차유형에 관한 연구」, 『대한건축학회 추계학술발표대회논문집, 계획계』 13-2, 대한건축학회.

김찬영 · 정의용(2002), 「통계방법에 기초한 18세기 다포 주불전의 비례체계에 관한 연구」, 『大韓建築學會論文集, 계획계』 18-10, 대한건축학회.

김찬영 · 정의용(2003), 「통계방법에 기초한 17세기 다포 주불전의 비례체계에 관한 연구」, 『大韓建築學會論文集, 계획계』 19-1, 대한건축학회.

김홍식(1972), 「실학건축사상 연구」, 『建築』 16-44, 대한건축학회.

김홍식(1975), 「마을공간구성 방법에 대한 한국전통 건축사상 연구」, 『건축』 19-64, 대한건축학회.

김홍식(1986), 「18C말 실학파의 건축사상 연구」, 『建築』 30-3, 대한건축학회.

김홍식(1987), 『民族建築論』, 한길사.

김홍식(1992), 『韓國의 民家 1 · 2』, 한길사.

김홍식(2002), 『한국의 목조건축 : 전통목조건축의 발전과 21세기 목조건축의 전망』, 소호문화재단 산림문화연구원.

김홍곤 · 조중근(1994), 「종가의 사당건축에 대한 연구」, 『大韓建築學會論文集』 72, 대한건축학회.

김홍곤 · 조중근 · 손태진(1997), 「조선시대 삼묘건축 비교」, 『大韓建築學會論文集』 13-7, 대한건축학회.

노진하 · 이상해(1995), 「낙선제 일곽 건축의 조영에 관한 복원적 고찰」, 『건축역사연구』 7, 한국건축역사학회.

두완수 · 박한규(1984), 「한국전통건축에서의 착시효과에 관한 연구」, 『대한건축학회 추계학술발표대회 논문집, 계획계』 4-2, 대한건축학회.

류성룡 · 주남철(2003), 「고려시대 臺工의 結構 방식에 관한 연구」, 『大韓建築學會論文集, 계획계』 176, 대한건축학회.

박명덕 · 박언곤(1991), 「조선중기 동족마을의 종가 확산 성립과정에 관한 연구」, 『大韓建築學會論文集』 7-4, 대한건축학회.

박명덕(1992), 「영남지방 동족마을의 동촌분파에 따른 건축특성에 관한 연구」, 『大韓建築學會論文集』 8-7, 대한건축학회.

박언곤 · 고영훈(1991), 「고려시대 건축의 부재단위 치수와 구조계획에 관한 연구」, 『大韓建築學會論文集』 34, 대한건축학회.

박언곤 · 신동철(1998), 「조선 후기 도감의궤의 건축도설명칭에 관한 연구」, 『大韓建築學會論文集, 계획계』 121, 대한건축학회.

박언곤 · 윤희상(1998), 「신라말 · 고려초기의 건축사료에 의한 건축요소 연구」, 『大韓建築學會論文集, 계획계』 116, 대한건축학회.

박언곤 · 한욱 · 김재국(2004), 「다포계형식 건축물의 이방에 관한 연구」, 『大韓建築學會論文集, 계획계』 189, 대한건축학회.

박진옥 · 한필원(2001), 「충남지역 ㅁ자계 한옥의 영역구성과 동선체계」, 『大韓建築學會論文集, 계획계』 149, 대한건축학회.

박찬 · 문종만 · Sakata Izumi(1992), 「영조 법식 대목작과 부석사 무량수전과의 비교 연구 : 평면 및 단면」, 『大韓建築學會論文集』 8-5, 대한건축학회.

박찬 · 문종만 · Sakata Izumi(1992), 「영조법식 대목작과 부석사 무량수전과의 비교 연구[2] : 부재」, 『大韓建築學會論文集』 8-12, 대한건축학회.

박찬(2002), 「觀點에서 본 高麗末/朝鮮初 多包의 意匠」, 『大韓建築學會論文集, 계획계』 18-6, 대한건축학회.

박한규 · 남해경(1991), 「Hierarchical Structure를 응용한 민가건축의 유형화에 관한 연구」, 『大韓建築學會論文集』 37, 대한건축학회.

박희영 · 이희봉(2003), 「상류 전통주거 居昌 桐溪 鄭蘊 종택의 공간과 생활의 복원을 통한 해석」, 『건축역사연구』 35, 한국건축역사학회.

서치상(2003), 「朝鮮後期 梵魚寺 僧人工匠의 東萊地域 造營活動」, 『건축역사연구』 12-3, 한국건축역사학회.

신영훈(1975), 『韓屋과 그 歷史』, 동산문화사.

신영훈(1983), 『한국의 살림집, 상 · 하』, 열화당.

신영훈(2000), 『한옥의 향기』, 대원사.

안동대학교 안동문화연구소(2000), 『서원, 한국 사상의 숨결을 찾아서』, 예문서원.

안영배(1980), 『韓國建築의 外部空間』, 寶晉齊出版社.

안영배(1986), 「화엄사 건축공간의 시각적 분석」, 『大韓建築學會論文集』 2-3, 대한건축학회.

안영배(1987), 「한국불사 건축공간의 구성형식 분류에 관한 고찰」, 『大韓建築學會論文集』 3-5, 대한건축학회.

안영배(1993), 「금산사 건축공간의 시각적 분석」, 『大韓建築學會論文集』 9-5, 대한건축학회.

윤일이 · 조성기(1995), 「한국전통주거에 있어서 부엌의 배연구조에 관한 연구」, 『생산기술연구소논문집』 48, 부산대학교 생산기술연구소.

윤일이(2002), 「晦齋 李彦迪의 건축관에 관한 연구」, 『大韓建築學會論文集, 계획계』 18-11, 대한건축학회.

윤일이(2003), 「聾巖 李賢輔와 16세기 누정건축에 관한 研究」, 『大韓建築學會論文集, 계획계』 19-6, 대한건축학회.

윤일이(2004a), 「16세기 嶺南士林 建築觀의 比較研究」, 『大韓建築學會論文集, 계획계』 20-7, 대한건축학회.

윤일이(2004b), 「退溪學派 尙州學脈의 建築觀 變遷에 관한 研究」, 『건축역사연구』 13-3, 85～95쪽.

윤장섭(1972), 『韓國建築史』, 동명사.

윤장섭(1990), 『韓國建築史論』, 기문당.

윤재신(2001), 「전통 목조건축 형상정보의 기록 전산화 시스템에 대한 연구」, 『大韓建築學會論文集, 계획계』 17-5, 대한건축학회.

윤진영 · 이상해(2005), 「정조대 토목공사의 의의와 역사문화환경으로의 보존」, 『大韓建築學會論文集, 계획계』 196, 대한건축학회.

이권영 · 서치상 · 김순일(1998a), 「경운궁 중건 목공사의 예산과 실입에 관한 연구」,

『건축역사연구』 7-3, 한국건축역사학회.
이권영 · 서치상 · 김순일(1998b), 「조선후기 경강변 영선목재에 관한 연구」, 『건축역사연구』 14, 9～30쪽.
이덕수(2004), 『新궁궐기행』, 대원사.
이상해 · 권종남(1989), 「성조가에 나타난 전통 주택건축의 내용에 관한 연구」, 『大韓建築學會論文集』 5-2, 대한건축학회.
이순형(2002), 『한국의 명문 종가』, 서울대학교 출판부.
이연노 · 주남철(2004), 「조선초 객사 건축에 관한 연구」, 『大韓建築學會論文集, 계획계』 194, 대한건축학회.
이연자(2004), 『명문 종가 이야기』, 컬처 라인.
이왕기 · 박명덕 · 김난기(1988a), 「안동지방 제사건축에 관한 연구(1)」, 『大韓建築學會論文集』 4-1, 대한건축학회.
이왕기 · 박명덕 · 김난기(1988b), 「안동지방 제사건축에 관한 연구(2)」, 『大韓建築學會論文集』 4-3, 대한건축학회.
이왕기 · 박명덕(1989), 「동족부락 옻골마을과 백불고택에 관한 연구」, 『大韓建築學會論文集』 5-3, 대한건축학회.
이왕기(1994), 『북한에서의 건축사 연구』, 발언.
李容範 · 千得琰 · 林永培(1993), 「東文選의 樓亭記에서 본 高麗 中後期의 樓亭建築考」, 『건축역사연구』 2-2, 한국건축역사학회.
이창업 · 강영환(2004), 「高麗時代 別墅建築의 造營 手法에 관한 硏究」, 『大韓建築學會論文集, 계획계』 20-11, 대한건축학회.
이태열 · 이상해(2001), 「현대 건설관리개념을 통한 [화성성역의궤]의 분석에 관한 연구」, 『건축역사연구』 27, 한국건축역사학회.
이호락 · 이상해(1997), 「척도운영체계를 통해 본 18세기 화성건축의 건축구성에 관한 연구」, 『건축역사연구』 12, 한국건축역사학회.
이희봉 · 송병언(1999), 「부엌 구조와 생활의 대응을 바탕으로 한 제주도 민가 유형의 문화지역적 해석」, 『건축역사연구』 21, 한국건축역사학회.
이희봉 · 이향미(2002), 「상류 전통주거 해남 녹우당의 해석」, 『건축역사연구』 29, 한국건축역사학회.
임석재(1998), 『우리 옛 건축과 서양건축의 만남』, 대원사.
임석재(2005a), 『한국의 돌, 담, 길』, 이화여자대학교 출판부.
임석재(2005b), 『한국의 전통공간』, 이화여자대학교 출판부.

임석재(2005c), 『한국의 지붕, 선』, 이화여자대학교 출판부.

임석재(2005d), 『한국전통건축과 동양사상』, 북하우스.

임석재(2005e), 『한국의 꽃살, 기둥, 누각』, 이화여자대학교 출판부.

임석재(2005f). 『한국의 창, 문』, 이화여자대학교 출판부.

장경호(1988), 「彌勒寺址와 皇龍寺址의 伽藍計劃 比較硏究」, 『大韓建築學會論文集』 15, 대한건축학회, 99～107쪽.

장경호(1991), 『百濟寺刹建築』, 藝耕産業社.

장경호(1992), 『韓國의 傳統建築』, 문예출판사.

장경호(2000), 「수혈주거와 고대사지」, 『건축역사연구』 22, 한국건축역사학회.

장백기 · 조성기(2001), 「안동 임청각의 문자형태에 나타난 의미와 택법에 관한 연구」, 『건축역사연구』 10-3, 한국건축역사학회.

전봉희(1989), 「동족부락의 건축사적 연구」, 『大韓建築學會論文集』 26, 대한건축학회.

전봉희(1996), 「조선후기 주거사에 있어서 겹집화 현상에 관한 연구」, 『大韓建築學會論文集』 96, 대한건축학회.

전봉희(1998a), 「보성 강골마을의 정주형태에 대한 조사 연구」, 『大韓建築學會論文集, 계획계』 114, 대한건축학회.

전봉희(1998b), 「전남 보성 지역의 요자형 주거에 관한 연구」, 『大韓建築學會論文集, 계획계』 118, 대한건축학회.

전호상 · 이상해(2004), 「수몰된 종족마을의 건축 · 문화적 지속성에 관한 연구」, 『大韓建築學會論文集, 계획계』 184, 대한건축학회.

鄭明燮 · 金一鎭(1992), 「경북지역 鄕校建築 明倫堂의 開口部 變遷에 관한 연구」, 『건축역사연구』 1, 한국건축역사학회.

정성현 · 김성우(1988), 「양택삼요 의간법과 그 적용에 따른 조선시대 상류주택의 배치계획에 관한 연구」, 『大韓建築學會論文集』 19, 대한건축학회.

정연상 · 이상해(2004), 「경기도 전통민가의 퇴에 관한 연구」, 『大韓建築學會論文集, 계획계』 20-6, 대한건축학회.

정인국(1974), 『韓國建築樣式論』, 일지사.

조성기(1981), 「한국민가의 굴뚝유형에 관한 연구」, 『建築』 101, 대한건축학회.

조성기 · 김화봉(1998), 「안동문화권 뜰집의 건축 시차에 관한 연구」, 『大韓建築學會論文集, 계획계』 114, 대한건축학회.

조중근 · 김홍곤(1987), 「전통의식적 농촌취락 기본모형에 관하여」, 『大韓建築學會

論文集』 14, 대한건축학회.
조형래 · 서치상(2004), 「1731년의 동래읍성 수축공사에 관한 연구」, 『大韓建築學會論文集, 계획계』 20-12, 대한건축학회.
주남철(1983a), 『韓國 建築美』, 일지사.
주남철(1983b), 『한국건축의장』, 일지사.
주남철 · 김은중(1991), 「호남지방 서당 · 정사류 건축에 관한 연구」, 『大韓建築學會論文集』 35, 대한건축학회.
주남철 · 김도경(1995), 「고려시대 관경변상도의 전각도에 관한 연구」, 『大韓建築學會論文集』 11-4, 대한건축학회.
주남철(2001), 『한국의 문과 창호』, 대원사.
천득염 · 한승훈(1994), 「소새원도와 [소새원] 사십팔령을 통하여 본 소새원의 구성요소」, 『건축역사연구』 3-2, 한국건축역사학회.
천득염 · 한승훈 · 김진숙(1995), 「백제석탑과 신라석탑의 비교론적 고찰」, 『건축역사연구』 4-1, 한국건축역사학회.
천득염 · 지승용(1998), 「한국의 청동탑에 관한 연구」, 『건축역사연구』 7-2, 한국건축역사학회.
천득염 · 나경수 · 손희하 · 나하영(2001), 「한국전통주거에 나타난 가택신앙과 공간구성에 관한 연구」, 『건축역사연구』 10-4, 한국건축역사학회.
천득염 · 이영미 · 김선영(2004), 「전남지방 전통주거건축 벽면의 비례특성에 관한 연구」, 『大韓建築學會論文集, 계획계』 20-6, 대한건축학회.
한재수 · 김창준(2005), 「전통목조건축 구조해석과 현대화를 위한 장부접합의 구조적 성능에 관한 연구」, 『大韓建築學會論文集, 계획계』 21-4, 대한건축학회.
한지만 · 이상해(2001), 「경기도 지역 민가의 배치 및 외부공간 구성에 관한 연구」, 『대한건축학회 춘계학술발표대회 논문집, 계획계』 21-1, 대한건축학회.
한필원(2004), 『한국의 전통마을을 가다 1, 2』, 북로드.
한필원 · 이주옥(2005), 「양동마을 전통주택의 생활공간 변화가 외관에 미친 영향 연구」, 『大韓建築學會論文集, 계획계』 21-10, 대한건축학회.
호남문화재 연구소, 『연구논문집』 1~5.
호남문화재연구원, 『학술조사보고, 제1책~제10책』, 호남문화재연구원.
홍석주 · 박언곤(1999), 「광해군 대의 궁궐 영건에 관한 연구」, 『건축역사연구』 21, 한국건축역사학회.
홍순민(1999), 『우리 궁궐 이야기』, 청년사.

홍승재(1992a), 「조선시대 禮書에 나타난 建築的 圖面의 解釋에 관한 연구」, 『건축역사연구』 1-2, 한국건축역사학회.

홍승재(1992b), 「조선시대 예적 질서체계와 건축의 배치구조에 관한 연구」, 『大韓建築學會論文集』 40, 대한건축학회.

홍종숙 · 강병근(2001), 「양택론의 현대적 해석과 그 적용방안에 관한 연구」, 『대한건축학회 추계학술발표대회 논문집, 계획계』 21-2, 대한건축학회.

민속극 연구의 현황과 전망

전경욱

1. 머리말

현재 한국의 민속극은 가면극, 꼭두각시놀음, 무극, 발탈, 진도다시래기 등이 있다. 이외에도 예전에는 우희(優戱), 만석중놀이, 영등희 등 다양한 민속극이 있었다.

가면극, 꼭두각시놀음, 발탈은 극문학의 특징을 잘 갖추고 있다. 가면극은 가면을 쓰고, 꼭두각시놀음은 인형을 사용하며, 발탈은 발에 가면을 씌워 인형처럼 움직이게 함으로써 가장한다. 특히 첨예화된 갈등으로 된 집약적인 행위를 효과적으로 나타내기 위해 여러 가지 수법을 사용하며, 이를 전달하는 방식은 대화와 몸짓이다(장덕순, 1971).

무극(巫劇)은 무당이 하는 굿에 포함되어 있는 연극이다. 여러 거리로 구성된 큰 굿에서는 기본적인 절차에 이어서 맨 끝 순서로 뒷전이라고 하는 여흥적인 놀이를 벌여, 모여든 잡귀의 무리를 잘 먹여 보낸다면서 관중을 즐겁게 하는 재주를 보여 준다. 시대의 흐름에 따라 놀이의 홍미에 대한 요구가 커지자, 무극은 굿의 주술적인 목적이 차차 흐려지고 홍미 본위의 놀이로 바뀌었다. 제주도의 입춘굿놀이 · 세경놀이 · 영감놀이, 경기도의 소놀이굿, 평안도의 제석방아놀이 등은 굿의 한 대목이 원래부터 놀이의 형태를 갖추었고, 배역이 분화되었으며 가면을 사용하기도 한다. 그러나 대부분의 무극은 가면을 사용하지 않는다. 설정된 인물의 성격을 나타내기 위해 머리에 쓰는 것이나 옷을 이용해 가장한다. 남자 무당이 머리에 수건을 쓰고 치마를 입고서 여자로 분장하는 것을 흔히 볼 수 있다. 주인공 한 사람은 실감이 나도록 잘 꾸미고, 상대역은 필요에 따라서 관객 중에서 동원하거나, 주인공을 하는 무당이 일인이역을 한다(조동일, 1980).

전남 진도에서 장례 때에 당골무당들이 상가(喪家)에서 놀던 진도다시래기도 가무극(歌舞劇)의 모습을 보인다. 삼국시대 이래 장례에서 가무를 행하던 풍습이 조선 조까지 계속되었는데, 다른 지역의 장례놀이가 간단한 데 비해 진도다시래기는 비교적 연극적인 짜임을 갖추었다(정병호, 1986).

우희(優戲)는 흔히 산악(散樂) 또는 백희(百戲)라고 부르는 연희들의 한 종목으로 골계희(滑稽戲)였다. 삼국시대에 중국에서 유입된 우희(優戲)는 고려시대와 조선시대의 우희로 계승되고, 이 전통 속에서 우희가 판소리 · 가면극 · 무극 · 재담 · 만담 등에 영향을 끼쳤다. 그동안 우리나라에서는 우희(優戲)를 소학지희(笑謔之戲), 조희(調戲), 화극(話劇) 등으로 불러왔다. 그러나 우리의 여러 기록에 나타나는 명칭이나, 중국의 예로 볼 때 우희(優戲)가 가장 적당한 용어로 생각된다. 『고려사』 열전 염흥방(廉興邦)조에서는 이미 이런 연희를 우희라고 기록하고 있다. 한국과 중국의 우희에는 임금을 풍간하는 내용, 부패한 관원을 풍자하는 시사적인 성격을 띤 내용, 흉내내기 연희, 주유희(侏儒戲, 난장이놀이)가 있었다.

인형극은 꼭두각시놀음 이외에 만석중놀이 · 영등희(影燈戲) 등이 있었다. 최근 복원된 만석중놀이는 불탄일인 음력 사월 초파일에 공연되었던 놀이인데, 인형에 줄을 매어 조종하며, 대사가 없이 음악반주에 의해 연출되었다. 인형으로는 만석중 · 노루 · 사슴 · 잉어 · 용 등이 등장했다. 영등희는 그림자인형놀이인데, 많은 동물의 모습을 종이로 만들어 등불에 비추며 놀았다.

본고에서는 가면극, 꼭두각시놀음, 발탈, 무극을 중심으로 그 연구사를 살펴보고자 한다.

그 중에서도 가면극은 대표적인 민속극으로, 일찍이 1920년대에 학문적 관심의 대상이 되었다. 그동안 가면극을 민족문화의 유산으로 인식하여 이를 보존하고 창조적으로 계승해야 한다는 시대적 요청과 함께, 여러 학자들이 이룩한 업적과 연희자들의 노력에 의하여 가면극은 발굴 · 전수 · 연구되기에 이르렀다. 이와 함께 70년대 대학가에서의 가면극 공연은 대단한 열풍을 일으켜 가면극 전승의 활성화에 큰 몫을 담당했다.

1930년대부터 본격적으로 출발한 가면극 연구는 그간 1000여 편의 논저가 축적되었다. 가면극은 종합예술의 성격을 띠고 있어, 문학 · 민속학 · 연극 · 음악 · 무용 · 복식 등 여러 분야에서 각각 나름대로의 연구가 진행되어 상당한 성과를 거두었다.

역시 1930년대부터 본격적으로 출발한 꼭두각시놀이 연구는 그간 150여 편의 논저가 축적되었다. 발탈과 무극에 대한 연구는 가면극이나 꼭두각시놀음에 비해 상대적으로 미진한 형편이지만, 최근 들어 이 분야들에 대한 논의도 활기를 띠고 있다.

그러나 연구가 진척되면 될수록 새로운 측면에서의 고찰이 가능해지고, 새로운 연구과제가 발견되기 마련이다. 그동안 이룩된 성과에 의하여 민속극의 실상이 점차 밝혀지고, 민속극이 살아 있는 민속예술로 뿌리를 내리고 있지만, 아직도 민속극 연구에 참여한 학자들 사이에는 대립된 문제들이 많이 남아 있고, 해결해야 할 과제가 적지 않다. 또한 이제는 북한의 원전을 자유롭게 열람할 수 있으므로, 해방 이후 북한에서 이루어진 민속극 연구도 함께 고찰하는 것이 마땅하다.

본고에서는 우선 초창기부터 현재까지의 연구동향을 시기별로 간략히 개관하고, 민속극 연구사에서 부각되었던 논점들을 문제별로 집중적으로 상론한 다음, 앞으로의 연구방향을 전망하기로 한다.

2. 연구사 개관

1) 제1기(1930년대)

1920년대 최남선(1948)이 가면극에 대한 학문적 관심을 보인 이후, 1930년대에 들어 본격적인 가면극 연구가 시작되었다. 이 시기에는 가면극에 대한 역사적 · 민속학적 연구가 중심을 이루었는데, 가면극을 한국의 전통적인 연극 유산으로 간주하고, 가면극 연구를 위한 학문적 기초를 마련했다.

김재철(1933, 1939 증보판)은 문헌 자료를 통해 『조선연극사』를 저술하여 가면극과 꼭두각시놀음 등 민속극 연구의 선편을 잡았다. 이로써 가면극은 연극으로, 그리고 국문학의 한 장르로 인식되었다. 김재철은 실증주의에 입각한 문헌 · 역사적 연구방법으로 가면극의 산대희기원설(山臺戲起源說)을 제기하였고, 가면극은 가면무극(假面舞劇) · 산대극(山臺劇) · 산대도감극(山臺都監劇)이란 용어로 불렀다.

송석하(1933a, 1933b, 1934)는 가면극의 전승 지역에 대한 현장조사를 통하여 대본을 채록하고, 가면극의 보존과 계몽을 위해 노력하는 등 민속학적 연구의 선편을 잡았다.

그리고 일본학자 아키바 다카시(秋葉隆, 1948, 1954), 다카하시 도루(高橋亨, 1937), 무라야마 지준(村山智順, 1937), 미타무라 엔교(三田村鳶魚, 1942), 아유카이 후사노신(鮎貝房之進, 1938) 등 일본학자들이 가면극, 인형극 등 우리 민속극의 조사와 연구에 참여했다.

2) 제2기(1940~1952)

이 시기는 1941년 태평양전쟁의 발발, 1945년의 해방, 1950년의 6 · 25전쟁 등 사회적 · 역사적인 혼란기였으며, 민속극 연구도 침체를 벗어나지 못한 기간이었다. 일본에서는 이나미 고이치(印南高一, 1944)가 이 시기에 한국 민속극에 대한 저서를 발간했는데, 그동안 김재철 등에 의해 이루어진 성과를 크게 벗어나지는 못했다.

3) 제3기(1953~1969)

제3기는 1953년 이혜구(李惠求, 1953, 1957)가 가면극의 외래기원론인 기악기원설을 주장하면서부터 시작되었다. 이 시기에는 문헌 자료에 대한 연구와 현지조사를 겸하여 이후 가면극 관계 연구를 활발하게 진행했으며, 최상수(崔常壽), 양재연(梁在淵), 이두현(李杜鉉) 등의 학자가 등장하여, 오랜 공백을 깨고 민속극 연구가 다시 활기를 띠게 되었다.

초창기에 김재철에 의하여 제시된 가면극의 산대희기원설이 양재연, 이두현(1969)에 의하여 보완・심화되었는가 하면, 이혜구에 의하여 외래기원론인 기악기원설(伎樂起源說)이 제시되어 가면극의 기원에 대한 새로운 논의가 이루어졌다.

최상수(1958, 1967, 1984a, 1984b, 1985, 1988)는 문헌 자료에 대한 연구와 현지조사를 겸하여 이후 가면극 관계 연구를 활발하게 진행했으며, 꼭두각시놀이 등 인형극에 대해서도 많은 자료를 정리해 놓았다. 양재연(1955)은 주로 문헌에 의거하여 가면극의 면모를 살폈다.

이 시기의 가장 주목할 만한 업적은 이두현(1969)의 『한국가면극』이다. 그는 가면극과 인형극 연구의 초창기부터 시작된 역사적・민속학적 연구를 심화하고 집대성했다. 현지조사를 통해 전국 가면극의 분포를 밝히면서 대사를 채록하고, 문헌자료를 통해 가면극의 역사를 정리하는 등 방대한 연구성과를 거두었다.

이 시기에 북한에서는 한효(1956)・신영돈(1957)・김일출(1958)・고정옥(1962)・ 권택무(1966) 등에 의해 민속극에 대한 연구서가 출판되어, 민속극에 대한 연구가 매우 활발했다.

김일출은 황해도 지방의 탈춤과 함남 북청지방의 사자놀이에 대한 현지조사와 가면극의 역사적 연구를 병행하여, 『조선민속탈놀이연구』라는 주목할 만한 성과를 내었다.

고정옥은 해방 후 남한에서 『조선민요연구』를 낸 민요 분야의 학자였으나, 월북 후 가면극과 판소리에 대한 연구도 진행했다.

권택무는 『조선민간극』을 저술하였는데, 가면극 · 꼭두각시놀음 · 극문학(話劇, 우희)을 대상으로 역사적 고찰을 시도하고 여러 민속극 자료를 소개했다. 그러나 권택무는 우리 민속극을 유물사관과 김일성의 주체사상에 의해 해석함으로써, 가면극과 꼭두각시놀음의 내용에 대한 해석에서 많은 문제점을 노출하고 있다.

권택무 이후 북한에서의 가면극 연구는 매우 부진하여 별 성과를 거두지 못한 것으로 나타난다. 그것은 1960년대 중반 이후 북한의 문화정책에 의해 가면극과 판소리 등의 전승이 단절된 사정과 무관하지 않을 것으로 생각된다.

4) 제4기(발전기, 1970~1979)

이 시기에는 가면극을 통하여 민속극의 실상을 파악하려는 다양한 측면의 연구와 폭넓고 심화된 방법론의 시도가 활발하게 이루어지면서, 동시에 민속극의 역사에 대한 새로운 논의가 전개되었다.

이 시기에는 가면극의 기원에 대하여 이전의 산대희기원설과 기악기원설 대신에 제의기원설(김열규)과 풍농굿기원설(조동일)이 제시되었다.

조동일(1975, 1979)과 김열규(1975)는 가면극의 문학적 특징과 구성원리를 밝히는 데 기여하여, 가면극을 문학과 미학의 대상으로 연구할 수 있는 기반을 다졌다.

서연호(1980)와 김방옥(1977)은 가면극의 연극적 측면에 대한 논의를 폈고, 김우탁(1978)과 심우성(1975)은 가면극의 고유 무대에 대하여 고찰했으며, 정상박(1975, 1979)은 현지조사를 통한 자료의 정리와 가면극의 전승양상에 대하여 연구했다.

이외에도 여석기(1970), 송동준(1974) 등에 의하여 가면극과 동서양 연극과의 비교 연구가 진행되었으며, 김세중(1972), 김백봉(1976) 등에 의하여 춤사위에 대한 연구가 이루어졌다.

심우성(1974)의 남사당패 연희에 대한 연구는 이 분야 연구의 선구적 위치를 차지하고 있다. 그는 꼭두각시놀음의 대본을 채록하고 남사당패의 연희 전반에 대해 조사했다.

5) 제5기(심화기, 1980～현재)

이 시기에는 정상박, 서연호, 유민영, 임재해, 박진태, 윤광봉, 전경욱, 이미원, 전신재, 이병옥, 장정룡, 정형호, 사진실, 김욱동, 조만호 등에 의하여 가면극의 연행원리, 가면극 대사의 표현법, 가면극의 기원과 발전과정, 가면극과 나례의 관련양상, 가면극의 놀이꾼, 동서양 연극과의 비교, 가면의 조형, 춤사위 등에 대하여 각 분야의 연구가 심화되기 시작했다. 아울러 가면극과 꼭두각시놀음에 관한 새로운 문헌기록들이 다수 발굴되어 새로운 연구를 뒷받침했다.

서연호(1988a, 1988b, 1989, 1991)는 『한국의 탈놀이』라는 일련의 저서를 통해 수년에 걸친 현지조사 내용을 정리하고, 새로 발굴한 문헌자료들을 소개했다.

박진태(1990, 1999a)는 『가면극의 기원과 구조』와 『동아시아샤머니즘연극과 탈』에서 가면극의 기원을 무굿과 관련시켜 고찰하면서, 굿의 구조와 가면극의 구조를 대비하여 논의했다.

윤광봉(1992, 1998)은 가무백희의 전개 속에서 가면극과 꼭두각시놀이, 민속연희 등을 고찰하고, 주로 문헌기록을 중심으로 다양한 논의를 전개했다.

전경욱(1997, 1998, 2004)은 『민속극』에서 전국의 가면극 대본에 대한 주석적 연구를 진행했고, 『한국의 탈』에서는 한국의 가면에 대한 정리작업을 했으며, 『한국가면극 그 역사와 원리』에서는 가면극의 여러 측면에 대한 다양한 논의를 펼쳤다.

이 시기는 특히 정상박의 『오광대와 들놀음 연구』(1986), 이병옥의 『송파산대놀이연구』(1982), 장정룡의 『강릉관노가면극연구』(1989), 전경욱의 『북청사자놀이연구』(1997) 등 특정 지역의 가면극에 대한 집중적인 연구가 눈길을 끈다.

인형극의 기원에 대해서는 임재해(1981)의 자생설, 박진태(1999b)의 중국기원설, 서연호(1990, 2000)의 절충설 등 심화된 논의가 전개되었다.

이 시기에는 장례놀이로서의 진도다시래기가 주목을 받아 이두현과 정병호(1985, 1996)에 의해 조사·연구가 시작되었고, 임재해(1995)와 이경엽(2004) 등에 의해 심도 있는 논의가 이루어졌다.

발탈에 대해서는 정병호(1982), 허용호(1998, 2004), 무극에 대해서는 서대석(1980), 황루시(1987), 박경신(2000), 이균옥(1998), 이경엽(2000) 등의 연구가 있었다.

3. 기존연구의 문제별 검토

1) 민속학적 현장 연구

김재철(1939)은 박영하, 전광식의 구술을 통해 꼭두각시놀음의 대본을 채록하고, 그 연희 관련 제반 사항을 조사했다.

1920년대부터 활동한 송석하는 민속학의 여러 부문에 해박했고, 민속의 현장 파악과 조사 수집, 채록과 촬영, 민속예술의 보존과 공연을 위한 노력, 민속의 계몽활동 등에서 선구적 위치를 차지하고 있다. 특히 1930년대에 야류와 오광대의 전승지에 대한 현지조사를 통해 야류와 오광대의 원류와 그 전파경로를 고찰했다. 야류와 오광대의 발생지는 낙동강변인 초계 밤마리(경남 합천군 덕곡면 율지리)인데, 밤마리 시장에서 대광대패라는 유랑예인 집단이 여러 공연물 가운데 하나로 수시로 가면극을 놀았고, 이것이 야류와 오광대의 원류임을 밝혔다(송석하, 1933). 또한 송석하(1929)는 1920년대 인형극의 등장인물들과 연희 내용을 소개했다.

일본학자 아키바 다카시는 1920년대 후반 한국으로 와서 경성제국대학 사회학 교수를 지내면서 한국 민속과 민속극에 대해 많은 논문을 발표했다. 그리고 후에 이를 모아 『조선민속지(朝鮮民俗誌)』를 간행했는데, 이 가운데 「산대희(山臺戱)」, 「강릉의 단오제(江陵の端午祭)」는 서울의 산대놀이 가면극과 강릉관노가면극에 대해 현지조사한 내용을 수록한 것이다(秋葉隆, 1954).

일본학자 미타무라 엔교는 1930년대 초 서울 구파발을 찾아와 인형을 보관하고 있던 김창철과 인형사 한성준의 제보로 새로운 내용을 조사하여 보고했는데, 당시 사라져가는 꼭두각시놀음과 연희자의 상황을 잘 전해준다(三田村鳶魚, 1942).

최상수(1958, 1967, 1984a, 1984b, 1985, 1988)는 거의 모든 가면극의 전승지를 현지조사하여 연희 관련 사항들을 고찰하고 대본을 채록했으며, 인형사 노득필을 만나 꼭두각시놀음의 대본을 채록하는 등 왕성한 민속학적 연구활동을 펼쳤다.

이두현(1969)은 현장조사를 통하여 자료를 정리하고, 각 가면극의 대본을 거의 채록・소개하여 한국 가면극의 전반적 면모를 제시했다.

정상박(1986)은 꾸준한 현장조사를 통해 경남지방 가면극의 계통을 정리하여 오광대와 들놀음으로 분류하고, 오광대는 다시 예인오광대와 토착오광대로 양분된다고 지적했다. 그리고 경남지방의 토착가면극을 1) 동부 경남의 수영과 동래의 들놀음, 2) 중부 경남 해안지대의 마산・통영・고성・거제・학산 등지의 오광대, 3) 서부 경남의 진주・가산・서구 등지의 오광대의 세 계통으로 나누어 가면극의 지역적 분포와 성격에 대해 고찰했다.

서연호(1988a, 1988b, 1989, 1990, 1991, 2000)는 1980년대까지 생존한 노인층 연희자들을 대상으로 성실한 민속학적 현지조사를 실시하고, 가면극과 관련된 새로운 문헌자료를 발굴했다. 그리고 각 가면극의 성립 배경, 놀이패와 놀이꾼, 가면과 기본춤, 대본의 채록에 관련된 사항 등을 고찰함으로써, 한국의 가면극에 대한 민속학적 연구를 총결산했다고 평가된다. 또한 남사당패의 꼭두각시놀음뿐만 아니라, 서산박첨지놀이를 조사하고 그 연희 관련 사항들을 연구했다.

북한학자 김일출(1958)은 1954～1955년에 걸쳐 황해도 지방의 탈춤과 함남 북청지방의 사자놀이에 대한 현지조사를 통하여, 황해도의 탈춤과 북청사자놀이의 분포도를 작성했다. 주목되는 조사 성과는 해서탈춤을 가면・의상・춤사위・대사의 유형에 의하여, 기린・서흥・봉산・황주・재령・신천・안악 등지의 탈춤을 대표하는 봉산탈춤형과 옹진・강령・해주 등지의 탈춤을 대표하는 해주탈춤형으로 분류했다는 점이다.

권택무(1966)의 『조선민간극』은 통천가면극 대본과 장연지방의 꼭두각시놀음 대본을 수록하고 있어 자료집으로서의 가치가 크다.

무극에 대해서는 제주도의 무극을 집중적으로 조사한 현용준(1980, 1986), 여러 지역의 무극을 조사한 김태곤[1]과 최길성(1978, 1981, 1992), 동해안의 무극을 조사한 최정여와 서대석(1974), 전국의 무극을 조사한 황루시(1987), 동해안 지역 무극을 집중적으로 현지조사한 박경신(1993, 1999)과 이균옥(1998) 등의 연구가 있었다.

이경엽(2004)은 진도 다시래기의 현지조사를 통해 실제 다시래기를 연희했던 김양은(1888～1985)의 구술본을 발굴함으로써 원래의 연희 모습을 고증했고, 장례놀이의 역사적 전개 과정 속에 진도의 다시래기, 옹진의 상여돋음, 안동의 대돋음, 남원의 대올림, 신안의 밤달애 등이 전승되었음을 밝혔다. 그리고 다시래기에 거사와 사당이 나와 춤과 노래로써 진행하는, 남사당의 연희가 수용되는 배경을 고찰했다.

문화재청과 국립문화재연구소는 1999년부터 계속 중요무형문화재 기록화사업의 일환으로, 중요무형문화재로 지정된 종목들에 대해 현지조사를 실시하면서 책자를 발행하고 기록영화를 제작했다. 그래서 민속극에 해당하는 종목들에 대한 책자와 기록영화도 제작되었다. 현지의 전승 현황, 대본, 연희 내용, 춤사위, 음악, 의상 등에 대해 비교적 충실한 조사가 이루어졌다.

---

1) 김태곤(1971～1980), 『한국무가집』(1～4), 집문당.

2) 민속극의 기원과 역사적 전개 양상에 대한 연구

민속극의 연구에서 가장 논쟁이 심했던 것은 가면극의 기원과 역사적 전개 과정에 관한 연구이다. 그러므로 본장에서는 연구성과가 많은 가면극을 독립시키고, 꼭두각시놀음, 발탈, 무극을 따로 묶어서 민속극의 역사적 연구에 관한 논쟁들을 자세히 살펴보고자 한다.

(1) 가면극의 기원설

그동안 제시된 가면극의 기원론은 크게 산대희기원설, 기악기원설, 제의기원설, 실제적 목적기원설, 산악·백희기원설로 나눌 수 있다. 가면극의 발전 과정에 대하여는 이상의 여러 기원설을 종합한 견해가 자주 제시되었다.

가. 산대희(山臺戱)기원설과 산악(散樂)·백희(百戲)기원설

산대희기원설과 산악·백희기원설은 거의 동일한 내용이다. 산대희와 산악·백희는 동일한 연희들을 가리키는 명칭이기 때문이다. 그러나 산대희기원설이 한국적인 시각에서 가면극의 역사를 고찰하고 있다면, 산악·백희기원설은 동아시아적 시각에서 한국 가면극의 역사를 고찰하면서 산악·백희로부터 전문적 연희자가 공연하는 가면극이 성립되는 것이 동아시아의 보편적 현상임을 밝히고 있다.

이 기원설을 처음으로 제기한 학자는 일제시대에 활동했던 안확(1932)이다. 그는 처용무·나례·산대희를 같은 것으로 보았다. 즉 나의(儺儀)가 신라시대에 처용무가 되고 고려시대에 내려와 산대희가 되었는데, 산대희가 바로 조선시대 산대도감극의 전신이라는 견해이다.

김재철(1939)은 여러 문헌자료를 이용하여, 고대로부터 현재에 이르기까지 한국 연극을 사적으로 정리했다. 그는 농사를 마치고 신을 즐겁게 하려는 무당의 의식에서 점점 복잡한 가무가 발달하여 비로소 가무극이 발생하게 된 듯하다고 하며, 신라의 검무(劍舞)·오기(五伎)·처용무(處容舞)·무애무(無㝵舞)에서 연극의 면모를 살피고, 오기 즉 최치원의 <향악잡영5수>(鄕樂雜咏五首)에 묘사된 다섯 가지 연희 중 가면희를 고찰했다. 또한 고려시대에는 종전의 다양한 가면극이 집대성되어 일종의 완전한 가면극인 산대극(山臺劇)이 형성되었고, 이 산대극이 조선시대에 산대도감극으로서 방방곡곡에 퍼지게 되었다고 보았다.

안확과 김재철의 주장은 송석하와 조원경(趙元庚)에 의하여 비판을 받았다. 송석하(1935)는 나례가 가면극의 발생에 동기를 준 것은 인정하지만, 처용무와 나례가 다르고 나례와 산대극이 다르다고 주장했다. 그는 안확의 논문에 대해 비판하면서, 처용무와 산대극은 벽사관념(辟邪觀念)에서는 공통점을 갖고 있지만 조형미술상, 무용동작상, 음곡가요상 상이하기 때문에 처용무가 산대극이라는 주장이 잘못된 것임을 밝혔다. 나례나 산대잡극은 나례의식에서 행해진 백희 전반을 총괄해서 부르는 명칭이고, 처용무는 그 가운데 한 가지이며, 산대희와 산대잡극은 고려 말에는 여러 가지 잡기를 지칭하는 것이었으나, 현대의 산대극은 연극 형태를 갖춘 연극 명칭으로 여기에 잡기는 전연 포함되지 않는다고 하면서, 나례 · 산대희와 가면극인 산대극은 다른 것임을 지적했다.

조원경(1955)은 안확과 김재철의 주장을 비판하면서, 나례에서 행했던 백희, 희학지사(戲謔之事), 교방가요는 산대극과 같은 가면무극(假面舞劇)이 아니며, 어느 나례에서도 가면무극을 행했다는 기록이 발견되지 않음을 보아 나례와 가면무극은 관계가 없다고 주장했다. 나례는 궁중나례(宮中儺禮)와 채붕나례(綵棚儺禮)로 나뉘는데, 궁중나례는 세말(歲末)에 궁중에서 행하는 것으로 방상시 축역(逐疫)과 학무(鶴舞), 처용무, 백희, 희학지사가 있었으나, 가면무용극은 없었다고 한다. 채붕나례는 중국사신을 영접할 때, 왕의 신주를 종묘에 모실 때, 태실(胎室)을 이안(移安)할 때, 신감사를 영접할 때 등에 행해졌고, 어느 경우나 백희는 있었으나 중국사신 영접시에는 희학지사가, 그리고 왕의 신주를 종묘에 모시기 위해 왕이 행차할 때 교방가요가 추가되었을 뿐 역시 가면무용극은 없었다고 한다. 그러나 최근 『봉사도(奉使

圖)』(1725)가 발견됨으로써 산대희를 할 때 가면무용극도 연행되었음을 확인할 수 있기 때문에, 송석하와 조원경의 주장은 설득력을 잃게 되었다.

한편 양재연(1955)과 이두현(1969)은 산대희기원설을 다시 부분적으로 긍정했다. 이두현은 산대희기원설을 더욱 발전시켜, 가면극의 기원을 서낭제 탈놀이와 산대도감 계통극으로 나누어 논의했다. 그는 하회별신굿탈놀이·강릉관노가면극 등 서낭제에서 놀았던 서낭제 탈놀이는 서낭제에서 기원해 발전한 토착적 가면극이라고 보았다. 그러나 서울 근교의 산대놀이, 해서탈춤, 야류와 오광대는 산대도감 계통극이라고 주장한다. 그리고 고대의 제의에서 연극 일반의 기원을 찾아 이것을 가면극과 관련시키면서, 산대극의 모태로서 기악을 원형으로 설정하고, 나례희·산대희·가무잡희를 산대도감극의 선행 예능으로 보며, 규식지희와 소학지희의 결합이 가면극이라는 종합적인 견해를 제시했다. 산대도감극은 음악 반주에 춤이 주가 되고, 거기에 '몸짓이나 동작'과 '덕담·재담의 성격을 띤 대사'과 노래가 곁들이는 연출 형태인데, 그것의 가무적 측면은 규식지희의 전승이고, 연극적 측면은 광대 소학지희의 희곡적 전개에서 이루어진 것이라는 견해이다(이두현, 1979). 즉 산대도감극의 춤과 연기는 나례의 규식지희에서, 대사는 나례의 광대소학지희에서 영향을 받았다고 보고, 처용무와 나례를 산대도감극의 선행 예능으로 인정하는 것이다. 그리고 인조 이후 공의(公儀)로서의 나희가 급격히 쇠퇴하고, 영·정조 이후 국가적인 행사로는 폐지되자, 그 연희자인 팽인(伻人, 편놈)[2] 들이 민간에서 가면극인 산대놀이를 시작했고, 그러다가 그 연희자들의 지방 분산으로 각 지방의 가면극이 이루어졌다고 보았다(이두현, 1969).

북한학자 김일출(1958)은 산대놀이는 인민들의 생활 가운데 면면한 전통을 이어온 민속탈놀이가 산대잡극과 결합하여 형성된 것이라고 하면서, 해서탈춤과 야류·오광대도 한국 가면극의 주류를 이루고 있는 민간 전승의 민속탈놀이가 발전하여 생긴 것이라고 주장했다.

김학주(1963, 1994)는 중국의 경우 나례에서 연희되던 잡희들이 발전하여

2) 팽인(伻人)은 반인(伴人)의 착오임.

가면극인 나희(儺戲)가 성립되었음을 밝히고, 한국의 경우도 동일한 발전과정을 거쳤을 것으로 보았다. 즉, 한국 가면극은 삼국시대에 수입된 잡희가 고려 · 조선을 통해 나례와 함께 민간에 계승되는 사이에 형성된 것이라는 입장이다. 그리고 『경도잡지』의 야희에 나오는 소매(小梅)를 가면극의 소무로 간주하고, 이는 중국과 한국의 나례에 등장하는 인물인 소매(小妹)에서 온 것이라고 주장했다. 여기서 사용하는 잡희라는 용어는 바로 산대희와 대치할 수 있는 것이므로, 이 견해도 결국 산대희기원설로 귀착된다.

윤광봉(1992)은 한국 연희에 대한 역사적 자료를 중국과 비교하며 폭넓게 고찰하고, 무당의 의식과 나례(儺禮)의 의식으로 이루어지는 축제행렬, 풍자와 조소의 소극적(笑劇的) 요소, 기타 검무 · 처용무 · 무애무 · 신라의 오기(五伎) 등 가면무의 즉흥적 골계희와 동작이 함께 모아진 것이 가면극이라고 보았다. 그리고 검무 · 처용무 · 무애무가 행해졌던 신라의 가무가 오기로 집성되고, 그 여운이 고려로 이어져 이색의 <구나행>과 <산대잡극>에서 발견되고, 이것이 다시 조선시대의 산대극으로 이어졌다고 논의했다. 그러므로 이 견해도 결국 산대희기원설로 귀착된다.

전경욱(1998)은 한국의 가면극을 '마을굿놀이 계통 가면극'과 '본산대놀이 계통 가면극'으로 나누면서, 마을굿놀이 계통 가면극은 하회별신굿놀이나 강릉관노가면극처럼 마을굿놀이에서 유래한 가면극이고, 본산대놀이 계통 가면극은 전문적 연희자들이 전승하던 산악 또는 백희라고 부르던 연희들이 발전하여 성립된 가면극이라고 보았다. 산악 · 백희 또는 산악잡희라고 불리는 연희들은 삼국시대에 중국으로부터 유입되었는데, 그 종목은 곡예와 묘기, 각종 동물로 분장한 가면희, 골계희인 우희, 환술, 가무희, 악기 연주 등이었다는 것이다. 결국 고려시대와 조선시대에 가무백희 · 잡희 · 산대잡극 · 산대희라고 불리던 연희들도 바로 이 산악 · 백희와 동일한 것이라는 사실을 강조한다. 그리고 중국에서는 산악을 담당했던 사람들이 이 연희들을 발전시켜 '나희(儺戲)'라는 가면극을 성립시켰고, 일본에서는 사루가쿠(猿樂) 즉 산악을 담당했던 사람들이 '노(能)'라는 가면극을 성립시킨 것처럼,

한국에서도 중국 사신 영접시에 나례도감에 동원되어 연희를 펼치던 반인들이 18세기 전반기에 산악 · 백희 계통의 연희와 기존의 가면희들을 바탕으로 재창조해 낸 것이 '본산대놀이'라고 지적한다. 그리고 원래 중국과 한국의 나례에서 산악 · 백희가 연행되었고, 그 연희자들이 후대에 가면극을 성립시켰다는 점도 일치한다고 한다. 한국 가면극에 등장하는 인물의 성격과 극적 형식은 나례에 등장하는 인물의 성격 및 구나 형식에 크게 영향을 받은 것으로 나타나는데, 이는 서울의 본산대놀이 가면극을 성립시킨 연희자들이 바로 나례 및 중국 사신 영접시에 동원되던 반인들이었기 때문이라는 것이다. 그러므로 이러한 입장은 산대희기원설을 이어받아 확대 발전시켜 논의한 것으로서, 본산대놀이의 '산악 · 백희기원설'이라고 부를 수 있다.

이상의 산대희기원설과 산악 · 백희기원설에 의하면, 산대희에서 가면극인 산대놀이가 생겨났다고 한다. 산대희는 신라시대 이래 조선 중기까지 지속되었다. 산대는 무대 구조물로서, 산과 같이 높은 무대라는 의미에서 붙인 명칭이다. 신라 진흥왕 이래의 팔관회, 고려시대의 연등회와 나례, 조선시대의 나례와 중국사신 영접행사 등을 거행할 때 산대 앞에서 백희를 연행했다. 1725년 완성된 아극돈(阿克敦)의 『봉사도(奉使圖)』에는 끌고다닐 수 있는 산대인 산붕(山棚) 앞에서 줄타기, 접시돌리기, 땅재주와 함께 가면을 쓴 사람 넷이 춤을 추는 모습이 그려져 있다. 이는 중국 사신을 영접하는 행사에서 행해진 산대희를 묘사한 것이므로, 산대희로부터 가면극인 산대놀이 · 산대도감극이 성립되었다는 견해는 더욱 설득력을 얻게 되었다. 그리고 서울 근교의 가면극에 대해 왜 애오개산대놀이, 송파산대놀이, 양주별산대놀이 등 산대놀이라는 명칭을 붙였는가 하는 의문도 해결할 수 있게 되었다.

나. 기악기원설

가면극의 기악(伎樂)기원설은 1950년대에 이혜구에 의해 처음 제기된 후 여러 학자들이 동조했는데, 최근에는 오국(吳國)의 위치에 대한 논쟁이

뜨겁다. 『일본서기(日本書紀)』 스이코천황(推古天皇) 20년(612) 조에 백제인 미마지(味摩之)가 중국 남조 오나라에서 기악을 배워 일본에 전했다는 기록이 있고, 『교훈초(教訓抄)』(1233)에는 기악의 구체적 내용이 소개되어 있는데, 절에서 불사(佛事) 공양의 무곡(舞曲)으로 연출되던 교훈극으로서 묵극(默劇)이었다. 그러나 우리 기록에서는 기악에 대한 내용을 찾아볼 수 없다.

기악기원설을 처음 제기한 이혜구(1953, 1996)는 기악을 양주별산대놀이 및 봉산탈춤과 비교하여, 가면극의 각 과장과 등장인물을 설명했다. 이 학설은 한국 가면극에 대한 새로운 자료의 제공으로서 의의가 크고, 앞으로 자료를 더 발굴해 연구해야 할 가치가 충분히 있다. 그러나 단순한 장면 비교로 기악과 한국 가면극을 같은 계열의 연희로 보고, 각 과장의 등장인물의 성격이 같다고 하는 해석은 문제가 있다. 특히 『교훈초』의 내용은 미마지가 기악을 전수한 지 600년이나 지난 후에 기록된 것이라, 기악 자체 내에서도 많은 변화가 있었을 것으로 보인다.

일본학자 무라카미 쇼코(村上祥子, 1991)는 한국의 가면극과 일본의 기악을 비교하면서, 양주별산대놀이에서 옴·먹중·연잎까지의 과장은 기악과 다른 양상을 보이며, 양주별산대놀이의 연잎과 기악의 오공(吳公)이 같은 성격의 인물이라는 해석도 무리가 있다고 지적했다. 그리고 『교훈초』를 통하여 본 기악의 내용은 비속하고, 불교적인 내용도 희박한 골계기(滑稽伎)라고 밝혔다. 이것은 『교훈초』가 기악의 전래로부터 600년이 지난 후에 쓰여진 기록이므로, 그동안 수입된 많은 악무(樂舞)의 영향을 받은 결과, 기악이 본래의 모습을 잃고 비속하고 골계적인 내용이 되었고, 이 때문에 일본에서도 사원극(寺院劇)으로서의 기악은 점차 쇠퇴하지 않을 수 없었던 것으로 보았다.

서연호(1993)는 오국의 위치에 대해 중국 남조설 이외에 한국 내재설로 고구려설·가야설·백제설이 있음을 소개하고, 전승 가면·연희 내용·연희 방법·북청사자놀이와의 관계·전승 계통·고대의 지역 명칭 등을 근거로 논의하면서 오국이 고구려의 대방군(帶方郡) 지역일 것이라는 견해를 밝혔다.

일본학자 나리사와 마사루[成澤勝]는 일본 학계에서 구레[吳]가 중국의 남방을 가리킨다는 것이 통설이지만, 미마지가 전한 가면극으로서의 기악이 중국에서는 그 흔적조차 확인되지 않고 있는 점 등을 들어 이 학설에 부정적인 견해들도 적지 않음을 소개했다. 그리고 여러 실증적 자료들을 바탕으로 구레[吳]의 위치를 고구려와 백제 사이에 있었던 대방군 지역으로 보았다. 그는 『일본서기』와 『속일본기(續日本記)』에서 각각 동일한 사건이 『일본서기』에서는 구레[吳]로, 『속일본기』에서는 대방(帶方)으로 기록되어 있어서, 결국 '구레'는 바로 대방을 지칭하는 것임을 밝혔다. 그리고 기원 200년 직전에 후한(後漢) 조정이 오봉(吳鳳)을 낙랑태수로 한반도에 파견했을 때 그 일족들이 따라왔다고 한다. 즉 한대(漢代, 四郡 및 帶方郡시대)에 오(吳)씨 성을 가진 중국계 집단이 대방지역에 이주하여 오성(吳姓)을 칭하면서 한반도에 우월한 중국문화를 전승했으며, 또 한반도 재래 문화와 융합하면서 새로운 창조도 해 나갔기 때문에 고구려나 백제와는 다른 특이한 문물을 일본에 전파했는데, 그렇게 전래된 문물이 바로 '구레노타가라[吳財]'였다는 것이다. 그러므로 일본에서는 오씨 성을 가진 사람들이 많았던 대방지역을 구레[吳]라고 불렀던 것으로 보았다.[3)]

최정여(1973)는 조선조 초기에 사원 정비책으로 인하여 사원에서 물러난 승려들이 놀이패로 전환되면서, 기악이 민간 연극으로 바뀌는 계기가 마련되었으리라고 보았다.

이밖에 일본에서는 기악과 관련하여 기악(伎樂)·오악(吳樂)·기악(妓樂) 등 명칭 문제, 미마지의 실체, 오국의 위치 등에 대해 활발한 논쟁이 진행되었다(박전열, 1990).

전경욱은 중국의 기록이나 고구려 고분의 벽화들은 고구려가 중국·서역

---

3) 成澤勝(1999), 「신사료군 검증으로 구명된 '伎樂(구레노우타마히=吳樂)'故地」, 『한국연극학』 13, 한국연극학회.

과 매우 활발한 교류가 있었고, 안악3호분의 가면희도를 통해 알 수 있듯이 고구려에도 호인형의 가면희가 있었다고 지적했다. 그러므로 서역으로부터 호인형의 가면이 주종을 이루는 기악이 고구려에 유입되어, 이것이 미마지에 의해 일본으로 전파되었을 가능성을 생각할 수 있다고 한다. 그렇다면 한국에서도 후대의 가면극에서 기악의 흔적이 발견되어야 하는데, 기악에 등장했던 취호(醉胡)를 현존 한국 가면극의 취발이 및 팔먹중과 연결시킬 수 있다는 것이다. 『교훈초』에 의하면 기악의 취호는 취호왕(醉胡王)이라고도 하는데, 쇼소인[正倉院]의 가면이나 여러 사찰의 『자재장(資財帳)』에 의하면, 취호왕의 가면과 함께 그의 종자(從者) 6명 혹은 8명의 취호 가면이 있었다고 한다.[4] 이는 봉산탈춤에서 취발이는 팔먹중들의 우두머리로 나타나고, 취발이와 팔먹중들도 모두 술에 취해 있으며, 그들의 가면이 모두 호인의 형상을 하고 있는 것과 통한다고 보았다. 나아가 취발이의 유래는 술 취한 호인(胡人)을 가리키는 데서 왔다고 한다. 그리고 중국 안후이성(安徽省) 구이츠(貴池)의 여러 마을에서는 마을굿인 향촌제사(鄉村祭祀)에서 가면무(假面舞)와 가면극을 공연하는데, 이때 연행되는 가면무인 무회회(舞回回)는 회회축복형(回回祝福型)·회회무방형(回回舞方型)·회회무도형(回回舞刀型)·회회무사형(回回舞獅型)·회회취주형(回回醉酒型)의 다섯 유형이 있는데, 모두 술 취한 회회인이 등장하므로, 아직도 중국 남방에서 기악의 흔적을 찾아볼 수 있다고 밝혔다.[5]

기악기원설이 설득력을 얻기 위해서는 기악과 현전하는 가면극을 연결시킬 만한 중간 단계의 자료를 발굴하는 것이 필요하다. 그리고 기악은 불교 선전극이자 묵극인데, 이것이 현전하는 가면극과 같이 파계승 풍자를 비롯한 민속풍자극으로서 대화·노래·춤·연기가 함께 어우러지는 연극으로 발전한 과정에 대한 논의가 과제로 남아 있다.

---

4) 醉胡는 술에 취한 호인이란 뜻인데, 일본에서는 취호왕을 일명 村長 또는 외국인으로 보며, 이 과장은 술취한 주인과 그의 종자들이 벌이는 한바탕의 놀이과장으로 본다(박전열(1990), 앞의 논문, 90쪽).

5) 전경욱(2004a), 『한국의 전통연희』, 학고재, 366~374쪽.

다. 제의기원설

연극의 제의기원설은 예술의 시원이 제의에 있다는 의미에서 세계적인 보편성을 인정받고 있다. 특히 고대 그리스 연극이나 동양 연극을 비롯한 비서구적(非西歐的) 연극의 기원을 풍요제의나 무속제의에서 찾는 것은 세계적인 추세였다.

한국 가면극의 기원에 대한 논의에서도 제의기원설이 자주 제시되었다. 가면극의 제의기원설은 가면극의 기원이 무당이 주재하는 고대의 제의나 마을굿에 있다고 보는 무속제의 기원설과 풍요제의 기원설(풍농굿기원설)로 크게 나눌 수 있다.

김재철(1939)은 농사를 마치고 신을 즐겁게 하려는 단순한 무당의 의식에서 점점 복잡한 가무가 발달하여 비로소 가무극이 발생하게 된 듯하다고 하면서, 산대극의 첫 과장에 고사 장면이 있는 점, 미얄할미의 죽음 후에 하는 넋두리 등 무당과 관련된 내용이 많은 것을 예로 들었다.

송석하(1960)는 가면극의 사방신무(四方神舞)와 성행위의 모습을 풍농풍어를 비는 굿의 흔적으로 해석했다.

이상의 견해들은 한국 가면극의 발생 배경을 직접 해명해 주는 것이 아니고, 연극 발생의 일반론을 다시 한번 확인한 셈이었다.

가면극의 풍요제의기원설은 1960년대에 국문학자 조동일(趙東一, 1979)에 의해 제기된 것으로, 풍농굿기원설이라고 할 수 있다. 그는 마을굿의 유형을 농악대가 하는 행사, 무당이 하는 행사, 제관이 하는 행사로 나누고, 가면극은 농악대 주도의 풍농굿에서 출발했다고 한다. 마을굿에서 농악대의 가면을 쓰고 노는 무리가 잡색으로 따라다니며 이따금씩 허튼 수작을 하기도 하지만, 마을굿을 하는 원래의 행사가 끝난 다음에 기회를 얻어서 연희를 한바탕 따로 벌인 것이 가면극이라고 한다. 즉 가면극이 마을굿에서 자생적으로 생성 발전했다는 것이다. 또한 마을굿에서는 다산과 풍요를 기원하는 여름과 겨울의 싸움을 볼 수 있는데, 가면극에서도 이 같은 싸움을 찾을 수 있다고 한다. 노장과 취발이의 대결, 미얄할미와 돌머리집의 대결에서 생산력이 약한 늙은이가 구축되고 생산력이 강한 젊은이가 승리하며, 젊은이로부터 새로운 생명이 탄생하는 모습을 보여 주는 것은 바로 농경의식에서 행했던 모의 주술적 기풍의례(祈豊儀禮)의 반영이라는 것이다. 그리고 가면극을 농촌탈춤과 도시탈춤으로 나누어 설명했다. 농사가 잘 되게 하려는 마을굿에서 농악대의 잡색들이 노는 놀이가 발전해 농촌탈춤이 형성되었고, 농촌탈춤이 18세기 중반 상인과 이속의 도시탈춤으로 발전했다는 것이다.

그러나 조동일(1994)은 가면극의 기원에 대해서는 기존 입장을 고수하면서도, 각 지방 가면극의 형성 과정에 대해서는 견해를 수정했다. 즉 농촌탈춤이 바로 도시탈춤으로 바뀐 것이 아니라, 직업적 연희자인 떠돌이놀이패의 탈춤이 농촌탈춤이 도시탈춤으로 발전하는 데 그 모형을 제공했을 것이라고 보았다. 서울 근교의 본산대놀이패나 경남 초계 밤마리의 대광대패와 같은 떠돌이놀이패가 농촌탈춤을 배우고 본떠서 마련한 종목을 정교하게 다듬어서는 널리 퍼뜨리고, 도시탈춤이 일어날 때 그 모형을 제공했을 것이라는 설명이다. 이후 조동일(2005)은 다시 약간 견해를 수정하여, 농촌탈춤이 도시탈춤으로 발전하는 데 그 모형을 제공했던 떠돌이탈춤은 농촌에서 살 수 없어 떠돌이놀이패로 나선 무리가 농촌에서 하던 탈춤을 더욱 흥미로운 구경거리로 만들어 영업을 하다가 만들어낸 것이라고 보았다.

이상과 같이, 풍농굿기원설은 가면극의 형성 과정을 민간적 전승에서 찾고, 가면극이 하층문화로서 일관된 전승을 했다고 주장한다. 이는 하회별신굿놀이나 강릉관노가면극 등 마을굿에서 유래하여 발전해온 가면극의 기원과 발전 과정에 대한 논의로서는 설득력이 있는 견해이다. 그러나 삼국시대에 중국으로부터 유입된 산악·백희를 놀던 전문적 연희자들이 가면희를 놀았던 기록들이 많이 발견되고, 그들이 성립시킨 본산대놀이 가면극이 존재하므로, 풍농굿기원설로 한국 가면극의 형성과정을 모두 포괄하기에는 미진한 감이 있다. 조동일은 농촌탈춤이 도시탈춤으로 발전하는 데 그 모형을 제공했던 떠돌이탈춤은 농촌에서 살 수 없어 떠돌이놀이패로 나선 무리가 농촌에서 하던 탈춤을 더욱 흥미로운 구경거리로 만들어 영업을 하다가 만들어낸 것이라고 하지만, 그것은 설득력이 약하다. 왜냐하면 이미 산대희기원설에서 살펴본 바와 같이, 1725년에 완성된 아극돈의 『봉사도』에는 중국사신 영접 행사시에 산대 앞에서 가면을 쓴 사람 넷이 춤을 추는 모습이 그려져 있고, 이런 전문적 연희자들이 만들어낸 서울 근교의 가면극을 본산대놀이라고 부르기 때문이다. 그리고 강이천(姜彝天, 1769~1801)의 <남성관희자(南城觀戲子)>에 의하면, 이미 1778년에 남대문 밖에서 공연한 본산대놀이의 내용이 현전하는 황해도의 봉산탈춤, 경기도의 양주별산대놀이, 경남의 통영오광대 등의 내용과 대부분 일치한다. 그러므로 여러 지역의 가면극들에 영향을 끼친 놀이패는 오히려 본산대놀이와 관련된 전문적 연희자로 보는 것이 타당하다. 또한 상좌춤과장과 사자춤과장은 풍농굿 기원으로 설명할 수 없다. 또한 농악대와 가면극의 관련 문제에서, 함경도처럼 농악이 없는 지역에 극의 성격을 지닌 북청사자놀음이 성행했으며, 농악이 가장 성했고 전국의 농악대 가운데 잡색이 가장 많았던 충청도와 전라도 지역에 가면극이 존재하지 않는 점도 고려해야 할 것이다.

한편 가면극의 무속제의기원설은 1980년대에 박진태(朴鎭泰, 1990)에 의해 본격적으로 제기되었다. 그는 신화와 굿, 제의와 가면극의 상관성을 구조적으로 고찰했다. 박진태는 하회별신굿의 강신과 거리굿은 무당이 주재하고, 광대들이 하는 가면극에도 무당의 가면극이 들어 있다는 사실에 주목하여, 하회별신굿은 무당이 사제 역할을 하던 마을굿에서 농악대가 주재하는 마을굿으로 전이하는 과정의 중간 형태라고 보았다. 하회별신굿탈놀이는 주지과장, 백정(白丁)과장, 할미과장, 중과장, 양반·선비과장으로 구성되어 있는데, 이는 각각 무굿의 <부정굿> <타살굿> <계면굿> <세존굿> <천왕굿>에 대응되며, 각 과장의 순차 구조와 굿의 절차 사이에도 대응 관계가 있다고 지적했다. 그뿐만 아니라 각 과장의 연희 절차가 (1)내림굿(맞이굿)－(2)신유(神遊)－(3)싸움굿－(4)화해굿－(5)환후굿(전송굿)으로 전개되는 무굿의 다섯 단계 절차와 대응된다는 점을 지적하면서, 가면극은 무굿에서 기원했다고 주장했다. 그리고 농악대굿도 무당이 주재하던 마을굿에서 분화 파생된 것으로 보았다. 그러나 삼국시대에 중국으로부터 유입된 산악·백희를 놀던 전문적 연희자들이 가면희를 놀았던 기록이 많이 발견되고, 그들이 성립시킨 본산대놀이 가면극이 존재하므로, 이 주장 역시 하회별신굿탈놀이 이외에 본산대놀이 계통 가면극 등 한국 가면극 전반으로 확대하여 적용하기는 어렵다.

라. 실제적 목적 기원설

해방 후 북한에서 가면극을 연구한 김일출(金日出, 1958)은 가면극의 기원을 사회주의적인 관점에서 고찰했다. 그는 가면극의 기원을 무당의 의식(儀式)에서 찾고, 산대극도 무당의 의식에서 출발하여 발전했으리라는 김재철의 견해에 대하여, 산대극이 신라 이래의 가면무용을 집대성한 것임은 틀림없으나 가면극이 무당의 의식에서 발생했다고 인정하는 것은 편협한 견해가 아닐 수 없다고 비판했다. 그리고 러시아의 민속학자인 엠·오·꼬스뻰의 견해를 소개하면서, 가면 내지 가면무용의 발생은 원시인이 짐승의 소리를 흉내내거나 사냥하려는 짐승의 모피를 뒤집어쓰고 동물들에게 접근하는 특수한 수렵 방식에서, 또는 호랑이나 곰 등을 숭배하는 토템과 관련된 의식에서, 혹은 종족간의 전쟁에서 적을 위협할 실제적 목적 등에서 기인했다고 주장했다. 그러나 이 견해는 한국 가면극의 발생 기원에 대한 직접적인 설명이라기보다 가면극 일반의 기원을 표명한 것에 불과하다.

(2) 꼭두각시놀음, 발탈, 무극의 기원설

1930년대 연구 초창기에 꼭두각시놀이가 인도에서 서역과 중국을 거쳐 한국에 전래되었고, 한국을 통해 그것이 일본으로 전해졌다는 설이 제기된 후 여러 학자들의 지지를 받았다(김재철, 1939 ; 송석하, 1960 ; 이두현, 1969). 중국·한국·일본의 인형극은 무대구조·연출방식·인형조종법이 거의 같고, 인형극의 주역들이 모두 해학적·풍자적·희극적 성격의 인물이라는 공통점과 외양의 유사성이 있고, 원시종교나 불교와 깊은 관련이 있으며,

유랑예인집단에 의해 공연되었다는 점에서 상당한 설득력을 가진 기원설이다(유민영, 1975). 그리고 '꼭또' 또는 '꼭두'라는 말이 중국의 인형을 가리키는 말인 '곽독(郭禿)'에서 왔고, 이것이 일본으로 건너가 '구구쓰(クグツ)'로 되었다고 하는 데 여러 학자들의 견해가 일치되어 왔다.

이후 꼭두각시놀이의 중국기원설은 윤광봉(1997)과 박진태(1999c, 2001)에 의해 더욱 구체화되었다. 특히 박진태(1999c)는 중국의 인형인 '곽독'·'곽랑(郭郞)'·'포로(鮑老)'가 등장하는 성현의 <관괴뢰잡희>, 박승임(朴承任 : 1517~1586)의 <괴뢰붕(傀儡棚)>, 나식(羅湜 : 1498~1546)의 <괴뢰부(傀儡賦)>를 통해서, 중국 인형극이 15~16세기에 조선사회에 이미 전래되어 있었다고 보았다. 그리고 이를 강이천의 <남성관희자>와 관련시켜 살핀 다음, 현존 꼭두각시놀이의 박첨지와 홍동지는 바로 포로와 곽랑에서 유래한 것이라고 보았다. 즉 곽랑과 포로를 특정 배역 인형의 명칭으로 간주하고 있다. 그러나 처음으로 <괴뢰붕>과 <괴뢰부>를 발굴하여 소개했던 윤주필(1995)은 이상의 시에 묘사된 인형극을 중국 인형극으로 보는 것에 대해 부정적 견해를 제시했다. 그는 "곽랑은 이른바 괴뢰의 별칭인 곽독을 가리킨다. 또 북제(北齊) 후주(後主) 고위(高緯)가 괴뢰를 좋아하여 그 인형을 곽공(郭公)으로 불렀다고도 한다. 물론 곽랑이란 특정한 배역은 아니다"라고 하며, 곽랑은 특정 배역의 명칭이 아니라 곽독과 동일한 용어로서 인형의 대명사임을 밝혔다.

한편 꼭두각시놀이가 범지중해문화에서 유래된 것이라는 견해도 제시되었다. 김청자는 꼭두, 피조리, 산이(박첨지)는 지중해의 우가리(북시리아지방) 신화에 나오는 '신들의 신'인 엘(El)과 그 아내인 아티라(Athirat)에 대한 또 다른 칭호인 신성 쿼(qd), 바알신의 딸인 피드라(pidray), 우가리 종교의 신통(神統)에서 '신들의 아버지'인 사니(saniyy)가 실크로드를 거쳐 인도·중국과 한국으로 전파되면서 변화한 것이라고 보았다. 그리고 꼭두각시놀이를 처음 시작할 때 "어허 아 헤헤"로 시작하여 "떼루떼루 떼루다 떼루야하"를 반복하여 부르는데, 이는 제의적 첫단계인 신(神) 부르기, 즉 신의 현현(顯現)

을 체험하려는 우리 전통극의 청신(請神) 단계로서 성성(聖性)의 흔적을 남긴 것으로 해석했다.6)

임재해(1998)는 꼭두각시놀음의 기원에 대해 꼭두의 어원설에 입각한 외래기원설을 부정하고, 민속문화의 역사를 단선적이고 전환적인 교체의 역사가 아니라 복선적이고 누적적인 변화의 역사로 보는 이른바 위상적 역사연구의 방법을 적용하여 꼭두각시놀이의 자생설을 주장했다. 그리고 인형극의 역사를 ① 생업용 위장인형을 이용하는 시대, ② 정적인 신상인형을 섬기는 시대, ③ 정적인 신상인형을 놀리는 시대, ④ 동적인 가무인형을 조종하는 시대, ⑤ 극예술적인 인형놀이를 연출하는 시대, ⑥ 극작품 만석중놀이가 전승되는 시대, ⑦ 극작품 꼭두각시놀이가 전승되는 시대, ⑧ 극작품 꼭두각시놀음이 잔존하는 시대로 구분했다.

임재해의 연구에서 인형극의 역사를 시대구분하는 방법이나 인형극 갈래의 토착 기원에 대한 논의는 상당히 설득력이 있고 그 개연성을 인정할 수 있다. 그러나 박첨지놀이라고 불리는 꼭두각시놀이는 그 연희자인 남사당패가 전문적인 연희자로서 산악 백희에 해당하는 연희도 병행했고, 다른 이웃나라들의 인형극도 대부분 전문적인 유랑예인집단이 공연했었다는 점 등을 볼 때, 꼭두각시놀음의 성립을 자생설로만 설명하기에는 미진한 감이 있다.

그래서 서연호(2000)는 한국 인형극의 역사를 시대별로 나누어 살펴보면서, 고대의 각시놀음과 나무인형, 6세기 이후 만들어진 가야와 신라의 무덤에서 발견된 토우와 토용, 상여의 장신구인 목우 등의 존재에서 드러나듯 우리나라에 이미 꼭두각시놀이의 자생적 기반이 있었고, 거기에 외래적 요소의 영향이 결합되어 수세기에 걸친 변화와 발전을 통해 현재의 모습을 갖추었다고 보는 절충설을 제시했다.

발탈은 발바닥에 가면을 씌워 노는 인형극인데, 언제부터 시작되었는지

---

6) 김청자(1985), 「한국전통인형극의 새로운 접근」, 『한국연극학』, 새문사, 85~107쪽 ; 김청자(1996), 「한국전통극 꼭두각시놀음 텍스트 연구 1」, 『한국연극학』 8, 한국연극학회.

알 수 없다. 발탈은 구한말 이전부터 남사당패 등에 의해 공연되어 왔고 그것이 광무대와 가설극장(포장굿) · 창극단 등으로 이어졌다고 하는 설(정병호 · 최헌, 1982)과 1900년을 전후하여 재담꾼 박춘재가 성립시킨 것이라는 설이 있다(허용호, 2004). 발탈의 재담은 우희와 깊은 관련이 있는데, 우희의 전통은 구한말의 유명한 소리꾼이자 재담꾼인 박춘재(朴春載 : 1881~1948)의 재담, 일제시대 신불출(申不出 : 1908 무렵~?)의 만담, 1960년대까지도 성행했던 장소팔 · 고춘자 등의 만담과도 일정한 관련을 맺고 있다(전경욱, 2004).

현재 전승되고 있는 발탈의 형식과 내용을 완성하는 데 크게 기여한 연희자로는 박춘재를 꼽을 수 있다. 그는 15세에 가무별감이라는 직책을 맡을 정도로 소리를 잘했고, 고종(高宗)과 허물없이 대화를 나눌 정도로 총애를 받았다. 박춘재는 당대의 명창이자 재담꾼이었다. 특히 「장대장타령」 「맹인소아희담」 등 그의 재담극은 1910년대~1920년대에 걸쳐 대중의 인기 공연물로 자리잡았다.[7)]

무극(巫劇)은 흔히 무당굿놀이라고도 부르는데, 무녀(巫女) 또는 무부(巫夫)가 굿을 하는 중에 행하는 연극을 가리킨다. 서대석과 박경신은 무극은 무의와 그 기원을 함께 하며, 그 기본 형태는 모방주술(模倣呪術)로부터 출발했을 것으로 추정했다. 그래서 초기 단계에서는 풍요와 다산을 기원하는 주술적 모방 의례나, 신의 모습과 그 위업을 떠받드는 내용을 재현하는 형태가 중심이 되었을 것으로 보았다. 전자의 가능성은 오늘날 제주도 무가인 <세경본풀이> 후반부에 나타나는 세경놀이 등을 통해서 짐작할 수 있고, 후자의 가능성에 대해서는 남아 있는 기록이 거의 없어서 확정지어 말하기 어렵지만 『삼국유사』 「가락국기(駕洛國記)」에 실려 있는 기록을 통해 이른 시기의 무극이 어떠했는지를 짐작할 수 있다고 한다.[8)]

---

7) 허용호(1998), 「발탈연구」, 『서강어문』 14, 서강대학교 국어국문학과, 350쪽.
8) 서대석(1995), 「무가(巫歌)」, 『한국민속대관(韓國民俗大觀)』 6, 고려대학교 민족문화연구소, 521쪽 ; 박경신(2002), 「4. 무극」, 『한국구비문학의 이해』, 월인, 529쪽.

3) 연극적 형식에 대한 연구

조동일(1979)은 가면극을 탈춤이라고 부르면서 탈춤은 탈춤의 문법이라고 할 수 있는 갈등 구조에 따라 이해해야 하고, 탈춤 연구의 가장 긴요한 과제는 갈등 구조의 체계적인 서술이라고 보았다. 탈춤의 갈등 구조는 풍농굿에서의 싸움을 기반으로 한 것이라고 설명하면서, 풍요와 생산할 수 있는 계절임을 상징하는 여름이 생산할 수 없는 계절인 겨울을 이기는 모습을 노장과 취발이, 할미와 돌머리집 등의 싸움에 적용하여 분석했다. 그리고 그 싸움으로 인한 갈등을 사회적 배경과 관련시켜 해석하면서 가면극의 현실인식극으로서의 성격을 파헤쳤다. 또한 탈춤은 대방놀이인데 놀이패끼리만 하는 대방놀이가 아니고 놀이패와 구경꾼이 함께 어울리는 대방놀이이기 때문에, 탈춤은 극적 환상을 만들어 내지 않고 구경꾼이 일상생활에서 겪는 현실을 직접 비판하는 연극이고, 비판은 놀이패가 일방적으로 보여주는 광경이 아니고 놀이패와 구경꾼이 대화를 나누고 토론을 전개하는 산 경험이라고 하며 연희자와 관중의 관계에 대한 중요성을 제시했다.

김열규(1975)는 굿의 총체적인 맥락에서 가면극을 파악하고, 가면극을 이끌어가는 두 개의 상반된 힘을 강한 유형성과 자연발생적 즉흥성이라고 지적했다. 서낭굿 · 산신제 · 당굿 등으로 불리는 촌락공동제의에서 온 마을이 엄격한 각종 금기(禁忌)의 망 속에 얽혀들었다가, 불안과 긴장의 고통은 사라지고 신이 탈 없이 마을을 찾아주면 충족과 해방의 환희가 터져나는데, 양반에 대한 풍자 및 음담을 극한 재담과 짓거리가 가면극의 소극적(笑劇的) 효과라면, 그 효과에 있어 제의(祭儀)는 배경 구실을 다하고 있다고 보았다. 그리고 가면극의 현장성으로 공간적 현장성, 시간의 현장성, 연희자의 현장성, 관중의 현장성, 작품의 현장성을 제시했다. 또한 재담과 덕담은 풍자를 이루고 익살을 꾸미면서 가면극의 유형적 상황이나 유형적 성격을 다양성 있게 이끌어 나가는데, 영감과 할미와 소첩이 벌이는 삼각관계, 상인과 양반의 갈등, 파계승과 서민의 대립 등은 거의 모든 가면극과 민담 · 소설에 나타나는 유형성이 있다고 지적했다.

전신재(1980)는 양주별산대놀이의 근본정신을 생명원리라고 보고 그 연극성을 분석했다. 그는 가면극에서 행동이나 대사의 반복이 점층적으로 고조되어 가는 것은 가면극이 플롯으로써 관객을 긴장시키지 않고 행위 자체로 관객의 흥을 고조시키기 때문에 반복이 필요하며, 이 반복과 점층은 생생한 현장감을 살리기에 가장 적절한 수법이라고 보았다. 또한 가면극에서 가무 부분과 재담 부분이 계속 갈마들어 되풀이되는 것에 대하여, 가무 부분에서는 관객을 몰입시키고 재담 부분에서는 관객을 소외시킨다고 보았다. 또한 가면극의 가면 · 춤 · 노래는 속(俗)에서 성(聖)으로의 회귀라고 지적하고, 가면극 내에서의 언어의 혼란, 규범과 관습의 파괴, 신분질서의 전도, 성적 방종의 의미를 성의 윤리, 사회적 질서, 언어적 체계가 형성되기 이전의 상태로 회귀함을 뜻한다고 해석했다.

전경욱(1995)은 본산대놀이 계통 가면극에 등장하는 인물의 성격과 극적 형식은 나례에 등장하는 인물의 성격 및 구나(驅儺)형식에 크게 영향을 받은 것으로 보았다. 즉, 나례의 오방귀무 · 오방처용무와 가면극의 오방신장무, 나례의 사자무와 가면극의 사자춤, 나례의 소매와 가면극의 소무 · 소매각시, 나례의 처용 · 역신과 가면극의 취발이 · 노장, 나례의 구나형식과 팔먹중춤의 극적 형식 등은 서로 매우 밀접한 관련을 보여준다는 것이다. 그리고 본산대놀이 계통 가면극이 나례의 영향을 강하게 반영하고 있는 이유는 서울의 산대놀이 가면극을 성립시킨 연희자들이 바로 나례 및 중국사신 영접시에 동원되던 반인(泮人)들이었기 때문이라고 밝혔다.

조동일(1997)은 <오이디프스왕> <사쿤탈라> <봉산탈춤>을 분석하여 카타르시스연극, 라사연극, 신명풀이연극의 미학을 고찰했다. 세계관의 지향과 시대 성격을 함께 고려하여, 고대의 연극인 카타르시스연극은 그 시대 성격상 자기중심주의를 반영하여 힘의 우열에 의한 경쟁이 보이고, 중세의 연극인 라사연극은 보편주의를 반영하여 조화와 화해를 중시하며, 중세에서 근대로의 이행기의 연극인 신명풀이연극은 민족주의와 함께 평등주의를 반영하고 있다고 해석했다. 특히 가면극의 '신명풀이의 원리'를 생극(生克)의 원리로 설명함으로써, 가면극에 나타나는 갈등과 화합의 모순된 듯한 모습을 적절하게 해석했다. 가면극의 원리는 생극의 원리 즉 생성과 극복, 화합과 갈등이 둘이 아니고 하나이며, 하나가 아니고 둘이어서 화합 가운데 갈등이 있다는 것이다.

정형호는 봉산탈춤 등에 등장하는 팔먹중의 본질적 의미를 불교의 불법 수호신 및 방위신과의 관련성을 통해 규명하고자 했다. 우선 팔먹중은 불법을 수호하는 여덟 신장(神將)인 천중(天衆)·용중(龍衆)·야차(夜叉)·건달바(乾闥婆)·아수라(阿修羅)·가루라(迦樓羅)·긴나라(緊那羅)·마후나가(摩睺羅迦) 등 팔부중(八部衆)에서 유래한 것으로 상정할 수 있다고 한다. 또한 팔먹중은 불교의 방위신(方位神)인 팔방천(八方天), 즉 동방(帝釋天)·서방(閻魔天)·남방(水天)·북방(毘沙門天)·동북(伊舍那天)·동남(火天)·서남(羅刹天)·서북(風天)에서 유래했다고 한다. 결국 팔먹중은 불교의 8방위와 불법을 지키는 8신장에서 유래했지만, 불교적인 의미가 퇴색하고 민중적인 성격이 가미되어, 오히려 탈판에서 흥을 불러 일으키는 역할을 하거나 노장을 희롱하는 인물로 나오게 된다고 보았다.9)

허용호(2002)는 조동일은 '겨울과 여름의 싸움'이라는 갈등 구조를 통해 가면극의 갈등 구조를 분석했고, 박진태는 무당굿의 순차적 진행 절차를 중심으로 가면극의 서사 구조를 해명하려고 했지만, 가면극의 모든 과장들을 일관되게 해명하지 못했고, 대응되지 않는 부분들을 제외시키거나 무리하게 해석했다고 지적한다. 그리고 바흐찐의 축제 이론을 바탕으로 봉산탈춤의 축제극적 구조를 일관되게 고찰했다. 축제극은 1) 참칭자(축제의 우스꽝스런 분위기 속에서 선출된 축제왕)의 우스꽝스런 등장 → 2) 참칭자의 대관, 권위의 향유(권력의 상징들을 부여받고, 권력을 향유하기도 하면서 축제의 주인으로 행세함) → 3) 우스꽝스런 참칭자의 탈관(권위를 누리다가 옷과 왕관을 빼앗기고 모욕당하며 얻어맞기까지 함)의 전개 과정을 갖고 있다고

9) 정형호(1994), 「한국 가면극의 유형과 전승원리 연구」, 중앙대학교 박사학위논문, 103~105쪽.

한다. 그는 참칭자를 축제의 이방인이라 칭하고, 축제의 주인인 민중을 축제인이라 칭하면서, 축제인과 이방인의 대립구조와 이방인의 대관과 탈관(축출)이라는 전개 양상을 바탕으로 봉산탈춤을 분석했다.

즉 노장, 양반, 미얄은 민중축제 속에서 쫓겨나야 할 운명을 가진 이방인들로서, 봉산탈춤에서는 이들을 축제의 마당으로 끌고 들어와 마음껏 조롱하며, 이방인들은 엄청난 축제의 감염력에 전염되어 일시적으로 축제인이 되지만, 그들이 보유한 치명적인 열성 요인 탓으로 우스꽝스럽게 쫓겨난다고 한다. 그래서 중마당, 양반마당, 할미마당은 각각 '노장, 양반, 할미의 대관과 탈관의 축제극'으로서, 봉산탈춤에는 '이방인의 대관과 탈관의 전환 구조'가 세 차례 반복되어 나타남을 밝혔다.

김흥규(1978, 2002)는 꼭두각시놀음에서 산받이가 포장막으로 된 무대 밖에 있으면서 인형과 대화하고 극중 현실에 개입함으로써, 무대 평면의 폐쇄성이 해소되고 연극적 공간의 확장과 입체화가 이루어진다고 지적한다. 산받이는 극중 현실의 상황과 의미에 대한 질문자로서의 역할, 극중인물의 상대역으로서 말을 받아주거나 반문하는 등 적극적으로 극중현실을 이끌어 가는 역할, 극중현실에 내재된 희극적 불일치의 양상을 발견하고 그 의미를 뚜렷하게 하는 역할을 수행함으로써 한정된 평면무대에 구체적인 양감(量感)과 질감(質感)을 부여한다는 것이다. 그리고 산받이는 무대면에서 제시되는 극중현실의 단편성을 극복하기 위해, 앞 장면에서 일어난 일들을 새로 등장한 인물에게 알려 주면서 분리된 장면을 전달·중개하는 역할을 하는가 하면, 무대면에 제시되지 않은 사실을 보고하여 극중현실의 배경과 의미를 뚜렷하게 전달하는 역할도 하며, 나아가 극중현실을 생활현실의 연장으로 받아들이고 그것에 대해 비판적으로 개입하는 점을 고찰했다.

김현철(2001)도 꼭두각시놀음의 연희자로서의 산받이에 주목하여, 산받이의 역할과 기능을 놀이 공간의 확장자, 극중인물과 비판적 관객, 극중 해설자와 연출자, 텍스트의 확장자로 나누어 살펴보았다. 그리고 산받이의 연행원리를 비판의 원리, 유희의 원리로 나누어 고찰했다.

사진실(2001)은 경복궁 중건 당시 거행한 공연 내용을 기록한 『기완별록(奇玩別錄)』에 나타난 산희(山戱)와 야희(野戱)의 양상을 고찰했다. 산희는 고사의 장면을 재현하여 산대 위에 인형 잡상들을 설치하여 놀리는 산대잡상놀이를 말하는데, 봉래산 등 신성한 산과 신선의 이야기를 산대 위에 잡상으로 설치하여 연출함으로써 군주의 만수무강을 비는 뜻을 담았다고 해석했다.

허용호(2004)는 인형이 마을 공동의 굿, 개인적인 집안굿, 인형극, 가면극, 풍물놀이 등에 등장하는 점에 주목하여, 인형 오브제 기호 작용의 양상과 문화적 기반을 '주술 · 종교적 문화 전통'과 '예술 · 세속적 문화 전통'으로 나누어 고찰했다. 마을굿, 집안굿 등 굿이라는 제의 문맥 속에서 제작되는 인형 오브제는 초자연적인 존재를 의미하며, 그 주술적 효용이나 효과가 중요하기 때문에, 그 결과로 나온 기호 작용의 특징적 양상이 단순하고 소박한 인형의 외양을 드러내는 연행 방식이라고 해석했다. 인형극, 가면극, 풍물놀이 등 오락 · 연극이라는 연행 문맥에서 등장하는 인형 오브제들은 다양한 인간 군상이나 동물 등의 자연적 존재와 동일시되고, 그 재미와 흥미 또는 신기함이 중요하며, 이를 위해 개성적인 표현이나 연행자의 예술적인 기교 등이 이용되기 때문에, 그 결과로 나온 기호 작용의 특징적 양상이 복잡하고 섬세한 인형의 외양과 감추어지는 연행 방식이라고 해석했다.

서대석(1980)은 동해안 별신굿의 <거리굿>은 독립된 굿거리로서 훈장거리부터 출산거리까지 9거리로 구성되어 있는데,.그 내용은 각 굿거리에서 신들을 따라온 수비(인간이 죽은 귀신)들을 먹여 보내는 것으로서, 현실적인 인간의 삶을 다양하게 보여 주며, 무당은 사제자라기보다 연희자로 관중 역시 무당의 골계적 몸짓과 익살스런 재담에 흥미를 느낀다고 한다. 거리굿의 연극적 측면은 형식으로서 도구, 대사, 시간과 공간의 처리와 내용으로서 양반생활의 풍자, 일상생활의 재현, 성(性)의 노출이 있다고 밝혔다. 그리고 연기자가 반주자나 관중들과 대화를 나누는 점, 극중장소와 공연장소가 일치하는 점, 시간과 공간이 자유롭게 처리되는 점, 춤과 노래가 삽입되는 점, 현실생활의 재연이며 관중과 연기자가 분리되지 않고 같은 입장에서 진행되는 점 등을 통해 거리굿과 가면극의 공통적 성격을 찾을 수 있다고 지적했다.

서연호(1997)는 무극을 연극의 원초형 내지 연극 자체로 볼 수 있는 근거로 (1) 굿거리의 내용과 장면의 변화에 따라 다양하게 다중적으로 활용되는 제의장소의 공간성, (2) 일상적인 시간 체험과 구별되며 근원적인 것과 통할 수 있는 제의의 시간성, (3) '장차 일어나야 할' '일어나기를 기원하는' '일어날 수 있는' 행위들의 모방으로 이루어진 제의의 행동성, (4) 제의의 구성, 연출, 연행 등을 혼자서 또는 몇몇이서 맡아하는 원초적 연극배우로서의 무당의 제의적 역할, (5) 언어, 동작, 소리, 빛, 도구 등 무극의 표현매체, (6) 제의의 관중에서 연극의 관중으로 변모되는 관중의 성격 등을 들었다.

이균옥(1998)은 동해안 지역의 무극은 마을굿인 별신굿에서 연행되는 <거리굿> <원님놀이> <탈굿> <호탈굿> <말놀이> <중도둑잡이놀이> <맹인놀이>와 치병굿인 광인굿에서 연행되는 <여처낭굿>이 있음을 조사했다. 이 가운데 무당이 일인일역을 하는 무극은 탈굿, 호탈굿, 말놀이, 중도둑잡이놀이, 맹인놀이, 여처낭굿이며, 일인다역을 하는 무극은 거리굿과 원님놀이인데, 일인다역은 희곡을 서사화시키는 원인이 된다고 한다. 여러 인물의 극적 행동을 한 사람의 연기자가 보여주기 쉽지 않으므로, 인물의 행동이나 상황을 보충 설명해야 할 필요성이 생기며, 이로 인해 설명이 필연적으로 증가한다는 것이다. 그리고 무극은 관중을 연기자로 전환시켜 등장인물화하는데, 관중이 등장인물이 되는 유형을 의도적 인물/즉흥적 인물, 무대로 이동하는 인물/관중석에 고정된 인물, 동적인물/정적인물로 나누고, 등장인물들 사이의 갈등양상을 고찰했다.

이경엽(2000)은 전남 순천, 광양, 보성 등지에서 환자를 치료하기 위한 치병굿을 할 때 연행되는 <삼설양굿>은 무녀가 여러 배역으로 분장하고 차례로 나와 악사와 재담을 주고 받는 등 연극적 성격을 띠고 있다고 한다. 그래서 삼설양굿의 극본적 형태, 삼설양굿의 구성, 삼설양굿의 연희성과 그 의미 등을 고찰한 후, 삼설양굿에서는 배송거리의 하위신들을 극화시킴으로써 놀이화의 경향이 두드러지게 나타나며, 음악 · 춤 · 놀이 등이 발달해 있는데, 이것은 우리 민속극이 지닌 연희적 규범의 원초적인 측면이라고 해석했다.

4) 대사와 삽입가요에 대한 연구

류종목(1974)은 각 지역의 대표적 가면극을 선택하여 수사법, 조어상의 특성 등을 분석했다. 한국 가면극의 대사는 서민정신의 발로라는 주제 아래 각 과장은 전체 속에서 옴니버스형의 단편적인 구성을 하고 있는 것이라 여겨지며, 이러한 구성을 통일된 수법으로 뒷받침한 것이 반복법이며, 의태어와 의성법의 빈번한 사용은 현대극의 효과음이나 무대배경의 구실처럼 극적 효과를 돕기 위한 것이라고 보았다. 또한 조어상의 특성으로 비속어 · 은어 · 외설어 · 전고의 인용 등의 사용 빈도를 분석하여, 가면극에서는 전체적으로 비속어를 많이 쓰며 은어의 사용은 매우 적음을 밝혔다. 이러한 조어상의 의미에 대해 비속어의 남용은 서민대중이 자아를 찾기 위한 몸부림의 표현이며, 전통적인 권위주의와 형식주의에 대한 탈출이나 반항을 시도하여 새로운 문화에 접근하려는 의지로 해석했다.

김욱동(1994)은 가면극의 외설어, 동음이의어 등의 말장난, 반어법, 숫자놀이, 수사법 등을 서구의 카니발이론으로 분석했다. 가면극은 언어의 카니발 축제가 벌어지는 흥겨운 놀이마당으로 볼 수 있다고 한다. 가면극에서 사용하는 언어는 상당히 비유적이고 수사적인 언어이며, 언어의 다의성에 기초하는 말장난이나 말재롱을 자주 사용하고 있고, 등장인물은 언어의 지시적 기능보다는 오히려 언어의 표현적 기능을 더 중요하게 간주한다고 설명했다. 궁극적으로 일상생활에서 억압되어 있던 언어는 가면극에서 자유와 해방을 맞고 있으며, 가면극은 유희에 대한 인간의 본능을 유감없이 발휘하고 있다고 지적했다.

조만호(1995)는 가면극의 대사는 제의의 구술상관물에 기원을 둔 것으로서, 가면극의 불림은 국가적 제전(祭典)에서 사용된 구호치어(口號致語)와 그 형식과 기능 면에서 상응하는 것으로, 오신(娛神)이나 신명과 관련이 있으며, 언어유희와 재담과 덕담을 매개로 하면서 역설적 하례를 목적으로 하는 행위라고 보았다. 나례(儺禮)에서 창수(唱帥)가 가면을 쓰고 불림을 통해 역귀(疫鬼)를 구축(驅逐)하고, '신랑다루기', '단자법(單子法)', '신래(新來) 불림' 등의 풍속에서는 불림이 '당사자를 괴롭힘으로써 축하하는 행사'의 의미를 담고 있다고 지적한다. 이때 당사자를 괴롭히는 언사가 덕담이며, 덕담은 욕설이나 외설스런 말을 사용하는데, 그것이 불림이며 곧 역설적 하례이고, 가면극의 불림도 이런 맥락에서 이해해야 한다는 것이다. 가면극 대사의 파자(破字)놀이, 천자문, 언문뒤풀이, 수수께끼, 반복, 욕설 등에서도 언어유희와 육담이 지배적인 까닭은 바로 불림적 속성을 바탕으로 하기 때문일 것이며, 가면극을 제식화(祭式化)하는 데에 작용하는 것이며, 이렇게 하여 제의(祭儀)적 가치들이 미학적 가치 즉 해학으로 전환된 것이 가면극이라고 밝혔다.

전경욱(1998)은 가면극의 대사와 가요의 형성원리를 분석했다. 반복에 의해 형성된 대사는 기존가요를 차용해 형성한 대사와 함께 가면극 대사의 율동감을 조성하는 기저층위를 이루고 있으며, 구비전승의 특징을 엿볼 수 있는 면모를 갖고 있다고 한다. 그리고 가면극의 대사는 과장 구성의 극적 형식과 긴밀한 관련을 갖고 형성된 것도 있으며, 정체확인형식, 수수께끼식의 문답형식, 티격태격형식, 자문자답형식, 무언 및 일인다역 형식 등 놀이판에 등장한 인물들이 서로 대화를 주고받으며 전개하는 극적 형식과 긴밀한 관련을 갖고 형성된 것도 있고, 기존가요들을 차용하여 다양하게 개작해서 형성된 것도 있음을 밝혔다.

정형호(1999)는 봉산탈춤에 삽입된 가요들을 중심으로 그 문맥적 기능을 극적 상승의 기능, 극적 형상의 기능, 신명도출의 기능, 장면 전환의 기능으로 제시했다. 그리고 연희 전개에 따른 가요의 작시(作詩) 방식으로 단순 복제의 원리, 혼합 복제의 원리, 혼합 변이의 원리, 확대 변이의 원리로 나누어 고찰했다.

강용권(1977)은 야류와 오광대의 대본에 대한 주석적 연구를 시도했다. 전경욱(1993)과 이두현(1997)은 전국의 가면극에 대한 주석적 연구를 진행했다.

이균옥(1998)은 무극 대사에서는 구조화된 대사의 덩어리인 '공식적 표현단위'와 몇 개의 연쇄적인 문장이 구조적으로 조직된 '구조적 표현단위'가 발견되고, 대사 표현의 특성으로 경상도 사투리의 사용, 성적 표현의 증가, 대사의 연쇄, 관용적 표현의 사용, 의문형 대사의 증가, 현실의 개입을 들 수 있으며, 극 외적 요소의 개입은 연행 이유의 설명, 연출의 표면화 현상, 주술적 의미의 부여, 별비의 요구와 제공 등을 들 수 있다고 한다. 그리고 동해안 별신굿의 무극에는 민요, 판소리, 잡가, 무가, 시조 등이 많이 삽입되어 다양한 극적 기능을 하고 있음을 밝히고, 노정기, 말치레, 방아소리, 부조타령, 가래소리의 사설 조직 방식을 고찰했다.

5) 주제와 사회의식에 대한 연구

이두현(1969)은 가면극의 주제로 ① 벽사의 의식무(사상좌춤과 굿) ② 파계승에 대한 풍자 ③ 양반계급에 대한 모욕 ④ 일부(一夫)대 처첩의 삼각관계와 서민생활의 곤궁상 등을 제시했다. 가면극에서는 파계승, 몰락한 양반과 하인, 무당, 사당과 거사, 기타 서민들을 등장시켜, 무속(巫俗)과 불교신앙 · 권선징악의 테두리 안에서 호색(好色)과 현실 폭로의 익살 · 웃음을 통하여 이상의 주제들을 극으로써 표현하고 있다고 한다.

조동일(1979)은 가면극에서 어떤 극적 행위의 의미를 단편적으로 나열하는 방식으로는 주제를 올바로 파악하기 힘들다는 점을 강조하고, 포괄적인 의미를 지니는 극적 행위나 인물관계의 갈등 구조를 분석해서 얻어낸 해석을 통해서 주제를 천착했다. 봉산탈춤의 경우에, 양반과장은 양반에 대한 풍자가 말뚝이라는 민중적 항거의 전형 인물을 통하여 진행되면서, 말뚝이로 집약되는 민중의 활력을 개방하기 위해서 이를 억압하는 봉건적 특권은 철폐되어야 한다는 주장을 고취하고 있다고 보았다. 노장과장은 평등한 사회를 추구하는 현실주의에 입각해 신분적 특권을 유지하기 위해 안간힘을 쓰는 유교와 초월적 무관심을 권장하는 불교를 한꺼번에 배척하는 것이 주제이며, 미얄과장은 남성의 부당한 횡포를 드러내고 여성의 가련한 운명을 애통하게 여기도록 한다고 논의했다.

북한학자인 권택무(1966)는 경기도의 산대놀이와 황해도의 탈춤에 대하여 "당시 인민들의 심장의 외침을 반영하고 있는 이 가면극 작품들의 공통적인 기본 사상은 봉건착취집단(양반 · 중 · 관료)의 부화하고 타락한 기생충적 생활에 대하여 신랄한 폭로와 사회적 비판을 가하고 있는 반봉건적 민주주의 사상이다."라고 주장했다. 그리고 이 기본사상은 봉건착취계급의 멸망에 직면하고 있는 운명을 풍자적으로 확인하고 있다고 한다. 이는 유물사관에 입각한 해석으로서, 양반과 승려에 의한 경제적 착취를 크게 부각시킨 것이다.

김열규(1975)는 가면극이 지닌 갖가지 도착－성(性)적인 도착이나 신분적 도착－이나 반란의 상태는 마을굿에 수반된 각종 편싸움의 갈등이나 대립 속에 시현되는 여러 아노미(anomie) 상태에 비교될 수 있다고 보았다. 그러나 가면극이 지닌 재미가 그 반란의 주지(主旨)에 있고, 그 흥이나 신명이 도착에 있지만, 가면극이 기성질서의 구속이나 금압에 항거하는 서민의 감정을 표현하기만 하는 것은 아니라고 한다. 물론 서민들의 동질성을 공감 확대하고 양반과 승려를 상대로 해서 이긴 보람은 서민사회의 내적 결속이지만, 다른 차원의 사회적 결속도 성취한다는 것이다. 양반계급과의 사이에 내재해 있는 갈등을 가면극의 테두리 속에서 노출시킴으로써 그것을 해소 내지 정화시키고, 양반과 서민은 서로간의 갱신과 질서 속에서 공존할 수 있게 되는 것으로 해석했다. 표면적으로는 여전히 지난날의 사회적 규범이 존속하지만, 내연(內燃)하고 있는 알력과 마찰이 폭발되고 그로 인해 해소된 심성으로 새로이 맞는 질서는 갱신된 질서라는 것이다. 이와 같이 가면극은 그

도착이나 반란으로 하여 내외(內外) 이중의 사회적 결속을 성취하는데, 이는 마을굿의 의의인 갈등의 제시와 조화라는 측면과 일치하고 있다고 보았다.

김인환(1979)은 의식의 표현이 노동인 데 비하여 본능 특히 화합본능의 표현이 놀이라고 보았다. 그는 양주별산대놀이에서 나타나는 싸움과 애욕의 표현은 건전한 본능의 실현이 아니라 과잉억압 상태 아래에서 파괴본능이 강화된 모습을 드러내고 있으나, 그것을 구조적으로 검토하여 놀이라는 성격에 유의할 때는 화합본능의 표현이 된다면서, 내면적인 통일성으로 삶과 죽음, 출산과 사망, 성장과 노쇠를 지적했다.

서연호(1990)는 꼭두각시놀이에서는 가면극과 같이 파계승과 양반을 풍자하고 남성의 횡포를 폭로할 뿐만 아니라, 나아가 모든 기존 도덕을 조소하며, 양반의 신분적 권위는 물론 노인에 대한 존중도 우습게 취급되며, 성적(性的) 금기도 여지없이 깨진다고 지적했다. 그리고 피조리거리에서 두 명의 중이 등장하여 피조리 둘을 희롱하고 있으면, 홍동지가 나타나서 중들을 쫓아버리는데, 이는 파계하는 중에 대한 풍자이기는 하나, 가면극만큼 신랄하지는 않다고 한다. 여기서 문제가 되는 것은 맨 마지막 거리인 절 짓고 허는 거리와의 관계인데, 중을 비판하면서 절을 세우는 것은 서로 모순되는 듯이 보이지만, 이는 남사당패가 절과 깊은 관련을 가졌었기 때문에 생긴 하나의 격식이라고 설명했다. 사당패는 관계를 맺고 있는 사찰에서 내준 부적을 가지고 다니며 팔고, 그 수입의 일부를 사찰에 바쳤기 때문에, 사당패들은 자기들의 수입으로 절의 중수(重修) 등 불사를 돕는다는 것을 내세웠으므로, 남사당패의 꼭두각시놀이에서 건사거리를 통해 절을 짓는 내용을 보여 주는 것은 그들이 명분으로 내세우는 공연 목적과 일치한다는 것이다. 그리고 꼭두각시놀이의 각 거리가 독립된 내용이라는 점에서 볼 때, 맨 마지막 거리에서 절을 지어 그동안 진행되어 온 갈등을 극적으로 승화시키며 화해를 이루고, 시주를 해 준 관중들의 안녕과 행복을 빌어 주었던 것으로 해석했다.

6) 연희자에 대한 연구

아키바 다카시(1954)는 서울 애오개본산대놀이의 연희자를 궁중에서 천한 일을 하던 하층민인 반인(泮人)이라고 지적했다.

이두현(1969)은 인조(仁祖) 이후 공의(公儀)로서의 나희(儺戲)가 급격히 쇠퇴하고, 영 · 정조 이후 나희가 국가적인 행사로는 폐지되자 그 놀이꾼인 팽인(伻人, 편놈)들이 민간에서 가면극인 산대놀이를 시작했고, 그러다가 놀이꾼들의 지방 분산으로 각 지방의 가면극이 이루어졌다고 보았다. 그러나 이후 전경욱의 연구를 통해 새 자료가 발견되자, 팽인을 반예(泮隷, 편놈) 즉 반인(泮人)으로 수정했다.[10)]

이훈상(1989)은 조선후기 이후의 가면극은 천민 신분의 유랑예능인이나 농민이 놀이꾼인 경우도 있으나, 대부분은 향리들이 주재해 연행한 것으로 보았다. 이훈상은 조선후기에 향리들의 행사인 관아나례에서 연행된 가면극과 민간에서 연행된 가면극을 구별하지 않고 논의를 진행했고, 상층향리가 관아나례에 동원된 가면극의 감독과 후원을 맡았던 것을 마치 이들이 직접 가면극을 주재하고 연행에도 참여한 것으로 해석했다. 그러나 실제로 상층향리가 가면극의 놀이꾼으로 참여한 경우는 없다. 다만 일부 지역에서 하급 관속들과 관노들이 가면극의 놀이꾼으로 참여한 경우만 발견되므로, 조선후기 가면극의 연행을 향리들이 주도한 것으로 볼 수는 없다.

박진태(1990)는 조선후기의 이서층은 중앙과 지방을 가리지 않고, 주자학적 양반문화에 대항해, 한편으론 한시, 시조 같은 상층 문화를 하향적으로 수용하고, 다른 한편으론 가면극 · 판소리 같은 하층 문화를 상향적으로 수용해, 문화의 확산과 유통 과정에서 중재자적 역할을 주체적으로 수행했는데, 특히 가면극에서는 신주부 · 포도부장 같은 이서층의 전형은 물론이고, 취발이 · 신장수 · 말뚝이 같은 서민층 · 천민층의 전형까지 창조해 등장시킴으로써, 근대 지향적인 사회 변동을 충실히 반영하면서 민속예술로 발전해

---

10) 이두현(2000), 『(신수판)한국연극사』, 학연사, 174쪽.

왔다고 지적했다.

서연호는 일본 헤이안시대 말기(12세기 초)의 기록인 오에노 마사후사(大江匡房)의 『괴뢰자기(傀儡子記)』에 소개된 유랑예인집단인 괴뢰자(傀儡子, 구구쓰시)가 우리의 양수척(楊水尺), 수척(水尺)과 매우 유사한 점을 밝혔다. 수척은 북방계 민족(거란, 말갈, 여진)으로서 한반도에 들어와 주로 유목생활을 하면서 수렵, 노략질, 백정, 유기장, 동물 조련사 등을 했고, 일부는 유랑하면서 악기를 다루거나 노래를 부르거나 연희를 하는 재인 및 광대였는데, 조선왕조실록에 재백정(才白丁) 혹은 재인백정(才人白丁)이라고 기록된 유랑예인들의 명칭은 이들이 모두 수척 출신이어서 생성된 것이라고 한다.[11)]

전경욱(2004)은 『세조실록』 권3, 2년 3월 정유(丁酉)조에 "백정을 혹은 화척, 혹은 재인, 혹은 달단이라 부르는데, 그 종류가 하나가 아니다……본래 우리 민족이 아니다(白丁 或稱禾尺 或稱才人 或稱韃靼 其種類非一……本非我類)"라 하여, 이들이 본래 우리 민족이 아니었음을 분명히 밝히고 있고, 『성종실록』 권252, 22년 4월 무진(戊辰)조에는 "우리나라의 재인과 백정은 그 선조가 호종이다(我國才人白丁 其先胡種也)"라고 하여, 재인과 백정이 북방민족의 후예임을 밝히고 있다고 한다. 또 『고려사』 권134, 열전 제47, 신우 8년 4월조에 "화척은 곧 양수척이다(禾尺卽楊水尺)"라는 기록이 있고, 조선조 『중종실록』 5년 8월 4일조에도 "우리나라에는 특별한 종류의 사람이 있으니, 사냥과 고리버들 제품 만드는 것을 업으로 삼아, 편호(編戶)의 백성과 다르다. 이를 백정이라 부르는데, 곧 전조(고려)의 양수척이다"라는 기록이 있으며, 『예종실록』 1년 6월 29일조 양성지의 상소문은 조선시대의 재인과 백정이 고려시대 양수척의 후예임을 매우 구체적으로 밝히고 있음을 지적했다. 그래서 흔히 '백정'하면 소를 도살하는 사람들을 연상하는데, 실제로는 소를 도살하는 사람들뿐만 아니라, 고리버들로 키나 고리짝 등 고리버들제품을 만드는 고리백정도 있었고, 연희에 종사하는 재백정(才白丁)도 존재했다

11) 서연호(1990), 『꼭두각시놀이』, 열화당, 79쪽.

는 것이다. 또 조선시대의 문헌기록에는 백정 외에 새로 생겨난 백정이라는 의미의 신백정(新白丁), 연희를 담당하는 백정이라는 의미의 재백정(才白丁), 소를 도살하는 백정이라는 의미의 화백정(禾白丁) 등의 용례도 보인다고 한다. 그러므로 문헌기록에 '백정'이라는 용어가 나올 때, 이를 소를 도살하는 사람들로만 간주해서는 안된다고 지적한다. 나아가 북방민족 출신으로서 양수척, 수척, 백정 등으로 불렸던 사람들의 후예인 반인(泮人)들에 의해 서울의 산대놀이가 성립되었다는 사실을 밝혔다.

또한 김동욱은 이미 많은 기록들을 통하여, 경기 이남의 연희자 집단은 세습무당 집안의 무부(巫夫)이고, 경기 이북의 연희자 집단은 북방민족 출신인 수척(水尺)이라고 밝힌 바 있다.[12)]

그러나 손태도는 김동욱이 수척을 연희자로 보는 것에 대해 비판하면서 수척을 백정 또는 기생이라고 해석하고 있는데, 특히 기생임을 강조하고 있다. 그 이유는 다음과 같다.[13)] 송나라 손목(孫穆)의 『계림유사(鷄林類事)』(1103)에 "창(倡)을 수척이라 한다. 창인(倡人)의 아들을 고작이라 한다. 악공 또한 고작이라 한다. 창인의 아들이 많이 악공이 된다(倡曰水作……尺曰作……倡人之子曰故作 樂工亦曰故作 多倡人之子爲之)"라는 내용이 있는데, 여기서의 창(倡)을 그동안 다른 학자들은 창우(倡優) 즉 연희자로 보았지만, 손태도는 기생인 창(娼)으로 본다. 그러나 이 기록만으로 볼 때 창(倡)을 기생인 창(娼)으로 볼 수 있는 근거는 전혀 없다. 오직 정약용의 『아언각비』(1819)에 나오는 "수척은 관기의 별명이다(水尺者官妓之別名也)"에 의존해 수척을 기생으로 해석하면서, 다른 기록들의 수척도 기생으로 해석하곤 한다. 그러나 이는 『아언각비』의 수척(水尺) 조의 내용을 모두 살피지 않고 일부분만 잘라내어 주장하는 것이기 때문에 문제가 있다. 『아언각비』의 수척 조에는 오히려 "수척은 관기의 별명이다.……우리나라에는 본래 기생이 없고 양수척이라는 사람들이 있었다. 이들은 본래 유기장(柳器匠, 버들고

12) 김동욱(1965), 『춘향전 연구』, 연세대학교 출판부, 19~21쪽.
13) 손태도(2003), 『광대의 가창문화』, 집문당, 135~147쪽.

리 만드는 사람)의 유종(遺種)으로서 그 종족의 부락은 본래 관적(貫籍)이 없고, 수초(水草)를 좇아다니기를 좋아하여 옮겨다니며 사는 것이 무상(無常)하였고, 오직 사냥하는 것을 일삼고, 버들고리를 팔며 생활하였다. 고려 이의민의 아들은 지극히 영화롭게 살았는데, 그는 양수척을 기적(妓籍)에 편입시키고 공부(貢賦) 징수를 아니하였다. 이로부터 이후에는 남자가 나면 노(奴)로 만들고, 여자가 나면 기(妓)로 만들었는데, 이것이 우리나라에 기생이 있게 된 시초이다. 수척의 이름은 대개 여기에 근본이 된다."[14]라고 하며, 기생이 양수척으로부터 나왔고, 기생을 수척이라고 부르는 이유도 기생이 양수척으로부터 나왔기 때문임을 밝히고 있다. 그리고 고려사와 조선왕조실록 씨디롬을 검색해 보면 양수척과 수척에 관한 기록이 여러 번 나오지만, 그 기록들 중에 양수척이나 수척을 기생의 의미로 쓴 곳은 한 곳도 없다. 모두 수렵을 하거나, 소를 도살하거나, 고리버들제품을 만들거나, 악기를 연주하며 연희를 했던 북방인 출신들을 가리키는 말로 수척을 사용하고 있다. 또한 양수척·수척·화척·재인·달단·백정·신백정·재백정·화백정이 동일한 집단으로서 북방인 출신을 가리키며, 이들이 수렵, 소의 도살, 고리버들제품 제조, 악기 연주와 연희 등으로 활동했다는 사실은 김동욱, 서연호, 전경욱의 논문 외에도 국사학계의 많은 논문들에서 구체적으로 밝혀져 있다. 그럼에도 불구하고 수척을 연희자로 인정하지 않고, 소를 도살하는 백정과 기생으로만 해석하는 것은 문제이다.

한편 전경욱(1998)은 아키바 다카시(秋葉隆)의 논문과 『태학지(太學志)』(1785), 『신보수교집록(新補受教輯錄)』과 『영조실록』 등의 기록을 통해, 성균관의 노비인 반인(泮人)들이 중국 사신 영접시에 동원되어 산붕을 설치하고 연희했으며, 그들에 의해 서울의 산대놀이가 성립되었다는 사실을 밝혔다. 이에 대해 손태도는 반인이 본산대놀이꾼이 아니라는 주장을 제기했는데, 그 이유는 다음과 같다. 우선 위 기사들은 중국 사신 영접행사의 기록이 아니고 과거급제자의 축하행사였다고 한다. 둘째, 아키바 다카시가 반인들이

---

14) 정약용 원저, 김종권 역주(2001), 『雅言覺非』, 일지사, 248~249쪽.

서울의 본산대놀이 가면극을 놀았다고 기록한 논문을 인정하지 않으면서, 아키바 다카시의 첫 번째 논문 「山臺戱」에서 오자가 났던 평인(泙人)을 다시 이야기하고 있다. 셋째, 반인과 수척은 관련이 없다고 한다.15)

그러나 전경욱(2004)은 다시 논문을 써서 위 『영조실록』의 기록은 12년 2월 22일 조의 내용인데, 바로 『승정원일기』 영조 12년 2월 20일 조의 내용에서 동일한 사건을 다루면서 반인의 무리가 중국 사신이 오는 때를 맞이하여 산붕을 빌려서 놀이판을 벌였던 내용을 이야기하고 있으므로, 이는 과거급제자 축하행사가 아니고 중국 사신 영접 행사였음을 확실하게 고증했다. 그리고 반인과 수척의 관계도 더 많은 자료를 동원하여 논증했다. 또한 1920년대에 서울에 와서 경성제국대학 교수를 지내면서 현지조사를 실시한 아키바 다카시의 논문인 「산대희(山臺戱)」가 처음 『日本民俗學のために』(民間傳承の會, 1948. 9)에 실렸을 때는 泮人(반인)이 아니고 泙人(평인)이라고 되어 있었다. 그러나 후일 아키바 다카시는 이 논문을 자기 저서인 『조선민속지(朝鮮民俗誌)』(東京 : 六三書院, 1954)에 다시 수록하면서 '泮人(panin)'이라고 영문을 덧붙여 표기함으로써, 이전에 泙人이라고 썼던 것이 착오였거나 인쇄상의 오자였음을 분명히 밝혔다. 그런데 최상수는 그의 저서에서 편놈(泙人)이라고 지적했고 이두현과 서연호는 팽인(伻人)이라고 지적했다. 최상수,16) 이두현, 서연호 모두 아키바 다카시의 첫 논문을 참고하거나 번역한 것이다. 그러나 이후 이두현, 서연호는 모두 팽인(伻人), 또는 평인(泙人)이라고 사용했던 것이 잘못임을 인정하고 최근의 저서 개정판이나 논문에서는 모두 반인(泮人)17) 또는 반예(泮隷)로18) 바꾸었다. 그러므로 이 문제는 이미 일단락된 것인데, 다시 최상수, 이두현, 서연호 등의 예전 논문을 인용하면서 반인을 부정하며 팽인(伻人) 또는 평인(泙人)을 거론하는 것은 기존 연구의

15) 손태도(2002), 「본산대 탈놀이패에 대한 시각」, 『고전희곡연구』 4, 한국고전희곡학회, 138～149쪽.

16) 최상수(1985), 『산대, 성황신제 가면극의 연구』, 성문각, 87쪽.

17) 서연호(2002), 『한국 가면극 연구』, 월인, 69쪽.

18) 이두현(2000), 『(신수판)한국연극사』, 학연사, 174쪽.

흐름을 제대로 검토하지 못한 것이다.

여러 정황으로 볼 때 한국 인형극은 하나의 계통으로 전승되어 온 것 같지 않다. 서연호는 꼭두각시놀이의 연희집단을 둘로 나누어, 고려시대의 수척괴뢰패(水尺傀儡牌)에서 조선전기의 재인백정(才人白丁)을 거쳐 조선후기의 반인(泮人)으로 전통이 계승된 계통과, 고려시대의 재승괴뢰패(才僧傀儡牌)에서 조선전기의 재인사장(才人社長)을 거쳐 조선후기의 남사당으로 전통이 계승된 계통으로 파악했다.[19]

발탈은 구한말 이전부터 남사당패 등에 의해 공연되어 왔고 그것이 광무대와 가설극장(포장굿)·창극단 등으로 이어졌다고 하는 설과[20] 1900년을 전후하여 재담꾼 박춘재가 성립시킨 것이라는 설이 있다. 박춘재와 남사당패로 대표되는 유랑예인집단들 사이의 선후 관계나 영향 관계는 명확하지 않지만, 당대의 반응이나 이후의 전승 양상으로 보아 대략 박춘재에 의해 형성된 발탈이 유랑 광대패들에게 영향을 끼쳤던 것으로 보인다. 현재 우리가 접할 수 있는 발탈 역시 박춘재 계열의 발탈이며, 남사당패 계열의 발탈은 그 전승이 단절된 상태이다(허용호, 2004).

7) 외국 연극과의 비교 연구

여석기(1970)는 가면극의 연극성의 특징을 파르스(farce), 즉 소극성(笑劇性)에서 찾아, 1) 극도로 유형화된 성격, 2) 코믹한 신체 동작에서 오는 과장·익살·부자연스러움·반복 등 희극적 표현성, 3) 파르스에 따른 일반적인 특색의 하나로 호색 방탕한 동작과 대사의 분방함, 4) 대사의 역할로 재담·말재주·익살·요설과 노골적인 비어 등을 들었다.

김학주(1963)는 중국의 경우 나례에서 연희되던 잡희들이 발전하여 가면극인 나희(儺戲)가[21] 성립되었음을 밝히고, 한국의 경우도 동일한 발전과정

19) 서연호(2000), 『꼭두각시놀음의 역사』, 연극과 인간, 94쪽.

20) 정병호·최헌(1982), 『太平舞와 발탈』, 無形文化財指定調査報告書 第149號, 文化財管理局, 315~317쪽.

을 거쳤을 것으로 보았다.

송동준(1974)은 중국 경극(京劇)의 영향으로 이루어진 브레히트의 서사극과 가면극을 비교했다. 서사극과 가면극은 비아리스토텔레스적 연극이라는 점에서 통할 뿐 아니라, 무대, 기이한 가면, 비사실적 시간 진행, 극의 구성, 전고 인용과 육담의 대조적 방법, 취발이의 1인 2역, 의외적 판단, 등장인물의 자기 소개, 악공과의 대화 등의 조건이 소외효과를 위한 수단으로 서사극과 통한다고 보았다.

전신재(1980)는 서사극의 주창자 브레히트와 제의(祭儀)의 연극(잔혹연극)의 주창자 아르또는 모두 동양연극에서 결정적인 영향을 받았으면서도 연극 이론은 아주 대조적이라고 지적한다. 서사극이 감정보다 이성을, 감상보다 인식을, 감격보다 비판을 중시하여 감정이입을 차단하는데 반해서, 가면극은 극적 환상에의 감정이입은 아니지만 관객을 탈판의 흥겨운 분위기로 휩쓸려 들어오게 한다면서 가면극의 서사극설을 비판했다. 브레히트는 관객이 무대에서 벌어지는 상황에 동화되지 않도록 항상 지적으로 각성시켜 정확한 판단과 비판으로 이 시대의 악을 고치게 한 반면, 아르또는 관객에게 충격을 주어 정적으로 연극에 몰입하게 함으로써 이 시대의 고뇌를 깨닫게 했다고 하며 양주별산대놀이와 아르또연극을 비교했다.

이미원(1990)은 16세기 이탈리아에서 시작되어 3세기 가까이 직업적인 유랑극단에 의해 유럽 전역에서 순회공연되었던 '코메디아 델아르테'와 가면극을 대조하여, 연극과 인간성의 보편성을 확인했다. 코메디아 델아르테와 가면극은 지역적 · 문화적 · 사회적인 차이에도 불구하고, 양자가 모두 연극을 희곡적인 입장이 아니라 공연예술의 입장에서 구성했다는 점, 과장된 가면을 쓰는 연극이라는 점, 유형적인 인물이 등장한다는 점, 유형화된 즉흥연기가 있다는 점, 창의적 즉흥연기와 연희자의 숙련도가 요구된다는 점 등 공통된 구성원리를 갖고 있음을 지적했다.

조동일(1997)은 그리스 연극미학인 '카타르시스', 인도 산스크리트 연극미

21) 현재 중국에서는 가면극을 儺戲라고 부른다.

학인 '라사', 한국 가면극의 연극미학인 '신명풀이' 등 각각 고대, 중세, 근대이행기의 연극에 대해 작품 전개, 언어사용, 관중의 구실, 세계관의 지향으로 나누어 비교 고찰했다.

서연호는 일본 헤이안시대 말기(12세기 초)의 기록인 오에노마사후사(大江匡房)의 『괴뢰자기(傀儡子記)』에서 소개한 괴뢰자(구구쓰)라는 유랑예인집단을 우리의 양수척 및 남사당패와 비교했다. 괴뢰자는 수초를 따라 유랑했고, 남자들은 활과 말로 수렵생활을 했으며, 쌍칼을 던졌다가 받기, 일곱 개의 방울받기, 인형극, 환술 등의 연희도 행했고, 여자들은 춤과 노래로 공연하고 몸을 팔았다고 한다. 한국에도 유랑예인집단은 매우 많았고, 그 무리들을 패거리(黨・族・輩・牌)로 칭하는 것은 일본의 경우와 동일한데, 그들은 마을마다 집집마다 악기를 울리면서 찾아가 각종 연희를 공연하거나, 주민들이 원하는 비나리를 베풀어 주었으며, 여성 연희자의 경우는 남성 관객들이 원하는 성적 요구를 들어주고 식사와 숙박을 해결하는 방식으로 생존해 온 무리들이었다는 것이다.[22]

여기서 한국의 양수척이 북방 민족으로서 수초를 따라 유랑하며 사냥을 일삼고 여러 가지 연희를 연행한 것이나, 일본의 괴뢰자 집단이 북방인의 풍습과 매우 유사하게 수초를 따라 이동하며 사냥을 하고 인형극 등 여러 가지 연희를 연행한 것이 매우 흡사하다는 사실은 주목할 만하다. 일본에서는 이미 스기야마 지로[杉山二郞] 등 여러 학자들이 일본의 구구쓰시[傀儡子]와 한국의 양수척이 동일 계통의 사람들임을 지적한 바 있다.[23]

8) 예술적 측면에 대한 연구

가면극의 예술적 측면에 대한 연구는 가면의 조형, 춤사위, 무대, 의상 등에 걸쳐 광범위하게 진행되었다.

---

22) 서연호(2001), 『꼭두각시놀음의 역사와 원리』, 연극과 인간, 85~87쪽.

23) 杉山二郞(1988), 『遊民の系譜』, 東京 : 靑土社, 184~185쪽 ; 喜田貞吉(1918), 「朝鮮の白丁と我が傀儡子」, 『史林』 9-9.

가면의 조형에 대하여는 가면의 조형과 상징에 대한 정양모·조동일의 토론(정양모·조동일, 1981), 한국 가면의 기원과 종류·제작법 등을 소개하고 가면의 원색 도판을 실은 최상수(1984b)와 전경욱(1996)의 연구, 가면을 통해 본 하회가면의 예술성과 사회성에 대해 논의한 임재해(1991)의 연구, 중국 가면과 한국 가면을 비교 고찰한 전경욱(2002)의 연구 등이 있다.

하회가면을 대상으로 여러 학자들이 하회가면의 조형적 형상성과 미학적 가치, 한국 가면의 조형적 특성과 하회가면의 재인식, 하회가면의 용모학적 특징, 신분별 명칭으로 본 하회가면의 제작 시기, 하회가면의 제작과정과 조형기법, 하회가면 해석상의 몇 가지 문제 등을 집중적으로 심도있게 고찰한 연구는 이후 가면 연구의 새로운 방향을 제시한다(임재해 외, 2005).

유민영(1984)은 가면의 조형적 특성을 가면극의 지역적 특징 및 내용과 관련시켜 논의했다. 즉 남부지방의 가면이 더 주술적이고 풍자성이 강하며 사회성·저항성이 강한 데 반해서, 중부지방의 가면은 매우 인간적이고 기교적이고 다양하며 종교성이 강하다고 지적했다. 또한 한국의 가면은 강렬한 원색의 사용, 심한 요철, 희화화한 표현으로 괴기스럽게 보인다고 하면서, 예술성이 강한 하회가면의 조형미에 대하여 등장인물의 성격과 관련시켜 논의했다.

그동안 가면에 대해 적지 않은 연구가 있었지만, 앞으로 좀더 심도있는 연구가 요청된다. 우선 우리 가면들에 대한 연구가 더 진척되어야겠고, 여기서 나아가 동아시아의 가면들과 우리 가면의 비교 연구를 통해 우리 가면의 특징을 파악하는 것도 중요하다. 예를 들어 김원룡(1968)과 이두현(1979)은 하회가면의 성립에 외래적 영향이 있었음을 지적했다. 이두현은 하회가면은 얼굴을 숙이면 어둡고 뒤로 젖히면 밝은 표정이고, 각시·중·양반·이매·부네 가면은 실눈이며, 중·양반·이매·선비·백정 가면은 턱을 움직일 수 있기 때문에 표정의 변화를 가져올 수 있다고 한다. 각시·부네·할미 가면은 턱이 움직이지 않고 좌우가 대칭되는 얼굴이지만, 초랭이와 이매 가면은 좌우가 불균형을 이루는 얼굴이라고 한다. 그리고 하회탈의 이러한 측면은 기악(伎樂) 가면에서 무악(舞樂) 가면으로 옮겨간 추이와 또 노(能) 가면으로 넘어가는 중간적 위치를 보여 준다고 밝혔다.[24] 이 견해는 서역 계통의 가면이 중국을 거쳐 하회가면에 영향을 끼쳤고, 다시 하회가면이 일본의 노가면에 영향을 끼쳤다고 보는 것이다.

이에 반해 임재해(1999)는 하회가면에서 심목고비(深目高鼻)와 같은 입체적인 형상의 얼굴을 비롯한 모든 조형이 성격 창조를 위해서 그렇게 형상화되었다고 밝히면서, 하회가면이 외부 세계와 관계없이 하회별신굿에서 독자적으로 성립되었음을 주장했다.

전경욱(2005)은 하회가면들 중에는 우리의 관상학적 특성을 잘 살린 가면들이 있어서 한국적 독자성이 발견되고 있고, 또한 심목고비의 조형과 함께 분리된 턱을 끈으로 연결한 가면, 턱이 없는 가면, 입이 비뚤어진 하인역의 가면, 이마에 큰 혹이 있는 가면 등 제작 기법과 형태 면에서 이웃나라의 가면들과 유사한 가면들도 있다는 점을 함께 고려해야 한다고 지적했다. 이웃나라에서도 발견되는 하회가면의 조형과 제작 기법이 이웃나라와의 교류의 결과인지, 아니면 동아시아라는 공동의 문화 배경 속에서 유사한 사고에 의해 독자적으로 성립된 것인지를 밝히는 작업이 앞으로의 연구과제로 남아 있다는 것이다.

가면극의 춤사위 연구는 김세중(1972), 김백봉(1976), 이병옥(1982), 김온경(1980, 1983), 최창주(2000) 등에 의하여 진행되었다. 최창주는 봉산탈춤의 춤과 연기를 일목요연하게 정리하여 봉산탈춤의 전수교본을 완성했다.

가면극의 무대에 대한 연구로 심우성,[25] 허술(1974), 김우탁(1978)은 가면극의 옛 놀이판을 고증하여 소개하는가 하면, 옛 놀이판을 잃은 현전 가면극의 공연을 위하여 어떻게 무대를 구성할 것인지에 대해 논의했다.

이미원(2004)은 서구의 현대 공간이론을 바탕으로 가면극 무대 공간의 무형성(빈 공간)에 다층적 의미를 부여하고 공간의 의미화에 주목했다. 서낭

---

24) 이두현(1979), 『한국의 가면극』, 일지사, 108쪽.
25) 심우성(1973. 8～1974. 9), 「민속극의 무대공간」, 『공간』, 공간사.

제형 탈놀이인 하회별신굿탈놀이에서는 첫째 마당인 주지(사자 또는 상상의 동물)놀음과 둘째 마당인 무녀의 삼석놀음이 서낭당에서부터의 제의적 행렬을 공연과 이어주면서 평범한 일상의 공간을 신성공간으로 만들고, 나아가서 추상적 상징의 공간으로 인도하여, 공연을 단순한 제의가 아닌 복합적인 연극으로 만든다고 보았다. 또한 백정마당의 살생이나 혼례마당의 모의성행위는 공연이 '허구적 재현의 공간'에 있다고 간주하기 어려울 정도로 제의적인 실재성을 띠고 있지만, 양반·선비마당처럼 부네를 사이에 둔 양반과 선비의 삼각관계는 재현적인 허구적 공간을 연상시킨다고 한다. 그래서 서낭제형 탈놀이의 공간은 신성 공간이 강하게 남아 있으며, 그 일상 공간과 무대 공간의 구분이 미약하고 허구적 재현의 공간이 취약하나, 추상적 상징의 공간이 다양한 의미를 부여한다고 밝혔다.

한편 도시형 탈놀이인 봉산탈춤은 허구적 재현의 놀이이지만, 서구의 근대극처럼 사실적인 무대가 아니라 등장인물들의 대사 곳곳에서 극중 텍스트 공간의 장소를 묘사하여 무대의 사실적 재현을 대신한다고 지적했다. 신장수, 말뚝이, 미얄할미의 대사는 텅 빈 무대를 대신하여 극중 텍스트 공간과 무대공간 및 일상공간을 실재적으로 이으면서 소외효과를 일으키기 때문에, 극의 진행 중에 현실을 부각시켜 극으로의 몰입을 막는다고 밝혔다. 그리고 가면극 공간의 특질은 무형성으로서 강한 공동체적 사회성을 바탕으로 하고 있는데, 일상공간을 가면극의 공간으로 변화시키는 것은 신성(神聖)을 띤 제의적 사회통합이나 공동축제의 개념이며, 가면극의 무형성으로 인하여 무대공간에 제의적 신성공간이나 극중공간의 추상적 상징의 공간에 의미를 부여하기가 더 용이하다고 보았다(이미원, 2004).

현재 가면극에서 사용하고 있는 가면·의상·소도구 등을 1930년대에 수집된 것들과 비교해 보면 너무나 많은 차이를 발견하게 된다. 또한 가면극의 춤사위도 예전과 많이 달라진 것을 실감하게 된다. 앞으로 가면극의 예술적 측면에 대한 연구가 활발하게 전개되고, 그 결과가 가면극의 전승 현장에 반영되어, 가면극의 예술적 측면에 대한 보완 작업이 이루어져야 할 것이다.

4. 연구의 전망과 방향

앞으로 민속극과 관련된 자료의 수집과 정리가 계속 이루어져야 하며, 이 분야의 학자들을 육성하는 것이 중요한 과제이다. 이를 위해 이웃의 중국이나 일본처럼 이 분야의 자료를 수집 정리하고, 이 분야의 연구자들이 체계적으로 연구에 종사할 수 있는 연구기관의 확충이 절실히 요망되고 있다.

그동안 민속극과 전통연희에 기반한 마당극·민족극·마당놀이 등의 공연예술이나, 전통연극을 현대적으로 계승한 창작극을 정립해 보려는 시도가 있었다. 그러나 이러한 시도들이 그 나름의 의의를 갖고는 있지만, 앞으로 한층 차원 높게 발전시켜 새로운 공연문화를 창조하는 일이 과제로 남아 있다고들 말한다. 이를 위해 앞으로 민속극과 전통연희에 대한 연구는 새로운 한국적 공연문화의 창출을 위해 기여할 수 있는 방향으로 연구의 시야를 확대해야 하고, 연구자와 공연예술인 상호간의 교류와 협동작업도 이루어져야 할 것이다.

그리고 민속극의 현장과 밀착된 꾸준한 조사로 사설, 춤사위, 음악, 가면, 의상, 놀이판, 연희자, 공연의 상황 등에 대한 종합적 자료를 수록한 연희본의 작성이 계속 이루어져야 할 것이다. 최근에는 민속극 분야의 동영상 자료나 동영상 연희본을 제작하는 작업이 진행되고 있는데, 민속극의 모든 분야에 걸쳐서 체계적인 동영상 자료의 축적이 요청된다.

민속극의 사설, 춤사위, 장단, 삽입가요를 개별적으로 다룰 것이 아니라, 민중의 예술 표현형식이란 측면에서 각 요소가 함께 어울려 이루어내는 연행방식에 대한 고찰을 통해 미학적 측면의 연구를 심화해야 할 것이다. 이러한 작업은 연극이론과 연희이론의 체계화에 기여할 수 있을 것으로 기대된다.

『하회탈, 그 한국인의 얼굴』(민속원, 2005)에서는 하회가면을 대상으로 여러 학자들이 다양한 측면에서 집중적인 연구를 전개함으로써, 하회가면에 대한 심화된 논의가 가능했다. 다른 가면극의 가면들뿐만 아니라, 무대·의

상 · 음악 · 춤사위 등의 분야에서도 이런 방식의 고찰을 통해 한층 심화된 연구를 진행할 수 있을 것이다.

민속극 분야 각 종목에 대한 비교 연구도 더욱 활발하게 진행되어야 할 것이다. 동아시아 공동의 연희문화유산인 산악 · 백희가 삼국시대에 중국과 서역으로부터 유입되었는데, 고려시대와 조선시대에 백희 · 가무백희 · 잡희 · 산대잡극 · 산대희 · 나례 · 나희 등으로 불리던 연희의 종목들은 대부분 산악 · 백희에 해당하는 것이었다. 그리고 조선후기에 이르면 이런 연희들이 변화 · 발전하여 연극적 양식의 본산대놀이 가면극 · 판소리 · 꼭두각시놀이 등을 성립시킨 것으로 나타난다.

한국 · 중국 · 일본 등 동아시아 국가들이 공동으로 보유했던 산악 · 백희에 주목함으로써 한국 전통연희의 동아시아적 보편성을 밝힐 수 있다. 나아가 고구려의 고분벽화나 각종 문헌에 정착된 연희 자료들을 일관되게 꿰뚫어 해명할 수 있을 뿐만 아니라, 한국 전통연희의 갈래 · 분포 · 담당층 · 후대 연희와의 관련양상에 대한 충실한 논의도 가능할 것이다. 특히 최근에는 많은 도상 자료들이 발굴되어 있으므로, 한국 · 중국 · 일본의 전통연희 관련 도상 자료들에 대한 비교 연구도 요청된다.

앞으로 민속극의 각 종목에 대하여 그 기원과 발전 과정, 교류 양상, 연희 방식, 연희 내용 등을 중국 · 일본의 민속극과 비교 연구하는 작업은 우리 민속극의 실상을 밝혀, 민속극의 올바른 계승에 이바지할 수 있고, 나아가 민속극의 현대적 재창조에도 기여할 수 있을 것이다.

아울러 민속극 분야 연희자들에 대한 비교 연구도 과제로 남아 있다. 한국 · 중국 · 일본의 가면극과 인형극 등 민속극의 일부 분야는 산악 · 백희 계통의 연희들로부터 발전한 공통점이 있다. 한국에서는 주로 세습무계 출신, 재승 출신, 북방인 계통에서 전문적 연희자들이 나왔다. 중국의 전문적 연희자들은 주로 전쟁포로, 범죄자의 가족, 무격 등 천민 출신이었다. 일본은 북방 민족 계통의 인형극 연희자, 신사에 속했던 무당, 절에 속했던 천민들이 전통연희를 계승해 왔다. 그런데 산악 · 백희로부터 다양한 민속극으로 발전하는 가운데 그 연희자들의 역할이 지대했으므로, 한국 · 중국 · 일본의 연희자들을 비교하여 각국에서 이루어진 민속극의 전개양상을 파악함으로써, 한국 민속극의 보편성과 특수성을 규명할 수 있을 것이다. 문학작품 연구에서 작가론을 통해 문학 연구를 심화할 수 있듯이, 민속극의 연희자론을 통해 민속극과 관련된 미해결의 여러 문제점들을 규명하고 민속극 연구를 심화할 수 있을 것이다.

참고문헌

강용권(1977), 『野遊 五廣大』, 형설출판사.
高橋亨(1937), 「山臺雜劇について」, 『朝鮮』 261, 朝鮮總督府.
고정옥(1962), 『조선구전문학연구』, 평양 : 과학원출판사.
권택무(1966), 『조선민간극』, 평양 : 조선문학예술동맹출판부.
김동욱(1965), 『춘향전 연구』, 연세대학교 출판부.
김방옥(1977), 「한국 가면극의 연극미학」, 이화여자대학교 석사학위논문.
김백봉(1976), 『봉산탈춤무보』, 한국문화예술진흥원.
김세중(1972), 『한국민속극 춤사위 연구』, 동서민속예술원.
김열규(1975), 「현실문맥 속의 탈춤」, 『진단학보』 39, 진단학회.
김온경(1980), 「원양반춤과 말뚝이 춤사위에 대한 비교 연구」, 『논문집』 8, 부산여자대학교.
김온경(1983), 「경남덧뵈기춤고」, 『한국무용연구』 2, 한국무용연구회.
김우탁(1978), 『한국 전통연극과 그 고유무대』, 개문사.
김욱동(1994), 『탈춤의 미학』, 현암사.
김원룡(1968), 『한국미술사』, 범문사.
김인환(1979), 「놀이의 본질 : 양주별산대놀이」, 『문학과 문학사상』, 열화당.
김일출(1958), 『조선민속탈놀이연구』, 평양 : 과학원출판사.
김재철(1933, 1939 증보판), 『조선연극사』, 학예사.
김청자(1985), 「한국전통인형극의 새로운 접근」, 『한국연극학』, 새문사.
김청자(1996), 「한국전통극 꼭두각시놀음 텍스트 연구 1」, 『한국연극학』 8, 한국연극학회.
김태곤(1971～1980), 『한국무가집』(1-4), 집문당.
김학주(1963), 「나례와 잡희」, 『아세아 연구』 6-2, 고려대학교 아세아문제연구소.
김학주(1994), 『한 · 중 두 나라의 가무와 잡희』, 서울대학교 출판부.
김현철(2001), 「꼭두각시놀음의 산받이 연구」, 『한국민속학』 33, 한국민속학회.
김흥규(1978), 「꼭두각시놀음의 연극적 공간과 산받이」, 『창작과 비평』 49, 창작과비평사.
김흥규(2002), 『한국 고전문학과 비평의 성찰』, 고려대학교 출판부.
류민영(1984), 「한국의 가면, 그 심미적 고찰」, 『탈춤의 사상』, 현암사.
류종목(1974), 「한국민속가면극 대사의 표현법 연구」, 동아대학교 석사학위논문.
박경신(1993), 『울산지방무가자료집』(1～5권), 울산대학교 인문과학연구소.

박경신(1999), 『한국의 별신굿무가』(1~12권), 국학자료원.

박경신(2000), 「무극의 개념과 역사적 전개」, 『고전희곡의 개념과 역사』(2000년도 한국고전희곡학회 하계학술대회 발표 논문집), 한국고전희곡학회.

박경신(2002), 「4. 무극」, 『한국구비문학의 이해』, 월인.

박전열(1990), 「일본 伎樂의 연구」, 『한국민속학』 23, 민속학회.

박진태(1990a), 『탈놀이의 기원과 구조』, 새문사.

박진태(1999), 「중국 인형극의 수용과 변이과정(1)」, 『역사민속학』 9, 한국역사민속학회.

박진태(1999b), 『동아시아 샤머니즘 연극과 탈』, 박이정.

박진태(1999c), 「중국인형극의 전래와 토착화과정」, 『역사민속학』 9, 역사민속학회.

박진태(2001), 『한국고전희곡의 역사』, 민속원.

사진실(2001), 「山戲와 野戲의 공연 양상과 연극사적 의의」, 『고전희곡연구』 3, 한국고전희곡학회.

杉山二郎(1988), 『遊民の系譜』, 東京 : 青土社.

三田村鳶魚(1942), 「朴僉知の教へる人形製作過程」, 『鳶魚縱筆』, 櫻井書店.

서대석(1980), 『한국무가의 연구』, 문학사상사.

서대석(1995), 「巫歌」, 『韓國民俗大觀』 6, 고려대학교 민족문화연구소.

서연호(1980), 「하회탈춤의 연극적 구조」, 『전통사회의 민중예술』, 민음사.

서연호(1988a), 『산대탈놀이』, 열화당.

서연호(1988b), 『황해도 탈놀이』, 열화당.

서연호(1989), 『야류・오광대 탈놀이』, 열화당.

서연호(1990), 『꼭두각시놀이』, 열화당.

서연호(1991), 『서낭굿 탈놀이』, 열화당.

서연호(1993), 「가면극의 양식 및 전승적 측면에서 살펴본 오국의 위치 : 일본 기악과의 비교를 중심으로」, 『일본학』 12, 동국대학교 일본학연구소.

서연호(1997), 「Ⅱ. 굿놀이」, 『한국전승연희의 원리와 방법』, 집문당.

서연호(2000), 『꼭두각시놀음의 역사』, 연극과 인간.

서연호(2001), 『꼭두각시놀음의 역사와 원리』, 연극과 인간.

서연호(2002), 『한국 가면극 연구』, 월인.

成澤勝(1999), 「신사료군 검증으로 구명된 '伎樂(구레노우타마히=吳樂)' 故地」, 『한국연극학』 13, 한국연극학회.

손태도(2002), 「본산대 탈놀이패에 대한 시각」, 『고전희곡연구』 4, 한국고전희곡학회.
손태도(2003), 『광대의 가창문화』, 집문당.
송동준(1974), 「서사극과 한국민속극」, 『문학과 지성』 17, 문학과지성사.
宋錫夏(1929), 「朝鮮の人形芝居」, 『民俗藝術』 2-4, 地平社書房.
송석하(1933a), 「오광대소고」, 『조선민속』 1, 조선민속학회.
송석하(1933b), 「봉산의 무용가면」, 동아일보.
송석하(1934), 「南鮮가면극의 부흥운동」, 동아일보.
송석하(1935), 「처용무 · 나례 · 산대극의 관계를 논함」, 『진단학보』 2-2, 진단학회.
송석하(1960), 『한국민속고』, 일신사.
신영돈(1957), 『우리나라의 탈놀이』, 평양 : 국립출판사.
심우성(1973.8~1974.9), 「민속극의 무대공간」, 『공간』, 공간사.
심우성(1974), 『남사당패연구』, 동화출판공사.
심우성(1975), 「전통극 놀이판의 이해」, 『연극평론』 13.
안확(1932), 「山臺舞劇と處容舞と儺」, 『朝鮮』 201, 朝鮮總督府.
양재연(1955), 「산대도감희에 취하여」, 『중대30주년논문집』, 중앙대학교.
여석기(1970), 「산대가면극의 파르스적 성격」, 『한국문학의 해학』 1, 국제문화재단.
유민영(1975), 「한국인형극의 유래」, 『예술논문집』 14, 예술원.
윤광봉(1992), 『한국의 연희』, 반도출판사.
윤광봉(1997), 『한국연희시연구』, 박이정.
윤광봉(1998), 『조선후기의 연희』, 박이정.
윤주필(1995), 「조선 전기 연희시에 나타난 문학사조상의 특징」, 『동양학』 25, 단국대학교 동양학연구소.
이경엽(2000), 『씻김굿 무가』, 박이정.
이경엽(2004), 『진도다시래기』, 국립문화재연구소.
이균옥(1998), 『동해안 지역 무극 연구』, 박이정.
이두현(1969), 『한국가면극』, 문화재관리국.
이두현(1979), 『한국의 가면극』, 일지사.
이두현 · 정병호(1985), 「진도다시래기」, 『무형문화재지정조사보고서』 161, 문화재관리국.
이두현(1996), 「장례와 연희고」, 『한국무속과 연희』, 서울대학교 출판부.
이두현(1997), 『(주석본)한국가면극선』, 교문사.
이두현(2000), 『(신수판)한국연극사』, 학연사.

이미원(1990), 「한국 전통가면극과 코메디아 데아르테」, 『한국연극학』 3, 한국연극학회.

이미원(2004), 「한국 전통극의 공간 : 탈놀이 연극공간의 층위를 중심으로」, 『한국연극학』 24, 한국연극학회.

이병옥(1982), 『송파산대놀이연구』, 집문당.

이혜구(1953), 「산대극과 기악」, 『연희춘추』.

이혜구(1957), 『한국음악연구』, 국민음악연구회.

이혜구(1996), 『보정한국음악연구』, 민속원.

이훈상(1989), 「조선후기의 향리집단과 탈춤의 연행 : 조선후기 읍권의 운영원리와 읍의 제의」, 『서강대동아연구』 17, 서강대학교.

印南高一(1944), 『朝鮮の演劇』, 北光書房.

임재해(1981), 『꼭두각시놀음의 이해』, 홍성사.

임재해(1991), 「탈과 조각품으로 본 하회탈의 예술성과 사회성」, 『한국민속과 전통의 세계』, 지식산업사.

임재해(1995), 「장례 관련 놀이의 반의례적 성격과 성의 생명 상징」, 『비교민속학』 12, 비교민속학회.

임재해(1998), 「꼭두각시놀음의 역사적 전개와 발전양상」, 『구비문학연구』 5, 한국구비문학회.

임재해(1999), 「하회탈의 도드라진 멋과 트집의 미학」, 『하회탈과 하회탈춤의 미학』, 사계절.

임재해 외(2005), 『하회탈, 그 한국인의 얼굴』, 민속원.

장덕순 외(1971), 『구비문학개설』, 일조각.

전경욱 주해(1993), 『민속극』, 고려대학교 민족문화연구소.

전경욱(1995), 「탈놀이의 형성에 끼친 나례의 영향」, 『민족문화연구』 28, 고려대학교 민족문화연구소.

전경욱(1996), 『한국의 탈』, 태학사.

전경욱(1997), 『북청사자놀이연구』, 태학사.

전경욱(1998), 『한국가면극 그 역사와 원리』, 열화당.

전경욱(2002), 「한중 가면극에 등장하는 가면의 형태와 미학」, 『중국탈』, 국립민속박물관.

전경욱(2004a), 『한국의 전통연희』, 학고재.

전경욱(2004b), 「반인의 다양한 활동과 본산대놀이의 전승」, 『문묘제례악과 양주별산대놀이』, 성균관대학교 박물관.
전경욱(2005), 「한국 가면의 조형적 특성과 하회 가면의 재인식」, 임재해 외, 『하회탈, 그 한국인의 얼굴』, 민속원.
전신재(1980), 「양주별산대놀이의 생명원리」, 성균관대학교 석사학위논문.
鮎貝房之進(1938), 『雜攷 第九輯－木偶戱』, 朝鮮印刷株式會社.
정병호 · 최헌(1982), 『太平舞와 발탈』, 無形文化財指定調査報告書 第149號, 文化財管理局.
정병호(1986), 「진도다시래기」, 『중요무형문화재해설』(연극편), 문화재관리국.
정상박(1975), 「오광대 형성에 관한 서설」, 『어문학』 33, 한국어문학회.
정상박(1979), 「들놀음의 양반마당의 대사 전개 양상」, 『한국문학논총』 2, 한국문학회.
정상박(1986), 『오광대와 들놀음 연구』, 집문당.
정약용 원저, 김종권 역주(2001), 『雅言覺非』, 일지사.
정양모 · 조동일(1981), 「탈에 담긴 조형과 상징」, 『계간미술』, 중앙일보사.
정형호(1994), 「한국 가면극의 유형과 전승원리 연구」, 중앙대학교 박사학위논문.
정형호(1999), 「가면극에 나오는 가요의 수요양상」, 『한국민요학』, 한국민요학회.
조동일(1975), 『한국가면극의 미학』, 한국일보사.
조동일(1979), 『탈춤의 역사와 원리』, 홍성사.
조동일(1980), 『구비문학의 세계』, 새문사.
조동일(1994), 『한국문학통사』 3(제3판), 지식산업사.
조동일(1997), 『카타르시스 라사 신명풀이』, 지식산업사.
조동일(2005), 『한국문학통사』 3(제4판), 지식산업사.
조만호(1995), 『전통희곡의 제식적 미학』, 태학사.
조원경(1955. 2), 「나례와 가면무극」, 『학림』 4, 연세대학교 사학과.
村山智順(1937), 「民衆娛樂としての鳳山假面劇」, 『朝鮮』 261, 朝鮮總督府.
村上祥子(1991), 『한국 탈놀이와 일본 기악 연구』, 고려대학교 석사학위논문.
최길성(1978), 『한국무속의 연구』, 아세아문화사.
최길성(1981), 『한국의 무당』, 열화당.
최길성(1992), 『한국무속지』 2, 아세아문화사.
최남선(1948), 『조선상식문답(속편)』, 동명사.
최상수(1958), 『하회가면극연구』, 고려서적.
최상수(1967), 『해서가면극연구』, 대성문화사.

최상수(1984a), 『야류·오광대 연구』, 성문각.

최상수(1984b), 『한국가면의 연구』, 성문각.

최상수(1985), 『산대·성황신제가면극의 연구』, 성문각.

최상수(1988), 『한국인형극의 연구』, 성문각.

최정여(1973), 「산대도감극 성립의 제문제」, 『한국학논집』 1, 계명대학교 한국학연구소.

최정여·서대석(1974), 『東海岸巫歌』, 형설출판사.

최창주(2000), 『봉산탈춤』(한국전통연희의 이해와 실제 III), 한국예술종합학교 전통예술원.

秋葉隆(1948), 「山臺戲」, 『日本民俗學のために』(柳田國男古稀記念文集九輯), 民間傳承の會.

秋葉隆(1954), 『朝鮮民俗誌』, 六三書院.

한효(1956), 『조선연극사개요』, 평양 : 국립출판사.

허술(1974), 「전통극의 무대공간」, 『창작과 비평』 32, 창작과 비평사.

허용호(1998), 「발탈 연구」, 『서강어문』 14, 서강대학교 국어국문학과.

허용호(2002), 「가면극의 축제극적 구조」, 『한국민속학』 36, 한국민속학회.

허용호(2004), 『발탈』, 국립문화재연구소.

허용호(2004), 『전통 연행 예술과 인형 오브제』, 민속원.

현용준(1980), 『제주도무속자료사전』, 신구문화사.

현용준(1986), 『제주도 무속 연구』, 집문당.

황루시(1987), 「무당굿놀이연구」, 이화여자대학교 박사학위논문.

喜田貞吉(1918), 「朝鮮の白丁と我が傀儡子」, 『史林』 9-9.

판소리 연구의 성과와 전망

정병헌

1. 머리말

판소리는 전문적 기량을 지닌 연창자가 북을 치는 고수의 장단에 맞추어 춘향 이야기, 심청 이야기와 같이 줄거리를 지닌 이야기를 창과 아니리로 엮어 나가는 연예 형태를 가리킨다. 그러나 판소리 연창자의 기량이 판소리의 성립을 결정하지는 않는다. 그것은 다만 판소리의 수준을 결정하는 조건에 불과하기 때문이다. 또 춘향이나 심청과 같이 서사적인 이야기가 판소리를 성립시키는 요건이 되는 것도 아니다. 전체를 부르지 않고 부분만 불렀을 때도 판소리라는 용어는 성립된다. 목 푸는 소리로 인식되는 단가만 불러도 우리는 그것을 판소리로 인식한다. 또 고수의 존재가 반드시 판소리를 완성하는 것도 아니다. 연습의 과정에서는 스스로 장단을 맞추며, 그러한 모습까지도 판소리로 받아들이고 있다. 북이 없으면 장구와 같이 반주할 수 있는 장단 악기가 얼마든지 동원되었다. 요컨대 우리가 알고 있는 판소리의 정의는 판소리의 추상적이고 완결된 형태를 의미하고 있는 것으로 파악할 수 있는 것이다.

판소리가 그 다양한 편폭을 인정하는 것처럼, 이에 대한 연구도 판소리와 판소리로 인정될 수 없는 주변의 것에까지 다양하게 이루어졌다. 그러한 다양한 방면의 논의가 축적되어 현재의 판소리 연구사를 이루었다. 따라서 판소리 연구에 대한 검토는 일차적으로 연구의 대상으로 무엇을 선택하였는가에 따라 구분하여 파악할 수 있다. 이 범주에는 판소리와 유사한 모습을 띠고 있는 무가나 소설 등의 장르와 판소리의 관련을 검토하면서 판소리의 정체성을 파악하는 연구, 판소리를 구성하는 공연적 요소나 음악에 대한 접근을 통하여 판소리의 본질을 파악하고자 하는 연구, 판소리를 바탕으로 하여 이루어진 후대의 창극이나 창작 판소리 등이 포함될 수 있다. 이처럼 판소리와 판소리를 둘러싼 주변 장르와의 관련 속에서 연구가 이루어졌기 때문에, 해당 주변 장르의 전공자들이 판소리 연구의 핵심을 이루게 되었다. 그 결과 모든 영역이 융합되어 구성된 판소리를 각각의 전공 영역에 따라 분리하여 접근할 수밖에 없는 한계를 갖게 되었다. 이런 제약은 판소리 연구사를 검토하면서 항상 한계점으로 지적되었고, 그러나 해결할 수 없는 이상인 것처럼 기대 사항으로 남겨졌다.

과거의 판소리 연구가 이러한 한계를 지니고 있다는 주장이 제기되었지만, 그러나 그 해결책이 쉽게 마련될 수 없었다. 그래서 시조나 가사를 문학 쪽에서 연구하는 것은 그것들이 본래 읽는 대상이 아니라 음악에 실려 실현되는 예술이라는 점에서 종합적인 시각의 연구가 아니라는 비판이 제기된 것과 마찬가지 현상이 판소리에서도 동일하게 나타났던 것이다. 그래서 문학적인 접근은 '시조' 연구가 아니라, '시조 가사'의 연구이고, '판소리' 연구가 아니라 '판소리 사설'의 연구와 같이 제한적인 의미로 사용되어야 한다는 주장도 나타났다. 이러한 주장은 특히 일부 음악 전공자들의 연구에서 제기되었다.

물론 음악이 시조나 판소리의 핵심을 이루는 요소라는 점은 분명하다. 그러나 그렇다고 하여 시조를 이루는 가사나 판소리를 이루는 사설의 연구가 무의미한 것은 아니다. 음악이 판소리를 이루는 중요한 요건인 것처럼 문학적인 내용 또한 판소리를 구성하는 핵심적 요소이다. 그래서 음악이나 동작, 사설 등이 함께 결합하여 판소리가 이루어진다는 점을 인정할 때, 판소리의 종합적 연구가 가능하다는 인식을 공유할 필요가 있다. 따라서 판소리를 판소리로 바라보아야 한다는 논의는 각 분야의 연구를 위축시키는 것이 아니라, 각 분야의 연구가 근본적으로 판소리라는 종합예술의 한 축을 이루어야 한다는 당위성의 강조로 받아들여져야 하는 것이다.

판소리의 연구사는 바로 이러한 각 분야 연구의 심화와 이에 대한 비판, 그리고 종합과 융합의 방향으로 진행되었다고 할 수 있다. 각각의 연구는 나름대로의 탄탄한 기반을 구축함으로써 서로 다른 영역의 연구에 자극과 분발을 촉구하게 된 것이다. 이렇게 긍정적인 방향으로의 연구가 진행된 것은 각 연구자들의 판소리에 대한 진지한 성찰이 가장 중요한 동인이기도 하지만, 이와 함께 판소리를 둘러싸고 있는 주위 환경이 연구를 그렇게 나아가도록 했다는 점도 간과할 수 없다. 다른 나라에 대하여 경쟁력을 가질 수 있는 것이 자신들의 독자적 문화라는 점을 인식하게 된 것은 각국의 교류가 활발해지면서 더욱 절실하게 나타나는 현상이다. '한류(韓流)'의 바람이 거세게 불고 있는 것도 이러한 자국 문화에 대한 진지한 성찰을 전제로 하여 가능했다.

이와 함께 다양한 학문 분야가 협동을 통하여 시너지 효과를 창출할 수 있게 된 것은 각 분야 연구자가 같은 자리에 모여 동일한 대상을 두고 논의한 결과 나타난 소득이라고 할 수 있다. 판소리만으로 한정했을 때, 1984년 창립한 판소리학회의 활동은 각 분야 연구자들이 활발한 논의를 할 수 있는 장을 제공하였다. 매년 개최되는 다양한 주제의 발표회와 매년 1~2회 발간되는 학회지를 통하여 판소리 연구의 실상이 연구자들에게 실시간 전달될 수 있었다. 연구실적의 급격한 증가와 함께, 각 분야 연구에 대한 관심의 확대가 이를 통하여 더욱 가속화되었던 것이다. 2003년 11월 유네스코의 '인류 구전 및 무형유산 걸작'에 판소리가 선정된 것은 이와 같이 각 분야 연구자들이 힘을 합하여 이루어낸 성과라고 할 수 있다.

판소리 연구의 역사를 경향이나 연구의 내용 등을 기준으로 구분하여 파악할 때, 가장 먼저 고려되어야 할 것은 그 기준이 연구사 전체의 흐름에 있어 가질 수 있는 대표성의 문제이다. 모든 문화 현상이 그러하듯이 어떤 한 사건이나 인물에 의하여 시대구분은 명확하게 이루어지지 않고, 서로 중복하여 진행하면서 변화하기 때문이다. 이런 점에서 시대구분은 보는 관점에 따라 다르게 이루어질 수밖에 없다. 판소리 연구사의 시대구분이 다양하게 제시된 것은 이러한 이유 때문이다.

김흥규(1977)는 1970년대까지의 판소리 연구사를 세 시기로 구분하였는데, 그 기준이 되는 시점은 1945년의 해방과 1960년대 중반이다. 그에 의하면 1945년 해방과 함께 판소리를 식민지 민속예술의 한 잔영으로 바라보는 관점에서 탈피하여 민족예술의 구현이라는 독립된 시각이 확보되었고, 이는 "그 내용이 극적 요소가 많고, 그 체제가 소설적보다는 희곡적인 것이고, 그 문체가 산문체가 아니고 시가체인" 판소리를 '극가'로 규정하면서 판소리 연구의 새로운 시야를 개척한 이병기로부터 제2기가 출발하였다. 또한 1960년대 이후 판소리 작품의 구조적 특성, 판소리 음악의 독자성, 판소리 변화의 사회사적 배경, 새로운 작품의 해석에 관심을 기울이는 등 판소리 연구가 다양하게 이루어지고 깊이를 더하게 되었다고 보고, 이 시기를 판소리 연구의 제3기로 보았다. 특히 이 시기에 판소리를 민중적 시각을 바탕으로 한 현장예술로 파악한 흐름이 주류를 이루었는데, 이는 지금까지도 판소리 연구에 있어 많은 영향을 끼치고 있다. 그는 기존의 판소리 연구에서 나타난 가장 큰 문제점으로 판소리 연구가 판소리계소설 및 고전소설 일반의 연구와 같은 자리에서 진행되었다는 점을 지적하고, 이를 극복하면서 진정한 판소리 연구가 가능하다고 보았다.

최동현(1986)은 판소리 연구가 광대 중심으로 이루어진 것과 판소리 자체를 대상으로 한 것으로 나뉘어졌다고 보고, 이러한 관점에서 전체의 연구사를 광대패러다임과 판소리패러다임으로 구분하여 고찰하였다. 광대패러다임은 광대를 중심으로 판소리를 이해하는 제작론적 패러다임을 의미하고, 판소리패러다임은 판소리가 현장예술적 성격을 지니고 있다는 자각을 전제로 하고 있다. 판소리패러다임은 해방 이후 현재까지의 연구를 말하는데, 이에 이르러 제작론적 관점에서 이루어지던 판소리가 공연 현장을 중심으로 한 연구로 전환되었다고 보았다. 이에 의하면 본격적인 현장예술의 총체성 탐구는 판소리패러다임의 후기인 1970년대 이후에 이루어졌다. 이는 판소리를 현장예술의 관점에서 파악해야 한다는 김흥규의 제3기 특성과 일치하는데, 이를 통하여 판소리 연구가 현장 중심, 공연예술 중심으로 전환되어야 한다는 방향을 제시한 셈이다.

장석규(2000)는 판소리 연구사를 5기로 구분하여 고찰하였다. 판소리 연구의 제1기는 주로 잡지나 신문을 통하여 <춘향전>에 대한 작품론이 간헐적으로 발표되던 1940년대 말까지를 가리킨다. 그는 해방 이후 1950년대까지 실질적인 연구의 축적을 이루지 못했다는 점에서 앞의 연구사 구분에서 중요한 시대 전환기로 파악한 해방을 남북의 분단으로 대체하였다. 둘째 시기는 1950년대 초반부터 1960년대 전반기까지인데, 이 시기의 중요한 연구 업적은 김동욱으로부터 나타났다고 보았다. 물론 김삼불, 강한영, 이혜구 등을 통하여 연구의 다변화가 이루어졌지만, 1965년의 『춘향전 연구』는 앞 시기의 업적을 마무리하고 새로운 연구의 시야를 열어 주었다는 평가를 하고 있기 때문이다. 이 시기에 이르러 다양하게 불리어지던 판소리의 명칭도 판소리로 단일화되었다. 그는 또 제3기를 1960년대 후반기부터 1970년대 전반기까지로 보았는데, 그 이유로 장르에 대한 관심이 판소리 연구의 중심 과제로 증폭되었다는 점을 들었다. 이는 판소리의 정체성에 대한 관심으로 연구가 집중되면서, 판소리를 둘러싼 주변 장르와의 거리가 형성될 수 있었기 때문이다. 제4기는 판소리의 발생과 변화에 있어 사회와의 상관성이 깊이 있게 탐구되면서 판소리 연구의 비약적 발전이 이루어졌다는 점에서 1970년대 후반기와 1980년대 전반기가 여기에 해당한다. 사회적 동인과의 관련성에 바탕을 두고 나타난 전통예술의 민중적 성격에 대한 연구는 이 시기의 예술을 바라보는 중요한 관점이었다. 이미 전제되어 있는 민중적 성격은 판소리에도 여과없이 적용되었고, 그런 점에서 국민예술로의 확대를 위하여 양반을 향유층으로 끌어들이고자 했던 신재효의 반민중적 성격이 지적되기도 했다. 제5기는 1980년대 전반기에 판소리학회의 결성을 통하여 연구자가 집결되고, 연구의 대상이나 방향이 다양하게 전개되면서 시작되었다고 보았다.

판소리학회의 논문집인 『판소리연구』가 매년 2회씩 발간되고, 일시적이었지만 동리연구회의 논문집인 『동리연구』의 발간을 통하여 판소리 관련 연구물이 비약적인 축적을 이룰 수 있었다.

여기에서는 앞에서 이루어진 연구사의 구분을 참고하되, 판소리 연구 자체의 성격에 기초하여 크게 3기로 구분하였다. 제1기는 <춘향전>을 중심으로 하여 판소리의 정체성을 확인하는 연구가 중심을 이루었던 시기인데, 대체로 1960년대 초반까지가 이에 해당된다. 이 시기의 연구자들은 판소리에 대한 명확한 규정 없이 민족의 고전인 <춘향전>을 통하여 이 작품이 가지고 있는 특성을 파악하고, 이를 통하여 판소리의 장르적 정체성을 확인하고자 하였다. 판소리 연창자에 대한 개괄적 정리나 판소리 창본의 채록도 부분적으로 이루어짐으로써 다음 시기의 연구를 위한 발판을 마련할 수 있었다. 외부적으로는 1960년대 초반 전통예술에 대한 무형문화재 지정을 통하여 연창자 개인에게만 부과되었던 판소리 전승의 책임을 국가가 일정 정도 떠맡게 되었다. 지정의 과정에서 판소리 전승에 대한 기초 조사가 이루어진 것도 다음 시기에 이루어진 판소리의 종합적 연구의 소중한 자료가 되었다.

김동욱은 1965년의 『춘향전 연구』와 1961년의 『한국 가요의 연구』를 통하여 앞 시기의 업적을 정리하고, 다음 시기 연구의 방향을 선도하였다. 판소리의 정체성을 확인하는 연구를 통하여 발생이나 장르적 성격, 그리고 각 영역의 연구가 깊이 있는 진전을 이루었던 것이다. 따라서 제1기와 2기는 1960년대 초반에 이루어진 김동욱의 정리를 중심으로 구분할 수 있다. 문학 전공자를 중심으로 이루어졌던 판소리 연구에 음악 전공자가 가세하면서 판소리에 대한 논의의 장이 확대될 수 있었던 제2기의 연구는 이러한 정리와 비전 제시를 통하여 가능했었다고 볼 수 있다.

판소리 연구의 제3기는 판소리학회를 통하여 비약적인 판소리 연구가 가능해졌다는 점에서 1984년의 판소리학회 창립으로부터 시작된다. 이는 장석규의 연구사에서 제5기로 설정한 것과 같은 시각으로, 문학과 음악, 공연 등 각 영역의 연구가 동일 논문집에 실리면서 학제간 연구의 길이 열리게 되었다는 점을 중요시하였기 때문이다. 학회의 논문집이 지속적으로 발간되면서 서로 다른 영역의 연구 결과물이 동일 선상에서 논의될 수 있었고, 이에 따라 서로 다른 영역 연구자들의 협력이 가능하게 되었다. 나아가 각 영역의 연구가 상호 경쟁적인 양상을 보이면서 연구의 심화를 보여주는 시너지 효과도 나타날 수 있었다. 판소리를 바탕으로 이루어진 창극이나 창작 판소리, 그리고 판소리의 세계화와 교육 등 실용적 측면에 대한 관심이 연구의 주류로 편입된 것도 이 시대에 나타난 현상이다.

따라서 판소리 연구의 시기 구분을 판소리의 정체성 확인을 위한 연구가 이루어졌던 제1기, 이러한 성과를 바탕으로 판소리를 성립시킨 각각의 영역에서 연구를 심화 확장시켜가던 제2기, 판소리 자체뿐만 아니라 이를 둘러싸고 있는 주변 장르와 판소리의 실용적 측면에 대한 관심이 확대되는 제3기로 구분하여 연구사를 조망하기로 한다. 판소리 연구의 전체적인 흐름을 이러한 시대구분을 통하여 먼저 살피고, 이를 바탕으로 각 시기에 제기되었던 쟁점을 정리하고자 한다. 연구사가 가지는 중요한 기능은 기존의 연구를 정리하고, 이를 바탕으로 하여 미래의 연구가 나아갈 방향을 제시하는데 있는 것이기 때문이다.

2. 판소리 연구의 전반적인 경향

1) 제1기 : 판소리의 정체성 확인을 위한 연구

대상에 대한 탐색은 그 대상이 인간과 관련을 맺는 순간부터 비롯된다고 할 수 있다. 그 대상은 인간과 어떤 의미에서 관련을 맺고, 그 관련은 인간에게 어떤 결과를 초래하게 될 것인가를 점검하는 작업이 필수적으로 따르게 마련이기 때문이다. 모든 문화 현상은 인간과의 관련 속에서 나타나고 축적된다고 할 수 있다. 이미 이루어진 뒤 인간과 관련을 맺는 것이 아니기 때문에, 그 대상에 대한 탐색은 인간의 손에 의하여 만들어지는 순간부터 비롯된다. 판소리도 이에서 예외가 되는 것은 아니다. 그것은 이 땅에서 그 시대와 맞부딪치며 살아왔던 사람들에 의하여 형성되고 변화되어 온 우리 문화 현상의 진수이기 때문이다. 끊임없는 사고와 동작의 모색에 의하여 판소리의 현재적 모습은 이루어졌다. 그 사고와 동작의 모습이 바로 탐색의 과정이라고 할 수 있다.

우리가 어떤 대상에 대하여 연구라는 용어를 사용할 때, 그것은 현대적 안목에서의 체계적 접근을 전제하는 것이 일반적이다. 호기심에서 출발하여 진술한 완상의 태도나, 대상에 대한 순간적 통찰의 제시를 곧바로 연구사에 편입하기에는 아무래도 무리가 따르기 때문이다. 물론 대상에 대한 단편적 언급이나, 자료의 수집이 체계적 접근을 전제한 경우도 있을 수 있다.

모든 연구가 그렇듯이 판소리의 경우도 개인적이고 사적인 진술로부터 연구사는 시작되었다. 18세기 경, 판소리가 현재의 모습으로 정착되었을 때부터 판소리에 대한 개인적인 언급은 계속되어 왔다. 판소리 공연을 본 결과를 한시(漢詩)로 기록하고, 연창자와의 교류를 기록으로 남기기도 하였다. 이러한 자료들이 모두 후대의 본격적인 판소리 연구의 바탕이 될 수 있었다. 판소리에 관한 연구는 문학적 성과물의 점검에서 촉발되었다고 할 수 있다. 조선후기 민중의 역량이 집적되어 드러난 판소리계소설의 연구성과는 자연 그것을 가능하게 하였던 판소리로 연구의 시각을 전환하게 하였던 것이다. 이러한 연구성과를 음악과의 관련 속에서 이해하려는 시각도 나타나는데, 이것 또한 문학적 성과의 집적에 촉발되어 나타난 현상이라고 할 수 있다.

극가, 창극, 창극조, 창악, 소리 등으로 다양하게 불려지던 판소리는 1950년대에 이르러 자신을 가리키는 용어로 판소리를 선택하였다. 주로 <춘향전>의 집중적인 논의가 이루어지고, 이 작품이 포함된 판소리에 대하여 관심의 폭을 확대시킨 것이 제1기 연구의 중심을 이루었는데, 판소리와 판소리계소설의 구분 없이 이루어진 초기의 연구에 있어 이는 당연한 현상이라고 할 수 있다. 서두수(1939)는 <춘향가>가 <춘향전>에 선행했을 가능성을 제시함으로써 '판소리 사설 선행설'의 기틀을 제공하였고, 조윤제(1939)와 김동욱

(1955)은 이본에 대한 검토를 통하여 '춘향전학'의 가능성을 보여 주었다. <춘향전> 작품에 대한 연구는 더욱 활발하게 이루어졌다. 김태준(1939), 윤세평(1948)은 춘향의 시련과 성취를 민중적 관점에서 높이 평가하였고, 김동욱(1953, 1954)은 판소리계소설이 가지고 있는 문체적 특성과 작품의 바탕을 이루는 근원설화를 적시하였다. 김동욱(1965)은 『춘향전 연구』를 통하여 기존의 연구를 총정리하고, 미래의 '춘향전학'을 위한 가능성을 보여 주었다. 진단학회(1962)는 연구자들의 <춘향전>에 대한 폭넓은 관심을 반영하여, 이를 정리하는 토론회를 개최하기도 하였다. 김삼불(1950)은 <춘향전> 일색인 당시의 연구 풍토에서 <옹고집전>과 <배비장전>에 대한 연구를 통하여 대상 작품의 다양화에 기여하였다.

김재철(1939)의 『조선연극사』나 정노식(1940)의 『조선창극사』는 판소리의 공연적 성격을 전제하면서 이루어졌다는 점에서, 이전에 이루어졌던 단편적인 언급과 관극시 등이 가지고 있는 종합적 태도를 계승한 것이라고 할 수 있다. 정노식(1938)은 『조선창극사』를 저술하기 위한 기초 작업을 오랫동안 진행하였는데, 그의 판소리 연창자에 대한 정리는 상당 부분 원로 연창자의 구술에 의존하여 이루어졌다는 점에서 많은 오류를 내포하고 있다. 그러나 판소리의 향유와 전승에 있어 중심적 역할을 담당하는 연창자 연구는 판소리 연구에 있어 핵심적인 분야라고 할 수 있다. 더구나 살아 숨쉬는 전승 주체라는 점에서 연창자의 삶은 그 자체로서도 민속적인 가치를 지니는 것이다. 청엽생(1937)이나 이달재(1939)가 명창 이동백에 대하여 단편적인 사적 기록을 남긴 것도 이러한 이유에서 가치를 갖는다. 따라서 연창자의 계보와 유파가 명시적으로 규정될 수 있었다는 점에서, 정노식의 업적은 이 시기 연구에서 중요한 위치를 지니는 것이다. 그는 최초로 '무악기원설'을 제시하고, 춘향전 성립에 관해 '무녀의 굿 → 광대의 창극조 → 소설화'라는 구도를 설정하였다. 판소리의 시창자로 '하한담과 최선달'이라는 구체적 인물을 제시한 것도 후대 연구의 과제로서의 의미를 갖는다. 김동욱(1956)이 판소리 광대의 연구를 통하여 판소리 발생의 비밀을 해명하고자 한 것도 이러한 선행 연구가 있어 가능했던 것이다. 이에 반하여 김재철은 '설화 → 소설 → 판소리'의 도식을 제시하고, 판소리문학의 서민성과 반봉건적 성격을 주장하였다.

이 시기 판소리 연구에 있어 또 하나의 흐름으로 신재효에 대한 조명이 시작되었다는 점을 들 수 있다. 조윤(1929), 이병기(1939, 1959) 등은 신재효의 연창자 교육과 사설의 개작이 판소리사에 있어 중요한 의미를 갖는다고 보았다. 정노식(1940)도 자신의 저서에서 별도의 장을 설정함으로써, 신재효에 대한 깊은 관심을 드러냈다. 신재효는 그 신분이 아전이라는 점에서 양반과 상민의 중간적 존재라는 성격을 갖는다. 이러한 계층적 성격에 주목하여 신재효와 그의 개작 작품을 바라보는 연구도 나타났는데, 이는 다음 시기의 판소리 연구에서 신재효의 업적에 대한 평가로 이어지면서 판소리 연구를 심화시키는 기틀이 되었다(고정옥, 1959). 한 개인에 의하여 특정의 시기에 개작된 사설이 발표되었다는 점에서, 신재효의 개작 사설은 창본 비교의 구체적 기준을 제시하였다는 중요한 의미를 가지고 있다. 부분적으로 공개된 신재효의 개작 사설은 1969년 강한영에 의하여 전 작품이 발표되어 그에 대한 종합적 연구가 더욱 활발하게 이루어졌다.

이선유(1933), 이창배(1961) 등의 판소리 연창자에 의한 창본의 정리 작업도 이 시기에 간헐적으로 이루어졌다. 특히 이선유는 자신의 전승 5가를 정리하여 발표하였는데, 그가 동편제의 전통 판소리를 계승하였다는 점에서 판소리 유파의 특성을 밝히는 중요한 자료로 평가된다. 이혜구(1955, 1960)는 1843년 경에 이루어진 송만재의 <관우희>를 음악적 관점에서 연구 발표함으로써 음악과 공연이 어울려 이루어진 판소리 연행의 구체적 실상을 보여 주었다.

2) 제2기 : 판소리 연구의 기반 조성과 심화 연구

1960년대 중반부터 1980년대 중반에 이르는 판소리 연구의 제2기는 엄청난 사회 변화와 함께 우리 자신을 보존하기 위하여 외부 세계와의 접촉을 강요당하던 시기였다. 좋든 싫든 우리는 우리 자신만으로 머물러 있을 수 없었다. 이러한 개방화와 함께 세계에 내보일 우리 것의 빈약함을 절실히 인정하지 않을 수 없었던 시기가 바로 제2기이기도 하였다. 우리 것에 대한 재인식의 작업은 이러한 시대적 상황 속에서 때로는 경직된 모습으로 추진되기도 하였다. 사라져 가는 문화적 유산을 재점검하고, 전통 연예인을 '인간문화재'로 지정하여 그들이 가지고 있는 전통예술의 존속을 도모하고자 한 것도 이러한 시대적 요청에서 비롯된 것이라고 할 수 있다.

김동욱의 『춘향전 연구』가 제1기 연구를 집대성한 성과라면, 그 이전에 이루어진 『한국 가요의 연구』는 제2기의 연구가 나갈 방향을 제시한 성과라고 할 수 있다. 여기에서 제시한 판소리 자료의 발굴과 작품의 구조적 성격을 밝히는 작업이나, 판소리계소설에서 벗어나 판소리 자체에 대한 관심을 보이게 된 연구가 이 시기에 집중적으로 나타났기 때문이다. 이에 힘입어 판소리의 장르에 대한 관심이 일어났고, 이러한 시각은 판소리와 관련된 각 분야 전문가들의 참여에 의하여 보다 심화된 연구에 진입할 수 있게 하였다. 판소리 연구의 내용뿐만 아니라 판소리 연구자가 확대되면서 이 시기는 판소리 연구의 심화라는 시대적 사명을 완수할 수 있었다.

문학 분야 전공자들의 연구에서 주로 나타났던 사설 중심의 판소리 연구는 이 시기에도 더욱 활발하게 이루어졌다. 지속적인 자료의 발굴을 통하여 가능해진 이본 연구와 기왕의 문학적 해석에 대한 진지한 비판적 검토도 이루어졌다. 이를 통하여 판소리 사설의 구조는 여타의 서사물과 차이가 있다는 논의도 나타났다. 조동일(1966, 1968, 1970, 1971, 1972)은 일련의 판소리 관련 연구를 통하여 판소리의 장르와 구조가 갖는 특성, 주제의 양면성을 거론함으로써 이 분야 연구의 한 정점을 보여 주었다. 그는 이른바 '고정체계면'과 '비고정체계면'의 개념을 도입하여 판소리의 보편적 구조를 설명하고자 하였다. 또한 이를 바탕으로 '부분의 독자성'과 '표면적 주제와 이면적 주제'를 도출함으로써 판소리의 불합리해 보였던 구조가 확연한 원리 위에서 나타난 것이라는 주장을 하였다. 주제의 복합성 등 그의 주장이 담고 있는 모순에 대하여는 이후 많은 비판이 있었지만, 판소리의 구조에 대한 종합적 접근이 이루어졌다는 점에서 판소리 연구사의 중요한 업적으로 평가된다(박희병, 1986). 김대행(1976, 1978)은 조동일의 '부분의 독자성'이 가지고 있는 모순을 '장면 극대화의 원리'를 도입하여 해결하고자 하였다. 모든 문화 현상에 내재하고 있는 이 원리를 판소리에 확대 적용함으로써 판소리가 가지고 있는 보편성과 독자성을 설명하였던 것이다.

특히 주목되는 것은 1950년대에 그 가능성을 보여주었던 사회사적 접근이 이 시대 문학 연구의 주류를 형성하였다는 점이다. 문학이 사회의 반영이라는 전제에서 출발한 이 분야 연구의 흐름은 예술이 담당해야 할 사회적 사명과 연관되면서 중요한 성과를 거둘 수 있었다. 등장인물이 해당되는 시대의 계층적 성격을 보여주고 있다는 논의를 통하여 작품을 바라보는 또 하나의 시각이 정립될 수 있었기 때문이다(김흥규, 1974, 1975, 1979 ; 임진택, 1981). 서구의 문학이론 수용과 함께 판소리 작품에 대한 심리학적, 신화적 비평 등의 다양한 접근도 이와 함께 거론할 수 있는 이 시기 문학 연구의 흐름이라고 할 수 있다.

1950년대에 논의되었던 판소리의 발생과 장르에 대한 연구도 활발하게 진행되었다. 자생적 기원설과 외래문화 영향설(김학주, 1966 ; 이가원, 1967 ; 장주근, 1981) 등이 거론되었지만, 대체로는 광대소학지희(김동욱, 1955)와 무가·제의 기원(이혜구, 1955 ; 서대석, 1969)이라는 자생적 기원설이 학계의 지지를 받게 되었다. 이 논의는 판소리를 둘러싼 연희 집단의 연구가 활발해지면서 다음 시기에서도 계속 논의의 흐름을 유지하고 있다.

장르에 대한 연구는 판소리의 정체성을 확립하는 중요한 작업이라는 점에서 판소리 연구자들이 당연히 짚고 넘어가야 할 과제로 인식되었다. 판소리 장르 규정을 위한 심포지엄이 열렸지만 희곡장르와 구비서사시, 음악, 판소리 독자 장르로 보는 견해 등이 팽팽히 대립하여 아직도 그 해결을 보지 못하고 있다(서울대 동아문화연구소, 1966 ; 조동일, 1966). 이러한 논의가 심화되면서 판소리에 대한 이해의 폭을 넓혔다는 긍정적 평가와, 판소리를 음악이나 연극 등 특정 분야로 한정하여 바라보게 하였다는 부정적 평가가 아울러 나타났다.

음악 분야의 판소리 연구가 활발해진 것도 이 시기의 주목할 만한 경향이다. 사설의 문학적 측면, 행위로 드러나는 공연적 측면이 판소리를 이루는 중요한 속성이기는 하지만, 기본적으로 판소리 연창자의 능력은 음악적인 것과 연관된다. 이른바 '득음'이야말로 연창자의 수준을 판가름하는 본질적인 부분인 것이다. 그런 점에서 음악에 대한 본격적인 관심은 판소리 연구의 폭을 확대시켰다는 평가를 할 수 있다. 박헌봉의 『창악대강』(1966)은 조합본적 성격이라는 한계에도 불구하고 창본의 정리라는 판소리 연구의 한 방향을 보여주었다. 연창자에 의한 판소리 창본의 정리는 이선유의 『오가전집』(1933)과 이창배의 『증보 가요집성』(1959)이 있었지만, 이 시기에 이르러 김연수(1967, 1974)가 자신의 사설을 정리함으로써 현장 연구가 이루어질 수 있는 기반을 형성하였다. 이보형(1969, 1971, 1975)이 진행하고 있는 일련의 연구는 문학 분야에서 이루어진 성과의 확인과 비판이 음악 분야의 연구를 통하여 검증되고 있다는 점에서도 중요한 의미를 갖는다. 판소리 공연의 현장성을 기반으로 이루어진 이 연구는 제3기에도 판소리 연구의 중요한 흐름을 형성하고 있다.

우리 문화에 대한 관심과 주체성에 대한 자각의 바탕 위에서 이루어진 제2기의 판소리 연구는 왕성한 기운으로 진행되었고, 그것은 판소리 각 방면의 전문적 연구를 촉발시키는 계기가 되었다. 축적된 연구성과를 정리하는 연구사를 통하여 기존의 연구를 검토하고, 앞으로의 연구가 나가야 할 방향을 제시한 것도 이 시기 연구의 중요한 성과로 꼽을 수 있다(김동욱, 1968 ; 조동일, 1972 ; 김흥규, 1977). 제3기에 이르러 판소리의 외연으로 연구가 확대되고, 실용적 측면에 관심을 쏟을 수 있게 된 것도 제2기에 이루어진 탄탄한 성과에 힘입은 바 크다고 할 수 있다.

3) 제3기 : 판소리 연구의 외연 넓히기와 실용화 방안 연구

전국 규모의 판소리학회가 결성된 것은 1984년의 일이다. 그 이전에도 판소리학회라는 이름의 단체가 있어 판소리를 감상하고 음반의 제작과 사설의 채록을 하였지만, 본격적인 학회 활동을 한 것은 아니었다. 학회가 결성되면서 명실상부한 판소리 연구인력의 집결이 이루어졌고, 체계적인 판소리 연구도 가능해졌다. 판소리학회는 초기부터 연구와 실기를 병행하는 방식으로 학회를 운영하였는데, 이는 판소리의 종합적 접근이라는 본래의 취지를 극대화하려는 의도에서 이루어졌다. 학술 발표에 연창자와 고수가 참여하고, 학술 발표 후에는 실기자의 공연을 통하여 이론에서 제기된 문제점을 해결하려는 노력도 가능해졌다. 학술 발표의 결과를 수렴하는 학회지의 발간은 1989년에야 이루어졌지만, 다양한 전공의 연구자들이 모여 발표와 토론을 벌임으로써 개별적으로 이루어지던 이전의 연구와는 구별되었다. 개인적으로만 이루어졌던 학제간의 연구, 이론과 실기의 소통 등이 학회 차원에서 이루어졌기 때문이다. 따라서 판소리의 종합적 연구와 새로운 방향으로의 탐색을 그 특징으로 하는 제3기의 출발점을 학회가 창립된 1984년으로 잡을 수 있을 것이다.

이 시기에도 작품의 심도 있는 이해와 이본간의 변별성을 드러내는 연구는 계속되었다. 이는 앞으로도 계속되는 것이지만, 지난 업적을 정리하고 그 바탕 위에서 다음 단계로 나갈 수 있었다는 점에서 앞의 연구와는 구별된다. 이 시기에 이르러 방자나 월매 등 작품의 주변인물에 대한 관심을 통하여 한 작품의 종합적 이해를 도모하고자 하는 연구성과가 지속적으로 발표되었다. 한 작품은 주동인물 몇으로 이루어지는 것이 아니라 다양한 인간상의 활동에 의하여 이루어진다는 점에서, 이는 의미 있는 연구의 시각이라고 할 수 있다(정하영, 1985).

이전에 논의된 결과를 비판적으로 정리, 심화하는 작업도 이 시기에 이루어졌다. 신재효의 업적에 대한 조명은 앞에서 본 것과 같이 간헐적이고 부분적으로 이루어졌다. 그런데 이에 대한 집중적인 연구 결과가 발표되면서, 그의 판소리에 기울인 성과를 재조명하는 논의도 활발하게 이루어졌다. 신재효의 판소리 활동에 대하여는 긍정과 부정의 견해가 팽팽하게 대립되어 있었다. 여섯 바탕으로의 개편 작업을 통하여 인상적으로만 언급되었던 판소리의 실상을 파악할 수 있었다는 긍정적 견해는 그의 작업이 판소리의 발랄성과 서민성을 훼손하는 방향으로 진행되었다는 부정적 평가에 묻히게 되었다. 판소리의 현장성이 사라지고 기록화를 통한 생명력의 상실이 그의 작업 결과라는 것이다. <토끼전>으로부터 시작된 인권환(1973)의 이러한 논의는 여타의 작품으로까지 확대되면서 큰 흐름을 형성하였다. 이는 사회 집단과의 관련 속에서 본질을 파악하고자 하는 당시의 학문적 풍토와도 무관하지 않다. 서종문(1984)과 정병헌(1986)은 이러한 양 측의 견해가 신재효의 부분적인 성과를 바탕으로 이루어졌다는 한계를 인식하고, 그의 업적 전체를 연구 대상으로 삼아 그의 판소리사적 위상을 정리하였다. 신재효와 그의 판소리를 집중적으로 조명하기 위한 동리연구회가 창립되었고, 연창자와 고수, 판소리 연구자를 대상으로 하는 동리대상의 제정도 이에 대한 깊은 관심을 촉발하였다. 이는 서종문 · 정병헌(1997)에서 정리되었는데, 신재효에 대한 관심은 판소리 연구자들이 반드시 거쳐야 할 하나의 관문으로 인식되고 있다. 이러한 현상은 판소리사에서 신재효가 차지하는 위상을 보여주는 것으로 이해할 수 있을 것이다.

정노식의 『조선창극사』나 김동욱의 판소리 형성에 관한 업적 등 과거의 판소리 연구에 대한 재조명도 이 시기에 나타난 중요한 현상이다. 정하영(1994), 김석배(1998), 장석규(1997)는 정노식의 『조선창극사』를 비판적으로 검토함으로써, 선행 연구의 수용이 보다 철저한 검증 위에서 이루어져야 한다는 학문 연구의 기본을 확인시켜 주었다. 이는 판소리 연창자들의 회고나 증언이 검증 작업 없이 수용되는 현실을 반성하게 하였다는 점에서도 의의를 갖는다.

판소리의 종합적 연구를 통한 미학적 성격의 탐구도 이 시기에 본격적으로 이루어졌다. 김대행(1989, 1993)은 판소리 사설에 나타난 이중성의 미학을 밝혔고, 최진형(2002)은 계속되는 장르 논쟁을 미학적 성과라는 생산적 논의로 전이시켰다. 작품을 통하여 드러내고자 하는 결과가 미학으로 드러난다는 점에서, 이는 판소리의 연구를 미시적이며 거시적일 수 있는 양면으로 확대시켰다. 천이두(1986) 등이 추구하는 일련의 성과가 부분을 통하여 전체로 확대되는 양상을 보이고 있다면, 백대웅(1982), 전신재(1988), 이국자(1990), 박영주(1991), 최종민(1998) 등은 거시적인 관점에서 판소리의 미학적 측면을 탐구하였다.

이본의 연구, 창본의 정리와 자료 발굴, 판소리사의 정리, 판소리의 장르, 연구사 정리 등도 이 시기에 활발하게 연구되었다. 설성경(1986), 김석배(1999) 등은 이본의 비교를 통하여 작품의 변모 양상을 살피는 작업을 진행하였다. 앞 시기에 간헐적으로 이루어졌던 창본의 정리와 자료 발굴도 이 시기에 이르러 괄목할 만한 성과를 보였다. 특히 김진영(1997~2004)은 판소리와 관련된 자료를 50여 권으로 집대성하는 성과를 이루었고, 전라문화연구소(2005)도 교주본, 판소리총서, 현대어역본, 현대화사설본, 영역본 등 30여 권을 학계에 제공하였다. 정광수(1986), 박송희(1988) 등은 자신의 창본을 정리하였고, 이 외에도 최동현(2001) 등의 창본 정리 작업이 이루어졌다. 이 시기에 김종철(1992), 김기형(1998), 김헌선(1993), 김준형(2000)에 의하여 판소리와 관련된 새로운 자료들이 소개되어 판소리 연구의 심화를 가능하게 하였다. 김현주(1998), 정병헌(1998) 등은 판소리의 장르에 대한 논의를 장르 자체에 국한하지 않고, 작품의 예술성이나 판소리의 변모를 드러내는 생산적인 방편으로 파악함으로써 장르 연구의 새로운 시야를 개척하였다.

판소리의 형성과 변모를 확인하는 연구도 이 시기에 활발하게 이루어졌다. 인권환(2002), 김상훈(1992), 김석배(1999), 배연형(1994) 등은 판소리 개별 작품의 형성과 변모 과정을 논의하였고, 이보형(1990), 김헌선(1990), 백대웅(1993), 배연형(1994), 손태도(2003), 유영대(1996) 등은 판소리의 형성과 변모 과정 전반에 대한 논의를 전개하였다. 이를 통하여 다시 판소리의 발생 과정에 대한 논쟁이 전개되었고, 판소리 유파의 변모 과정에 대한 이견도 제기되었다. 이와 함께 창을 잃은 판소리의 실전 이유도 다양하게 제시되었는데, 김종철(1992), 인권환(2002), 정병헌(2005) 등은 창을 잃은 판소리의 실전 이유 규명을 통하여 판소리사의 전개에 대한 논의를 심화시켰다. 그러나 실전의 이유는 작품 자체의 성격과 작품을 둘러싼 연행 환경의 변화에서 찾는다는 점에서 서로 다른 견해를 노출하였다. 판소리 연구사의 정리도 활발하게 이루어졌다. 최래옥(1984), 최동현(1986), 장석규(2000) 등은 판소리 전반의 연구사를 정리하여 후속되는 연구의 기반을 마련하였다. 이에 따르면 2005년 12월 현재 판소리 연구논문은 2,500편을 상회함으로써 민속예술 연구에 있어 판소리가 차지하는 위상을 잘 보여주고 있다.

이러한 기존 논의의 심화를 바탕으로 제3기 연구는 미래의 판소리 연구가 나가야 할 중요한 방향을 제시하였다. 그것은 앞 시기에 소략하게 이루어지거나 관심을 보이지 않았던 부분인데, 판소리의 음악적 성격, 판소리와 창극의 공연예술적 성격, 판소리의 창작과 교육, 북한이나 중국의 판소리를 포함하는 판소리 세계화의 전망 등이 이에 속한다.

판소리 연구에 있어 음악 전공자들의 참여가 활발하게 이루어진 것이 이 시기 연구의 큰 흐름이었는데, 이는 판소리의 실현이 음악을 통하여 이루어진다는 점에서 당연한 현상이라고 할 수 있다. 판소리 명창의 수월성은 결국 그 음악적인 능력에 의하여 이루어지는 것이기 때문이다. 백대웅(1993)은 판소리 음악의 역사와 이론 수립에 관한 연구를 지속적으로 발표하였다. 그 결과는 지금까지 사설을 대상으로 한 연구 결과와 상반된 것이 많은데, 종국적으로는 판소리의 포용성과 개방성을 입증하는 것으로 귀결될 수 있었다.

음악의 연구를 더디게 만든 가장 큰 원인은 판소리 음악이 갖는 시간성이라는 본질 문제에서 찾을 수 있다. 공연의 기록이 구체적으로 존재할 수 없었기 때문에, 음악의 연구는 항상 공연에 대한 객석의 기록물인 2차 자료에 의존할 수밖에 없었다. 이러한 열악한 상황 속에서도 판소리 음악의 보편적 이론을 수립하고 적용하는 노력은 문승재(1996) 등에게서 지속적으로 나타났다.

이들의 연구를 통하여 판소리 음악 어법 등 음악 체계의 규명에 대한 관심이 확대되었다. 이와 함께 설렁제, 붙임새, 반드름, 성조 등 판소리 음악의 용어에 대한 정리 작업도 이루어졌는데, 이진원(2004)은 한국전쟁을 소재로 한 연변 지역의 창극 <떡메의 증언>을 소개하고, 그 음악적 짜임을 연구하였다.

지나간 시대의 음악 단체와 연창자들의 음악에 대한 관심과 실제를 구체적으로 탐구한 연구도 이 시기에 집중적으로 나타났다. 강예원(1994), 최난경(2003) 등은 판소리 연창자의 음악적 특징을 밝히는 연구를 발표하였는데, 이들이 공통적으로 의지하고 있는 자료는 유성기 음반이었다. 음반 자료라는 구체적 기록물이 있었기 때문에 시간예술인 음악의 연구는 가능했던 것이다. 이를 통하여 음악의 시간적 제약을 어느 정도 벗어날 수 있었기 때문이다. 이러한 고음반의 중요성을 인식하고, 이를 체계적으로 연구하고자 설립된 모임이 한국고음반연구회이다. 1989년 창립된 이 단체는 사라져가는 고음반 자료를 수집・연구하고, 이를 복각하여 대중화시키는 작업을 병행하였다. 1991년부터 발간된 학회지를 통하여 그 성과가 집약됨으로써, 판소리 음악에 대한 연구는 새로운 국면을 맞이할 수 있었다.

판소리의 실현이 문학이나 음악으로 이루어지는 것이 아니라, 무대 위의 공연으로 나타난다는 것은 너무나 자명한 일이다. 그러나 판소리를 구성하는 여러 요소들이 각 전공자에 의하여 연구되면서, 판소리의 종합적인 연구는 활발하게 이루어지지 않았다. 이에 대한 반성도 민족음악학에 대한 관심과 함께 이 시기에 집중적으로 나타났다. 이국자(1990), 최동현(1989) 등은 판소리를 종합적인 시각에서 접근해야 하는 이유를 구체적 검토를 통하여 보여주었다. 전신재(1988), 허규(1991), 김익두(1998) 등은 판소리가 공연예술이라는 기본 인식 위에서 논의를 전개하였다. 이를 통하여 판소리의 연극적 측면이 보다 분명하게 드러날 수 있었다. 현대 장르로의 변용을 전통의 현대화라는 관점에서 긍정적으로 평가하고, 그 실상을 보여줌으로써 미래의 판소리가 가야 할 길을 제시하였다는 점에서 의의를 갖는 연구라고 할 수 있다.

이 시기에 들어 가장 활발하게 이루어진 판소리의 성과는 창극이었다. 따라서 창극의 과거와 현재, 미래에 대한 다양한 논의가 이루어졌다. 20세기 초 청희(淸戲)나 신극의 영향을 받아 이루어진 창극은 서구와의 교섭 이후에 나타났다는 태생적 한계 때문에 끊임없는 실험을 계속해 왔다. 100년의 역사와, 국가에서 설립한 창극단을 가지고 있는 창극은 지금도 여전히 실험의 단계를 거치고 있고, 창극 정립을 위한 논의가 계속되고 있다. 이에 대하여는 그러한 모습 자체가 시대의 변화를 포용할 수 있는 경쟁력이라는 긍정적 관점과, 연극이나 음악극과 변별되는 정체성을 확립하지 못했다는 부정적 평가가 공존하고 있다. 경쟁력과 정체성이라는 관점에서 논의되고 있는 다양한 창극 논쟁은 지금도 여전히 계속되고 있는 것이다. 창극의 발생과 현황에 대한 사실적 보고는 백현미에 의하여 집중적으로 이루어졌는데, 연구 결과는 『한국창극사연구』(1997)로 결집될 수 있었다.

이러한 성과 위에서 창극의 현재에 대한 비판과 바람직한 창극의 방향에 대한 다양한 견해가 도출되었다. 창극이 판소리 음악을 중심에 놓고 이루어져야 한다는 점에 대하여는 누구나 동의하고 있지만, 그 구체적 실현의 모습에 대하여는 그 견해가 구별되고 있다. 음악극과 현대연극 사이에서 어려운 줄타기를 할 수밖에 없는 모습을 창극은 요구받고 있는 것이다. 김우탁(1975), 서연호(1990, 1994) 등은 창극이 연극이라는 장르적 본질을 명확하게 드러내야 한다고 주장하였다. 따라서 극으로의 철저한 변신을 위하여 판소리가 가지고 있는 서술적 성격을 과감하게 버릴 것이 요구된다는 것이다. 이에 반하여 창극이 여타의 현대연극과 구별될 수 있는 이유는 판소리에 기반하고 있다는 점에서 찾을 수 있고, 따라서 판소리적 요소를 최대한 반영해야 창극의 정체성이 확립될 수 있다는 견해도 나타났다. 김대행(1993), 유영대(1998), 김만수(1998), 정병헌(1998), 최종민(1998) 등은 판소리적 요소의 극대화가 창극이 대중성을 획득할 수 있는 요체라고 보았다.

판소리 연창자는 단순히 배우로서의 역할만으로 끝나는 존재가 아니다. 고수와 함께 청중 앞에 보여지는 존재이지만, 그는 판소리의 진행을 기획,

연출하는 총괄적 기능을 가지고 있다는 점에서 다른 배우와 구별된다. 이러한 연창자의 성격을 중시하여 연창자의 연창 능력뿐만 아니라, 가계와 학통 등에 대한 인류학적 접근도 이 시기에 지속적으로 나타났다. 연창자 연구를 통하여 판소리 연구는 정지된 대상에서 살아 움직이는 인간으로 연구의 방향이 변화되었다. 개별적인 연창자론의 주 대상은 송흥록, 모흥갑, 김세종, 권삼득, 강도근, 김동준, 김정문, 정춘풍, 정정렬, 김소희, 박춘재, 김추월, 박봉술, 박초월, 송만갑, 안향련, 진채선, 김창환, 박록주, 박동실, 김창룡, 장재백, 이화중선, 김연수, 장월중선 등이다. 이는 현대의 살아 있는 연창자로 그 연구가 점차 확대되어 가면서 판소리의 과거와 현재, 그리고 미래가 사람을 중심으로 정리되고 있음을 보여주고 있다.

북한지역과 연변지역의 판소리에 대한 관심도 이 시기에 함께 이루어졌다. 월북 명창인 박동실의 기념비(紀念碑)가 그가 후학을 가르쳤던 담양에 세워졌다는 사실에서 알 수 있듯이, 이러한 연구는 이데올로기의 제약에서 벗어날 수 있었던 시대적 환경의 덕분에 가능했다. 한국전쟁을 소재로 한 연변지역의 창극 <떡메의 증언>이 소개되고(2005), 남한과 북한의 판소리 인식을 비교하여 정리한 연구도 나타났다. 남북한의 판소리 연구에 대한 비교(장석규, 1995)와 함께 연변지역의 판소리 전승 현황(최동현, 2004)도 구체적인 자료를 통하여 보고되었다.

판소리의 미래를 위한 연구는 판소리의 창작과 교육, 세계화와 관련된 것으로 요약할 수 있다. 판소리가 살아있는 장르가 되기 위해 필수적으로 요구되는 것은 새로운 작품의 창작과 대중성의 획득이라고 할 수 있다. 따라서 창작의 방향과 교육에 관심이 집중된 것은 당연한 추이라고 할 수 있을 것이다. 창작 판소리의 실험으로 볼 수 있는 것은 박동실의 <열사가>이다. 유영대(1992)는 이 작품을 소개하고, 그 판소리사적 의의를 탐구하였다. 김대행(1989, 1993)은 '장면 극대화의 원리'나 희극과 비극의 교체와 같이 판소리가 추구하는 이원성의 준수 등 기존 판소리의 원리를 충실하게 따랐을 때, 대중성을 획득할 수 있다고 보았다. 이 시기에 나타난 '또랑광대'는 예술적 능력의 추구와는 별도로 새로운 장르로의 확대라는 점에서 의미를 갖는다. 신동흔(2002), 김기형(2004)은 이 또랑광대에 대한 관심이 판소리 연구자가 가져야 할 또 하나의 분야라는 점을 보여주었다. 처음 나타나는 형태는 성글고 조악할 수밖에 없다. 판소리의 초기 모습도 또한 그러했을 것이다. 따라서 새로 나타나는 장르에 대해서는 현재와 함께 그 가능성까지를 염두에 두고 바라보는 태도가 바람직할 것이다.

판소리의 미래와 관련되어 거론할 수 있는 연구로 교육의 측면과 세계화의 문제를 빠뜨릴 수 없다. 류수열(1998), 유영대(1998)는 교육의 현장에서 이루어지는 판소리를 문학적 관점에서 접근함으로써, 기존의 교육에 대한 비판적 관점을 취하였다. 엄밀한 의미에서 판소리 전승에 대한 교육은 최종민(1989), 김기형(2004) 등에 의하여 제기되었는데, 국악 활성화를 위한 다양한 교육적 장치가 발표되었다. 이러한 논의는 결국 판소리나 창극을 전문적으로 가르치는 판소리학교, 또는 창극학교의 건립 등 정책적인 문제로 귀결된다는 점에서, 판소리의 세계화와 관련되는 문제로 인식할 필요가 있다. 판소리의 전승과 교육은 세계화를 위한 다양한 제도의 마련이나 정책의 수립을 통하여 구체화할 수 있기 때문이다.

2003년 11월 유네스코는 판소리를 세계무형문화유산으로 선정 발표하였다. 무형문화유산의 선정이 사라져 가는 문화의 원형보존 차원에서 이루어지는 것이기 때문에, 판소리가 반드시 앞과 뒤에 선정된 종묘제례악과 강릉단오제의 선정과 같은 선상에서 논의되기는 어렵다. 판소리는 원형의 보존과 함께 끊임없는 변화와 창조가 요구되는 문화이기 때문이다. 그렇다 하더라도 원형을 바탕으로 한 변화가 세계화에 걸맞는 것으로 이루어져야 한다는 것에 대하여는 많은 동의가 이루어지고 있다. 우리 시대의 판소리가 어떤 모습으로 존재해야 하는가에 대한 논의는 김대행(2000)에 의하여 이루어졌고, 김익두(1999), 김대행(2004), 박승배(2004)는 세계화를 위한 구체적 전략을 제시하였다. 이에 의하면 판소리는 우리만이 아니라 세계인을 끌어들일 수 있는 다양한 장치를 마련해야 한다는 것이다. 판소리 음악의 기호화나 전산화, 외국어로의 번역 등 구체적인 작업과 함께, 외국인들도 공감할 수 있는 다양한 소재와 주제의 판소리가 창작되어야 한다는 점이 판소리 세계화의 과제로 우리 앞에 놓여 있다.

3. 판소리 연구의 쟁점과 성과

1) 자료, 작가에 관한 논의

문학이나 음악을 구분할 것 없이 판소리에 관한 연구를 위하여는 자료의 정리 소개가 이루어져야 한다. 사설집의 간행, 또는 채보 작업이 활발하게 이루어진 것은 이러한 이유에서 당연한 일이라고 할 수 있다. 판소리는 대체로 구비전승 또는 구전심수(口傳心授)되는 특징을 지니는 것이기 때문에, 유파나 개인에 따라 그 모습을 달리 하는 것이 보통이다. 그 개별성과 보편성을 드러내기 위하여서도 자료의 정리는 필수적이라고 할 수 있다. 그러나 그 소개나 연구가 극히 적은 수의 작품으로 한정되어 이루어졌던 것이 지금까지의 현실이다. <춘향전>이나 <심청전>에 집중되었고, 더구나 판소리 음악 원전의 정리 연구는 거의 황무지라고 하여 과언이 아닌 것이다. 완창 판소리나 창극 공연실황 등을 녹화하여 보존하거나, 명창들의 증언을 채록하여 활자화한 것은 1980년대에 이르러서야 가능하였던 일이다. 1990년대에 이르러서는 실전된 것으로 알려졌던 왈자타령, 강릉매화타령의 소설적 정착본이 발굴되어 연구의 영역이 확대되기도 하였다(김종철, 1992 ; 김헌선, 1993). 이러한 기초 자료의 채록, 보존, 발굴은 당장의 연구성과로 드러나지 않는다. 그러나 현재는 물론이고 후대의 보다 심화된 연구를 기대하기 위하여 이 분야에 대한 관심은 지속적으로 이루어져야 할 것이다.

판소리의 경우, 작가는 사설의 창작만으로 자신의 영역을 한정하지 않는다. 현장에서 작품을 변용하고 재해석하여 보여준다는 점에서 연창자는 작가의 한 범주로 이해되어야 하는 것이다. 이러한 점에서 본다면 판소리 작가에 관한 논의는 판소리 연구의 초기부터 충분할 만큼 이루어졌다고 할 수 있다. 판소리에 관한 논의는 판소리 명창에 대한 탐구를 그 중심축으로 하여 진행되었던 것이 그 초기적 실상인 것이다. 그러나 이 시대의 논의는 구체적 틀이나 이론에 근거하여 작가를 파악한 것이라고 할 수 없다. 판소리 창에 의하여 구전되거나 전승되던 일화를 중심으로 한 소개 차원에 머물러 있었던 것이다. 판소리 사설의 교정 윤색자로 알려진 신재효의 경우는 그의 개작 사설이 보존되어 있기 때문에 작가론을 전개할 수 있는 확실한 바탕을 마련하고 있다고 할 수 있다. 신재효의 개작 의식이나 문화 활동의 영향, 판소리사에 대한 기여 여부 등 다방면의 논의가 진행될 수 있었던 것은 이 때문이다.

판소리 명창의 증언이나 그들의 소리를 짐작할 수 있는 자료 등도 충분하지는 않지만 복원되거나 채록되고 있다. 이러한 자료를 바탕으로 그 작품에 접근할 때, 작가 작품론의 성과는 판소리 연구의 폭과 깊이를 더할 수 있을 것으로 본다. 근래 이루어지는 창작 판소리나 창극의 변용도 기존 판소리 연구의 미비점을 보완하는 자료로 이용될 수 있는 것이다. 연구의 방법이나 시각을 달리 할 때 작가론의 분야는 가능하고 또 지속되어 이루어져야 할 부분으로 인식될 것이다.

2) 발생과 변화에 관한 논의

판소리의 발생에 관한 논의는 대체로 광대소학지희 기원설, 강창문학 발생설, 무가 발생설 등으로 구분하여 이루어졌다. 조선조 궁중문화를 담당한 계층은 기(妓), 공(工), 배우(俳優), 화랑(花郎), 사당(舍堂), 무녀(巫女), 농민(민속적 의미의) 등이다. 이들 중 기, 공, 배우가 그 주축을 이루고 나례(儺禮)나 명사(明使), 청사(淸使)의 영접이 있을 때, 또는 야인(野人), 왜인(倭人) 접례가 있을 때는 이들이 서로 모여 사습(肆習)을 하고 봉행(奉行)하였다.

그런데 평소 관가에 매어 있던 이들은 국가재정의 압박 때문에 행사가 폐지된 조선후기에는 자신의 호구(糊口)를 위하여 일반인을 대상으로 연희를 할 수밖에 없었다. 이들이 직업적으로 참여한 행사로 과거 급제자의 유가(遊街)에 따르는 행사가 있었는데, 조선후기의 유가(遊街)에는 이미 판소리나 탈춤 형태가 등장하고 있었다. 그런데 이것들을 담당하는 계층의 동일성 때문에 그들은 서로 대역(代役)을 할 수 있었고, 그러한 바탕은 궁중 봉상의 산대희(山臺戲)에서 충분히 마련되었다고 할 수 있다. 따라서 그들이 본래 가지고 있던 무가적 가락에 광대소학지희의 설화적 구성이 충격을 줌으로써 판소리 형태가 나타날 수 있는 가능성은 있게 되는 것이다(김동욱, 1955, 1956).

강창(講唱)은 당(唐)의 속강(俗講)에서 비롯된 것이다. 속강은 본래 불사(佛寺)에서 나온 것으로서, 운문과 산문의 형식을 함께 취한 변격의 문장이기 때문에 변문(變文)이라고도 한다. 강창의 주제로 권선징악적 교화 내용이 농후한 것은 바로 불교의 포교적 성격에서 기인한 때문이다. 강창은 설화인(說話人) 자신이 강창을 하면서 반주를 하고, 반주 악기도 다양하다. 또한 내용면에서 아니리와 비교될 수 있는 강(講)이 위주가 되고 창(唱)은 보조적 기능만을 담당하며, 형식을 위주로 하는 논리적 구조의 서사시이다. 우리나라와 중국은 문화적으로 빈번한 교류가 있었으며, 강창 발생의 사회적 배경은 판소리 형성의 배경과 유사하다. 또한 담당 계층이 유사한 것 등은 발생 시기의 현격한 차이에도 불구하고 중국의 강창 형태가 판소리의 형성에 전혀 영향을 끼치지 않았다고 말할 수 없게 한다(김학주, 1966 ; 성현자, 1982 ; 정원지, 2002).

판소리의 기원을 무가·제의에서 찾고자 하는 견해(이혜구, 1955 ; 서대석, 1969)는 그 사설과 연창 형태, 그리고 담당층의 유사성에 근거를 두고 있다. 판소리의 사설과 서사무가는 그것이 모두 구비가창서사시라는 점에서 동일 장르에 귀속되며, 따라서 그것은 서로 다른 형태로 자유로이 이행될 수 있다. <심청가>는 무속적인 심청굿으로 얼마든지 이행될 수 있는 것이다. 그런데 무가의 세계관이 신성적인 것인데 비하여 판소리 사설은 보다 세속적인 것이라는 차이가 있다. 이러한 세계관의 변모는 자본주의적인 생산양식의 출현, 시민층의 형성과 서민의 각성이라는 시대상황의 변모에 의하여 나타난 것이다. 이러한 점도 판소리의 발생이 무가와 상당한 관련을 가지고 있다는 사실을 방증하여 주고 있다. 무가의 원초적 연희 형태인 구송창의 방식은 판소리의 학습 과정에서 볼 수 있는 것으로 이는 초기 판소리의 구연 형태와 같다고 할 수 있다. 또한 무가의 반주무(伴奏巫)와 판소리 고수(鼓手)의 기능이 일치하며, 무가를 행하는 무녀의 보조 동작과 광대의 발림 또한 유사하다. 사설의 창화(唱化)에 있어 말과 창의 교체가 나타나는 것도 같다. 판소리의 담당 계층은 대체로 전라도의 단골무 집안에서 나왔는데, 출신 지역이나 신분이 다양하게 된 것은 나중의 일인 것이다.

이처럼 서사무가기원설이 판소리의 발생을 설명하는 견해로 자리잡고 있지만, 이와 근접한 위치에서 무속적 제의구조 수용이나 특정 예능인 집단의 연희에서 유래하였다는 견해도 강하게 제기되었다(김헌선, 1990 ; 이보형, 1990 ; 손태도, 2003). 특히 일부 국악학자에 의하여 서사무가기원설이 음악과의 관련을 배제한 채 이루어졌다는 비판도 강하게 받고 있다(백대웅, 1993). 그러나 이것이 판소리 음악의 독자성을 간과한 결과라는 비판(유영대, 1996)도 제기되어 판소리 발생에 대한 논의는 아직도 진행형으로 남아 있다.

판소리가 어떤 모습으로 정착하였고, 또 어떤 모습으로 변화되었는가에 대한 논의도 끊임없이 계속되고 있다. 판소리의 유파는 일반적으로 동편제에서 서편제로 변화되었다고 하지만, 이에 대한 반론도 지속적으로 제기되고 있다. 판소리의 근원적 형태는 오히려 서편제에서 찾을 수 있고, 동편제는 예술적 세련과 서편제의 소리에 편재한 무속적 요소의 제거를 통해 이루어졌다는 견해도 나타났다(정병헌, 1985). 최근에는 중고제의 존재에 대한 집중적인 조명도 이루어지고 있어(배연형, 1994 ; 김석배, 1999 ; 정병헌, 2005), 현재의 판소리 속에 그 모습을 남기고 있는 시간적 개념으로 이해되기도 한다.

3) 작품의 구조에 관한 논의

판소리는 한 작가에 의하여 이루어지거나, 한 순간에 이루어진 것이 아니다. 오랜 시간 민중의 역량이 결집되어 이루어진 적층적 예술 형태가 판소리인 것이다. 이러한 이유에서 판소리는 이질적인 작가층과 시대를 포괄하는 복합적인 형태를 지닐 것이라는 예측은 얼마든지 가능하다. 모순이나 불합리한 모습이 오히려 판소리적 특성을 잘 보여준다고 한 것은 바로 이러한 견해에 입각하여 나타났다고 할 수 있다(최진원, 1966).

그러나 판소리는 우리 전통예술의 하나이고, 예술은 그 예술을 드러내는 최상의 구조를 가지는 것이 당연한 현상이다. 언제까지나 판소리가 불합리한 모습으로 존재한다고 말할 수는 없는 것이다. 이것을 갈등구조나 대립되는 성격의 교체구조로 파악한 것은 일견 불합리하게 보이는 판소리의 구조화를 시도한 작업의 결과라고 할 수 있다.

판소리의 구조화를 시도하는 작업에서 핵심적인 개념으로 정립된 것은 이른바 고정체계면과 비고정체계면, 부분의 독자성(조동일, 1968), 긴장과 이완(김흥규, 1974), 장면의 극대화(김대행, 1976), 개방성(서종문, 1980), 구비공식구(김병국, 1979 ; 이헌홍, 1981) 등이라고 할 수 있다. 이러한 개념들은 모두 판소리가 오랜 시간, 많은 작가층에 의하여 이루어진 예술형태라는 전제 위에서 그 비밀을 해명하고자 하는 노력 위에서 나타난 것이고, 이러한 이유에서 판소리의 형성과 전승 과정에서 나타난 작품 구성상의 특성과 제약을 설명하는 데 크게 기여하였다. 엄밀한 의미에서 판소리를 유사한 형태와 대비, 비교하는 연구 태도는 판소리의 구조에 관한 논의에 기반하여 이루어질 수 있었다. 특히 구비공식구 이론은 판소리가 자체의 개별성을 지니고 있을 뿐만 아니라, 구비예술 형태에 포괄될 수 있는 보편성을 지니고 있다는 점을 밝힘으로써 세계 보편적인 이론에 의하여 판소리를 파악할 수 있는 길을 개척하였다고 할 수 있다. 판소리 음악의 구조 논의와 함께, 판소리 문법을 밝히려는 이러한 연구 태도는 개별 작품에 대한 이해를 심화시켰던 것이다.

그러나 이러한 구조 논의는 판소리사를 형성시킨 현실적 주체나 시대상황, 그리고 역사발전과의 관련 속에서 이해될 때, 보편성을 획득한다고 할 수 있다. 정착된 언어 자료만으로 판소리의 구조를 파악한다든가, 또는 심하게 이념화된 한 이본만으로 판소리 전체를 재단한다든가 하는 태도는 판소리라는 예술 형태가 지니는 포용성을 도외시한 것으로 볼 수 있는 것이다. 이러한 비판과 대안의 제시가 지속되고 있는 것도 판소리의 구조, 나아가서 판소리의 미학을 드러내기 위한 중요한 과정이라고 할 수 있다.

4. 판소리 연구의 전망

어떤 존재에 대한 연구는 기본적으로 그 존재가 이 지구상에 존재하거나 존재하여야 하는 이유를 규명하고, 그것의 바람직한 전개에 도움을 줄 때 의미를 갖는다고 할 수 있다. 판소리의 형성과 전개 과정, 그리고 각 작품의 구조나 미학적 성격을 밝히는 문제도 기본적으로는 판소리의 존재 의의를 드러내는 부분으로서의 의미를 지니고 있다. 이러한 논의가 지속적으로 이루어질 때, 아직까지도 드러나지 않았던 판소리의 비밀은 체계 속에서 이해될 수 있을 것이다.

본래 예술작품이란 그 예술 향유자에 의하여 성장하고 확대되는 것이라고 할 수 있다. 그 예술 향유자의 존재가 바로 그 예술의 존폐에 관계되는 중요한 요인인 것이다. 이러한 이유에서 판소리 연구에서 더 강조되어야 하는 부분은 판소리의 전승에 관한 부분이라고 할 수 있다. 판소리 연창자의 양성과 함께 판소리 연구자의 양성도 체계적으로 이루어질 때, 그 성과는 우리 문화 전반으로 확대될 수 있는 것이다. 판소리의 전통적 교육방식을 현재의 우리 상황에 적합한 방식으로 변화시키는 것도 바로 연구자의 양성에서 가능한 일이다. 이것은 결과적으로 잠재적 연창자를 양성하는 일이기도 하다.

연창자와 연구자, 그리고 판소리와 관련된 예술의 육성을 위한 제도의 완비와 이를 통하여 판소리의 본질을 규명하고 현대화하는 실천적 측면의 노력은 이 시기에 반드시 수행해야 할 과제이다. 판소리 음악의 기호화와 공연학적 분석을 통한 전산화 등 현대의 연행 환경에 부합하는 방식을 개발하는 것은 판소리의 경쟁력 확보를 위해 반드시 필요한 작업이라고 할 수 있다. 그냥 머물러 있으면 그 상태로 존재하는 것이 아니라, 사라질 수밖에 없기 때문이다. 이러한 토대의 구축을 통하여 현대의 문화와 병행할 수 있는 판소리의 교육과 변모를 기대할 수 있을 것이다. 세계무형문화유산 지정이 미래의 연행 환경에 합당한 교육과 창작을 촉진하는 계기로서 인식되어야 하는 까닭이 여기에 있다.

참고문헌

강예원(2005), 『판소리 작곡가 연구』, 지식산업사.

강용권(1965), 「창극연구」, 『동아논총』 2, 동아대학교.

강한영 교주(1971), 『신재효 판소리 사설집(전)』, 민중서관.

강한영(1966), 「판소리의 장르문제」, 『동아문화』 6, 제5회 동양학 심포지엄, 서울대학교 동아문화연구소.

강한영(1969), 『신재효 판소리 전집』(영인본), 연세대학교 인문과학연구소.

고정옥(1959), 「신재효」, 『고전작가론』, 조선작가동맹출판사.

국립중앙극장 엮음(2002), 『세계화시대의 창극』, 연극과인간.

권두환·서종문(1978), 「방자형 인물고」, 『한국소설문학의 탐구』, 일조각.

김기형 역주(1998), 『강도근 오가 전집』, 박이정.

김기형(1994), 「창작판소리 사설의 표현 특질과 주제의식」, 『판소리연구』 5, 판소리학회.

김기형(2004), 「또랑광대의 성격과 현대적 변모」, 『판소리연구』 18, 판소리학회.

김대행(1976), 「수궁가의 구조적 특성」, 『국어교육』 27·28합집, 한국국어교육연구회.

김대행(1976), 「판소리 사설의 희극성과 풍자성」, 『선청어문』 6, 서울대학교 국어과.

김대행(1978), 「심청전 서술자의 어조 불통일성의 문제점」, 『한국소설문학의 탐구』, 일조각.

김대행(1986), 「신재효에 대한 평가」, 『한국문학사의 쟁점』, 집문당.

김대행(1989), 「판짜기 원리에 관한 한 가정」, 『판소리연구』 1, 판소리학회.

김대행(1993), 「동리의 웃음, 터무니없음 그리고 판소리의 세계」, 『동리연구』 1, 동리연구회.

김대행(1993), 「창극의 미래를 위한 조건들」, 『판소리연구』 4, 판소리학회.

김대행(2000), 「21세기 사회 변화와 판소리문화」, 『판소리연구』 11, 판소리학회.

김대행(2004), 「판소리의 발전 전망과 구도」, 『판소리연구』 18, 판소리학회.

김동욱(1953), 「경판본 춘향전 문체고」, 『국어국문학』 3, 국어국문학회.

김동욱(1954), 「춘향전 근원설화고」, 『최현배선생 화갑기념논문집』, 간행위원회.

김동욱(1955), 「춘향전 이본고」, 『중앙대 논문집』 30주년 기념호, 중앙대학교.

김동욱(1955), 「춘향전의 창자 광대」, 『논문집』 2, 서울대학교.

김동욱(1956), 「춘향전의 창자 광대」, 『논문집』 3, 서울대학교.

김동욱(1961), 『한국가요의 연구』, 을유문화사.

김동욱(1965), 『춘향전 연구』, 연세대학교 출판부.
김동욱(1968), 「판소리사 연구의 제 문제」, 『인문과학』 20, 연세대학교 인문과학연구소.
김만수(1998), 「대중성 확보를 위한 창극 극본 창작의 문제점」, 『판소리연구』 9, 판소리학회.
김병국(1979), 「판소리의 문학적 진술방식」, 『국어교육』 34, 한국국어교육연구회.
김병국(1982), 「구비서사시로서 본 판소리사설의 구성방식」, 『한국학보』 27, 일지사.
김삼불 교주(1950), 『배비장전 옹고집전』, 국제문화관.
김상훈(1992), 「적벽가의 이본과 형성 연구」, 인하대학교 박사학위논문.
김석배 역주(1992), 「만화본 춘향가」, 『판소리연구』 3, 판소리학회.
김석배(1998), 「조선창극사의 비판적 검토(1)」, 『고전문학연구』 14, 한국고전문학회.
김석배(1999), 「허홍식 소장본 심청가의 성격과 가치」, 『구비문학연구』 8, 한국구비문학회.
김연수(1967), 『창본 춘향가』, 국악예술학교 출판부.
김연수(1974), 『창본 심청가 · 홍보가 · 수궁가 · 적벽가』, 문화재관리국.
김우탁(1975), 「한국 창극의 고유무대 구성을 위한 연구」, 성균관대학교 박사학위논문.
김익두(1998), 「공연학적 관점에서 본 판소리」, 『판소리연구』 9, 판소리학회.
김익두(1999), 「판소리 세계화의 기본 전략」, 『판소리연구』 10, 판소리학회.
김재철(1939), 『조선연극사』, 학예사.
김종철(1992), 「무숙이타령 연구」, 『한국학보』 68, 일지사.
김종철(1992), 「실전 판소리의 종합적 연구」, 『판소리연구』 3, 판소리학회.
김준형 해제(2000), 「송만갑 자서전」, 『판소리연구』 11, 판소리학회.
김진영 외(1997～2004), 『고전명작 이본 총서』 45, 박이정.
김진영 외(1998), 『고전명작 원전강독총서』 5, 박이정.
김진영(1999), 「판소리문학 자료발굴의 현황과 연구 전망」, 『국어국문학』 123, 국어국문학회.
김진영 외(2005), 『정간보와 함께 하는 김수연 창본 춘향가』, 이회.
김태준(1939), 「걸작 춘향전의 출현」, 『조선소설사』, 학예사.
김학주(1966), 「중국의 강창문학과 판소리」, 『동아문화』 6, 서울대학교 동아문화연구소.
김헌선(1990), 「판소리의 발생론과 영향론」, 『판소리연구』 2, 판소리학회.

김헌선(1993), 「강릉매화타령 발견의 의의」, 『국어국문학』 109, 국어국문학회.
김현주(1998), 『판소리 담화 분석』, 좋은날.
김현주(2004), 「창작 판소리사설의 직조방식」, 『판소리연구』 17, 판소리학회.
김혜정, 「심청가의 악조와 그 기능」, 『판소리연구』 4, 판소리학회.
김흥규(1974), 「판소리의 이원성과 사회사적 배경」, 『창작과비평』 31, 창작과비평사.
김흥규(1975), 「판소리의 서사적 구조」, 『창작과비평』 35, 창작과비평사.
김흥규(1977), 「판소리연구사」, 『한국학보』 7, 일지사.
김흥규(1978), 「신재효 개작 춘향가의 판소리사적 위치」, 『한국학보』 10, 일지사.
김흥규(1978), 「판소리의 사회적 성격과 그 변모」, 『세계의 문학』 10, 민음사.
류수열(1998), 「판소리에 대한 국어교육적 접근」, 『판소리연구』 9, 판소리학회.
류수열(2002), 「현대사회와 판소리연구」, 『구비문학연구』 15, 한국구비문학회.
문승재(1996), 「국악 발성법의 음향학적 특질 : 판소리 득음의 의미」, 『판소리연구』 7, 판소리학회.
박관수(1996), 『한국 판소리사설 형성 연구』, 국학자료원.
박송희(1988), 『박녹주 창본』, 집문당.
박승배(2004), 「판소리사설의 영역 사례와 문제점」, 『판소리연구』 18, 판소리학회.
박영주(1991), 「판소리 사설치레 연구」, 성균관대학교 박사학위논문.
박일용(1994), 「심청전의 가사적 향유 양상과 그 판소리사적 의미」, 『판소리연구』 5, 판소리학회.
박헌봉(1966), 『창악대강』, 국악예술학교 출판부.
박희병(1986), 「판소리에 나타난 현실인식」, 『한국문학사의 쟁점』, 집문당.
배연형(1994), 「판소리 중고제론」, 『판소리연구』 5, 판소리학회.
백대웅(1982), 『한국전통음악의 선율구조』, 대광문화사.
백대웅(1993), 「판소리 무가기원설의 재검토(1)」, 『한국음악사학보』 11, 한국음악사학회.
백현미(1997), 『한국 창극사 연구』, 태학사.
사재동(1971), 「심청전연구서설」, 『어문연구』 7, 어문연구회.
서대석(1969), 「판소리 형성의 삽의」, 『우리문화』 3, 우리문화연구회.
서두수(1939), 「망론 춘향가 춘향전」, 『문장』 1-3, 문장사.
서연호(1990), 「창극발전의 새로운 방향과 방법 재고」, 『판소리연구』 2, 판소리학회.
서연호(1994), 「창극의 현 단계와 독자적인 음악극으로서의 거듭나기」, 『판소리연구』 5, 판소리학회.

서울대학교 동아문화연구소(1966), 「판소리의 장르문제」, 『동아문화』 6, 제5회 동양학 심포지엄.

서종문(1980), 「판소리의 개방성」, 『논문집』 7, 경남대학교.

서종문(1981), 「신재효본 춘향가의 동창 남창 판의 분화에 대하여」, 『한국고전산문연구』, 동화문화사.

서종문(1984), 「신재효 판소리사설 연구」, 서울대학교 박사학위논문.

서종문 · 정병헌 편(1997), 『신재효 연구』, 태학사.

설성경(1980), 「신재효 판소리사설 연구」, 『한국학논집』 7, 계명대학교 한국학연구소.

설성경(1986), 『춘향전의 형성과 계통』, 정음사.

성현자(1982), 「판소리와 중국의 강창문학의 대비연구」, 『진단학보』 53 · 54합집, 진단학회.

손태도(2003), 『광대의 가창문화』, 집문당.

신동흔(2002), 「창작 판소리의 새로운 길을 찾아서」, 『한국인의 삶과 구비문학』, 집문당.

유기룡(1972), 「판소리의 유파적 고찰」, 『문화재』 2-6, 월간 문화재사.

유영대(1992), 「창작판소리 열사가에 대하여」, 『판소리연구』 3, 판소리학회.

유영대(1996), 「판소리의 무가기원설에 대한 반론」, 『한국음악사학보』 17, 한국음악사학회.

유영대(1998), 「창극의 특성과 대중화」, 『판소리연구』 9, 판소리학회.

윤세평(1948), 『고전춘향전 연구 : 부원본 춘향전』, 국립인민출판사.

이가원(1967), 「춘향가가 명곡에서 받은 영향」, 『국어국문학』 34 · 35, 국어국문학회.

이국자(1990), 『판소리 연구』, 정음사.

이능우(1966), 「판소리는 소설이다」, 『동아문화』 6, 서울대학교 동아문화연구소.

이달재(1939), 「이동백과 조선음악」, 『조광』 43, 조선일보사.

이두현(1966), 「판소리는 연극이요, 또 희곡이다」, 『동아문화』 6, 서울대학교 동아문화연구소.

이병기(1939), 「토별가와 신오위장」, 『문장』 2-5, 문장사.

이병기(1959), 「신오위장과 극가문학」, 『국문학전사』, 신구문화사.

이보형(1969), 「무가 · 판소리 · 산조에서의 엇모리가락 비교」, 『이혜구박사 송수기념 음악논총』, 한국국악학회.

이보형(1971), 「판소리 경드름에 관한 연구」, 『서낭당』 1, 한국민속예술연구소.

이보형(1975), 「판소리 사설의 극적 상황에 따른 장단·조의 구성」, 『논문집』 14, 예술원.

이보형(1990), 「창우집단의 광대소리 연구」, 『한국전통음악연구』, 고려대학교 민족문화연구소.

이선유(1933), 『오가 전집』, 대동인쇄소.

이진원(2004), 「박동실 증언 '창극이 걸어온 길을 더듬어'를 통해 본 창극의 초기 양상」, 『판소리연구』 18, 판소리학회.

이진원(2004), 「한국전쟁 소재 <떡메의 증언>의 음악적 고찰」, 『판소리연구』 17, 판소리학회.

이창배(1961), 『증보 가요집성』, 청구고전성악학원.

이헌홍(1981), 「심청가의 상투적 표현 단위에 대하여」, 『민속문화』 3, 동아대학교 민속문화연구소.

이혜구(1955), 「송만재의 관우희」, 『중앙대학교 30주년 기념논문집』, 중앙대학교.

이혜구(1960), 「영산과 단가」, 『국어국문학』 22, 국어국문학회.

인권환(1973), 「토끼전의 서민의식과 풍자성」, 『어문논집』 14·15합집, 고려대학교 국어국문학연구회.

인권환(2002), 『판소리 창자의 실전사설 연구』, 집문당.

임진택(1981), 「이야기와 판소리」, 『실천문학』 2, 실천문학사.

장석규(1995), 「판소리에 대한 남북한의 시각」, 『판소리연구』 6, 판소리학회.

장석규(1997), 「정노식의 조선창극사에 대한 의문점」, 『판소리연구』 8, 판소리학회.

장석규(2000), 「여전히 살아 있는 판소리의 생명력」, 『문화예술』 247, 한국문화예술진흥원.

장주근(1981), 「판소리와 중국의 강창문학」, 『경기어문학』 2, 경기대학교 국문학과.

전라문화연구소(2005), 『교주본』 5권(춘향가 1-2, 심청가, 수궁가, 적벽가), 민속원.

전라문화연구소(2005), 『영역본』 3권(춘향가, 심청가·홍보가, 수궁가·적벽가), 민속원.

전라문화연구소(2005), 『판소리 총서』 1-17, 민속원.

전라문화연구소(2005), 『현대어역본』 3권(춘향가, 심청가·홍보가, 수궁가·적벽가), 민속원.

전라문화연구소(2005), 『현대화 사설본』 3권(춘향가, 심청가·홍보가, 수궁가·적벽가), 민속원.

전신재(1988), 「판소리의 연극성에 관한 연구」, 성균관대학교 박사학위논문.

정광수(1986), 『전통 오 가사 전집』, 문원사.

정노식(1938), 「조선 광대의 사적 발달과 그 가치」, 『조광』 4-5, 조선일보사.

정노식(1940), 『조선창극사』, 조선일보사 출판부.

정병욱(1990), 『한국의 판소리』, 집문당.

정병헌(1985), 「이날치판 심청가의 성격과 판소리사적 위치」, 『국어교육』 53 · 54합집, 국어교육연구회.

정병헌(1986), 『신재효 판소리 사설의 연구』, 평민사.

정병헌(1997), 「적벽가의 형성과 판소리사」, 『판소리연구』 8, 판소리학회.

정병헌(1998), 「춘향전의 공연과 창극의 지향」, 『판소리연구』 9, 판소리학회.

정병헌(2004), 「판소리의 세계화와 세계무형문화유산 선정」, 『한중인문학연구』 13, 한중인문학회.

정병헌(2005), 「경기판소리의 역사적 전변과 판소리사적 위치」, 『공연문화연구』 10, 한국공연문화학회.

정원지(2002), 「중국 고대시가 전통과 설창예술 양식을 통해서 본 한국 판소리의 발생 배경에 관한 고찰」, 『판소리연구』 14, 판소리학회.

정출헌(2000), 「판소리 향유층의 변동과 판소리사설의 변화」, 『판소리연구』 11, 판소리학회.

정충권(2001), 『판소리사설의 연원과 변모』, 다운샘.

정하영(1983), 「심청전의 제재적 근원에 관한 연구」, 서울대학교 박사학위논문.

정하영(1985), 「월매의 성격과 기능」, 『한국 고전소설 연구의 방향』, 새문사.

정하영(1994), 「조선창극사의 성격과 의의」, 『판소리연구』 5, 판소리학회.

조동일(1966), 「판소리의 장르 규정」, 『어문논집』 1, 계명대학교 국어국문학회.

조동일(1968), 「홍부전의 양면성」, 『계명논총』 5, 계명대학교.

조동일(1970), 「갈등에서 본 춘향전의 주제」, 『계명논총』 6, 계명대학교.

조동일(1971), 「심청전에 나타난 비장과 골계」, 『계명논총』 7, 계명대학교.

조동일(1972), 「고대소설 · 판소리 연구사」, 『국어국문학』 58 · 59 · 60합집, 국어국문학회.

조동일(1972), 「토끼전의 구조와 풍자」, 『계명논총』 8, 계명대학교.

조동일(1989), 「판소리 사설 재창조 점검」, 『판소리연구』 1, 판소리학회.

조동일(1999), 「세계문학사 속의 판소리」, 『판소리연구』 10, 판소리학회.

조운(1929), 「근대가요대방가 신오위장」, 『신생』 4-5.

조윤제(1939), 『교주 춘향전』, 박문서관.

한국전통공예 연구 50년사

금속 · 목칠 · 유리공예

이영희

1. 머리말 : 공예사 연구 역사

한국공예사 연구는 50여년의 연륜을 쌓은 한국미술사 연구 역사 속에서 찾아진다.[1)] 일제 강점기부터 시작된 한국미술사 연구는 해방 후 비로소 발아하기 시작하여 건축, 조각, 회화, 공예 부분에서 많은 성과를 이루고 있다. 그러나 한국미술사에서 공예의 연구성과는 다른 장르에 비해서 매우 미약하다. 이는 아름다움이 동반된 쓸모 있는 것들을 모두 포함하는 공예의 특성과 밀접한 관련이 있다. 아름다움에 앞서 실용성을 강조하고, 용범과 물레, 베틀과 같은 도구를 이용하여 동일한 형태와 규격의 물건을 반복적으로 만들 수 있고, 공예품의 제작 시 오랜 경험을 통해 내려오는 법칙을 중시하며 개인의 창의성보다는 전통 속에서 공동의 작업으로 이루어진다는 공예의 특질들은 오히려 공예연구의 난제로 작용한다.

공예란 아이디어를 가지고 형태를 구상한 다음 금속, 흙, 나무, 섬유, 종이, 유리 등의 다양한 재료를 이용하여 성형기법과 세공기법, 칠, 염색 등의 특수한 기술을 바탕으로 공공의 아름다움을 강조한 실용적인 물건을 만드는 것이므로 공예품에 내포된 사상, 조형미, 작가(장인)에 대한 고찰 등 해석의

1) 한국미술사 연구역사는 한국미술사학회에서 두 번에 걸쳐 정리한 바 있다. 한국미술사학회(1990), 「한국미술사연구 30년 : 회고와 전망」, 『미술사학연구』 188 ; 한국미술사학회(2003), 「한국미술사연구, 어떻게 할 것인가」, 제1회 한국미술사 국제학술대회 ; 한국미술사학회(2003), 『미술사학연구』 241.

어려움은 그만큼 더 많아지기 때문이다. 공예품이 어떤 재료로, 어떻게(기법), 무엇 때문에(용도), 누구에 의해서(장인) 만들어졌으며, 어떤 아름다움(미)으로 특정한 시기의 정신(전통)을 대변하는지를 해석할 때 비로소 한국미술사에서 공예의 위치는 확립될 것이다.

지금까지 공예 연구의 중심은 어떤 재료로 만들었는지를 강조하여 도자, 금속, 목칠, 유리 등 재료별로 분류하여 접근하였다. 이러한 재료별 분류는 조각의 예를 들어 금속조각이나 목조각, 석조각, 소조(塑造)조각 등을 굳이 구별하여 연구하지 않는다는 점을 감안하여 고려되어야 할 과제라는 지적도 있다.[2] 그러나 공예는 쓰임이 가장 강조되며, 용도가 정해진 후 그에 부합되는 재료가 선택되고, 재료에 적합한 기술이 적용되어 다수의 공예품이 제작되므로 다른 장르의 미술품과 동일한 선상에서 볼 수 있는 문제는 아니라고 생각한다. 다양한 재료의 공예품이 다수 존재하기 때문에 일차적으로 무엇으로 만들었는지에 따른 분류가 필요하며, 이를 기반으로 하여 그것들은 각자 어떤 기법으로 제작되었는지, 형태와 문양의 특징은 무엇인지, 공예품 속에 내포된 상징성과 미의식은 무엇인지를 분석하는 단계로 나아가는 것은 그 다음의 과제인 것이다.

재료별로 분류된 공예 연구는 주로 도자공예가 중심을 이루어 한국공예사는 한국도자사를 일컫는 것으로 여겨졌다. 도자사는 1880년대 고려고분에서 출토된 도자기가 구미인과 일인들의 호기심을 끌면서 시작되어 해방 전까지 일인학자들에 의해 연구의 기틀이 형성되었고, 1960년대 이후 미술사의 한 범주로 한국학자들에 의해 본격적으로 이루어진 긴 연구역사가 있었기 때문이다.[3]

도자사 중심의 한국공예사는 1970년대 이후 한국미술사학계의 발전에 힘입어 금속공예로 관심이 확장되었다. 금속공예 연구는 1960년대부터 시작

---

2) 문명대(1990), 「한국미술사연구 30년 : 총관」, 『미술사학연구』 188, 한국미술사학회, 15쪽.

3) 김재열(1990), 「한국미술사연구 30년 : 도자기」, 『미술사학연구』 188, 한국미술사학회, 111쪽.

된 범종, 사리구, 향완 등의 불교금속공예품과 고분출토품에 대한 관심을 바탕으로 하여 연구 인구의 증대와 문화유산에 대한 사회적 분위기의 성숙에 힘입어 공예의 한 부분으로 상당한 비중을 차지하게 되었다.[4] 고분출토품과 불교공예품에 일반생활용품까지 세분화되었으며, 1980년대 이후에는 금속공예와 함께 목칠공예도 일부분을 차지하게 되었고 유리공예에 대한 관심도 생겨났다.[5]

이러한 연구 역사로 인하여 '전통문화50년 : 공예문화'에서도 도자공예와 금속공예를 비롯한 기타공예로 나누어서 고찰하는 것이다. 본고에서는 '전통문화50년 : 공예문화'의 한 파트로 도자공예를 제외한 공예를 다룰 것이다. 뚜렷한 연구성과를 찾을 수 있는 금속공예를 비롯하여 연구의 범위를 넓혀가는 목칠공예와 유리공예에 대한 기존의 연구성과를 정리하고자 한다.

연구사를 정리함에 있어 공예사가 미술사의 한 부분으로 역할이 두드러지는 시기 즉, 쓰임에 따라 어떤 재료로 만든 공예품이 있는지에 대한 소개단계에서 나아가 어떤 기법으로 제작되었으며 만든 사람과 공예품이 당 시대에 차지하였던 역할과 그를 통해 특정한 시기의 미의식을 찾으려는 노력을 시도한 1990년대 전후시기에 주안점을 두고자 한다.

---

4) 대학과 대학원의 관계학과 창설에 따른 미술사 연구자의 증가와 무령왕릉(1971년), 천마총(1973년), 황남대총(1973~1975년), 안압지(1975년) 발굴과 같은 고고학적 업적을 기반으로 한 것이다. 발굴결과 출토된 다수의 금속제유물은 금속공예 연구를 촉진하였다. 또한 범종이라는 단일 주제로 최초로 설립된 학회인 한국범종연구회(1976년)도 전통에 대한 사회적 관심 속에서 태동한 것이다.

5) 김원룡(1965), 「신라 금관의 계통」, 『조명기박사화갑기념불교사학논총』, 동국대학교 출판부 ; 조규동(1967), 『한국의 범종』, 한국문화재연구회 ; 김희경(1970), 「한국탑파의 사리장치소고」, 『고고미술』 106 · 107합호, 한국미술사학회 ; 황수영(1963), 「고려청동은입사향완의 연구」, 『불교학보』 1, 동국대학교 불교문화연구원 ; 진홍섭(1973), 「백제 · 신라의 관모 · 관식에 관한 2, 3의 문제」, 『사학지』 7, 단국대학교 사학회 ; 이난영(1975), 「한국시저의 형식분류」, 『역사학보』 67, 역사학회 ; 진홍섭(1980), 『한국의 금속공예』, 일지사 ; 박경원(1981), 「고려주금장고」, 『고고미술』 149, 한국미술사학회 ; 이난영(1983), 『한국의 동경』, 한국정신문화연구원 ; 박영규(1982), 『한국의 목가구』, 삼성출판사 ; 이종석(1984), 「한국고대칠기연구」, 단국대학교 석사학위논문 ; 이종석(1986), 『한국의 목공예』, 열화당 ; 강지민(1988), 「한국고대 유리 공예에 대한 연구」, 홍익대학교 석사학위논문.

이는 1950년부터 이어져 온 긴 연구사를 일차적으로 정리한 기존의 연구성과가 있기 때문이다. 한국미술사학회가 창립30주년을 맞이한 1990년에 그동안의 미술사 연구업적을 재점검하는 작업을 하였다. '한국미술사 연구30년 : 회고와 전망'의 한 파트로 한국공예사도 도자기와 금속공예로 나누어 총체적으로 연구성과와 나아갈 방향에 대한 논의가 있었다. 금속공예는 4단계의 발전과정으로 나누어 공예사 연구의 발전추이를 정리하였는데, 이는 금속공예 최초의 연구사 정리 작업이었다.[6)]

그러므로 본고에서는 안귀숙에 의해서 정리된 금속공예사에서 말한 1985년 발전기부터 현 단계까지의 연구성과를 중점적으로 다루고자 한다. 이 시기야 말로 다수의 연구자들이 금속공예 뿐 만 아니라 목칠공예와 유리공예까지 연구의 범위를 넓혔기 때문이다.

금속공예는 고분출토품과 불교공예품으로 나누어 정리하되, 고분출토품은 장신구, 특히 금제장신구에 국한하였으며, 불교공예품은 다양한 의식구와 장엄구 중에서 연구 역사가 오래된 범종과 사리신앙의 결정체인 사리장엄구만을 살펴보기로 한다. 더불어 짧은 연구사에도 불구하고 많은 논의가 진행되고 있는 목칠공예와 유리공예의 연구현황도 정리하였다.

대체적으로 1985년 이전의 연구업적과 특별전 도록, 또한 내용의 전개상 필요한 문헌은 본문의 내용에 주를 달아 정리하였으며, 본고에서 중점적으로 다루는 1985년 이후의 연구물은 참고문헌으로 정리하였다. 또한 근래의 연구물이라도 본문에 주로 정리한 문헌은 참고문헌에서 제외하였다.

2. 금속공예

한국미술사에서 금속공예의 연구성과는 청동기시대 이래 우수한 과학기

---

6) 안귀숙은 금속공예를 식민사관적 접근단계(1930년경~1945년), 대상의 현황소개적 단계(1945년~1970년), 비교미술사학적 해석단계(1970년~1985년), 사회구조적 분석단계(1985년 이후)로 나누어 발전과정을 정리하였다(안귀숙(1990), 「한국공예사연구 30년 : 금속공예」, 『미술사학연구』 188, 한국미술사학회, 125~143쪽).

조윤제(1939), 「춘향전 이본 고(1)」, 『진단학보』 11, 진단학회.
조윤제(1940), 「춘향전 이본 고(2)」, 『진단학보』 12, 진단학회.
진단학회(1962), 「춘향전의 종합적 검토」, 『진단학보』 23, 진단학회.
천이두(1986), 『명창 임방울』, 현대문학사.
청엽생(1937), 「명창 이동백전」, 『조광』 17, 조선일보사.
최난경(2003), 「송만갑의 악조 구성에 나타난 서편제의 수용양상」, 『판소리연구』 16, 판소리학회.
최동현 주해(2001), 『동초 김연수 바디 오정숙 창 오가 전집』, 민속원.
최동현(1986), 「판소리연구사」, 『판소리의 바탕과 아름다움』, 인동.
최동현(1989), 「판소리의 민족음악학적 연구」, 전북대학교 박사학위논문.
최동현(2004), 「연변지역 판소리의 전승 현황」, 『판소리연구』 17, 판소리학회.
최래옥(1978), 「적벽가의 해학적 구조」, 『한국소설문학의 탐구』, 일조각.
최래옥(1984), 「판소리 연구의 반성과 전망」, 『한국학보』 35, 일지사.
최종민(1989), 「판소리 교수법의 모색」, 『판소리연구』 1, 판소리학회.
최종민(1998), 「창극의 대중성 확대를 위한 방안 모색」, 『판소리연구』 9, 판소리학회.
최진원(1966), 「판소리 문학고 : 춘향전의 합리성과 불합리성」, 『대동문화연구』 2, 성균관대학교 대동문화연구원.
최진형(2002), 『판소리의 미학과 장르 실현』, 보고사.
최혜진(2003), 『판소리의 전승과 연행자』, 역락.
한국고소설학회 편(1991), 『춘향전의 종합적 고찰』, 아세아문화사.
허규(1991), 『민족극과 전통예술』, 문학세계사.

술을 바탕으로 미적인 아름다움을 유감없이 발휘한 다수의 유물이 현존함에 비해서 그다지 크지 않다. 특히 삼국시대 고분에서 출토된 금속공예품에 대한 연구는 고고학적 발굴성과에 비해서 미학적 고찰이 거의 이루어지지 않았고, 도자사와 불교금속공예 중심의 편중된 연구로 인하여 고고학과 미술사학의 사각지대로 존재하여 왔다.

그러나 1990년대 이래 삼국시대 금속공예품에 대한 분석이 다방면에서 시도되고 있음은 고무적인 현상이다. 이는 백제금동대향로나 식리총출토식리와 같이 현존하는 개개 금속공예품에 대한 분석이 당대 문화의 척도가 될 정도의 비중 있는 유물이라는 인식에서 비롯한 것이다. 금속공예 연구는 주로 고분출토품과 불교공예품을 중심으로 이루어져왔고, 생활용품류에 대한 연구[7]가 일 부분을 차지한다.

1) 고분출토 금속공예품 : 금제장신구 연구

고분출토 금속공예품의 연구는 삼국시대 고분에서 출토된 장신구를 중심으로 이루어졌다. 이는 고고학적 발굴성과와 밀접한 관련이 있다. 1920년대 일인학자들에 의해 이루어진 금관총(1921년), 금령총(1924년), 서봉총(1926년)을 비롯하여 무령왕릉(1971년), 천마총(1973년), 황남대총(1973~75년) 발굴로 많은 양의 장신구가 출토되었다. 일반적으로 고분출토품은 장신구류, 무기 및 이기류, 마구류, 용기류로 구분되는데 대부분 금속과 도자공예의 범주에 속하며, 미술사적 접근은 주로 양적으로 많고 형식의 분류가 가능한 장신구를 중심으로 이루어졌다.

고분출토 장신구는 질적으로나 양적으로 우세한 신라고분 출토품을 중심으로 연구되었으며, 특히 금제유물이 주 연구대상이었다. 이는 장신구가 지배자의 신분을 상징하는 수단으로 제작되었다는 면에서 금제장신구를

7) 생활용품은 현존유물이 많은 고려시대 거울, 기명류에 대한 연구가 있다. 이난영(2003), 『고려경 연구』, 신유 ; 김태현(1993), 「고려시대 기명의 연구」, 홍익대학교 석사학위논문.

당대 미의식의 대표적인 표상으로 보았기 때문이다. 장신구 연구는 관모, 이식, 대금구에 집중되었으며, 연구 초기에는 장신구의 형식을 분류하여 고분을 편년하거나 장신구의 분포지역을 검토하여 신라 통치영역에 관한 근거자료로 삼는 고고학적, 역사학적 접근이 대다수를 이루었다.[8)]

연구방법의 변화는 1990년대부터 미술사적 접근이 시도된 것에서 찾아진다. 대학원 미술사학과의 학위논문으로 장신구를 주제로 하여 계보를 파악하고 영향관계를 분석하는 연구가 있었다.[9)] 나아가 제작기법면에서 장신구의 형식을 분류하였으며, 기법만을 분리하여 기원과 전래를 고찰하기까지 진전되었다.

신라고분출토 귀걸이를 제작기법과 표면장식기법면에서 형식 분류를 시도한 것이나(주경미, 1996), 무령왕릉 출토품을 금속공예품의 제작기법면에서 고찰한 것(이귀영, 1997), 신라 금제장신구의 장식기법인 누금세공기법의 기원과 전래를 다룸으로써 신라문화의 특수성을 제시한 논문(이영희, 1998, 2000) 등이 대표적이다. 장신구의 장식기법 이외에 금속공예의 제작기법은 어자문기법(이난영, 1991), 입사기법(국립중앙박물관, 1997), 타출기법(주경미, 1998 ; 김은애, 2003), 선조기법(권향아, 2000) 등이 다루어졌으며, 금속공예가(전용일, 1994)에 의한 정리도 있었다.

공예연구에서 기법의 문제는 매우 중요하며 앞으로 계속 진행되어야 할 부분이다. 어떻게 만들어졌느냐에 대한 문제는 양식의 문제와 함께 문화의 전래와 융화과정을 밝히는 과정에는 매우 중요하기 때문이다. 그러나 지금까

---

8) 이인숙(1974), 「고신라기 장신구에 대한 일고찰」, 『역사학보』 62, 역사학회 ; 이인숙(1988), 「가야시대 장신구 양식고」, 『한국학논집』 14, 한양대학교 한국학연구소 ; 윤세영(1988), 『고분출토부장품연구』, 고려대학교 출판부 ; 최병현(1981), 「고신라 적석목곽분의 변천과 편년」, 『한국고고학보』 10·11, 한국고고학회.

9) 곽은정(1990), 「신라 금속관모에 관한 연구」, 이화여자대학교 석사학위논문 ; 노인희(1993), 「삼국시대 대금구 연구」, 이화여자대학교 석사학위논문 ; 주경미(1995), 「삼국시대 이식의 연구」, 서울대학교 석사학위논문 ; 남궁영임(1999), 「고신라시대 경식에 관한 연구」, 성신여자대학교 석사학위논문 ; 우화정(2003), 「삼국시대 금동신발연구」, 영남대학교 석사학위논문.

지는 전통기법의 단절과 과학적 분석이 병행되어야 하는 연구방법상의 난점으로 인하여 기술의 전래나 전승, 공장계보 등의 조사와 연구, 발굴 작업 등에서 큰 진척은 없었다. 앞으로는 연구자 개개인의 노력보다는 국가적인 차원에서 다루어져야 할 공동의 과제라는 인식이 있어야 할 것이다.

또한 기법의 명칭에 대한 논의도 이루어져야 할 과제이다. 금속기의 표면에 다른 물질을 감입하는 기법은 도자기의 상감기법과 동일하나 전통의 명칭을 사용하여 입사(入絲)기법이라고 하는 것처럼 각각의 기법에 대한 정확한 명칭이 요구된다. 한 예가 어자문기법이다. 어자문기법이란 여러 가지 형태의 끌을 이용하여 도장을 찍듯이 무늬를 나타내는 기법이다. 어자문의 명칭은 물고기알(魚子) 모양의 문양이 시문된 것에서 비롯된 것이므로(이난영, 1991) 문양의 한 종류이지 기법의 명칭으로는 함축하는 의미에 무리가 있기 때문이다.

고분출토 금제장신구에 대한 관심은 황금미술이라는 측면에서도 다루어진다. 신라고분출토 금제장신구를 중심으로 하면서 삼국시대 금제 장신구를 총정리한 특별전의 개최는 신라공예품과 황금미술에 대한 관심의 발로이다(국립경주박물관, 2001). 삼국시대부터 금을 재료로 한 공예가 발달한 것은 금속공예의 새로운 변화임이 분명하고, 삼국 중에서도 유독 신라의 장신구에 금이 많이 사용된 것을 신라문화의 특수성으로 간주한 것이다.

신라의 금제장신구 중에서도 가장 먼저 주목된 것은 신라고분에서 출토된 금관을 비롯한 관모와 관식이다. 금관은 현존하는 고고학적 발굴품이 5개에 불과하여 양식의 변화를 찾기 어렵고 매우 간단한 기법으로 제작되어 기술적인 변화발전을 고찰하기도 쉽지 않다. 그리하여 도상적 기원을 시베리아 샤먼관에 두는 계보파악이 있었고(김원룡, 1965 ; 박보현, 1987), 근래에는 금관을 구성하는 모티브에 대한 상징성의 고찰이 중점적으로 다루어졌다(김병모, 1998).

그런데 신라관의 실제적인 사용처라는 용도에 대한 논의가 있음이 주목된다. 신라관은 시조왕의 권위를 이어받아 천상과 소통하는 천신의 권위를 상징하며, 시조묘의 제사에 착용하였다고 한다(이송란, 2002). 또한 신라고분에서 출토하는 금동관은 피장자 생전에 사용하였거나 사후에 머리에 씌워 매장한 것으로 보고, 이 중 장례용품으로 금제품화한 것을 금관으로 추정하기도 한다(이한상, 2001, 2004). 이는 금관총과 천마총의 경우 유해부에서 금관이 출토되고 유물 수장부에서 금동관이 출토된 것에 착안한 것이다. 즉 금관의 용도를 약한 구조와 엉성한 마무리, 제작 실수의 방치 등을 들어 시신의 얼굴을 가리는 Dead Mask로 보았다. 금관의 용도, 실제 사용하였는지의 여부, 부장유물로 제작한 것인지에 대한 논의는 삼국시대 고분에서 출토되는 다른 재질의 관, 동반출토 유물과의 연관 속에서 계속되어야 할 과제이다.

귀걸이는 삼국시대 고분출토 유물 중에서 가장 많은 양을 차지하고 질적으로도 우수하여 금제장신구 연구에서 중요한 주제이다. 다양한 귀걸이의 형태와 제작기법에 따라 형식을 분류하거나 제작기법과 장식기법에 관한 연구가 있어왔다. 귀걸이는 주환부와 중간식, 수하식으로 구성된 것이 연구대상이었으며, 이러한 형태의 귀걸이를 수하부이식이라 명칭하기도 한다(주경미, 1995, 1996). 귀걸이의 형식 분류는 주환의 굵기에 따라 태환과 세환이식으로 나누고 세환이식은 중간식의 모양에 따라 다양한 형식으로 분류된다.

귀걸이의 제작기법과 표면장식기법의 연구는 상당히 진전되었으나(주경미, 이영희, 권향아, 남궁영임, 이한상) 금관과 마찬가지로 용도와 기원 문제는 계속적인 논의가 요구된다. 현 단계에서는 부장유물이라기 보다는 실제로 착용한 것이며, 중국 이당(耳璫)의 영향이 아니라 스키타이 장신구에 기원을 둔 것으로 본다. 또한 관, 대금구 등을 장식하던 수식(垂飾)과 이식(귀걸이)과의 관계 설정에 대한 논의도 진행되어야 한다.

삼국에서 두루 출토되는 금동신발에 관한 연구는 90년대에 이르러 본격적으로 시작되었다. 용도에 따라 실제 착용한 것으로 여겨지는 고구려의 금동신발과 부장유물의 범주에 속하는 장식신발(飾履)로 대별되며, 식리는 장신구의 일부로 연구되었다. 삼국시대 금동신발 연구는 외관의 형태분류와 제작기법에 관한 것이 주를 이루었다(윤근일, 1991 ; 김문자, 1996 ; 안병찬 · 이경자, 2004). 그런데 부장유물이라고 여겨지는 무령왕릉과 식리총에서 출토된 식리에 대해서는 개별적인 검토가 이루어졌다(신영호, 2000 ; 이송란, 1994 ; 이연재, 2005). 특히 식리총출토 식리는 장식된 문양의 해석방법에 따라 식리의 성격과 기원이 달라지고 있어 주목된다.

식리총 식리의 표면에 새겨진 문양에는 중국을 거쳐 유입된 이란적 요소가 있다는 문화교류사적 해석이 있으며(이송란, 1994), 식리의 전체문양은 개별 문양요소가 모여 죽은 자가 가기를 바라는 천계를 상징하는 독자적인 의미를 지닌다고 본 견해가 있다(이연재, 2005). 식리총 식리의 개별 문양의 명칭과 상징성에 대한 해석은 다양할 수 있으나, 전체 문양구성이 내포하고 있는 상징성은 모두 묘주의 승천을 원하는 것이라는 내재된 사상을 도출해낸 이연재의 해석은 부장유물에 속하는 식리의 용도면에서 볼 때 진일보한 해석으로 보인다. 또한 식리의 문양을 단선적으로 이란문화의 영향으로 보지 않고 서역에서 기원한 문양들이 북중국을 장악했던 유목민족들의 국가를 통해 신라로 유입되었음을 제시한 것은 문화교류사적 측면에서도 중요시 된다.

2) 불교공예품 : 범종 · 사리장엄구

불교공예품은 금속공예 연구의 첫 출발점이었다. 이는 미술사 연구가 불교미술 중심으로 진행되었던 미술사학계의 흐름과도 무관하지 않다. 또한 불교공예품은 불교라는 사상을 전달하는 매체로 사용된 불교의식구와 장엄구라는 분명한 용도로 인하여 다른 공예품에 비하여 해석의 용이함도 원인이다. 또한 단순한 공양물의 차원을 넘어서 신앙적인 대상이 될 수 있으므로 당시 최대의 정성과 기술이 동원되어 만들어진 수준 높은 작품이 많기 때문에 시대적 조형미와 미의식 고찰에 중요한 주제가 되기 때문이다.

불교가 한반도에 전래된 4세기 후반부터 당연히 불교공예품도 제작되었을 것이나 현존 유물은 대부분 통일신라와 고려시대에 속한다. 그리하여 불교공예품은 특히 통일신라와 고려 금속공예의 발달상을 대변하는 좋은 자료가 되었다.

불교공예품에 대한 연구는 미술사학의 1세대인 황수영, 조규동, 김희경 등에 의해서 시작되었다(황수영, 1963 ; 조규동, 1966 ; 김희경, 1970). 이들의 연구는 자료의 수집과 현상소개의 성격이 강하였으며, 양식을 규명하고 분석하는 단계까지 이르지 못하였지만 도자사 중심의 한국공예사 연구에서 금속공예 연구의 중요성을 부각시켰음에 큰 의미를 부여할 수 있다(안귀숙, 1990). 1970년대 이후부터는 사회 전반에 일어난 전통문화에 대한 관심으로 불교금속공예는 발전기를 맞이하였다. 범종이라는 단일 주제의 학회로 한국범종연구회(1976)가 최초로 설립되었으며, 미술사 연구 인구의 증대로 다양한 종류의 불교공예품에 대한 연구가 활발하게 진행되었다.[10)]

(1) 범종

중생 교화가 목적인 법고사물에서 가장 중요한 역할을 하는 범종은 불교가 한반도에 전래된 이후 당대 신앙과 기술의 종합으로 조영되었을 것이다. 그러나 현존하는 범종은 상원사종이 가장 오래되었고, 통일신라종은 파종까지 합쳐서 8구만 현존한다. 그러므로 범종 연구는 양적으로 많은 고려와 조선시대 종에 대한 조사와 양식의 고찰이 주를 이루었다.[11)] 현존하는 국내 범종에 대한 조사는 1990년대에 이르러서는 일본에 있는 우리나라 종의 조사까지 이어졌다.[12)]

---

10) 『불교미술』 9(1988년)에 범종, 향완, 금고 등 불교공예를 특집으로 다루었음이 좋은 예이다. 김창균, 「한국청동은입사향완의 연구」 ; 안귀숙, 「조선후기 주종장 사인비구에 관한 연구」 ; 최응천, 「고려시대 청동금고의 연구」.

11) 범종의 초기 연구자로는 坪井良平과 황수영이 있다. 츠보이료헤이는 1960년대부터 『朝鮮學報』에 우리나라 범종을 소개하였으며, 황수영은 국내에서 발견된 다수의 범종을 조사하여 『고고미술』에 발표하였다. 학위논문으로는 이호관(1974), 「고려시대 범종양식의 연구」, 단국대학교 석사학위논문 ; 안귀숙(1982), 「조선후기 범종의 연구」, 홍익대학교 석사학위논문이 있다. 범종의 자료집으로는 국립문화재연구소(1996), 『한국의 범종』이 있다.

12) 한국범종연구회는 1980년대부터 학회지 범종을 간행하였으며, 최응천은 재일조선

범종 연구의 큰 방향은 다른 불교미술품과 마찬가지로 범종이 인도와 중국을 통해 유입된 것이라 할지라도 그들과 다른 한국적인 개성과 독창성을 발휘하며 각 시대마다 독특한 양상과 규범을 지니면서 꾸준히 명맥이 이어져 왔음을 강조하는 것이었다. 범종의 기원 문제가 대표적인 예이다.

한국종의 기원은 중국의 예기인 용종(甬鍾)을 모방하였다는 설에 중국의 종이나 탁(鐸)을 혼합한 형식에서 발전하였다는 기존의 학설[13]에다 중국의 용종을 확대 발전시킨 미륵사지출토 금동탁과 감은사지출토 소형동종을 바탕으로 하여 당나라 범종의 요소를 가미하되 크기나 형태, 기능에 변화를 주어 독창성이 발휘된 악기로 재탄생되었다는 견해(강우방, 2000)가 더해지고 있다. 또한 중국, 일본 종과 다른 한국종의 고유한 형태인 음통(음관)은 중국의 용종이 변형된 것(이호관, 1974), 또는 신라의 삼보인 만파식적의 변형으로 보았다(황수영, 1982).

범종의 문양에서는 종신의 배 부분에 배치한 비천상과 불, 보살상의 표현이 중요시된다. 신라 범종의 비천이 고려 범종에서는 불・보살상으로 변하는 것을 불교사상의 변화로 해석한 것이 주목된다. 즉, 신라에서는 화엄사상에 의한 천상설법의 하나인 천인상으로 표현하였고, 고려에서는 천태종에 의한 밀교적 영향과 의식불교로 인하여 천인과 동일시되는 불・보살상으로 대체되었다고 보았다(이호관). 또한 천인상은 종신 자체가 천상계를 의미하는 것이므로 천인은 천상계 즉 불국토를 경배하는 모습으로 표현되어 악기를 연주하거나 향공양을 하는 모습으로 나타나며, 불교도상은 중생을 불국토로 인도해주길 바라는 당대 중생들의 적극적인 염원으로 해석하기도 한다(황유정, 2003).

이처럼 범종의 표면에 새겨진 문양의 차이가 시대정신의 차이임은 분명하였으며, 이에 대한 관심은 학위논문(황유정, 2003 ; 고명지, 2006)과 한국범종

종을 조사하여 박물관신문에 발표하였다.

13) 한국종의 기원을 중국에 둔 학자는 한국종을 집대성한 坪井良平이다(坪井良平(1974), 『朝鮮鍾』, 角川書店). 김원룡도 중국의 고동기에서 한국종의 기원을 찾았다(김원룡(1968), 『한국미술사』, 범문사).

탁본전(직지성보박물관) 개최로 알 수 있듯이 매우 높다. 그러나 신라의 비천상이 고려시대 불, 보살상으로 변화하는 배경에 대한 해석은 현 단계에서 하나로 단정하기는 쉽지 않다. 앞으로 범종에 새겨진 명문을 바탕으로 하여 발원자와 발원목적 등의 주종배경을 살펴봄으로써 범종 부조상의 변화의 요인을 찾아보는 작업도 요구된다.

또한 1999년 국립경주박물관이 한국 범종 중에서 가장 아름답고 큰 성덕대왕신종을 여러 측면에서 분석하여 종합조사보고서와 종합논고집을 편찬한 것은 금속공예와 불교공예 연구에서 새로운 진전이었다. 성덕대왕신종에 대한 접근은 이전부터 있어왔으나,[14] 미술사적 접근 이외에 역사적 배경, 종의 명문, 신종과 관련된 전설, 신종의 조영에서 현 위치로 옮기게 된 내력에다 설계와 진동음향, 음향과 진동측정, 주조법까지를 아우른 고찰이라는 점에서 의의가 크다.[15]

미술사적 접근에서 주목되는 것은 성덕대왕신종의 명문에 나오는 '일승원음(一乘圓音)'을 화엄사상으로 해석한 점이다(강우방, 1999). 연꽃당좌를 침으로써 연꽃에서 화엄경의 소리, 즉 일승(一乘)이 중생의 다른 근기에 따라 이해되어 원음(圓音)이 된다는 것이며, 이는 일즉일체(一卽一切), 일체즉일(一切卽一)의 화엄사상의 표현이라는 것이다. 동시대 석굴암, 불국사와 함께 부처님의 말씀을 종소리로 전파하여 불국토를 표현하였다는 견해는 비천상을 기(氣)의 표현을 통해 연화화생 하였다는 매우 추상적인 표현이 있음에도 불구하고 새로운 시도로 보인다.

범종 연구에서 숙제로 남아있는 것은 주조방법이다. 시대에 따른 범종의

---

14) 성덕대왕신종에 대해서는 이미 범종연구회의 『범종』지에 실린 몇 논문이 있었다. 홍사준(1978), 「봉덕사종고」, 『범종』 1, 범종연구회 ; 염영하(1984), 「봉덕사종에 대한 별개의 고찰」, 『범종』 7, 범종연구회 ; 염영하(1987), 「성덕대왕신종의 주조와 음향」, 『범종』 10, 범종연구회 ; 김희경(1987), 「성덕대왕신종명의 해석」, 『범종』 10, 범종연구회.

15) 경주박물관의 『성덕대왕신종』의 종합논고집에는 역사, 미술사, 과학기술적인 면에서 다룬 논고와 한국범종연구논저목록 등이 실려 있다(국립경주박물관편(1999), 『성덕대왕신종』 (1) 종합보고서 (2) 종합논고집).

형태, 문양장식의 변화도 중요하지만, 어떤 합금술로 주조하였는지에 대한 규명이 무엇보다도 중요하다. 종의 기능은 소리에 있으므로 종의 생명인 아름다운 소리를 낼 수 있었던 과학적 기술을 밝히는 것이기 때문이다. 그러나 범종의 주조에 대한 아무런 기록과 자료가 없는 상황에서 주조법을 고찰하는 것은 상당히 어려운 문제이다. 공과대학에서는 설계와 제작방법, 음향측정 등을 통해서 표면의 조각은 밀납법으로, 범종 자체는 주형에 의한 것으로 보았다(염영하, 1987). 신종 몸체의 주형분활선과 천판의 주입구와 용탕의 흔적으로 보아 주형은 상하 2단형으로 조립되었으며, 위에서 용탕을 주입하는 상주식(上注式)으로 주조되었다고 한다(나형용, 1999). 이러한 범종의 기술적인 면은 다른 금속공예의 연구와 마찬가지로 인접학문과의 상호교류를 통한 지속적인 연구가 요구되는 분야이다.

또한 음통의 역할에 대한 논의가 있다. 음통의 기능을 상징성으로 해석하여 만파식적의 변형이라고도 하고(황수영, 1982), 신라인들이 무의미하게 행한 장식적인 수법이 아니라 반드시 종의 소리와 관계가 있음을 주장하기도 한다(이호관, 1997). 우리나라 종의 긴 울림(공명)이 음통과 관련이 있다는 추정도 있으나 성덕대왕신종을 음향학적으로 실험한 결과는 특별한 상관관계를 제시하지 못하였다.

그러나 음통의 내부가 비어있고, 아랫부분에 뚫린 작은 구멍이 종 몸체의 내부와 관통되어 있는 점은 앞으로 주의해 보아야 할 부분이며, 구체적인 실험과 연구가 요구된다. 범종이 시대를 막론하고 지옥중생을 제도하는 도구로 사용되었지만, 우리나라에서 언제부터 어떻게 제작되었으며, 한국종의 특징을 보이는 형태의 기능과 상징성에 대해서는 앞으로 계속적인 논의가 요구된다.

(2) 사리장엄구

사리장엄구는 사리기, 사리구, 사리장치 등과 혼용하여 사용되었으나, 석가모니의 유골인 사리를 담는 다중의 용기와 함께 넣어진 일체의 장엄물을 지칭한다는 개념으로 정리되었다. 그리하여 사리장엄구에는 사리병, 사리합, 사리호 등 사리를 보관하는 사리기와 보석류와 경전, 불상, 탑 등의 공양물이 있는 것으로 정의된다.

사리장엄구에 대한 연구는 범종과 함께 1960년대부터 지금까지 지속적으로 여러 측면에서 진행되고 있다. 이는 불교가 한반도에 전래된 이후 불사리신앙을 바탕으로 건립된 탑파에서 출토한 다수의 유물이 현존하며, 계속하여 전국에 산재되어 있는 탑에서 새로운 자료가 발굴, 조사되고 있기 때문이다. 최근 국립문화재연구소에 의해 해체, 수리과정에서 나온 감은사지 동삼층석탑의 사리장엄구 일체가 대표적인 예이다(국립문화재연구소, 2000). 또한 사리를 봉안한다는 특수한 기능으로 인하여 당대 최고의 기술과 미의식이 표현되었을 것으로 간주되기 때문이다. 그러나 사리장엄구는 영원히 탑 속에 모신다는 폐쇄성과 뚜렷한 목적성으로 인하여 연구의 어려움이 있다. 사리병의 모양은 큰 변화가 없고, 사리내함(합)과 외함(합) 역시 함(합)이라는 기본형식에서 크게 벗어나지 않아서 시대별, 지역별 양식을 논하기가 쉽지 않기 때문이다.

사리장엄구에 대한 꾸준한 관심과 연구는 대략적으로 김희경, 진홍섭, 홍사준, 황수영의 일차적인 자료의 수집, 정리단계[16]를 기반으로 하여 사리기의 형식을 분류하고 비교미술사학적인 방법으로 한국 불사리장엄의 특징을 찾아내는 단계로 발전되었다고 할 수 있다. 사리장엄구에 대한 연구는 장충식, 강우방의 논고 이외에 다수의 석, 박사학위논문(강순형, 김연수, 주경미, 신대현)과 국립중앙박물관(1991년)과 통도사성보박물관(2000년)의 불사리관련 특별전 등 활발하게 진행되어 왔다.

대표적인 연구방법이 사리기를 형태별로 분류하는 것이었다. 전각형, 부도형, 상자형(김희경, 『고고미술』 162 · 163호), 탑형, 전각형, 관함형, 합형(강순형, 1987), 보각형, 상자형, 호합형, 복발탑형, 다각당형, 관함형(신대현, 2001)

16) 『고고미술』(한국미술사학회), 『미술자료』(국립중앙박물관) 등을 참고할 수 있다. 김희경(1965), 『한국탑파사리목록』, 고고미술동인회(『증보 한국탑파목록, 한국탑파사리목록』, 1994).

등으로 분류하거나, 통일신라를 4기로 나누어 양식 설명을 시도하기도 하였다(김연수, 1992).

그런데 형태별 분류에서 제기되는 것이 명칭문제이다. 한 예가 감은사와 송림사의 사리기이다. 기단 위에 기둥을 세우고 지붕처럼 얹은 천정의 형식 때문에 건축적 의장에서 크게 벗어나지 않는다는 해석은 동일하나 명칭은 전각형(김희경), 누각형(강순형), 상여형(강우방), 보전형(보장형)(김연수), 계단형(장충식), 보각형(신대현) 등으로 다양하다. 신대현은 기존의 혼돈된 용어사용을 지적하면서 단순히 사리기의 외양만으로 이름을 붙이는 것에서 벗어나 조형이 의도하는 상징성을 찾아내는 작업이 필요함을 강조하였다. 이는 앞으로 학계의 중론을 거쳐 차츰 정리되어지리라 생각한다.

근래 한국 사리장엄구에 대한 연구는 인도로부터 중국을 거쳐 한반도로 전래된 사리신앙과 사리기가 우리나라에서는 어떻게 변화 발전하였는지에 대한 분석에 주안점을 두고 있다.

한국과 중국의 고대 불사리장엄에 대해서 형식적, 신앙적 측면을 중심으로 비교고찰을 시도한 논문이 있다(주경미, 2002). 불사리장엄구의 형식적 측면에서 보면 중국과의 교섭을 통해서 중국의 영향을 받았으나 궁극적으로는 중국과 달랐음을 제시하였다. 통일신라시대에는 무구정광경과 같은 법사리 신앙이 발달하였으며 장엄구의 세트화, 표현방식, 도상, 제작기법, 선호형식 등에서 중국과 다른 독자적 양식이 성립되었음을 밝힘으로써 한국미술의 독자적인 선택과 양식의 수립과정을 보여주었다. 이러한 연구는 불교공예품을 통하여 한국미술의 독자성까지 밝혔다는 점에서 공예연구의 중요성을 새삼 확인할 수 있다.

최근 사리장엄구 연구에서 논의되는 것은 감은사동탑과 서탑에서 수습된 사리장엄구의 조형상의 차이에 대한 해석문제이다. 1959년에 이미 발견되었던 감은사 서탑의 사리기와 매우 유사한 사리기가 1996년 동탑의 해체수리로 수습되어 2000년에 공식적으로 학계에 보고되었다.[17] 이들 사리장엄구는

17) 국립문화재연구소(2000), 『감은사지동삼층석탑사리장엄』 보고서에는 감은사 사리

조형의 우수함과 독특한 구조로 인하여 한국의 사리장엄을 대표하는데, 많은 연구자들(김연수, 신대현, 이호관)이 형태의 시원양식과 기원, 분류문제에 관심을 두고 있다.

그런데 동탑과 서탑에 모셔진 사리의 주인공을 다르게 보는 견해가 있다. 사리내함의 사리병 둘레에 악기를 연주하는 4명의 천인이 있는 서탑과 갑옷을 입고 무장한 사천왕상과 승상을 배치한 동탑, 사리내함의 기단상면을 2단의 난간한 서탑과 달리 서측 난간의 중앙에 여닫이 쌍문을 설치한 동탑, 1과에 불과한 서탑과 달리 54과라는 동탑의 사리수 등의 차이가 보인다. 이러한 차이는 사리기에 봉안된 사리의 내용이 다른 것으로 해석하고 이를 불교사상에서 찾았다(이난영, 2000). 즉 유마경 제9품을 중심으로 하여 동서에 양탑을 세우고, 서탑에는 부처님의 사리를, 동탑에는 유마힐거사로 화(化)한 현세의 왕이자 화장법으로 장사지낸 문무왕의 사리를 각각 봉안한 것으로 추정한 것이다.

사리장엄구의 조형상의 차이를 사상적 배경에 따른 조영의 차이로 해석하는 것은 바람직하나, 제작자인 장인집단의 차이도 고려해 볼 수 있는 부분이다. 여하튼 감은사동탑과 서탑의 사리장엄구에 대한 논의는 앞으로 통일신라 사리장엄구와 한국의 사리장엄구에 대한 지속적인 논의를 만들어 낼 것이다.

또한 사리장엄구 연구에서의 새로운 시각은 탑과 사리기와의 관계설정이라는 측면이 있다. 사리기의 편년을 설정할 때 사리기가 봉안된 탑의 조성연대가 매우 중요하였는데, 근래의 연구경향은 봉안된 탑의 조성연대와 함께 장엄된 사리기에 초점을 맞추어서 사리기의 형태와 제작기법, 문양의 시문방법의 차이에 대한 심층적인 분석을 시도한다(권아름, 2006). 논의대상이 되는 사리기의 대표적인 예가 송림사전탑출토 사리기와 익산 왕궁리5층석탑 출토 사리기이다. 이러한 새로운 접근은 앞으로 사리기 연구에서 큰 성과를 가져오리라 확신한다.

장엄의 발견 및 수습경위(강대일, 문석환), 사리장엄구의 의의(김봉건), 사리장치의 건축적 고찰(양윤식), 금동사리기의 내, 외장치(이난영), 사리장엄구의 미술사적 의의(이호관)가 실려있다.

3. 목칠·유리공예

1) 목칠공예

나무를 이용한 공예품 제작은 쉽게 구할 수 있는 재료의 이점으로 인하여 선사시대부터 이루어졌을 것으로 여겨지나, 습기와 불에 약한 나무의 단점으로 현존하는 유물은 19세기 이후의 것에 국한되어 있다. 그런데 나무의 습기와 벌레를 막고 표면의 아름다움까지 가져온 칠공예품은 기원전 3세기까지 출토유물이 남아있어, 목공예 연구에서 칠공예품이 차지하는 중요성이 매우 크다. 그리하여 목공예와 칠공예가 함께 고찰된다.

목공예 연구는 박영규와 이종석에 의해서 현존하는 조선시대 목가구가 주로 다루어졌다. 조선시대 목가구를 장, 반닫이, 궤, 문갑, 탁자 등으로 구분하여 가구의 구조와 목재의 종류, 제작기법, 아름다움, 그러한 가구가 제작될 수 있었던 사회적 배경 등을 주로 고찰하였다. 개별 목가구 중에는 지역적 특성을 찾을 수 있는 반닫이와 소반에 대한 연구도 있었다(나선화, 1989). 또한 이들 목가구는 조선시대의 미감을 잘 표현한 미술품으로 인정받아 각 박물관의 특별전 주제로도 다루어졌다(호암미술관, 2002 ; 서울역사박물관, 2002 ; 국립민속박물관, 2003). 근래에는 목가구 중심에서 나무로 만든 목공예품 전반에 관한 전시도 있어서 눈길을 끈다(국립민속박물관, 2004).

이처럼 목공예 연구에는 현존하는 조선시대 목가구의 자료정리와 그러한 공예품이 나올 수 있었던 사회적 배경에 대한 고찰은 이미 이루어졌다. 앞으로의 과제는 우리나라 목가구의 아름다움으로 일컬어지는 면분할, 단순미, 비례미, 다양한 수종의 선택과 골재와 판재의 결합 등을 조선시대 목가구의 특징으로 볼 것인지, 전시대의 특징으로 볼 것인지에 대한 논의가 있어야 할 것이다. 아울러 미술대학에서 주로 다루어지는 목가구의 장식부재에 대한 고찰도 미술사적인 관점에서 다루어져야 할 부분이다. 장석과 자물쇠 등 가구의 장식부재는 기능을 우선시하면서도 아름다움을 표현하기 때문이다.

조선시대 후반기의 유물에만 국한되어 있는 목가구에 비해서 칠공예는 오랜 역사[18)]와 고고학적 발굴성과로 원삼국시대 고분, 낙랑고분, 삼국시대 고분, 안압지에서 출토된 다수의 유물에다 고려와 조선시대의 나전공예품까지 전 시대에 걸친 다양한 종류와 기법의 공예품이 현존한다.

칠공예는 고려 나전칠기 중심의 연구였으며, 나전칠기의 반 수 이상이 일본에 전해오고 있어 일본인 학자가 연구를 주도하였다. 우리나라에서는 김종태, 곽대웅, 이종석 등 소수의 연구자에 국한되어 있었다. 전 시대에 걸친 유물에 대한 논의는 1989년 국립민속박물관이 개최한 칠기 전시회를 계기로 시작되었다. 토광목곽묘 출토품부터 조선시대까지의 칠공예품을 정리하였으며, 이를 통해 칠공예의 흐름(이종석)과 중국의 칠기(김종태), 칠기의 제작과정(허동화)까지 검토하여 칠공예품에 대한 관심을 증대시켰다(국립민속박물관, 1989). 한국칠기이천년 특별전은 목가구의 일부로서의 칠공예가 아닌, 칠공예 자체에 대한 관심을 불러일으켰다.

고려 나전칠기 이전의 칠공예에 대한 관심은 삼국과 통일신라시대의 칠공예(이종석, 1985), 통일신라의 평탈연구(이종석, 1988)가 있었으며, 이는 이후 고려나전기법의 시원문제와 통일신라시대 평탈연구의 밑거름이 되었다. 그리하여 고려시대 나전칠기를 연구하면서 통일신라시대 평탈기법까지 다루기도 하고(최영숙, 2001), 나전칠기의 시원을 문헌으로 고찰하기도 하였고(김삼대자, 1993), 기법적 측면에서 고려나전칠기를 분석하기도 하였다(이난희, 2003).

통일신라시대 칠공예에서 가장 주목되는 주제는 평탈(平脫)이다. 평탈연구는『삼국사기』의 기록 '주리평문물(朱裏平文物)'[19)]에서부터 시작하여 당나라와 비교하여 통일신라의 독자성을 제시하기에 이르렀다(신숙, 2004). 더구나 신숙은 안압지에서 출토된 장식부재를 연꽃모양의 불감이라고 추정

18) 한반도 자생의 목칠문화의 상한은 기원전 3세기경인 청동기시대 말기유적(충남아산 남성리 석곽묘, 함평 초포리유적, 서흥 천곡리유적)에서 확인된다.

19)『삼국사기』권33, 잡지2 기용조, "四頭品至百姓 禁金銀鍮石朱裏平文物……."

하였는데, 이는 용도가 중시되는 공예품 연구에서 진일보한 것이다.

평탈기법은 통일신라시대 말기에 금·은 사용의 국가적 규제와 선호도의 변화에 따라 쇠퇴하였고 이후 고려시대 칠기의 대표적인 기법인 나전기법으로 계승되었으며, 고려시대 나전기법은 조선시대에는 화각기법으로 새롭게 변화 발전한 것으로 해석된다. 앞으로의 연구는 각 시대별 칠공예품의 연구에 국한할 것이 아니라 한국칠공예사의 흐름을 계승과 변화 발전이라는 측면에서 정리해야 할 것이다. 그리하여 통일신라의 평탈기법과 고려의 나전기법, 조선의 화각기법을 일련선상에서 파악하는 것이 요구된다.

근래에는 고구려 칠공예(장은정, 2002)와 정창원소장 칠공예품(최재석, 1995)까지 연구범위가 넓혀지고 있다. 한국공예사에서 정창원소장 공예품과의 관련성에 대한 언급은 금속공예 분야에서도 있어 왔는데(이난영, 1992 ; 최재석, 1996) 칠공예에서도 예외는 아니다. 정창원 유물의 소속국가에 대한 정확한 검토는 한반도 칠공예 역사를 밝히는 길이기 때문이다.

2) 유리공예

유리공예는 한국공예사에서 연구의 역사가 가장 짧고 연구 인력도 매우 적다. 일본인 학자 요시미즈 즈네요[20]의 삼국시대 고분출토 유리기의 특징과 성격에 대한 분석을 제외하면 송림사전탑의 사리병, 미륵사지출토 유리편, 1989년 부여박물관이 발굴한 합송리석관묘에서 가장 오래된 유리제품으로 확인된 유리관옥에 대한 관심 정도였다. 유리공예의 연구가 이처럼 미비하였던 이유로 출토유물이 소형의 구슬류가 대부분이어서 형태 분류나 용도, 명칭에 있어서 통일된 기준이 없었으며, 발굴과정에서 유실되기 쉬워서 종합적으로 수습, 검토되지 못하였고 한국 고대 유리에 대하여 적용할 만한 연구방법이 확립되지 못하여 연구의 중요성을 인식하지 못하였다는 점 등이 거론된다(이인숙, 1990).

---

20) 由水常雄(1976), 「古新羅古墳出土のローマンクラスについて」, 『朝鮮學報』 80輯.

한반도출토 유리공예품에 대한 본격적인 연구는 이인숙에 의해 시작되었으며, 「한국유리의 고고학적 연구」라는 학위논문의 제목에서 알 수 있듯이 구슬류, 용기류로 대별되는 고대 유리를 과학적 성분분석을 토대로 한 고고학적 접근이었다(이인숙, 1990). 한반도에서 유리가 시작되던 시기를 초기철기의 도입시기와 일치한 것으로 보고 납-바리움유리, 칼륨유리, 소다-석회유리, 납유리 등이 어느 시대에 어떻게 제작되거나 유입되었는지를 밝혔다. 또한 납동위원소 비율분석을 시도하여 늦어도 6세기 말, 7세기 초에는 국내자원과 국내기술로 유리를 제작하였음을 밝힌 것과 신라고분출토 유리용기가 로만유리와 동일한 성분의 유리기임을 밝힌 것은 큰 업적이다. 신라고분출토 유리용기와 로만유리와의 관련성은 일인학자에 의해서도 제기된 바 있지만 과학적 성분분석으로 도출해 낸 학설이라는 점에서 주목된다. 화학적 분석이라는 과학적 방법에 의한 유리연구로는 김규호의 논문이 있다.

유리공예 연구가 공예사에 차지하는 중요성은 문화교류의 단서가 된다는 점이며, 이로 인하여 유리는 문화교류사적 측면에서 관심이 있었고(이종석, 1984), 신라고분에서 출토된 20여 종류의 용기류들은 후기로만유리 계통으로 실크로드의 하나인 초원의 길을 경유하여 신라에 이른 것으로 보고 있다(권영필, 1997). 그러나 신라고분출토 유리기가 모두 수입품이 아닐 수 있다는 점과 북방 스텝루트에만 의존하지 말고 남방루트에 대한 검토도 향후 이루어져야 할 과제이다.

4. 맺음말 : 공예사 연구를 위한 제언

향후 한국공예사 연구는 뚜렷한 시각과 다양한 접근방법으로 고찰해야 한다는 거시적인 방향은 분명하다. 이러한 연구방향이 실행되기 위해서는 채택된 대상물의 형태를 이루고 있는 재료, 기법, 구조와 기능, 미적 특징의 철저한 분석이 필수조건임도 자명한 사실이다. 연구 현황 중에서 중요하게 검토되어야 할 부분을 앞으로의 연구과제로 정리하고자 한다.

1) 공예품에 사용된 재료가 가지고 있는 고유한 원기능적 특성의 파악과 구사된 기법의 과학적 분석이 필요하다. 이러한 요구는 장신구와 불교공예, 칠공예, 유리공예 등에서 여러 시도가 있었다(이난영, 주경미, 이귀영, 이영희, 김은애, 이난희, 이인숙). 왜냐하면 공예란 선택된 재료에 완벽한 기술을 사용하여 내적인 이미지를 구현시킴으로서 하나의 시공적 객체가 되는 것이므로 재료의 선택이유 및 고유한 특질의 발현여부와 구사된 기술의 파악은 공예사 연구의 필수조건이기 때문이다.

그러나 기법에 대한 연구에는 기록의 부재와 전통 공예기법의 단절, 과학적 분석이 요구되는 등 여러 가지 어려움이 수반된다. 고분출토 유리용기는 성분분석으로 정리되었지만, 장신구의 제작과 장식기법, 범종의 주조법 등에 대한 연구는 지속적으로 진행되어야 할 부분이다. 또한 금속공예 기법의 명칭문제도 학자간의 논의를 통한 동의가 요구된다.

2) 전혀 다루어지지 않던 공예품에 대한 구조적 분석도 시도되어야 한다. 전체적으로 어떠한 조형적 특징이 있으며, 부분과 전체와의 관계 및 각 부분과 부분과의 관계가 효율적으로 이루어졌는지에 대한 구조적 분석은 공예사 연구의 기본이기 때문이다. 식리총 식리의 분석(이연재)과 같은 구조적 분석에 대한 지속적인 시도가 요구된다.

구조적 분석에서 동반되는 것이 외래문화의 유입과정과 수용태도에 대한 접근이다. 공예품에 보이는 문양, 형태, 기법 등 여러 가지 요소를 통해 문화교류의 흔적을 찾는 작업은 오래전부터 논의되었으며, 미술사학자와 함께 고고학자들도 논지를 강화시키곤 하였다. 한국미술사학회에서 대외교섭을 5회에 걸쳐 다룬 것도 한국미술에 내재된 외래적인 요소에 대한 인식에서 출발한 것이다.[21)]

공예품의 외래적 영향에서 중요하게 논의되는 점은 한국 미술품에 끼친

21) 한국미술사학회 편(1996),『고구려 미술의 대외교섭』; 한국미술사학회 편(1998),『백제 미술의 대외교섭』; 한국미술사학회 편(2000),『신라 미술의 대외교섭』; 한국미술사학회 편(2001),『통일신라 미술의 대외교섭』, 한국미술사학회 편(2004),『고려 미술의 대외교섭』, 도서출판 예경.

외래적 요소의 연원을 중국이서지역(서역, 중앙아시아, 북방) 문화요소에서 찾고 있는 점이다. 권영필(1997)은 청동기시대 유물을 초기초원문화의 영향, 신라고분출토품을 후기초원문화의 영향이라고 하였다. 한국 공예품에 내재된 초원문화의 영향은 부정할 수 없는 부분이나, 전래된 시기와 전래경로에 대해서는 앞으로의 발굴과 연구성과를 기대해야 한다.

한국 공예품에 내재된 외래적인 요소에 대한 분석은 낙랑고분에서 출토된 금속공예품(최국희, 2004 ; 이송란, 2005)이나 정창원소장품(이난영, 1992 ; 최재석, 1995, 1996)까지 연구 범위를 확장시키고 있으며, 이는 매우 고무적인 현상이다. 특히 낙랑문화를 일방적인 중국문화의 수용으로 이루어진 것이 아니라 낙랑이 설치되기 전부터 토착지역의 전통과 취향 속에서 국제문화를 수용하였다는 견해가 있다(이송란, 2005). 그리하여 한반도 문화에 북방문화 이외에 남방계 문화의 영향이 오래전부터 이어져 내려왔음을 강조하였다. 일본학계에서는 정창원 유물을 당과의 직접교류나 영향의 결과물이라고 단정함에 반해, 통일신라시대 유물이 다수 포함되어 있음을 제시하는 것은 축적되어온 한국미술사 연구의 힘이라고 여겨진다.

또한 고분출토품과 불교공예품 속에서 제 자리를 찾지 못하고 있던 통일신라 공예품의 연구가 있어 왔음이 주목된다(이종석, 신숙, 채해정). 삼국과 고려공예를 이어주는 허리 역할을 하는 통일신라시대 공예품에 대한 연구는 한국공예 뿐 만 아니라 일본, 중국 공예와의 관련 속에서 앞으로 계속 진행되어야 할 부분이다.

한국공예의 정확한 해석을 위해서는 인근국가의 공예품에 대한 연구가 반드시 진행되어야 할 과제이다. 중국의 사리장엄(주경미, 2002)과 정병(안귀숙, 2000)에 대한 연구를 시발점으로 하여 특히 고려 공예와 밀접한 관련이 있는 송나라 이외에 요, 금, 원의 공예에 대한 관심의 증대와 연구인력의 증가를 기대한다.

이와 함께 조선시대 공예에 관한 연구의 희소함도 지양되어야 할 부분이다. 한국 범종연구의 일환으로 조선시대 범종이 다루어졌으나 여타 부분에서는 연구성과가 매우 드물다. 이는 유교국가의 치세이념으로 인하여 솔직, 담백한 일반 민중의 생활용품들이 주를 이루며, 이는 민속학에서 다루어지고 있기 때문이다. 그러나 조선시대 왕실가례용 공예품에 대한 접근이나(장경희, 1999), 경국대전을 통해 조선시대 장인제도(관장)에 관한 검토 등도 요구된다.

3) 형식과 양식을 빌어 구현된 실용적 기능과 정신적 기능이 무엇이냐에 대한 연구는 주로 정신적 기능이 확연한 불교금속공예를 제외하고는 접근하기 매우 어려운 분야였다. 그러나 고분출토 금속공예품의 구체적인 용도에 대한 접근은 새로운 시도로 주목된다. 금관(이송란, 2002 ; 이한상, 2004)과 식리(이연재, 2005)의 용도에 대한 언급이 이에 해당된다. 또한 백제금동대향로에 대한 논의가 금속공예 연구에서 매우 중요한 주제로 진행 중이다. 백제금동대향로는 형태와 표면에 조각된 다양한 물상들을 어떻게 해석하느냐에 따라 제작배경을 도교사상, 불교의 연화화생, 백제의 독자성으로 해석하고 있다.[22] 백제금동대향로를 비롯한 공예품의 기능에 대한 논의는 지속적으로 진행시켜야 할 과제이다.

4) 만든 사람(장인)에 대한 연구이다. 공예품을 제작한 당사자 즉 누가 만들었는지는 어떤 재료로 어떠한 방법으로 만들었냐와 함께 중요한 문제이다. 그러나 공예는 주관적인 아름다움보다는 많은 사람들이 공감할 수 있는 미를 중시하므로 작가의 개성보다는 전통이 강조된다는 특질을 지니므로 현대적인 의미의 작가론과 달리 접근이 용이하지 않았다. 고구려의 장인, 고려와 조선시대 주종장과 금공장인을 다룬 논문이 장인연구의 중요성을 대변한다(박경원, 1981 ; 조대일, 1988 ; 안귀숙, 1988). 특히 장인 한중서는 말단 군사에서 무산계 정7품 관직으로 승진한 행적이 밝혀져 고려시대 장인의 사회적 신분을 밝혀주는 중요한 역할을 하였으며, 한중서의 현존 작품을 통해서 모본이 되는 제작과정과 계보가 형성되어 있었음도 밝혀졌다.

---

22) 국립부여박물관(2003), 『백제금동대향로 발굴 10주년 기념 특별전』; 『백제금동대향로와 고대 동아세아』(백제금동대향로 발굴 10주년기념 국제학술심포지엄) ; 『백제금동대향로』(백제금동대향로 발굴 10주년기념 연구논문자료집) ; 서정록(2001), 『백제금동대향로』, 학고재.

한국미술사학회 제1차 국제학술대회(2003)의 주제가 '공예와 장인'이었음은 공예의 위상과 장인의 역할에 대한 인식의 변화를 보여주는 좋은 예이다. 장인은 공예의 개념과 함께 고대적 의미와 현대적 의미에 차이가 있으며, 장인의 사회적 지위도 각 시대별로 차이가 있었음을 알 수 있었다(이영희, 2004). 또한 고려시대 금속공예품의 명문을 통하여 고려의 장인에는 사장, 관장, 승장으로 분류한 연구가 있었다(최응천, 2004). 장인에 대한 연구는 출발선을 벗어난 단계이므로 앞으로 점진적인 접근이 요구되는 주제이다. 장인의 신분문제와 신분에 따른 장인의 역할규명과 함께 작가로서의 공예관, 당시 지배계층 내에서의 장인의 위치 등에 대한 고찰도 요구된다.

5) 재료별로 분류된 공예의 접근에서 간과되기 쉬운 부분은 동일한 시기의 공예의 보편적인 현상에 대한 파악이다. 이는 금속공예, 목칠공예, 도자공예, 유리공예 등을 개별적으로 접근할 경우 동시기의 공예 상호간의 관련성에 대한 고려가 배제되기 때문이다. 다시 말하여 다종다양한 공예를 종적으로 분류함과 동시에 늘 횡적으로 상호간의 관련성에 대한 논의가 필요하기 때문이다. 목칠공예의 나전기법과 도자공예의 상감기법, 금속기의 입사기법을 금속공예, 도자공예, 목칠공예에서 각각 접근하는 것도 중요하지만 이들 공예기법들이 고려시대에 유독 성행하였음에 주안점을 두고 동시대 공예기법의 상호관련성을 찾아보려는 노력이 한 예이다(이영희, 2004). 앞으로도 도자, 금속, 목칠공예에서 기형과 기법, 문양의 유사성에 대한 다양한 접근을 시도하여 동시대 공예의 보편적인 특징에 대한 언급이 있어야 할 것이다.

6) 공예는 다른 미술과의 유기적 관계 속에서 비교 연구되어야 한다는 과제를 안고 있다. 이러한 과제를 해결할 수 있을 때 명실상부하게 한국미술사 속에서 공예 연구가 제자리를 차지하게 될 것이다. 공예품에 표현된 미의식이 회화와 조각, 건축에서도 드러나는지, 그리하여 각 시대별 미의식의 차이를 밝힌다면 전체 한국미술의 특징과 각 시대별 특징을 규정지을 수 있을 것이다. 예를 들어 문무왕대의 미술이라는 주제 하에 문무왕대의 조각과 금속공예를 다룬 논문(최응천, 1999)과 같은 시도가 있어야 될 것이다.

7) 한국공예에 대한 개론서의 간행이 요구된다. 진홍섭의 『한국금속공예』가 유일한 단행본이었던 학계에서 금속공예(이호관, 이난영, 이송란, 이한상, 최응천, 김연수, 신대현), 유리공예(이인숙), 목칠공예(박영규, 이종석) 등에서 다수의 연구자들에 의한 단행본이 간행되었다. 그러나 대부분의 경우 학위논문을 단행본으로 출간한 탓에 특정 시기, 특정 유물을 대상으로 한 한계가 있기도 하다. 이 중에서 이호관과 이난영의 금속공예에 대한 전반적인 정리는 개론서로서의 역할을 수행하고 있다고 보인다.

앞으로 선사시대부터 조선시대까지 전 시대에 걸쳐, 다양한 재료와 기법으로 제작된 공예품을 망라하는 개론서의 간행이 요구되며, 이는 도자사를 제외한 기타 공예 연구의 활성화의 밑거름이 될 것이다. 그리고 궁극적으로는 금속, 유리, 목칠공예는 도자공예와 합쳐져서 각 시대별 공예의 흐름이 정리되어야 할 것이며, 이는 공예 전반의 과제이기도 하다. 우리의 전통문화는 끊임없이 이어져 오고 있으며, 전통문화에 대한 완전한 해석은 앞으로 우리가 해나가야 할 과제이다.

참고문헌

강순형(1987), 「신라사리장치연구」, 홍익대학교 석사학위논문.
강순형(1988), 「감은사탑내사리기 진락 무동상론」, 『고고미술』 178, 한국미술사학회.
강순형(1994), 「신라사리그릇틀론 : 신라 사리기 형식론」, 『문화재』 27.
강우방(1991), 「불사리장엄론 : 불경, 불탑, 불상의 상관관계」, 『불사리장엄』, 국립중앙박물관.
강우방(1993), 『한국불교의 사리장엄』, 열화당.
강우방(1999), 「성덕대왕신종의 예술과 사상」, 『성덕대왕신종』, 국립경주박물관.
강우방(2000), 『법공과 장엄』, 열화당.
강지민(1988), 「한국고대 유리 공예에 대한 연구」, 홍익대학교 석사학위논문.
고명지(2006), 「고려범종의 장식요소 연구」, 홍익대학교 석사학위논문.
곽대웅(1984), 『고려 나전칠기 연구』, 미진사.
곽은정(1990), 「신라 금속관모에 관한 연구」, 이화여자대학교 석사학위논문.
국립경주박물관(2001), 『신라황금』.
국립경주박물관편(1999), 『성덕대왕신종』.
국립문화재연구소(1996), 『한국의 범종』.
국립문화재연구소(2000), 『감은사지 동 삼층석탑 사리장엄』.
국립민속박물관(1989), 『한국칠기이천년』.
국립민속박물관(2003), 『목가구』.
국립민속박물관(2004), 『나무와 종이』.
국립중앙박물관(1991), 『불사리장엄』.
국립중앙박물관(1997), 『입사공예』.
국립중앙박물관(2006), 『나전칠기』.
권아름(2006), 「고려 사리장엄구 연구」, 고려대학교 석사학위논문.
권영필(1997), 『실크로드미술』, 열화당.
권향아(2000), 「삼국시대 금속유물의 선조기법양상」, 『문물연구』 4, 동아시아문물연구소.
권향아(2002), 「삼국시대 신라이식의 제작기법 연구」, 동아대학교 박사학위논문.
김규호(2001), 「한국에서 출토된 유리의 고고화학적 연구」, 중앙대학교 박사학위논문.
김문자(1996), 「삼국시대 금동리에 대한 연구」, 『수원대논문집』 14, 수원대학교.

김병모(1998), 『금관의 비밀』, 푸른역사.
김삼대자(1993), 『전통목가구』, 대원사.
김삼대자(2000), 「문헌으로 본 나전칠기의 시원」, 『단설이난영박사정년기념논총』.
김연수(1992), 「통일신라시대 사리장엄에 관한 연구」, 서울대학교 석사학위논문.
김연수(1999), 「백제의 사리장엄에 대하여」, 『동원학술논문집』 2, 한국고고미술연구소.
김연수(2000), 「한국 사리기에서의 보당 형식에 대한 고찰」, 『미술자료』 65.
김원룡(1965), 「신라 금관의 계통」, 『조명기박사화갑기념불교사학논총』, 동국대학교출판부.
김희경(1987), 「고려탑의 사리장엄에 대하여」, 『한국불교미술사론』, 민족사.
김희경(1987), 「성덕대왕신종명의 해석」, 『범종』 10, 범종연구회.
김희경(1988), 「탑내 사리용기의 변천고 : 인도, 중국, 일본을 중심으로」, 『초우황수영박사고희기념미술사학논총』, 통문관.
나선화(1989), 『소반』, 대원사.
나형용(1999), 「성덕대왕신종의 주조법에 대한 고찰」, 『성덕대왕신종』, 국립경주박물관.
남궁영임(1999), 「고신라시대 경식에 관한 연구」, 성신여자대학교 석사학위논문.
남궁영임(2002), 「고신라 금속제 장신구의 제작기법 연구 : 재현기법을 중심으로」, 성신여자대학교 박사학위논문.
남궁영임(2003), 『고신라 금속장신구 연구』, 북스힐.
노인희(1993), 「삼국시대 대금구 연구」, 이화여자대학교 석사학위논문.
리일남(1991), 「고구려 귀걸이의 형태와 기법」, 『조선고고연구』 80, 사회과학원 고고학연구소.
박경원(1981), 「고려주금장고」, 『고고미술』 149, 한국미술사학회.
박보현(1987), 「수지형입화식관의 계통」, 『영남고고학』 4, 영남고고학회.
박보현(1991), 「적석목곽분문화지역의 대금구」, 『고문화』 38, 한국대학박물관협회.
박영규(1982), 『한국의 목가구』, 삼성출판사.
서울역사박물관(2002), 『한국의 목가구』.
송민아(2000), 「고려시대범종연구」, 정신문화연구원 석사학위논문.
신대현(2001), 「한국고대사리장엄연구」, 동국대학교 박사학위논문.
신대현(2003), 『적멸의 궁전 사리장엄』, 한길아트.
신대현(2003), 『한국의 사리장엄』, 혜안.

신숙(2004), 「통일신라 평탈연구」, 『미술사학연구』 242 · 243, 한국미술사학회.

신영호(2000), 「무령왕의 금동제신발에 대한 일 고찰」, 『고고학지』 11, 한국고고미술연구소.

안귀숙(1982), 「조선후기 범종의 연구」, 홍익대학교 석사학위논문.

안귀숙(1988), 「조선후기 주종장 사인비구에 관한 연구」, 『불교미술』 9, 동국대학교 박물관.

안귀숙(1990), 「한국공예사연구 30년 : 금속공예」, 『미술사학연구』 188, 한국미술사학회.

안귀숙(2000), 「중국정병 연구」, 홍익대학교 박사학위논문.

안병찬 · 이경자(2004), 「삼국시대 금동신발 : 5, 6세기 분묘출토품을 중심으로」, 『도시역사문화』 2, 서울역사박물관.

염영하(1987), 「성덕대왕신종의 주조와 음향」, 『범종』 10, 범종연구회.

염영하(1991), 『한국의 종』, 서울대학교 출판부.

윤근일(1991), 「삼국시대 고분출토 식리에 관한 소고」, 『문화재』 24, 문화재관리국.

윤선희(1987), 「삼국시대 과대의 기원과 변천에 관한 연구」, 『삼불김원룡교수정년기념논총』.

윤세영(1988), 『고분출토부장품연구』, 고려대학교 출판부.

이귀영(1997), 「백제 무녕왕릉출토 금속공예품의 제작기법 고찰」, 공주대학교 석사학위논문.

이난영(1991), 「어자문기법」, 『진단학보』 71 · 72 합집, 진단학회.

이난영(1992), 「奈朗 정창원에 보이는 신라문물」, 『중제장충식박사화갑기념논총』, 단국대학교 출판부.

이난영(1992), 『한국고대금속공예연구』, 일지사.

이난영(2000), 『한국고대의 금속공예』, 서울대학교 출판부.

이난영(2001), 「신라의 금속공예와 장신구」, 『신라황금』, 국립경주박물관.

이난영(2000), 「감은사지 동탑 사리용기 양식에 반영된 복두형 천장에 대하여」, 『문화재』 33, 문화재관리국.

이난희(2003), 「고려나전의 기법에 대한 고찰」, 『미술사학』 17, 한국미술사교육학회.

이송란(1994), 「신라 고분출토 공예품에 보이는 외래요소의 연원」, 『미술사학연구』 203, 한국미술사학회.

이송란(2001), 「중국 고대 누금세공의 연원과 전개」, 『미술사연구』 15, 미술사연구회.

이송란(2002), 「신라관의 성립과 시조묘 제사」, 『미술사학연구』 235, 한국미술사학회.

이송란(2004),『신라금속공예연구』, 일지사.
이송란(2005),「낙랑 정백동 3호분과 37호분의 남방계 사자형 수식과 상인의 활동」,『미술사학연구』 245, 한국미술사학회.
이연재(2005),「식리총출토 금동식리의 문양 연구」, 고려대학교 석사학위논문.
이영희(1998),「고신라금속공예의 누금세공기법연구」, 이화여자대학교 박사학위논문.
이영희(2000),「금속공예의 누금세공기법 연구 : 고신라 고분출토품을 중심으로」,『미술사학연구』 225 · 226, 한국미술사학회.
이영희(2004),「고대 삼국 · 통일신라의 장인」,『미술사학연구』 241, 한국미술사학회.
이영희(2004),「고려시대 공예기법 연구 : 상호관련성을 중심으로」,『미술사학보』 22, 미술사학연구회.
이인숙(1989),「한국고대 유리의 분석적 연구」,『고문화』 34, 한국대학박물관협회.
이인숙(1990),「한국고대 유리의 고고학적 연구」, 한양대학교 박사학위논문.
이인숙(1995),『고대유리연구』, 창문.
이인숙(1997),「금과 유리 : 4~5세기 고대 한국과 실크로드의 유보」,『중앙아시아연구』 2, 중앙아시아학회.
이인숙(1999),「고대 유리연구에 있어서의 과학적 접근방법」,『한국선사고고학보』 6, 한국선사고고학회.
이인숙(2000),『아름다운 유리의 세계』, 여성신문사.
이종석(1984),「눈부신 동서 유리기법의 교류」,『계간미술』(여름호), 중앙일보사.
이종석(1985),「삼국 및 통일신라기의 목칠기」,『한국의 전통공예』, 열화당.
이종석(1986),『한국의 목공예』, 열화당.
이종석(1988),「통일신라기의 평탈유물 수례」,『초우황수영박사고희기념미술.사학논총』, 통문관.
이한상(1998),「5~6세기 신라 태환이식의 분류와 편년」,『고대연구』 6, 고대연구회.
이한상(1999),「7세기 전반 신라 대금구에 대한 인식」,『고대연구』 7, 고대연구회.
이한상(2001),「황금장신구를 통해본 신라와 신라인」,『신라황금』, 국립경주박물관.
이한상(2002),「6세기대 신라 태환이식의 제작기법과 편년」,『경주문화연구』 5, 경주대학교.
이한상(2004),『황금의 나라 신라』, 김영사.
이호관(1997),『한국의 금속공예』, 문예출판사.

장경희(1999), 「조선시대 왕실가례용 공예품 연구」, 홍익대학교 박사학위논문.

장은정(2002), 「5~6세기 고구려 칠기제작기법에 대한 일고찰 : 한강하류역 자료를 중심으로」, 서울대학교 석사학위논문.

장충식(2000), 「한국불사리 신앙과 그 장엄」, 『불사리신앙과 그 장엄 : 한·중·일 사리장엄구의 종합적 검토』, 통도사성보박물관.

전용일(1994), 『금속공예기법』, 디자인하우스.

정광용(2001), 「무령왕릉 왕비 신발의 제작기법 연구」, 『하서고고학』 4·5합집.

조대일(1988), 「고구려의 금속공예 발전과 장공인들의 재능에 대하여」, 『조선고고연구』 69, 사회과학출판사.

주경미(1995), 「삼국시대 이식의 연구」, 서울대학교 석사학위논문.

주경미(1996), 「삼국시대 이식의 연구 : 경주지역출토 수하부이식을 중심으로」, 『미술사학연구』 211, 한국미술사학회.

주경미(1997), 「삼국시대 이식의 제작기법」, 『고대연구』 5, 고대연구회.

주경미(1998), 「삼국시대의 타출기법 연구」, 『과기고고연구』 3, 아주대학교박물관.

주경미(2002), 「중국고대 불사리장엄 연구」, 서울대학교 박사학위논문.

주경미(2002), 「한국 고대 불사리장엄에 미친 중국의 영향」, 『미술사학연구』 235, 한국미술사학회.

직지성보박물관(2003), 『하늘꽃으로 내리는 깨달음의 소리』.

진홍섭(1980), 『한국의 금속공예』, 일지사.

채해정(2001), 「통일신라 금속 및 칠공예품의 기법과 문양연구」, 『미술사연구』 15, 미술사연구회.

최국희(2004), 「낙랑고분출토 금속공예품에 관한 연구 : 석암리9호분을 중심으로」, 이화여자대학교 석사학위논문.

최영숙(2001), 「고려시대 나전칠기 연구」, 『미술사연구』 15, 미술사연구회.

최응천(1992), 「일본에 있는 한국범종 : 九州지방의 범종을 중심으로」, 『강좌미술사』 4, 한국미술사연구소.

최응천(1999), 「문무왕대의 미술 : 조각과 금속공예」, 『신라문화』 16, 동국대학교 신라문화연구소.

최응천(1999), 「한국 범종의 특성과 변천」, 『성덕대왕신종』, 국립경주박물관.

최응천·김연수(2003), 『금속공예』, 도서출판 솔.

최응천(2004), 「고려시대 금속공예의 장인」, 『미술사학연구』 241, 한국미술사학회.

최재석(1995), 「정창원의 목, 칠공예품과 그 제작국」, 『한국학보』, 일지사.

최재석(1996), 『정창원 소장품과 통일신라』, 일지사.
통도사성보박물관(2000), 『불사리 신앙과 그 장엄』.
호암미술관(2002), 『조선목가구대전 : 나무결에 스민 지혜』.
황수영(1982), 「신라범종과 만파식적 설화」, 『범종』 5, 범종연구회.
황유정(2003), 「고려범종의 불상, 보살상의 출현에 대한 연구」, 동국대학교 석사학위 논문.

한국도자사 연구 50년、연구현황과 과제

장 남 원

1. 머리말

미술사 연구에서 가장 빠른 속도로 새 자료들이 축적되는 분야는 도자사이다. 도자사 연구에서는 박물관이나 개인을 통해 전세(傳世)하는 명품(名品)은 물론 그보다 몇 배에 달하는 조사 자료 또한 중요한 대상이다. 해방 이전에는 일본학자들의 역할과 학문 전통이 주도적이었다면, 해방 후에는 국내 학술기관의 주도 아래 우리 학자들의 힘으로 도자사 연구가 진행되어 왔다. 그에 따라 한국도자사 연구사를 거시적 관점에서 다룬 경우가 있었는데(김재열, 1990 ; 강경숙, 1996, 2004) 대부분은 가마터의 발굴조사 성과를 살피는데 관심이 집중되었고(강경숙, 1998, 1990, 2006 ; 이종민, 2001, 2003 ; 전승창, 2002, 2003) 분야별 · 주제별 연구사 정리는 각각의 논문들에서 부분적으로 언급되었다.

이 글에서는 해방 이후 50여 년간의 한국도자사 연구를 시대별 주요 경향을 중심으로 간단하게 흐름을 살펴볼 것이다. 그 대상은 청자, 분청사기, 백자이다. 실제로 미술사 전공자들에 의한 연구는 고려 · 조선에 국한되고 있는 것이 현실이기 때문이다. 또 최근 여러 연구자들에 의해 시도되고 있는 새로운 연구방법과 주제들도 살펴볼 것이다. 고고학적 방법을 통한 상대편년, 통계분석에 의한 자료의 활용, 도자제작 배경과 기술 환경에 대한 관심, 소비와 유통, 과학적 분석과 해석, 중국 및 그 외 지역 도자와의 비교, 당대(當

代) 도자에 대한 인식 등이 그것이다.

1900년대 이후 한국의 도자사 연구는 고고학적 발굴성과가 가장 기초를 이룬다. 일본에 의해 시작된 고고학적 연구는 특히 1950년 이래 도자관련 유적의 발굴과 학술조사로 끊임 없이 새로운 자료가 축적・정리되고 있다. 그러나 앞서 이미 여러 연구자들에 의해 그 성과는 나름대로 정리되었으므로 이 글에서는 가마터와 발굴성과를 다시 세밀하게 언급하지는 않았다. 뿐만 아니라 여러 박물관이 주관하였던 도자관련 전시들도 많았는데, 대부분은 연구자들에 의해 논문으로 심화되었기에 참고문헌으로만 제시하고 별도로 다루지는 않았다. 보고서・전시도록 등에 수록된 개설(논문제외), 석사논문・기존의 연구를 축약한 대중용 문고판, 한국어 저술의 외국어판 등은 부득히 하게 참고문헌에서도 제외하였다. 따라서 단행본・학술지게재 논문・도록게재 논문, 학술대회 발표문 등 학술연구의 성격이 강한 성과들을 위주로 다루었으므로 부족함이 많을 것이다.

2. 시기별 연구동향

1) 일제강점기

일제강점기 도자사 연구는 조선총독부박물관을 중심으로 中尾萬三, 野守建, 小川敬吉 같은 일본인 연구자들이 주축을 이루었고 한국인으로는 고유섭이 활동하였다(고유섭, 1939). 강진 계율리 25호, 부안 진서리 12호 발굴조사를 비롯,[1] 공주 학봉리(鶴峰里) 가마터에 대한 발굴이 이루어졌으며 강진 요지분포도(窯址分布圖)도 작성되었다.[2] 나아가 고분발굴과 도굴로 알려진 자료들에 대한 소개가 이어졌다.[3] 일본인 학자들은 한국 도자사의 흐름을

1) 野守建(1934), 「扶安郡における高麗陶磁窯址」, 『陶磁』 6-6 ; 野守建(1944), 『高麗陶磁の研究』, 國書刊行會 ; 小山富士夫(1937), 「高麗の古陶磁」, 『陶器講座 22』, 雄山閣.

2) 奧田誠一(1921), 「高麗窯址分布圖」, 『國華』 382, 國華社.

3) 小村俊夫(1929), 「洮南近郊における高麗古城跡のに陶片就いて」, 『東洋』 32-3 ; 三

구성하는 일련의 저작물들을 통해 조선도자에 대해서도 관심을 보였다(淺川巧, 1931 ; 奧平武彦, 1937 ; 中尾萬三, 1939 ; 野守健, 1944). 즉, 이 시기는 총독부를 통해 수집한 자료와 이왕가박물관이 소장했던 도자기 전세품을 중심으로 하는 도자사의 양식사적 구성에 요지조사를 통한 새로운 결과를 축적해 가고 있던 시기였다.

2) 1950~1970년대

이 시기는 청자와 백자에서 핵심적인 가마터 발굴이 이루어져 학문적인 관심과 더불어 환기가 이루어진 때였다. 그러나 발굴조사는 가마유구 그 자체와 출토유물에 대한 관심으로 집중되어, 거시적인 요장(窯場)의 구조와 유구간의 관계 및 표준퇴적에 대한 생산품의 분포 등에 대한 인식은 상대적으로 낮았던 것으로 생각된다. 따라서 발굴자료를 활용하여 심화된 연구결과를 내기보다는 유적의 발굴을 담당했던 기관의 고고학자들을 중심으로 유적과 유물을 소개하는 정도의 소논문들이 출간되었다. 고유섭의 1950년대 이전 저작들에 대한 복간(復刊) 및 한글판 번역본이 소개되었고(고유섭, 1977), 역사학계에서는 도자생산에 제도사적으로 접근하기 시작하였다(강만길, 1965, 1980 ; 송찬식, 1980 ; 권병탁, 1978, 1979).

한국전쟁 이후 실시된 가마터 조사는 국립중앙박물관이 주도하였는데, 그 성과를 토대로 하는 도자사 연구 역시 최순우에서 정양모로 이어지는 국립중앙박물관의 연구 인력이 중심이 되었다. 1960~70년대에는 국립중앙박물관에 의해 강진(康津) 사당리(沙堂里) 117번지 일대 요지조사(정양모, 1981, 1991), 인천광역시 경서동(景西洞) 요지(窯址) 발굴,[4] 광주광역시 충효동(忠孝洞) 요지조사,[5] 경기도 광주의 도마리(道馬里) 백자가마터 조사[6]

宅長策(1934), 「そのころの思ひ出－高麗古墳發掘時代」, 『陶磁』 6-6.

4) 國立中央博物館・仁川市立博物館, 『仁川 景西洞 綠靑磁 窯址』, 1990.

5) 國立中央博物館(1992), 『光州忠孝洞窯址－紛靑沙器・白磁가마퇴적층조사』.

6) 國立光州博物館(1993), 『무등산 충효동 가마터』.

등이 이루어졌다. 특히 도마리 1호 가마터가 발굴되면서(1964~1965) 조선시대 관요(官窯) 백자에 대한 관심이 증대되었다. 그러나 발굴된 요지들의 조사 결과는 당시 약보고나 소개 글 정도로 알려졌고, 1990년대 중반 이후에 이르러서야 대부분 보고서로 출간되었다. 따라서 조사시점으로부터 자료가 학술적으로 활용되어 본격적인 도자사적 해석에 이르기까지는 20~30여 년이라는 상당한 기간이 경과하였다. 이 같은 상황은 북한의 경우도 마찬가지여서 1963년에 조사된 황해남도 평천군 봉암리와 옹진군 은동리요지는 뒤늦게 남한학계에 소개된다.[7)]

3) 1980년대

이 시기는 강진을 중심으로 하는 고려시대 청자와 분청사기, 조선 관요백자에 대한 집중연구가 시작되었다(강경숙, 1983, 1986, 1988, 1990 ; 윤용이, 1986, 1987, 1988, 1990 ; 김영원, 1980, 1982, 1986). 그 가운데 국내 처음으로 분청사기 연구서와(강경숙, 1986) 한국인 최초의 통사적 도자사 개설서가 출간되었으며(강경숙, 1989), 경기도 광주일대 관요지에 대한 전면적 지표조사를 토대로 논문이 출간되면서(윤용이, 1981) 분청사기와 백자를 포함하는 조선시대 도자에 대한 관심이 더욱 증대되었다.

한편 이 시기는 초기청자의 제작과 그 시기에 대한 관심이 고조되면서 청자발생 문제에 대한 논쟁이 막 시작된 때였다. 그 배경에는 1980년대 초부터 국립중앙박물관의 주도로 강진 용운리 9호와 10호 요지가 발굴되면서 4기의 가마유구와 함께 퇴적층의 선후관계가 조사된 것,[8)] 원광대학교의 고창 용계리 요지 발굴,[9)] 80년대 후반에 호암미술관이 용인(龍仁) 서리(西里)

7) 리병선(1963), 「황해남도 고려자기가마터 발굴보고」, 『고고학자료집 3 : 각지유적 정리보고』, 과학원출판사, 236~246쪽 ; (1992), 「봉암리자가가마터」, 『조선유적유물도감』 12, 조선유적유물도감편찬위원회 : 평양, 322~333쪽.

8) 國立中央博物館(1996, 1997), 『康津 龍雲里 靑磁窯址發掘調査報告』.

9) 圓光大學校 馬韓·百濟文化硏究所(1985), 『高敞 雅山댐 水沒地區發掘調査報告書』. 太平壬戌(1022년)銘 기와의 수습으로 요장의 조업시기 추정에 자료를 제공하

중덕마을에서 초기청자 가마터를 3차에 걸쳐 발굴한 일 등, 한국도자사의 중요한 발굴들이 있었기 때문일 것이다. 이 발굴들은 비교적 충실한 고고학적 조사를 통해 퇴적층에 대한 상하관계를 명확히 하였고 출토유물의 양식적 선후(先後)를 밝히는데 중요한 단서들을 제공하였다. 이때 한국의 초기단계 요업에서 벽돌가마[전축요(塼築窯)]가 사용되었음이 밝혀졌다.[10] 북한지역에서도 괄목할 만한 발굴이 이루어졌는데 황해도 배천 원산리의 초기청자 가마터 발굴이다(김영진, 1991, 1992). 가마유구 중심의 이 발굴은 퇴적의 확인이 불확실했으나 폐요(廢窯)직전 가마바닥에서 '淳化 3年(992)'銘 두형기(豆形器) 잔편들이 여러 점 발견됨으로써 가마의 성격과 운영시기의 하한(下限)을 알 수 있게 해주었다. 뿐만 아니라 기존에 전세되고 있던 이화여자대학교박물관 소장 '순화 4년(淳化4年, 993)' 명(銘) 항아리의 제작지와 용도 등을 재확인시켜주는 계기가 되었다. 그밖에 가마터외에 전남 완도 해저(海底)에서 침몰선이 인양되면서 청자들의 동반관계가 확인되었고,[11] 도자의 운송 및 유통경로에 대한 새로운 관심을 불러왔다.

또 백자요지의 발굴도 본격화되었으니 이화여대 박물관은 광주 관요지 및 지방백자 발굴을 주도하였다. 광주 번천리 5호 및 초월면 선동리 2호와 3호 가마터가 발굴되었는데, 번천리 5호에서는 가마유구외에 공방시설이 함께 알려졌을 뿐만 아니라 16세기 중엽의 편년유물이 확인되었고, 선동리 2호와 3호에서는 철화백자와 간지(干支)명이 있는 도편들을 수습하였다. 그 외 전라남도 승주군 후곡리(1986~87)등 지방요의 발굴이 잇따라 이루어지면서 17~18세기 백자와 가마 및 공방이 확인되어 관요 중심적인 기존의 도자사 연구주제의 폭을 지방으로 넓히는 계기가 되었다.

4) 1990년대

였다.

10) 三星文化財團・湖巖美術館(1987), 『龍仁西里高麗白磁窯－發掘調査報告書 I』.

11) 文化財管理局(1985), 『莞島海底遺物』.

80년대에 이어 90년대가 되면 가마터의 발굴이 증가하면서 새로운 학술자료의 축적이 급격히 진행되었다. 고속도로의 건설과 택지개발 등이 급속화되면서 구제발굴이 늘어났고, 또 문화유적을 자원으로 인식하게 된 지방행정부의 의지에 따라 각지에서 연구기관과 연구자들이 대거 출현하였다. 이때부터 발굴은 고고학 전공자들에 의해 유구조사 작업이 이루어지고, 미술사 전공자들에 의해 유물의 해석이 이루어지는 방향으로 선회하기 시작하였다. 출간되는 보고서에는 유물의 유형과 분포를 객관적 데이터로 제시하려는 시도가 늘어났고, 과학적 성분분석 및 연대측정 작업도 동반되었다.

청자분야에서는 초기청자 발생문제와 말기상감 중 간지명 청자의 제작연대 문제에 대한 서로 다른 견해들이 대립하면서 논란이 지속되었다. 아울러 백자분야에서는 분원의 성립 문제로 논란이 지속되었다.

이 시기 청자가마터 조사로는 부안(扶安) 진서리(鎭西里) 18호・20호 요지조사,[12] 해남(海南) 진산리(珍山里) 17호 요지조사,[13] 대전(大田) 구완동(舊完洞) 요지조사,[14] 시흥(始興) 방산동(芳山洞) 요지조사,[15] 부안(扶安) 유천리(柳川里) 27・28호 요지조사,[16] 충북대학교의 음성(陰城) 생리(生里) 요지조사[17] 등이 있었다.

백자 가마터 발굴도 적지 않았다. 경기도 분원지역에서는 우산리 9호,[18] 우산리 2호,[19] 우산리 17호,[20] 건업리 2호[21]요지가 발굴되어 가마구조에

---

12) 圓光大學校 馬韓・百濟文化硏究所(1994), 『扶安 柳川・鎭西里 靑磁窯址 調査報告書』.

13) 木浦大學校 博物館(1992), 『海南 珍山里 綠靑磁 窯址』.

14) 海剛陶磁美術館(2001), 『大田 舊完洞 窯址』.

15) 海剛陶磁美術館(2001), 『芳山大窯』.

16) 圓光大學校 馬韓百濟文化硏究所(2001), 『扶安 柳川里 7區域 靑磁窯址群 發掘調査報告書』.

17) 忠北大學校博物館(2002), 『陰城 笙里청자가마터』.

18) 梨花女子大學校博物館(1993), 『朝鮮白磁窯址發掘調査報告書－附 牛山里 9號 窯址 發掘調査 報告』.

19) 海剛陶磁美術館(1995), 『廣州 牛山里 白磁窯址』.

20) 海剛陶磁美術館(1999), 『廣州 牛山里 白磁窯址(Ⅱ)－17號 白磁窯址 試掘調査報告

대한 자료와 편년자료를 확보하게 되었다. 또 조선전기의 다양한 국산 및 수입산 청화백자의 실체도 확인할 수 있었다. 1998년부터 2000년에 걸쳐 이루어진 번천리 9호 요지에서는 가마유구를 비롯해 여러 기의 공방유구가 확인되었다. 경기도 분원지역 외에 지방에서도 많은 가마터 발굴이 이루어졌다. 군포 산본, 안동 신양리, 장성 대도리, 곡성 송강리, 승주 후곡리, 충주 미륵리, 보령 용수리, 산청 방목리, 대전 정생동, 안성 화곡리, 경산 음양리 등지에서 조선초부터 후기에 이르는 백자요지들이 발굴되었다. 지방요지에서는 대규모의 공방이 동반되는 경우가 많았으며, 특히 조선중기 이후의 요지에서는 철화백자의 제작확산이 확인되었다.

5) 2000년대

이 기간은 1990년대에 축적된 발굴조사들의 보고서 출간을 기반으로 도자사 연구의 다양한 성과가 쏟아져 나오는 시기이다. 2000년대 중반 현재 이미 1990년대에 이룬 성과를 양적으로 넘어섰다. 조선전기의 인화문 분청을 중심으로 국가 생산체제 및 지역특징을 중심으로 연구들이 진행되고 있으며(김윤정, 2003 ; 박경자, 2005 ; 심지연, 2005), 백자에서는 급격하게 추가된 지방백자 요지의 발굴성과로 지방백자에 대한 관심이 증대되었다(장기훈, 2002 ; 本田まび, 2003 ; 박형순, 2004 ; 강경숙, 2004 ; 정양모, 2004). 무엇보다 두드러지는 성과는 청자에서 보이는데 초기, 중기, 후기에 걸친 새로운 조사성과를 토대로 편년 및 인식에 상당한 변화가 두드러진다. 본고에서 제시하지 못한 석사학위논문까지 포함하면 청자에 대한 관심의 집중도가 높은 편이다. 이미 1990년대부터 논란이 계속되던 초기청자의 문제는 발생시기를 비롯하여 그 운영체제와 제작기술 등의 차원으로 확대 연구되었으며 고고학, 과학기술, 경제, 지역, 양식 등의 측면에서 다각도로 재검토 되었다(이

書』.

21) 海剛陶磁美術館(2000),『廣州 建業里 朝鮮白磁 窯址－建業里 2號 가마遺蹟 發掘調査報告書』.

종민, 2002, 2003 ; 이희관, 2004, 2005 ; 장기훈, 2002 ; 장남원, 2004). 또 고려 중기에 대해서도 기존에 강진·부안 중심으로 요업이 집중되고 다른 지역 요업이 위축되었던 시대로 보았던 시각(최건, 1998, 2001, 2002)에서 오히려 강진유형의 청자가 전국적으로 확산되는 것으로 인식하는 새로운 해석이 제기되었다(장남원, 2001, 2003). 나아가 많은 고고학적 자료가 추가되면서 가마를 중심으로 하는 기존의 연구가 심화되었음은 물론(강경숙, 2005), 다양한 소비유적에 대한 관심과 해석이 심화되었다(이종민, 2003, 2004 ; 장남원 2003, 2005 ; 전승창, 2005 ; 조은정, 2005 ; 한성욱, 2005 ; 한혜선 2005). 또 가마외에 공방유구 등 제작환경에 대한 관심도 증대되었다(장남원, 2004 ; 조선관요박물관, 2005).

고려시대 도자관련 발굴조사로는 여주 중암리 고려백자 요지, 용인 서리 상반 고려백자 요지, 강진 삼흥리 요지, 용인 보정리, 진천 죽현리, 여주 안금리 등지의 요지와 군산 비안도·십이동파도, 보령원산도 등을 비롯한 해저인양 청자들도 알려졌다. 조선시대 백자가마로는 광주 분원리(2001~2002) 1호 요지, 광주 송정동 요지 등 관요지 외에도 지방요지의 발굴이 많이 이루어졌다. 충주 하구암리, 부여 정각리, 대전 장안동, 순천 문길리, 무안 피서리, 장성 수옥리, 원주 귀래리, 하동 백련리, 사천 사촌리, 울주 방리, 영동 노근리, 장성 추암리, 무주 사천리, 청양 대박리, 청양 광대리, 문경 용연리 등의 요지가 이 기간에 발굴조사되었다. 뿐만 아니라 강원도 양구에서는 40여 기의 가마터와 도토채굴지 등이 확인되었다. 이들 지방요지에서는 특히 대규모 공방시설을 동반하는 예도 많아 광주지역 백자생산과 더불어 조선백자의 원료 및 제작과정, 제작체계 등을 이해하는 좋은 자료를 제공하였다.

3. 한국도자사 연구의 쟁점

해방 후 50여 년간 한국도자사 연구의 관심분야 가운데 집중도가 높고,

학술적 논란이 지속되었던 몇 가지 주제를 중심으로 쟁점을 살펴보면 다음과 같다. 물론 아래 제시한 외에도 고려시대 도자사에서는 상감청자, 고려도자 편년, 용어문제 등 다양하지만 자료의 축적과 함께 자연스럽게 그 논쟁이 해결되어가는 추세이다.

1) 청자발생・개시 시기에 대한 논란

한국내 자기의 발생・개시문제는 청자에 대한 연구가 시작된 1930년대 이래 현재까지도 가장 논란이 많은 주제이다. 일본인 학자들에 의해 본격적으로 시작된 이래 최근에 이르기까지 청자사 연구에서 가장 중요한 관심사였다. 대개는 『고려사』 및 『고려도경』 같은 문헌자료와 기년 명문자료들을 기준에 두고 당시 강진, 부안에 대한 발굴 및 조사자료에 최초로 접근한 결과를 토대로 한국도자사의 흐름을 구성하였다. 이에 따라 대략 한국내에서 청자의 개시 시기는 10~11세기 경으로 이해되었다(小山富士夫, 1937 ; 中尾萬三, 1939 ; 高裕燮, 1939 ; 野守建, 1944).

그러나 1960년대부터 1980년대에 걸쳐 국내 연구인력에 의해 요지조사와 그 결과가 알려지면서 새로운 학설들이 제기되었다. 인천 경서동, 강진 용운리 9・10호 요지, 고창 용계리 요지, 용인 서리 중덕요지 등 초기청자 요지들이 주로 이 시기에 발굴되었다. 기존에 한국도자에 관심을 두었던 일본학자들과(尾崎洵盛, 1960 ; 長谷部樂爾, 1971 ; 三上次男, 1981), 최순우, 정양모, 강경숙, 윤용이, 최 건, 김재열 등이 초기청자 연구에 관심을 보였다. 이때 가장 특기할 사항은 한국청자의 개시문제를 중국 월주요(越州窯)와의 비교를 통해 해석하는 관점이 중심을 이루었던 것이다. 초기청자 가운데서도 국내에서 제작되는 옥벽저형[해무리굽] 완을 당대(唐代) 월주요에서 유행한 옥벽저(玉璧底) 완(碗)과 비교하면서 제반 문제를 해석하고자 하였다. 그 결과 강진 및 용인 서리에서 나타나는 옥벽저계 완의 편년을 9세기 초부터 10세기 후반까지 달리 해석하는 여러 학설이 제기되었는데(최순우, 1978 ; 최건, 1987 ; 정양모, 1989 ; 윤용이, 1986 ; 김재열, 1988 ; 강경숙, 1998), 그 중에서도 한국에서 제작되는 초기청자 해무리굽 완을 당대 옥벽저 완과 동시대품으로 인식함으로써 그 개시 시기를 9세기로 보는 견해가 다소 지배적이었다(정양모, 1989 ; 최건, 2001, 2002 ; 김인규, 2002).

그러나 1990~2000년대 이후 배천 원산리 요지(북한사회과학원), 시흥 방산동 요지(해강도자미술관), 용인 서리 상반 요지(기전문화재연구원), 여주 중암리 요지(경기도박물관) 같은 전축요계(塼築窯系) 초기청자 요장의 발굴과 강진지역에 대한 대규모 지표조사(해강도자미술관), 강진 삼흥리 요지(국립광주박물관, 호남원화재연구원), 해남 진산리 요지(목포대학교박물관), 해남 신덕리 지표조사(국립광주박물관) 등 남부지방 토축요(土築窯)에 대한 조사가 이어지면서 요업기술의 계보와 발달 시기, 그리고 퇴적 유물의 선후 관계등을 고고학적 · 통계적 방법으로 다루게 되었다. 그 결과 초기청자 이해는 보다 다각적인 기준과 시각으로 해석이 가능해져, 단순히 당대 옥벽저에 비견되는 동시대품이 아니라는 사실과 국내 유적에서의 선후 관계 등이 증명되었다. 나아가 중국의 최신 요지 및 소비지 조사 성과가 중요하게 반영되면서 그 개시 시기를 10세기로 보는 견해가 설득력 있게 받아들여지고 있다(윤용이, 2002 ; 이종민, 2001, 2002, 2003, 2004 ; 강경숙, 2004 ; 이희관, 2002, 2003, 2004, 2005).

2) 청자의 생산체제에 대한 시각 차이

청자제작 주체의 차이는 조형과 질(質)의 문제로 직결된다. 초기청자부터 말기에 이르기까지 고려청자의 제작이 누구에 의해 어떤 방식으로 이루어졌는지에 대한 문제는 외적인 양식 내지 편년의 문제에 비해 복잡하고 어려운 과제이다. 이에 대한 관심은 2000년대로 오면서 증대되어 초기청자의 제작중심에 누가 있는가? 중기청자의 중심지 강진과 부안은 어떤 성격의 요장인가? 고려후기로 가면서 어떤 변화가 있었는가? 등에 대한 의문으로 이어졌다.

초기청자 요지출토 도편자료에 남은 명문으로 미루어 개경에 인접한 초기청자 요장들이 호족 등의 사요(私窯)였을 것이라는 견해와(이희관, 2002) 생산품 가운데 국가용 제기가 포함되어 있고 경기 북부 및 남부 일대의 요장들이 제작기술과 조형에서 시차는 있지만 동일한 양상으로 요업을 운영하고 있었다는 점, 그리고 양주에 건자산소(巾子山所)가 있었을 가능성 등을 예로 들어 국가의 공적 시스템이 작용하였을 것이라는 견해(이종민, 2003 ; 장남원, 2003, 2004)가 제기되었다.

이 같은 견해의 차이는 중기청자를 보는 시각에서도 비슷하게 나타났다. 오랫동안 고려중기 강진요지를 중심으로 청자 생산이 단일화되고 조질청자가 축소되면서 양질청자 위주로 생산되어, 생산품의 수량보다는 질이 우선되었다고 보는 견해가 두드러졌다. 이 경우 특히 절정・성행기 150여 년간을 청자생산의 암흑기로 설정하여, 강진과 부안을 제외하고는 대부분의 중부지방 요장들이 소멸된다고 보게 된 것이다(최건, 1998). 고려 요업을 바라보는 강진・부안 중심의 시각은 고려말 전국의 가마터에서 상감청자가 제작되면서 조선 초 분청사기로 이어지는 과정의 이해에도 반영되어 고려의 자기소 체제가 고려말로 가면서 해체되어 이원화(二元化)되는 것으로 해석되기도 한다(강경숙, 1983, 1989 ; 박경자, 2004).

그러나 최근 조사성과들로 보면, 고려중기 청자의 중심에 강진이 있는 것은 사실이지만 강진・부안 중심으로 요업이 집중되고 그에 비해 다른 지역 요업이 위축되었던 것이 아니며 오히려 강진과 유사한 청자가 동반관계를 이루며 전국적으로 확산되는 것으로 이해되어야 한다는 새로운 해석이 제기되었다. 후자의 경우 강진이외 생산유적과 다양한 성격의 소비유적에서 여러 질의 도자기가 제작・사용되고 있음을 근거로 하며, 이미 고려중기 이래로 유사한 양식의 청자를 전국적인 청자 요장에서 거의 비슷하게 제작하고 있는 점 등으로 보아 자기소의 해체 내지 강진이외 지역의 광범한 도자생산은 일찍부터 진행되었으리라고 보는 입장이다(장남원, 2003, 2006). 한편 강진과 부안의 요업적 연관성을 청자벼루에 남아 있는 명문 분석을 통해 추론한 연구도 있었다(이희관, 2000).

이 같은 인식의 맥락은 초기 및 후기청자에 대한 최근 연구들에서도 확인된다(장남원, 2001, 2003 ; 片山まび, 2003 ; 강경남, 2004 ; 한성욱, 2004, 2005 ; 조은정, 2005). 나아가 청자의 다양한 소비에 대한 이해는 고려초기 이후 청자 질(質)의 분화에 따른 결과로 보는 시각으로 확장되었다(장남원, 2003, 2006 ; 이종민, 2004).

한편, 간지명 청자에 대한 논란 역시 오랫동안 계속되었다. 고려후기 청자 제작의 변화를 염두에 두고 왜 제작연대를 명문으로 새긴 그릇들이 만들어졌는가의 문제와(이희관, 1998) 명문도자의 기명 및 문양을 중심으로 한 양식적 편년의 문제로 집약된다(정양모, 1992~94 ; 구일회, 1994 ; 이종민, 1994 ; 한성욱, 2002). 이 두 가지 관점은 별개의 것이 아니며, 특히 강진 자기소의 운영주체과 관련한 변화를 전제하면서 그 위에 양식적 선후관계를 대입해야 할 것이다. 그런 차원에서 최근 시대적인 상황과 조형의 양식적 변화과정을 통해 고려후기부터 조선초기에 걸친 도자에 대한 연구들이 심화되고 있으며, 간지명 청자의 제작시기도 14세기 이후로 보는데 의견을 같이하고 있는 점도 주목된다(박경자, 2003 ; 김윤정, 2005).

3) 분청사기의 특성과 변천에 대한 견해

일제 강점기 이래 분청사기에 대한 관심은 꾸준하였다. 그러나 초창기 그들의 관심은 다완(茶碗)을 염두에 둔 취미적 안목으로서의 관심에 있었던 것이 사실이다. 일본의 모모야마[桃山]시대 이후 근대기까지 이어지는 소위 '고려다완(高麗茶碗)' 취미의 대상 중에서는 조선시대 분청사기에 대한 애호가 큰 비중을 차지했다. 그같은 맥락에서 철화분청을 제작했던 계룡산 요지에 대한 발굴은 1920년대에 이미 일본의 관심거리였다. 그러나 학술적 성과는 1960년대와 90년대에 이루어진 광주 충효동의 가마터 발굴에서 선명하게 드러났다.[22] 충효동 발굴을 통해 분청사기 자체의 변천과정은 물론 백자와의 상관관계에 대한 일면을 밝힐 수 있었으며, 분청사기의 전국적인 지표조사와 문헌자료 등을 토대로 전반적인 양식변화와 편년체계를 세우는 작업이 이루어졌다(김영원, 1980 ; 강경숙, 1986). 최근에는 특히 인화문 분청사기 가운데 경상도와 충청도 등 각 지역의 문양과 명문 등에 대한 심층 연구로 그 성격과 제작체계를 밝히려는 노력이 이어지고 있다(김정선, 1994 ; 심지연, 2004 ; 박경자, 2005). 그러나 현재 문양기법을 기준 삼아 분류한 분청사기의 종류와 그 상호관계 및 선후관계에 대해서는 가마터 발굴에 따른 새로운 성과들이 축적되면서 재고의 여지를 남겨주었다.23)

4) 조선시대 분원백자에 대한 집중연구

해방 이후 지금까지 조선백자에 대한 관심은 왕실 관요백자를 중심으로 이루어져 왔는데, 특히 분원의 성립시기와 편년의 문제가 중점적으로 다루어져 왔다(奧平武彦, 1937 ; 정양모, 1973 ; 久志卓眞, 1975 ; 윤용이, 1981 ; 권병탁, 1992 ; 강경숙, 1988, 2003 ; 방병선, 1999 ; 김영원, 1995, 2001 ; 전승창, 2004). 같은 맥락에서 조선전기(김영원, 1995) 및 조선후기 백자를(방병선, 2000) 양식과 편년 중심으로 다룬 저술도 출간되었다.

연구주제의 대부분은 청화백자(강경숙, 1978, 1983, 1994 ; 윤용이, 1985 ; 정양모, 1987 ; 김재열, 1987 ; 장남원, 1989 ; 최경화, 1999 ; 방병선, 2002 ; 전승창, 2002 ; 윤효정, 2005), 상감백자(김영원, 1982 ; 권소현, 2003), 철화백자(장기훈, 1999), 조선청자(김영원, 1991), 양각백자(장남원, 1993) 등 기법을 중심으로 다룬 예가 많으며, 기록상의 '도기소'와 '자기소'의 존재에 대한 확인과 해석의 문제가 관심 깊게 다루어졌다(권병탁, 1978 ; 강경숙, 1994 ; 송성안, 1995 ; 전승창, 1996).

---

22) 國立中央博物館(1992), 『忠孝洞窯址－紛青沙器・白磁가마퇴적층조사』 ; 國立光州博物館(1993), 『무등산 충효동 가마터』.

23) 海剛陶磁美術館(2001), 『大田 舊完洞 窯址』 ; 곡성 구성리 ; 완주 화심리.

이러한 추이는 조선시대 유물자료와 요업관련 기록이 상대적으로 많은 데서 비롯하며, 유물에 대한 접근이 용이해짐으로써 가능했다. 나아가 경기도 광주의 분원지역을 대상으로 하는 조선 초부터 후기에 이르는 가마의 발굴 성과가 어느 정도 축적된 점도 연구의 배경이 되었다. 그 결과 조선백자의 편년과 양식 문제는 조선시대 관요의 흐름을 기준으로 임란 직전인 16세기까지를 전기(前期)로, 남종면 분원리에 요장(窯場)이 정착되는 1752년을 기준으로 18세기 중반까지를 중기(中期)로, 분원이 민영화되던 1884년까지를 후기(後期)로 나누어 설명하는 것이 일반적이다.

그러나 1990년대 말부터 2000년대 이후 분원보다 양적으로 급격히 증가한 지방백자의 발굴조사에도 불구하고 아직까지 그 성과가 도자사 서술에 본격적으로 반영되지는 않은 실정으로 아직도 조선시대 도자사의 서술은 분원백자의 역사에 집중되어 있다고 해도 과언이 아니다(김영원, 1995, 2003 ; 방병선, 2000, 2005). 다만 발굴의 성과 및 지방요지를 대상으로 다루는 세부 연구에서 지방백자에 대한 관심이 증대되고 있다(조선관요박물관, 2003, 2004, 2005 ; 장기훈, 2002 ; 전승창, 2003 ; 片山まび, 2003 ; 장남원, 2004 ; 한성욱, 2004). 따라서 관요외에 지방요의 조사 성과를 함께 고려하는 거시적인 시각이 요구되는 것이 현실이다.

4. 주제와 방법의 다각화와 그 성과

지금까지 그동안의 연구추이와 주요 논점들을 살펴보았다. 이 장에서는 기존의 연구방법 가운데 심화되었거나, 또는 새롭게 시도하여 성과를 거둔 연구방법, 그리고 새롭게 주목받는 연구주제 및 그 방향에 대해 살피고자 한다.

1) 고고학적 발굴과 퇴적층의 해석

도자사 연구에서 고고학적 방법의 채용은 절대적이라 해도 과언이 아니다. 문양이나 기형의 내용이나 상징 등을 다루는 연구가 아니라면 대부분 고고학적 성과를 기초에 두게 된다. 따라서 도자사 연구자들의 고고학에 대한 관심의 증대는 물론, 고고학계에서도 도자사에 지대한 관심을 가지고 있다. 따라서 최근에는 '도자고고학'이라는 용어도 사용되고 있다(이화여자대학교박물관, 2001 ; 한국상고사학회, 2003).

발굴을 통한 퇴적유물의 분류와 층위별 상대편년은 기년자료를 통한 망점연결식 구성보다 사실에 가까운 결과를 얻을 수 있으며, 명확한 편년을 정해주지 못한다 해도 상대 관계를 밝혀주므로 다른 유적에 대입하여 해석할 수 있는 기초를 제공한다. 초기청자 가마터 발굴조사에서 용인 서리의 층위별 유물동반 상황은 시흥 방산동이나 여주 중암리의 자제 층위 구성은 물론 상호 연관되는 시기를 설정하는데 결정적인 기여를 하였다. 또 고려중기 역시 강진 용운리 9호와 10호에 대한 층위 관계는 부안 유천리나 기타지역의 생산현황을 이해하는데 기준이 되었고, 가마터 퇴적의 고고학적 파악은 소비 유적의 존속시기와 성격을 이해하는 데도 결정적이었다. 중국의 당대 옥벽저 완과 고려시대 옥벽저형 완이 서로 같은 것일 수 없고, 청자의 발생시기에는 중국 오대(五代)의 타입이 제일 먼저 나타난다는 점, 중기에도 번조받침에 따라 선후 내지 동시대 관계를 가지며, 문양 기법간에도 선후 관계와 동시대 관계 등이 형성되어 있다는 것을 확인시켜준 것은 모두 고고학적 발굴성과를 활용한 덕분이었다.

2) 도자제작 배경과 기술 환경에 대한 관심

도자기 번조시설인 가마의 형태와 구조는 당대 요업기술의 단적인 척도가 된다. 또 요업기술의 연원과 발전 방향을 살피는 데도 유효하다. 예컨대 도기 가마의 경우 통일신라시대부터 고려시대에 이르기까지 커다란 변화가 없이 단실(單室)의 구조였다든지, 초기청자 개시시기에 전례없는 중국 월주요계 전축요 기술이 국내에 고스란히 이식되는 점 등은 흥미롭다. 나아가 시흥 방산동 경우 도기요장이 형성된 곳에 새로운 청자요장이 개설된 점 등도 요업환경에 대한 관심의 결과 확인된 점이다. 백자 역시 예외는 아니다. 가마 내부에 불기둥이 생기는 점이라든가, 17세기 이후 지방에서는 가마의 뒷편이 넓어지는 점, 19세기 말 이후에는 국내에도 일본식 가마가 등장한다든가 하는 것이다. 가마의 변화와 특징은 그 당시 제작되는 도자기의 질이나 형태와 무관하지 않다. 예컨대 중국의 가마기술이 유입되면서 중국식 설비와 원료 다루는 기술도 함께 전해진 것이다. 16세기경 전북 고창지역 가마들 가운데 가마바닥이 계단식으로 축조되는 예가 있는데, 분원에서는 17세기 이후에 나타난다. 그런데 이 같은 구조는 일본의 17세기 가마에서 나타나기 시작하는 것이다. 이럴 때 도자기의 조형적 연관성의 이면에는 대체로 제작기술의 연관성이 내재하고 있다고 보아야 할 것이다. 가마축조 재료와 방법, 불때는 방식 등 모두가 유기적으로 작동한다.

오랫동안 가마를 중심으로 하는 발굴조사와 연구에 관심이 집중되어 왔다면, 최근 연구의 대상은 제작환경으로까지 확대되어 있다. 특히 2000년대에 들어 가마외에도 적지 않은 공방관련 유적과 유구가 조사되면서 백자를 이해하는데 매우 중요한 단서를 제공하였다. 특히 청자보다는 흙의 정제와 관리가 어려웠던 백자의 경우, 공방관련 시설이 더 복잡했을 것으로 생각된다. 실제 대상도 백자 공방에 대한 것이 주를 이룬다.[24)] 이때 연구의 대상은 흙의 선별과 정제 외에도 성형과 시문, 시유작업 등이 될 것이다. 요업의 마지막 단계에서 소용되었던 가마 외에 다양한 작업 공정을 보여주는 공방에는 도토의 수비 및 배합시설, 도토 및 유약 원료의 저장시설, 그리고 성형 및 시문, 시유 등을 위한 공간이 있었던 것으로 확인된다. 그리고 도토의 산지가 인접해 있는 지방 요장과, 전국에서 도토를 선별하여 운송해왔던

---

24) 물론 최근, 용인 보정리와 여주 안금리의 청자요지에서는 드물게 공방관련 유구가 발굴되어 주목된다.

분원지역 간에도 시설의 차이가 있었다.

이와 같은 작업환경에 대한 연구는 도자기의 색과 질감, 강도, 광택 등 육안을 통해 감각적으로 설명되던 다양한 조형적 속성을 보다 제작특성과 연관지어 설명할 수 있게 함으로써 어느 정도 객관성을 확보할 수 있게 해주었다.

3) 통계분석에 의한 자료의 활용

생산유적과 소비유적에 대한 조사결과를 계량화하고 이를 다시 목적에 따라 통계를 내어 활용하는 방법은 최근 10년 이래 활용도가 높은 방법이다. 출토유물의 다양한 속성분류와 계량화는 가마구조 변화와 퇴적 유물의 변화 양상을 층위별로 밝혀 내고, 실질적인 제작현황을 파악하는 등 여러 가지 자료를 제공한다. 지금까지 도자사 연구에서 분청사기나 백자분야에서는 이 같은 방법이 그다지 활용되지 않았으나 청자 연구에서는 청자가마터 발굴품과 소비유적 출토품에 대한 연구에서 일반적으로 활용하는 방법이다.

이 같은 방법을 통해 용인 서리나 시흥 방산동 같은 초기청자 요장의 주요 생산품이 50% 이상 완(碗)에 집중되었다는 사실이 밝혀져 초기청자 요장의 생산 성격을 파악할 수 있었으며, 중기청자 요장에서도 강진 용운리와 부안 유천리 등에서 시도한 층위별 문양기법, 번조방법, 기종별 파악을 통해 압출양각이 가장 많은 비중으로 나타나며, 모래빚음 받침이 가장 보편적인 번조받침이었고, 나아가 중기 후반으로 갈 수록 접시의 생산이 증가하는 등의 특징이 밝혀졌다. 이와 같은 가마터의 통계는 소비유적과 대비하는 과정에서 유용하게 비교할 수 있었다. 이밖에도 수 많은 데이터를 활용함으로써 다양한 해석들이 가능하게 되었다.

가마에서는 도자기 뿐만 아니라 갑발을 비롯한 다양한 요도구도 출토되는데 이들을 통해 번조량과 효율성 등을 계산해 낼 수 있다. 즉 가마의 길이와 높이, 그리고 요도구의 크기를 계산하고, 요도구 안에 넣은 그릇들의 개수를 대입하면 전체 생산량을 추정할 수 있는 것이다. 또 그릇의 크기와 무게, 중요도 등도 파악할 수 있다.

이 같은 방법은 요지출토품을 대상으로 적게는 수백 점, 많게는 수만 점의 개체를 수작업으로 다루어야하는 번거로움이 있지만, 인상적 판별에 의한 막연한 결과가 아닌 실물자료에 대한 수치적 통계로 시대양식과 기법, 제작관습 등에 대한 객관적 결과를 이끌어내는 것을 가능케 해준다.

4) 소비와 유통에 대한 관심

발굴을 통해 드러난 요지의 고고학적 층위관계 및 소비지 유적에서 출토되는 도자기의 공반관계, 이들에 대한 다각적인 분석은 도자의 생산과 소비현황을 알려주는 풍부한 자료가 되고 있다. 특히 주거, 사찰, 분묘 등 서로 다른 성격의 유적을 살펴 생산지와의 관계 및 생산지에서의 동반양상이 소비지에서는 어떻게 나타나는지를 살피는 것은 도자의 현황을 설명하는 중요한 자료가 된다. 실례로 이 과정을 통해 지금까지 공백기 또는 강진·부안 중심기로 이해되어 온 고려중기는 청자의 생산과 소비에 있어 가장 활성화되었던 시기로 파악되었다. 또 해저인양 동반유물을 통해 그동안 제작시기가 다를 것으로 여겼던 음각앵무문과 도안적인 흑백상감 국화절지문은 일정시기 동안 함께 시문되었던 것도 밝혀졌다.

백자 연구에서도 중앙 관요와 지방요, 또는 관요지역내 가마들간의 관계, 지방요지와 그 수요의 문제 등이 가마터 현장 외에 백자가 출토되는 생활유적 및 분묘 등과 같은 소비유적에서의 출토 백자에 대한 고고학적 발굴성과를 통해서 함께 고려되어야 할 것이다. 예컨대 관요백자를 연구하면서 궁궐유적이나 관청유적 출토 백자에 대한 탐색과정이 없다면 절반의 이해에 머물 수밖에 없다고 본다.

실제로 조선초 우산리요지에서 출토되는 '내용(內用)'명 백자와 유사한 백자가 청주의 한 무덤에서 출토되었다. 그렇다면 그 백자가 분원산인지 아니면 그와 같은 명문이 당시 여러 가마에서 사용되었는지 등 다양한 추측이 가능할 것이다. 더욱이 그 무덤에서 중국산 청화백자가 동반된다면 편년의 문제에 힌트를 얻게 되며 조선초 백자수급 문제 등을 해결하는 여러 가지 단서를 제공할 것이다. 또 조선후기 1884년에 공식적으로 분원이 민영화되기 이전 언제부터 과연 분원백자가 민수용으로 확산되었는지 등과 같은 미결의 문제들도 소비와 유통에 대한 자료 확보를 통해 보완할 수 있을 것이다. 특히 조선시대 연구는 상대적으로 많이 남아 있는 문헌 기록자료에 의존하는 경향이 있으나 소비지 현장에 대한 이해는 문헌자료의 유용함 그 이상일 것이다.

이처럼 소비와 유통에 대한 탐구는 소비지의 위상이나 특정한 성격을 통해서도 다양한 결론에 도달할 수 있다. 사찰, 관청, 민가 등이 다를 것이고 그 안에서도 시대와 지역의 차이를 보일 것이다. 결국 소비자의 경제, 정치적 지위나 친밀도 등은 동시대 도자기 가운데서도 각각의 품질을 달리할 수 있다는 것이 확인된다. 도자의 질은 원료의 차이, 제작기술 차이 등이 전제된 것으로 이는 곧 수요층에 따라 다양한 질의 도자기가 제작될 수 있다는 사실을 반영하는 것이다.

5) 과학적 분석결과의 활용

과학적 분석에 따른 도자의 질과 작업계통, 성격 등을 밝히게 된 것 또한 최근의 중요한 학술적 성과이다(고경신, 강경인, 이영은). 분석작업은 그동안 백자분야에서 더 많이 축적되었다. 용인 서리, 시흥 방산동, 여주 중암리 등을 비롯하여 광주 분원지역, 지방 백자 등 고려시대부터 조선후기에 이르는 원료와 기술에 대한 과학적 분석자료가 쌓여가고 있다. 그러나 과학 분야에서 축적한 데이터를 도자사 연구에 활용하여 도자사적 해석으로 이끌어 내는 것은 학제간의 공동작업으로서 더욱 유용해진다. 유적현장에 대한 자연지리적 탐색, 시료의 선택과정 등에 분석자와 도자사 연구자가 함께 해야 한다.

시료의 선택은 현장에서 발굴을 담당했든 안했든 출토유물의 유구별 층위별 대표성을 인지하고 있는 사람에 의해 이루어져야 한다. 나아가 분석을 통해 무엇을 도출하고자 하는지에 대한 목적이 분명해야 분석의 방향과 목표를 정할 수 있다.

지금까지 여러 차례 도자유물 내지 가마터에 대한 분석이 이루어졌으나 발굴성과와는 무관하게 요식적으로 데이터만 제시하는데 그치는 결과들도 있었다. 따라서 결과에 대한 해석 작업 역시 분석자와 도자사 연구자가 함께 해결해야 하는 부분이다. 성공적인 예로는 강원도 양구 방산백자에 대한 시기별 원료 및 생산품의 비교분석과 용인 서리 출토 백자에 대한 정밀분석 등이 있다. 이 분석들은 단지 해당 파편의 특성을 밝혀냈을 뿐 아니라 도자기가 제작되는 지역 전체와의 성격비교, 원료적 특성, 그리고 그것이 청자·백자 같은 종류별, 시대별 특성을 밝혀내는 중요한 근거가 되었다.

태토, 유약 등에 대한 분석은 요지 발굴로 드러난 유구의 성격을 확인해 줄 수도 있다. 예컨대 무안 피서리 요지에서는 다양한 공방유구의 침전물에 대한 분석을 통해 수비공, 시유공 등 서로 다른 성격의 시설이었음을 밝혀낼 수 있었다. 이처럼 과학 분석을 통한 접근은 도자기의 질, 번조온도, 작업조건 등 다양한 요업현황에 대한 이해를 심화시켜주므로 고고학·미술사적 부족분을 보완하거나, 새롭게 이해하게 하는데 중요한 방법이라 할 수 있다.

6) 중국 및 기타 지역 도자와의 비교 연구 심화

한국도자 연구를 위한 중국 및 주변지역 도자사에 대한 관심의 증대도 최근 연구의 동향이다. 일본이 이미 50여 년 전부터 중국, 한국, 동남아, 근동 지역 등으로 연구영역을 확대시켜 왔다면, 우리는 거의 1990년대 중반까지도 주로 일본을 통한 간접적인 관심에 머물렀다. 또 국내에서 유치한 중국 내지 일본소장 유물 및 자료에 대한 전시회도 도자사 연구의 지평을 넓히는 중요한 역할을 하였다. 그 예로 2005년 조선관요박물관의 청자전은 중국의 주요 요지발굴 파편자료를 한 눈에 접할 수 있는 기회였다. 그러나 1990년대 후반부터 2006년 현재, 중국 및 일본의 가마터와 출토유적, 현지수집 자료 등에 대한 직접적, 주도적 조사와 연구가 보다 구체화되고 있다. 이 과정에서 현지 학자 및 기관과의 교류를 통한 중요 자료의 접근도 가능해졌다.

5. 전망과 제언

지금까지 한국도자사 연구 50여 년의 흐름을 개괄적으로 살펴보았다. 각 분기별 연구사의 중점내용과 주제별 논점에서는 더 깊이 있게 다루어야 할 것이지만 한국의 청자발생문제, 간지명(干支銘) 청자, 분원성립(分院成立) 문제 등을 중심으로 간단히 살핀 것이다. 이 같은 주제들은 양식사 위주로 진행되었던 한국도자사의 초기 연구경향에서 차츰 제도, 정치, 외교 등을 연관지어 다루는 쪽으로 그 범위를 확장시켜가는 과정을 보여주었으며 고고학 및 과학분석, 통계 등 새로운 연구방법을 활용하여 주제와 방법면에서 다양한 모색이 이루어지고 있다. 이제 몇 가지 제안으로 결론을 가늠하고자 한다.

우선 미술사에서 도기(陶器) 연구의 부재이다. 전통적으로 선사시대부터 삼국시대까지는 고고학 분야에서 다루었던 연구 전통 때문에 미술사적 입장에서 도기를 연구한 예는 극히 드물다. 더욱이 통일신라, 고려, 조선의 도기에 대해서는 고고학자들도 관심밖인 경우가 많다. 또 조선후기부터 근대기에 이르러 발달한 옹기의 경우는 민속학적 입장에서 접근하려는 경향이 있다. 다시 말하면, 도자사 연구가 주로 자기(瓷器) 중심으로 진행되어 왔다는 점이다. 물론 동시대 도자기 가운데 자기가 기술적으로나 경제적으로, 조형적으로 우위를 점하는 측면이 있는 것은 사실이다. 그러나 자기와 도기는 도자사에서 동전의 양면과 같은 것이다. 상호간의 선후관계와 보완관계 등에 대한 연구는 시급하고도 필수적이다.

두 번째로는 도자기의 용도에 관심을 가져야 할 것이다. 그동안 주로 형태와 색, 문양 등이 도자기를 분류하는 기준이자 관심의 대상이었다. 물론 최근 들어 소비에 대한 관심이 늘어나면서 용도에 주목하고 있지만, 제기(祭器)처럼 특수한 용기에 대해서나 관심을 보여왔을 뿐, 무엇을 담기 위한 도자기를 연구하면서 용도에 대한 해석이 배제되었다는 것은 아쉬운 일이다. 가마 · 유약 · 기형 · 문양 · 요도구 · 층위 · 편년 같은 주제들 외에도 연회 · 음식 · 상장례 · 공양 · 매매 등과 같이 도자기가 사용되는 현장과 현상, 공간들에 대한 연구도 함께 진행되어야 한다. 도자기의 속성상 문화사적 · 생활사적 연구시각이 강력히 요망되는 부분이다. 즉, 수용자의 입장에서 도자기를 바라보고 재해석하는 작업이 시급하다.

세 번째, 다른 지역 도자와의 연계 연구에 더욱 관심을 기울여야 한다. 한국도자사를 연구하기 위해 중국도자사, 일본도자사, 동남아도자사 등에 대한 연구도 병행되어야 한다고 본다. 비교 연구 외에 해당 분야의 전문 연구인력이 있어야 할 것이다. 현재 중국도자 부분에 몇 명의 전공자가 있으나 한국 및 중국을 함께 아우를 수 있어야 국내에서의 연구사적 기여도가 높아질 것이다. 나아가 전문기관들이 주도하여 외국의 도자유적 발굴이나 협력연구 등을 이끌어내는 것도 중요하다. 특히 그 유적이 한국도자사 연구에 연관이 깊은 주제라면 더욱 그러하다.

50여 년에 이르는 한국도자사의 연구 역사는 짧지만은 않다. 그러나 '도자기'의 특성상 끊임없이 새로운 자료가 출현하고 있으므로 지속적인 조사와 정리, 분석과 해석이 이루어지지 않는다면 새로운 연구성과를 내는 것은 쉽지 않다. 상대적으로 미술사를 공부하는 연구자의 전체 비율에서 도자사를 택하는 인구는 수요에 비해 많은 편이 아닌데, 단숨에 어떤 결론에 도달하는 것이 그 어느 분야보다 힘겹기 때문일 것이다. 또 유적 및 유물의 현장과 실제에 대한 고고학적 이해, 문학 · 미술 · 사회 · 경제 · 철학 등 각 방면의 인문학적 소양, 자료수집 능력과 기동성, 정리기술 등 선결 요건이 다양하기 때문이다. 나아가 한 사람 개인이 할 수 있는 분야도 아니다. 연구과정에서 마지막 해석과 집필 작업은 혼자서도 가능하지만 그밖의 모든 과정에서는 공동으로 협업해야 하는 경우가 다른 분야에 비해 월등히 요구된다. 따라서 이와 같은 도자사 연구의 현실을 이해하고 대응한다면 '양식'과 '편년'에만 몰입하지 않는 연구방법과 주제에 대한 다각적인 개발과 모색이 수월해질 수 있을 것이다.

참고문헌

姜京南(2004),「坡州 惠蔭院址 出土 高麗靑磁 硏究 : 編年과 性格을 중심으로」,『文化史學』 21, 韓國文化史學會.

姜敬淑(1983),「蓮唐草文 變遷과 印花文 發生試考 : 廣州陶水里 粉靑沙器 窯址 대접 파편을 中心으로」,『梨大史苑』 13・14, 梨大史學會.

姜敬淑(1983),「朝鮮初期 白磁의 文樣과 朝鮮初・中期 繪畵와의 關係 : 靑華白磁弘治二年銘松竹文壺와 梨大所藏 靑華白磁松竹文人物文壺를 중심으로」,『梨花史學硏究』 13・14, 梨花史學硏究所.

강경숙(1985),「분청사기의 연구」, 梨花女子大學校 史學科 박사학위논문.

姜敬淑(1986),「高麗白磁의 硏究」,『考古美術』 171・172, 韓國美術史學會.

姜敬淑(1986),『粉靑沙器硏究』, 一志社.

姜敬淑(1988),「國寶 107號 白磁鐵畵포도무늬항아리 : 무늬를 통한 製作時期 試論」,『梨花史學硏』 17・18, 梨花史學硏究所.

姜敬淑(1988),「分院成立 時期에 관한 小考」,『蕉雨 黃壽永博士古稀紀念 美術史學論叢』, 동간행위원회.

姜敬淑(1989),『韓國陶磁史』, 一志社.

姜敬淑(1990),「우리나라 출토 해무리굽 중국도자」,『韓國 磁器 發生에 關한 諸問題 : 제1회東垣기념학술대회』, 韓國古美術硏究所.

姜敬淑(1990),「日本 有田天狗谷窯에 보이는 韓國文化의 영향」,『考古美術』 185, 韓國美術史學會.

姜敬淑(1990),「韓國陶磁史硏究의 問題와 방향」,『考古美術史論』 1, 忠北大學校 考古美術史學科.

姜敬淑(1991),「粉靑沙器 硏究現況」,『考古美術史論』 2, 忠北大學校 考古美術史學科.

姜敬淑(1993),「燕岐 松亭里 粉靑沙器 대접 : 文樣分析과 製作時期 시도」,『美術史學硏究』 197, 韓國美術史學會.

姜敬淑(1994),「分院成立에 따른 粉靑沙器 編年 및 靑畵白磁 개시 문제」,『李基白先生古稀紀念韓國史學論叢(下)』, 일조각.

姜敬淑(1994),「世宗實錄 地理志 磁器所・陶器所 硏究 : 忠淸道를 중심으로」,『美術史學硏究』 202, 韓國美術史學會.

姜敬淑(1996),「한국도자사 연구 50년」,『韓國學報』 83, 一志社.

姜敬淑(1997),「世宗實錄 地理志 磁器所 기록에 있는 자기소 도편의 특징 : 경기도와 충청도 5곳 가마터를 중심으로」,『考古美術史論』 5, 忠北大學校 考古美術

史學科.

姜敬淑(1998), 「高麗青磁의 編年試案」, 『考古美術史論』 6, 忠北大學校 考古美術史學科.

姜敬淑(1998), 「도자기발굴의 현황과 전망」, 『미술사연구』 12, 미술사연구회.

姜敬淑(2000), 『한국도자사의 연구』, 시공사.

姜敬淑(2003), 「15世紀 京畿道 廣州 白磁의 成立과 發展」, 『美術史學研究』 237, 韓國美術史學會.

姜敬淑(2004), 「경남일원의 분청사기」, 『조선, 지방사기의 흔적』, 국립진주박물관.

姜敬淑(2004), 「고려전기 도자의 대중교섭」, 『高麗 美術의 對外交涉』, 藝耕.

姜敬淑(2004), 「한국미술사연구, 어떻게 할 것인가 : 한국 도자사 연구 어떻게 할 것인가」, 『美術史學研究』 241, 韓國美術史學會.

姜敬淑(2005), 『한국 도자기 가마터 연구』, 시공사.

姜景仁(2002), 「해남 청자 도요지에서 출토된 청자의 태토 조성 : 화원면 신덕리와 진산리 17호요지 출토품을 중심으로」, 『海南의 青磁窯址』, 목포대학교박물관.

강경인(2003), 「조선시대 관요 광주 번천리 출토 백자의 기술적인 연구」, 『보존과학회지』 15, 한국문화재보존과학회.

姜景仁(2004), 「康津 三興里 窯址 A · B · D地區 土器 · 青磁의 科學的 分析研究」, 『康津 三興里窯址 Ⅰ』, 湖南文化財研究院.

姜景仁(2004), 「康津 三興里 窯址 E · F地區 土器 · 青磁의 科學的 分析研究」, 『康津 三興里窯址Ⅱ』, 國立光州博物館.

姜景仁(2004), 「科學的 分析結果를 통해 본 康津青磁의 技術的인 特性 : 三興里 窯址 青磁를 中心으로」, 『강진 고려청자의 우수성』, 강진청자자료박물관.

姜景仁(2004), 「始興 芳山洞 窯址 出土 窯業製品의 技術的 研究」, 『始興 芳山洞 陶器窯址 發掘調査 報告書』, 海剛陶磁美術館.

姜景仁(2004), 「龍仁西里窯跡の高麗白磁 · 青磁の技術的特性」, 『高麗青磁の誕生 : 初期高麗青磁とその展開』, 大阪市立東洋陶磁美術館.

강대규 · 김영원(2004), 『도자공예』, 솔 출판사.

姜萬吉(1965), 「分院研究 : 17, 8세기 朝鮮王朝 官營手工業體制의 運營實態」, 『亞細亞研究』 20, 亞細亞問題研究所.

姜萬吉 · 宋贊植(1980), 「官窯經營と沙器匠」, 『世界陶磁全集 19 : 李朝』, 小學館.

姜順天(1993), 「梅瓶의 用途와 形式에 관한 小考」, 『陶藝研究』 16, 梨花女子大學校

陶藝硏究所.

고경신(1992),「한국 전통 도자기 문화의 과학 기술적 연구 : 충청남도 공주군 사곡면 신영리 고려자기와 의당면 중흥리 분청사기 도편의 분석실험」,『중대논문집-자연과학편』, 중앙대학교.

고경신·도진영(1995),「충주 미륵리 백자가마터 출토 철화백자와 청화백자의 과학기술적 연구」,『충주 미륵리 백자가마터』, 충북대학교 박물관.

高慶信(1997),「韓國における青磁の傳統技術と近代的發展」,『東洋陶磁』27, 東洋陶磁學會.

高裕燮(1939),『朝鮮の青瓷』, 東京 : 寶雲社.

高裕燮(1954),『高麗青瓷』, 乙酉文化社.

高裕燮(1977),『우리의 美術과 工藝』, 悅話堂.

高裕燮, 秦弘燮 譯(1977),『高麗青瓷』, 三星美術文化財團.

高正龍(1996),「京都出土の高麗象嵌方枕について」,『京都市埋藏文化財研究所研究紀要』2, 京都市埋葬文化財研究所.

고흥문화원(2004),『고흥 운대리 도자문화의 성격』.

具一會(1994),「高麗時代 象嵌青磁大楪의 編年研究 : 干支銘이 있는 대접들을 中心으로」,『美術資料』54, 國立中央博物館.

久志卓眞(1975),『朝鮮の陶磁』, 雄山閣.

堀內明博(1993),「日本出土の朝鮮王朝陶磁」,『MUSEUM』503, 東京國立博物館.

堀內明博(2001),「近畿・中國・四國地方出土の高麗青磁」,『海を渡つた翡色のやきもの : 日本出土の高麗青磁』, 大阪市學藝員等共同研究實行委員會.

權丙卓(1978),「高麗後期 陶磁器所의 經營形態」,『大邱史學』15・16, 大邱史學會.

權丙卓(1979),「慶北 고령지방 陶磁産業의 史的 研究」,『社會科學』10, 영남대학교 사회과학연구소.

權丙卓(1979),「李朝初期 陶磁手工業 經營의 性格」,『東洋學』9, 檀國大學校 東洋學研究所.

權丙卓(1979),『傳統陶磁의 生産과 需要』, 嶺南大學校 民族文化研究所.

權丙卓(1992),「廣州 分院經營의 研究」,『西巖趙恒來東教授華甲記念論叢』, 전북대학교 전라문화연구소.

權素玄(2003),「朝鮮時代 象嵌白磁의 編年研究」,『美術史學研究』240, 韓國美術史學會.

權五榮(1988),「考古資料를 중심으로 본 百濟와 中國의 文物交流」,『震檀學報』66,

震檀學會.

權五榮(2002), 「風納土城 出土 外來遺物에 대한 檢討」, 『百濟硏究』 36, 忠南大學校 百濟硏究所.

今井敦(1992～1994), 「對馬海神神社傳來の高麗靑磁について」, 『東洋陶磁』 22, 東洋陶磁學會.

今井敦(1993), 「海お渡つた高麗靑瓷」, 『MUSEUM』 503, 東京國立博物館.

今井敦(2001), 「日本出土の高麗靑磁について」, 『海を渡つた翡色のやきもの：日本出土の高麗靑磁』, 大阪市學藝員等共同硏究實行委員會.

吉岡完祐(1985), 「博多遺蹟群出土の朝鮮陶磁器」, 『博多Ⅲ－第17・20・21・22次調査の概要』, 福岡市教育委員會.

吉岡完祐(1992), 「高麗靑磁의 出現」, 『張寶皐 大使 海洋經營史』, 張寶皐大使海洋經營史硏究會・中央大學校東北亞硏究所.

吉岡完祐(1996), 「월주요갈래 청자의 형태분류를 통해 본 고려청자의 분석」, 『장보고와 청해진』, 혜안.

吉岡完祐(1999), 「越州窯系靑磁의 形態分類에서 본 高麗靑磁와의 比較」, 『강진청자 국제학술 세미나 발표논문집』, 강진청자자료박물관.

吉良文南(2001), 「磁器 發生問題와 日本에서의 硏究의 過去와 現狀」, 『용인 서리 고려백자요지의 재조명』, 용인시・용인문화원・용인시사편찬위원회.

吉良文男(2002), 「高麗靑磁史への一視點」, 『東洋陶磁史：その硏究の現在』, 東洋陶磁學會.

吉良文男(2004), 「朝鮮半島の初期的靑磁：高台の形狀を中心に」, 『高麗靑磁の誕生：初期高麗靑磁とその展開』, 大阪市立東洋陶磁美術館.

김구군(2000), 「大邱近郊의 初期靑磁窯址에 대하여」, 『벽돌가마와 초기청자』, 海剛陶磁美術館.

김난옥(2001), 「9～11세기 龍仁 西里 白磁窯와 지방세력」, 『용인 서리 고려백자요지의 재조명』, 용인시・용인문화원・용인시사편찬위원회.

김연수(1994), 「부여 발견 중국청자벼루에 대하여」, 『考古學誌』 6, 韓國考古美術硏究所.

金英媛(1980), 「朝鮮朝 印花粉靑沙器의 樣式分類」, 『考古美術』 148, 韓國美術史學會.

金英媛(1982), 「朝鮮前期 粉靑과 象嵌白磁에 관한 硏究：文樣과 器形을 中心으로」, 『考古美術』 153, 韓國美術史學會.

金英媛(1986), 「高麗磁器와 中國磁器의 比較硏究：高麗時代 純靑磁와 中國陶磁의

比較」,『考古美術』171 · 172, 韓國美術史學會.

金英媛(1991),「朝鮮青磁에 관한 再考察 : 司饔銘 青磁대접의 出現을 계기로」,『美術資料』48, 國立中央博物館.

金英媛(1995),「分院의 設置를 中心으로 한 朝鮮前期 陶磁의 研究」, 서울대학교 박사학위논문.

金英媛(1995),『朝鮮前期 陶磁의 研究』, 學研文化社.

金英媛(1995),「世祖~成宗年間의 分院의 設置와 陶磁様式의 變遷」,『美術史論壇』2, 韓國美術研究所.

金英媛(1995),「世宗연간의 陶磁에 관한 考察」,『美術資料』55, 國立中央博物館.

金英媛(1996),「麗末鮮初의 陶磁」,『高麗末 朝鮮初의 美術』, 國立全州博物館.

金英媛(1998),「15세기 조선자기 양식에 관한 연구」,『국립박물관 동원학술논문집』1, 한국고고미술연구소.

金英媛(1998),「百濟時代 中國陶磁의 輸入과 倣制」,『百濟文化』27, 공주대학교 백제문화연구소.

金英媛(1998),「統一新羅時代 韓中交易과 磁器의 出現」,『장보고와 21세기』, 혜안.

金英媛(1999),「강진 청자의 도자사적 의의」,『강진청자 국제학술세미나 발표논문집』, 강진청자자료박물관.

金英媛(1999),「統一新羅時代 鉛釉의 發達과 磁器의 出現」,『美術資料』62, 國立中央博物館.

金英媛(2000),「韓國 磁器의 發生과 中國 陶磁의 影響」,『中國歷代陶磁展』, 京畿道博物館.

金英媛(2001),「朝鮮時代 窯業體制의 變遷 : 陶器所 · 磁器所에서 分院官窯로」,『美術資料』66, 國立中央博物館.

김영원(2003),『조선시대 도자기』, 서울대학교 출판부.

金英媛(2004),「조선전기 도자의 대외교섭」,『조선전기 미술의 대외교섭』, 韓國美術史學會.

金英媛(2004),「한반도 출토 중국 도자」,『우리 문화속의 中國 陶磁器』, 국립대구박물관.

김영원(2006),「조선시대 문헌에 보이는 도자명칭」,『항산안휘준교수 정년퇴임기념논문집 : 미술사의 정립과 확산』.

김영진(1986),「고려푸른자기 제작방법의 몇가지」,『조선고고연구』1986-2, 사회과학원 고고학연구소.

김영진(1987), 『고려자기』, 사회과학출판사.

김영진(1991), 「우리 나라 자기생산의 시원문제에 대하여」, 『조선고고연구』 1991-4, 사회과학원 고고학연구소.

김영진(1991), 「황해남도 봉천군 원산리 청자가마터 발굴 간략보고」, 『조선고고연구』 1991-2, 사회과학원 고고학연구소.

김영진(1992), 「봉천군 원산리가마터」, 『조선유적유물도감 12 : 고려편』, 조선유적유물도감편찬위원회.

김영진(1992), 「우리나라 초기 자기상에 관한 연구」, 『조선고고연구』 1992-2, 사회과학원 고고학연구소

金榮搢(1993), 「圓山里青磁窯址を通じて見たわが國初期磁器發展相について」, 『高句麗・渤海と古代日本』, 雄山閣.

김영진(1995), 『조선도자사연구 : 삼국~고려』, 사회과학출판사.

金元東(1997), 「中國 青花磁器의 起源에 관한 問題」, 『美術史學研究』 215, 韓國美術史學會.

김윤정(2004), 「고려말・조선초 官司銘梅瓶의 製作時期와 性格」, 『흙으로 빚은 우리 역사』, 용인대학교박물관.

金寅圭(2002), 「朝鮮半島における初期青瓷の新しい成果について : 京畿道始興市芳山洞窯址を中心に」, 『出光美術館 館報』 120, 出光美術館.

金載悅(1988), 「高麗白磁의 發生과 編年」, 『考古美術』 177, 韓國美術史學會.

金載悅(1990), 「韓國工藝史研究 30年 : 陶磁史」, 『美術史學研究』 188, 韓國美術史學會.

金載悅(1992), 「龍仁 西里 白磁窯址 出土 磁片에 관한 科學的 分析 結果 報告」, 『考古美術』 194・195, 韓國美術史學會.

金載悅(1997), 「高麗陶磁의 象嵌技法 發生에 관한 一考察 : '原(proto)象嵌文'의 존재를 중심으로」, 『湖巖 美術館 研究論文集』 2, 湖巖美術館.

金載悅(2001), 「중국 유적출토 고려자기」, 『東北亞陶磁交流展』, 세계도자기엑스포 2001경기도.

김정선(1994), 「제주목 관아지출토 도자기 소고 : 분청사기의 무늬와 백자의 명문을 중심으로」, 『濟州道史研究』 3, 제주도사연구회.

김향희(2000), 「15세기 青畵白磁에 그려진 그림 연구」, 『講座 美術史』 15, 韓國佛教美術史學會.

羅善華(1997), 「16~17世紀における韓國の窯業技術—窯址發掘調查資料を中心に」,

『東洋陶磁』 27, 東洋陶磁學會.

南秀雄(1992～1994), 「圓山里窯跡と開城周邊の青磁資料」, 『東洋陶磁』 22, 東洋陶磁學會.

남진주(2000), 「尙州 靑里 고분출토 청자 편년연구」, 『美術史學硏究』 225・226, 韓國美術史學會.

리병선(1963), 「황해남도 고려자기 가마터 발굴보고」, 『고고학 자료집』 3, 과학원출판사.

리윤철(1998), 「원산리가마터의 C14 연대측정결과와 그 해석」, 『조선고고연구』 1998-3, 사회과학원 고고학연구소.

笠井周一郎(1938), 「三島手の一つの銘款」, 『陶磁』 10-3, 東洋陶磁硏究所.

尾崎洵盛(1960), 「高麗青磁の起源に關する一考察 上・中・下1～3」, 『陶説』 82・85～88, 日本陶磁學會.

朴敬子(2003), 「14세기 康津 磁器所의 해체와 窯業 체제의 二元化」, 『美術史學硏究』 238・239, 韓國美術史學會.

박경자(2005), 「粉靑沙器 銘文 硏究」, 『講座 美術史』 25, 한국미술사연구소.

朴仙卿(1999), 「18世紀 朝鮮時代 靑畵白磁에 관한 硏究」, 동국대학교 박사학위논문.

박선민・오유근・이경원(1996), 「조선백자의 화학성분과 미세구조 연구」, 『제8회 요업기술연구발표논문집』, 요업기술원.

朴昌庫(1995), 「忠州 彌勒里 白磁가마터에 대한 考古地磁氣測定」, 『충주 미륵리 백자가마터』, 충북대학교박물관.

朴亨順(2004), 「17世紀 後半～18世紀 初頃 地方 鐵畵白磁 가마에 대한 編年的 檢討」, 『錦江考古』 1, 忠淸埋藏文化財硏究院.

方炳善(1993), 「高麗靑瓷의 技術史的 考察」, 『美術史學硏究』 198, 韓國美術史學會.

方炳善(1994), 「孝・肅宗時代의 陶磁」, 『講座 美術史』 6, 韓國美術史硏究所.

方炳善(1997), 「朝鮮後期 白磁의 製作技術 硏究」, 『美術史學硏究』 214, 韓國美術史學會.

方炳善(1998), 「朝鮮時代 後期 白磁의 硏究」, 東國大學校 미술사학과.

方炳善(1999), 「고종 연간의 분원 민영화과정」, 『역사와 현실』 33, 한국역사연구회.

方炳善(1999), 「雲龍文 분석을 통해서 본 조선후기 백자의 편년체계」, 『美術史學硏究』 220, 韓國美術史學會.

방병선(2000), 『조선후기 백자 연구』, 일지사.

方炳善(2001), 「17-18세기 동아시아 도자교류사」, 『美術史學硏究』 232, 韓國美術史

學會.

方炳善(2001), 「開城出土 高麗靑瓷의 硏究」, 『講座美術史』 17, 韓國佛敎美術史學會.

方炳善(2002), 「朝鮮 前期 漢陽의 陶磁 : 靑畵白磁를 중심으로」, 『講座 美術史』 19, 韓國佛敎美術史學會.

방병선(2002), 『순백으로 빚어낸 조선의 마음, 백자』, 돌베개.

方炳善(2003), 「楚亭 朴齊家・綸庵 李喜經의 도자인식」, 『美術史學硏究』 238・239, 韓國美術史學會.

方炳善(2004), 「조선 후기 사기장인 연구」, 『美術史學硏究』 241, 韓國美術史學會.

方炳善(2004), 「한국 도자 제작기술 연구」, 『講座 美術史』 23, 韓國佛敎美術史學會.

방병선(2006), 「법전을 통해서 본 조선시대 자기 생산과 관리」, 『항산안휘준교수정년퇴임기념논문집 : 미술사의 정립과 확산』.

白瀨正恒(1985), 「平安京とその周邊における遺跡出土高麗・李朝の陶磁器について」, 『貿易陶磁硏究』 5, 貿易陶磁硏究會.

福田一志(2001), 「長崎縣島嶼部における高麗靑磁」, 『海を渡つた翡色のやきもの : 日本出土の高麗靑磁』, 大阪市學藝員等共同硏究實刊行委員會.

本田まび(2003), 「壬辰倭亂 前後의 韓日 陶磁 比較硏究 : 日本 九州 肥前陶磁와의 關係를 중심으로」, 서울大學校 博士學位論文.

山本信夫(1985), 「日本におけち初期高麗靑磁について : 大宰府出土例を中心として」, 『貿易陶磁硏究』 5, 貿易陶磁硏究會.

山本信夫(2001), 「九州地方出土の高麗靑磁ついて」, 『海を渡つた翡色のやきもの : 日本出土の高麗靑磁』, 大阪市學藝員等共同硏究實刊行委員會.

森達也(2001), 「高麗靑磁の二つの道」, 『海を渡つた翡色のやきもの : 日本出土の高麗靑磁』, 大阪市學藝員等共同硏究實行委員會.

森達也(2001), 「일본에서 출토된 한국 토기・도자기」, 『東北亞陶磁交流展』, 세계도자기엑스포2001 경기도.

森本朝子・片山まび(2000), 「博多出土の高麗・朝鮮陶磁分類試案」, 『博多硏究會誌』 8, 博多硏究會.

三上次男(1981), 「高麗陶磁の起源とその歷史的背景」, 『朝鮮學報』 99・100, 朝鮮學會.

森田晩(1985), 「北部九州出土の高麗靑磁 : 編年試案」, 『貿易陶磁硏究』 5, 貿易陶磁硏究會.

西谷正(1983), 「九州・沖繩出土の朝鮮産陶磁器に關する豫察」, 『九州文化史硏究所

紀要』28, 九州大學九州文化史研究所.

西谷正(1992～1994),「日本出土の朝鮮陶磁：高麗青瓷を中心として」,『東洋陶磁』22, 東洋陶磁學會.

西谷正(1995～1996),「韓國陶磁と日本の交流諸問題」,『東洋陶磁』25, 東洋陶磁學會.

西田宏子(1981),「高麗鐵繪青磁에 대한 考察：鐵繪青磁 盤을 中心으로」,『美術資料』29, 國立中央博物館.

성정용(2003),「百濟와 中國의 貿易陶磁」,『百濟研究』38, 忠南大學校 百濟研究所.

小山富士夫(1937),「高麗の古陶磁」,『陶器講座 22』, 雄山閣.

小林仁(2004),「高麗翡色青磁と汝窯：近年の考古發見と研究成果から」,『高麗青磁の誕生：初期高麗青磁とその展開』, 大阪市立東洋陶磁美術館.

小田富士雄(1995),「高麗青磁起源考：黃海南道圓山里窯蹟群の成果から」,『王朝の考古學－大川清博士古稀記念論文集』, 雄山閣.

송기쁨(2001),「한국 근대 도자 연구」,『미술사연구』15, 미술사연구회.

송수환(1998),「조선전기의 司饔院」,『韓國史學報』3・4, 고려사학회.

송순탁・천석근(1987),「고려 자기 연구에서의 몇가지 문제」,『조선고고연구』1987-3, 사회과학원 고고학연구소.

手塚直樹(1985),「鎌倉出土の高麗青磁」,『三上次男博士稀壽紀念論文集：陶磁編』, 平凡社.

手塚直樹(2001),「關東・東北地方出土の高麗青磁ついて」,『海を渡つた翡色のやきもの：日本出土の高麗磁』, 大阪市學藝員等共同研究實行委員會.

아사카와 다쿠미, 심우성 譯(1991),『조선의 소반・조선도자명고』, 학고재.

岩田降(1985),「一乗谷出土の朝鮮製陶瓷器」,『貿易陶磁研究』5, 貿易陶磁研究會.

野守健(1944),『高麗青磁の研究』, 淸閑舍.

野村惠子(1991),「李朝陶磁にあけゐ祭器の變遷」,『李朝の祭器』, 大阪市立東洋陶磁美術館.

奧平武彦(1937),『陶器講座 20：李朝』, 雄山閣.

왕성수(1982),「고려푸른사기 무늬의 변천에 대하여」,『력사과학』4, 과학원 력사연구소.

왕성수(1982),「고려푸른사기의 발생발전에 대하여」,『력사과학』2, 과학원 력사연구소.

용인시・용인문화원・용인시사편찬위원회(2001),『용인 서리 고려백자의 재조명』.

尹龍二(1981), 「粉靑沙器의 消滅과 白瓷의 발생에 관하여」, 『澗松文華』 20, 韓國民族美術硏究所.

尹龍二(1981), 「朝鮮時代分院의 成立과 變遷에 관한 硏究(1) : 光州一帶 陶窯址를 中心으로」, 『考古美術』 149, 韓國美術史學會.

尹龍二(1981), 「朝鮮時代分院의 成立과 變遷에 관한 硏究(2) : 光州一帶 陶窯址를 中心으로」, 『考古美術』 151, 韓國美術史學會.

尹龍二(1986), 「高麗陶磁의 變遷」, 『澗松文華』 31, 韓國民族美術硏究所.

尹龍二(1986), 「高麗靑磁窯址의 硏究」, 『考古美術』 171・172, 韓國美術史學會.

尹龍二(1987), 「12세기 高麗靑瓷에 관하여」, 『三佛金元龍敎授停年退任記念論叢』 II, 一志社.

尹龍二(1988), 「莞島海底 출토 陶瓷器의 製作時期에 대하여」, 『蕉雨 黃壽永博士古稀紀念 美術史學論叢』, 동간행위원회.

尹龍二(1990), 「高麗靑磁와 佛敎」, 『如山柳炳德回甲記念論叢』, 원광대학교 출판국.

尹龍二(1990), 「初期靑瓷窯址의 分布와 特色」, 『韓國 磁器 發生에 關한 諸問題 : 제1회 東垣기념학술대회』, 韓國古美術硏究所.

尹龍二(1991), 「干支銘 象嵌靑磁의 製作時期에 關하여」, 『高麗時代 後期 干支銘 象嵌靑磁』, 海剛陶磁美術館.

尹龍二(1991), 「高麗時代 純靑磁의 起源과 發展」, 『湖林博物館所藏品選集 : 靑瓷 I』, 湖林博物館.

尹龍二(1991), 「고려시대 질그릇(陶器)의 變遷과 特色」, 『고려시대 질그릇』, 연세대학교 박물관.

尹龍二(1992), 「高麗象嵌靑磁의 起源과 發展」, 『湖林博物館所藏品選集 : 靑瓷 II』, 湖林博物館.

尹龍二(1992), 「高麗靑瓷의 起源과 發展」, 『韓國美術史의 現況』, 藝耕.

尹龍二(1992～1994), 「高麗靑磁の起源」, 『東洋陶磁』 22, 東洋陶磁學會.

尹龍二(1993), 『韓國陶瓷史硏究』, 文藝出版社.

尹龍二(1996), 『아름다운 우리 도자기』, 학고재.

尹龍二(1999), 「朝鮮後期의 白瓷 文房具」, 『古文化』 53, 韓國大學博物館協會.

尹龍二(2001), 「高麗靑瓷の成立に關する一考察」, 『高麗美術館 館報』 50, 高麗美術館.

尹龍二(2001), 「粉靑沙器의 消滅과 白瓷의 發生에 관하여」, 『澗松文華』 20, 韓國民族美術硏究所.

尹龍二(2002),「韓國靑瓷의 成立」,『美術史論壇』15, 한국미술연구소.

尹龍二(2004),「고려후기 干支銘 象嵌靑瓷의 제작시기에 관한 연구」,『講座美術史』22, 韓國佛敎美術史學會.

尹儆靖(2005),「朝鮮 15・16세기 靑畫白磁의 제작과 사용」,『제48회 전국역사학대회 발표집』, 역사학회.

李基白(1978),「高麗の文化と磁器」,『世界陶磁全集 18 : 高麗』, 小學館.

伊藤郁太郎(1991),「高麗靑瓷の諸問題」,『朝鮮史研究會論文集』29, 朝鮮史研究會.

伊藤郁太郎(1992),「高麗靑磁における造形的特性」,『高麗靑磁への誘い』, 大阪市立東洋陶磁美術館.

伊藤郁太郎(1992～1994),「高麗靑磁をめぐる諸問題 : 編年論を中心に」,『東洋陶磁』22, 東洋陶磁學會.

이영은(2000),「광주군 건업리 백자가마터에서 출토된 소문백자에 대한 과학기술적 연구」,『廣州 建業里 朝鮮白磁 窯址 : 建業里 2號 가마遺蹟 發掘調査報告書』, 海剛陶磁美術館.

이영은(2004),「驪州 中岩里 高麗白磁窯址 出土 陶片에 대한 科學技術的 硏究」,『驪州 中岩里 高麗白磁窯址』, 京畿道博物館・驪州郡.

李鍾玟(1994),「14세기 후반 고려청자 상감의 신경향 : 음식기명을 중심으로」,『美術史學研究』201, 韓國美術史學會.

李鍾玟(2000),「始興 芳山洞 初期靑磁 窯址 出土品을 통해 본 中部地域 塼築窯의 運營時期」,『美術史學研究』228・229, 韓國美術史學會.

李鍾玟(2001),「發掘窯蹟을 통해 본 塼築窯의 運營時期 考察 : 始興 芳山洞과 龍仁 西里 窯蹟을 中心으로」,『용인 서리 고려백자요지의 재조명』, 용인시・용인문화원・용인시사편찬위원회.

李鍾玟(2001),「靑磁가마터 發掘調査의 成果와 意義」,『陶磁史 研究方法으로서의 '發掘'』, 梨花女子大學校博物館.

李鍾玟(2002),「南部地域 初期靑磁의 系統과 特徵」,『미술사연구』16, 미술사연구회.

李鍾玟(2003),「韓國 初期靑磁의 形成과 傳播 : 塼築窯와 土築窯를 중심으로」,『美術史學研究』240, 韓國美術史學會.

李鍾玟(2003),「韓國의 初期靑磁 研究」, 홍익대학교 박사학위논문.

李鍾玟(2004),「11-12세기 粗質靑磁의 계통과 편년」,『美術史學』18, 한국미술사교육학회.

李鍾玟(2004),「高麗時代 寺址 出土 磁器의 器種과 性格 : 생산과 소비의 관점에서」,

『흙으로 빚은 우리 역사』, 용인대학교박물관.
李鍾玟(2004), 「고려시대 청자가마의 구조와 생산방식 고찰」, 『韓國上古史學報』 45, 韓國上古史學會.
李鍾玟(2004), 「韓半島中部地方の初期青磁窯」, 『高麗青磁の誕生 : 初期高麗青磁とその展開』, 大阪市立東洋陶磁美術館
李鍾玟(2004), 「韓半島初期青磁の分類と變遷」, 『東洋陶磁』 34, 東洋陶磁學會.
李鍾宣・金載悅・朴淳發(1987), 「龍仁 高麗白磁窯의 窯業變遷에 關한 試考 : 計量的 屬性 分析을 통해 본 窯業形態 變遷의 硏究」, 『三佛金元龍敎授停年退任記念論叢』 II, 一志社.
梨花女子大學校博物館(2001), 『陶磁史 硏究方法으로서의 '發掘'』.
이희경(2006), 「조선 초 왕실의 백자기 사용에 대한 고찰 : 조상의례와 대명 외교관계를 중심으로」, 『항산안휘준교수 정년퇴임기념논문집 : 미술사의 정립과 확산』.
李喜寬(1998), 「高麗後期 己巳銘 象嵌青磁의 製作年代問題에 대한 새로운 접근」, 『美術史學硏究』 217・218, 韓國美術史學會.
李喜寬(2000), 「高麗青磁史上의 康津窯와 扶安窯」, 『高麗青磁 康津으로의 歸鄕 : 銘文・符號특별전』, 康津青磁資料博物館.
李喜寬(2001), 「高麗前期 青磁에 있어서 蒲柳水禽文의 流行과 그 背景」, 『美術資料』 67, 國立中央博物館.
李喜寬(2002), 「始興 芳山大窯의 生産集團과 開始時期 問題 : 芳山大窯 出土 銘文資料의 檢討」, 『新羅 金石文의 현황과 과제』, 慶州市・新羅文化宣揚會・東國大 新羅文化硏究所.
李喜寬(2002), 「韓國 初期青磁生産體制의 成立과 展開」, 『대외 문물교류 연구』, (재)해상왕 장보고기념사업회.
李喜寬(2003), 「高麗翡色青磁의 出現과 초벌구이(素燒)」, 『對外交涉으로 본 高麗青瓷』(제8회 강진청자문화제와 박물관개관 6주년기념 한・중・일 국제학술대회), 강진청자자료박물관.
李喜寬(2003), 「韓國初期青磁에 있어서 해무리굽碗의 再檢討 : 韓國 青磁 製作의 開始時期 問題의 解決을 위하여」, 『美術史學硏究』 237, 韓國美術史學會.
李喜寬(2004), 「韓國 青磁製作의 開始時期問題에 대한 諸說의 檢討」, 『白山學報』 70, 白山學會.
李喜寬(2005), 「高麗時代의 瓷器所와 그 展開」, 『史學硏究』 77, 韓國史學會.

李喜寬・崔健(2001), 「高麗初期 青磁生産體制의 變動과 그 背景」, 『美術史學研究』 232, 韓國美術史學會.

李熙濬(1992), 「慶州 錫杖洞 東國大 構內出土 藏骨器 : 中國青磁가 伴出된 例」, 『嶺南考古學』 11, 嶺南考古學會.

林士民(1999), 「韓半島 製磁業에 있어서 중국 절강 越州窯의 영향」, 『강진청자국제학술회의』, 강진청자자료박물관.

林屋晴三(1972), 『陶磁大系 32 : 高麗茶碗』, 平凡社.

林屋晴三(1980), 「高麗茶碗」, 『世界陶磁全集 19 : 李朝』, 小學館.

禚振西(1998), 「耀州窯와 高麗青瓷의 관계에 대하여」, 『美術史論壇』 7, 한국미술연구소.

長谷部樂爾(1971), 「高麗青磁の出現」, 『陶器講座 8 : 高麗』, 雄山閣.

長谷部樂爾(1971), 『陶器講座 8 朝鮮 I : 高麗』, 雄山閣.

長谷部樂爾(1976), 「高麗の鐵繪青磁」, 『MUSEUM』 303, 東京國立博物館.

長谷部樂爾(1978), 「鐵繪青磁・鐵彩手・鐵釉」, 『世界陶磁全集 18 : 高麗,』, 小學館.

張起熏(1998), 「朝鮮時代 白磁龍樽의 樣式變遷考」, 『미술사연구』 12, 미술사연구회.

張起熏(1999), 「高麗青磁 유약의 發色要件에 관하여」, 『고려의 색, 청자의 빛』, 海剛陶磁美術館.

張起熏(1999), 「朝鮮 17世紀 前半 分院의 白磁樣式 變化」, 『美術史學研究』 224, 韓國美術史學會.

장기훈(2002), 「분원과 지방백자의 관계 시고 : 발굴유적을 중심으로」, 『조선의 도자문화와 관요의 의미』(조선관요박물관 학술세미나), 조선관요박물관.

張起熏(2002), 「窯道具를 통해 본 初期青磁窯業의 變遷」, 『미술사연구』 16, 미술사연구회.

張南原(1989), 「朝鮮後期 白磁의 새로운 傾向」, 『考古美術』 183, 한국미술사학회.

張南原(1993), 「朝鮮時代 後期의 陽刻白瓷」, 『陶藝研究』 15, 이대도예연구소.

張南原(1998), 「朝鮮 後期 李圭景의 陶磁認識 : 五洲衍文長箋散稿의 古今磁窯辨證說과 華東陶磁辨證說을 中心으로」, 『美術史論壇』 6, 한국미술연구소.

張南原(2000), 「고려시대의 陶器와 青瓷」, 『제3의 전통, 옹기의 원류를 찾아서』, 梨花女子大學校博物館.

張南原(2001), 「'康津유형'의 공유 현상을 통해 본 11~12세기 청자의 성격」, 『美術史學研究』 231, 韓國美術史學會.

張南原(2003), 「高麗中期 青瓷의 研究」, 이화여자대학교 박사학위논문.

張南原(2004), 「高麗 中期 壓出陽刻 靑瓷의 性格」, 『美術史學硏究』 242・243, 韓國美術史學會.

張南原(2004), 「고려시대 경기지역 요업의 성격」, 『古文化』 63, 韓國大學博物館協會.

張南原(2004), 「高麗時代 鐵畵瓷器의 成立과 展開」, 『美術史論壇』 18, 한국미술연구소.

張南原(2004), 「朝鮮時代 白磁 工房의 種類와 性格」, 『흙으로 빚은 우리 역사』, 용인대학교박물관.

張南原(2005), 「高麗中期 靑磁の生産を流通」, 『貿易陶磁硏究』 25, 貿易陶磁硏究會.

張南原(2005), 「우현 고유섭의 도자인식 : 고려시대 靑瓷를 중심으로」, 『美術史學硏究』 248, 韓國美術史學會.

張南原(2006), 「고려중기 청자 번조받침과 청자 질의 상관관계」, 『항산안휘준교수정년퇴임기념논문집 : 미술사의 정립과 확산』.

張東哲(1998), 「高麗時代 花形磁器 硏究」, 『미술사연구』 12, 미술사연구회.

田勝昌(1996), 「15世紀 陶磁所 考察(Ⅰ) : 慶尙北道 尙州地域의 변화과정을 중심으로」, 『湖巖美術館 硏究論文集』 1, 湖巖美術館.

田勝昌(1997), 「朝鮮前期 白磁전접시 考察」, 『湖巖美術館 硏究論文集』 2, 湖巖美術館.

田勝昌(1998), 「15世紀 粉靑沙器 및 白磁의 需要와 製磁性格의 변화」, 『미술사연구』 12, 미술사연구회.

田勝昌(1999), 「15世紀 位牌形 磁器墓誌와 位牌裝飾 考察」, 『湖巖美術館 硏究論文集』 4, 湖巖美術館.

田勝昌(2001), 「龍仁 西里窯址 出土遺物 檢討」, 『용인 서리 고려백자요지의 재조명』, 용인시・용인문화원・용인시사편찬위원회.

田勝昌(2002), 「경기도 광주요지 분포검토」, 『조선의 도자문화와 관요의 의미』(제1회 조선관요박물관학술세미나), 조선관요박물관.

田勝昌(2002), 「朝鮮陶磁窯跡發掘の軌迹 : Ⅰ粉靑窯の發掘成果」, 『心のやきもの李朝－朝鮮時代の陶磁』, 大阪市立東洋陶磁美術館.

田勝昌(2002), 「朝鮮陶磁窯跡發掘の軌迹 : Ⅱ官窯の發掘成果」, 『心のやきもの李朝－朝鮮時代の陶磁』, 大阪市立東洋陶磁美術館.

田勝昌(2002), 「朝鮮後期 白磁裝飾의 民畵要素 考察」, 『미술사연구』 16, 미술사연구회.

田勝昌(2002), 「靑磁彫刻 裝飾香爐考察」, 『고려청자와 종교』, 강진청자자료박물관.

田勝昌(2003), 「조선시대 백자가마의 발굴성과 검토」, 『도자(陶瓷)고고학을 향하여』

(제29회 한국상고사학회 학술발표대회), 한국상고사학회.
田勝昌(2004), 「조선 관요의 분포와 운영체계 연구」, 『미술사연구』 18, 미술사연구회.
田勝昌(2005), 「高麗白磁の窯跡を消費地遺跡出土遺物の考察」, 『貿易陶磁研究』 25, 貿易陶磁研究會.
정 규(1961), 「分院 周邊의 民窯」, 『美術資料』 4, 國立中央博物館.
鄭明鎬(1986), 「高麗時代의 질그릇(土器)」, 『考古美術』 171・172, 韓國美術史學會.
정소라(1999), 「朝鮮前期 吉禮用 粉靑祭器 研究：忠孝洞窯址 出土遺物을 中心으로」, 『美術史學研究』 223, 韓國美術史學會.
鄭良謨(1969), 「李朝白磁論」, 『亞細亞』 1-6, 월간아세아사.
鄭良謨(1973), 「朝鮮王朝의 陶磁文化」, 『韓國美術全集 10：李朝陶磁』, 同和出版公社.
鄭良謨(1974), 「高麗靑磁와 靑磁象嵌發生의 側面的 考察」, 『澗松文華』 6, 韓國民族美術研究所.
鄭良謨(1978), 「記銘・時文の高麗陶磁」, 『世界陶磁全集 18：高麗』, 小學館.
鄭良謨(1978), 「碗・鉢による高麗陶磁編年」, 『世界陶磁全集 18：高麗』, 小學館.
鄭良謨(1978), 「一九七六・七七年調査 新安海域 陶磁器의 編年的 考察」, 『考古美術』 136・137, 韓國美術史學會.
鄭良謨(1980), 「李朝陶磁に關する古文獻資料」, 『世界陶磁全集 19：李朝』, 小學館.
鄭良謨・香本不苦治・尹龍二(1980), 「李朝陶磁窯跡表」, 『世界陶磁全集 19：李朝』, 小學館.
鄭良謨・香本不苦治(1980), 「李朝陶磁の窯跡と出土品」, 『世界陶磁全集 19：李朝』, 小學館.
鄭良謨(1983), 「高麗象嵌 發生의 側面的 考察」, 『國寶 3：靑磁・土器』, 藝耕産業社.
鄭良謨(1983), 「朝鮮白磁의 變遷」, 『朝鮮白磁展 I』, 湖巖美術館.
鄭良謨(1984), 「司饔院과 分院」, 『國寶 8：白磁・粉靑沙器』, 예경산업사.
鄭良謨(1985), 「朝鮮前期靑華白磁의 變遷」, 『朝鮮白磁展 II』, 湖巖美術館.
鄭良謨(1986), 「京畿道廣州分院窯址에 대한 編年的 考察」, 『韓國白磁陶窯址』, 韓國精神文化研究院.
鄭良謨(1986), 「高麗靑磁의 研究」, 『考古美術』 171・172, 韓國美術史學會.
鄭良謨(1987), 「18世紀 靑華白磁에 대하여」, 『朝鮮白磁展 III』, 湖巖美術館.
鄭良謨(1988), 「朝鮮王朝の白磁」, 『韓國陶磁 500年の美』, 大阪市立東洋陶磁美術館.
鄭良謨・崔 健(1988), 「朝鮮時代 後期白磁의 衰退要因에 관한 考察」, 『韓國現代美術

의 흐름』, 일지사.

鄭良謨(1989), 「高麗青磁」, 『高麗青磁名品特別展』, 國立中央博物館.

鄭良謨(1990), 「康津과 高麗青磁의 發生」, 『高麗青瓷 文化와 康津』, 康津文化院.

鄭良謨(1990), 「羅末・麗初 青磁 및 白磁硏究의 諸問題」, 『韓國 磁器 發生에 關한 諸問題 : 제1회 東垣기념학술대회』, 韓國古美術研究所.

鄭良謨(1991), 「干支銘을 通해 본 高麗後期 象嵌青磁의 編年」, 『高麗時代 後期 干支銘 象嵌青磁』, 海剛陶磁美術館.

鄭良謨(1991), 「新安海底文物을 通해 본 14세기 동아시아의 도자문화」, 『震檀學報』 71・72, 震檀學會.

鄭良謨(1991), 『韓國의 陶磁器』, 文藝出版社.

鄭良謨(1992), 「高麗陶磁 銘文의 性格」, 『高麗陶磁銘文』, 國立中央博物館.

鄭良謨(1992～1994), 「干支銘を通して見た高麗後期象嵌青磁の編年」, 『東洋陶磁』 22, 東洋陶磁學會.

鄭良謨(2000), 「한국 도자사연구에서 서리 백자요지의 위치」, 『용인 서리 고려백자요지의 재조명』, 용인시・용인문화원・용인시사편찬위원회.

鄭良謨(2003), 「조선백자의 발전 : 유교이념의 구현과 백자와의 관계」, 『朝鮮白磁名品展』, 湖林博物館.

鄭良謨(2004), 「서부경남의 조선 도자기」, 『조선, 지방사기의 흔적』, 국립진주박물관.

鄭于澤(2002), 「文様으로 본 高麗佛畵와 青磁」, 『고려청자와 종교』, 강진청자자료박물관.

鄭昌柱・白龍赫・李泰浩(1982), 「全南 康津郡 大口面 史蹟 68號 高麗青磁 窯址에서 出土된 青磁破片에 關하여」, 『湖南文化研究』 12, 全南大學校 湖南文化研究所.

齊藤孝正(2001), 「고대의 중국・한국・일본의 도자기술교류사」, 『東北亞陶磁交流展』, 세계도자기엑스포2001경기도.

조선관요박물관(2003), 『조선의 도자문화와 관요의 의미』(제1회 조선관요박물관 학술세미나).

조선관요박물관(2004), 『조선백자 가마터 발굴의 현황』(제2회 조선관요박물관 학술세미나).

조선관요박물관(2005), 『도자가마터의 최근 조사현황(공방지를 중심으로)』(제3회 조선관요학술세미나 발표자료집).

曺銀精(2005),「高麗前期青磁の生産と流通」,『貿易陶磁研究』25, 日本貿易陶磁研究會.

中尾萬三(1939),『朝鮮高麗陶磁考』.

秦大樹(1998),「宋・金代 북방지역 瓷器의 象嵌工藝와 高麗 象嵌青瓷의 關係」,『美術史論壇』7, 한국미술연구소.

秦弘燮(1996),『韓國美術史資料集成(5) : 朝鮮中期 建築・彫刻・書寫・工藝篇』, 一志社.

秦弘燮(1996),『韓國美術史資料集成(7) : 朝鮮後期 建築・彫刻・書寫・工藝篇』, 一志社.

천석근(1989),「고려푸른자기의 무늬박이 치장양식의 변천에 대하여」,『조선고고연구』1989-1, 사회과학원 고고학연구소.

淺川功, 鄭明鎬 譯(1993),『朝鮮陶磁名考』, 景仁文化社.

淺川巧(1931),『朝鮮陶磁名考』, 朝鮮工藝刊行會.

崔 健(1987),「高麗青磁發生에 關한 背景的 考察」,『古文化』31, 韓國大學博物館協會.

崔 健(1987),「統一新羅・高麗時代의 陶器에 관하여 : 특히 器種別 材料와 質의 변천을 중심으로」,『統一新羅・高麗 질그릇』, 梨花女子大學校 博物館.

崔 健(1988),「粉靑沙器의 成立 與件에 관한 考察」,『文化財』21, 文化財管理局.

崔 健(1990),「朝鮮時代 後期白磁의 諸問題」,『陶藝硏究誌』5, 한양여자전문대학 도예연구소.

崔 健(1990),「統一新羅時代 硬質陶器의 傳統繼承과 中國陶磁文化의 受容에 關하여 : 특히 韓國青磁發生時期를 중심으로」,『韓國 磁器 發生에 關한 諸問題 : 제1회 東垣기념학술대회』, 韓國古美術研究所.

崔 健(1991),「高麗時代 後期의 陶磁觀」,『高麗後期 干支銘 象嵌青磁』, 海剛陶磁美術館.

崔 健(1992～1994),「韓國初期青磁の分類と變遷 : 窯址出土品を中心に」,『東洋陶磁』22, 東洋陶磁學會.

崔 健(1994),「18・19世紀의 陶磁觀」,『東洋學』24, 檀國大學校 東洋學研究所.

崔 健(1995),「高麗青磁의 發生問題 : 高麗青磁 언제 어떻게 만들어졌나」,『美術史論壇』1, 韓國美術研究所.

崔 健(1996),「鐵畫青磁의 特徵과 展開」,『湖林博物館所藏品選集 : 青瓷 Ⅲ』, 湖林博物館.

崔 健(1998),「青磁窯址의 系譜와 展開」,『미술사연구』12, 미술사연구회.

崔 健(2001),「라말여초 한국 자요(磁窯)의 계열과 변천 : 특히, 9~10세기 자요의 흥망성쇠를 중심으로」,『용인 서리 고려백자 요지의 재조명』, 용인시 · 용인문화원 · 용인시사편찬위원회.

崔 健(2002),「韓國 青磁 研究의 새로운 動向」,『미술사연구』 16, 미술사연구회.

崔敬和(1996),「編年資料를 통해 본 19世紀 青畵白磁의 樣式的 特徵」,『美術史學研究』 212, 韓國美術史學會.

崔夢龍(1985),「高麗圖經에 보이는 器皿」,『韓國文化』 6, 서울대학교.

崔宣一(2000),「青磁 굽바닥에 새겨진 標識의 實體와 意味 : 康津窯址 出土品을 중심으로」,『高麗青磁, 康津으로의 歸鄕 : 銘文 · 符號 特別展』, 강진청자자료박물관.

崔淳雨(1974~1976),「高麗 · 李朝の陶磁を語る」,『東洋陶磁』 3, 東洋陶磁學會.

崔淳雨(1978),「高麗陶磁의 編年」,『世界陶磁全集 18 : 高麗』 小學館.

崔淳雨(1980 · 1981~1984),「朝鮮半島出土の宋元陶磁と新安引揚げの高麗陶磁」,『東洋陶磁』 10 · 11, 東洋陶磁學會.

최진순(1928),「高麗時代의 陶磁器」,『別乾坤』 12 · 13.

片山まび(1998),「陶磁器から見た麗元關係」,『高麗美術館紀要』 2, 高麗美術館研究所.

片山まび(2001),「高麗青磁の遺蹟と遺物」,『海を渡つた翡色のやきもの : 日本出土の高麗青磁』, 大阪市學藝員等共同研究實行委員會.

片山まび(2002),「高麗から朝鮮時代へ : 十四 · 十五世紀の諸相」,『東洋陶磁史 : その研究の現在』, 東洋陶磁學會.

片山まび(2003),「北九州地域에서 出土된 高麗青瓷에 대하여 : 初期資料에 관한 編年問題를 중심으로」,『對外交涉으로 본 高麗青瓷』(제8회 강진청자문화제와 박물관 개관 6주년 기념 한 · 중 · 일 국제학술대회), 강진청자자료박물관.

片山まび(2004), 「いつ高麗青磁は誕生したのか? : 高麗青磁の初現に關する研究史問題」,『高麗青磁の誕生 : 初期高麗青磁とその展開』, 大阪市立東洋陶磁美術館.

片山まび(2006),「오사카시립동양도자미술관 소장 청자상감 동자씨름문접시」,『항산안휘준교수 정년퇴임기념논문집 : 미술사의 정립과 확산』.

韓大善(1962),「干支銘을 가진 高麗青磁」,『歷史學報』 17 · 18, 歷史學會.

韓盛旭(2005),「高麗末期 青瓷の生産と流通」,『貿易陶磁研究』 25, 日本貿易陶磁研究會.

韓盛旭(2001),「高麗後期 靑瓷의 器形變遷」,『美術史學硏究』232, 韓國美術史學會.

韓盛旭(2002),「高麗後期干支銘象嵌靑瓷の性格」,『高麗美術館硏究紀要』3, 高麗美術館硏究所.

韓盛旭(2002),「靑瓷 舍利容器의 硏究」,『고려청자와 종교』, 康津靑磁資料博物館.

韓盛旭(2002),「海南地域 靑瓷의 現況과 性格」,『海南의 靑磁窯址』, 해남군・목포대학교박물관.

韓盛旭(2003),「韓半島南部地域の初期靑磁」,『朝鮮古代硏究』4, 朝鮮古代硏究刊行會.

韓盛旭(2004),「近畿地域に伝わる高麗銘文靑磁」,『高麗美術館硏究紀要』4, 高麗美術館硏究所.

한성욱(2004),「朝鮮末期 全南地域 白瓷工房」,『조선백자 가마터 발굴의 현황』(제2회 조선관요학술세미나), 조선관요박물관.

韓盛旭(2004),「출토물을 중심으로 본 강도시기의 청자문화」,『 고려시대 江華의 사회와 문화』(제2회 인천시립박물관학술회의), 인천시립박물관.

韓貞華(2005),「高麗時代 陶窯址の性格」,『貿易陶磁硏究』25, 日本貿易陶磁硏究會.

한혜선(2003),「경기지역 출토 고려시대 저장・운반용 질그릇 연구」,『韓國上古史學報』40, 韓國上古史學會.

韓惠先(2005),「高麗陶器の生産と流通」,『貿易陶磁硏究』25, 日本貿易陶磁硏究會.

降矢哲男(2000),「遺蹟出土高麗靑磁」,『南島考古』19, 沖繩考古學會.

降矢哲男(2002),「韓半島産陶磁器の流通：高麗時代の靑磁を中心に」,『貿易陶磁硏究』22, 貿易陶磁硏究會.

香本不若治(1976),『陶器講座 9 朝鮮Ⅱ：李朝』, 雄山閣.

香本不若治(1976),『朝鮮の陶磁と古窯址』, 雄山閣.

香本不苦治(1989),「新安海底遺物の高麗靑磁について：その生産窯の推論と時代」,『貿易陶磁硏究』9, 貿易陶磁硏究會.

현문필(2005),「고분출토 청자광구병 고찰」,『삼성미술관 Leeum 연구논문집』제1호, Leeum.

한국회화사 연구동향의 변화와 쟁점

홍선표

1. 머리말

'한국회화사'가 '미술사학'이란 근대 학문의 한 분야로서 담론 영역을 형성하며 구성되기 시작한 것은 일제 강점기를 통해서였다. 정복 대상국의 역사와 문화를 비롯한 지(知)를 장악하고 이를 지배정책의 기반으로 삼았던 영국과 프랑스의 이른바 과학적 식민지 경영술을 모방한 근대 일본은, 식민지 조선의 지(知)를 이용하기 위해 관변 학자들을 동원하여 '구관(舊慣)조사'와 '고적조사'를 실시하고, 대학과 박물관. 미술관을 설립했었다. 이러한 지식 생산의 근대적 제도화를 통해 미술사학이 이식되면서 한국미술사 연구와 더불어 회화사 연구가 태동하게 된 것이다.[1)]

이와 같이 한국회화사 연구는 식민지로 전락된 상태에서 출발했기 때문에 성립 당초부터 매우 왜곡된 양상을 보일 수밖에 없었다. 특히 일제 강점기의 식민주의사관과 민족주의사관 모두 국망(國亡)의 원인과 책임이 조선왕조에 있다고 봄으로써, 이 시대를 퇴락의 시대로 규정짓고, 망국의 주범으로 양반

1) 홍선표(2000), 「'한국미술사' 인식틀의 비판과 새로운 모색」, 『미술사논단』 10, 한국미술연구소, 293~294쪽 참조. 근대 이전에는 사대부들의 중세적 회화관의 근본적인 제약으로 自國 회화의 연원과 역사에 대한 관심이 매우 낮았고, 역대 화적과 화가에 대한 기술도 적극적이지 못했다. 그래서 조선말기의 趙熙龍은 청나라 張康의 『畵徵錄』을 효방하여 우리나라 화가와 그림에 대한 책을 엮어 보려고 시도했다가 자료가 없어 증험하기 어려워 이루지 못함을 한탄하기도 했다(홍선표(1996), 「광복 50년의 한국회화사 연구」, 『한국학보』 83, 일지사 참조).

사대부와 유학을 매도하면서 천기(賤技)사상과 모화주의에 의한 '이조미술 황폐론'을 유발시킴에 따라, '서화'에 대한 부정적 인식과 함께 한국회화사 연구 자체를 부진케 하였다.[2] 이러한 연구 부진의 국면에서 세키노 타다시[關野貞]와 아유가이 후사노신[鮎貝房之進]과 같은 일본인 관학자와, 오세창, 고희동, 윤희순, 고유섭, 안확 등의 한국인 연구자들에 의해 개설적 인식틀이 조직되고, 화가들의 전기를 중심으로 문헌사료의 기초적 집성이 이루어졌으며, 1930년대의 '홍아(興亞)주의'와 '신남화론'에 의해 문인화가 재평가되기도 했다. 그러나 전통회화가 근대 미술사학의 'fine art' 개념에 가장 쉽게 적용될 수 있는 분야였음에도 불구하고, 식민주의사관의 여파로 인한 연구자의 절대 부족과 연구 침체는 8·15해방을 거쳐 학회창립 초기인 '고고미술동인회' 시절의 1960년대까지 지속되었다. 이것은 동인회지인 『고고미술』 1호에서 100호까지에 수록된 회화사 관련 논문이 고고학을 제외한 미술사 전체 논문의 6.5%에 불과했던 사실로도 입증된다.[3]

한국회화사 연구가 이러한 부진에서 벗어나 본격적으로 전개되기 시작한 것은, 우리나라 최초의 회화사 전공자로서 미국에서 박사학위를 취득한 안휘준이 귀국하여, 해방 후 처음 설립된 홍익대 대학원 미술사학과에서 후진을 양성하며 활동하는 1970년대 중엽에 이르러서이다. 이 무렵부터 한국회화사 연구는 국사학계를 풍미한 내재적 발전론의 파급과 더불어 활기를 띠기 시작했다. 회화사 연구 없이는 한국미술사를 발전적으로 보기 힘들었기 때문이다. 이러한 추세는 당시 한국주의의 팽배와 경제성장에 수반되어

---

2) 일제 강점기에는 세키노 타다시를 비롯한 관학파들의 식민주의사관에 따라 한국미술의 절정기로 간주된 고대미술로서의 고분미술 및 불교미술과, 야나기 무네요시[柳宗悅] 등의 민예파들에 의해 서구적 근대초극의 동양주의에 수반되어 발견된 도자공예를 한국미술사 연구의 중심에 올려 놓았으며, 이러한 경향은 해방 이후에도 지속되어 한국 전통미술을 대표하는 분야로 인식되게 하였다(홍선표(2000), 「'한국미술사' 인식틀의 비판과 새로운 모색」, 한국미술연구소, 294~302쪽 참조).

3) 홍선표(1990), 「한국회화사 연구 30년 : 일반회화」(『미술사학연구』 188, 한국미술사학회)와 이를 보충한 홍선표(1999), 「한국회화사연구 80년」(『조선시대회화사론』, 문예출판사, 16쪽) 참조.

일어난 한국화(韓國畵) 중심의 미술 붐에 따라 전통회화의 이해에 대한 현실적 요구가 커지고, 근대화 지상주의와 결부되어 근대로의 이행을 주도해 온 회화사에 대한 연구열을 자극하면서 계속되었으며, 1980년대 이후 미술사학계의 타 분야에 비해 연구인력과 연구물의 증가가 두드러졌고 회화사 내용도 그만큼 풍성하게 되었다.

이처럼 1980년대 이래 활기를 띠며 미술사학계를 주도하고 있는 한국회화사 연구의 체계적인 발전과 질적인 심화를 위해서는, 연구성과의 정리와 동향 파악 및 주요 쟁점과 방법론의 검토를 통해 새로운 연구진로를 모색하는 일이 긴요하다.[4] 여기서는 근대적 이념과 밀착되어 '한국회화사'가 구축되기 시작한 일제 강점기를 벗어난 해방 이후에서 2005년까지의 연구 추이와 주제별 주요 연구성과 및 동향과 논쟁들을 시기별, 분야별로 개관하고 문제점과 함께 향후 방향을 생각해 보기로 하겠다.[5] 한국문화연구원의 학술사 기획 분야가 전통문화로 한정되었기 때문에 근대회화사 연구는 제외하고 다루기로 한다.

2. 1945~1960년대

1945년의 광복으로 한국회화사 연구는 새로운 탄생의 전기를 맞이했으나, 유일한 미술사 전공자인 고유섭이 해방 직전 40세의 나이로 병사함으로써 미술사학자가 전무한 상태에서 출발하게 된다. 특히 경성제대 조수 출신이기

---

4) 그동안 한국회화사 연구사는 홍선표, 위의 논고들을 비롯해, 「'한국회화사' 재구축의 과제 : 근대적 학문의 틀을 넘어서」(『미술사학연구』 241, 한국미술사학회, 2004)에서 모더니즘과 내셔널리즘에 기반한 기존의 연구 시각과 방법론의 전환을 요구하는 메타적 논의가 있었을 뿐, 전 분야의 연구 성과와 쟁점에 대한 체계적 정리는 없었다.

5) 원래는 일제 강점기를 포함한 한국회화사의 100년 연구사를 개관하려고 조사하고 집필했으나, 주어진 분량을 너무 초과하게 되어, 일제시기 연구사는 따로 떼어 별도의 지면에 발표하고자 한다. 「한국회화사연구의 근대적 태동」, 『김리나교수정년기념논총』(예경, 근간).

도 한 고유섭의 타계는 대학교에 미술사학과 설립을 추진할 수 없게 했다는 점에서도 매우 큰 손실이었다.[6] 이처럼 미술사 전공자의 부재 상황이었지만, '민족미술'의 건설을 위한 식민주의사관 타파와 새 시대의 미술교육 등을 위해 한글로 된 우리 미술사 참고서나 교재의 발행이 시급히 요구되었기 때문에, 윤희순, 김용준과 같은 실기와 이론 겸비의 화가 겸 미술평론가들에 의해 한국미술사 개설서와 연구서가 해방공간을 통해 출간되었다.

1940년을 전후하여 미술비평에서 가장 왕성한 활동을 보인 윤희순의 『조선미술사연구 : 민족미술에 대한 단상』(1946, 서울신문사/1994, 동문선 재간행)은 반식민주의 관점에서 서술된 회화사 논고 중심의 연구서로서 각별한 의의를 지닌다. 현대미술에서 회화의 중요성과 함께 회화사 연구의 필요성을 제일 먼저 강조한 그는, 안확의 수용주체적 입장을 계승하여 식민주의사관의 타율성론을 비판했으며, '풍토양식'과 '시대양식'의 규명을 통해 한국 전통미술의 아류론과 퇴조론을 극복하고자 했다. 그리고 「고구려 벽화에 대한 소감」과 「이조 초상화 수법에 대한 일고찰」, 「이조의 도화서잡고」 등의 논고에서, 민족미술의 원류로서 고구려 고분벽화의 우수성을 강조했으며, 남화의 사의(寫意)는 동양정신의 높은 정서를 발휘한 화풍으로, 원체화 또는 북종화의 사실성과 이를 탁월하게 반영한 초상화를 세계적인 으뜸으로 평가했다. 전통회화에 대한 윤희순의 이러한 평가는 서양미술의 사실주의가 동양회화의 정신성과 주관주의를 흡수하여 새로운 현대미술을 창출했듯이, 문인화가들의 남화 또는 수묵화의 사의성과 화원화가들의 원체화(윤희순은 초상화, 풍속화, 진경산수화를 원체화로 봄)의 사실성을 융합하여 세계적인 회화를 창작할 것을 강조한 그의 '신동양화론'과 결부되어 개진된 것으로 생각된다.

---

6) 미학과는 경성제대에서 미학을 전공한 박의현이 조수로 재직 중 해방을 맞이함으로써 서울대학교에 설립되었으나, 미술사학과는 교수 요원의 부재로 설립할 수 없었으며, 거의 30년이 지난 1973년 홍익대 대학원에 해방 후 처음 설립되었다. 한국미술사 2세대 연구자들이 1960년대를 통해 황수영 · 진홍섭의 지도로 사학과에서 미술사를 전공하기도 했으나 주로 불상과 도자공예 분야였으며, 회화사 전공자는 미국 등지로 유학가서 1970년대 중엽경부터 귀국하여 활동하게 된다.

'신동양화론'과 더불어, 세계민주주의 문화에 협조하고 공헌하는 민족미술의 모색과 건설을 위해 계급별로 상호 갈등을 빚으며 형성된 과거 유산을 민족 전체가 향유할 수 있는 전통, 즉 독자적인 민족성의 발현물로서 계승 발전시킬 것을 주장한 윤희순은 미술평론가적 입장에서, 회화사도 이러한 미술 창작에서의 신민족주의적 의식 제고를 위해 연구한 것이라 하겠다. 그는 「이조회화의 성격」에서, 조선시대 회화를 이분화하여 선조대까지를 북종수묵화풍 시기이며 중국회화 모방시기로 보았고, 숙종조 이후는 남화풍 시기이면서 임진·병자 양란과 당쟁으로 초래된 엄청난 시련을 통해 각성된 자아와 자주의식 및 부흥정신과 서양화풍의 새로운 자극에 의해 종래의 사대분본(事大粉本)주의와 가공의 세계를 떠나 진경산수와 풍속화, 초상화, 동물화 등에서 고유한 조선정조의 개발과 현실주의와 사실주의와 같은 근대지향의 조류가 대두된 시기라고 했다.[7)]

윤희순은 민족미술의 계승과 세계적인 발전을 위해 세계=서양미술사의 발전법칙을 보편성으로 삼으면서, 근대 민족국가의 필수조건이던 고전성과 자주성과 고유성을 과시하고 입증하기 위해 민족과 반민족, 봉건성과 근대성의 구도로 이분화시켜 평가하고자 한 것이다. 이와 같이 조선전기를 중국풍과 관념풍의 시기, 후기를 한국풍과 현실성 및 사실성의 근대적 조류의 대두와 좌절의 시기로 양분화시켜 대립적으로 파악하고 평가하는 방법은, 송대 원체화의 여풍(餘風)이 남아있는 조선전기를 우수한 것으로 평가하고, 모화풍 문인화의 진흥으로 조선후기를 퇴조했다고 보는 식민주의사관을 타파하는 반식민주의사관으로서 기능했을 뿐 아니라, 이후 이 분야 연구 인식틀의 기본 골격으로 작용한 의의를 지닌다.

김용준도 이러한 관점에서 『조선미술대요(朝鮮美術大要)』(을유문화사, 1949)와 『근원수필(近園隨筆)』(을유문화사, 1948)에 수록된 회화사 관련 개설문과 논고들을 통해 각 왕조별 회화의 성격과 흐름에 대해 언급했다.

---

7) 그러나 화원들에 의해 추진된 이러한 자주적이고 근대적인 경향은 문인사대부들의 유교적 모화사상과 원체화를 賤技視하는 관념에 제압되어 전개되지 못하고 김정희 등에 의해 華風의 남화가 더욱 진흥되면서 형식화된 것으로 보았다.

특히 그는 조선시대 회화사를 북화풍의 전기와 남북혼합용법이 유행한 후기로 나누고, 김정희 이후에 순남종화풍으로 바뀌며 전개되었다고 하여, 순조 이후의 경향을 시대적 조류로 인식하였다.

그리고 김용준은 1950년 초『신천지』5-1, 2-6호에 김홍도와 정선 및 심사정에 관한 논문을 발표했다. 이들 논고는 기존에 비해 증보된 작품과 문헌자료를 토대로, 실증적이고 분석적 방법을 구사하여 전기적 사실의 확인과 화풍의 특징을 고유섭의 선구적 업적 이후 본격적으로 다룬 작가론이란 점에서 각별하다. 특히 그는 김홍도의 현실묘사 풍조를 '근대사조의 새로운 기치인 실학사상'의 영향으로 서술했으며, 정선에서 유래된 남북화 혼성법인 '단원풍'을 대성하고 화단에 큰 영향을 미쳤다고 했다. 용주사 사적기에 의거하여 대웅전의 <삼세여래탱>을 김홍도 작품으로 간주하고, 훈염식(暈染式)의 요철화풍을 명말청초 서양화법에서 연원을 추구했는가 하면, 김홍도 작품으로 알려진 <투견도>에 대한 전래과정의 규명과 화법 분석을 통해 작가미상으로 판별하기도 했다. 한편 정선의 경우, 고딕건축에서 느끼는 것과 같은 수직에 가까운 선들을 나열한 '직선준'의 창시자로 강조하면서, 이를 사용해 기세당당한 화면과 삼엄하고 창윤한 맛을 보여준다고 했으며, 조선장지의 재료적 관계에서 그의 화풍적 특색을 논하였다.

국학자 최남선은 1947년 출판한『조선상식문답 속편』의「회화」에서 각 왕조별 회화 양상의 간략한 정리와 함께 '불화' '낙화(烙畵)' '서양화의 전래'에 대해서도 소개한 바 있다. 그는 특히 조선시대 회화에서 '조선독특의 화법이 뚜렷이 성립'된 것을 강조하면서, 이러한 '조선적(한국적) 화풍'은 '이조후기의 신경계'를 열은 사인(士人)화가 조속(趙涑)이 매죽과 화조 등에서 중국의 방계적 존재를 떠나 화경과 필치에서 이룩했으며, 정선에 의해 산수분야에서 완성되었고 김홍도에 이르러 대성되었다고 했다. 최남선의 이러한 서술은 그동안 회화사를 원체화와 화원화가 중심으로 서술하던 경향에서 조선시대 회화를 실질적으로 주도했던 문인화가의 중요성을 처음으로 거론하고, 조속을 '조선적 화풍'의 효시로 부각시킨 의의를 지니며, 최완수의 회화사관에 일정한 영향을 미친 것으로 생각된다. 그는 조선후기 회화 전개의 발전적 측면을 드러내기 위해 국도 중심의 회화활동의 지방 확산을 새로운 경향으로 지적하기도 했다.

1950년대의 회화사 연구는 6·25전쟁과 해방공간에서 활동했던 윤희순과 최남선의 타계 및 김용준의 월북 등으로 어느 분야보다 극심한 공황기를 겪게 된다.8) 이 기간에는 사학계에서 이병도(1954), 김원용(1959)이 고구려 고분벽화를 종교사상과 신앙적인 측면에서 다룬 2편의 논고와 1949년 북한에서 안악3호분 등의 발굴에 참여했다 월남한 채병서가 쓴 「안악근방 벽화고분 발굴수록」(1959)이 보일 뿐이다. 이러한 연구상의 공백 때문에 서화애호가들이 직접 기초 도서를 출판하고, 회화사에 대한 견해를 개진하게 된다. 김영윤은 1928년 간행되었다가 절판된 오세창의 『근역서화징』을 토대로 500명 가까이 증보하고 일부 내용을 번역한 『한국서화인명사서』(대동당인쇄, 1959/미술춘추사 재판, 1974)를 발간했는가 하면, 이동주는 1954년 정부의 해외문화재전시 계획안 중 조선시대 회화 부분에 대한 문제점을 거론하면서, 「이조의 화풍」에 대해 『서울신문』에 3회 연재한 바 있다.9)

서울대 정치학과 교수이던 이동주(본명 이용희)는 1930년대 후반의 20대부터 당시 동양주의 또는 민족문화운동으로 일어난 유물유적보존 조류에 촉발되어 고서화 수집과 애호에 매니아가 되면서, 오세창의 훈도를 통해

8) 서울대 미대교수이던 김용준은 월북하여 평양미술학교 '조선화강좌' 초대 강좌장(학과장)으로 실기 및 이론 교육과 함께 과학원 고고학연구소에서 미술사 연구를 했으며, 과학원출판사에서 『고구려 고분벽화 연구』와 『단원 김홍도』를 출간했다. 리재현(1999), 『조선력대미술가편람』(증보판, 문학예술종합출판사, 244~247쪽) 참조. 특히 『고구려고분벽화』는 357년의 절대연대를 지닌 안악3호분 발굴 이후 나온 연구서로서, 기원과 편년에 대한 최초의 종합적 업적이며, 벽화의 내용이 인물풍속도에서 사신도로 중심이 옮겨가는 변천과정을 처음으로 규명한 의의를 지닌다.

9) 이동주의 글은 9월 12일부터 '우리나라의 고회화' '이조의 화풍' '속 이조화풍'이란 제명으로 수록되었는데, 첫 회는 회화분야에서 덕수궁미술관과 국립박물관의 '官有品'뿐 아니라 개인 수장의 '私有品'에 대한 정부측의 배려 촉구와 함께, 우리 고회화의 해외 선전과 국제적 인정을 받기 위해 작품의 계통과 수준을 결정하는 높은 감식안과 미술사적 견식이 필요함을 강조했다.

감식안을 배양하고, 서양미술사학 방법론을 탐독하여 실물과 이론을 겸비하고 있었다.[10] 그는 자신의 수집 경험을 비롯해 경매 등을 통해 유통되던 시중의 고화와 중국회화사에 대한 지식을 보강하여 조선시대 화풍의 계통과 변천을 언급함으로써, 기존의 이왕가미술관 수장품 중심의 사진첩과 『고적도보』에 의존해 서술하던 경향에서 벗어날 수 있는 새로운 연구지평을 열어주었다.[11]

한국회화사 연구가 1950년대의 극심한 침체 국면에서 점차 벗어나기 시작한 것은 1960년대에 이르러서이다. 주로 국공립 박물관에서 종사하던 사학과 출신의 미술사 연구자들이 고고학자들과 함께 간송 전형필의 후원으로 '고고미술동인회(考古美術同人會)'를 1960년에 발족하고, 8년 후인 1968년 2월에 독립된 학회(한국미술사학회)를 조직함으로써, 연구활동에 박차를 가하는 계기를 마련한 것이다. 이 시기를 통해 유인물(油印物) 상태로 매달 간행된 고고미술동인회지인 『고고미술』(1969년 3월부터 활자본에 계간으로 출간했고, 1990년 12월에 『미술사학연구』로 명칭을 바꿈)을 비롯하여, 국립박물관 미술과의 『미술자료』(1960)와 대학박물관협회지 『고문화』(1965), 문화재관리국의 『문화재』(1967)가 발행되기 시작했다. 그리고 덕수궁미술관과 국립박물관에서 「겸재200주기기념전」(1959. 11)을 위시해 「이조우도(牛圖)전」(1960. 1), 「이조인의 생활도전」(1961. 4), 「이조호도(虎圖)전」(1962. 1), 「이조초상화전」(1963. 9), 「단원 김홍도전」(1965. 7)과 같은 한국적 특징을 지닌 주제와 화가별 회화 특별전이 소규모로나마 개최되었다.

단행본으로는, 1965년 고고미술동인회에서 고유섭의 유고인 『조선화론집성』을 등사 유인본(油印本) 2권으로 간행했으며(이 자료집은 1976년 경인문화사에서 영인함), 유복렬에 의해 도판자료집이 발간되었다(1969, 『한국회화

---

10) 홍선표(1977), 「우리나라 최초 한국회화사의 저자, 이동주」, 『가나아트』 58, 가나아트, 90~93쪽 참조.

11) 이 글은 감평적 견해를 주로 개진한 개괄적인 글이지만, 조선중기 화가들의 절파 수용과 후기 화가들의 오파 영향 등을 중국의 화가명을 구체적으로 거론하면서 규명하고자 한 연구사적 의의를 지니기도 한다.

대관』, 문교원). 이 책은 역대 화가별 기록과 함께 760점의 흑백도판을 수록한 대규모 자료집으로, 특히 개인 소장품도 많이 실어 조선시대 회화사에 대한 기존의 '관유품' 중심의 인식과 연구에서 탈피하는 계기를 마련해 주었다.

이 시기의 학술지는 새로운 유물유적을 찾아 조사하고 소개하기 위한 목적으로 발행되었기 때문에 간략한 자료 소개류의 글이 대부분이었다. 회화사의 경우 문헌에 주로 의존한 개괄적 서술에서 작품 중심의 연구로 전환하려는 기초 작업을 본격적으로 시도했다는 점에서 의의가 있다고 본다. 그러나 식민주의사관의 내면화 등에 의해 1, 2세대 연구자들 대부분이 이 분야에 관심을 갖고 있지 않았기 때문에, 최순우 · 맹인재와 수장가인 전형필의 활동에도 불구하고 『고고미술』 1호에서 100호까지 게재된 회화사 관련 논고가 미술사의 6.5%에 불과했던 것이다.[12)]

이러한 미술사학계에서의 부진을 해소시켜 주는 연구가 1965년부터 서화애호가 이동주에 의해 이루어지기 시작하여, 이 분야 연구사의 새로운 계기를 맞이하게 된다.[13)] 『아세아』지에 발표한 「속화(俗畵)」(1965)와 「겸재일파의 진경산수」(1967), 「완당바람」(1969) 등 일련의 논고는 조선후기 회화사 연구에 깊고 큰 발자취를 남긴 것으로 평가된다.[14)] 윤희순에 의해 정초된 관점을

---

12) 자료 소개는 유작이 가장 많이 남아 있는 조선후기 중심으로 이루어졌으며, 정선 이외에 방호자(장시홍)와 정수영의 진경산수화와 김홍도 · 신윤복 이외에 윤두서와 윤용의 풍속화, 그리고 <수원능행도> 등에 대한 소개가 눈에 띈다. 그리고 최순우(1966)는 ≪檀園遺墨≫을 새로 찾아내어 김홍도의 생년을 기존의 1760년에서 1745년으로 시정하는 중요한 성과를 내기도 했다.

13) 그는 1954년 회화사에 대한 자신의 견해를 신문지상을 통해 언급하기도 했지만, "본래 혼자 즐기려"고 취미 차원에서 연구를 한 것이었다. 그런데 정치학자로서 당시 박정희 정권과의 갈등 때문에 전공분야 활동에 제동이 걸리게 되면서 취미적인 연구를 좀 더 체계적으로 하게 된 것이다. 미술사학계와는 거리를 둔 상태로 활동했으나, 그의 연구는 연구자의 감식안에 의거해 명품=기준작을 설정하고, 이를 중심으로 화풍의 계보와 시대양식을 규명하는 등 작품분석과 해석방법에서 특유의 독자적 경향을 보여주었다.

14) 이동주는 이들 논고에서 진경산수화와 풍속화를 사상성과 화풍적, 심미적 특질 등에 대한 종합적 고찰을 통해, 시정경제의 성장과 서민취미의 확산에 따른 영 · 정간의 새로운 시대 환경과 회화관에 의해 성행한 역사적 조류로 규정하고, 정선과 김홍도 · 신윤복 등의 일부 화가에 의해 이루어진 일시적 현상으로 인식한 종래의

계승한 이러한 그의 연구는 4·19혁명과 한일협정 조인 등에 따른 민족적 자각과 경각심에서 반식민주의사관으로 형성된 내재적 발전론을 입증하기 위해 근대적이고 민족적인 측면에서 새롭게 조명하기 시작한 당시 국사학계의 조선후기사 연구동향과 동일한 의의를 지닌다고 하겠다.

3. 1970년대

1970년대에는 국사학계의 내재적 발전론의 영향과 더불어, 제3공화국에서 '한국적 민주주의'와 '민족 주체성 확립'을 이룩하기 위해 추진한 전통문화와 한국학 진흥책 및 경제성장에 힘입어 일어난 회화(한국화) 중심의 미술붐 등에 의해 한국미술사 중에서도 회화사에 대한 관심이 높아지기 시작했다. 민화 붐도 이 시기를 통해 일어났다. 이에 따라 국립중앙박물관 개최의 「한국명화근(近)500년전」(1972)과 「미공개회화특별전」(1977), 「한국의 초상화전」(1979)을 위시해 각종 박물관에서의 전통 회화전이 잇달아 열리고, 전람회 도록의 발간과 함께, 『이조명화선』(지식산업사, 1971)과 『단원풍속도첩』(탐구당, 1972), 『한국명인초상대감』(탐구당, 1972), 간송미술관 소장의 『혜원전신첩』(탐구당, 1974)과 『추사명품첩』(지식산업사, 1976), 『한국민화』(경미문화사, 1977)를 비롯한 대형 화집과 고분벽화편과 조선시대회화편이 포함된 『한국미술전집』(동화출판공사)과 같은 대규모 기획물의 출판이 활발해졌다.[15] 그 중에서도 특히 「겸재전」(1971. 10)과 「단원전 1, 2」(1973. 5, 10)을 비롯하여, 이때부터 해마다 두 차례씩 지금까지 개최되는 간송미술관의 특별서화전과 전시도록 및 논문집으로 간행된 한국민족미술연구소의 『간송문화』는 조선시대 회화사 연구와 사회적 관심 제고에 크게 기여하였다.

통념과 달리 유파적 경향임을 규명했다. 그리고 김정희를 중심으로 성행한 문인화 사조를 모화사상에 의한 쇠퇴현상이 아니라, 북학파에 의해 주도된 국제화 풍조로 분석하고 해석하였다.

15) 이 무렵 일본에서도 『朝鮮古書畵總攬』(思文閣, 1971)과 『李朝の水墨畵』(講談社, 1977), 『李朝民畵』(講談社, 1975)가 발간되었다.

이와 같이 한국회화사에 대해 높아진 관심과 더불어 연구도 본격적으로 전개되기 시작했다. 1960년대 후반부터 전통적인 감식학과 서양미술사 방법론을 접맥하여 선구적인 연구성과를 내놓았던 이동주는, 이 분야 최초의 통사적 개설서인 『한국회화소사』(서문당, 1972)에 이어, 일본에 유존하는 한국 화적(畵蹟)을 조사한 내용을 「민족회화의 발굴」이란 제목으로 『한국일보』에 20회 연재한 글을 모아 각주를 달고 단행본으로 꾸민 『일본 속의 한화(韓畵)』(서문당, 1974)와, 『아세아』와 『간송문화』 등에 발표했던 기존의 논고와 대담 및 강연 내용을 묶은 『우리나라의 옛그림』(박영사, 1975)을 출간하였다. 『민족문화연구』 4호에 수록했던 것을 보완하여 문고판으로 출판한 『한국회화소사』는 애호가의 입장에서 감상 중심의 명품과 전통회화에 한정하여, 국제주의와 국가주의라는 근대적 시각으로 해석하고 평가한 한계에도 불구하고, 조선시대 회화사의 경우 시기별 조류와 장르별 작품세계 및 화풍계보 등에 대한 서술은 이 분야 연구의 길잡이로서 상당기간 절대적 역할을 했을 정도로 영향력이 컸다. 『일본 속의 한화』는 1973년 4월 26일에서 한 달간 나라에 있는 야마토분카칸[大和文華館]에서 열린 「朝鮮の繪畫展」을 본 참관기를 쓰면서 도쿄와 교토, 오사카 등지에 산재해 있는 우리 고회화도 함께 조사하여 소개한 글과 조선시대 한일 회화 교류상의 핵심적 주제를 다룬 것이다. 특히 국내에 유작이 희소하여 문헌에 의존하던 고려불화와 조선초기 회화에 대한 이해를 새로운 작품사료를 통해 크게 넓혀준 것으로 평가된다.[16)]

1970년 12월과 1971년 12월에는 문명대(1973) 등에 의해 천전리와 반구대 암각화가 각각 발견됨으로써, 바위에 새겨진 선사시대 회화의 존재가 알려지게 되었다.[17)] 암각화의 발견은 식민주의사관을 극복하는 한국회화의 기원문제와 삼국시대 이전 시기를 서술할 수 있게 했을 뿐 아니라, 우리 회화도

16) 안휘준(1976), 「서평 : 이동주 저, 『일본 속의 한화』」, 『한국학보』 5, 일지사, 242~247쪽 참조.

17) 이 시기에는 주민의 제보로 이은창(1971)에 의해 양전동암각화도 조사되었으며 우리나라의 중요한 암각화 유적이 모두 1970년대 초에 처음 소개되었다.

세계미술사와 같은 보편적 발전 과정을 겪었음을 입증할 수 있게 되었다는 점에서 매우 뜻 깊다. 그리고 북한에서 357년의 명문이 있는 안악3호분에 이어 408년의 명문을 지닌 덕흥리고분을 1976년에 발견함으로써 고구려 고분벽화 연구에 중요한 계기를 이루었으며, 이화여대박물관(1973)에서는 남한에서 일제 강점기에서부터 발굴된 백제와 가야, 신라의 고분벽화를 재조사하면서 특수촬영한 사진으로 전시회를 열고 도록을 발간하였다. 일본에서는 1972년, 다카마쓰총[高松塚] 벽화가 발견되어 고대 한일 회화교류가 다시 조명을 받게 되면서, 북한의 주영헌(1961)이 고구려 고분벽화 전반의 분석을 바탕으로 기본 편년안을 제시한 연구서를 번역 출간했다. 최완수(1978)는 이러한 성과에 힘입어 한국회화의 시원기에 해당하는 선사회화에서 고대회화의 흐름을 최초로 개설하기도 했다. 그리고 진홍섭(1974, 1976)은 고구려 고분벽화 양식이 백제와 신라의 고분미술에 미친 영향을 연구하여 삼국간의 교류 관계를 규명하는 성과를 남겼다.

이 시기에는 불교회화와 민화에 대한 연구도 한국회화사의 전체상 추구와는 별도의 영역에서 본격적으로 이루어지기 시작했다. 불교회화는 구마카이 노부오(熊谷宣夫, 1967)가 일본 소재의 고려 및 조선시대 불화 75점의 현상 소개와 함께 기년작 중심으로 양식 파악을 추구한 바 있고, 앞서 언급한 이동주의 고려 및 조선초기 불화 탐방 조사를 통해 개척적인 연구가 시도된 바 있다. 불화를 '회화'의 범주와 개념에서 새로운 장르로 설정하는 선구적 성과들이라 하겠다.

그러나 국내 불화를 대상으로 한 본격적인 연구는 국립중앙박물관이 송광사 소장품을 전각별로 조사하고 정리하여 1970년에 발간한 『불교회화 : 송광사』로부터 시작되었다.[18] 이를 계기로 1974년부터 문화재연구소에서 홍윤식 등에 의해 10개년 계획으로 전국불화조사가 시작되어, 주로 18세기 이후

---

18) 이 조사자료집은 불화의 도상 고찰과 양식 분석을 시도하고, 한국회화사 전체상 파악을 위해 조선시대 불화의 중요성을 처음으로 제기한 의의를 지닌다(정우택(1990), 「한국회화사연구 30년 : 불교회화」, 『미술사학연구』 188, 한국미술사학회, 47~48쪽 참조).

작품들이지만 이에 대한 종합적인 이해체계를 마련하는데 크게 기여하게 된다. 개별연구도 본격화되어, 최완수(1974)와 홍윤식(1976, 1977, 1978, 1979)은 불교경전을 도설화한 도상의 교리적 근거를 규명하는 것을 불화 연구의 출발점으로 보고, 주제별 유형분류와 도상 해석에 치중한 논고들을 발표했다. 문명대(1976, 1977)는 작품 분석에 의거해 고찰하는 미술사적 방법론으로 조선초기의 사찰 벽화도 다루었으며, 노영(魯英)이 그린 아미타 지장불화를 집중 분석하여, 권희경(1976, 1978)에 이어 고려불화 연구의 견인차 역할을 했다(문명대, 1979).

일본에 유작 대부분이 전하고 있는 고려시대 불화는 1978년 10월 야마토분카칸에서 53점을 모아 전시한 특별전이 그 우수성에 대한 인식 확산과 함께 연구를 촉진하는 중요한 계기를 이루었으며, 안휘준의 사회로 학술좌담이 열리기도 했다. 한편 문명대(1979)는 1978년경 호암미술관에서 구입한 후 국보로 지정되면서 세간에 알려진, 755년 제작의 통일신라시대 화엄경 변상도 연구를 통해 이 시기 불교회화 양식을 실물 작품에 의거해 처음 거론했으며, 1977년에는 불화의 개념과 종류 등에 대한 개론적 설명과 삼국시대에서 조선시대까지의 양식변천을 최초로 다룬 논고를 수록한 입문서를 출간하여, 이 분야 연구방향을 제시하는 길잡이 역할을 하였다. 그러나 이들 연구는 한국회화사의 맥락에서가 아니라 불교미술의 범주에서 다루어졌으며, 이후에도 회화사 전공과 다른 영역에서 추구되었기 때문에 조선시대 회화사 개설에서 불화는 제외되었다.

민화 연구도 미술사학계와 별도로 조자용(1971, 1974, 1975), 김호연(1976, 1977), 김철순(1971, 1978)과 같은 재야 연구자와 이우환(1977) 등의 미술평론가들에 의해 추진되기 시작했다. 근대 일본의 대표적인 사상가이며 민예연구가 야나기 무네요시[柳宗悅]에 의해 '발견'된 민화는, 1960년대 후반 무렵부터 조자용 등에 의해 수집이 시도되었으며, 1970년대의 '민화 붐'과 함께 연구도 시작되었다. 이들 연구는 대부분 야나기에 의해 기획된 내셔널리즘과 모더니즘과 같은 근대적 이데올로기의 거대 담론 틀에 속박되어 민화를 정통화, 감상화, 수묵화 등의 개념 및 범주와 대립적 또는 길항적 관계에서 이분법적으로 규정하고 인식한 경향을 지니고 있다. 특히 이 시기 군사정권의 장기 집권을 호도하기 위해 고취된 극단적 민족주의에 의해 대두된 이른바 재야 사학자들의 국수주의적 한국사 인식과 결합하여, 민화를 우리 민족 유일의 주체적이고 고유한 미술로 강조하였다.[19)]

이와 같이 1970년대 초부터 활기를 띠기 시작한 회화사 연구는, 홍익대 대학원에 해방 이후 최초로 미학미술사학과의 설립과 더불어, 1974년 미국에서 조선초기 산수화 연구로 박사학위를 취득한 안휘준의 귀국으로 새로운 전기를 맞게 된다. 안휘준에 의해 연구의 지형과 지평이 새롭게 개척되고 확산되었으며, 그의 지도로 한국회화사 전공 연구자가 배출되기 시작한 것이다.[20)]

안휘준은 작품 자체의 표현형식과 조형요소에 대한 구체적인 세부분석과 중국회화와의 비교 검토 등에 의해 양식적 특징을 규명하고, 화풍의 영향관계와 변천과정 등을 면밀하게 서술함으로써, 자료 소개적이고, 개괄적이며, 감상적인 경향이 강했던 이 분야 연구를 '인문과학으로서의 미술사학'적 방법론을 갖춘 분과학문으로 성장하게 하였다. 그는 이와 같이 실증적 미술사 연구방법의 기본 조건이기도 한 작품의 양식분석에 기초하여, 종래 북종적 경향의 중국화 모방시대로 간주되던 조선초기 회화에 대한 집중적 연구를

19) 이러한 국수주의적 민화관에 의거해, 민화는 화원이나 문인화가들에 의해 그려진 정통화와 달리 중국 화풍의 영향을 받지 않고 우리 민족의 생활 정서와 사상을 가식 없이 드러낸 순수한 '겨레그림'이란 측면에서 규정되고 예찬되었다. 미술평론가이기도 한 이우환은 민화의 조형적 특징을 서구 모더니즘 미술의 원류 또는 선구라는 측면에서 부각시켰다. 이와 같은 민화관은 우리나라 민화 인식의 대종을 이루었으며, 지금까지 나온 상당량의 대학원 회화과와 미술교육과의 석사학위논문으로도 알 수 있듯이 미술계에도 절대적인 영향을 미쳤다(홍선표(2006), 「치장과 액막이 그림 : 조선민화의 새로운 이해」, 『미술사의 정립과 확산 : 항산 안휘준교수 정년퇴임기념논문집』 1, 사회평론, 488~490쪽 참조).

20) 안휘준의 연구 활동과 업적은 자전적으로 언술한 안휘준(2000), 「나의 회화사 연구」, 『미술사논단』 20, 한국미술연구소, 323~338쪽/(2000), 『한국회화사연구』, 시공사, 재록 참조.

통해 안견파 화풍 중심으로 형성된 한국적 특징을 밝혔으며(1974a, 1974b, 1975a, 1978a, 1978b, 1979a), 이러한 현상이 조선후기뿐 아니라 중국 화풍을 선별적으로 수용하고 이를 재창조하는 과정에서 이룩한 우리 회화의 전통성으로 강조하였다. 한국적 화풍의 특징과 양식의 계보 및 선후관계에 대한 정확한 분석과 파악에 중점을 둔 안휘준의 이러한 역사적 객관주의에 의거한 사실규명 방법은 이후 한국회화사 연구의 주류적 경향으로 지금까지 영향력을 발휘하고 있다.[21] 또한 안휘준은 기년작이 희소한 조선 초·중기 산수화풍 연구의 활로를 찾기 위해 절대연대 추정이 가능한 기록화인 계회도의 산수표현을 연구대상으로 개척했는가 하면(1975b, 1975c), 한·중, 한·일 회화교섭 양상과 영향관계를 새롭게 조명하여 고려와 조선초기 회화에 대한 이해의 폭을 넓혔다(1976, 1979b). 조선중기에 대해서는 이 시기 산수화풍을 주도한 절파계 화풍의 변천과정을 명대 절파풍과의 관계를 통해 정리했으며(1977a), 조선후기 회화의 신동향을 실학의 풍미와 민족적 자아의식의 대두라는 측면에서 새롭게 조명하였다(1977b).

이밖에 정양모(1973)는 조선전기 사대부들 회화관의 고찰을 통해 화론 연구의 선구를 이루었으며, 미학과 출신인 조선미(1979)는 박사학위논문으로 준비 중인 초상화 연구의 일환으로 조선시대 어진제작 과정을 다루었다. 조선후기 회화사는 내재적 발전론의 영향과 더불어, 독일에서 정선 연구로 박사학위를 취득하고 1976년 귀국한 유준영과, 1975년 대만에 유학하고 돌아 온 허영환의 활동 등에 힘입어 문고판과 도판자료집이지만 정선에 대한 2권의 단행본이 출간되었다. 그리고 조선후기 '예원(藝苑)의 총수'로 지칭되었던 문인화가 강세황(姜世晃)의 문집인 『표암유고(豹菴遺稿)』가 영인되어 강세황뿐 아니라 김홍도 연구에도 매우 귀중한 자료를 제공했으며, 조선말기 문인화가 허련(許鍊)의 자서전인 『소치실록(小癡實錄)』도 번역

21) 안휘준의 엄정한 객관성을 표방한 양식사적 실증주의 방법론은 講壇미술사학으로 정착되어 대학 미술사학과를 중심으로 전개되었으며, 애호가인 이동주와 국립박물관 등의 비강단파들은 감평적 또는 심미적 감상과 수필식 서술 등을 곁들여 대중들의 감성과 호기심을 충족시키는 소통에도 관심을 보였다.

출간되어, 작가 연구에서 문집의 사료적 중요성을 새삼 일깨워 주었다. 한편 국내 미술사학과에서 회화사를 전공하고 학회(제1회 전국미술사학대회)의 첫발표자가 된 홍선표(1979)는 임진왜란 이후에도 한·일간 회화교류가 통신사행을 중심으로 빈번하게 이루어진 것과 정선파의 진경산수 화풍이 일본 남화에 미친 영향 관계를 처음 거론했다.[22)]

4. 1980년대

1970년대에 본격적으로 전개되기 시작한 한국회화사 연구는 1980년대를 통해 미술사학계의 어느 분야보다 활기를 띠며 연구방향을 선도하게 된다. 안휘준, 이성미, 유준영, 권영필, 허영환 등 해외에서 유학하고 돌아온 2세대 연구자와 함께 안휘준의 지도로 대학원 미술사학과에서 회화사를 전공하고 배출된 신진 연구자들의 활동으로 논저 산출이 2배 가까이 증가하는 추세를 보였다. 이들 연구는 양적 팽창뿐 아니라, 질적으로도 연구주제의 확대 및 심도 있는 분석과 함께, 새로운 비평이론과 문제의식 등에 의해 종래의 관점과 방법을 극복하려는 논의를 내포하고 있다는 점에서 연구사적 의의가 크다고 하겠다. 미술사 전공자들의 증가와 미술사 방법론에 대한 문제의식이 높아짐에 따라 새로운 학회와 연구회가 발족되었고, 『미술사학』(1987), 『미술사연구』(1987), 『미술사학보』(1988), 『강좌미술사』(1988) 등 학술지 종류도 더 늘어나게 되었다. 그리고 사상사에 토대를 둔 최완수를 중심으로 활동한 간송미술관 연구자들이 하나의 학맥을 형성하며 이 분야 연구에 새로운 자극을 주기도 했다.

자료의 발굴 및 공개와 이에 관한 출판물도 크게 증가되었다. 전통회화 전시와 도록 발간은 국립중앙박물관과 간송미술관, 호암미술관 외에 동산방과 대림, 공창, 학고재 등의 화랑들도 참여하여 작품사료 공개가 활성화되었

22) 조선후기 한일교류사는 이후에도 국내에서는 주로 홍선표(1995, 1997, 1998, 2001, 2005a, 2005b)에 의해 연구되었다.

으며, 안휘준(1983a, 1984a)에 의해 조선왕조실록 소재의 회화 관련 기록이 집성되고, 정선과 이웃에 살며 교유한 조선후기의 대표적인 문인화가 조영석(趙榮祏)의 문집인 『관아재고(觀我齋稿)』가 발굴, 영인되어 이후 연구에 큰 도움을 주었다. 또한 출판계의 호황에 힘입어 계간미술에서 간행한 '한국의 미' 시리즈 24권 가운데 10권의 회화 관련 도판집을 비롯한 각종 화집들이 주로 안휘준의 주관하에 1980년대 전반기에 집중적으로 발간된 것도 특기할 만하다. 이들 도록들은 작품사료의 발굴・소개뿐 아니라, 새로운 문제의식의 논고와 도판 해설문을 수록하여 연구시각의 쇄신을 가져오게 했으며, 신진 연구자들을 참여시켜 학문적 성장을 촉진시켜 준 점에서도 각별한 의의를 지닌다.

개설서로는 이동주에 이어, 안휘준이 『한국회화사』(일지사, 1980)를 발간하였다. 선사시대에서 조선시대까지 우리 전통회화의 시대별 조류와 특징 및 양식의 변천과 계승관계를, 국제적 교류를 통해 한국화하는 경향에 중점을 두고 새롭게 체계화했는데, 이 방면 전공자들의 거의 유일한 서베이 텍스트로서 현재도 큰 영향력을 발휘하고 있다. 이동주는 조선 초・중기 회화의 화풍 계통과 유파 문제 등을 유홍준과의 대담 형식으로 개진한 글들을 모아 단행본으로 발간했으며(『한국회화사론』, 열화당, 1987), 안휘준은 산수화를 비롯해, 한국회화의 전체적인 흐름 및 성격과 화풍의 변화와 특징을 파악하는 데 중요한 주제들을 통사적으로 심도 있게 다룬 기존의 논고 8편을 모아 펴냈고(『한국회화의 전통』, 문예출판사, 1988),[23] 홍윤식은 불화의 도상학적 연구에 대한 발표 논고와 5대 유명 사찰에서 조사한 자료를 함께 묶어 출간했다(『한국 불화의 연구』, 원광대학교 출판국, 1980). 그리고 미학전공자였던 조선미는 한국 초상화 연구로 박사학위를 취득하고 이를 출판했는데, 그중에서도 조선시대 공신초상의 시기별 형식 변화와 특징에 대한 분석은 양식사적

23) 이 책에 대해서는 이성미에 의해 지엽적이긴 하지만, 한국적 양식 특징에 대한 분석이 부분적으로 무리하고 일부 고증의 오류가 있음이 지적된 바 있으며(『고고미술』 181, 한국미술사학회, 1989), 이러한 서평자의 이견에 대해 저자의 해명이 있었다(『고고미술』 182, 한국미술사학회, 1989).

방법론의 성공사례로 손꼽힌다(『한국의 초상화』, 열화당, 1983).

시대별 연구에서도 분야별로 신진 전문 연구자들이 활동하면서 깊이 있는 논의와 함께 다양한 견해가 개진되기 시작했다. 선사시대 회화는 1989년 포항 칠포리와 영주 가흥동 암각화가 발견되기 이전까지, 대곡리(반구대)와 천전리의 암각화를 중심으로 연구가 진행되었다. 이들 울주지역 암각화에 대해서는 발견된 지 10여 년이 지난 1984년 종합조사보고서가 발간되었으며, 제작기법에 의한 연대 추정과 유형 분류, 유적의 성격과 기능, 내용 등에 대한 논의가 주류를 이루었다. 동물상의 중첩된 양상에 의거하여 면새김법을 선새김법의 선행 수법으로 보고, 면각된 고래와 같은 바다동물이 선각된 호랑이와 멧돼지, 사슴 등의 육지동물보다 먼저 제작되었다는 데 의견이 일치했다. 표현양식도 사실적인 자연주의에서 추상적인 상징주의로 이행된 것으로 보았다. 그러나 조성시기에 대해서는 세계 선사미술사의 보편성을 고려하는 시각과 제작도구의 재질과 같은 객관적 조건을 중시하는 관점에 따라, 반구대 암각화의 경우, 구석기후기설(손보기, 1983)과 신석기시대설(정동찬, 1987), 신석기후기(자연주의 양식)에서 청동기전기(상징주의 양식)에 걸쳐 이루어졌다는 설(문명대, 1984), 청동기전기(면새김)와 청동기후기(선새김)설(임세권, 1984), 청동기중기 이후설(황용훈, 1987), 청동기후기에서 초기철기시대설(김원용, 1983) 등 갖가지 주장이 나와 쟁점 사항으로 남게 되었다. 천전리 암각화는 신석기말기설과 청동기 전기·후기설 등이 있으며, 양전리 암각화는 청동기 전기와 후기설로 나뉘어 있다. 유적의 성격이나 기능에 대해서도 다양한 견해가 나왔지만, 당시인들의 주술적 믿음과 관련된 신성한 장소로, 선사시대의 사유와 신앙세계, 생활양식을 엿볼 수 있는 조형물이라는 점에서는 이견이 없었다.

삼국시대에서 통일신라시대까지의 고대 회화는 유작의 거의 대부분을 차지하고 있는 고구려 고분벽화 중심으로 연구가 이루어졌다. 1959년 이래 이 분야를 독자적 영구영역으로 정립하는데 기초를 닦아 온 김원용은 고구려 벽화고분 위주로 고려시대까지의 한국 벽화고분을, 민족적 자부심을 고취시키고 민족정신을 앙양시키려던 기존의 의도에서 벗어나 객관적 파악을 강조하는 시각으로 종합 정리한 최초의 개설서를 출간했다(『한국벽화고분』, 일지사, 1980). 그는 벽화의 제재 내용과 구성 방식을 중시하는 북한의 주영헌과 다른 양식사적 관점에서, 그리고 3세기로 추정하는 만보정 벽화고분을 시원으로 보는 북한측의 주체적 입장과 다르게, 357년의 명문을 지닌 안악3호분을 시발점으로 하여 고구려 고분벽화의 편년을 3분기로 시도하였다. 안악3호분과 덕흥리고분의 피장자도 이미 다른 논고에서 언술했듯이, 북한학자들의 주장을 비학문적인 주체사상의 반영으로 비판하고, 이와 달리 명문 자체의 객관적 조건을 중시하여 중국 귀화인으로 보았다.24)

그리고 이 시기에는 1985년 경북 순흥 읍내리에서 479년과 539년, 599년으로 연구자들마다 각기 다르게 추정하는 '기미명'이 적힌 삼국시대 벽화고분이 발견되어 관심을 크게 끌었다(문화재관리국, 1986). 이 지역이 신라의 고구려 접경지대로 한 때 고구려 영토였을 때도 있었기 때문에 '기미명'의 연대 추정에 따라 고구려 제작설과 고구려 영향을 받은 신라 제작설이 쟁점화되기도 했다. 이를 계기로 고구려 고분벽화에 대한 양식사적 관심이 높아졌으

24) 안악3호분 피장자의 경우, 무덤 내에 쓰여진 명문에 의거해 고구려로 귀화한 前燕의 장군 冬壽로 보는 견해와, 월등히 큰 고분의 규모나 묘주의 관모, 행렬도의 묘주 수레 앞 '聖上幡'이라 쓴 깃발 등에 의거해 왕릉급으로 보고, 미천왕 또는 고국원왕릉이란 설이 1957년 평양에서 시작되어 고구려 고분벽화에 대한 동아시아 학계의 가장 큰 쟁점이 되었다. 동수설은 한·중·일에서, 왕릉설은 북한의 주류적 견해이다(김정배(1978), 「안악3호분 피장자 논쟁에 대하여」, 『고문화』 16, 대학박물관협회 ; 공석구(1989), 「안악3호분의 묵서명에 대한 고찰」, 『역사학보』 121, 역사학회 ; 이성미(1991), 「북한의 미술사 연구현황 : 고분벽화」, 강인구 외, 『북한의 한국학 연구성과 분석』 역사·예술편, 한국정신문화연구원 참조). 이밖의 연구로, 1974년 이래 북한과 중국의 발굴보고서 등을 국내 소개에 힘써 온 김기웅(1982)은 고구려 고분벽화 21기와 백제·가야·신라 고분벽화 5기의 구조형식과 내용 및 기법을 자세하게 해설하여 자료 접근이 어려운 연구자들에게 안내서 역할을 했으며, 이태호도 1980년대 초까지 내외에 알려진 내용들을 『북한』(90~125호)지에 연재 소개했다. 東京에 있는 조선화보사에서 출판한 대형 화집인 『高句麗の古墳壁畵』(1985)와 講談社의 『德興里壁畵古墳』(1986), 1985년 일본에서의 고구려 고분벽화전을 계기로 실행위원회에서 펴낸 『高句麗古墳壁畵史料集』 5권, 그리고 1950년대 이후 중국 집안지역에서 조사된 고구려 벽화고분 발굴보고서들을 수록한 편역서(최무장, 1985)도 향후 연구에 큰 도움을 주었다.

며, 고구려 고분벽화의 인물도 유형을 살펴 본 최순우(1981)에 이어, 회화사 전공자들에 의해 산수화와 인물화 양식의 발생과 전개과정에 대한 정리가 시도되었다(이태호, 1987, 안휘준, 1988). 또한 안휘준(1989)은 삼국시대 회화가 일본에 미친 영향을 양식적 비교 고찰을 통해 구체적으로 입증하기도 했다.

고려시대 회화 연구는 불화와 일반회화로 나뉘어 전개되었다. 불화는 1978년 야마토분카칸의 고려불화 특별전 자료에 의거하여 1981년 이동주 책임편집으로 계간미술에서 발간한 『고려불화』를 계기로 활기를 띠었다.[25) 주제별 연구도 심화되어, 박영숙(1983)은 돈황의 불교도상과 각종 문헌사료를 이용하여 고려불화의 도형적 특징으로 지적되어 온 피모지장(被帽地藏) 도상의 원류와 계통을 밝히고자 했으며, 김정희(1983)는 고려말과 조선초기 지장보살화의 전개 과정과 함께 형식상의 같고 다른 점을 비교 분석하였다. 유마리(1981)는 아미타불화의 좌상을 중심으로 형식을 분류하고 도상적 특징을 살펴보았으며, 홍윤식(1984)은 아미타 내영도(來迎圖)로 알려진 도상들이 일본의 내영도들처럼 구름이 없기 때문에 왕생자를 맞으러 오는 것이 아니라, 극락세계에서 기다리는 모습을 그린 수기도(授記圖)이며 선종의 영향이라는 이견을 내놓기도 했다.[26) 그리고 고려불화의 주제는 정토교화(淨土教畵)가 주류를 이룬다는 전제하에 고려에서 조선불화로의 변천사를

---

25) 동국대학교박물관 발행의 기관지 『불교미술』은 고려불화 특집호를 마련했으며, 홍윤식(1984)은 주로 관경변상도를 도상학적 관점에서 다룬 연구서를 펴냈다. 이동주(1981)는 탱화를 중심으로 고려불화 작품과 관련 문헌 사료에 의거하여 도상의 구성과 표현기법의 특징적 요소에 대해 살펴보았다. 문명대(1981a, 1989)는 귀족불교와 시대적 산물이란 관점에서 당시의 사회상과 신앙형태 등을 통해 고려불화의 조성배경과 종류별 내용 및 특징을 다루었으며, 14세기에 집중적으로 몰려있는 작품사료의 한계에도 불구하고 고려 전체 시기 불화의 양식 변천을 4기로 나누는 편년을 시도했다. 그리고 권영필(1987)은 고려불화 화풍의 원류를 원대 『畫鑑』의 기사에 의거하여 唐나라 尉遲乙僧의 요철법과 流水文의 서역화법과의 관계를 통해 규명하고자 했다.

26) 홍윤식의 수기도설을 지지하는 견해는 아직 없고, 정우택이 일련의 아미타불화 연구에서 명확하게 설명했듯이 대부분 내영도로 보고 있어 쟁점화되지 못했다(박도화(1994), 「고려 내영도상의 문제」, 『가나아트』 38, 가나아트, 44~47쪽 참조).

연구서로 출간하였다(『고려불화연구』, 동화출판공사, 1984).

한편 일본인 연구자 기쿠다케 쥰이치(菊竹淳一, 1981)는 고려불화의 화려한 장식화와 공예화 경향을, 중국불화로부터의 도상 공급이 원활하지 못하게 되면서 도상의 답습·반복과 단조로움을 피하기 위해 조성된 기법이라 했으며, 홍윤식(1992)은 정토교적 미의식의 발로로 보았다. 일본에서 유학중인 정우택(1985, 1987a, 1987b, 1988a, 1988b, 1988c)은 현 소재지에서 고려불화 작품 하나하나에 대한 면밀한 조사를 통해 세부적인 표현기법과 양식 분석을 본격적으로 시도함으로써, 도판에 의존하여 도상 해석과 형식 분류와 형상적 특징 파악에 치중하던 기존의 고려불화 화풍 연구에 새로운 활로를 열었다.

일반회화는 현존 작품이 거의 없어, 문헌자료에 의거한 고유섭의 연구성과에서 크게 벗어나지 못하다가, 문명대(1980)와 권영필(1984, 1985), 이성미(1986)에 의해 불교회화와 대장경 판화의 산수표현 분석으로 양식 복원이 시도되었고, 안휘준(1988)에 의해 기록과 전칭작 및 고분벽화와 불화 속 자료를 망라하여 인물화풍의 경향 및 양식계보가 추구되었다. 이에 비해 홍선표(1981, 1987, 1990)는 고려시대 회화가 고대적인 실용단계에서 중세적 감상물로 질적인 전환을 이룩하고, 조선시대 회화 성향과 전개의 기반을 제공해 주었다고 보고, 그 회화사적 의의를 새롭게 밝히기 위해 이를 주도한 이규보 등 문사층의 회화활동과 회화관 또는 회화론의 분석을 통해 이들의 미술 이념과 사상을 파악하고자 했다.[27]

홍선표(1984, 1995)는 고려시대 회화의 이와 같은 중세적 감상물로의 전환과 사대부예술로서의 발전과정을 설명하기 위해 당시 문헌기록들이 말해주는 회화정보들을 분석하여 이 시대 회화조류의 변천을 4분기로 나누는 시기

27) 이러한 연구는 작품의 형식 분석에 치중하는 양식사적 방법만으로는 한국회화 발전의 내재적 구조와 창작 동인을 규명할 수 없다는 문제의식에서 비롯된 것이다. 문인화가로서의 창작활동뿐 아니라, 작품의 감평을 비롯한 향유활동을 주도한 문사층의 회화 이념 또는 사상은 회화 풍토 등의 현실에 대한 개조의 방향을 제시하기도 하지만, 현실 경험의 추이에 따라 변모되는 일정한 상황의 소산물이기도 하기 때문에, 이를 규명하는 것이 회화사의 실상적 파악을 위해 긴요하다고 본 것이다.

구분을 처음으로 시도했다. 그리고 『동국여지승람』의 회화관계 기록을 통해 고려시대와 조선초기 실경산수화를 화제별 주제에 따라 명승명소도와 별서유거도, 아회아집도 계열로 나누고, 이러한 유형들이 후대로 계승되어 성행된 것으로 주장함으로써, 진경산수화 연구의 새로운 방향을 제시하기도 했다(홍선표, 1989).

조선시대 회화 연구는 회화사 전공 연구자들의 중심 영역으로 가장 활기를 띠면서, 연구 분야의 확대와 함께 새로운 관점과 다양한 방법론에 의해 심도 있는 논의로 크게 진전되었다. 산수화(안휘준, 1980)를 비롯해 도석(道釋 : 문명대, 1980)과 초상(조선미, 1983 ; 안휘준, 1984), 영모(홍선표, 1984), 화조(홍선표, 1985), 초충(이원복, 1985), 어해(이원복, 1987), 사군자(이성미, 1985 ; 홍선표, 1989) 등의 각 화문(畵門)과 금강산도(홍선표, 1989)를 비롯하여 묵죽(박상희, 1984 ; 이성미, 1988)과 묵포도(이원복, 1987), 호랑이(이원복, 1988), 독수리(이원복, 1989a), 까치(이원복, 1989) 등 화제별 화풍의 변천을 개관하는 연구도 활발해졌다. 계회도(안휘준, 1982 ; 이태호, 1988 ; 이원복, 1989)에 이어, 의궤도(유송옥, 1985)와 행사도(박정혜, 1988) 연구가 시작되었고, 이러한 기록화와 실용화의 유형과 내용을 『조선왕조실록의 서화사료』를 참조하여 국가적인 회사(繪事) 내역과 화원들의 공무적 제작활동 등에 대한 인식 제고와 함께, 새로운 연구 분야로서 제시하기도 했다(유홍준, 1985).

불화는 계간미술에서 문명대 책임감수로, 조선시대 불화의 통사적 개설문이 수록된 도판자료집 『조선불화』(1984)를 간행하여 이 분야 연구의 길잡이 역할을 했으며, 김영주는 국내외에 전하는 조선시대 불화를 명문조사에 주안점을 두면서 유형별로 정리한 연구서를 출간하였다(『조선시대불화연구』, 지식산업사, 1986). 또 문명대(1984a, 1984b, 1988)와 홍윤식(1982a, 1982b, 1986, 1988a, 1988b), 장충식(1982), 유마리(1980, 1984, 1985a, 1985b), 박도화(1984, 1985), 김정희(1984, 1986)에 의해 양식적 편년과 제작 형태별, 특정 시기별, 주요 도상별 형식 분류와 해석 및 조성배경 등에 대한 연구가 국내에 다수 유전하는 조선후기작 중심으로 시도되었다. 김태곤은 무신도 연구서를 처음으로 출간했다(『한국의 무신도』, 열화당, 1989).

조선초기 회화 연구는 1970년대 후반에 비해 양적으로 감소했지만, 이 시기 화풍의 연원 또는 계보 규명과 관련하여 다양한 견해가 개진되었다. 안휘준(1987, 1988)은 자신의 연구를 심화시켜, 북송원체계 이곽파 화풍을 한국적으로 재창출하여 조선초기 산수화풍의 주류가 된 안견파 화풍의 고전적 역할을 <몽유도원도>를 중심으로 상세하게 정리하고, 분석틀로서 구도의 형식 유형과 계보를 체계화했다. 이와 달리 최완수(1979, 1980)는 사상사적 관점에서 조선왕조 개창 세력인 만권당계 성리학 학맥과 친밀했던 원대 문인화가 조맹부(趙孟頫)의 화풍에 의거해 북송 원체화풍과 남송 원체화풍이 양대 계보를 이루었다고 보고, 전자는 궁정파 화원에 의해 전개되었으며, 후자가 사대부 화가들에 의해 주류화되어 발전된 것으로 파악했다. 이동주(1986)는 기존의 이곽파 화풍 분석에 문제를 제기하고 신양식인 명초의 원체화풍이 가장 큰 영향을 미친 것으로 보았다.

홍선표(1985)는 산수화의 전개과정에서 우리나라 절파화풍의 효시로 본 강희안의 <고사관수도>를 기존설과 달리 원대 또는 (지금은 기록으로만 전하고 있지만) 고려시대 수묵 '백의관음도'와 같은 선종인물화의 도상을 변용시킨 상주(像主)의 변신이란 측면에서 새로운 견해를 제기했으며, 화풍은 선종 수묵화 양식에 북송·남송계 원체풍이 원대를 통해 혼합되어 고려말기로 유입되었을 전절파(前浙派) 양식이 가미된 것으로 분석하였다.[28)]그리고 조선초기의 회화활동 또는 조선시대 회화 성행의 이념적 동인과 성향에 대한 심층적 이해를 위해 신숙주를 비롯한 사대부들의 그림에 대한 가치관과 창작관, 품평관 등을 검토했으며, 특히 일제시기 이래 사대부들의

28) 이러한 연구는 조선초기의 화풍 양식을 북송계와 남송계로 나누어 연원을 추구하는 것보다, 이 양대 화풍을 융합시킨 원대의 전절파 양식을 수용했을 고려말기 화단의 맥락에서 파악할 것을 제안한 의의를 지닌다. 고려중기 경부터 형성된 감상물 화풍의 전통이 북송대 화풍을 토대로 전개된 이래, 점차 주자성리학 발상지와 결부하여 남송 화풍을 가미시켜 왔다고 볼 때, 조선초기의 양식적 특징을 양자가 분리되어 전개되면서 재창출한 것이라기보다 양자가 혼성된 상태에서 이룩된 것으로 이해하고자 한 것이다.

부정적 회화관으로 강조되어 온 '천기론(賤技論)'과 '소기론(小技論)' 등을 그림 자체에 대한 견해가 아니라, '도(道)'를 중시하는 유자(儒者)들의 입장에서 개진된 상대적 가치관이며, '상지(喪志)' 즉 본분을 잃을 정도로 몰두, 전념해서는 안 된다는 경계의 의미로 해석함으로써 이 문제를 근본적으로 해소하고자 했다(홍선표, 1985, 1988). 안휘준(1988)은 도화서와 화원의 제도적 발생과 발전과정을 정리하였다.

조선중기 회화는 조선후기 진경산수화의 연원과 관련하여 새롭게 주목받기 시작했다. 유준영(1980, 1981)은 주자의 은거지 실경을 그린 '무이구곡도'의 파급을 진경산수화 발생의 요인으로 보고, 김수증이 이를 효방하여 제작케 한 <곡운구곡도>를 통해 그 발전과정을 고찰함으로써 진경산수화의 원류 규명과 이 시기 실경도 연구의 선구를 이루었다. 17세기 실경도는 <함흥십경도>와 <북관실경도>, <관서명구첩> 연구로 실상이 좀 더 밝혀지면서 진경산수화의 발생 및 발전과정을 보다 다양하게 바라보게 되었다(홍선표, 1988 ; 이태호, 1988 ; 이원복, 1988). 한편 김기홍(1984)은 명대 절파화풍의 한국적 수용으로 본 이 시기의 주류 화풍에 대한 기존설과 달리, 최완수의 성리학 중심의 사상사적 관점에서 남송 원체화풍의 조선화 현상으로 풀이하였다.

조선후기 회화 연구는 작품과 문헌자료가 가장 풍부하게 남아있을 뿐 아니라, 사학계의 주체적, 발전적 사관을 한층 확고하게 적용시킬 수 있고, 또 근대로의 자생적 추동을 확인해 보려는 의도에서 어느 시대보다 활발하게 진행되었다. 특히 이 시대의 새로운 회화 경향의 발생과 성행에 대한 관심이 사대부 문화의 긍정적 평가와 함께 사상사적 시각의 증대로 높아지면서, 조선후기 회화사의 발전 문제에 대해 뚜렷한 시각차를 보이는 논의가 전개되었다. 이러한 연구동향과 관련하여 먼저 주목되는 것이 진경산수화를 다룬 논고들이다.

이태호(1981, 1982, 1984a, 1984b, 1987)는 진경산수화의 한국적 발달을 사학계의 개혁적 발전사관의 통설을 따라 실학사상을 비롯한 탈성리학적 국풍화 경향으로 보았으며, 그 전개과정을 화원 위주의 겸재파와 문인화가 중심의 기행사경파로 나누어 새롭게 정리했다. 정선의 가계에 대해서도 『광주정씨세보』 분석 등을 통해 기존의 화원신분설을 수정 보완하고, 그를 양반 출신으로 화원에서 음관으로 발탁된 것으로 보았다(이태호, 1983). 진경산수화의 연원을 17세기 실경도의 발생에서 찾으려고 한 유준영(1980)은 정선의 <금강전도> 구성법의 원형과 모형을 지도제작법과 정철의 <관동별곡>과 같은 국문가사의 영향으로 봄으로써, 조형요인을 문화사적 관점에서 해명하려고 했다.

이들과 달리 최완수(1981, 1985, 1988, 1993)는 사상사적 관점에서 진경산수화를, 기존의 통설인 남인계 주도의 조선후기 개혁론에 의한 탈성리학적 발전사관과 달리, '조선중화주의'에 따른 성리학의 조선화 소산이며, 이러한 사조를 주도한 노론중심 집권층 사대부문화의 결정체로 강조함으로써, 최남선에 의해 거론된 이 방면 논의를 새로운 차원으로 견인하였다. 정선의 가계와 교유관계에 대해서도 신구 자료들에 대한 면밀한 분석을 통해 그가 화원신분 또는 몰락한 양반 출신의 화원이었다는 종래의 설을 부정하고, 노론계 성리학맥을 지닌 '통유(通儒)'로서 이들 당색의 백악사단(白岳詞壇) 사대부들과 함께 진경문화 창달에 앞장서서, 음양조화의 『주역』을 바탕으로 중국의 남・북종 화법을 이상적으로 융합시켜 우리의 산천에 적합한 독자적인 진경산수화풍을 창출한 것으로 보았다. 그리고 이와 같이 진경산수화가 탄생되고 대성할 수 있었던 것은 오랑캐인 청에 의해 현실 중화인 명의 멸망으로 조선이 곧 중화문화의 계승자라는 이른바 '조선중화주의' 의식이 팽배해지면서 조선고유색이 만발했기 때문이라고 했다.[29)]

진경산수화와 함께 조선후기 회화사의 새로운 동향으로 주목받아 온 풍속

---

29) 예술을 사상의 소산으로 보고, 예술양식이 변화하는 이면에 사상의 변천이 선행한다는 관점에서 개진된 최완수의 이러한 견해는, 이념 주도층의 학맥과 당색 계보를 비롯하여 당대의 정치, 사회, 문화 전반에 대한 총체적 분석과 관찰에 의해 이루어졌다는 점에서 미술사학계 외부에서 더 많은 지지를 받았다. 특히 서구중심 세계사의 발전법칙과 서구적 근대화론을 보편성으로 고려하는 시각을 지닌 기존의 내재적 발전론을 극복한 것으로 평가되면서 '간송학파' 미술사 전공자는 물론, 문・사・철 관련 조선후기사 연구자들에게도 심대한 영향을 미쳤다.

화에 대해서도 서구적 근대화론과 결부된 개혁적 발전사관에 지배를 받아 서양미술의 '장르'화 개념으로 분석되는 기존의 시각과 방법을 반성하고 극복하려는 연구가 대두되었다. 홍선표(1985)는 풍속화가 유교의 민본주의와 『서경』의 무일(無逸)정신에 기초한 지배층의 관성적(觀省的) 시각물에서 비롯되어, 『시경』 「빈풍」편의 현지화 즉 '조선풍'으로의 재창출 과정을 통해 사농공상 사민(四民)들의 시정(市井)간 삶의 모습을 담은 민생도로 발전했다고 보는 새로운 견해를 제시했다. 정병모(1987)는 풍속화의 발생 과정을 경직도의 수용과 변용의 흐름을 통해 실증적으로 규명하고자 했으며, 최완수는 정선을 다루면서 사대부 화가의 주도적 역할을 주목하고 그 출현과정이 진경산수화와 동일한 과정을 밟아 조선주자학이 자기화한 결과로 설명하였다. 유봉학(1989)은 최완수와 마찬가지로 조선후기의 사상사적 맥락에서 풍속화의 변천과정을 등장과 유행, 비속화의 3단계로 나누어 정리하였다.

이와 같이 실물 제재를 대상으로 그리는 회화조류에 수반되어 이를 닮게 형용하기 위한 새로운 시대양식으로 사실적 화풍이 대두되었고, 이러한 문제를 이론적으로 규명하고 설명하기 위해 홍선표(1982, 1988)는 당시의 형사적(形寫的) 조형관과 서양화법에 대한 인식경향을 다루었다. 이 시기의 회화와 화단의 변동을 사상적, 이론적으로 설명하기 위해 회화관과 회화론에 대한 관심이 대두함에 따라, 이태호(1982, 1983), 이선옥(1987)이 정약용과 윤두서, 이하곤 등 개인별 내용을 분석했고, 유홍준(1988)은 서화비평의 양상을 정리했다. 한편 조선후기 화풍을 지배한 남종 화풍의 수용과 전개과정에 대한 안휘준(1987)의 종합적 정리가 있었고, 이를 주도한 대표적인 문인화가들인 심사정과 이인상, 강세황, 조영석에 대해서도, 최완수의 정선 연구에 자극을 받아 기록과 작품 자료의 새로운 발굴과 함께 문사문화와의 연관 속에서 깊이 있는 연구성과가, 김기홍(1983), 유홍준(1988, 1984), 변영섭(1988), 강관식(1989)에 의해 나왔다. 특히 이들 작가 연구는 조선후기 문인화가들의 작가상과 작품세계에 대한 이해 증진뿐 아니라, 충실한 자료 수집과 엄밀한 고증의 모범적 사례로도 후일 연구에 기여한 바 크다.

민화 연구에서도 국수주의적 관점에서 고유성 강조를 위한 기존의 초역사적 인식을 비판하는 새로운 시각이 대두되었는데, 유홍준(1988)과 이태호(1988, 1989)는 민중사관의 관점에서 민화를 봉건사회 해체기에 드러나는 민중의식의 성장에 따른 진보변혁의 소산물로 보았다. 민화의 조형세계를 원체풍과 같은 권위적인 제도권 미술을 해체하고자 한 저항 양식이며 미의식의 발로로 보고, '민중미술'의 선구적, 전통적 의의를 지닌 역사적 유산으로 평가한 것이다. 이에 비해 임두빈(1989)은 이우환에 이어, 서구의 모더니즘 미술이 순수 조형주의 입장에서 원시미술 또는 미개미술에서 발견한 '시선'으로 민화의 조형세계를 분석하기도 했다.

조선말기 회화 연구는 후기의 역동적 사조가 퇴락하고 문인화가 풍미하는 보수화의 시기로 보는 시각 때문에 활발하지 못했으나, 김정희의 영향을 중심으로 이 시기 회화 경향에 대한 논의가 지속되었다. 최완수(1985)는 중국 금석고증학파에 의해 모색되던 서화 쇄신풍조를 학예문화의 융합으로 완성시켰다는 측면에서 김정희를 재조명했으며, 안휘준(1987)은 이 시기 회화를 김정희파의 화풍과 이색화풍의 흐름을 통해 정리하였다. 유홍준(1989)은 서화계의 조류를 더 세분화하여 유파별로 나누고, 그 보수성과 근대성 평가를 통해 근대기 앞 시대로서의 과도기적 의의를 부각시켰다. 그리고 조희룡의 시서화 세계와 홍세섭의 이색화풍, 어용화사였던 안건영 회화의 발굴, 장승업 화풍의 형성과 변천을 다룬 작가연구도 있었다(정옥자, 1988 ; 이태호, 1980 ; 홍선표, 1980 ; 진준현, 1987).

5. 1990년대~2005년

1980년대를 통해 미술사학계의 발전을 주도할 정도로 급성장한 회화사 연구는 1990년대에 이르러, 앞 시기의 연구경향의 큰 틀에서 한층 심화된 논의와 함께, 새로운 동향의 대두가 두드러졌다. 그리고 한국미술사학회(1990)와 월간미술사(1989~1990), 한림과학원(1992) 등의 기획으로, 다른 미술사 분야와 함께, 그동안의 연구업적 축적에 따라 기존의 성과를 되돌아보는 점검 작업을 통해 향후 진로와 새로운 도약을 모색하는 작업이 활기를 띠었다.

좌담 형식으로 이루어진 『월간미술』의 토론은 당시 진행 중인 연구주제 및 현황 파악에 일정한 도움을 주었다.[30] 한림과학원 주최 심포지엄에서, 이성미(1992)는 삼국시대 회화 연구를 정리하면서 양식사적 측면과 지성사적 측면에서의 균형있는 접근을, 홍윤식(1992)은 고려·조선시대 불화 연구 개관을 통해 도상학적 연구의 필요성을 강조한 바 있다. 안휘준(1992)은 최완수의 사상사적 연구방법을 의식한 듯 "화풍과 양식은 사상에 의해 결정되고 창조되지 않는다"고 비판하고 "화풍과 사상의 관계의 한계성을 인식하지 못한데서 오는 독선적 결론"을 경계하면서 "화가 개인의 표현방법이 중요하다"고 했으며, 조선시대 회화 연구의 기본과제를 11개 항으로 제시하고 부연 설명하였다.

이에 비해 홍선표(1990b)는 기존의 회화사 인식이 식민주의사관 타파와 민족주의사관 수립문제를 지나치게 대결적으로 의식한 한정된 시각, 즉 인식주체가 당면한 현실 목적의식에 속박되어 온 것과, 이에 따른 부조적(浮彫的) 조명방법을 비판하고, 회화사 발전과 변동의 내재적 계기뿐 아니라, 외재적 요인과의 균형된 시각에서 규명할 것을 주장했다. 당대의 세계관에 지배되는 인식론적 존재로서의 연구자가 수행한 기존의 연구방법과 관점을 극복하기 위해서는, 이를 구성하고 규제해 온 컨텍스트 또는 패러다임을 상대화하는 거시적 문제의식이 필요하다. 이러한 측면에서 일련의 연구사 검토와 회화사 인식틀 분석 등을 통해, 서구 모형의 내재적 발전론에서

30) 선사미술에서 근대미술에 이르기까지 시대별 한국미술사 연구 상황 전반에 대해, 안휘준·문명대를 비롯한 2세대 연구자 주도로 좌담이 이루어졌으며, 이들 내용은 25회에 걸쳐 『월간미술』에 연재되었고 김원용·정양모·안휘준·문명대·홍선표 참석하에 마무리 종합토론이 열렸다(『월간미술』 1990. 12). 2년여 간에 걸친 '미술사대토론'은 안휘준과 홍선표에 의해, 연구의 문제점 제기보다 참석자 위주의 연구 성과와 현황을 개설하는데 그친 점과 기존의 연구시각을 이론적으로 검토하고 비판하는 문제의식이 없었다는 지적이 있었다.

벗어나 전통적인 '통변(通變)'론의 통사적 관점과 '천하동문'의 상호 관련성을 지닌 동아시아 회화사의 통합적 시각을 제기하고, 모더니즘과 내셔널리즘에 기초한 근대적 학문의 틀을 넘어 동서고금을 함께 사유하는 자립학문으로서의 '한국회화사'를 재구축할 것을 계속해서 역설하였다(홍선표, 1994a, 1996a, 1997c, 2000a, 2004a).[31)]

1990년대에 이르러 회화사 전공자들이 다른 미술사 분야와 비교할 수 없을 정도로 증가세를 보이면서 연구물의 산출량도 많아졌다. 이 15년간에 발표된 것이 지난 80년 동안 나온 전체 수량을 20% 가량 더 능가할 정도였다. 이러한 추세는 1990년대 후반경부터 더욱 현저해졌으며, 2000년대에 들어서는 논저류만 매해 60여 편이 발표되어 10여 년 전에 비해 2배 가까이 늘어났다. 특히 이들 중 단행본을 출간한 미술사학과 출신의 김정희(1996), 박은순(1997a), 진준현(1999a), 정병모(2000), 박정혜(2000), 이예성(2000), 강관식(2001a), 장희정(2003), 김정숙(2004)과, 사학과 · 국문학과 · 철학과에서 전공한 전호태(2000), 고연희(2001), 김상엽(2002), 이내옥(2003) 등 박사학위자와, 오주석(1998a, 1999, 2003) 등의 신진연구자들에 의해, 전공영역이 좀 더 세분화되어 천착되면서 사실 규명과 작품 해석에서 기존 업적을 보완하고 뛰어넘는 성과가 많이 나왔다.[32)] 그리고 1990년대를 통해, 한대에서 청대까

---

31) 이와 같은 문제의식과 연구 안목 및 시야의 확대를 위해 동아시아 미술사를 중점적으로 다루는 한편, 미술사 학술지의 오랜 숙원인 원색도판을 수록한 반년간지 『미술사논단』을 한국미술연구소를 통해 1995년부터 발간했고, 연구의 새로운 도약을 위한 기초 작업의 일환으로, 19세기말부터 국내외에서 나온 이 분야 관련 연구물의 총목록과 동아시아 회화사 연표를 부록으로 펴내기도 했다(『한국미술사연구논저목록』, 1995 ; 『동아시아회화사 연표』, 1997 ; 『동아시아회화사연구 단행본목록』, 2000).

32) 단행본 출판이 아직 이루어지지 않은 이 기간의 박사학위논문으로, 유마리(1993), 「한국 관경변상도와 중국 관경변상도의 비교 연구」, 동국대학교 ; 임세권(1994), 「한국선사시대 암각화의 성격」, 단국대학교 ; 서동형(1996), 「조선후기 서 · 화 · 시연구 : 표암 · 자하 · 추사의 작품을 중심으로」, 성신여자대학교 ; 박도화(1997), 「조선전반기 불경판화의 연구」, 동국대학교 ; 김성희(2000), 「조선후기 회화기법 연구 : 인물화 묘법과 산수화 준법 및 수지법을 중심으로」, 동국대학교 ; 장명수(2001), 「한국 암각화의 문화사에 대한 연구」, 인하대학교 ; 이영숙(2003), 「조선후

지 중국회화사의 세분화된 주제를 양식사 위주에서 벗어나 다양한 방법론으로 심도 있게 연구한 저술들이 구미 등의 학계에서 상당수 출간되었던 것도,[33] 이 기간의 우리 회화사 연구에 적지 않은 자극을 준 것으로 생각된다.

자료의 발굴 및 공개와 이에 관한 전시회와 출판도 다양해졌으며,[34] 특히 국립중앙박물관이 1991년부터 매해 1권씩 10여 년에 걸쳐 발간한 서화소장품 도록과, 진홍섭의 한국미술사 관련 시대별 기록자료집성 : 회화편,[35] 그리고 성보문화재연구원의 36권으로 이루어진 각 사찰별 불화의 집성, 정리는 장기간에 걸친 노력이 집중된 업적으로, 이 방면 연구에 큰 도움을 주고 있다. 홍윤식편으로 고려·조선 불화 화기(畵記)들이 1차 채록되었고(가람사연구소, 1995), 『근역서화징』과 조희룡의 전체 문집이 각각 동양고전연구회(시공사, 1998)와 실시학사고전연구회(한길아트, 1999)에 의해 역주되어 발간된 바 있다. 그리고 이성미 주편의 『조선왕조실록미술기사자료집 : 서화편』 I ~Ⅲ(한국정신문화연구원, 2001~2002)도 원문과 함께 번역문이 수록되어 있어 기존 자료집보다 참고하기 편리하다. 앞으로 작가별 자료의 종합적 정리와 서화 작품의 제발(題跋) 및 화기의 집성 및 번역 등이 더 요망된다.

기 괘불탱연구」, 동국대학교 ; 송희경(2004), 「조선후기 아회도연구」, 이화여자대학교 ; 윤진영(2004), 「조선시대 계회도연구」, 한국학대학원 ; 이선옥(2004), 「조선시대 매화도연구」, 한국학대학원 ; 이수미(2004), 「국립중앙박물관소장 <태평성시도>병풍연구」, 서울대학교 ; 백인산(2005), 「조선시대 묵죽화 연구」, 동국대학교 ; 배종민(2005), 「조선초기 도화기구와 화원에 관한 연구」, 충남대학교 ; 조규희(2005), 「조선시대 별서도연구」, 서울대학교 등이 있다.

33) 조인수(2002), 「20세기 구미학계의 중국회화사 연구」, 『미술사와 시각문화』 1, 사회평론, 115쪽과 박은화(2002), 「최근 50년의 중국회화사 연구」, 『중국사연구』 17, 중국사학회, 297~322쪽 참조.

34) 국내외에서 개최된 한국 전통회화 관련 전시회 정보는 국립중앙박물관 미술부에서 발행하는 『미술자료』의 「고고미술뉴스」에 수록되어 있다.

35) 일지사에서 발간한 이 자료집의 삼국·고려시대(1989)와 조선전기(1991), 중기(1996), 후기(1998), 보유편(2002)－회화편의 경우, 화목별 분류에서 소재와 내용, 큰 갈래와 작은 갈래 체계가 혼용된 사례가 있으며, 잘못 발췌된 자료와 자료의 내용이 분류체계와 맞지 않는 항목도 종종 눈에 띈다. 또한 자료를 발췌할 때 전체를 정독하지 않고 제목 중심으로 뽑아낸 경우에는 자료 누락이 부분적으로 보이고, 오자도 발견되어 이용시 주의를 요한다.

한편 이성미・김정희 공편으로 출간된 『한국회화사용어집』(다할미디어, 2003)은 서화와 불화 분야의 주제와 기법 등의 개념과 용례를 정리한 사전으로서 큰 도움을 주며, 화승들까지 수록한 한문영 편의 『한국서화가인명사전』(범우사, 2000)은 지금까지 나온 미술가사전으로서는 가장 방대하다.

연구주제도 포스트모더니즘을 비롯한 새로운 비평이론의 여파 등 패러다임의 변화 속에 대두된 신미술사학의 영향으로 보다 다양화되었다. 감상물 위주로 심미적 예술성과 창작성이 뛰어난 작품 및 작가와 대표적인 화풍과 조류 중심의 기존 연구에서 소외되거나 차별적으로 취급되던 주제들, 특히 전문 직능인에 의한 기능성 장르에 대한 관심이 높아졌다. 이에 따라 화원의 제도와 가계, 활동 등을 다룬 연구도 늘어났으며(강관식, 1994, 1997, 2001a, 2002a, 2005 ; 김지영, 1994 ; 진준현, 1994, 1995b ; 홍선표, 1995a, 1998 ; 박정혜, 1995 ; 권영필, 1997 ; 이훈상, 2005),[36] 불화분야에서도 이은희(1991), 안귀숙(1994, 1996) 등에 의해 화승 또는 불화사에 주목하기 시작했다.

의궤도와 행사도, 계회도 등의 기록화는 이성미(1994a, 1997, 2002a, 2002b, 2003, 2005)와 박정혜(1991, 1992, 1995b, 2000, 2001, 2002a, 2002b, 2004, 2005), 윤진영(2001, 2002a, 2002b, 2002c, 2003a, 2003b, 2003c, 2003d) 등에 의해 집중적으로 조사 연구됨에 따라 방대한 조선왕조 기록문화의 시각매체에 대한, 제작 배후와 이념, 과정, 비용, 유형, 작가, 화풍 등을 비롯하여 다양한 정보와 풍성한 내용을 접할 수 있게 되었다.[37] 궁중장식화=궁화는

---

36) 특히 박정혜는 현존하는 17세기 이후 각종 의궤류에 수록된 화원 명단을 조사하여, 새로운 인명들을 발굴하고, 이들의 궁중기록화 참여사실을 총정리하였다. 강관식은 정조대에 성립된 규장각의 자비대령화원 제도를 밝혀내고, 국왕의 관장하에 후원을 받던 이들 궁중화가들의 녹취재 화과 분석 등을 통해, 풍속화와 문방화와 같은 조선후기 화원화의 발달과 사실적 화풍의 대두를 왕조의 제도사적 맥락에서 이해하려고 했다.

37) 이밖에도 기록화 계통 연구로, 서인화・박정혜・주디 반자일 편(2000), 『조선시대 진연・진찬・진하 병장』(국립국악원), 고려대학교 박물관(2001)의 『조선시대 기록화의 세계』와 서인화・윤진영 편의 『조선시대 연회도』(민속원, 2001), 한영우의 『정조대왕 화성행행 반차도』(효형출판, 2000), 김문식・신병주의 『조선왕실 기록문화의 꽃, 의궤』(돌베개, 2005)를 비롯해, 박은순(1993), 홍선표(1994b), 이원복

1989년 미국 아시아소사이어티의 심포지엄에서 '일월오봉병'의 도상연구로 관심을 촉발시킨 김홍남(1993, 1999, 2005)에 의해 유교왕조의 이상적 장엄물이며 민화의 모태로서 부각되었으며, 박본수(2002, 2004)는 '십장생병'의 유형과 양식 변화를 처음으로 다루었고, 이수미(2004b)는 범주와 기능적 개념 및 성격에 대해 언술했다. 그리고 '왕릉도'와 '왕실 태봉도' 등과 같은 왕실의 미술문화 전반과(이성미 외(2005), 『조선왕실의 미술문화』), 판화 및 삽화 등의 복제미술에 이르기까지 연구 범위가 점차 넓어지고 있다.[38) 변영섭(1991)은 길상화의 상징적 의미 규명의 중요성을 제언했으며, 안휘준(1991, 1997a, 1999)은 궁궐화의 계화법을 통시대적으로 체계화하고, 고지도의 회화성을 주목하는 등 회화사의 새로운 연구주제와 영역 개척에도 지속적인 관심을 보였다.

이들 작품은 고대에서 유래된 화원들의 '화사(畵史)'적 '화공(畵工)'적 기능과 공동제작 전통에 의해 주로 이루어진 실용적 직능성 그림이고 유교국가의 의례와 치도(治道) 및 치인(治人)의 '유용물'이었기 때문에, 제작 및 장르 관습에 대한 해명과 함께 시각매체 또는 표상문화적 측면에서의 분석도 필요하다고 본다.

산수화에 가려서 상대적으로 열세를 면치 못하던 인물화도, 조선미(2000a, 2000b, 2002, 2003)와 이내옥(1991a), 이성미(1994b, 1997), 강관식(1995a, 1996, 2001b, 2005a), 이태호(2004a, 2004b), 조인수(2002, 2004, 2005), 정해득(2003),

---

(2002a), 유옥경(2000, 2002), 진준현(2003), 위순선(2003), 정은주(2003, 2004), 권소영(2003), 융만 부르그린드(2004), 김울림(2005a) 등의 성과가 있다. 융만은 궁중행사도 분석을 통해 그림의 기록적 기능과. 장식적 기능의 대립양상과 함께 행사공간 병풍의 시각문화적 의의에 대해서도 언급했다. 그리고 의궤를 중심으로 한 조선시대 기록화 연구사에 대해서는 한국학대학원에서 이를 주도한 이성미(2006)의 「나와 조선시대 의궤연구」, 이성미 외, 『조선왕실의 미술문화』(대원사, 15~51쪽) 참조.

38) 전통판화와 삽화에 대해서는 유홍준·이태호(1992)의 「고판화의 특성과 미술사적 의의」(『한국의 고판화』, 한국출판무역)를 비롯하여, 김상엽(1993, 1995, 1999), 정병모(1998b, 2001), 김진영(1998), 이태호(2000a, 2003b), 이필기(2003, 2005), 이수경(2004), 신수경(2005)의 논고가 있으며, 불교판화는 박도화의 일련의 연구로 크게 진전되었다.

박은순(2004, 2005), 윤진영(2004, 2005c), 차미애(2005) 등에 의해 다각적인 분석으로 재조명된 초상화를 비롯하여,[39] 주제의식과 도상 규명에 치중한 성적도(聖蹟圖) 및 성현상과 신선도(조선미, 1997, 1998 ; 김울림, 2005b), 문사들의 아회도(조규희, 2000 ; 송희경, 2002, 2003, 2004a, 2004b, 2005)와 어부도, 기려도, 귀거래도 등의 고사인물화 또는 소경인물화 연구(이승은, 1997 ; 김주연, 2001 ; 송희경 2001a, 2001b ; 이종숙, 2005)를 통해 활기를 띠었다. 김성희(2000a)는 조선후기 인물화 묘사법을 규명했다. 특히 이성미의 어진관계도감 의궤연구는 조선 국왕의 초상화 제작 전모를 이해하는데 크게 기여했으며, 강관식은 사대부 초상의 이념성과 조형성에 대한 심층적 분석으로 기존의 인식을 넘어서는 성과를 보였다. 이원복(2001a)은 신윤복의 <미인도>를 조선시대 초상기법 미인화의 한 정형으로 보고 분석했으며, 홍선표(2002, 2004b, 2005e)는 조선시대 회화의 여성 표상과 미인화의 신체 이미지를 다루었고, 선사시대에서 근대까지 인물화의 변화상을 시론삼아 개관하였다. 미술사학연구회에서는 2005년도 심포지엄 주제로 동아시아 미인화를 다루기도 했다.

앞으로는 '인물화문(人物畵門)'의 형성과 분화, 전개의 총체성과 갈래별 주제의식, 인물상의 표현과 표상에 대한 시대별 인식, 그리고 시각문화로서의 기능성과 상징성, 조형성과 미의식을 포괄하는 통사적 연구와 이를 구체적으로 살펴보는 개별 연구가 요구된다.

---

39) 최근 초상화에 대해 고조된 관심에 따라, 2003년 아주문물학회에서 한 · 중 · 일 초상화전인 '위대한 얼굴'을 주최했으며, 국립전주박물관에서는 2005년도 특별전으로 '왕의 초상'을 열었다. 그리고 서양미술사학회에서 2002년 학술 심포지엄 주제로 '초상화'를 다룬 적이 있지만, 2006년 봄에 개최된 미술사학연구회와 미술사연구회의 학술대회 공동주제도 초상화였다. 이러한 동향에 대해 홍선표는 「동양미술사학계의 새로운 연구 경향」(『교수신문』 2006. 3. 11)기사의 인터뷰에서 전통회화 자체가 교화와 감계, 享祀 등의 기능과 결부되어 '像'을 보존하기 위한 인물화 중심으로 전개되기 시작했고, 그중에서도 어진을 비롯한 초상화는 화원들의 출세를 좌우하는 가장 중요한 화목이었으나, 동양적=한국적 모더니즘 등의 여파로 1930년대 이래 수묵풍의 산수화와 문인화 위주로 연구되어 온 것에 대한 반성의 의미도 있는 것으로 보았다.

불화에서도 고려와 조선전기에 비해 질적으로 퇴보한 것으로 인식되던 조선후기 연구가 붐을 이룰 정도로 크게 활기를 띠고 있다. 통도사 성보문화재 연구원과 성보박물관을 비롯한 대한불교조계종과 국립문화재연구소, 국립중앙박물관 고고미술연구소 등에서의 자료집성과 기초조사도 활발했지만, 김정희(1994, 1995, 1997b, 1997c, 1999b, 2002a, 2003, 2004)를 비롯한 유마리(1995a, 2000)와 이은희(1991, 1997, 1998), 박도화(1995, 1998a, 1998c, 1999), 김승희(1992, 1993, 1997), 이영숙(1991, 2002), 장희정(1996, 2001, 2002, 2003, 2004), 김경섭(1998, 1999), 이승희(2001, 2004), 강영철(2002), 전경미(2002, 2005), 이용윤(2002, 2004, 2005), 황규성(2003), 김보형(2003), 정명희(2003, 2004a, 2004b), 박은경(2005) 등의 연구로 풍성해졌다. 특히 법화경 신앙의 고조로 주류를 이룬 석가영산회상도를 비롯해, 활발해진 후불탱 조성과 영산재, 수륙재와 같은 의식불화의 급증, 전각내 중단・하단 불화의 체계화 등과 결부된 아미타후불탱과 약사후불탱, 지장보살도, 팔상도, 삼장보살도, 감로도, 신중도와 17세기 이후 증가된 괘불화에 대한 도상학적 양식사적 연구가 주류를 이루었다. 그리고 17세기에서 19세기에 걸쳐 시기에 따라 조성량이 달랐던 충청도와 영호남, 경기도의 지역적 전개양상 및 화승 계보에 대한 규명과 사천왕과 위태천 같이 여러 주제에 등장하는 도상의 변화상 고찰, 불화 도상 및 신앙에 대한 의식집의 분석을 통한 연구 등, 새로운 주제와 방법론도 눈에 띈다. 그러나 작품의 채색과 선묘법을 비롯한 형상성과 장엄성의 표현적 구조에 대한 관심은 찾아보기 힘들다.

앞으로 불화가 지닌 조형성과 심미성 해명을 비롯해, 화승들의 조직 체계와 불사(佛事)활동, 불화의 제작 및 유통구조, 그리고 아직 연구가 미진한 제 권속들과 도상의 내재 공간 및 방위 문제와 도교 또는 민간신앙을 포함한 봉안사찰 신앙과의 관련성 등이 좀 더 주목되어야 하고, 초기와 후기의 과도기인 17세기 불화에 대한 조명도 요망된다.

근대적으로 구획된 학문 분야의 경계를 넘나들며 학제적으로 연구하는 새로운 경향과 함께 회화를 사대부 사상과 예술 및 미학 등 문화생활로서의 종합적 측면, 즉 문·사·철과 시·서·화의 통합적 맥락 또는 유기적 관계에서 살펴보는 방법이 대두하기 시작했다. 정옥자(1988)의 조희룡론과 홍선표(1995c)의 여항문인화가론, 유홍준(1998, 2002)의 화론 및 시론·서론과 김정희 연구를 비롯해 사학과 미술사에서도 추구되었지만,[40] 주로 강명관(1999, 2002), 정민(2002, 2003)과 김미정(1998), 강혜선(1998), 김진영(1998), 김명호(1999), 나종면(1999, 2000), 정은진(2000), 김현주(2000, 2002), 김상진(2001), 박수밀(2002), 진재교(2002), 김수진(2004) 등의 한문학 전공자들에 의해 전개되었으며, 한문학과 회화사를 모두 전공한 고연희(1997a, 1997b, 2000, 2001, 2002a, 2002c, 2003a)는 이들 영역을 넘나들며 많은 성과를 내고 있다. 기존의 김정희와 신위에 이어, 강세황의 시·서·화 삼절 전반에 대해 예술의 전당 서예박물관에서 2004년 주최한 종합 전시와 심포지엄도 이러한 동향을 반영한 두드러진 성과로 평가되며, 시문서화를 비롯한 고전 분야 연구자들이 함께 모여 토론하면서 이들 전반을 취급하는『문헌과 해석』의 활동도 주목된다.

근대적으로 분화되기 이전에는 시문서화가 교양과 취미 차원에서 미분화된 상태로 전개된 측면이 강했기 때문에,[41] 이를 실상적으로 파악하기 위해서는 앞으로 문사들의 학예 또는 문화 활동상 전체를 시야에 두고 인접 분야와의 상호 관련성과 개별 장르관습 및 양식사를 고려하면서 학제적 또는 문화연구적 방법으로의 접근이 더 긴요하다고 본다.

그리고 기존의 작가와 작품 중심의 창작주의로 인해 주목하지 못했던 그림의 생산과 소비의 사회적 컨텍스트에 대한 관심이 높아짐에 따라, 사대부들의 서화애호풍조와 감상활동 및 취미와 왕실 등의 후원 양상에 대한 연구가

---

40) 사대부들의 문화관습 및 사회경제적 조건 등과 결부하여 조명한 조규희(1998)의 '산거도'와 민길홍(2002)의 '唐詩意圖', 이종숙(2005)의 '귀거래도' 연구도 이러한 경향과 관련된 화제로서 주목된 것이다.

41) 문학과 달리 서화는 중인층의 전문적 직인이 따로 있었지만, 감상물 창작에서는 주로 사대부의 수요와 미의식에 수응하여 활동했고, 또 18세기 이후로는 이들 자체가 문인적 성향과 취향에 동화되었기 때문에 신분의 차이에 의한 문예적 이념 등의 차이는 적었던 것으로 보인다.

본격화되었다(홍선표, 1995c, 1997a ; 진준현, 1995a ; 박효은, 1999, 2002 ; 박은순, 2000b ; 황정연, 2002, 2003, 2004, 2005 ; 이태호, 2003a ; 김경미, 2002 ; 장진성, 2004). 불화 분야에서도 발원문 분석 등을 통한 후원자 문제가 활발하게 다루어지고 있다. 이러한 측면에서 서화취미와 작품 유통의 시대적 변화상과 서화의 상품화 및 미술시장의 형성과정에 대한 천착과 더불어 감상과 감상층에 대한 연구도 좀 더 심화되어야 할 것이다. 이밖에 홍선표(2005) 등에 의해 조선시대의 경기도 관련 회화가 다루어진 바 있으나,[42] 지방회화사 연구로는 미진하다. 지역별 회화사 연구는 자료 부족으로 접근하기 어렵지만, 중요한 과제임으로 지방 화사들의 활동 등을 중심으로 관심을 가져야 할 것으로 생각된다.

한편 유홍준의 『나의 문화유산답사기』(1993～97)와 『화인열전』(2001)의 성공에 자극을 받아 최순우식의 문학적 감수성이 풍부한 새롭고 유연한 인문학적 글쓰기의 대두와 함께, 대중들의 취미와 홍미를 충족시키기 위한 회화사 관련 전문 교양서나 대중서가 많이 출간된 것도 특기할 만하다. 그중에서도 서화에 대한 이동주의 매니아식 애호와 최완수의 조선왕조 문화에 대한 자존의식의 맥을 이은 것으로 보이는 오주석(1999, 2003)의 저술은 그림 한 점 한 점의 주제와 제재, 제발, 도상, 기법과 화풍 등에 대한 면밀한 감상과 해독을 통해 조선시대 회화세계의 아름다움과 예술문화적 높이 및 깊이를 일반 독자들에게 생생하게 전해준 인문교양서로서 인기를 끌었으며, 지나친 조선문화 미화와 주관적 해석이 엿보이기도 하지만, 세밀한 작품 읽기와 우리 옛 그림이 주는 심미적 감동을 풀어내고자 한 노력은 높이 평가된다.

이동주(1996)와 안휘준(2000b), 최완수(1999, 2004a), 전호태(1999a, 2004a)도 한국 회화문화 전반과 정선의 금강산도와 한양 진경산수화, 고구려 고분벽화에 대한 각자의 연구성과를 일반에게 보급하고 이해시키기 위해 비교적

42) 진경산수화와 기록화, 초상화, 산신도를 다룬 박효은, 김건리, 김울림, 김선정, 차미애, 박본수의 논문이 함께 수록되었다. 용인지역 연고 문사들의 회화활동을 다룬 논고도 있었다(홍선표, 2003).

쉽게 풀어서 쓴 글들 모아 펴냈다. 그리고 한문학 전공자인 강명관(2001)과 정민(2003)은 현대 독자와의 소통을 위한 문화적 그림 읽기 측면에서, 풍속화와 화조화의 그림 속 내용과 의미를 미시사적 또는 문예주제학적으로 상세하게 풀이하고 이를 에세이적 글쓰기로 자유롭게 서술했다. 이밖에도 일반인을 대상으로 한 다양한 종류의 회화사 관련 교양서가 나왔으며, 대중사회의 문화지식 욕구가 커감에 따라 앞으로 더욱 늘어날 것으로 보인다.

그러나 이러한 회화 교양서들이 지나치게 시장논리로 상품화되고, 대중들 취향에 영합하여 흥미와 재미에만 치중함으로써 사실을 오도하게 되는 것은 조심해야 할 것이며, 기존 성과에 대한 표절 또는 무지나, 지식의 과시적 나열, 일반인에 의한 인기와 평가로 학술적 가치를 판단하는 것도 경계해야 할 것이다. 회화사 내용의 대중화 노력은 독자의 저변 확대와 더불어 반드시 필요한 것이지만, 간략하게 풀어 쓴 설명이나 감성적인 글쓰기만으로 되는 것이 아니라, 현대에도 살아 숨 쉬는 생동감 있는 지식과 미적 감동을 줄 수 있도록 서술하는 것이 중요하다.

1990년대에서 2005년 사이의 회화사 연구는 이와 같이 새롭고 다양한 동향을 보이면서 각 분야별로 기존의 성과를 보완하거나 수정하는 등의 진전을 이루었으며, 사안에 따라 견해를 달리하는 논의도 활발해졌다. 안휘준(2000a)은 삼국시대에서 조선시대의 회화사를 다룬 기발표 연구물을 모은 논문집을 발간하여 후학들의 연구에 지침과 편의를 제공하였다.

암각화 분야는 1995년 처음으로 학술심포지엄을 열어 그동안 개별적으로 조사, 연구된 것을 권역별로 나누고, 원류와 편년, 신앙 문제 등으로 나누어 종합적으로 검토하는 기회를 가졌다. 이를 계기로 독자적 전공 영역의 강화를 위해 학회를 발족하고 1999년부터 학회지 발간을 시작했으며, 임세권을 비롯해 장명수, 송화섭, 정동찬, 전호태, 신대곤, 김권구, 박정근, 이상길, 장석호, 김호석 등의 활동으로 연구가 더욱 활기를 띠었다.[43] 특히 임세권

43) 1990년대까지의 암각화 연구사에 대해서는 송화섭(2000), 「한국암각화연구의현황과 과제」, 『한국암각화연구』 1, 한국암각화학회 ; 박정근(2000), 「한국암각화의 연구 성과와 문제점」, 『선사와 고대』 15, 한국고대학회, 197~225쪽 참조.

(1994, 1996, 1997)은 중국 암화의 영향 관계를 본격적으로 거론하여 우리 암각화의 원류를 스캔디아 반도와 시베리아, 연해주 등 북방문화권 루트와의 관련성에서만 추구하던 기존의 연구경향에 새로운 시야를 제공했다. 이에 따라 연구자들은 내몽골을 비롯한 이들 지역을 왕래할 수 있게 되면서 유적지에 대한 직접 탐사를 통해 깊이 있는 비교 고찰을 시도하게 되었다.

2000년에는 암각화 발견 30주년 기념으로, 울산시 주최의 국제학술대회가 열렸으며, 울산대박물관은 울산시의 예산지원을 받아 반구대 암각화의 재조사를 실시하여, 추가로 100점 가량의 형상을 더 찾아내고 실측도면 보완작업을 함으로써, 1984년에 발간된 조사보고서(191점)의 도면에 의존하던 연구에 새로운 계기를 마련하였다. 정밀 재조사에 의거하여 형상 분류 및 해석과 새김법에서의 기존 쟁점사항에 대해 보충적인 견해를 개진했고, 제작시기는 그동안 고고학과 선사미술, 지질학, 인류학, 민속학 등 다양한 분야에서의 연구를 종합적으로 검토하여, 상한기가 신석기시대일 가능성이 높으며 청동기시대에 조성된 것도 농경이 시작되기 전인 어로・수렵단계 사회의 산물로 보았다.

이와 달리 김호석(2004)은 기존의 연구경향이 형상의 내용 및 기능과 제작 집단의 종교적, 사회적 성격 해명에 치중하고 있는 것에 문제를 제기하고, 미술품으로서의 형태적 특징과 조형의식의 규명이 더 중요함을 강조했다. 그는 조형학적 측면에서 형상에 대한 정밀한 조사와 동북아 일대 암각화 기법과의 비교 연구에 의거하여, 기존의 조사내용이 대부분 오류였음을 주장하면서 새김법과 형상 발전과정을 5단계로 새롭게 체계화하였다.44)

44) 특히 형상의 중첩 양상에 의해 면각법이 선각법에 선행되었고, 이와 같이 앞서 제작된 형상 위에 겹쳐서 나타낸 것을 선주민 문화에 대한 침범행위로 본 통설을 뒤집는 새로운 견해, 즉 면새김 위의 선새김 안에 면각의 형상 부위 흔적이 확인되지 않기 때문에 선각 형상이 침범한 것이 아니라 이를 피해 면각 형상이 나중에 제작된 것으로 파악하는 등, 기존의 연구를 전면적으로 부정함으로써 앞으로의 논란이 예상된다. 제작시기도 형상을 나타낸 각법에 의거하여 단단하고 발달된 금속 도구가 사용되는 초기철기시대로 추정하고, 오랜 기간이 아닌 비교적 단기간에 조성된 것으로 보았다. 그러나 암각된 형상의 윤곽표면이 날카롭게 음각된 것에 근거하여 각자정이나 평정과 같은 발달된 금속 도구가 사용된 것으로 보고 제작시기를

천전리 암각화에 대해서는 2003년 울산시에서 장석호 대표집필로 실측조사보고서를 다시 간행한 외에 별다른 연구상의 진전이 없다가, 김호석(2005)이 부호화된 기호학적 또는 추상적인 형상들의 상징성을 주술적인 원시신앙의 측면에서 풀이한 기존의 견해와 달리, 중국 남부 해안지역 암각화와의 형태와 표현적 형식논리의 유사성에 기초하여 농경적 사유의 반영물로 보는 새로운 해석을 내놓았다. 그리고 일부 형상들을 꽃과 열매, 씨앗, 나무 등으로 판별하고 식물그림이란 측면에서 분류를 처음 시도하였다. 고령 양전동에 이어 1980년대 말부터 1990년대 초에 걸쳐 포항 칠포리를 비롯해 영주와 영천, 경주, 남원 등지에서 발견된 비교적 소규모의 암각화들은, 대체로 청동기전기와 후기에 제작된 것으로 이해되고 있으나, 생긴 형태에 의거해 '기학학문'에서 '검파형' '방패문' '패형' '신체문' '인물상' '신면상'에 이르기까지 연구자마다 다르게 판독하고 있어 앞으로의 귀추가 주목된다.

암각화는 문자가 사용되기 이전의 기록 수단이면서 상징 및 시각언어로서 우리 선사 사회, 문화와 함께 미술의 시원 규명에 절대적으로 중요한 분야이다. 그리고 세계 거의 모든 지역에서 나타나는 인류의 가장 오래된 예술 조형 또는 문화 표현방법의 일종이기 때문에 학제적, 국제적 연구 모두 긴요하며, 그동안 깊이 있게 다루어지지 않았던 조형학적 관점에서의 분석도 요망된다.

고구려 고분벽화는 1994년 설립된 고구려연구회의 왕성한 학제적, 국제적 활동과, 조선일보사・한국방송공사 등 언론기관이 주관한 고분벽화자료전시회와 중국의 동북공정프로젝트에 대응하기 위해 촉발된 사회적 관심에

초기철기시대로 한정한 것은 재고의 여지가 있는 것 같다. 신석기시대부터 옥석 등의 단단한 재료도 정교하게 절단하거나 새길 수 있는 기술이 있었기 때문에 선사미술의 도구 사용술을 너무 단순하게 속단할 수 없다. 그리고 반구대 암각화의 형상 발전을 '공고한 사실성'에서 '단순한 공예화' 단계로의 전개로 파악하면서도 단기간에 제작된 것으로 주장한 것도, 이들 조형술이 오랜 기간에 걸쳐 이루어진 각각의 시대적 조형양식의 특징을 반영하고 있다는 점에서 설득력이 약해 보인다(김호석(2006), 「울산 대곡리 반구대 암각화 제작 순서에 대한 고찰」, 『동악미술사학』 7, 동악미술사학회, 235~260쪽 참조).

힘입어 다양한 연구와 조명이 이루어졌다.[45] 최근에는 정부 지원으로 고구려 재단이 설립되었고, 박아림과 김진순 등 미국과 중국에서 고분벽화를 전공한 신진 박사학위자들의 귀국에 따라 더 활성화될 것으로 보인다.

1990년대에 이르러 이 분야 연구는 문헌자료의 영세함을 보완하여 고구려 역사상을 복원하려는 의도에서 시각자료인 고분벽화를 집중적으로 다룬 사상사 전공의 전호태(1989, 1990, 1992, 1993a, 1993b, 1994a, 1994b, 1996, 1997a, 1997b, 1997c, 1998a, 1998b, 1999a, 1999b, 2000a, 2000b, 2000c, 2000d, 2001, 2002, 2003, 2004a, 2004b)의 활동으로 크게 진전되었다. 고분벽화를 장의미술로 규정한 전호태는 벽화 주제와 내용의 변천을 내세관의 변화에 기인되었다고 보고, 이를 해명하기 위해 연꽃과 일월상, 사신도를 비롯한 신앙과, 천상을 상징하는 주요 제재들의 종교적, 도상적, 양식적 의미와 계보를 많은 자료의 구사와 치밀한 고증을 통해 이 분야 연구를 한 차원 올려놓았다. 특히 고구려 고분벽화의 지역적 특징과 함께 그 원류인 한대와 위진남북조시대 고분미술과의 세밀한 비교 고찰에 의한 양자의 관련양상을 비롯한 공통성과 차별성에 대한 규명 및 재해석은 기존의 이해를 뛰어넘는 성과로 평가된다.[46]

---

45) 고구려 고분벽화 연구사는 전호태에 의해 그동안 한국과 북한・일본・중국에서 이루어진 350여 편의 논저류에 대한 시기, 분야, 주제, 연구자별 성과의 개관과 문헌총목록 정리작업을 통해 다루어졌다(전호태(1997), 「고구려 고분벽화 연구사」・「고구려 고분벽화 연구문헌 목록」, 『고구려연구』 4, 고구려연구회, 45~71, 676~782쪽 참조). 한반도내 고분벽화의 소재지에서 연구를 담당하고 있는 북한의 연구동향에 대해서는 이성미가 비판적으로, 유홍준이 긍정적 입장에서 검토한 바 있다(이성미, 앞의 논문, 293~332쪽과 유홍준(1995), 「고구려 벽화고분의 발굴, 연구사」, 『고구려 고분벽화』 별책부록, 풀빛, 17~37쪽 참조). 그리고 고구려연구회에서는 고분벽화 전반에 대한 두 차례의 대규모 국제학술대회를 개최하고, 학술지 『고구려연구』 4(1997)・16(2003)・17(2004)에 특집으로 모두 46편의 논문을 실었다.

46) 전호태는 고분벽화라는 무한한 역사자원을 연구자마다 자료적 한 측면만을 강조하는 기존의 편향적 연구경향을 비판하고, 이 분야의 새로운 이해를 위해 요구되는 문제의식을 제시한 바 있다(전호태(1994), 「고구려 고분벽화의 이해를 위하여」, 『역사비평』 26, 역사문제연구소, 294~317쪽 ; 전호태(1997), 「고구려 고분벽화 연구론」, 『고문화』 50, 대학박물관협회 참조).

이밖에도 공석구(1989, 1990, 1996, 1998, 2000, 2001, 2005)의 안악3호분과 덕흥리벽화고분 피장자를 귀화인으로 보는 국적문제에 대한 다각적이고 치밀한 고증을 비롯해, 권영필(1993)의 교류사적 측면에서의 고분벽화 화풍의 국제성에 대한 해명, 정재서(1996)의 다문화적 관점에서 고분벽화의 신화적, 도교적 제재에 관한 새로운 인식과, 김일권(1996a, 1996b, 1997, 1998, 2001, 2003, 2004)의 천문성숙도와 천문관에 대한 집중적 고찰, 이송란(1998), 정병모(1998a, 2005a)의 장식문양과 홍선표(2001a)의 말그림 양식 변천의 정리, 한정희(2002)와 박아림(2003, 2004)의 중국 고분벽화와의 비교 연구 등도 주목된다.

고구려 고분벽화는 실물 자료를 직접 조사 관찰하기 어려운 연구상의 한계가 있지만, 앞으로 회화사 연구자들도 학제적 연구경향을 확대하면서 이들 성과와 자료 섭렵을 통해, 지금은 전하지 않는 궁궐화와 사찰화를 포함하여 채색화 중심으로 본격적인 '도화(圖畵)'가 시작되는 고대회화사의 복원에도 힘써야 할 것이다.

고려불화는 1993년 호암미술관 주최의 '고려불화특별전'과, 1990년 일본에서 고려시대 아미타불화 연구로 박사학위를 받고 돌아 온 정우택(『高麗時代阿彌陀畵像の硏究』, 永田文昌堂)이 기쿠다케와 함께 한국미술연구소의 지원을 받아, 국내 소장품 9점을 비롯해 해외에 있는 124점 등 모두 133점(현재 160여 점이 알려짐)을 주로 현지 촬영에 의해 집성하여 수록한 대형 화집을 발간하여 세간의 주목을 받았다(『고려시대의 불화』, 시공사, 1997). 특히 이 화집은 국내에 공개되지 않은 상당수의 새로운 해외소장 자료의 소개와 함께, 불화의 소재별 정리와 세부 도판 그리고 광학사진에 의한 작품 내부 세계를 제시함으로써, 불화뿐 아니라 회화 양식에 대한 미시적, 과학적 조사에 대한 관심도 높여 준 의의를 지닌다.[47]

47) 이 책에서 기쿠다케 준이치는 고려불화를 화기 기명법에 따라 궁정, 사원, 민중 양식으로 분류했으며, 이데 세이노스키[井手誠之輔]는 고려시대를 풍미한 화엄사상이 아미타불화에 크게 영향을 미친 근거로 가슴의 卍자문과 손바닥의 천복륜문을 꼽고 이러한 특징을 통해 고려불화의 범주를 설정했다. 정우택은 색조의 선명함을

또한 정우택(1990, 1991a, 1991b, 1994, 1995a, 1995b, 1996a, 1996b, 1999a, 2001)은 나한도를 포함한 고려불화의 개별 작품 필드워크에 의한 심도 있는 분석과 새 자료 발굴에 적극적이었고, 고려불화의 도상적·표현적 독자성 규명을 비롯해, 도상의 전승 문제와 실크로드 불화와의 관계, 일본에서의 고려불화 수용 양상, 일본에서의 고려불화 연구동향 소개 등을 통해 이 분야 연구에 기여했다. 강희정(1994)은 현존 고려불화 중 아미타불화와 함께 제일 많이 남아 있는 관음보살과 선재동자로 구성된 수월관음화 도상의 연원에 대한 기존 당나라 주방(周昉)의 창안설 및 돈황본 유래설의 문제점을 지적하고, 「문수지남도찬」과 같은 『화엄경』 「입법계품」의 송대 도해본이 판화나 사경의 형태로 전해진 것으로 보았으며, 황금순(2003)은 『40화엄경』의 영향을 거론했다. 박영숙(2002)은 일본 다이토쿠지[大德寺]소장 <수월관음도>의 공양인물군상에 대해 기존의 하야시 온(林溫)의 중국 도상 변용설과 문명대의 낙산사 설화의 유자량 참배설 중, 후자의 견해를 취해 유자량과 그 일행을 도회한 것으로 추정했다.[48] 장경희(1994)는 고려 수월관음화의 백의가 중국 것과 다르게 표현된 특징에 주목하고, 이를 화법적 차원이 아닌 염직공예적 측면에서 접근하여 고려 특산물인 꽃무늬모시를 나타낸

극대화하기 위해 안료의 혼합을 피한 채색법을 비롯해 선묘와 문양의 정교하고 장식적인 특징과 아름다움의 구조를 실물 작품에 대한 세밀한 분석에 의거해 해명하고, 광학적 조사 내용을 국내 처음으로 소개하여 육안으로 볼 수 없는 작품의 원초적 상황과 내부세계에 대한 이해를 넓혀주기도 했다. 이러한 광학적 연구방법은 이데 세이노스키도 적극 활용하여, 고려불화의 사상적, 표현적 영역과 더불어 재질적, 기술적 특질을 함께 규명하고 호평을 받았다.

48) 이에 대해 황금순은 선두 인물이 대관에 용포를 착용한 점을 들어 용왕이면서 고려왕의 일행으로 보았다. 그러나 박은경은 이들 군상에 대한 기존 해석들에 의문을 제기하고, 오대 이후 송대·서하시대 수월관음화와 원·명대 벽화와 경판화의 각종 도상 및 공양물들과의 면밀한 비교 분석을 통해 정체성을 새롭게 규정하고, 상징성을 법화경과 화엄경의 융합과 道佛습합의 측면에서 해명했으며, 당시 매향신앙과의 관련성도 언급하여 포괄성과 구체성을 지닌 실증적 연구의 뛰어난 사례를 보여주었다(박은경(2006), 「일본 다이토쿠지[大德寺]소장 <수월관음도>에 표현된 공양인물군상의 신해석」, 『미술사의 정립과 확산』 2, 항산 안휘준교수 정년퇴임 기념 논문집, 사회평론, 200~224쪽 참조).

직물적 차이에 기인되었다는 흥미로운 견해를 발표했다.

그리고 고려불화와 중국의 송원대 불교미술과의 관련성에 대해, 박도화(1998b)는 기존의 감숙성 돈황과 절강성 영파(정병모, 1997), 사천성 대족석굴에 이어 정우택설을 보강하여 내몽고 서하(西夏)불화의 영향을 좀 더 구체화했으며, 김정희(1997a)는 중국 두건지장상의 분포 조사를 통해 고려에서의 수용이 사천성이나 운남성을 거쳐 이루어졌다는 남방루트설을 제기했다. 이밖에 장충식(1994)은 화엄경판화를, 문명대(1997)는 약사불화를, 송은석(1997, 1999)은 관경변상도와 천수관음도의 도상 및 양식을 고찰했으며, 김정희(2001a, 2004b)는 고려왕실의 불화제작과 왕실발원의 불화와 아미타여래도의 시주문제를, 김울림(2003)은 선각화를 통한 12세기초 불화양식 복원을, 고승희(2004)는 불의문양에 대한 연구를 시도하였다. 권지연(2000)은 원말 작품으로 간주되는 일본 세이카도분코[靜嘉堂文庫]미술관 소장 <시왕도>의 국적을 도상과 제재적 형식에 주로 의거해 고려로 보고 현존 채색 불화 중 가장 이른 중기작이라고 주장했으나, 화풍상으로 보아 중국 작품일 가능성이 더 높다.

사경화와 나한도 몇 점을 제외한 현존 채색 고려불화의 거의 대부분이 14세기 고려말기 작이기 때문에, 이들 화습을 계승하여 15, 16세기에 제작된 조선초기 불화는 앞 시기와의 맥락에서 전통성과 차이점이 연구되고 있다. 현재 120여 점 가량 알려진 이 시기 작품도 고려불화와 마찬가지로 대부분 일본에 남아 있다. 조선초기 불화가 주로 소재하고 있는 현지에서의 조사를 통해 박사학위를 취득하고 귀국한 박은경(1993, 1995a, 1995b, 1998, 2000, 2002, 2003, 2004, 2005a, 2005b)은, 이 시기의 작품들이 고려불화의 도상과 기법을 계승하면서도 새로운 신앙요소를 반영하여 복합적인 도상을 창안 모색한 경향에 주목하고, 이러한 변화를 도교와의 습합, 자연경관의 수용, 묵화적인 경향, 설화적 요소의 대두에 초점을 맞추어 규명했다. 그리고 종래의 채색불화와는 취향을 달리하는 순금 선묘불화의 확산과 화포(畵布)에서 견본(絹本)불화와 마본(麻本)불화 두 계열이 등장되고 있음을 밝히기도 했다. 김정희(1991, 1992, 1996, 1999a, 2001b, 2002b)는 명부전 신앙과 도상을 비롯해 15, 16세기 왕실 발원 불화의 특징적 경향과 제작 배후 및 이 시기 불화의 전통성과 감로도와 삼장보살도와 같은 새로운 도상 창출의 자생성을, 유마리(1992, 1995a, 1995b, 1995c)는 여말선초 관경변상도를, 박도화는 불경 판화(1995, 1998a, 1998b, 2002a, 2002b)들을, 송은석(1997)은 보문품변상도를 심도 있게 고찰하였다. 정우택(1995, 1999b)은 일본에 소재하는 왕실 관련 불화중 제작연대가 확실한 작품의 표현기법을 분석하고 동시기 민간발원 불화와의 화면구성과 채색법, 묘사력 등의 비교를 통해 조선초 궁정화풍의 양식적 특징을 처음 거론했으며, 유경희(2003)는 도갑사 관세음보살 33응탱의 도상 연구와 함께 작가 이자실(李自實)을 이상좌로 추정했고, 노세진(2004)은 16세기 왕실불화 발원문 형식과 화원 가문인 이상좌 집안의 제작 참여 사실을 살펴보았다. 특히 왕실발원 불화 제작에 도화서의 일급 화원들이 동원된 사실은 이들이 묘사한 불화 양식을 통해 조선초기에 유통된 화법의 전모를 파악하는데 일정한 도움을 줄 것으로 기대된다.

앞으로 고려 및 조선초기 불화 연구는 송·원·명초 불화는 물론, 일본 가마쿠라와 무로마치불화와의 제반 사항에 대한 비교도 적극 추구해야 하며, 작품의 신앙적, 정치적, 사회적 배후와 문양 등 각종 모티브의 인접 미술품과의 관련성 규명에도 힘을 기울여야 할 것이다. 그리고 화풍 분석에 있어서 불교미술의 영역에 국한된 시야를 채색화와 인물화 등 일반회화의 각종 화법과 화목으로 확대하여 한국회화사의 통시적 맥락 복원에도 기여했으면 한다. 일반회화 연구자들도 불화 연구성과에 더욱 관심을 가지고 유기적 관계의 규명을 통한 통합적 서술방법의 모색이 필요하다.

조선시대 회화사는 치밀한 실증적 연구의 강세 속에서 다양한 자료의 구사와 보다 포괄적이며 구체적인 안목과 분석으로 내용이 한층 풍부해지고 이론적으로도 심화되는 추세를 보였으며, 한편으로 이들 동향들이 전형화되어 추구되는 양상을 나타내기도 했다.

홍선표(1999a)는 한국회화사의 중세적 단계를 반영하고 있는 고려시대 일반회화를 포함한 조선시대 회화의 창작이념을 비롯한 시기별 조류와 작가상 및 갈래별 전개에 관해 1980년부터 발표한 글들을 부분 또는 전체적으로 개고하여 수록한 논문집을 펴냈다.[49]

최완수(1994)는 예술양식이 변화하는 이면에는 사상의 변천이 선행한다는 관점에서, 조선시대의 회화 흐름을 화풍의 전개에 초점을 두되, 그 동인(動因)을 성리학의 학문경향과 당색 및 인맥에 의거해 파악하고 정리하였다. 이와 같이 사상사적 맥락에서 체계화하는 방법은 조선시대 회화가 당대의 이념주도층인 사대부들의 학예적 공간에서 전개되었음을 상기해 볼 때, 이 시대 회화사의 동태적 파악에 적지 않은 기여를 했다고 본다.[50]

조선시대 회화사의 전체상과 변화상을 좀 더 실상에 맞게 파악하기 위해서는 양식사적, 사상사적, 사회사적 방법 등의 도구적 선택보다, 시기별 그림에 대한 인식과 이념 및 정책과 제도를 비롯하여 창작및 감평 관습과 풍토, 작가의 의식세계, 작품의 내용과 양식, 그리고 시대적, 국제적 환경 등의 객관적 조건들에 관한 고증된 사실의 축적이 더 긴요하다고 본다. 앞으로 개설적 논의를 더욱 심도 있게 진행시키기 위해서는 조선시대 회화사의 시기구분과 갈래체계 문제도 재검토되어야 할 필요가 있다.

---

49) 이들 논고는 한국회화사의 새로운 구도를 짜기 위한 지형도를 그리는 데 긴요한 방향모색과 탐색을 위해 시도된 것으로, 조선시대 회화사가 그동안 미술사학의 영역에서 自國 중심의 내셔널리즘에 의해 식민주의와 반식민주의사관의 대립적 관점에 의해 양극적으로 표상되고, 발전상은 서구미술사의 전개모형을 기준으로 서술 평가되어 온 것과, 근대적인 모더니즘 또는 리얼리즘 시각으로 분석되고 해석되어 온 경향을 반성하면서, 동아시아의 중세적 창작 및 장르 관습과 이념을 토대로 공통의 이상을 실천하고 독자적 가치를 창출한 사실을 실상대로 파악해 보려는 의도를 담고 있다.

50) 그러나 이러한 방법이 보다 객관성을 확보하기 위해서는 사대부 또는유자들의 그림에 대한 인식 및 이념 등의 회화관을 비롯해 당대의 사상과 회화예술과의 관계가 각 시기별, 학파별, 개인별로 좀 더 규명되어야 할 것으로 생각된다. 특히 학파나 당파적 계보에 의거해 회화사의 동향과 성향을 도식적으로 분석할 경우, 숙종조의 남인인 윤두서와 서인인 이하곤이 '鑑賞友'로서 당색을 초월해 함께 교유했던 사실을 비롯해, 晩明 애호풍조의 여파로 활성화된 경화사족들의 회화활동을 실상에 맞게 설명할 수 없을 것이다.

조선초기 회화사 연구는 자료적 빈곤과 기존의 높은 연구성과 때문인지 일년에 한 두편도 나오기 어려운 부진한 실정이다. 그동안 주종을 이룬 정형산수화 보다, 진경산수화의 원류를 해명하려는 의도를 포함하여 계회도의 산수화풍을 분석하는 경향이 더 늘어난 것이 주목되는 정도이다(박은순, 1996a, 1999a, 2002a ; 이태호, 2000b). 윤진영(2005a)은 16세기 계회도에 표현된 산수양식의 종합적 검토를 통해 안견파 화풍의 전승관계와 실경 표현의 추이를 규명하여, 이 시기 산수화풍의 편년적 기준에 대한 실증적 기반을 제공했다. 그리고 초기 사대부들의 그림 자체에 대한 이념 및 이론체계와 작품의 주제의식 검토를 통해 회화의 사상적 기반을 정리한 것(홍선표, 1991a)을 비롯해, 화론의 한국적 사상성(변영섭, 1997, 1999)과 사대부의 자연관과 산수화 발전의 관련성(조송식, 2002), 성종의 서화애호 경향(이선옥, 2005), 김현성 찬의 소상팔경도(김지혜, 2000)와 시・화를 통해 본 소상팔경도의 수용내력(고연희, 2003a), 시화 소통 또는 시화일률의 관점에서 <몽유도원도> 등의 초기 산수화와 제화시의 관계(이형대, 2000 ; 고연희, 2000), 설씨부인과 신사임당 집안의 전칭작을 포함한 회화세계와 화풍(이성미, 1993, 1996 ; 이원복, 2004), 초기 화단과 중국과의 교류 및 화풍의 관련 양상(박은화, 2002) 등에 관한 연구도 이 시기 회화사 이해에 일정한 도움을 주었다.

앞으로 조선초기 화풍 연구에서 긴요한 것은 이 시기에 그려진 것으로 알려진 작품들에 대한 보다 면밀한 감식조사가 아닌가 싶다. 현재 거론되는 이 시기 주요 작품의 대부분이 일제 강점기를 비롯해 연구사 초기에 알려진 것과, 일본에서 전세사항이 모호한 채 발굴된 것들로, 국립중앙박물관 소장의 양팽손 <산수도>를 비롯해, 조선초기 화원 작품으로 간주되기도 하는 <파초야우도>와 문청(文淸)의 조선풍 산수화 등이 제작자 문제를 야기하고 있는 사례도 있듯이, 그동안 진전된 계회도의 산수화풍을 비롯해 원・명 회화와 무로마치 회화에 대한 연구성과 등을 참고하면서 작품 하나하나에 대한 다각적인 조사가 필요하다고 본다.

조선중기 회화사 연구는 이 시기를 통해 문인화목으로 확산된 사군자의 종류별 화풍과 화론 및 작가에 대한 세밀한 분석과(유홍준, 1992b ; 서윤경, 2000 ; 백인산, 2000, 2003, 2004), 진경산수화의 형성과정과 그 맥락을 새롭게 파악하려는 의도에 따른 실경도에 대한 주목으로(이건상, 1992 ; 박은순, 1994 ; 윤진영, 1998, 2000 ; 이수미, 2002 ; 김현지, 2004 ; 조규희, 2004) 점차 증가하는 추세를 보였다. 조규희는 이 시기의 별서유거도를 토지 소유자의 사유지 재현의식으로 보고, 부감적 구성을 '소유'의 시선을 시각화한 것으로 해석했다. 이와 같이 공적이든 사적이든 지형이나 지세의 시각적 기록의 경우, 고대서부터 하늘은 올려다 보고(觀), 땅은 높은 곳에서 내려다 보는 '찰(察)'법에 의해 묘사하는 전통의 맥락에서 추구해야 실상적 파악이 가능할 것으로 생각된다. 그리고 계회도류의 내용과 양식에 대한 자료 소개적 연구도 활기를 띠었다(이원복, 1998a ; 유옥경, 2001 ; 홍선표, 2001b ; 윤진영, 2001, 2003a, 2003b ; 박정혜, 2001 ; 진준현, 2003). 이원복에 의해 새롭게 소개된 정사신이 1580년대에 참여한 6폭의 계회도는 안견파화풍에서 절파화풍으로의 변화되는 추이를 반영하고 있어, 계회 장면 표현에 대한 기존설의 수정과 함께 초기와 중기 산수화풍 연구에도 큰 도움을 준다. 홍선표는 야외아집적 성격을 지닌 계회도를, 당나라 문학관의 학사들 모임을 그린 '등영도(登瀛圖)'에서 유래된 것으로 보기도 했다.

이밖에도 중기 회화조류의 제 양상에 대한 종합적 정리(안휘준, 1997b)와 김명국(유홍준, 1990a ; 홍선표, 1996b), 이징(김지혜, 1997), 이정(진준현, 1992), 신유(이원복, 2002b) 등 작가의 생애와 작품세계를 다룬 것, 사계절 정경을 배경으로 그려진 화첩용 수묵화조화의 구성방식과 표현을 살펴 본 것이 있다(이원복, 1991). 김명국에 대해 유홍준이 인조년간의 보수화단에서 기태와 이단으로 저항한 천재화가로 평가한데 비해, 홍선표는 천기론(天機論)에 의해 창생적 창작을 최초로 실천한 선구적 작가로 부각시키고자 했다. 유미나(2005a)는 1606년 조선에 온 명나라 사신 주지번(朱之蕃)이 가져온 시서화 합벽첩인 ≪천고최성(千古最盛)≫ 연구를 통해 전사(傳寫)과정 등의 유통 경위와 함께 조선후기에 유행하는 오파화풍의 전래 문제를 규명하는데 기여하였다.

조선중기에는 임·병 양란의 참화가 있었지만, 선조연간의 '목릉성세'를 통해 만명(晩明)의 서화 애호풍조의 확산 등으로 문사들의 창작과 소비활동이 본격화되었기 때문에, 후기 회화의 경향과 성향을 올바로 이해하기 위해서는 이 시기 회화조류에 대한 좀 더 깊이 있는 관찰이 요망된다.

조선후기 회화사 연구는 자료적 여건과 내재적 발전론 등에 힘입어 1980년대를 통해 급증한데 이어, 이 기간에도 어느 시대 연구보다 가장 많은 산출량을 보였다. 2000년대에 들어와서는 한국회화사 전체 연구물의 30% 정도를 차지할 만큼 편중된 동향을 나타내기도 했다. 이들 연구의 상당수는 작가의 생애와 회화세계를 다룬 것으로, 정선과 김홍도의 경우 몇 차례의 크고 작은 전시회와 연구서 등을 통해 심도 있는 조명을 받기도 했다. 특히 최완수(1993b, 1998)는 80년대를 통해 발표해 온 정선의 생애와 그의 진경산수화에 대한 연구성과를 집성했으며, 오주석(1995a, 1998a, 1998b)과 진준현(1997, 1999)은 충실한 자료 수집과 치밀한 분석 및 엄밀한 고증에 의해 김홍도에 대한 기존의 이해를 넓히고 내용을 더욱 풍부하게 하였다.[51] 그러나 아직 정선의 성장과정을 비롯해 공방 또는 화당(畵堂)의 운영, 주문과 대필(代筆) 행적 및 관련 작품의 검증 작업 등은 불명하거나 미진하며, 그의 신분적 위상이나 학맥적 관계도 쟁점으로 남아 있다.[52] 김홍도의 생장지 및 졸년도

51) 이밖에도 유준영(1991, 1993), 변영섭(1993, 1997), 유홍준(2000)의 정선 연구와, 유준영(1990), 유홍준(1990d, 1993c)의 김홍도 연구가 있다.

52) 최완수는 정선을 노론의 학맥을 지닌 명문의 '통유'라고 주장하고 있지만, 정선과 어려서부터 이웃에 살며 평생을 친하게 지낸 조영석이 자신보다 10년 연상인데도 그를 하대할 수 있는 지체였음을 언술한 바 있고, 김창즙은 정선을 형인 김창협, 창흡의 문하생들과 동문이기 보다 한 동네에서 교유하는 '洞里人'으로 지칭했으며, 남유용은 이병연이 그림을 몹시 좋아하여 정선과 교유했다고 증언하면서 양자의 존칭에 차별을 둔 점 등으로 미루어 볼 때 수긍하기 어렵다. 그리고 정선의 위대성에 대한 과잉된 생각에서 그의 1747년작인 ≪해악전신첩≫에 후대인이 쓴 발문 중 "畵聖人"을, 정선을 그림의 성인으로 지칭한 것으로 해석하기도 했는데, 이것은 "성인을 그렸다" 즉 산의 성인인 금강산을 그렸다는 뜻으로 풀이하는 것이 옳을 듯싶다. 정선의 수응화 문제에 대해서는 최근 장진성이 본격적으로 거론하기 시작했다(장진성(2006), 「정선과 수응화」, 『미술사의 정립과 확산』(항산 안휘준교수

추정되고 있는 실정이고, 국립중앙박물관소장 ≪풍속화첩≫과 용주사 <삼세여래도>를 비롯하여, ≪모당평생도병≫, ≪담와평생도병≫, ≪주부자시의도병≫, <규장각도>, <사인초상>, 파리 기메박물관의 ≪사계풍속도병≫ 등이 그의 진품인지 여부가 제기되고 있는 등, 적지 않은 작품들이 논쟁의 소지를 지니고 있다.53)

윤두서는 유홍준(1990b)과 이내옥(1991a, 1991b, 1993, 2003), 박은순(2001a, 2001b)에 의해, 심사정은 유홍준(1992a)과 이예성(1997, 1998, 2000), 최완수(2004b)에 의해 연구가 크게 진전되었으며, 강세황에 대해서는 앞서도 언급했듯이 예술의 전당 서예박물관 주최 심포지엄 등을 통해 그의 시·서·화 삼절세계가 종합적으로 조명되었다. 그리고 이인상(유홍준, 1991a ; 장진성, 2002 ; 김수진, 2004), 최북(유홍준, 1991b ; 홍선표, 1991b ; 박은순, 1991), 조영석(유홍준, 1993a ; 이은하, 2005), 신윤복(이원복, 1997a, 2000b, 2001a, 2001b), 김두량(김상엽, 1997), 강희언(이순미, 1998), 임득명(오현숙, 1999), 신한평(이원복, 2000), 유신(진준현, 2001), 정수영(박정애, 2002), 유덕장(탁현규, 2003), 윤덕희(차미애, 2003), 이윤영(이순미, 2004) 등에 대해서도 깊이 있는 연구가 이루어졌다.54)

정년퇴임기념 논문집), 사회평론, 314~333쪽 참조).

53) 용주사의 <삼세여래체탱>=<삼불회탱>에 대해서는 이동주, 오주석, 강관식이 김홍도, 김득신, 이명기 등의 제작 참여 기록과 '慈殿'이란 명문 등에 의거해 김홍도 등의 원본으로, 안휘준과 김경섭, 강영철은 불화 복장 화기와 두드러진 서양화풍 등에 의거해 고종말인 20세기 초에 원작이 소실된 뒤 다시 제작된 것으로 보고 있다. 이태호는 김홍도탄생 250주년기념으로 국립중앙박물관과 호암미술관, 간송미술관 공동 주최의 연합 특별전에 출품된 작품들 중 ≪금강사군첩≫등의 진위문제를 거론한 바 있다(이태호(1996), 「'단원다움'의 기준은 엄정해야」, 『월간미술』 2월호, 월간미술 참조).

54) 작가연구로는 이밖에 김득신(송태원, 1990), 윤제홍(권륜경, 1996), 허필(김지현, 2004), 김희성(김희진, 2005), 이인상(유승민, 2005) 등을 다룬 미출판된 석사학위논문이 나와 있다. 그리고 이들 작가의 개별 작품 소개 및 연구도 적지 않은데, 정선의 <회방연도>(유홍준, 1990c), <쌍도정도>(이태호, 1990), <장주묘암도>(이태호, 1992), 이재관의 <하경산수도>(홍선표, 1990c)와 윤두서의 <자화상>(이내옥, 1991a), 이인문의 <강산무진도> (오주석, 1993), 정충엽의 ≪필하운연첩≫(변영섭, 1994), 김덕성의 <종규도>(김상엽, 1994), 이풍익의 ≪동유첩≫(조선미, 1994), 김홍

이들 연구는 정도의 차이는 있지만, 대체로 자료수집이 충실하고, 엄밀한 고증과 새로운 해석 등으로 해당 작가와 작품세계에 대한 실증적 사실의 증보 및 인식 제고와 더불어 이 시기 회화양상에 대한 기존의 이해수준을 뛰어넘는 중요한 진전을 이룩했다고 본다. 특히 의식세계를 포함한 작가의 생애 및 교유관계를 다각도로 규명하고, 이러한 삶의 문맥에서 작품세계를 조명하고 해석하거나, 작품세계 분석을 통해 작가상과 시대상을 읽어내려는 노력은 값진 것으로 여겨진다.

그러나 성리학을 긍정적으로 평가하는 시각에 편승하여, '태극도설'이나 선천학(先天學)의 '팔괘도'와 같은 이 학문의 이념이나 이론, 논설 등의 내용을 그대로 작가상이나 조형성의 이해와 해석의 틀로 사용하는 방법은 신중을 기해야 할 것으로 생각된다. 이러한 사상적 해석의 오남용과 함께 지나친 사회사적 관점에서의 접근도 주의를 요한다. 조선후기 시대상을 변혁적, 자주적 시기로 부조시키려는 입장에서 중세적 작가의 고뇌와 갈등을 현대적 역사의식과 사회심리로 조명하려는 태도 때문에 종종 잘못 이해되는 부분을 보이기도 했다.[55] 작가상과 작품성의 이해와 해석에서의 진정성과 객관성을 확보하기 위해서는 무엇보다 자료를 정확하게 보고 사용하려는 엄정한 자세가 더 선행되어야 하고,[56] 이를 토대로 동아시아 패러다임의

도의 ≪주부자시의도병≫(오주석, 1995c), <규장각도>(강관식, 1995b), ≪금강산도초본첩≫(이원복, 1999), ≪사계풍속도병≫(정병모, 2003a), 김하종의 ≪해산도첩≫(박은순, 1996b), 윤제홍의 ≪학산묵희첩≫(권륜경, 1997), 강세황의 ≪중국기행첩≫(이원복, 1998b), ≪송도기행첩≫(김건리, 2003), 김희성의 ≪불렴재주인진적첩≫(권륜경, 1999), 이방운의 ≪사군강산참천수석서화첩≫(박은순, 1999b), 이만부의 <누항도>(이선옥, 2000), 심사정의 <전가락사>(전인지, 2002), 김윤겸의 ≪영남기행첩≫(이현주, 2003), 장득만・양기성 등의 ≪만고기관첩≫(유미나, 2005b), 정수영의 ≪한・임강명승도권≫(이수미, 1995)과 ≪지우재산수16경첩≫(박정애, 2005) 등이 주목된다.

55) 홍선표(1999), 『조선시대 회화사론』, 문예출판사, 69~70쪽 참조.

56) 유홍준의 일련의 작가연구는 『화인열전』(역사비평사, 2001) 2권으로 집성되어 출간되었으며, 이 책의 성과와 문제점에 대해서는 김홍남(『미술사논단』 13, 한국미술연구소, 2001)과 이성미(『미술사학연구』 237, 한국미술사학회, 2003)의 서평을 통해 다루어진 바 있다.

단계성 및 관련성과 결부하여 분석해야 실상 파악이 가능할 것으로 보인다.

조선후기 회화사의 새로운 변화로 손꼽히는 남종화풍과 서양화풍의 유행과 대두, 진경산수화와 풍속화의 발흥, 민화의 확산[57] 등에 대한 연구는, 이 시기뿐 아니라 한국회화사 연구의 핵심적 주제로, 80년대 이래 계속 활기를 띠면서 심화되고 증광되었다. 조선시대 회화사의 주제별 통시적 연구도 대부분 후기를 중심으로 다루어졌기 때문에, 고려시대나 조선 초·중기는 후기를 위한 전단계로 살펴보는 것이 관례화되다시피 했을 정도로 편중성을 유발하기도 했다. 이들 연구는 조선후기 회화 변동의 요인과 이 시기 회화사를 어떻게 인식하고 평가하느냐 하는 문제와 결부되어, 크게 내재적 발전론과 동아시아 시각론으로 나뉘어 전개되고 있다.

내재적 발전론은 80년대에 이어, 이 시기의 실학과 조선풍, 서민성 등을 탈성리학과 반봉건, 자주적, 민중적 경향으로 보고 민족적 근대성을 형성하는

57) 민화의 경우 종래 재야연구자와 미술평론가에 의해 별도의 영역에서 주로 다루어졌고, 윤열수 등의 전문연구자에 의해 연구가 지속되고 있지만, 미술사학계에서도 기존의 극우적인 민족주의사관을 비롯해 민중사관과 모더니즘 시각에서 벗어나, 歲畵와 장식병풍, 길상벽사화의 차원에서, 이원복(1992), 유홍준(1993a), 조선미(1993), 정병모(1995, 2003b, 2003c, 2005b), 홍선표(1999c, 2005c), 이영수(2000), 최성희(2002), 김윤정(2002, 2005), 김선정(2003), 진준현(2004)에 의해 본격적으로 취급되기 시작했다. 정병모는 민화의 지역양식과 불화와의 관련 양상을 학술적 차원에서 처음으로 논의했으며, 김홍남(1999, 2005)과 강관식(2001c) 박본수(2002, 2004)는 민화의 모태로서 궁중장식화를 다루었고, 2005년에 열린 서울역사박물관의 '반갑다 우리 민화전'과 국립민속박물관의 '민화와 장식병풍전'은 이러한 인식을 반영한 전시회로 연구사적 의의를 지닌다. 동아시아적 시각에서 다도코로 마사에[田所政江](1999)는 한·중·일·베트남 민간화의 제재와 교류를, 이명구(2005)는 문자도를 다루었다. 그리고 '요지연도'(우현수(1997), 이화여자대학교 석사학위논문)와 '곽분양행락도'(정영미(1999), 한국학대학원 석사학위논문), '책가도'(박심은(2002), 한국학대학원 석사학위논문), '효제문자도'(이영주(2003), 이화여자대학교 석사학위논문) '십장생도', '오봉병', '모란병' 등의 경우 제재에서는 동아시아적 공통성을 반영하면서, 畵題는 독자적으로 성립된 것임이 규명되었으며, '까치호랑이도'와 '백자도', '수복문자도'는 범동아시아적 장르로 유통되었음이 밝혀졌다. 그리고 홍선표는 정병모의 중국 年畵 관련설에 이어, 일반용 민화 양식 전반이 동아시아 민간용 공예화와 공통성을 보이고 있음에 주목하고 깊이 있는 연구를 촉구했다(홍선표(2006), 「치창과 액막이 그림 : 조선민화의 새로운 이해」, 『미술사의 정립과 확산』(항산 안휘준교수 정년퇴임기념 논문집), 사회평론, 498쪽 참조).

과정으로 인식한 개혁적 발전론과, 이들 새 경향을 사상사적 관점에서 자존적 주체의식과 조선성리학의 이념적 기반 위에서 만발한 진경시대의 황금문화로 본 조선적 발전론으로 구별된다. 근대지향의 단선적 발전모형을 보편적 기준으로 삼아 조선후기 회화사의 발전과정을 체계화시키고자 한 개혁적 발전론은, 탈성리학적 근대이행으로 인식하는 개량적 발전론과, 중세성=봉건성을 해체, 극복하면서 자주적 · 저항적 근대성의 형성으로 보려는 진보주의 사관을 적용시킨 변혁적 발전론으로 나뉘어진다. 전자가 근현대 미술조류에 있어서 '모더니즘' 계보와 연계되어 있다면, 후자는 '리얼리즘'계열과 이해관계가 결부되어 있다고 볼 수 있다.[58]

그리고 동아시아 시각론은 내재적 발전론이 조선후기 회화사에 이미 개입한 타자를 배제하고 주체만으로 구성하려는 무리를 범하는 등 권력화된 지배담론에 속박되어 이미 작용된 외부의 영향이나 국제적 계기를 임의로 외면 또는 축소하여 사실을 왜곡한 것으로 보고, 동아시아적 '천하동문'의 관계에서 실상을 파악하려는 것이다. 동아시아 시각론도 개량적 발전론을 보완하기 위해 외부와의 교류 및 관계성 규명에 치중하는 연구와 조선적 발전론과 마찬가지로 서구적 근대주의에서 벗어나되, 동아시아적 창작과 유통의 패러다임에서 파악하려는 관점으로 나눌 수 있다. 후자의 경우 내재적 발전론을 식민주의 극복과 근대화의 성급한 달성이란 우리의 민족사적 욕망으로 인한 환상적 요청으로 보는 비판의식이 좀 더 강하게 작용하고 있다.[59]

남종문인화에 대해서는 강관식(1990)이 비집권층인 남 · 소론계와 노론계 서얼 출신 문인화가들에 의해 재야그림으로 수용되어 조선화되고, 이것이 화원계층으로 확산되면서 감각적인 화풍으로 변모해 간 것으로 정리했으며,

---

58) 조선후기 회화사를 조선적 발전론에서 개설한 것으로 최완수(1996)와 강관식(1992, 1999)의 논고를, 변혁적 발전론은 이태호(1993, 1995a, 1996a)의 논저를 대표적 사례로 꼽을 수 있다.

59) 한정희(1992, 1995, 1996)는 전자적 측면에서 조선후기 회화의 실체를 규명하려는 노력을 했으며, 홍선표(1998a, 1999 재록)는 후자적 관점에서 조선후기 회화사를 개설하려고 시도했다.

김기홍(1992)은 같은 맥락에서 서예미 지향의 일품적(逸品的) 신문인화풍의 대두를 이인상의 당색과 인맥 계보를 중심으로 규명하고자 했다. 이들 간송학파뿐 아니라, 대부분의 내재적 발전론자들은 정형산수와 진경산수를 대립적으로 보는 관점에서 남종화를 정형산수화풍 또는 명청대의 중국풍 산수화로 간주하는 인식이 강하다. 그러나 남종화는 이념 및 양식을 문인화사상과 문인화가들의 산수화풍에 기준을 두고 화원들의 직인적 원체풍인 북종화의 상대적 개념으로 분류된 것이기 때문에, 남종문인화와 이념적, 양식적으로 유착되어 전개된 진경산수화와 대립적 양상으로 분립시켜 볼 수 없는 것이다. 뒤에서 다시 언급하겠지만, 이와 같이 양자를 대결적으로 보는 관점은 남종산수화를 관념적 중국풍 또는 국제풍으로, 진경산수화를 사실적 조선풍으로 양립시켜 본 윤희순, 이동주 이래의 반식민주의사관과 결부되어 전개되어 온 것이다.

남종화는 조선후기 회화의 창작 이념 및 주제의식과 표현에 큰 영향을 미쳤기 때문에 그 사상성과 양식의 관련 양상에 대한 보다 철저한 고찰이 필요하다. 최근 남종화 유입의 실질적 도선으로 명말청초에 간행된 화보류를 주목하고, 이들 화보들이 끼친 영향관계에 대한 연구가 활기를 띠고 있는데,[60] 양자의 양식적 유사성에 대한 구명도 중요하지만, 화보에 수록된 화풍 또는 화법의 계보와 특징에 대한 정밀한 파악이 긴요하다. 1679년 초집 발간이후 2집과 3집에 이어 수많은 판본에 의해 가장 많이 출판되어 그만큼 영향력이 컸던 『개자원화전』의 경우, 편찬자와 발행자의 언술과 달리 기존 화보류와 고화의 방작 또는 위작에서 채집된 것이 상당량 있기 때문에 수용양식의 원류 파악에 세심한 노력이 요구된다.

조선후기 서양화는 이 시기의 사실주의 경향과 연계하여 논의가 주로 진행되었다. 서양화의 유입과 전개에 대한 이성미(2000)의 종합적 정리가 있었고, 이태호(1996a)와 박은순(1997b, 1997c)은 근대미술 리얼리즘의 선구

60) 김명선(1995), 김홍대(2003), 변미영(2004), 송혜경(2005)의 연구가 있으며, 미출간된 석사학위논문으로 『삼재도회』(최정임(2003), 홍익대학교)와 『당시화보』(하향주(2004), 동국대학교)의 영향을 다룬 논고가 있다.

적 의의를 지닌 것으로 간주하고 사실적 표현과 과학적 자연관 및 사실주의 창작태도와 결부하여 다루었다. 강관식(1995a)은 18세기의 진경풍속화풍이 전반의 주객관 통합단계에서 후반의 주객관 분리단계로 변화했다고 보고, 김홍도 등의 화원들에 의해 주도된 후반기의 시각적 사실성 추구 경향을 통해 서양화법의 장점을 창의적으로 원용한 것으로 이해했다. 서양화에 대한 이들의 인식이 사의(寫意) 또는 관념과의 대립적 관점에서 창작과 표현상의 발전 내지는 역동적이고 난만한 단계로 보는 점에서는 큰 차이가 없다.

이와 달리 홍선표(2000b)는 사실과 사의를 창작적 가치나 목적으로 보지 않고 신(神)을 옮겨내거나 드러내기 위한 방편으로 보았다. 그리고 이러한 논리를 보강하기 위해 조선후기의 서양화법과 '사실'적 경향의 개념적 이해를 추구했으며, 르네상스 이래 유럽미술의 사실주의와 결부되어 형성된 과학적 원근법 및 명암법과 인간중심으로 세계를 관찰하고, 사유하고, 재현하는, 근대적 보는 방법에 대한 이론인 시학(視學)지식이 명말 청대와 조선후기에 어떠한 관점에서 수용되고 전개되었는지를 통해 규명하고자 했다(홍선표, 2005f). 특히 동아시아의 시학지식에 대한 언설에서 시각중심으로 전개되던 서양의 근대정신이나 근대성의 개념이 구축되었는지 유무를 확인하는데 중점을 두었으며, 그 결과 인간중심으로 세계를 대상화하여 과학적·인공적으로 재구성하고자 한 근대적 시각법으로서의 인식은 형성되지 않았고, 실물처럼 닮게 전신(傳神)하는 '핍진(逼眞)'을 보완하기 위한 '서기(西器)'와 '양재(洋才)'의 차원에서 수용한 것으로 파악하였다.[61)]

진경산수화 연구는 앞서 언급한 조선후기 회화사 인식 경향과 직결된 쟁점사항으로, 조선후기뿐 아니라 조선시대 또는 우리 중세 회화사의 발전과 성격을 어떻게 보느냐하는 문제와도 결부된 핵심적인 과제라 하겠다.[62)]

61) 조선후기에도 晩明사조와 결부되어 숙종년간부터 창생적 창작의 직접적 실천을 위한 '自得'적 창작태도의 부상과 더불어 새로운 창작론으로 대두된 형사적 전신론에 의해 형사술 향상의 차원에서 시학지식이 확산되고 서양화풍이 수용된 것으로 보았다.

그 중에서도 특히 진경산수화의 발흥 요인에 대한 조선적 발전론과 동아시아 시각론의 대립이 가장 첨예하다.[63] 유홍준(2000)은 이와 같은 논점에 대해 개혁적 발전론의 입장에서 비판한 바 있는데, 동아시아 시각론에 대해서는 이들 논지를 올바르게 파악하지 못하고 외부 영향설만 부조시켜 전파론적 시각처럼 잘못 기술하기도 했다. 이러한 논쟁 중에서도 정선을 비롯한 진경산수화를 다룬 작가들과 금강산도 등 진경산수 작품에 대한 연구가 심도 있게 진행되었으며, 특히 박은순(1997a, 1997b, 1997c, 1999b, 2000a, 2002b, 2002c, 2003)은 안휘준과 홍선표 등에 의해 제기된 과제들을 구체적으로 분석 정리하여 이 분야의 양식사적 성과를 이룩했고, 조규희는 별서도 연구를 통해 사회문화사적 측면에서 진전을 이루었다.[64]

풍속화에 대해서는 2002년 국립중앙박물관의 종합전시가 돋보였으며, 내재적 발전론의 관점에서 정병모(2000)에 의해 조선후기를 중심으로 삼국시대부터의 통사적 정리가 이루어졌고, 이태호(1995b, 1996b)는 김홍도 이전과

62) 이 시기의 진경산수화에 대한 연구 성과와 동향 및 쟁점은 중요성 때문에 다른 분야에 비해 많은 비중을 두고 검토해야 하는데, 지면 관계상 구체적으로 언급할 수 없어 별고를 통해 종합적으로 정리하면서 다루려고 한다.

63) 1980년대에 제기된 최완수의 조선적 발전론에 대해서는 1990년 홍선표가 기존의 회화사 연구경향을 검토하면서 처음으로 문제를 제기한 바 있고, 1994년 조선시대 회화사의 최근 동향을 살펴보면서 최완수 저서의 성과를 비판했었다. 그리고 진경산수화 연구의 쟁점을 다루면서 윤희순 이래 이동주와 최순우, 안휘준, 이태호 등의 개혁적 발전론과 함께 최완수의 조선적 발전론의 문제점을 지적하고 범동아시아적 장르와 동아시아적 창작 관습에서 실상적으로 파악할 것을 제안했으며, 조선후기의 회화애호 풍조와 새 경향 및 창작론과 전신론 등을 통해 견해를 개진했다(홍선표, 1994c, 1997a, 1997c, 1999b, 2000b). 조선적 발전론은 강관식(1995a, 1999a, 1999b)의 진경풍속 등에 대한 일련의 논고를 통해 심화되고 있으며, 동아시아 시각론은 한정희(1995, 2003)와 고연희(1997a, 1997b, 1999, 2001)등에 의해 구체적인 진전을 보이고 있다. 최근 이성미(『미술사학연구』 227, 한국미술사학회, 2000)는 최완수 등 간송학파의 논고를 모은 『우리문화의 황금기 진경시대』(돌베개, 1998)에 대한 서평을 통해 성과와 문제점을 지적한 바 있으며, 고연희(2002b)는 정선을 보는 내재적 발전론의 시각을 타자비평 이론을 통해 비판하였다. 조남호(2005)는 최완수의 견해를 동양철학의 측면에서 비판했는데, 미술사학계의 기존 성과와 동향 및 쟁점을 제대로 파악하지 못하고 서술한 문제가 있다.

64) 조규희(2006), 「조선시대 별서도 연구」, 서울대학교 박사학위논문.

이후로 나누어 시기별 전개양상을 개관한 바 있다. 조선후기 풍속화의 기원에 대해서도 유홍준(1990b)과 이태호, 이내옥(1992)은 개혁적 발전론=반성리학적 측면에서 남인계 윤두서를 그의 사실주의 경향과 결부하여 효시로서 강조했으며, 강관식(1989)은 조선적 발전론의 입장에서 노론계 조영석을 그의 사실적 조형관과 함께 발전의 선구자로 평가하였다. 그리고 정병모(1993)가 풍속화를 봉건적 통속주의의 극복에 의한 근대지향적 측면에서 조명한데 비해, 강관식(2002a)은 그 발전과 성행을 정조의 관장하에 후원된 자비대령화원제도를 통해 규명하고자 했다. 이와 달리 홍선표(1995b, 1999a)는 성풍속도의 성행 등 이속화(俚俗化) 경향을 명말 패관문학의 영향과 한양의 도시화 및 중서층의 축재에 따른 유흥문화의 발흥과 관련된 것으로 보았으며, 김나연(2004)은 신윤복 풍속화의 유흥적 제재와 장면 묘사 등의 소설 삽화적 표현을 명말청초와 조선후기 애정소설 이미지의 영향으로 파악하였다. 또한 고전문학 전공의 김현주(2000, 2002)는 사설시조 및 서민가사와 판소리, 풍속화를 중서층의 여항예술로서의 구조적 유사성 또는 공통성을 규명하고자 했으며, 강명관(2002)은 기속시(紀俗詩)와 풍속화의 공통적 속성을 일상성과 개별화로 규정하고, 이들 장르의 대두를 명말 공안파의 영향을 받은 상고적 창작관을 부정하고 금(今)의 가치를 중시하는 새로운 예술관의 출현에서 비롯된 것으로 보았다. 그리고 이경화(1998)는 감로탱화 하단부의 풍속장면을 새롭게 주목하여 풍속화의 연구 범위를 넓힌 바 있으며, 이수미(2004a)는 새로 발굴된 <태평성시도>의 의의를 사회경제사적 맥락에서 분석하였다.

풍속화 역시 범동아시아 장르로서의 통시적, 공시적 맥락에서 공통성과 차별성 규명을 통한 새로운 접근이 요구된다.

조선말기 회화사 연구는 이 시기 회화계를 주도한 김정희와 조희룡, 전기, 허련, 이하응 등 그 유파 화가를 다룬 논저가 주류를 이루었다(민주식, 1993 ; 이수미, 1993 ; 최완수, 1995, 2001 ; 성혜영, 2000 ; 김상엽, 2001, 2002 ; 강관식, 2002b ; 백인산, 2002a, 2002b ; 고연희, 2002c, 2003b ; 김정숙, 2002, 2003,

2004 ; 김울림, 2002, 2005b ; 김현권, 2004, 2005 ; 이태호, 2004 ; 홍성윤, 2004). 특히 유홍준(2002)이 김정희의 생애와 학예세계 전반을 종합적으로 다룬 평전은 이 분야 연구의 기념비적 업적으로 손꼽힌다.[65] 그리고 2002년경부터 나온 김정희와 이들 유파 작가들 작품에 대한 화풍 계보와 변화를 정밀하게 분석한 연구들도 양식사적 진전에 기여한 성과로 평가된다. 김기홍(1993)은 이 시기 화풍의 원류적 이해를 위해 18세기 후반의 북학파 1세대의 청조 문인화풍 수용 양상부터 살펴보았으며, 홍선표(1995c)는 이 시기 창작의 중추세력이던 여항문인들의 회화활동과 창작성향에 대한 사회문화적 맥락과 회화사상적 측면에서의 의미와 의의를 다룬 바 있다. 손정희(2003)는 여항문인들 모임인 벽오사 동인들의 회화세계를 고찰하였다. 그리고 조선말기와 개화기의 전환기 화단과 화풍에 대해서는 청말 해파와의 관련성을 거론한 김현권(1998)과 이를 진전시킨 최경현(2002)과, 장승업을 다룬 최완수(1997)와 이원복(1997b), 홍선표(1997d), 이성미(2001), 박은화(2001), 진준현(2001)에 의해 좀 더 구체적으로 규명되었다.

조선말기 회화사에 대해서는 이 시기의 계회도를 다룬 연구도 있지만(유옥경, 1997 ; 이수미, 1999), 이 역시 사대부문화를 계승한 중인층 문인문화를 조명한 것으로, 고급 또는 상층의 서화문화에 집중되어 있다. 이들 연구는 문인문화의 확산 현상과 산수화에서 화훼화로 주류 화문이 이동되는 서화시대의 마지막 절정기에 대한 해명에는 기여한 바 크지만, 이 시기를 통해 더욱 커진 여항, 시정의 예술 수요와 상품화 및 유통구조의 확대 등과 결부되어 범람된 길상장식화에 대한 관심은 미진하여 이 시기 회화계 변동의 전모를 설명하기 힘들다. 도시화의 진전과 더불어 증광된 수요층과 여항문화 및 시정취미를 통해 아(雅)·속(俗) 또는 감상물과 장식물 회화가 융합되면서 다시 태어나는 새로운 현상 등을 문인화 중심의 시각으로는 볼 수 없기 때문이다.

65) 이 저술에 대해서는 고연희(『한국문화연구』 4)와 임동석(『서평문화』 46), 김태준(『역사비평』 59) 등의 서평이 있으며, 박철상(『문헌과 해석』 21)은 오류와 문제점 중심으로 비평했다.

6. 맺음말

일제강점기를 통해 근대적 학문인 미술사학의 이식과 더불어 태동된 한국회화사 연구는 지금까지 선사시대에서 조선말기까지의 전통회화를 다룬 논저류만 2000여 편을 상회하는 것으로 추산된다. 여기서는 1945년에서 2005년 사이에 산출된 성과 중 시기별 분야별 연구동향의 변화상과 쟁점사항을 반영하고 있는 논저류를 중심으로 연구사를 개관해 보았다.

지금까지 살펴 본 바와 같이 전공자에 의한 한국회화사 연구는 1970년대 후반부터 본격화되어 1980년대를 통해 급성장했으며, 1990년대 이후로 연구자의 증가에 따른 전공의 세분화와 탈근대적 신미술사학의 영향 등으로 기존의 성과를 수정, 보충하거나 연구범위의 확대와 새로운 방법론과 관점에 의해 한층 심화되고 다양하게 전개되고 있다. 특히 학제적, 국제적 연구동향은 식민주의사관과 반식민주의사관에 의해 양극적으로 표상된 한국회화사의 실상과 객관상 구축에 기여할 것으로 보인다. 그러나 인접 학문분야와 인접국 미술사의 연구성과에 대한 보다 정확한 파악과 심도 있는 비교고찰이 요구된다. 엄정함 실증적 학풍은 더욱 철저하게 계승되어야 하지만, 또 다른 왜곡을 초래한 내셔널리즘과 모더니즘과 같은 근대적 이데올로기에 속박된 관점에서는 벗어나야 할 것이다. 근대적 학문으로 분할 구획되어 구성된 기존의 한국회화사를 사실과 부합되게 다시 서술하기 위해서는 동시대 사회문화 전반과의 미분화된 맥락과, 근대 이후 일국적 국경으로 분립되면서 타자로 배제되거나 축소된 동아시아 국제체제에서의 창작 및 유통 관습 등의 패러다임에서 새롭게 바라보는 시각의 회복이 절실하다.[66]

---

66) 한국회화사를 다시 쓰는 문제에 대해서는 홍선표(2004),「'한국회화사' 재구축의 과제 : 근대적 학문의 틀을 넘어서」,『미술사학연구』241, 한국미술사학회, 114~121쪽 참조.

참고문헌

* 본문에서 제목을 쓰지 않고 간행년도만 기입한 논저는, 지면관계로 1990년 이후 목록만 수록했음.
1945년에서 1989년 사이 출간된 것은 『한국미술사논저목록 1890~1994)』(『미술사논단』 창간호 별책부록)의 필자색인란을 통해 찾아보기 바람.

강관식(1990), 「조선후기 남종화의 흐름」, 『간송문화』 39, 한국민족미술연구소.
강관식(1992), 「조선후기 미술의 사상적 기반」, 『한국사상사대계』 5, 한국정신문화연구원.
강관식(1994), 「조선후기 규장각의 자비대령 화원제」, 『간송문화』 47, 한국민족미술연구소.
강관식(1995a), 「진경시대 후기 화원화의 시각적 사실성」, 『간송문화』 49, 한국민족미술연구소.
강관식(1995b), 「김홍도필의 <규장각도>」, 『단원 김홍도 탄신250주년기념특별전논고집』, 삼성문화재단.
강관식(1996), 「진경시대 초상화 양식의 이념적 기반」, 『간송문화』 50, 한국민족미술연구소.
강관식(1997), 「조선말기 규장각의 자비대령 화원」, 『미술자료』 58, 국립중앙박물관.
강관식(1999a), 「조선후기 진경풍속의 자생적 지평」, 『한국미술의 자생성』, 한길아트.
강관식(1999b), 「금강진경전신고」, 『간송문화』 56, 한국민족미술연구소.
강관식(2001a), 『조선후기 궁중화원연구』 상·하, 돌베개.
강관식(2001b), 「조선시대 초상화의 심상과 도상」, 『미술사학』 15, 미술사학연구회.
강관식(2001c), 「조선후기 궁중 책가도 : 조선후기 민화 개념의 새로운 이해를 위한 소고」, 『미술자료』 66, 국립중앙박물관.
강관식(2002a) 「조선후기 화원 회화의 변모와 규장각의 자비대령화원제도」, 『미술사학보』 17, 미술사학연구회.
강관식(2002b), 「추사그림의 법고창신」, 『추사와 그의 시대』, 돌베개.
강관식(2005a), 「털과 눈-조선시대 초상화의 祭儀的 명제와 조형적 과제」, 『미술사학연구 』 248, 한국미술사학회.
강관식(2005b), 「조선의 국왕과 궁중화원」, 『조선왕실의 미술문화』, 대원사.
강명관(2001), 『조선사람들, 혜원그림 밖으로 걸어나오다』, 푸른역사.
강명관(2002), 「조선후기 한시와 회화의 교섭 : 풍속화와 기속시를 중심으로」, 『한국한문학연구』 30, 한국한문학회.
강영철(2002), 「18세기말~19세기초 경기지역 수화승 고찰」, 『동악미술사학』 3, 동악미술사학회.
강혜선(1998), 「조선초기 금강산도와 금강산시」, 『한국한시연구』 6, 한국한시학회.
강희정(1994), 「고려 수월관음도의 연원에 대한 재검토」, 『미술사연구』 8, 미술사연구회.
고승희(2004), 「고려불화의 불의문양연구」, 『강좌 미술사』 22, 한국미술사연구소.
고연희(1997a), 「17세기말 18세기초 백악사단의 명청대회화 및 화론의 수용양상」, 『동방학』 3, 한서대학교 동양고전연구소.
고연희(1997b), 「김창흡, 이병연의 산수시와 정선의 산수화 비교고찰」, 『한국한문학연구』 20, 한국한문학회.
고연희(1999), 「정선의 진경산수화와 명청대 산수판화」, 『미술사논단』 9, 한국미술연구소.
고연희(2000), 「조선초기 산수화와 제화시 비교고찰」, 『한국시가연구』 7, 한국시가학회.
고연희(2001), 『조선후기 산수기행예술연구』, 일지사.
고연희(2002a), 「조선시대 진환론의 전개 : 산수미와 산수화에 관한 담론」, 『한국한문학연구』 29, 한국한문학회.
고연희(2002b), 「조선후기 회화와 타자성 : 정선의 산수화 제작과 그에 대한 평가를 중심으로」, 『미술사학보』 18, 미술사학연구회.
고연희(2002c), 「19세기에 꽃핀 화훼의 시.화 : 김정희와 그 일파를 중심으로」, 『한국시가연구』 11, 한국시가학회.
고연희(2003a), 「소상팔경, 고려와 조선의 시.화에 나타난 수용사」, 『동방학』 9, 한서대학교 동양고전연구소.
고연희(2003b), 「문자향. 서권기, 그 함의와 형상화 문제」, 『미술사학연구』 237, 한국미술사학회.
공석구(1990), 「덕흥리 벽화고분의 주인공과 그 성격」, 『백제연구』 21, 충남대학교 백제연구소.
공석구(1996), 「덕흥리 벽화고분 피장자의 국적문제」, 『한국상고사학보』 2, 한국상고사학회.
공석구(1998), 「안악3호분 주인공의 관모에 대하여」, 『고구려연구』 5, 고구려연구회.
공석구(2000), 「고구려의 남진과 벽화고분」 『한국고대사연구』 20, 신서원.

공석구(2001),「안악3호분 주인공의 節에 대하여」,『고구려연구』11, 고구려연구회.
공석구(2005),「안악3호분의 幢에 대하여」,『고구려연구』19, 고구려연구회.
권륜경(1997),「호암미술관소장 윤제홍의 학산묵희첩」,『호암미술관연구논문집』2, 호암미술관.
권륜경(1999),「조선후기 '불염재주인진적첩' 고찰」,『호암미술관연구논문집』4, 호암미술관.
권소영(2003),「육군박물관 소장 <동래부순절도>연구」,『학예집』10, 육군사관학교 육군박물관.
권영필(1993),「고구려회화에 나타난 대외교섭」,『한국미술의 대외교섭』1, 예경.
권영필(1997),「조선왕조 화원에 있어서의 전통과 창의 개념」,『한국학연구』9, 고려대학교 한국학연구소.
권지연(2000),「정가당문고미술관소장 시왕도의 국적에 관한 고찰」,『미술사학연구』225·226, 한국미술사학회.
기쿠다케 준이치·정우택(1995),『고려시대의 불화』, 시공사.
김건리(2003),「표암 강세황의 송도기행첩 연구 : 제작경위와 화첩의 순서를 중심으로」,『미술사학연구』238·239, 한국미술사학회.
김건리(2005),「개성지역의 산수를 담은 옛그림」,『그림속의 경기도』, 경기도문화재단.
김경미(2002),「조선후기 사불산불화 화파의 연구」,『미술사학연구』236, 한국미술사학회.
김경미(2002),「탐닉과 몰두에의 자부 : 상고당 김광수」,『문헌과 해석』18, 문헌과 해석사.
김경섭(1998),「기림사 시왕도고」,『불교미술』15, 동국대학교 박물관.
김경섭(1999),「용주사 삼불회탱의 연구 : 김홍도작설에 대한 재고」,『강좌 미술사』12, 한국미술사연구소.
김기홍(1992),「18세기 조선문인화의 신경향」,『간송문화』42, 한국민족미술연구소.
김기홍(1993),「청대문인화풍의 도입과 수용」1,『예술논문집』32, 대한민국 예술원.
김나연(2004),「혜원전신첩의 유흥이미지」,『미술사논단』18, 한국미술연구소.
김동철(2003),「왜관도를 그린 변박의 대일교류활동과 작품들」,『한일관계사연구』19, 한일관계사학회.
김명선(1996),「개자원화전 초집과 조선후기 남종화」,『미술사학연구』210, 한국미술사학회.

김명호(1999), 「박규수의 금석서화론」, 『한문학보』 1, 우리한문학회.

김미정(1998), 「전통적 형식속의 새로운 정신 : 표암 강세황의 경우」, 『우리 한문학사의 새로운 조명』, 집문당.

김보형(2003), 「조선시대 위태천도상의 일례」, 『동악미술사학』 4, 동악미술사학회.

김상엽(1993), 「김덕성과 '중국소설회모본'의 삽화에 대하여」, 『중국소설회모본』, 강원대학교 출판부.

김상엽(1994), 「김덕성의 종규도」, 『동양고전연구』 3, 동양고전학회.

김상엽(1995), 「김덕성의 중국소설회모본과 조선후기 회화」, 『미술사학연구』 207, 한국미술사학회.

김상엽(1997), 「남리 김두량의 작품세계」, 『미술사연구』 11, 미술사연구회.

김상엽(1999), 「규장각 소장 <회찬송악비무목왕정충록>삽화」, 『미술사논단』 9, 한국미술연구소.

김상엽(2001), 「소치 허련의 '호로첩'」, 『미술사논단』 13, 한국미술연구소.

김상엽(2002), 『소치 허련』, 학연문화사.

김상진(2001), 「16, 17세기 산수화와 산수시조의 관련양상」, 『한국시가연구』 9, 한국시가학회.

김선정(2003), 「조선후기 백자도연구」, 『미술사학』 18, 미술사학연구회.

김선정(2005), 「조선시대 <경기감영도>고찰」, 『그림속의 경기도』, 경기도문화재단.

김성희(2000a), 「18종 인물화 묘법의 개념과 조선후기 인물화의 묘법」, 『미술사학연구』 227, 한국미술사학회.

김성희(2000b), 「조선후기 회화의 수지법 연구」, 『동악미술사학』 1, 동악미술사학회.

김수진(2004), 「능호관 이인상의 문학과 회화에 대한 일고찰 : 시대인식과의 관련을 중심으로」, 『고전문학연구』 26, 고전문학연구회.

김승희(1992), 「조선시대 감로도의 도상과 양식」, 『미술사학연구』 196, 한국미술사학회.

김승희(1993), 「홍국사의 불교회화」, 『미술사학지』 1, 국립중앙박물관 고고미술연구소.

김승희(1997), 「선암사의 불교회화」, 『미술사학지』 2, 국립중앙박물관 고고미술연구소.

김울림(2002), 「梅瘦筆사군자도와 조희룡의 유배시기(1851~53)회화세계」, 『동원학술논문집』 5, 한국고고미술연구소.

김울림(2003), 「인종시책과 고려중기 화국의 도석화풍」, 『미술자료』 69, 국립중앙박물관.
김울림(2005a), 「경기도의 옛지도와 기록화」, 『그림속의 경기도』, 경기도문화재단.
김울림(2005b), 「추사 김정희와 소동파상」, 『추사연구』 1, 추사연구회.
김윤정(2002), 「조선중기의 세화 풍습」, 『생활문화연구』 5, 국립민속박물관.
김윤정(2005), 「20세기 생활공간에서의 민화」, 『민화와 장식병풍』, 국립민속박물관.
김일권(1996a), 「고구려 고분벽화의 별자리그림 考定」, 『백산학보』 47, 백산학회.
김일권(1996b), 「고구려고분벽화의 천문관념 체계연구」, 『진단학보』 82, 진단학회.
김일권(1997), 「고구려고분벽화의 천문사상특징 : 삼중 천문 방위표지 체계를 중심으로」, 『고구려연구』 3, 고구려연구회.
김일권(1998), 「고구려고분벽화의 북극성 별자리에 관한 연구」, 『고구려연구』 5, 고구려연구회.
김일권(2001), 「사신도 형식의 성립과정과 한대의 天文星宿圖 고찰 : 고구려고분벽화의 천문세계관 이해와 관련하여」, 『고구려연구』 11, 고구려연구회.
김일권(2003), 「고구려 벽화와 고대 동아시아의 벽화 천문 전통 고찰 : 일본 기토라 천문도의 새로운 同定을 덧붙여」, 『고구려연구』 16, 고구려연구회.
김일권(2004), 「5세기 고구려고분벽화에 나타난 천문관과 천문학－덕흥리고분의 별자리 동정과 처눔학적인 고찰」, 『고구려의 역사와 문화유산』, 서경문화사.
김정숙(2003), 「석파 이하응의 묵란화와 정학교 및 장승업화풍과의 관계」, 『미술자료』 69, 국립중앙박물관.
김정숙(2004), 『흥선대원군 이하응의 예술세계』, 일지사.
김정숙(2005), 「정조의 회화관」, 『조선왕실의 미술문화』, 대원사.
김정숙(2002) 「석파 이하응 묵란화풍의 형성」, 『미술사학연구』 233・234, 한국미술사학회.
김정희(1991), 「조선시대 명부신앙과 명부전 도상 연구」, 『미술사학보』 4, 미술사학연구회.
김정희(1992), 「조선전기의 지장보살도」, 『강좌미술사』 4, 한국미술사연구소.
김정희(1994), 「조선후기 불교회화」, 『한국불교미술대전』, 색채문화사.
김정희(1995), 「19세기 지장보살도의 연구」, 『불교미술』 12, 동국대학교박물관.
김정희(1996), 『조선시대 지장시왕도연구』, 일지사.
김정희(1997a), 「한・중지장도상의 비교고찰」, 『강좌 미술사』 9, 한국미술사연구소.
김정희(1997b), 「조선후기 화승연구(1) 금암당 천여」, 『성곡논총』 29, 성곡학술문화재단.

김정희(1997c), 「18세기 지옥계 불화의 연구」, 『불교미술연구』 3・4, 한국불교미술사학회.

김정희(1999a), 「조선전기 불화의 전통성과 자생성」, 『한국미술의 자생성』, 한길아트.

김정희(1999b), 「송광사 명부전의 도상연구」, 『강좌미술사』 13, 한국미술사연구소.

김정희(2001a), 「고려왕실의 불화제작과 왕실발원 불화의 연구」, 『강좌 미술사』 17, 한국미술사연구소.

김정희(2001b), 「문정왕후의 중흥불사와 16세기의 왕실 발원 불화」, 『미술사학연구』 231, 한국미술사학회.

김정희(2002a), 「조선후기 화승연구(2) 해운당 익찬」, 『강좌 미술사』 18, 한국미술사연구소.

김정희(2002b), 「1465년작 관경16변상도 조선초기 왕실의 불사」, 『강좌 미술사』 19, 한국미술사연구소.

김정희(2003), 「대흥사 법신중위회27존도考 : 조선시대밀교계 불화의 연구 1」, 『미술사학연구』 238・239, 한국미술사학회.

김정희(2004a), 「공주 마곡사 괘불탱」, 『괘불탱, 특별전 12』, 통도사성보박물관.

김정희(2004b), 「1306년 아미타여래도의 시주 '권복수'고」, 『강좌 미술사』 22, 한국미술사연구소.

김주연(2001), 「조선시대 어부도에 대한 연구」, 『미술사학연구』 230, 한국미술사학회.

김지영(1994), 「18세기 화원의 활동과 화원화의 변화」, 『한국사론』 32, 서울대학교 국사학과.

김지혜(1995), 「허주 이징의 생애와 산수화」, 『미술사학연구』 207, 한국미술사학회.

김지혜(1997), 「허주 이징의 수묵영모화」, 『미술사연구』 11, 미술사연구회.

김지혜(2000), 「일본 문화청 소장 김현성찬 소상팔경도 고찰」, 『미술사학』 14, 미술사학연구회.

김진영(1998), 「행실도의 傳記와 판화의 상관성 : 삼강행실도를 중심으로」, 『한국문학논총』 22, 한국문학회.

김현권(1998), 「청대 해파화풍의 수용과 변천」, 『미술사학연구』 217・218, 한국미술사학회.

김현권(2003), 「추사 김정희의 산수화」, 『미술사학연구』 240, 한국미술사학회.

김현권(2005), 「추사 김정희의 묵란」, 『미술사학』 19, 미술사학연구회.
김현주(2000), 『판소리와 풍속화, 그 닮은 예술세계』, 효형출판.
김현주(2002), 「18세기 고전시가, 판소리, 풍속화의 상동성」, 『한국시가연구』 11, 한국시가학회.
김현지(2004), 「17세기 조선의 실경산수화연구」, 『미술사연구』 18, 미술사연구회.
김호석(2004), 「반구대 암각화 연구 : 고래그림의 사실성을 중심으로」, 『한국암각화연구』 5, 한국암각학회.
김호석(2005), 「천전리 암각화의 도상해석 : 식물그림을 중심으로」, 『한국암각화연구』 6, 한국암각학회.
김홍남(1993), 「18세기의 궁중회화 : 유교국가의 실현을 위하여」, 『18세기의 한국미술』, 국립중앙박물관.
김홍남(1999), 「조선시대 궁모란병연구」, 『미술사논단』 9, 한국미술연구소.
김홍남(2005), 「궁화 : 궁궐속의 민화」, 『민화와 장식병풍』, 국립민속박물관.
김홍대(2003), 「322편의 시와 글을 통해 본 17세기 전기 『고씨화보』」, 『온지논총』 9, 온지학회.
나종면(1999), 「동계의 문예의식과 서화론」, 『동방학』 5, 한서대학교 동양고전연구소.
나종면(2000), 「18세기 시서화론의 미학적 세계에 대하여」, 『한국한시연구』 18, 한국한시학회.
노세진(2004), 「16세기 왕실발원 불화의 일고찰」, 『동악미술사학』 5, 동악미술사학회.
다도코로 마사에(1999), 「동아시아의 민간화」, 『미술사논단』 9, 한국미술연구소.
문덕희(1996), 「남공철의 서화관」, 『동방학』 1, 한서대학교 동양고전연구소.
문명대(1997), 「고려 약사불화의 연구」, 『불교미술연구』 3·4, 한국불교미술사학회.
민길홍(2002), 「조선후기 당시의도 : 산수화를 중심으로」, 『미술사학연구』 233·234, 한국미술사학회.
민주식(1993), 「완당의 예술사관」, 『미술사학』 5, 미술사학연구회.
박도화(1995), 「조선조 묘법연화경 판화의 연구」, 『불교미술』 12, 동국대학교 박물관.
박도화(1997), 「조선시대 금강경 판화의 연구」, 『불교미술연구』 3·4, 한국불교미술사학회.
박도화(1998a), 「불설대목련경의 성립경위 재고와 판화의 도상」, 『미술사학』 12, 미술사학연구회.

박도화(1998b), 「고려불화와 西夏불화의 도상적 관련성 : 아미타삼존래영도와 자비도장참법변상도를 중심으로」, 『고문화』 52, 대학박물관협회.

박도화(1998c), 「화암사간 부모은중경 판화의 도상과 의의」, 『불교미술』 15, 동국대학교박물관.

박도화(1999), 「영정시대 불교판화의 특징과 양식」, 『강좌미술사』 12, 한국미술사연구소.

박도화(2002a), 「15세기 후반기 왕실발원 판화 : 정혜대왕대비 발원문을 중심으로」, 『강좌 미술사』 19, 한국미술사연구소.

박도화(2002b), 「초간본 월인석보 팔상판화의 연구」, 『서지학연구』 24, 서지학회.

박본수(2002), 「국립중앙박물관 소장 <십장생도>」, 『미술사논단』 15, 한국미술연구소.

박본수(2004), 「조선후기 십장생도 연구」, 『십장생』, 궁중유물전시관.

박본수(2005), 「경기도의 옛산신도」, 『그림속의 경기도』, 경기도문화재단.

박수밀(2002), 「조선후기 문학과 회화의 상호조명 : 상호 친연성 및 천기를 중심으로」, 『한국한문학연구』 30, 한국한문학회.

박아림(2003), 「고구려벽화와 감숙성 위진시기(돈황포함)벽화 비교 연구」, 『고구려연구』 16, 고구려연구회.

박아림(2004), 「고구려고분벽화와 중국고분벽화의 비교 연구」, 『고구려의 역사와 문화유산』, 서경문화사.

박영숙(2002), 「洛山說話と高麗水月觀音：佛敎圖像における奇蹟の役割」, 『臺灣2002年東洋繪畫史學會』, 國立臺灣大學.

박은경(1993), 「마본불화의 출현 : 일본 국분사의 지장시왕도를 중심으로」, 『미술사학연구』 199·200, 한국미술사학연구회.

박은경(1995a), 「조선전기 선묘불화 : 純金畵」, 『미술사학연구』 206, 한국미술사학회.

박은경(1995b), 「일본 梅林寺 소장의 조선초기 <수월관음도>」, 『미술사논단』 2, 한국미술연구소.

박은경(1998), 「조선전기의 기념비적인 사방불화 : 일본 보수원소장 <약사삼존도>를 중심으로」, 『미술사논단』 7, 한국미술연구소.

박은경(2000), 「일본소재 조선불화 遺例 : 안국사장 천장보살도」, 『고고역사학지』 16, 동아대학교박물관.

박은경(2002), 「일본 善導寺소장 16세기 조선불화 : 새로운 소재의 등장, 絹.麻本불화」, 『동악미술사학』 3, 동악미술사학회.
박은경(2003), 「회암사 중수 경축불사 : 불화 400탱」, 『회암사』, 경기도박물관.
박은경(2004), 「조선초기 불화의 대중교섭」, 『한국미술사의 대외교섭』 6(요지), 한국미술사학회.
박은경(2005a), 「조선전기 불화의 서사적 표현, 불교설화도」, 『미술사논단』 21, 한국미술연구소.
박은경(2005b), 「일본 소재 조선 16세기 수륙회 불화」, 『감로탱』, 통도사성보박물관.
박은경(2005c), 「공주 신원사 괘불탱」, 『미술사연구』 19, 미술사연구회.
박은순(1991), 「호생관 최북의 산수화」, 『미술사연구』 5, 미술사연구회.
박은순(1993), 「조선시대 왕세자 책례의궤반차도 연구」, 『한국문화』 14, 서울대학교 한국문화연구소.
박은순(1994), 「사계정사와 사계정사도 : 조선시대 실경산수화의 한 유형에 대하여」, 『고고미술사론』 4, 충북대학교 고고미술사학과.
박은순(1996a), 「16세기 독서당계회도 연구 : 풍수적 실경산수화에 대하여」, 『미술사학연구』 212, 한국미술사학회.
박은순(1996b), 「김하종의 '海山圖卷」, 『미술사논단』 4, 한국미술연구소.
박은순(1997a), 『금강산도 연구』, 일지사.
박은순(1997b), 「조선후기 심양관도 화첩과 서양화법」, 『미술자료』 58, 국립중앙박물관.
박은순(1997c), 「조선후기 서양투시화법의 수용과 진경산수화풍의 변화」, 『미술사학』 11, 미술사학연구회.
박은순(1999a), 「조선초기 강변계회와 실경산수화 : 전형화의 한 양상」, 『미술사학연구』 221·222, 한국미술사학회.
박은순(1999b), 「19세기초 명승유연과 이방운의 서군강산참천수석서화첩」, 『온지논총』 5, 온지학회.
박은순(2000a), 「천기론적 진경에서 사실적 진경으로 : 진경산수화의 현실성과 시각적 사실성」, 『한국미술의 사실성』, 눈빛.
박은순(2000b), 「서유구와 서화감상학과 임원경제지」, 『한국학논집』 34, 한양대학교 한국학연구소.
박은순(2001a), 「공재 윤두서의 서화 : 상고와 혁신」, 『미술사학연구』 232, 한국미술사학회.
박은순(2001b), 「공재 윤두서의 화론 : 공재 선생묵적」, 『미술자료』 67, 국립중앙박물관.

박은순(2002a), 「조선초기 한성의 회화 : 신도형승 승평풍류」, 『강좌미술사』 19, 한국미술사연구소.

박은순(2002b), 「조선후기 사의적 진경산수화의 형성과 전개」, 『미술사연구』 16, 미술사연구회.

박은순(2002c), 「실경산수화의 관점과 제재」, 『우리 땅, 우리의 진경』, 국립춘천박물관.

박은순(2003), 「겸재 정선과 이케노 타이가의 진경산수화 비교 연구」, 『미술사연구』 17, 미술사연구회.

박은순(2004), 「용암 이현보의 영정과 '영정개모시일기'」, 『미술사학연구』 242·243, 한국미술사학회.

박은순(2005), 「19세기 문인영정의 도상과 양식 : 이한철의 <이유원상>을 중심으로」, 『강좌 미술사』 24, 한국미술사연구소.

박은화(2001), 「장승업의 고사인물화」, 『정신문화연구』 83, 한국정신문화연구원.

박은화(2002), 「조선초기 회화의 대중교섭」, 『강좌 미술사』 19, 한국미술사연구소.

박정애(2002), 「지우재 정수영의 산수화 연구」, 『미술사학연구 』 235, 한국미술사학회.

박정애(2005), 「정수영의 <지우재산수16경첩>연구」, 『미술사논단』 21, 한국미술연구소.

박정혜(1991), 「수원능행도병연구」, 『미술사학연구』 189, 한국미술사학회.

박정혜(1992), 「홍익대학교박물관소장 회혼례도병」, 『미술사연구』 6, 미술사연구회.

박정혜(1993), 「책례도감의궤의 회화사적 연구」, 『한국문화』 14, 서울대학교 한국문화연구소.

박정혜(1995), 「의궤를 통해서 본 조선시대의 화원」, 『미술사연구』 9, 미술사연구회.

박정혜(2000), 『조선시대 궁중기록화 연구』, 일지사.

박정혜(2001), 「조선시대 사궤장도첩과 延諡도첩」, 『미술사학연구』 231, 한국미술사학회.

박정혜(2002a), 「16, 17세기의 사마방회도」, 『미술사연구』 16, 미술사연구회.

박정혜(2002b), 「『화성성역의궤』의 회화사적 고찰」, 『진단학보』 93, 진단학회.

박정혜(2004), 「영조년간의 궁중기록화 제작과 준첩계첩」, 『도시역사문화』 2, 서울역사박물관.

박정혜(2005), 「조선시대 왕세자와 궁중기록화」, 『조선왕실의 행사그림과 옛지도』,

민속원.
박효은(1999), 「홍성하 소장본 김광국의 석농화원에 관한 고찰」, 『온지논총』 5, 온지학회.
박효은(2002), 「18세기 조선문인들의 회화수집활동과 화단」, 『미술사학연구』 233·234, 한국미술사학회.
박효은(2005), 「산수화 속의 경기도」, 『그림속의 경기도』, 경기도문화재단.
백인산(2000), 「탄은 이정연구」, 『간송문화』 58, 한국민족미술연구소.
백인산(2002a), 「추사화파의 사군자」, 『추사와 그의 시대』, 돌베개.
백인산(2002b), 「추사 김정희의 난맹첩 연구」, 『동악미술사학』 3, 동악미술사학회.
백인산(2003), 「선조년간 문인화 삼절 : 황집중·이정·어몽룡」, 『간송문화』 65, 한국민족미술연구소.
백인산(2004), 「탄은 이정의 '삼청첩'연구」, 『동악미술사학』 5, 동악미술사학회.
백인산(2005a), 「탄은 이정의 삼청첩 연구」, 『동악미술사학』 5, 동악미술사학회.
백인산(2005b), 「조선왕조의 난죽화」, 『간송문화』 69, 한국민족미술연구소.
변미영(2004), 「『고씨화보』와 조선후기 산수화」, 『기초조형학연구』, 한국미술학회.
변영섭(1991), 「한국전통미술의 상징성 문제 서설」, 『고고미술사론』 2, 충북대학교 고고미술사학과.
변영섭(1993), 「정선의 소나무그림」, 『태동고전연구』 10, 태동고전연구회.
변영섭(1994), 「이곡 정충엽(1725~1800이후)의 筆下雲煙帖」, 『인문대논집』 12, 고려대학교 인문대학.
변영섭(1995), 「강세황론」, 『미술사논단』 1, 한국미술연구소.
변영섭(1997), 「진경산수화의 대가 정선」, 『미술사논단』 5, 한국미술연구소.
변영섭(1997), 「화론의 초기 양상과 한국성」, 『민족문화연구』 30, 고려대학교 민족문화연구소.
변영섭(1999), 「조선전기 화론 이해의 몇가지 문제」, 『민족문화연구』 32, 고려대학교 민족문화연구소.
서윤경(2000), 「탄은 이정과 묵죽론」, 『동양고전연구』 14, 동양고전학회.
성혜영(2000), 「19세기의 중인문화와 고람 전기의 작품세계」, 『미술사연구』 14, 미술사연구회.
손정희(2003), 「19세기 벽오사 동인들의 회화세계」, 『미술사연구』 17, 미술사연구회.
송은석(1997), 「여말선초의 보문품변상도 연구」, 『호암미술관논문집』 2, 호암미술관.
송은석(1999), 「고려 천수관음도 도상에 대하여」, 『호암미술관 연구논문집』 4, 호암미술관.
송혜경(2005), 「고씨화보와 조선후기회화」, 『미술사연구』 19, 미술사연구회.
송희경(2001a), 「조선시대 기려도의 유형과 자연관」, 『미술사학보』 15, 미술사학연구회.
송희경(2001b), 「정선과 김홍도의 고사인물화 비교 연구」, 『미술사학보』 16, 미술사학연구회.
송희경(2002), 「조선후기 아집도의 탄금상 연구」, 『온지논총』 8, 온지학회.
송희경(2003), 「19세기 벽오사의 아회첩 : 서울대박물관소장 <오로회첩>에 관한 연구」, 『서울학연구』 21, 서울시립대학교 서울학연구소.
송희경(2004a), 「조선후기 정원아회도 연구」, 『한국문화연구』 6, 이화여자대학교 한국문화연구원.
송희경(2004b), 「白社會帖과 백사노인회도」, 『미술사논단』 18, 한국미술연구소.
송희경(2005), 「조선후기 아회도」, 『미술사학연구』 246 · 247, 한국미술사학회.
신수경(2005), 「열녀전과 열녀도의 이미지 연구」, 『미술사논단』 21, 한국미술연구소.
안귀숙(1994), 「조선후기 불화승의 계보와 의겸비구에 관한 연구」 상, 『미술사연구』 8, 미술사연구회.
안귀숙(1996), 「조선후기 불화승의 계보외 의겸비구에 관한 연구」 하, 『미술사연구』 9, 미술사연구회.
안휘준(1992), 「한국의 궁궐도」, 『동궐도』, 문화재연구소.
안휘준(1992), 「조선왕조시대의 회화 : 초기의 회화를 중심으로」, 『한국미술사의 현황』, 예경.
안휘준(1997a), 『옛궁궐 그림』(문고판), 대원사.
안휘준(1997b), 「조선중기 회화의 제 양상」, 『미술사학연구』 213, 한국미술사학회.
안휘준(1999), 「옛지도와 회화」, 『우리 옛지도의 아름다움』, 효형출판.
안휘준(2000a), 『한국회화사연구』, 시공사.
안휘준(2000b), 『한국회화의 이해』, 시공사.
안휘준(2005), 「겸재 정선의 소상팔경도」, 『미술사논단』 20, 한국미술연구소.
오주석(1993), 「이인문필 강산무진도의 연구」, 『간송문화』 44, 한국민족미술연구소/『미술자료』 51～53, 국립중앙박물관.
오주석(1995a), 「화선 김홍도, 그 인간과 예술」, 『단원 김홍도 탄신 250주년기념특별전 논고집』, 삼성문화재단.
오주석(1995b), 「김홍도의 용주사 삼세여래탱과 칠성여래사방칠성탱」, 『미술자료』

55, 국립중앙박물관.
오주석(1995c), 「김홍도의 <주부자시의도> : 어람용 회화의 성리학적 성격과 관련하여」, 『미술자료』 56, 국립중앙박물관.
오주석(1998a), 『단원 김홍도 : 조선적인 너무나 조선적인 화가』, 열화당.
오주석(1999), 『옛그림 읽기의 즐거움』 1, 솔.
오주석(2003), 『한국의 미 특강』, 솔.
오현숙(1999), 「송월헌 임득명의 회화 연구」, 『미술사학연구』 221·222, 한국미술사학회.
우주석(1998b), 「김홍도의 삶과 예술」, 『미술사논단』 7, 한국미술연구소.
위순선(2003), 「조선시대 남지기로회도 연구」, 『문물연구』 7, 동아시아문물연구학술재원.
유경희(2003), 「도갑사 관세음보살 33응탱의 도상연구」, 『미술사학연구』 240, 한국미술사학회.
유마리(1992), 「중국 돈황 막고굴(17굴)발견의 관경변상도(빠리 기메동양박물관소장)와 한국관경변상도(일본 서복사)의 비교 고찰 : 관경변상도 연구1」, 『강좌미술사』 4, 한국미술사연구소.
유마리(1995a), 「조선후기 관경16관변상도 : 관경변상도의 연구 2」, 『불교미술』 12, 동국대학교박물관.
유마리(1995b), 「1323년 4월작 관경변상도(일본 인송사장) : 관경변상도의 연구3」, 『문화재』 28, 문화재관리국.
유마리(1995c), 「여말선초 관경16관변상도 : 관경변상도연구 4」, 『미술사학연구』 207, 한국미술사학회.
유마리(2000), 「충남 무량사 불화 고찰」, 『고고역사학지』 16, 동아대학교박물관.
유미나(2005a), 「조선중기 오파화풍의 전래 : '千古最盛帖'을 중심으로」, 『미술사학연구』 245, 한국미술사학회.
유미나(2005b), 「18세기 전반 시문고사 서화첩 고찰」, 『강좌 미술사』 24, 한국미술사연구소.
유옥경(1997), 「혜산 유숙의 수계도권 연구」, 『미술자료』 59, 국립중앙박물관.
유옥경(2000), 「국립중앙박물관소장 송도사장원계회도병 연구」, 『미술자료』 64, 국립중앙박물관.
유옥경(2001), 「1585년 선조조기영회도 고찰」, 『동원학술논문집』 3, 국립중앙박물관.
유준영(1990), 「단원 김홍도 : 은총과 비분의 생애」, 『단원 김홍도』, 국립중앙박물관.

유준영(1991), 「화가 정선의 경학과 사회적 신분」, 『미술사학』 3, 미술사학연구회.
유준영(1992), 「겸재 정선의 예술과 사상」, 『겸재 정선』, 국립중앙박물관.
유준영(1993), 「금강전도의 도상과 상징」, 『미술사학』 5, 미술사학연구회.
유홍준(1990a), 「연담 김명국」, 『역사비평』 9, 역사문제연구소.
유홍준(1990b), 「공재 윤두서 : 조선후기 사실주의회화의 선구」, 『역사비평』 11, 역사문제연구소.
유홍준(1990c), 「겸재 40대 화풍의 조명 : 진경시대의 개막을 알리는 잔치그림 <회방연회도>」, 『가나아트』 14, 가나아트.
유홍준(1990d), 「단원 김홍도 연구노트」, 『단원 김홍도』, 국립중앙박물관.
유홍준(1991a), 「능호관 이인상」, 『역사비평』 12, 역사문제연구소.
유홍준(1991b), 「호생관 최북」, 『역사비평』 14, 역사문제연구소.
유홍준(1992a), 「현재 심사정」, 『역사비평』 17, 역사문제연구소.
유홍준(1992b), 「허주 이징의 난죽병 고증과 작품분석」, 『조선후기 그림과 글씨』, 학고재.
유홍준(1993a), 『문자도』(문고판), 대원사.
유홍준(1993b), 「관아재 조영석」, 『역사비평』 20, 역사문제연구소.
유홍준(1993c), 「단원 김홍도」, 『역사비평』 22, 역사문제연구소.
유홍준(1998), 『조선시대화론연구』, 학고재.
유홍준(2000), 「겸재 정선」 상 · 하, 『역사비평』 51 · 52, 역사문제연구소.
유홍준(2002), 『완당평전』 1～3, 학고재.
윤진영(1998), 「조선시대 구곡도의 수용과 전개」, 『미술사학연구』 217 · 218, 한국미술사학회.
윤진영(2000), 「17세기 청풍계그림, 청풍계도」, 『문헌과 해석』 12, 문헌과 해석사.
윤진영(2001), 「송간 李庭檜(1542～1612) 소유의 同官계회도」, 『미술사학연구』 230, 한국미술사학회.
윤진영(2002a), 「장서각소장의 관반제영첩」, 『장서각』 7, 한국정신문화연구원.
윤진영(2002b), 「동국대박물관소장의 <희경루방회도>고찰」, 『동악미술사학』 3, 동악미술사학회.
윤진영(2002c), 「승지들의 계회도 두 장면」, 『문헌과 해석』 19, 문헌과 해석사.
윤진영(2003a), 「을축갑회도 연구」, 『미술자료』 69, 국립중앙박물관.
윤진영(2003b), 「효종어제희우시회도」, 『문헌과 해석』 22, 문헌과 해석사.
윤진영(2003c), 「안동지역 문중소장 계회도의 내용과 성격」, 『국학연구』 4.

윤진영(2003d), 「조선시대 관료사회의 신참례와 계회도」, 『역사민속학』 18, 민속원.
윤진영(2004), 「장서각 소장 '어진도사사실' : 정조～철종대 어진도사」, 『규장각』 11, 서울대학교 도서관.
윤진영(2005a), 「16세기 계회도에 나타난 산수양식의 변모」, 『미술사학』 19, 미술사학연구회.
윤진영(2005b), 「조선후기 왕실의 胎封圖」, 『조선왕실의 미술문화』, 대원사.
윤진영(2005c), 「평양의 생사당 구장 이원익영정」, 『문헌과 해석』 33, 문헌과 해석사.
융만(2004), 「LA카운티 미술관 소장 <무진진찬도병>에 관한 연구 : 기록자료와 장식적 표현」, 『미술사논단』 19, 한국미술연구소.
이건상(1992), 「북쇄선은도와 북관실경도 : 한시각의 실경산수화」, 『미술자료』 52, 국립중앙박물관.
이경화(1998), 「조선시대 감로탱화 하단화의 풍속장면 고찰」, 『미술사학연구』 220, 한국미술사학회.
이내옥(1991a), 「공재 윤두서 자화상 소고」, 『미술자료』 47, 국립중앙박물관.
이내옥(1991b), 「공재 윤두서의 교유」, 『역사학연구』 5, 전남대학교 사학회.
이내옥(1992), 「조선후기 풍속화의 기원 : 윤두서를 중심으로」, 『미술자료』 49, 국립중앙박물관.
이내옥(1993), 「공재 윤두서의 교유」, 『역사학연구』 12, 전남대학교 사학회.
이내옥(2003), 『공재 윤두서』, 시공사.
이동주(1996) 『우리 옛그림의 아름다움』, 시공사.
이명구(2005), 『동양의 타이포그라피, 문자도』, 리디에.
이선옥(2000), 「식산 이만부(1664～1732)와 <陋巷圖>서화첩 연구」, 『미술사학연구』 227, 한국미술사학회.
이선옥(2005), 「성종의 서화애호」, 『조선왕실의 미술문화』, 대원사.
이성미(1992), 「삼국시대의 회화」, 『한국미술사의 현황』, 예경.
이성미(1993), 「조선시대 여류화가 연구」, 『미술자료』 51, 국립중앙박물관.
이성미(1994a), 「장서각 소장 조선왕조 가례도감의궤의 미술사적 고찰」, 『장서각소장가례도감의궤』, 한국정신문화연구원.
이성미(1994b), 「유교전통과 조선왕조의 어진」, 『유교문화의 보편성과 특수성』, 한국정신문화연구원.
이성미(1996), 「전 설씨부인 <광덕산부도암도>와 <화조도>」, 『미술사학연구』 209, 한국미술사학회.

이성미(1997), 「조선왕조 어진관계의궤」, 『조선시대어진관계도감의궤연구』, 한국정신문화연구원.

이성미(2000), 『조선시대 그림속의 서양화법』, 대원사.

이성미(2001), 「장승업 회화와 중국회화」, 『정신문화연구』 83, 한국정신문화연구원.

이성미(2002a), 「장서각소장의궤해제」, 『장서각소장 의궤』, 한국정신문화연구원.

이성미(2002b), 『숙종.인현왕후가례반차도』, 한국정신문화연구원.

이성미(2003), 「조선 인조~영조년간의 궁중연향과 미술」, 『조선후기 궁중연향문화』 1, 민속원.

이성미(2005), 「조선후기 진작 · 진찬의궤를 통해 본 궁중의 미술문화」, 『조선후기 궁중연향문화』 2, 민속원.

이소연(2004), 「일호 남계우(1811~1890) 호접도의 연구」, 『미술사학연구』 242 · 243, 한국미술사학회.

이송란(1998), 「고구려 고분벽화의 천상표현에 나타난 화염문의 의미와 전개」, 『미술사학연구』 220, 한국미술사학회.

이수경(2004), 「조선시대 효자도－행실도류 효자도를 중심으로」, 『미술사학연구』 242 · 243, 한국미술사학회.

이수미(1993), 「조희룡의 화론과 작품」, 『미술사학연구』 199 · 200, 한국미술사학회.

이수미(1995), 「조선시대 한강명승도연구 : 정수영의 <한 · 임강명승도권>을 중심으로」, 『서울학연구』 6, 서울시립대학교 서울학연구소.

이수미(1999), 「19세기 계회도의 변모 : 국박소장 수갑계첩과 금란계첩을 중심으로」, 『미술자료』 63, 국립중앙박물관.

이수미(2002), 「함흥내외십경도에 보이는 17세기 실경산수화의 구도」, 『미술사학연구』 233 · 234, 한국미술사학회.

이수미(2004a), 「<태평성시도>와 조선후기 상업공간의 묘사」, 『조선시대 풍속화』, 국립중앙박물관.

이수미(2004b), 「궁중장식화의 개념과 그 성격」, 『태평성대를 꿈꾸며』, 국립춘천박물관.

이순미(1998), 「담졸 강희언의 회화연구」, 『미술사연구』 12, 미술사연구회.

이순미(2004), 「단릉 이윤영(1714~1759)의 회화세계」, 『미술사학연구』 242 · 243, 한국미술사학회.

이승은(1997), 「조선중기 소경인물화의 고찰」, 『미술사연구』 11, 미술사연구회.

이승희(2001), 「조선후기 신중탱화 도상의 연구」, 『미술사학연구』 228 · 229, 한국미술사학회.
이승희(2004),「17세기 불화제작 문헌에 관한 고찰」,『불교미술사학』2, 통도사 성보박물관.
이영수(2000),「민화 금강산도에 관한 고찰」,『미술사연구』14, 미술사연구회.
이영숙(1991),「해남 대흥사의 두 관음보살도 : 11면천수관음과 준제관음」,『전남문화재』3, 전라남도.
이영숙(2002),「율곡사 괘불의 고찰」,『동악미술사학』3, 동악미술사학회.
이예성(1997),「현재 심사정의 화조화 연구」,『미술사학연구』214, 한국미술사학회.
이예성(1998),「심사정의 산수화 연구」,『미술사학』12, 미술사학연구회.
이예성(2000),『현재 심사정 연구』, 일지사.
이예성(2005),「조선후기의 왕릉도」,『조선왕실의 미술문화』, 대원사.
이용윤(2002),「조선후기 화엄칠처구회도와 연화장세계도의 도상연구」,『미술사학연구』233·234, 한국미술사학회.
이용윤(2004),「화계사 관음전 지장삼존도 연구」,『미술사연구』18, 미술사연구회.
이용윤(2005),「조선후기 삼장보살도와 수륙제 의식집」,『미술자료』72·73, 국립중앙박물관.
이원복(1991),「조선중기 사계영모도고」,『미술자료』47, 국립중앙박물관.
이원복(1992),「책거리 소고」,『근대한국미술논총』, 학고재.
이원복(1997a),「혜원 신윤복의 畵境」,『미술사연구』11, 미술사연구회.
이원복(1997b),「오원 장승업의 회화세계」,『간송문화』53, 한국민족미술연구소.
이원복·조용중(1998a),「16세기말(1950년대) 계회도 신례 : 정사신 참여<봉산계회도> 등 6폭」,『미술자료』61, 국립중앙박물관.
이원복(1998b),「표암 강세황의 중국기행첩」,『한국고미술』10·11.
이원복(1999),「해동명산도첩－김홍도필 금강산도 초본첩」,『동원학술논문집』1, 국립중앙박물관.
이원복(2000a),「일재 신한평의 畵境」,『동악미술사학』1, 동악미술사학회.
이원복(2000b),「혜원 신윤복의 서화」,『간송문화』59, 한국민족미술연구소.
이원복(2001a)「신윤복의 미인도에 관한 고찰 : 조선 미인도의 一定型」,『미술자료』66, 국립중앙박물관.
이원복(2001b),「혜원 신윤복의 영모화 試考」,『미술사학연구』228·229, 한국미술사학회.
이원복(2002a),「조선시대 기록화제작의 배경과 화풍의 변천」,『한국복식』20, 한국복식학회.
이원복(2002b), 「죽당 申濡(1610~1660)의 畵境」, 『미술자료』 68, 국립중앙박물관.
이원복(2004), 「신사임당의 그림세계, 아름다운 여성」, 『신사임당 탄신500주년기념전』, 강릉시립박물관.
이원복 · 조용중(1998), 「16세기말(1580년대) 계회도 신례 : 정사신 참여 <봉산계회도> 등 6폭」, 『미술자료』 61, 국립중앙박물관.
이은하(2005), 「관아재 조영석의 회화 연구」, 『미술사학연구』 245, 한국미술사학회.
이은희(1991), 「운흥사와 화사 의겸에 관한 고찰」, 『문화재』 24, 문화재관리국.
이은희(1997), 「조선후기 미륵보살도의 연구」, 『문화재』 30, 문화재관리국.
이은희(1998), 「괘불화기에 나타난 불화조성에 관한 시론」, 『문화재』 31, 문화재관리국.
이종숙(2005), 「조선시대 귀거래도 연구」, 『미술사학연구』 245, 한국미술사학회.
이태호(1990), 「겸재 정선의 40대 화풍 조명 : <쌍도정도>」, 『가나아트』 14, 가나아트.
이태호(1992), 「영조 요청으로 그린 <장주묘암도>에 대한 고찰」, 『조선후기 그림과 글씨』, 학고재.
이태호(1993), 「조선후기 회화」, 『역사비평』 23, 역사문제연구소.
이태호(1995), 「18.19세기 회화의 조선풍 · 독자성 · 사실정신」, 『동양학』 25, 단국대학교 동양학연구소.
이태호(1995), 『풍속화』 1(문고판), 대원사.
이태호(1996a), 『조선후기 회화의 사실정신』, 학고재.
이태호(1996b), 『풍속화』 2(문고판), 대원사.
이태호(2000a), 「조선시대 목판본 부모은중경의 변상도 목판본에 관한 연구」, 『서지학연구』 19, 서지학회.
이태호(2000b), 「예안 김씨 가전 계회도 삼례를 통해본 16세기 계회산수의 변모」, 『미술사학』 14, 미술사연구회.
이태호(2003), 「석농 김광국 구장 유럽의 동판화를 통해 본 18세기 지식인들의 이국취미」, 『유희삼매 : 선비의 예술과 선비의 취미』, 학고재.
이태호(2004a), 「조선후기 초상화의 제작공정과 그 비용」, 『표암 강세황』, 예술의전당 서예박물관.
이태호(2004b), 「조선후기에 '카메라옵스큐라'로 초상화를 그렸다 : 정조시절 정약용의 증언과 이명기 초상화첩을 중심으로」, 『다산의 문학과 예술』, 다산학술문화재단.
이태호(2004c), 「추사 김정희의 과천시절과 그 후손」, 『미술사연구』 18, 미술사연구회.
이태호(2005), 「겸재 정선의 실경표현 방식과 <박연폭포>」, 『조선후기 그림의 기와 세』, 학고재.
이태호 · 송일기(2003), 「초편본 삼강행실도의 편찬과정 및 판화양식에 관한 연구」, 『서지학연구』 25, 서지학회.
이필기(2003), 「장서각 소장 '성시중효행록' 판화연구」, 『장서각』 10, 한국정신문화연구원.
이필기(2005), 「삼강행실도의 열녀도 판화」, 『조선왕실의 미술문화』, 대원사.
이현주(2003), 「동아대박물관 소장 진재 김윤겸의 영남기행화첩」, 『문물연구』 7, 동아시아문물연구학술재원.
이형대(2000), 「15세기 이상향의 풍경과 추체험 방식 : <몽유도원도>를 중심으로」, 『한국시가연구』 7, 한국시가학회.
이훈상(2005), 「조선시대 화원과 사자관, 그리고 양반 출신 서화가들에 대한 데이터베이스의 구축과 그 구도」, 『미술사학연구』 246 · 247, 한국미술사학회.
임세권(1994), 「선사시대 한국과 중국의 암각화 비교 연구」, 『미술사학연구』 204, 한국미술사학회.
임세권(1996), 「한국암각화의 원류」, 『한국의 암각화』, 한길사.
임세권(1997), 『한국의 암각화』(문고판), 대원사.
장경희(1994), 「수월관음도의 백의에 대한 고찰」, 『미술사연구』 8, 미술사연구회.
장진성(2002), 「이인상의 서얼의식 : 국박소장 <검선도>를 중심으로」, 『미술사와 시각문화』 1, 미술사와 시각문화학회.
장진성(2004), 「조선후기 고동서화 수집열기의 성격 : 김홍도의 <포의풍류도>와 <사인초상>에 대한 검토」, 『미술사와 미술문화』 3, 미술사와 시각문화학회.
장충식(1994), 「고려의 문화와 대장경 판화 : 화엄경판화를 중심으로」, 『문화사학』 1, 한국문화사연구회.
장희정(1996), 「조선후기 조계산 지역 불화의 연구」, 『미술사학연구』 210, 한국미술사학회.
장희정(2001), 「조선말 왕실발원 불화의 고찰」, 『동악미술사학』 2, 동악미술사학회.
장희정(2002), 「19세기 서안해안지역의 불교회화」, 『동악미술사학』 3, 동악미술사학회.
장희정(2003), 『조선후기 불화와 화사연구』, 일지사.
장희정(2004), 「연잉군발원 파계사 석가모니불도의 고찰」, 『동악미술사학』 5, 동악미술사학회.
전경미(2002), 「화엄사극락전 상벽 나한도에 대하여」, 『강좌 미술사』 18, 한국미술사연구소.
전경미(2005), 「조선후기 호남북부지역 사찰벽화 연구」, 『강좌 미술사』 24, 한국미술사연구소.
전인지(2002), 「심사정의 <전가락사>에 관하여」, 『조선시대 풍속화』, 국립광주박물관.
전호태(1990), 「고구려 고분벽화에 나타난 하늘연꽃」, 『미술자료』 46, 국립중앙박물관.
전호태(1992), 「고구려 고분벽화의 해와 달」, 『미술자료』 50, 국립중앙박물관.
전호태(1993a), 「고구려의 오행신앙과 사신도」, 『국사관논총』 48, 국사편찬위원원회.
전호태(1993b), 「고구려 장천1호분 벽화의 서역계 인물」, 『울산사학』 6, 울산대학교 사학과.
전호태(1994a), 「고구려 고분벽화 연구문헌 분류와 검토」, 『역사와 현실』 12, 한국역사연구회.
전호태(1994b), 「고구려 고분벽화의 이해를 위하여」, 『역사비평』 26, 역사문제연구소.
전호태(1996), 「고구려 각저총 벽화연구」, 『미술자료』 57, 국립중앙박물관.
전호태(1997a), 「고구려고분벽화 연구사」, 『고구려연구』 4, 고구려연구회.
전호태(1997b), 「고구려 감신총 벽화의 서왕모」, 『한국고대사연구』 11, 신서원.
전호태(1997c), 「고구려후기 사신계 고분벽화에 보이는 선·불 혼합적 내세관」, 『울산사학』 7, 울산대학교 사학과.
전호태(1998a), 「고구려후기 사신계 고분벽화에 나타난 선·불혼합적 내세관」, 『울산사학』 8, 울산대학교 사학과.
전호태(1998b), 「고구려 고분벽화-강서대묘의 현무도를 중심으로」, 『한국사시민강좌』 23, 일조각.
전호태(1999a), 『고분벽화로 본 고구려이야기』, 풀빛.
전호태(1999b), 「고구려 고분벽화의 문화사적 위치」, 『한국미술의 자생성』, 한길아트
전호태(2000), 「고구려 고분벽화의 직녀도」, 『역사와 현실』 38, 한국역사연구회.

전호태(2000a), 『고구려 고분벽화연구』, 사계절.
전호태(2000b), 「고분벽화에 나타난 고구려인의 신분관」, 『한국고대의 신분제와 관등제』, 아카넷.
전호태(2000c), 「고구려문화와 고분벽화」, 『한국고대사와 고고학』, 학연문화사.
전호태(2000d), 「고분벽화로 본 고구려인의 신선신앙」, 『신라문화』 17 · 18, 학회명.
전호태(2002), 「고구려 삼실총 벽화연구」, 『역사와 현실』 44, 한국역사연구회.
전호태(2003), 「고구려 고분벽화와 고대 동아시아의 장의미술」, 『고구려연구』 16, 고구려연구회.
전호태(2004a), 『벽화여 고구려를 말하라』, 사계절.
전호태(2004b), 『고구려 고분벽화의 세계』, 서울대학교 출판부.
전호태(2004c), 「5세기 평양권 고분벽화로 본 고구려 문화의 정체성」, 『고구려연구』 18, 고구려연구회.
정명희(2003), 「영취사 영산회상도 : 현실에 펼쳐진 미래의 세계」, 『영혼의 여정 : 조선시대 불교회화와의 만남』, 국립중앙박물관.
정명희(2004a), 「조선후기 괘불탱의 연구」, 『미술사학연구』 242 · 243, 한국미술사학회.
정명희(2004b), 「의식집을 통해본 괘불의 도상적 변용」, 『불교미술사학』 2.
정민(2002), 「16~17세기 조선지식층의 강남열과 서호도」, 『고전문학연구』 22, 월인.
정민(2003), 『한시 속의 새, 그림 속의 새』, 효형출판.
정병모(1991), 「조선시대 후반기의 경직도」, 『미술사학연구』 192, 한국미술사학회.
정병모(1993), 「통속주의의 극복 : 조선후기 풍속화론」, 『미술사학연구』 199 · 200, 한국미술사학회.
정병모(1995), 「민화와 민간연화」, 『강좌 미술사』 7, 한국미술사연구소.
정병모(1997), 「영파불화와 고려불화」, 『강좌 미술사』 9, 한국미술사연구소.
정병모(1998a), 「고구려 고분벽화의 장식문양도에 대한 고찰」, 『강좌 미술사』 10, 한국미술사연구소.
정병모(1998b), 「<삼강행실도> 판화에 대한 고찰」, 『진단학보』 85, 진단학회.
정병모(2000), 『한국의 풍속화』, 한길아트.
정병모(2001), 「무예도보통지의 판화」, 『진단학보』 91, 진단학회.
정병모(2003a), 「파리 기메박물관소장 김홍도 <사시풍속도>」, 『조선시대 음악풍속도』 II, 민속원.
정병모(2003b), 「조선후기 불화와 민화와의 관계」, 『강좌 미술사』 20, 한국미술사연구소.
정병모(2003c), 「조선민화 연구의 과제와 방향」, 『조선시대의 사상과 문화』, 집문당.
정병모(2005a), 「환문총 벽화에 그려진 동심원문의 상징과 의의」, 『선사와 고대』 23, 한국고대학회.
정병모(2005b), 「제주도 민화연구 : 문자도병풍을 중심으로」, 『강좌 미술사』 24, 한국미술사연구소.
정우택(1990), 「일본에서의 한국불교미술사연구동향 : 불교회화를 중심으로」, 『동양학간보』 10, 단국대학교 동양학연구소.
정우택(1991a), 「慈恩寺 華藏院의 지장시왕도」, 『미술사연구』 5, 미술사연구회.
정우택(1991b), 「고려불화에 있어서 도상의 전승」, 『미술사학연구』 192, 한국미술사학회.
정우택(1994), 「高麗時代の羅漢畫像」, 『大和文華』 92, 大和文華館.
정우택(1995a), 「シルクロートと高麗佛畫」, 『北東アジアシリズ '94報告書』, 環日本國際交流會議.
정우택(1995b), 「내영사 아미타정토도」, 『불교미술』 12, 동국대학교박물관.
정우택(1996a), 「일본에 있어서 고려불화 수용의 일단면」, 『미술사논단』 3, 한국미술연구소.
정우택(1996b), 「이학 소장 수월관음도의 표현과 기법」, 『단호문화연구』 1, 용인대학교 전통문화연구소.
정우택(1999a), 「고려불화의 독자성」, 『한국미술의 자생성』, 한길아트.
정우택(1999b), 「조선왕조전기 궁정화풍 불화의 연구」, 『미술사학』 13, 미술사연구회.
정우택(2001), 「신출 고려시대 수월관음도」, 『동악미술사학』 2, 동악미술사학회.
정은주(2003), 「육군박물관소장 <조천도>연구」, 『학예지』 10, 육군사관학교 육군박물관.
정은주(2004), 「뱃길로 간 중국-갑자항해 조천도」, 『문헌과 해석』 26, 문헌과 해석사.
정은진(2000), 「강세황의 안산생활과 문예활동」, 『한국한문학연구』 25, 한국한문학회.
정재서(1996), 「고구려 고분벽화의 신화 도교적 제재에 대한 새로운 인식 : 중국과 주변문화와의 관계성을 중심으로」, 『백산학보』 50, 백산학회.
정하미(2003), 「동국신속삼강행실도에 나타난 일본 왜군의 회화 이미지」, 『성곡논총』 34, 성곡학술문화재단.
정해득(2003), 「정조어진의 도사와 화녕전 건립」, 『경기지역의 역사와 문화』, 한신대학교 출판부.
조규희(1998), 「조선시대의 산거도」, 『미술사학연구』 217 · 218, 한국미술사학회.
조규희(2000), 「17 · 18세기의 서울을 배경으로 한 문회도」, 『서울학연구』 16, 서울시립대학교 서울학연구소.
조규희(2004), 「소유지 그림의 시각언어와 기능 : <석정처사유거도>를 중심으로」, 『미술사와 시각문화』 3, 미술사와 시각문화학회.
조남호(2005), 「김창협학파와 진경산수화」, 『철학연구』 71, 철학연구회.
조선미(1994), 「동유첩고」, 『동유첩』, 성균관대학교박물관.
조선미(1997), 「조선시대 신선도의 유형 및 도상적 특징」, 『예술과 자연』, 미술문화.
조선미(1998), 「공자聖蹟圖考」, 『미술자료』 60, 국립중앙박물관.
조선미(2000a), 「일본 종안사 및 총지사 소장 초상화 국적에 대하여」, 『미술자료』 64, 국립중앙박물관.
조선미(2000b), 「조선조 초상화에 나타난 사실성 문제」, 『한국과 사실성』, 눈빛.
조선미(2002), 「조선후기 중국 초상화의 유입과 한국적 변용」, 『미술사논단』 14, 한국미술연구소.
조선미(2003), 「한국 초상화의 사적 개관」, 『위대한 얼굴』, 아주문물학회.
조송식(2002), 「조선초기 사대부의 이중적 자연관과 '와유'적 산수화의 변화」, 『미학』 33, 한국미학회.
조인수(2002), 「중국 청대와 조선후기의 회화교류 : 초상화를 중심으로」, 『서울대박물관년보』 14, 서울대학교박물관.
조인수(2004), 「조선초기 태조 어진의 제작과 태조진전의 운영 : 태조.태종대를 중심으로」, 『미술사와 시각문화』 3, 미술사와 시각문화학회.
조인수(2005), 「경기전 태조어진과 진전의 성격」, 『왕의 초상』, 국립전주박물관.
진재교(2002), 「한문학 · 고지도 · 회화의 미적 교감 : 이조후기 문화사 이해의 한 국면」, 『한국한문학연구』 29, 한국한문학회.
진준현(1992), 「나옹 이정 소고」, 『서울대박물관연보』 4, 서울대학교박물관.
진준현(1994), 「영조 · 정조대 어진도사와 화가들」, 『서울대박물관연보』 6, 서울대학교박물관.
진준현(1995a), 「숙종의 서화취미」, 『서울대박물관연보』 7, 서울대학교박물관.
진준현(1995b), 「숙종대의 어진도사와 화가들」, 『고문화』 46, 대학박물관협회.
진준현(1997), 「김홍도의 금강산도에 대한 고찰」, 『서울대박물관연보』 8, 서울대학교박물관.

진준현(1999a), 『단원 김홍도 연구』, 일지사.

진준현(1999b), 「인조.숙종 년간의 대중국 회화교섭」, 『강좌미술사』 12, 한국미술사연구소.

진준현(2001), 「오원 장승업의 생애」, 『정신문화연구』 83, 한국정신문화연구원.

진준현(2003), 「권대운의 <기로연회도>병풍에 대하여」 『박물관 학예사연구논문집』 1, 서울대학교박물관.

진준현(2004), 「민화 문자도의 의미와 사회적 역할」, 『미술사와 시각문화』 3, 미술사와 시각문화학회.

차미애(2003), 「낙서 윤덕희 회화연구」, 『미술사학연구』 240, 한국미술사학회.

차미애(2005), 「조선시대 경기도 인물의 초상화」, 『그림속의 경기도』, 경기도문화재단.

최경현(2002), 「조선말기와 근대초기 산수화에 보이는 海上화파의 영향」, 『미술사논단』 15, 한국미술연구소.

최성희(2002), 「19세기 평생도 연구」, 『미술사학』 16, 미술사학연구회.

최완수(1993a), 「겸재진경산수화고」4, 『간송문화』 45, 한국민족미술연구소.

최완수(1993b), 『겸재 정선 진경산수화』, 범우사.

최완수(1994), 「조선왕조 서화사 개설 : 회화사 개설」, 『간송문화』 46, 한국민족미술연구소.

최완수(1995), 「추사묵연기」, 『간송문화』 48, 한국민족미술연구소.

최완수(1996), 「진경시대의 문화」, 『간송문화』 50, 한국민족미술연구소.

최완수(1997), 「오원 장승업」, 『간송문화』 53, 한국민족미술연구소.

최완수(1998), 「겸재 정선 평전」, 『간송문화』 54, 한국민족미술연구소.

최완수(1999), 『겸재를 따라가는 금강산 여행』, 대원사.

최완수(2001), 「추사일파의 글씨와 그림」, 『간송문화』 60, 한국민족미술연구소.

최완수(2004a), 『겸재의 한양진경』, 동아일보사.

최완수(2004b), 「현재 심사정 평전」 상, 『간송문화』 67, 한국민족미술연구소.

탁현규(2003), 「수운 유덕장의 묵죽화 연구」, 『미술사학연구』 238・239, 한국미술사학회.

한정희(1992), 「동기창과 조선후기 화단」, 『미술사학연구』 193, 한국미술사학회.

한정희(1995), 「조선후기 회화에 미친 중국의 영향」, 『미술사학연구』 206, 한국미술사학회.

한정희(1996), 「영정조대 회화의 대중교섭」, 『강좌미술사』 8, 한국미술사연구소.

한정희(2002), 「고구려 벽화와 중국 육조시대 벽화의 비교 연구 : 6・7세기의 예를 중심으로」, 『미술자료』 68, 국립중앙박물관.

한정희(2003), 「17, 18세기 동아시아에서 실경산수화의 성행과 그 의미」, 『미술사학연구』 237, 한국미술사학회.

홍선표(1990a), 「고려시대의 회화이론」, 『고고미술』 187, 한국미술사학회.

홍선표(1990b), 「한국회화사연구 30년 : 일반회화」, 『미술사학연구』 188, 한국미술사학회.

홍선표(1990c), 「이재관의 하경산수도」, 『가나아트』 16, 가나아트.

홍선표(1991a), 「조선전기 회화의 사상적 기반」, 『한국사상사대계』 4, 한국정신문화연구원.

홍선표(1991b), 「최북의 생애와 의식세계」, 『미술사연구』 5, 미술사연구회.

홍선표(1994a), 「조선시대회화사연구의 최신동향 : 1990~94」, 『한국사론』 24, 국사편찬위원회.

홍선표(1994b), 「탐라순력도의 기록화적 의의」, 『탐라순력도』, 제주시.

홍선표(1994c), 「진경산수화는 조선중화주의 문화의 소산인가 : 진경산수화 연구의 쟁점과 문제」, 『가나아트』 7・8, 가나아트.

홍선표(1995a), 「조선후기 통신사 수행화원의 파견과 역할」, 『미술사학연구』 205, 한국미술사학회.

홍선표(1995b), 「조선후기 성풍속도의 사회성과 예술성」, 『월간미술』 8-8, 월간미술사.

홍선표(1995c), 「19세기 여항문인들의 회화활동과 창작성향」, 『미술사논단』 1, 한국미술연구소.

홍선표(1996a), 「해방50년의 한국회화사연구」, 『한국학보』 83, 일지사.

홍선표(1996b), 『김명국』(5월의 문화인물), 문체부・한국문예진흥원.

홍선표(1997a), 「조선후기 회화애호 풍조와 감평활동」, 『미술사논단』 5, 한국미술연구소.

홍선표(1997b), 「조선후기 한일간 화적의 교류」, 『미술사연구』 11, 미술사연구회.

홍선표(1997c), 「韓國美術史研究觀點と東アジア」, 『今,日本の美術史學をふりかえゝる』, 東京國立文化財研究所.

홍선표(1997d), 「오원 장승업을 다시본다」, 『월간미술』 10-12, 월간미술사.

홍선표(1998a), 「조선후기 문학과 예술의 새경향 : 회화」, 『한국사 35』, 국사편찬위원회.

홍선표(1998b), 「조선후기 통신사 수행화원의 회화활동」, 『미술사논단』 6, 한국미술연구소.

홍선표(1999a), 『조선시대회화사론』, 문예출판사.

홍선표(1999b), 「조선후기 회화의 창작론」, 『한국미술의 자생성』, 한길아트.

홍선표(1999c), 「개인소장의 <출산호작도> : 까치호랑이그림의 원류」, 『미술사논단』 9, 한국미술연구소.

홍선표(2000a), 「한국미술사 인식틀의 비판과 새로운 모색」, 『미술사논단』 10, 한국미술연구소.

홍선표(2000b), 「조선후기 회화의 전신론」, 『한국학논집』 27, 계명대학교 한국학연구원.

홍선표(2001a), 『고대 동아시아의 말그림』, 마문화연구총서4, 마사박물관.

홍선표(2001b), 「정유길 제시 <선전료우중회관서도>」, 『미술사논단』 12, 한국미술연구소.

홍선표(2001c), 「조선후기 한일회화교류와 상호인식」, 『학예연구』 2, 국민대학교박물관.

홍선표(2002), 「조선시대 회화의 여성표상」, 『조선여인의 삶과 문화』, 서울역사박물관.

홍선표(2003), 「조선시대 용인 연고 문사들의 회화활동」, 『용인시사』 2, 용인시사편찬위원회.

홍선표(2004a), 「'한국회화사' 재구축의 과제 : 근대적 학문의 틀을 넘어서」, 『미술사학연구』 241, 한국미술사학회.

홍선표(2004b), 「화용월태의 표상 : 한국미인화의 신체이미지」, 『한국문화연구』 6, 이화여자대학교 한국문화연구원.

홍선표(2005a), 「조선시대 경기도 연고 문인화가」, 『그림속의 경기도』, 경기도문화재단.

홍선표(2005b), 「에도시대의 조선화 열기」, 『한국문화연구』 8, 이화여자대학교 한국문화연구원.

홍선표(2005c), 「조선후기 기복호사풍조의 만연과 민화의 범람」, 『반갑다 우리 민화』, 서울역사박물관.

홍선표(2005d), 「통신사 수행화원과 일본 남화」, 『조선통신사연구』 1, 조선통신사학회.

홍선표(2005e), 「한국의 인물화」, 『한국의 인물화 : 이화사진일기』, 이화여자대학교 출판부.
홍선표(2005f), 「명청대 서학서의 시학지식과 조선후기 회화론의 변동」, 『미술사학연구』 248, 한국미술사학회.
홍성윤(2004), 「조희룡의 저술에 보이는 중국화론서」, 『온지논총』 10, 온지학회.
홍윤식(1992), 「고려·조선시대의 불화」, 『한국미술사의 현황』, 예경.
황규성(2003), 「조선시대 삼신불회도에 관한 연구」, 『미술사학연구』 237, 한국미술사학회.
황금순(2003), 「고려수월관음도에 보이는 『40화엄경』의 영향」, 『미술사연구』 17, 미술사연구회.
황정연(2002), 「석농 김광국의 생애와 서화수장 활동」, 『미술사학연구』 235, 한국미술사학회.
황정연(2003), 「낭선군 李俁의 서화 수장과 편찬」, 『장서각』 9, 한국정신문화연구원.
황정연(2004), 「19세기 궁중서화 수장의 형성과 전개」, 『미술자료』 70·71, 국립중앙박물관.
황정연(2005), 「조선시대 궁중 서화수장과 미술후원」, 『조선왕실의 미술문화』, 대원사.

부록 1

전통문화 관련 학회 현황

대한건축학회

영　문　Architectural Institute of Korea

설립일자　1945. 9. | 설립지역 : 서울

설립목적　현대사회는 점점 국제화되는 과정 중에 있으나 동시에 그 어느 때보다도 우리의 정체성을 파악하고 이를 바탕으로 새로운 건축문화를 기획해야 할 시기에 놓여 있다고 여겨진다. 먼저 정보화시대에 건축정보를 체계적으로 관리하기 위해 건축정보센터를 활성화할 것이다. 또한 남북한의 역사적, 문화적 동질성 회복을 위해 남북한 학술교류를 단계적으로 실현하고자 하며 외국 학술단체와 폭넓은 교류를 추진하고 있다.

주요사업내용

1. 연2회 정기학술발표대회, 연20여 회의 심포지엄 · 세미나 · 강습회
2. 일본건축학회(AIJ), 중국건축학회(ASC), 중화민국건축학회(AIROC), 미국건축가협회(AIA) 및 미국건축대학협의회(ASCA) 등과 건축학술교류협정이 체결되어, 활발한 국제학술교류가 이루어지고 있다.
3. 학회지 『건축』과 논문집 『대한건축학회논문집』 월1회 발간

미술사연구회

영　문　The Association of Art History

설립일자　1986. | 설립지역 : 서울

설립목적　미술사연구회는 한국, 동양, 서양의 미술사에 관한 학술활동을 통해 미술사연구 발전에 기여하고자 설립되었다. 본 학회는 조각, 회화, 공예 등 미술사 전 장르에서 질적으로 훌륭한 연구 실적을 꾸준히 발굴하고자 하며 국내외 연구자들 간에 활발한 학문교류의 기회를 제공하여 우리나라 미술사 연구의 심화와 발전에 기여하고 있다.

주요사업내용

1. 학술발표회 연2회 개최, 특별초청강연
2. 『미술사연구총서1 : 19세기의 서양미술』(2001), 『미술사연구총서2 : 20세기 서양미술』(2001)
3. 학회지 『미술사연구』 연1회 발간

민족음악학회

영　문　The society for Korean Music

설립일자　1991. 1. | 설립지역 : 경남

설립목적　본 학회는 우리나라의 음악상황을 민족적 시각으로 고찰하고자 한다. 그리하여 학술지 『음악과 민족』을 통해 자성(自省)하며 '있어야 할' 민족음악의 완성을 위하여 '있어온' 민족음악을 연구했다. 『음악과 민족』은 독자보다 학문성을 앞세우는 우매함을 피하고 독자를 위한 문제들을 하나씩 풀어나가는 민족음악학 전문지가 되고자 노력하고 있다.

주요사업내용

1. 학술대회 개최
2. 음악학 도서관 운영
3. 학회지 『음악과 민족』 발간

비교민속학회

영　문　Asian Comparative Folklore Society

설립일자　1983. 10. | 설립지역 : 경기

설립목적　비교민속학회는 이웃나라의 민속과 문화를 조사하고 연구하기 위해 설립되었다.

주요사업내용

1. 연구발표회, 국제연구발표회, 워크숍
2. 강연회
3. 현지답사(몽골 학술조사, 민속유적지 답사 등)
4. 학술총서 『민속과 예술』(2002), 『민속과 종교』(2003), 『민속과

정치』(2004)등 책 다수 발간.
5. 학회지 『비교민속학』 간행
6. 뉴스레터 발행

서울경기고고학회

영　문 Seoul Kyonggi Archaeological Society

설립일자 2002. 4. | 설립지역 : 경기

설립목적 서울 · 경기지역은 나라의 중심 지역으로 기능해 왔으며 그에 따른 중요성은 새삼 강조할 필요가 없을 것이다. 그러나 서울 · 경기 지역은 아직 문화유산에 대한 조사와 보존 등 여러 방면에서 공동 연구와 토론의 마당을 마련하지 못했던 것이 사실이다. 그동안 중견 고고학자들을 중심으로 이 지역 고고학회 창립의 필요성에 대한 공감대가 형성되었고, 그 결과 서울 · 경기지역의 모든 관계 기관과 학자들이 참여하는 본 학회가 창립되기에 이르렀다. 본 학회는 이 지역 고고학자들의 학문적 · 사회적 노력의 결과물이며, 앞으로 이 지역 고고학연구의 새로운 연구와 토론의 장이 되고자 한다. 또한 학문적 영역뿐만이 아니라 이 지역의 다양한 문화유적 · 유물의 보호와 보존에 대한 사회적 책무를 다하고자 노력하고 있다.

주요사업내용
1. 춘계학술발표회, 학술대회, 월례발표회
2. 문화유산의 보호와 보존
3. 학회지 『고고학』 발행

실천민속학회

영　문 The Society of Practice Folklorelistics

설립일자 1997. 12. | 설립지역 : 경북

설립목적 실천민속학회는 복잡하게 급변하는 사회적 문화적 풍토에서 한국문화의 정체성을 확립하고자 한다. 또한 한국학을 공부하는 학자들의 성과가 한국인의 삶에 희망을 주고 실제적인 도움이 되도록 노력하고 있다. 최종적으로 이러한 활동을 통하여 위기에 처한 인문학의 현실적 유용성을 높이고자 한다.

주요사업내용

1. 실천민속학회 전국학술논문발표대회
2. 안동대 민속학연구소 학술대회
3. 『실천민속학』 총서 발간

영남고고학회

영　　문　The Yongnam Archaeological Society

설립일자　1984. 11. | 설립지역 : 영남

설립목적　지역내외 연구자간의 인적 교류와 유대를 도모함은 물론 각 분야 연구조사의 현황과 과제를 점검함으로써, 고고학 분야의 새로운 연구방향을 모색하며 문화유적의 보존에 힘쓰고 있다. 또한 1994년부터 격년으로 한국과 일본의 고고학 연구자 및 학생들이 일본 구주지역과 영남지역을 번갈아 오가며 합동국제심포지엄을 개최하여 한·일 공동연구 진작과 인적교류 확대를 위해 노력하고 있다.

주요사업내용

1. 영남고고학 학술발표회 연1회 개최, 국제심포지엄 개최
2. 문화유적의 보존과 보호활동, 고고학 관련 타 학회와의 연락 및 제휴 활동
3. 학회지 『영남고고학』 발간

진단학회

영　　문　The Chin-Tan Society

설립일자　1934. 5. | 설립지역 : 서울

설립목적　진단학회는 일제 강점기 식민지 당국의 억압과 동화정책에 맞서 한국의 역사, 언어 및 문화를 한국인 스스로 연구하고 발표하는

학문적 대화를 모색하기 위해 설립되었다. 이후 일제의 가혹한 탄압에 의해 학회 활동의 중단시기(1942～1945)를 제외하고는 꾸준히 진단학보를 간행하여 한국학 발전을 선도하여 왔다. 또한 『한국사』(전7권)의 출간 및 『한국고전 심포지엄 시리즈』 등을 통하여 해방 이후 한국의 역사학, 언어학 및 문화연구를 선도하여 왔으며, 1980년부터는 두계학술상을 제정하여 한국의 역사, 언어 및 문화연구가 나아갈 새로운 방향을 정립해가고 있다.

주요사업내용

1. 연구사업 추진 및 심포지엄, 국제학술대회 등 개최
2. 내외 제학회와의 협조 및 제휴
3. 학회지 『진단학보』 및 학술서적의 간행

판소리학회

영　　문　The Society of Pansori

설립일자　1984. 5. | 설립지역 : 경북

설립목적　판소리학회는 우리 전통문학예술의 정수인 판소리에 대한 학술적 연구를 통하여 판소리의 예술적 가치를 밝히고, 민족문화의 발전을 추구하는 것을 목적으로 한다. 문학과 음악, 연극 등의 여러 요소를 한데 아우르고 있는 종합예술로서의 판소리의 특성에 걸맞게 문학과 음악, 연희를 전공하는 여러 연구자들이 서로 협력하여 연구작업을 수행하고 있다.

주요사업내용

1. 정기적인 연구발표회, 학술대회 등
2. 판소리 명창의 소리 연창
3. 학회지 『판소리연구』 발간

한국건축역사학회

영　　문　Korean Association of Architectural History

설립일자　1991. | 설립지역 : 서울

설립목적 본 학회는 고대부터 현대에 이르는 동・서양의 건축역사와 이론에 관한 학술활동을 하기 위한 목적으로 창립되었다.

주요사업내용

1. 월례 학술발표회, 춘・추계 학술대회
2. 학회지 『건축역사연구』 연4회 발간
3. 소식지 발간

한국고고학회

영　문 The Korean Archaeological Society

설립일자 1976. 8. | 설립지역 : 서울

설립목적 본 학회는 고고학의 발전에 이바지할 목적으로 결성되었고 학술발표회, 학보 발간, 문화유산의 보호와 보존 등의 사업을 통해 이를 실천하고 있으며 그 해의 대표적인 유적 발굴조사 성과를 회원들에게 널리 알리고 보고하고자 한다. 또한 문화유산의 보호와 보존 운동이 고고학 연구자의 주요한 임무임을 깊이 자각하고 그에 관련된 사회 활동을 활발히 진행하고자 한다. 그리고 각 지역에 결성된 지역 고고학회들과 연계하여 문화재를 우리의 역사・문화적 경관의 일부로서 인식하여 보호・보존하려고 힘쓰고자 한다.

주요사업내용

1. 한국고고학전국대회(연1회, 11월 초 개최), 고고학부 발표회(연1회, 5월 말 개최), 한국고고학전국대회, 역사학대회 고고학부 발표회 등
2. 한국고고학전국대회의 발표문을 수정한 논문들과 추가 논문을 묶어 고고학 연구주제별 총서 발간
3. 학회지 『한국고고학보』 연3회 발간

한국고문서학회

영　문 The Society of Korean Historical Manuscripts

설립일자 1991. | 설립지역 : 서울

설립목적 고문서는 작성 당시의 실상을 거짓 없이 보여주고 있다는 점에서 소중하다. 더구나 지방사회의 실정, 모든 계층민의 생활상, 신분, 법제, 경제, 민속, 언어 등의 연구에 이들 자료는 무한한 가치를 지니고 있다. 그러나 수차에 걸친 전쟁으로 인해 소실되거나 해외로 반출되었다. 또한 고문서에 대한 무지와 무관심 속에서 귀중한 문서가 인멸 · 유실되어가고 있다. 그러므로 이를 수집 · 정리 · 보존하는 것은 한국학의 발전에 큰 기여를 할 수 있을 뿐만 아니라 일차 자료의 확대라는 측면에서 더욱 큰 의미가 있다. 고문서 수집을 활성화하고 이에 대한 정보를 서로 교환, 연구하기 위하여 "한국고문서학회"를 창립하였다.

주요사업내용

1. 학술발표 및 강독회
2. 기타 관련되는 사업
3. 국내외 관련학계와 교류
4. 학회지 및 연구자료 간행

한국공연문화학회

영　문 The Society of Korean Performance Art and Culture

설립일자 2000. 3. | 설립지역 : 강원도

설립목적 한국공연문화학회는 한국공연문화의 정체성을 확립하기 위하여 설립한 학회이다. 우리 공연문화의 전통을 재확인하고 전통의 현대적 재창조를 모색하는 것을 시도하고자 창립되었다. 또한 아시아 공연문화의 공연 양식과 미학을 탐구하고 아시아의 공연문화 속에서 한국 공연문화의 위상을 점검하며 공연학의 연구방법을 개발하고 있다.

또한 우리의 전통적인 공연문화에서 문학, 음악, 무용, 연희, 연극은 각각의 장르로 분리되어 있는 것이 아니라 유기적으로 결합되어 있는 것이기에 학제적 연구가 필요하다. 그러나 우리의 학문

풍토가 아직은 학제적 연구에 미숙하다. 때문에 이에 대해서도 진지하게 고민하면서 진정한 학제적 연구의 방법론을 개발하고자 한다.

주요사업내용

1. 연구발표회
2. 『춘향예술의 양식적 분화와 세계성』(2005문화관광부 추천도서), 『전통 공연 예술의 제조명』(2005문화관광부 추천도서), 『동양 고전극의 미학과 이론』(2005) 등 출판
3. 학회지 『공연문화연구』 발간

한국공예학회

영 문 The Korea Society of Craft

설립일자 1979. | 설립지역 : 경북

설립목적 공예에 관련되는 학술연구, 창작활동 등을 통하여 한국공예문화의 발전을 도모하고자 창립되었다. 현대 공예에 관한 내용뿐만 아니라 한국의 전통 공예와 공예 문화에 대한 연구논문을 모아 학회지를 발간하고 있다.

주요사업내용

1. 공예의 이론과 창작에 관련된 연구 및 발표회
2. 창작활동을 위한 지원사업
3. 현대공예의 발전과 신인발굴을 위한 학술공모사업
4. 학회지 『한국공예논총』 연2회 발간

한국구비문학회

영 문 The Society of Korean Oral Literature

설립일자 1993. 8. | 설립지역 : 서울

설립목적 한국 구비문학을 대상으로 기초적인 문화 이론의 개발과 한민족 문학의 실상과 특질을 구명하고자 노력하고 있다. 이를 위해 한국 구비문학의 기초자료 조사와 연구를 중점적으로 하고 있다.

주요사업내용

1. 국제학술회의를 비롯한 연구발표회, 강연회 개최
2. 구비문학 자료 조사 사업
3. 『한국구비문학사연구』(1998), 『구비문학의 연행자와 연행양상』(1999), 『구비문학과 여성』(2000), 『동아시아 제민족의 신화』(2001), 『구비문학과 인접학문』(2002), 『구비문학 연구의 길찾기』(2003), 『현대사회와 구비문학』(2005) 등 출판
4. 학회지 『구비문학연구』 발간

한국국악학회

영　문　Korean Musicolosical Society

설립일자　1948. | 설립지역 : 서울

설립목적　본 학회는 국악을 연구하여 한국음악학 및 민족음악의 향상에 기여할 목적으로 창설되었다.

주요사업내용

1. 국악의 연구발표
2. 국악 관계자료 수집
3. 국악에 관한 전시회 및 강연회 개최
4. 국악에 관한 출판사업
5. 국내외의 학계간 교류 등의 사업
6. 학회지 『한국음악연구』 발간

한국기와학회

영　문　The Korean Research Society for Roof Tiles

설립일자　2003. 11. | 설립지역 : 서울

설립목적　본회는 한국을 비롯한 주변국가의 옛기와와 전돌에 대한 연구 및 이와 관련된 유적의 조사를 통하여 미술사학 · 고고학 · 건축학 등 학문의 발전에 이바지함을 목적으로 한다.

주요사업내용

1. 기와와 전돌에 대한 연구 및 관련 유적의 조사와 학술발표
2. 학회지 발간

한국무속학회

영　문　The Association for Korean Shamanistic Studies

설립일자　1998. 9. | 설립지역 : 경기

설립목적　본 학회는 한국 및 타 지역 문화권의 무속을 조사 연구함을 목적으로 한다.

주요사업내용

1. 한국무속 조사 연구
2. 한국무속과 관련된 타 지역 문화권의 무속 조사, 비교 연구
3. 국내외 학술회, 강연회, 전시회 및 공연발표회 개최
4. 학회총서『한국의 굿』(2002),『풍어제 무가』(2004),『현장의 민속학』(2003),『무속 현지조사방법과 연구 사례』(2002),『전통 연행예술과 인형 오브제』(2003),『한국서사무가 연구』(2002),『한국의 무복』(2004) 등 발간
5. 학회지『한국무속학』발간

한국문화인류학회

영　문　The Korean Society for Cultural Anthropology

설립일자　1958. 11. | 설립지역 : 서울

설립목적　본 학회는 인간과 문화에 대한 인류학 이론과 연구방법을 발전시키기 위해 노력하고 한국의 전통문화와 현대문화를 규명하기 위해 다양한 연구를 수행하고 있다. 또한 타문화(他文化)의 올바른 이해와 분석을 위해 해외지역 연구자들은 아시아, 오세아니아, 아프리카, 유럽, 남미와 북미 등지의 다양한 민족집단들과 지역사회들 속에서 우리와 다른 삶의 양식을 찾아내고, 비교론적 시각에서 문화의 특수성과 보편성을 밝히는데 기여할 것이다. 한편 탈식민주의적 관점에서 세계의 민족집단들과 지역사회들의 현실을

밝히고 이들의 삶이 정당하게 지속될 수 있도록 노력하고자 한다.

주요사업내용

1. 정기학술대회 연1회 개최, 워크숍, 영상워크숍, 월례발표회
2. 지속적인 영상 아카데미 기획
3. "참신한 교재의 개발을 통한 인류학의 보급"을 목표로 교재개발위원회 구성하여 『낯선 곳에서 나를 만나다』(1998), 『처음만나는 문화인류학』(2003)을 비롯하여 수 권의 교재 발간
4. 1968년부터 1980년까지 한국민속종합조사사업의 일환으로 문화재관리국과 공동으로 11권의 『한국민속종합조사보고서』를 발간
5. 1996년부터 2006년 현재에 이르기까지 재외동포생활문화를 연구하고, 그 성과로 『중국길림성 한인동포의 생활문화』(1997), 『중국 요녕성 한인동포의 생활문화』(1997), 『중국 흑룡강성 한인동포의 생활문화』(1998), 『우즈벡스탄 한인동포의 생활문화』(1999), 『카자흐스탄 한인동포의 생활문화』(2000), 『러시아, 연해주, 사할린 한인동포의 생활문화』(2001), 「일본 관서지역 한인동포의 생활문화 연구」(2002) 발간
6. 2001년 3월부터 2002년 3월까지 문화재 관리청의 연구비를 수혜받아 월남민의 생활문화조사연구사업을 수행하였다.
7. 학회지 『한국문화인류학』 연2회 발간

한국문화재보존과학회

영　　문　The Korean Society of Conservation Science for Cultural Heritage

설립일자　1991. 11. | 설립지역 : 충남

설립목적　문화재의 과학적 보존에 관한 연구를 그 목적으로 한다.

주요사업내용

1. 춘계 · 추계 학술대회, 벽화 · 회화 등의 분과 모임 개최
2. 학회지 『보존과학회지』 발간
3. 소식지 발행

한국미술사학회

영　　문　Art history association of Korea

설립일자　1960. 8. | 설립지역 : 서울

설립목적　본 학회는 1960년 8월에 창립된 고고미술동인회를 발전적으로 개편한 것으로, 그 사업을 계승하여 한국 및 관계 지역의 미술사에 관한 연구를 목적으로 한다.

주요사업내용

1. 한국 및 관계지역의 미술사에 관한 연구
2. 한국 및 관계지역의 미술사에 관한 문헌 및 자료의 정리
3. 연구발표회와 강연회의 개최
4. 우현학술상 시상
5. 한국 및 관계지역 미술사에 관한 도서의 간행
   『고구려 미술의 대외교섭』(1996), 『백제 미술의 대외교섭』(1998), 『신라미술의 대외교섭』(2000), 『통일신라 미술의 대외교섭』(2001) 등 책 다수 발간
6. 학회지 『미술사학연구』 연4회 발행

한국민속학회

영　　문　The Korean Folklore Society

설립일자　1955. 8. | 설립지역 : 서울

설립목적　한국과 주변 지역 민속의 조사 · 연구를 목적으로 한다.

주요사업내용

1. 연구회 · 강연회 · 국제학술회의 개최
2. 민속자료의 수집 · 조사 · 연구
3. 기록보존(간행물 · 영화 · 음반 등)에 관한 사업
4. 해외 민속학회와의 교류
5. 기타 본 학회의 목적과 관계되는 사업
6. 학회지 『韓國民俗學』 발간
   1968년 『한국민속학』 1집 발간 이후 2000년 6월 『한국민속학』

32집까지 발간(민속학회 명의), 이와는 별도로 1956년 『한국민속학보』 1호 발간 이후 2000년 6월 11호까지 발간(한국민속학회 명의). 이후 이 두 학술지를 통합하여 『한국민속학』이라는 이름으로 기관지 발간.

한국민요학회

영　문　The Society of Korean Folk Song

설립일자　1989. 6. | 설립지역 : 서울

설립목적　한국민요학회는 민요를 전공하는 사람들이 모인 학술단체로서, 소멸되어 가는 민족문화 유산인 민요를 조사 · 연구하고 학문적 체계를 세워 민족문화 향상에 기여하고자 설립되었다.

주요사업내용

1. 연구회, 강연회, 강습회의 개최
2. 민요자료의 수집, 조사, 연구
3. 기록보존(간행물, 영화, 음반 등)에 관한 사업
4. 해외 관련학회와의 교류
5. 기타 본회의 목적과 관계되는 사업
6. 학회지 『한국민요학』 발간

한국복식학회

영　문　The Korean Society of Costume

설립일자　1975. 12. | 설립지역 : 서울

설립목적　한국복식학회는 복식전반에 걸쳐 새로운 학문 연구성과를 지속적으로 산출하는 것을 목적으로 하며 학술회 등을 통해 본 학회를 정보교환의 장으로 적극 활용하려고 한다. 본 학회는 현대 의복에 대한 연구뿐만 아니라 우리나라 전통복식의 특성과 유형 등의 연구 성과를 학회지를 통해 지속적으로 발표하고 있다.

주요사업내용

1. 춘계학술대회, 의상전(KOSCO), 추계국제학술대회를 개최

2. 1982년부터는 한국, 일본, 대만의 학자들과 함께 국제복식학회를 결성하여 각 나라를 돌아가며 국제복식학술대회를 개최
3. 학회 학회지 『복식』 발간
영문 『International Journal of Costume』 발간

한국불교미술사학회

영　문　The Association of Korean Buddhist Art History
설립일자　1993. 8. | 설립지역 : 서울
설립목적　본 학회는 우리나라 미술사의 사료조사와 발굴, 미술사관의 정립, 연구방법론의 개발, 개개 연구논문의 질적 향상을 위해 조직적, 협동적으로 연구활동을 하고 있다. 나아가 동서양의 미술사학계와 긴밀한 유대관계를 맺고 이들 미술사 또한 심도 있게 연구하고자 한다. 한국미술사의 위상을 정립하여 민족적 자긍심을 고취시키고 우리 문화의 세계화에 기여하고자 노력하고 있다.
주요사업내용
1. 국제학술조사 및 학술대회
2. 정기적인 학술세미나 개최
3. 불교미술문화재의 조사 및 연구
4. 불교미술문화재 보존 및 복원 자문
5. 『불교미술연구』, 『강좌 미술사』 발간

한국암각화학회

영　문　Korea Petroglyphs Research Association
설립일자　1999. | 설립지역 : 전북
설립목적　우리나라에서 암각화가 발견된 지 30여 년이 흘렀다. 암각화에 대해서는 주로 역사 · 고고학계에서 관심을 가져왔으며, 암각화 연구의 저변 확대를 위해 국문학 · 인류학 · 종교학 · 미술사학 분야에서도 주목하고 있다. 그러나 그동안 암각화의 연구 환경은 매우 열악하여 국내에서 발견된 암각 유적에 대한 정밀조사보고

서조차 발행되지 않았으며 암각화 연구에 대한 실제적인 연구도 미미했다. 한국암각화학회는 매년 정기적으로 학술대회를 개최하고 한국암각화학보를 발간하고 있으며, 나아가 한국 암각화의 기원 조사와 외국 암각화와의 비교 작업을 통해 한국 암각화 연구 발전에 노력하고 있다.

주요사업내용

1. 연구발표 및 학술대회
2. 공동조사연구
3. 외국 암각화학회와의 교류
4. 학회지 『한국암각화연구』 발간

한국역사민속학회

영　　문　Korean Historical-folklife Studies

설립일자　1990. 4. | 설립지역 : 경기

설립목적　한국역사민속학회는 '역사과학으로서의 민속학'을 표방하면서 민중생활사 연구를 연구중심에 두고 창립되었다.

주요사업내용

1. 학술대회, 연구발표회, 심포지엄, 워크숍, 대중강좌 개최
2. 답사를 통한 자료 수집과 연구
3. 『용인의 마을의례』(2000) 등 책 다수 출판.
4. 학회지 『역사민속학』 발간

한국음악사학회

영　　문　The society for Korean History Musicology

설립일자　1988. 7. | 설립지역 : 서울

설립목적　본 학회는 한국음악의 역사를 연구하여 한국음악학 및 민족문화의 발전에 기여함을 목적으로 한다.

주요사업내용

1. 연구발표회 및 학술강연회 개최

2. 한국음악사료의 조사, 수집, 번역, 연구활동 전개
3. 한국음악학과 민족문화의 발전에 기여할 수 있는 학술활동 성과(논문집 · 번역서 · 연구서 등등) 출간(『한국음악사학론집』 시리즈, 『韓國近代音樂史硏究』, 『韓國音樂史論叢』, 『國譯英祖朝甲子進宴儀軌』 등 다수 발간)
4. 본 학회 주최의 신인논문상을 통한 새 음악학자 발굴
5. 한국음악사 관련의 학회지 『한국음악사학보』 발간
6. 기타 본 학회의 목적달성에 필요한 활동을 전개시키고 있다.

한국전통조경학회

영　문　Korean Institute of Traditional Landscape Architecture

설립일자　1982. 12. | 설립지역 : 서울

설립목적　한국전통조경학회는 한국전통조경문화를 조사 · 연구하여 그 사상과 기법을 보존 · 전승하고, 현대조경에 계승 발전시킴으로써 조경문화 향상에 이바지함을 그 목적으로 한다.

주요사업내용

1. 궁원 및 기타 고정원 분야의 조사 연구
2. 조사 연구에 의한 복원의 건의 및 시공에 대한 설계 및 감리
3. 연구 발표에 필요한 출판 전시 및 연수회 개최
4. 관련 외국학회 및 국제기구와의 전문기술 및 정보교환
5. 기타 목적 달성을 위한 부대사업
6. 학회지 및 도서발간

한복문화학회

영　문　Society of Korean Traditional Costume

설립일자　1997. 7. | 설립지역 : 서울

설립목적　본 학회는 한국전통복식의 발전을 위하여 학문과 실무를 연계하는 모임이 되고자 노력하고 있다.

주요사업내용

1. 정규사업으로 춘계학술대회, 한국의상전, 추계학술대회, 한복의 날 기념행사 개최
2. 비정규사업으로 한복발전 세미나(산업체 교육), 해외 초청 전시회 개최
3. 학회지 『한복문화』 연3회 발행

호남고고학회

영　　문　The Honam Archaeological Society

설립일자　1993. 2. | 설립지역 : 전라도

설립목적　호남고고학회는 호남지역 고고학 연구를 활성화하고 체계적으로 연구해 나갈 필요성이 제기되어 전남, 광주, 제주지방 관련 연구자들에 의해 결성되었다. 이러한 취지에 따라 설립된 호남고고학회는 고고학의 발전에 이바지함을 목적으로 한다.

주요사업내용

1. 학술대회 연1회 개최, 비정기적인 학술발표 개최
2. 문화유적에 관한 조사활동
3. 학회지 『호남고고학보』 연2회 발간

부록 2

전통문화 관련 홈페이지

1. 유관기관

http://www.gcp.go.kr/	국립경주문화재연구소
http://www.ncktpa.go.kr/	국립국악원
http://www.namdo.go.kr/	국립남도국악원
http://www.ntmc.go.kr/	국립민속국악원
http://www.ncktpa.go.kr/html/jsp/busan/index.jsp	국립부산국악원
http://www.bcp.go.kr/	국립부여문화재연구소
http://www.nricp.go.kr/kr/index.jsp	국립문화재연구소
http://www.mct.go.kr/index.jsp	문화관광부
http://www.cha.go.kr/korea/index.action	문화재청
http://www.arko.or.kr/home2005/index	한국문화예술위원회
http://www.krf.or.kr/	한국학술진흥재단
http://www.gwcf.or.kr/	(재)강원문화재단
http://www.ggcf.or.kr/	(재)경기문화재단
http://www.ggcf.or.kr/	(재)제주문화예술재단
http://www.fpcp.or.kr/	(재)한국문화재호재단

2. 국립박물관

http://gyeongju.museum.go.kr/	국립경주박물관
http://gongju.museum.go.kr/	국립공주박물관
http://gwangju.museum.go.kr/	국립광주박물관
http://www.ncktpa.go.kr/html/jsp/NCKTPA/g00_museum/g001_01.jsp	국립국악원박물관
http://gimhae.museum.go.kr/	국립김해박물관
http://daegu.museum.go.kr/	국립대구박물관
http://www.nfm.go.kr/	국립민속박물관
http://buyeo.museum.go.kr/	국립부여박물관
http://jeonju.museum.go.kr/	국립전주박물관
http://www.museum.go.kr/	국립중앙박물관

http://jinju.museum.go.kr/index.jsp 국립진주박물관
http://cheongju.museum.go.kr/ 국립청주박물관

3. 대학박물관

http://www.kaum.or.kr/ 한국대학박물관협회
http://kangnung.ac.kr/~museum/ 강릉대학교박물관
http://museum.kangwon.ac.kr/ 강원대학교박물관
http://museum.konkuk.ac.kr/ 건국대학교박물관
http://museum.knu.ac.kr/ 경북대학교박물관
http://museum.khu.ac.kr/index.jsp 경희대학교중앙박물관
http://museum.korea.ac.kr/ 고려대학교박물관
http://museum.kwandong.ac.kr/kor/int/int_01.jsp 관동대학교박물관
http://www2.kongju.ac.kr/museum/ 공주대학교박물관
http://museum.kookmin.ac.kr/ 국민대학교박물관
http://san.kunsan.ac.kr/%7Emuseum/ 군산대학교박물관
http://museum.dankook.ac.kr/kor/mai/main.html 단국대학교박물관
http://museum.daegu.ac.kr/ 대구대학교박물관
http://museum.cu.ac.kr/ 대구가톨릭대학교박물관
http://museum.dju.ac.kr/ 대전대학교박물관
http://wwwk.dongguk.ac.kr/%7Emuseum/ 동국대경주캠퍼스박물관
http://home.dongguk.ac.kr/%7Earthistory/m.html 동국대학교박물관
http://museum.donga.ac.kr/ 동아대학교박물관
http://www.heritagebusan.com/droom/bak-07.htm 동의대학교박물관
http://mnum.mokpo.ac.kr/ 목포대학교박물관
http://museum.pusan.ac.kr/index.jsp 부산대학교박물관
http://museum.smu.ac.kr/ 상명대학교박물관
http://www.sogang.ac.kr/~sogmuse/ 서강대학교박물관

http://museum.snu.ac.kr/ 서울대학교박물관
http://arachne.sejong.ac.kr/museum/ 세종대학교박물관
http://museum.sookmyung.ac.kr/intro.jsp 숙명여자대학교박물관
http://lotus.silla.ac.kr/%7Emuseum/index.html
신라대학교박물관
http://museum.ajou.ac.kr/ 아주대학교박물관
http://museum.andong.ac.kr/index.jsp 안동대학교박물관
http://museum.yonsei.ac.kr/ 연세대학교중앙박물관
http://museum.yu.ac.kr/default.jsp 영남대학교박물관
http://museum.woosuk.ac.kr/ 우석대학교박물관
http://museum.ulsan.ac.kr/ 울산대학교박물관
http://museum.wonkwang.ac.kr/intro.jsp 원광대학교박물관
http://museum.ewha.ac.kr/main.jsp 이화여자대학교박물관
http://museum.chonnam.ac.kr/ 전남대학교박물관
http://museum.chonbuk.ac.kr/ 전북대학교박물관
http://www.chosun.ac.kr/%7Emuseum/ 조선대학교박물관
http://museum.changwon.ac.kr/intro.jsp 창원대학교박물관
http://museum.cnu.ac.kr/ 충남대학교박물관
http://www.kaum.or.kr/index.html 한국대학박물관협회
http://www.hallym.ac.kr/~museum/ 한림대학교박물관
http://www.museumuf.hanyang.ac.kr/ 한양대학교박물관
http://www.hongik.ac.kr/sub1/org_mus.html
홍익대학교박물관

4. 기타박물관 및 미술관

http://snowblue.sookmyung.ac.kr/museology_dig/gallery/gansong.htm
간송미술관
http://www.gcwc.go.kr/museum/index.asp
거창박물관
http://www.musenet.or.kr/ 경기도박물관
http://www.kwangjufolk.go.kr/ 광주광역시립민속박물관

http://www.dongsanmuseum.org/ 동산도기박물관
http://www.kra.co.kr/company/about/intro/about_museum.jsp
마사박물관
http://www.moka.or.kr/ 목아박물관
http://www.kcaf.or.kr/virtual/ 문예진흥원가상박물관
http://www.mireuksaji.org/ 미륵사지유물전시관
http://www.museum.busan.kr/index.jsp 부산시립박물관
http://hearkorea.com/ 사이버 국악음반박물관
http://www.museum.seoul.kr/ 서울역사박물관
http://www.chiakmuseum.or.kr/ 원주치악민속박물관
http://museum.jeju.go.kr/ 제주민속자연사박물관
http://www.jejufolk.com/ 제주민속촌박물관
http://www.zipul.co.kr/ 짚풀생활사박물관
http://www.tal.or.kr/ 하회동탈박물관
http://www.koreanfolk.co.kr/ 한국민속촌
http://www.horimmuseum.org/ 호림박물관
http://www.hoammuseum.org/index.asp 호암미술관

5. 학회

http://www.aik.or.kr/ 대한건축학회
http://misa.hongik.ac.kr/index.html 미술사연구회
http://www.musickorea.org/index.php 민족음악학회
http://www.bigyominsok.org/ 비교민속학회
http://www.archeology.or.kr/gogo_index.asp
서울경기고고학회
http://www.folklore.or.kr/ 실천민속학회
http://www.yngogo.or.kr/yong_index.asp 영남고고학회
http://chin.hongik.ac.kr/ 진단학회
http://www.pansori.or.kr/ 판소리학회
http://www.kaah.or.kr/ 한국건축역사학회
http://www.kras.or.kr/kras_index.aspx 한국고고학회

http://www.gomunseo.or.kr/ 한국고문서학회
http://www.koreart21.net/index.php 한국공연문화학회
http://www.koreacraft.or.kr/index.php 한국공예학회
http://www.koralit.net/ 한국구비문학회
http://www.gugak.or.kr/index.html 한국국악학회
http://www.giwa.or.kr/giwa_index.aspx 한국기와학회
http://www.koreanshamanism.org/ 한국무속학회
http://www.koanthro.or.kr/index.asp 한국문화인류학회
http://www.conservation.or.kr/ 한국문화재보존과학회
http://korea-art.or.kr/ 한국미술사학회
http://www.kofos.or.kr/new/main.php 한국민속학회
http://koreanfolksong.org/ 한국민요학회
http://www.ksc.or.kr/ 한국복식학회
http://www.arthistory.re.kr/ 한국불교미술사학회
http://www.kopra.co.kr/ 한국암각화학회
http://www.minsokstudy.com/ 한국역사민속학회
http://www.skhm.or.kr/ 한국음악사학회
http://www.kitla.or.kr/ 한국전통조경학회
http://www.hanbok97.org/modules/doc/index.php?doc=intro 한복문화학회
http://www.hnas.or.kr/honam_index.asp 호남고고학회

6. 대학부설 연구소 및 연구회

http://ikc.korea.ac.kr/ 고려대학교 민족문화연구원
http://www.korstudy.org/ 고려대학교 한국학연구소
http://nongae.gsnu.ac.kr/~knci/ 경상대학교 경남문화연구소
http://ks.ac.kr/piks/ 경성대학교 한국학연구소
http://web.kyunghee.ac.kr/~khfolk/ 경희대학교 민속학연구소
http://actakoreana.org/intro/ 계명대학교 한국학연구원
http://user.dankook.ac.kr/~oriental/ 단국대학교 동양학연구소
http://danmaeyeon.or.kr/ 단국대학교 매장문화재연구소

http://wwwk.dongguk.ac.kr/~silla/	동국대학교 신라문화연구소
http://home.pusan.ac.kr/~pncc/index.php	부산대학교 한국민족문화연구소
http://kyujanggak.snu.ac.kr/index.jsp	서울대학교 규장각
http://plaza.snu.ac.kr/~hanyon/	서울대학교 한국문화연구소
http://campus.uos.ac.kr/iss/	서울시립대학교 서울학연구소
http://aeas.skku.edu/	성균관대학교 동아시아학술원
http://sshanddam.com/	성신여자대학교 의류학과 전통복식연구회
http://www2.andong.ac.kr/~folkin/	안동대학교 민속학연구소
http://kukhak.yonsei.ac.kr/	연세대학교 국학연구원
http://yu.ac.kr/~ynmin/	영남대학교 민족문화연구소
http://kcri.ewha.ac.kr/	이화여자대학교 한국문화연구원
http://todori.inje.ac.kr/~kaya/	인제대학교 가야문화연구소
http://homun.or.kr/	전남대학교 호남문화연구소
http://culture.cbnu.edu/	전북대학교 전라문화연구소
http://www.paekche.org/	충남대학교 백제연구소
http://www.minyeon.co.kr/	충북대학교 민속연구회
http://www.hanyang.ac.kr/code_html/H5EALA	한양대학교 한국학연구소

7. 기타 연구소 및 연구회

http://www.gai.or.kr/	경남고고학연구소
http://www.koguryo.org/	고구려연구회
http://ccp.go.kr/	국립창원문화재연구소
http://kukaknori.or.kr/	국악놀이연구소
http://www.naa.go.kr/	대한민국예술원
http://www.karthistory.or.kr/modules/doc/index.php?doc=intro	미술사학연구회
http://www.minchu.or.kr/	민족문화추진회
http://minum.or.kr/	민족음악연구회
http://cngukak.cnei.or.kr/	전남교사국악연구회

http://www.e-lantern.com/	전통등연구회
http://www.igugak.com/main.asp	전통문화예술연구소
http://home.smu.ac.kr/~jklee	전통조경연구회
http://www.koreastudy.or.kr	한국국학진흥원
http://www.koreanculture.net/	한국전통문화연구원
http://www.kirc.or.kr/	한국종교문화연구소
http://www.aks.ac.kr/aks_home/default.asp	한국학중앙연구원
http://www.hmy.or.kr/	호남문화재연구원

| 찾아보기 |

지은이 소개 논문 게재순

인권환 | 1937년 출생, 고려대학교 문과대학 명예교수/일본 메이지대학 문학부 객원교수 (한국고전문학 전공)

김명자 | 1945년 출생, 안동대학교 민속학과 교수(세시풍속 · 민속신앙 전공)

김헌선 | 1961년 출생, 경기대학교 국어국문학과 교수(구비문학 전공)

홍나영 | 1958년 출생, 이화여자대학교 의류직물학과 교수(한국복식사 전공)

주영하 | 1962년 출생, 한국학중앙연구원 한국학대학원 부교수(민속학 전공)

임석재 | 1961년 출생, 이화여자대학교 건축학과 교수(건축사 전공)

전경욱 | 1959년 출생, 고려대학교 국어교육과 교수(구비문학 · 민속학 전공)

정병헌 | 1951년 출생, 숙명여자대학교 국어국문학과 교수(한국고전문학 전공)

이영희 | 1959년 출생, 이화여자대학교 섬유예술학과 강사(한국미술사 전공)

장남원 | 1963년 출생, 이화여자대학교 미술사학과 전임강사(도자사 전공)

홍선표 | 1949년 출생, 이화여자대학교 미술사학과 교수(한국회화사 전공)

한국학술사총서 · 10　2007년 3월 30일 초판 발행

전통문화 연구 50년

한국문화연구원 편

펴낸이 오일주
펴낸곳 도서출판 혜안
등 록 1993.7.30 제22-471호
주 소 121-836 서울시 마포구 서교동
326-26번지 102호
전 화 3141-3711~3712
팩 스 3141-3710

값 43,000 원　ISBN 978-89-8494-305-6 93600